Adalbert Evers · Thomas Olk (Hrsg.)

# Wohlfahrtspluralismus

*Vom Wohlfahrtsstaat zur Wohlfahrtsgesellschaft*

Westdeutscher Verlag

Die Deutsche Bibliothek – CIP-Einheitsaufnahme

**Wohlfahrtspluralismus**: vom Wohlfahrtsstaat
zur Wohlfahrtsgesellschaft / Adalbert Evers;
Thomas Olk (Hrsg.). – Opladen: Westdt. Verl.,
1996
ISBN 3-531-12741-1

NE: Evers, Adalbert [Hrsg.]



Der Westdeutsche Verlag ist ein Unternehmen der Bertelsmann Fachinformation.

Umschlaggestaltung: Horst Dieter Bürkle, Darmstadt
Umschlagbild: Horst Dieter Bürkle, Darmstadt
Druck und buchbinderische Verarbeitung: Lengericher Handelsdruckerei, Lengerich
Gedruckt auf säurefreiem Papier
Printed in Germany

ISBN 3-531-12741-1

Adalbert Evers · Thomas Olk (Hrsg.)

# Wohlfahrtspluralismus

# Inhalt

## I. Einleitung der Herausgeber



## II. Wohlfahrtspluralismus - Konzept und theoretische Fundierung

## III. Wohlfahrtspluralistische Arrangements in unterschiedlichen Politikbereichen

# I. Einleitung der Herausgeber

# Wohlfahrtspluralismus - Analytische und normativ-politische Dimensionen eines Leitbegriffs

*Adalbert Evers/Thomas Olk*

## I. Wohlfahrtspluralismus als analytisches Konzept

Es kann kein Zweifel darüber bestehen, daß wir uns gegenwärtig im Bereich von sozialer Sicherung und Wohlfahrt in einer Phase tiefgreifender Umbrüche und Neuorientierungen befinden. Ökonomische, sozialstrukturelle und kulturelle Entwicklungen der letzten Jahrzehnte haben dazu geführt, daß die in der Nachkriegsära zunächst vorherrschende Staatsfixiertheit gesellschafts- und sozialpolitischer Modernisierungsdiskurse und -strategien in allen entwickelten westlichen Nationen erodiert ist. Der Niedergang der Hegemonie des linken bzw. sozialdemokratischen Modells des Staates als "Hüter und Wächter des Gemeinwohls" (Naschold 1993) wurde zunächst von einem rasanten Aufstieg marktliberalen Denkens begleitet. Die politisch-strategische Antwort auf ein wahrgenommenes "Staatsversagen" bestand in einer vehementen Propagierung der Prinzipien von Markt und Wettbewerb zur Bewältigung der anstehenden Herausforderungen. Dabei blieb in der politischen Debatte um "Markt versus Staat" zunächst weitgehend unbemerkt, daß die beiden, sich diametral gegenüberstehenden, Positionen ein gemeinsames Defizit miteinander teilen: Es handelt sich in beiden Fällen um eindimensionale Konzepte, die die Verwirklichung eines ganzen Bündels zentraler gesellschaftlicher Ziele, wie Gerechtigkeit, Wohlfahrt und soziale Sicherheit, jeweils von einer einzigen gesellschaftlichen Sphäre erwarten und damit die möglichen produktiven Beiträge der übrigen Sektoren der Wohlfahrtsproduktion systematisch vernachlässigen.

Die Entstehung und Verbreitung "neuer sozialer Bewegungen" (wie die Umweltschutz-, Frauen- und Selbsthilfebewegung etc.) seit den 70er Jahren, der Zusammenbruch realsozialistischer Systeme in Osteuropa und der DDR Ende der 80er Jahre sowie exogene und endogene Krisenerscheinungen in sämtlichen westlichen Wohlfahrtsstaaten seit Mitte der 70er Jahre haben inzwischen dazu beigetragen, daß die gesellschaftlichen Sphären "diesseits oder jenseits von - bzw. zwischen - Markt und Staat", also sowohl das breite Spektrum von Nonprofit-

Organisationen, gemeinnützigen Stiftungen und Selbsthilfeinitiativen als auch informelle Selbstversorgungsgemeinschaften - vor allem in Gestalt von familienhaushaltlichen und zwischenhaushaltlichen Unterstützungsnetzwerken - in ihrer Bedeutung für die Produktion von Wohlfahrt und die Verwirklichung von Sicherheits- und Gerechtigkeitserwartungen "wiederentdeckt" wurden. Seitdem sind die politischen Auseinandersetzungen um eine "gute" bzw. "gerechte" Ordnung sowie um die Ausgestaltung sozialpolitischer Strategien komplexer und vielschichtiger und traditionelle Spannungslinien zwischen wohletablierten und organisierten Interessen durch zum Teil quer zu traditionellen Fronten verlaufende Spannungs- und Konfliktlinien überlagert worden.

Trotz weiterhin bestehender Differenzen in den Zielen und Interessen beteiligter politischer Akteure scheint sich eine Übereinstimmung dahingehend abzuzeichnen, daß politische Konzepte und Strategien zur Überwindung von Markt- und Staatsversagen in Zukunft stärker die Leistungspotentiale und Ressourcen der bislang wenig beachteten Institutionen der "Zivilgesellschaft" (vgl. z.B. Dubiel 1994; vgl neuerdings Howard 1996) einbeziehen sollten. Sowohl gemeinnützigen Initiativen und Organisationen wie Selbsthilfe-Zusammenschlüssen, Stiftungen und Sozialverbänden als auch haushaltlichen und zwischenhaushaltlichen Unterstützungsnetzwerken soll eine signifikant neue, gewichtigere Rolle bei der Bewältigung aktueller Herausforderungen im Bereich von sozialer Sicherung und Wohlfahrt zugewiesen werden. Unterhalb der Oberfläche allfälliger Abbau-, Privatisierungs- und Deregulierungsstrategien wohlfahrtsstaatlicher Leistungen zeichnet sich in sämtlichen westlichen Ländern eine grundsätzliche Neuordnung institutioneller Arrangements wohlfahrtsstaatlicher Systeme ab, die auf eine Pluralisierung von Institutionen und Akteuren der Wohlfahrtsproduktion jenseits von Markt und Staat sowie auf eine Stärkung von Gemeinsinn, bürgerschaftlicher Mitwirkung und Selbsthilfe hinauslaufen. Es sind solche Entwicklungen, die den Aufschwung von Begrifflichkeiten und Konzepten wie "gemischte Ökonomie der Wohlfahrt", "gemischte Wohlfahrtsproduktion", "welfare-mix" bzw. "Wohlfahrtspluralismus" begünstigt haben (vgl. etwa Abrahamson 1995, Evers/Wintersberger 1988, Evers/Svetlik 1993, Heinze/Hilbert/Olk 1988, Johnson 1987, Zapf 1981 sowie neuerdings auch Kaufmann 1994).

Selbstverständlich handelt es sich hierbei keineswegs um historisch neue Phänomene. Wohlfahrt und Wohlbefinden waren schon immer Produkte des Zusammenwirkens unterschiedlicher gesellschaftlicher Sektoren, Instanzen, Arenen und Akteure. Neu daran ist vielmehr das Bestreben, durch die Überwindung von Innovationsblockaden in herkömmlichen wohlfahrtsstaatlichen Arrangements und durch die Herstellung neuer Kombinationsformen von Institutionen und Sektoren der Wohlfahrtsproduktion das erreichte Niveau der Wohlfahrt unter veränderten Bedingungen zu erhalten bzw. Wohlfahrtssteigerungen durchzusetzen. Dieses neue ordnungspolitische Interesse an den gesellschaftlichen Ressourcen und Potentialen "jenseits von Markt und Staat" läßt sich auf zwei voneinander relativ unabhängige Diskussionszusammenhänge zurückführen: (1.) Seit dem Beginn der 80er Jahre entwickelte sich angesichts der weitverbreiteten Wahrnehmung struktureller Grenzen von Markt *und* Staat bei der Produktion von Wohlfahrt und unter dem Eindruck von ökonomischer Stagnation und verengten finanziellen Verteilungsspielräumen in den öffentlichen Haushalten ein politisches Interesse an einer verstärkten Nutzung und Instrumentalisierung der ökonomischen bzw. sozialpolitisch relevanten Leistungspotentiale und Unterstützungsbereitschaften jenseits von Markt und Staat. (2.) In Gegensatz und in Absetzung zu dieser ordnungspolitischen Position, in der die gesellschaftliche Sphäre jenseits von Markt und Staat primär als eine "Leistungsreserve" für die Schließung von ökonomischen bzw. sozialpolitischen Versorgungslücken thematisiert wird, hat sich das gesellschafts- und sozialpolitische Interesse an den zivilgesellschaftlichen Motiven und Organisationsformen unter dem Einfluß der aus den USA stammenden "komunitaristischen" Strömung deutlich verändert und erweitert: Aus dieser Perspektive sind die gemeinschaftsbezogenen Aktivitäten und Formen der gegenseitigen Hilfe und Unterstützung und der Interessenartikulation von Bürgerinnen und Bürgern sowie die hier vorfindlichen Organisationsformen wie Bürgergruppen, Vereine und freiwillige Assoziationen Ausdruck und zentrale Grundlage sowohl einer demokratischen politischen Kultur (vgl. Barber 1994) als auch einer solidarischen Wohlfahrtsgesellschaft (vgl. dazu Walzer 1988 sowie Teil II dieser Einleitung). In beiden Diskussionskontexten wird zunehmend anerkannt, daß es in diesem Zusammenhang nicht ausreicht, Produktivitätsreserven durch den systematischen Einbezug von zivilgesellschaftlichen Assoziationen und informellen Netzwerken zu erschließen. Zur Steigerung der individuellen wie kollektiven Wohlfahrt kommt es vielmehr danach entscheidend darauf an, durch neue Kombinationsformen der sektorspezifischen "Handlungslogiken" (welfare-mixes im engeren Sinne) - z.B. in Form von public-privat-partnerships, neuen Verknüpfungen von formellen und informellen Unterstützungsleistungen etc. - synergetische Effekte hervorzurufen.

Wohlfahrtspluralistische Konzepte weisen in ihrer Konzentration auf die vielfältigen Verknüpfungen und Wechselwirkungen zwischen den verschiedenen Sektoren, Instanzen und Akteuren der Wohlfahrtsproduktion sowohl eine analytische als auch eine normativ-politische Dimension auf:

(1) In analytischer Perspektive interessiert sich die sozialwissenschaftliche Forschung zur "gemischten Ökonomie der Wohlfahrt" bzw. zum "Wohlfahrtspluralismus" für die jeweils spezifischen Beiträge, die die einzelnen gesellschaftlichen Sektoren, Institutionen und Akteursgruppen bei der individuellen bzw. gruppenbezogenen Wohlfahrtsproduktion in den jeweiligen Ländern leisten sowie für die den komplexen nationalen "welfare-

mixes" zugrunde liegenden ökonomischen, sozialkulturellen und politischen Bedingungsfaktoren; sie analysiert sowohl Konkurrenz- und Verdrängungs- als auch Austausch- und Kooperationsbeziehungen zwischen diesen gesellschaftlichen Sektoren und fragt schließlich nach den Voraussetzungen und Merkmalen von "optimalen mixes" zwischen ihnen.

(2) In normativ-politischer Perspektive wird im Rahmen einer Formulierung und Propagierung wohlfahrtspluralistischer Konzepte und Strategien festzulegen versucht, welche (relative) Bedeutung die einzelnen gesellschaftlichen Sektoren im Zusammenhang mit der Erreichung gesellschaftlicher Ziele wie Gerechtigkeit, Sicherheit und Wohlfahrt spielen und gegebenenfalls welche horizontalen bzw. hierarchischen Beziehungen zwischen ihnen hergestellt werden *sollen*. Allgemein formuliert geht es also bei wohlfahrtspluralistischen Politikkonzepten darum, mehr oder weniger naturwüchsig entstandene Formen und Arrangements der Aufgaben- und Zuständigkeitsverteilung zwischen verschiedenen Bereichen der Wohlfahrtsproduktion nach Maßgabe politischer Ziele zu verändern, um auf diese Weise - politisch-intentional - eine gewünschte Konstellation der "gemischten Produktion von Wohlfahrt" zu modellieren.

Die relative Bedeutung des wohlfahrtspluralistischen Diskurses fällt in den entwickelten westlichen Ländern höchst unterschiedlich aus; nationale Wohlfahrtskulturen, historische Sonderentwicklungen, die institutionelle Eigendynamik des wohlfahrtspolitischen Institutionensystems sowie nicht zuletzt (partei-) politische Machtbalancen und deren Stabilitätsbedingungen beeinflussen Richtung und Intensität wohlfahrtspluralistischer Konzepte und Strategien. So wurden etwa wohlfahrtspluralistische Strategien und Konzepte in Großbritannien in der Ära Thatcher sehr stark vom marktliberalen Denken geprägt und liefen auf die Einführung von Quasi-Märkten im Bereich sozialer Dienste hinaus, in denen öffentliche Aufgaben auf der Basis von Ausschreibungen durch Vertragsbeziehungen an Nonprofit-Organisationen und gewerbliche Unternehmungen vergeben werden sollen. Um die Rolle von gewerblichen Trägern auf Dienstleistungsmärkten zu verstärken, gab die Regierung bestimmte Quoten vor, die für privatwirtschaftliche Unternehmungen zum Beispiel auf kommunalen Pflegemärkten reserviert werden sollten (vgl. Wistow u.a. 1993). Demgegenüber gibt es zwar in den skandinavischen Ländern ebenfalls durchaus Tendenzen zu einer Reduzierung des Anteils öffentlicher Versorgungsleistungen, aber dennoch spielt der Staat typischerweise bei der Gestaltung von Dienstleistungsmärkten und ihrer sozialen Resultate eine gegenüber Großbritannien deutlich aktivere Rolle. So wurden zum Beispiel in Dänemark neben und in Ergänzung zu politischen Bestrebungen zu einer Reduzierung der Staatsquote mit erheblichen finanziellen Mitteln ausgestattete Programme aufgelegt, um soziale Initiativen und Selbsthilfegruppen insbesondere in ihrer sozio-kulturellen Dimension zu fördern und zu unterstützen (vgl. Hogsbro 1995). Ein weiterer Hinweis auf die vergleichweise aktive Rolle des Staates in den skandinavischen Ländern ist der Sachverhalt, daß zum Beispiel in Schweden bei der Einführung von "mixed-markets" stets darauf geachtet wird, daß sämtliche Bevölkerungsgruppen auch auf den gemischten Märkten gleiche Zugangsrechte zu bestimmten Leistungen (z.B. Kinderbetreuung) haben. Der wohlfahrtspluralistische Diskurs in der Bundesrepublik wird dagegegen - trotz gegenwärtiger Bemühungen um eine tendenzielle Abkehr von überkommenen Formen der subsidiären Zusammenarbeit und der vorsichtigen Öffnung von Dienstleistungsmärkten für gewerbliche Anbieter - auch weiterhin durch die übermächtige Präsenz der großen Wohlfahrtsverbände und ihren auf dem gesetzlich fixierten Subsidiaritätsprinzip basierenden exklusiven Zusammenarbeitsformen mit staatlichen Institutionen beeinflußt (vgl. Backhaus-Maul/Olk 1994).

Insgesamt gilt aber für sämtliche westlichen Länder, daß die seit den frühen 80er Jahren zweifellos gestiegene gesellschafts- und sozialpolitische sowie sozialwissenschaftliche Bedeutung wohlfahrtspluralistischer Konzepte und Forschungsansätze mit einigen säkularen Entwicklungstrends in Verbindung gebracht werden kann. Die Herauslösung der Individuen aus traditionellen Sozialbeziehungen und Milieus im Zuge gesellschaftlicher Modernisierung, der Zwang zur selbstverantworteten Lebensplanung sowie die Herausbildung neuer, "post-traditionaler" Gemeinschaftsformen haben die Individuen mit neuen Entscheidungszwängen und Wahlmöglichkeiten im Hinblick auf die Stile der Lebensführung und die "Auswahl" von Gemeinschaftsbeziehungen konfrontiert. Standardisierende Konzepte sozialer Sicherung verlieren angesicht der Vielfalt individueller Präferenzen und Handlungschancen an Plausibilität und geraten unter den Druck konkurrierender Konzepte und Strategien, die für mehr Wahlfreiheit und Selbstbestimmung plädieren. Solche Entwicklungen werden durch die wachsende Einsicht in strukturelle Leistungsgrenzen des Wohlfahrtsstaates im Bereich von sozialer Sicherheit und Wohlfahrt flankiert. Unerwünschte Nebenfolgen des Einsatzes staatlicher Organisationsmittel und Interventionsformen, wie sie etwa mit Begriffen wie Verrechtlichung, Ökonomisierung, Bürokratisierung und Professionalisierung belegt werden, sind insbesondere mit Bezug auf die an quantitativer Bedeutung hinzugewinnenden personenbezogenen sozialen Dienstleistungen intensiv diskutiert worden. Mit der Ernüchterung der hochgesteckten Erwartungen an zentralstaatliche Gestaltungschancen sozialer Wohlfahrt nimmt das Interesse an dezentralen Prozessen der eigengesteuerten Produktion von Wohlfahrt - z.B. in freiwilligen Zusammenschlüssen von aktiven Bürgerinnen und Bürgern sowie in informellen Netzwerken - zu. Nicht zuletzt verspricht der Einbezug der Ressourcen von Nonprofit-Organisationen und Initiativen und informeller Unterstützungnetzwerke angesichts verengter Verteilungspielräume und leerer öffentlicher Kassen finanzielle Entlastungseffekte.

Im folgenden geht es zunächst um die zentralen Begrifflichkeiten, theoretischen Erklärungsansätze und empirischen Befunde wohlfahrtspluralistischer Forschung. Im zweiten Teil dieser Einleitung sollen sodann die normativ-politischen Konzepte und Strategien der Gestaltung wohlfahrtspluralistischer Arrangements behandelt werden.

## II. Das Konzept der "gemischten Wohlfahrtsproduktion" bzw. des "Wohlfahrtspluralismus"

Im folgenden soll das sozialwissenschaftliche Konzept des "Wohlfahrtspluralismus" in seinen wichtigsten Dimensionen vorgestellt werden. Angesichts des bislang erreichten, insgesamt als höchst vorläufig zu bezeichnenden Diskussions- und Forschungsstandes erfordert ein solches Unterfangen eine methodologische Vorbemerkung. Wenn im folgenden vom sozialwissenschaftlichen Konzept des Wohlfahrtspluralismus die Rede ist, dann ist hiermit keineswegs eine in sich geschlossene Theorie gemeint, sondern es handelt sich vielmehr um einen *heuristischen Analyserahmen*, der es ermöglichen soll, ein verschlungenes Knäuel unterschiedlichster Theorie- und Forschungsstränge sowie ein breites Spektrum politischer Konzepte und Strategien zu systematisieren und in eine integrierte Gesamtperspektive einzuordnen. Das besondere Erkenntnisziel dieses Denkansatzes besteht darin, Analysen und Konzepte, die sich mit Problemen der Gewichtung und Vermittlung zentraler Institutionen hochentwickelter industrieller Demokratien - also Staat, Markt, Familie, organisierten gesellschaftlichen Interessenträgern etc. - auseinandersetzen, zu bündeln; dabei erfolgt diese Bündelung im Brennpunkt von Fragen und Problemen im Grenzbereich zwischen Gesellschaftspolitik im weiteren und Sozialpolitik im engeren Sinne. Der Erkenntniswert einer solchen Forschungs- und Analyseperspektive könnte in den folgenden Aspekten liegen:

- in einem systematisch-theoretischen Einbezug der in herkömmlichen theoretischen Konzepten und Modellen unterbelichteten gesellschaftlichen Sektoren wie Familie, informelle Unterstützungsnetzwerke und intermediäre Organisationen,
- in einer Überwindung sektoraler Sichtweisen, die sich zum Beispiel auf bestimmte Politikfelder, wie den Gesundheitsbereich, beschränken;
- in einer genauen und kohärenten Charakterisierung von wohlfahrtspolitischen Entwicklungspfaden und -regimes, mit deren Hilfe die typischen Blindflecke vorfindlicher Typologien von Wohlfahrtsregimes (vgl. Esping-Andersen

1990), die die Dimension der Pluralität von Institutionen im Bereich der Wohlfahrtsproduktion ausblenden, überwinden könnte; sowie schließlich
- in der Aufhellung von Problemen und Chancen wohlfahrtspluralistischer Strategien und Konzepte in Politikfeldern, in denen es ganz unmittelbar um die Lösung von Interaktions-, Kooperations- und Koproduktionsproblemen geht.

Für eine Darstellung des Konzeptes ist es zweckmäßig zunächst zu erläutern, was unter Wohlfahrtsproduktion verstanden werden soll. Folgen wir der sozialwissenschaftlichen Tradition der empirischen Wohlfahrtsforschung, so bezeichnet Wohlfahrt das Ergebnis eine Konsumptionsprozesses, im Verlaufe dessen aus dem Einsatz und dem Verbrauch von Gütern, Diensten, Zeit und Energie, objektive und subjektiv wahrgenomme Bedürfnisbefriedigung entsteht (vgl. grundlegend Zapf 1977 sowie Glatzer/Zapf 1984). Während der Terminus Wohlfahrt also auf die Bestimmung von Ergebnissen auf der Nachfrageseite dieses Produktionsprozesses abzielt, bezieht sich das Konzept der Wohlfahrts*produktion* auf den Umwandlungsprozeß von Ressourcen (wie Güter, Dienste und Zeit) in Endprodukte, die hier als Beiträge zum individuellen Wohlbefinden verstanden werden. Der Begriff der Wohlfahrtsproduktion verknüpft also die Angebots- mit der Nachfrageseite. Der Möglichkeitsspielraum für die Verbesserung des Niveaus der Wohlfahrt bzw. für die Erhöhung des Wohlbefindens hängt dabei von dem zur Verfügung stehenden Kapitalstock sowie der disponiblen Zeit ab. Dabei wird hier ein sehr weitgefaßter Begriff von "Kapitalstock" verwendet, der menschliche Fähigkeiten und Fertigkeiten, "Soziales Kapital" (wie Familienbeziehungen, Freundschaften, informelle Kontakte etc.) sowie gesellschaftspolitische Ressourcen etc. einbezieht. In unserem Begriffsverständnis von "Sozialem Kapital" folgen wir Coleman (vgl. 1988), der mit diesem Terminus denjenigen Bestand an sozialen (Netzwerk-) Beziehungen bezeichnet, über die eine konkrete Person verfügen kann und die das Handlungspotential der fraglichen Person erweitern. Da diese Form von Sozialem Kapital den Charakter eines öffentlichen Gutes annimmt, wird sie nicht - wie etwa Geldkapital - durch zielgerichtete Handlungsstrategien akkumuliert sondern kommt zumeist als Nebenprodukt anderer Tätigkeiten zustande.

In einer gegebenen Gesellschaft wird nun stets eine Mehrzahl von Wohlfahrtszielen angestrebt. An der Produktion dieser Wohlfahrtsgüter sind in der Regel mehrere gesellschaftliche Sektoren beteiligt und sowohl private als auch öffentliche Kollektivakteure einbezogen, die jeweils spezifische Ressourcen und Aktivitäten einbringen. Diese Sektoren und Akteure repräsentieren die *Angebotsseite* der Wohlfahrtsproduktion. Seit Beginn der 80er Jahre sind nun unterschiedliche Vorschläge zur Analyse und Systematisierung solcher wohlfahrtsproduzierender Institutionen entwickelt worden. So hat etwa Rose (vgl. 1986) bereits in einer sehr frühen Phase dieser Diskusion aus ökonomischer Sicht auf die Rolle und Funktion der verschiedenen Institutionen der Wohlfahrtsproduktion als Verteilungsinstanzen knapper Wohlfahrtsgüter mit unterschiedlichem Gewicht hingewiesen. Dieser ökonomisch zentrierte Analyse-Ansatz ist in der englischen Diskussion und Forschung zur sogenannten "mixed economy of welfare bzw. care" weiterentwickelt worden (vgl. z.B. Wistow u.a. 1993). Aus der Perspektive der Wohlfahrtsforschung hat Zapf (vgl. 1981) die unterschiedlichen Beiträge der "Instanzen" Märkte/Unternehmungen, Staat, Assoziationen und Privathaushalte bei der Produktion von Wohlfahrt analysiert. In der britischen Diskussion zum "Welfare Pluralism" hat sich eingebürgert, mit dem Staat, dem kommerziellen Sektor, dem Freiwilligensektor (voluntary sector) und dem informellen Sektor vier "Sektoren" der Wohlfahrtsproduktion zu identifizieren (vgl. Johnson 1987). In der Terminologie von Evers (vgl. Evers/Wintersberger 1988, Evers 1993 und 1995) wird bei sonstigen Übereinstimmungen hinsichtlich der übrigen Sektoren der Wohlfahrtsproduktion für den Nonprofit-Sektor der Begriff *"intermediärer Bereich"* vorgeschlagen, um den eigentümlichen Zwischenstatus der Sphäre freiwilliger nicht-profitorientierter Organisationen im Spannungsfeld zwischen Staat, Markt und Haushalten bzw. informellen Unterstützungsnetzwerken hervorzuheben. Auf diese Weise gelingt es zudem, die im engeren Sinne ökonomische Blickverengung der us-amerikanischen Dritte-Sektor-Forschung (vgl. für einen Überblick Anheier/Seibel 1990) soziologisch und politikwissenschaftlich zu überwinden (vgl. Evers 1993). In der deutschen Sozialpolitikforschung wurde die bis dahin dominante staatszentrierte Analyseperspektive unter dem Eindruck der Selbsthilfebewegung und ihrer sozialwissenschaftlichen Theoretisierung seit den späten 70er Jahren in Richtung einer stärkeren Berücksichtigung "nicht-professioneller Sozialsysteme" (vgl. Badura/von Ferber 1981) ausgeweitet. Seitdem spielt die Frage nach den relativen Leistungsbeiträgen von - und Wechselbeziehungen zwischen - Staat, intermediären Instanzen und Selbsthilfe (vgl. die Beiträge in Kaufmann 1987) eine gewichtige Rolle in der deutschen Sozialpolitikforschung

Jeder der vier genannten Sektoren bzw. Instanzen der Wohlfahrtsproduktion - so kann man den generellen Tenor all dieser verschiedenen Forschungsansätze zusammenfassen - folgt seiner eigenen Logik, hat seine spezifischen Zugangsvoraussetzungen, wird durch jeweils spezifische Zentralinstitutionen verkörpert und weist bestimmte Leistungsstärken und -schwächen auf. Obwohl sich diese verschiedenen gesellschaftlichen Bereiche bei der Produktion von individueller wie kollektiver Wohlfahrt unter bestimmten Voraussetzungen wechselseitig ergänzen, weisen sie immer auch wechselseitige Unvereinbarkeiten auf, die sich in Konflikten niederschlagen können. Trotz solcher Unvereinbarkeiten und Konfliktträchtigkeiten gilt, daß wir in modernen Gesellschaften stets länderspezifische Kombinationsformen und "mixes" diese

Sektoren und der in ihnen zum Ausdruck kommenden Logiken der Handlungskoordination vorfinden.

In diesem Zusammenhang muß berücksichtigt werden, daß sich das jeweils erreichte Niveau individueller Wohlfahrt nicht umstandslos aus der bloßen Existenz wohlfahrtsproduzierender Institutionen bzw. Sektoren und ihrer wechselseitigen Verknüpfung ergibt. Vielmehr müssen die sich bietenden Chancenstrukturen von den Individuen auch tatsächlich genutzt werden. Die Leistungen der unterschiedlichen Sektoren der Wohlfahrtsproduktion sind also für die Lebenslagen der Individuen nur insofern relevant, als diese ihre sich bietenden Chancen subjektiv wahrnehmen und durch entsprechende Handlungsstrategien nutzen (können). In diesem Sinne macht Kaufmann (vgl. 1994, S. 369) darauf aufmerksam, daß die Wohlfahrtsproduktion von den Individuen zunächst einmal selbst "in Gang gesetzt" werden muß, die Betroffenen sich also als Antragsteller, Klienten und Kunden usw. zunächst einmal Zugänge zu den wohlfahrtsrelevanten Leistungen verschaffen müssen. Hieraus folgt, daß über die individuellen Wohlfahrtseffekte der Leistungen von Instanzen der Wohlfahrtsproduktion letztlich auf der interaktiven Ebene entschieden wird.

Im Gegensatz und in Absetzung zu den bisher vorgestellten wohlfahrtspluralistischen Modellen und Ansätzen betont Kaufmann (vgl. 1994) allerdings angesichts des Mehrebenen-Charakters der Wohlfahrtsproduktion die *hierarchische Anordnung* der Sektoren der Wohlfahrtsproduktion. Er geht davon aus, daß sich die Beiträge der genannten Instanzen bzw. Sektoren der Wohlfahrtsproduktion funktional auf unterschiedliche Emergenzebenen beziehen: "Der staatliche Beitrag bezieht sich im wesentlichen auf die institutionellen Grundlagen der verschiedenen Leistungssysteme und die Gewährleistung von Inklusion durch Einräumung und Schutz sozialer Rechte. Die arbeitsteilige Produktion spezifischer Güter und Dienste erfolgt entweder durch privatwirtschaftliche Anbieter oder durch die Einrichtungen des Wohlfahrtssektors, die ihrerseits entweder öffentlich-rechtlichen oder privat-rechtlichen Charakter tragen können. Die für die Genese individueller Nutzen entscheidende Inanspruchnahme schließlich erfolgt in den meisten Fällen im Kontext von Haushalts- und Netzwerkbedingungen, welche für die Wohlfahrtseffekte der angebotenen Güter und Dienste entscheidend sind." (Kaufmann 1994, S. 375) Im folgenden soll an der von Kaufmann kritisierten Vorstellung einer Typologie von vier funktional eigenständigen, in analytischer Perspektive horizontal angeordneten Instanzen bzw. Sektoren der Wohlfahrtsproduktion festgehalten werden. Dabei betrachten wir den Systematisierungsvorschlag von Kaufmann nicht als konkurrierende sondern komplementäre Deutung des Phänomens der Wohlfahrtsproduktion. Beide Konzepte repräsentieren unterschiedliche, jedoch je für sich sinnvolle, Forschungsperspektiven. Ein erstes Argument bezieht sich auf das Verwendung findende Staatskonzept. Konzentriert man sich auf die politische Funktion des

Staates, dann ist es berechtigt, der staatlichen Politik eine herausragende Rolle im Vergleich zu anderen gesellschaftlichen Institutionen zuzubilligen. Betrachtet man jedoch den Staat als Produzenten sozialer Dienste, so ist es angemessener, ihn als "öffentlichen Sektor" zu konzeptionalisieren, der keine Vorrangposition gegenüber anderen Sektoren der Gesellschaft beanspruchen kann. Ferner wird in dem von uns präferierten Systematisierungsansatz die in einem gegebenen Land vorfindliche Beziehungsstruktur zwischen den einzelnen Sektoren der Wohlfahrtsproduktion als eine empirische Frage behandelt. So kann es durchaus sein, daß in einigen Ländern (wie z.B. den skandinavischen Wohlfahrtsstaaten) der Staat eine dominante Position im wohlfahrtspluralistischen Arrangement einnimmt, während z.B. der Dritte Sektor eher eine untergeordnete Rolle spielt. Aber diese Über- und Unterordnungsbeziehung ist grundsätzlich als kontingent zu betrachten und unterliegt historischen Veränderungen. Dagegen ist die vertikale Perspektive einer Rekonstruktion von Wohlfahrtsproduktion als einen hierarchisch angeordneten Mehr-Ebenen-Prozeß besonders geeignet, um aus einer staatszentrierten Perspektive Probleme der Binnensteuerung des öffentlichen Sektors sowie Anforderungen und Folgen der Intervention des Staates in eigendynamische nicht-staatliche Handlungsfelder zu analysieren.

## III. Der Forschungsstand

### 1. *Nachfrage und Inanspruchnahme von Leistungen wohlfahrtspluralistischer Systeme*

Die heuristische Forschungsperspektive des Wohlfahrtspluralismus, wie sie hier in ihren grundlegenden Begrifflichkeiten und theoretischen Annahmen skizziert wird, gibt einen Rahmen ab, der weit genug gespannt ist, um Analysen und empirische Untersuchungen aus unterschiedlichen Blickwinkeln und mit unterschiedlichen Forschungsfragen betreiben zu können.

Ein zentraler Strang der Forschung setzt auf der *"Nachfrageseite"* der Wohlfahrtsproduktion und damit auf der Ebene von Individuen und Haushalten an. Aus dieser Perspektive gilt es zu untersuchen, auf welche Weise und in welchen Kombinationsformen die Individuen unter dem Einfluß individueller Präferenzordnungen die Leistungen der unterschiedlichen Instanzen bzw. Sektoren der Wohlfahrtsproduktion "in Gang setzen" und auf diese Weise zur Steigerung ihrer individuellen bzw. haushaltlichen Wohlfahrt nutzen. In dieser Hinsicht zeigt sich zum einen, daß die eigene jeweilige Lebenslage sowie das subjektive Wohlbefinden von Einzelpersonen und Haushaltsmitgliedern selten aus den Beiträgen eines einzigen Sektors der Wohlfahrtsproduktion resultieren; in der Regel haben die betreffenden Individuen und Gruppen Zugänge zu einer Mehrzahl von Sektoren der Wohlfahrtsproduktion und kombinieren die unterschiedlichen Leistungen und Beiträge mit eigenen Aktivitäten im Haushalt (individueller bzw. haushaltsbezogener "Wohlfahrtsmix"). Dies gilt sowohl für die Mobilisierung monetärer Ressourcen als auch für die Aquisition immaterieller Hilfeleistungen und sozialer Dienste.

Mit Bezug auf die Dimension des *materiellen* Einkommens ist zu beachten, daß konkrete individuelle Lebenslagen nicht nur von der Höhe, sondern vor allem auch von Art und Zusammensetzung des Einkommens abhängen können (vgl. hierzu ausführlich den Beitrag von Leisering in diesem Band). Im Gegensatz zu herkömmlichen Schichtungsmodellen, die zumeist auf der Positionierung von Individuen in Hierarchien von Erwerbeinkommen basieren, werden konkrete Lebenslagen nicht nur vom Erwerbseinkommen, sondern auch von Sozialeinkommen, Einkommen aus Betriebsrenten etc. geprägt. Dabei ist es möglich, daß Unterversorgungslagen, die aus der einen Einkommensart resultieren, durch vergleichsweise bessere Versorgungsströme aus anderen Einkommensarten (partiell) kompensiert werden können. Ferner ergeben sich aus den verschiedenen Einkommensarten unterschiedliche Handlungsspielräume und Chancenstrukturen für die Individuen und Haushalte. So ist es durchaus denkbar, daß die überwiegende Bestreitung des Lebens durch ein staatlich ausgeteiltes Sozialeinkommen isolierende und passivierende Folgen zeitigt. Auch gilt nicht in allen Fällen, daß die individuelle bzw. haushaltsbezogene Kombination von Einkommensarten unter dem Ziel der Einkommenssteigerung gestaltet wird; vielmehr geht es oft (auch) um die Sicherung bevorzugter Chancen der Lebensgestaltung, die durch bestimmte Arten von Einkommen eröffnet werden. Ein in der neueren Sozialhilfeforschung viel zitiertes Beispiel sind Frauen, die sich für eine bestimmte (vorübergehende) Phase ihres Lebensablaufs auf die Erziehung ihrer kleinen Kinder konzentieren wollen, und deshalb den Bezug von Sozialhilfe einer Partizipation am Erwerbsarbeitsmarkt zumindest auf mittlere Sicht vorziehen (vgl. Leisering in diesem Band). Selbst die Situation des Bezugs von Sozialhilfe konstituiert also keineswegs zwangsläufig eine Lebenslage, die ausschließlich durch Unfreiwilligkeit und ein passives Hinnehmen vorgegebener Zwänge gekennzeichnet ist. Bezüglich der Erzielung von Einkommen durch Partizipation an Arbeitsmärkten hat die einschlägige empirische Wohlfahrtsforschung ein breites Spektrum von differenzierten Strategien der Erzielung gewünschter Wohlfahrtsniveaus gefunden. So geht zum Beispiel aus einer Studie von Merz und Wolff (vgl. 1990) hervor, daß die Individuen bzw. Haushaltsmitglieder Art und Umfang ihrer Beteiligung am formellen Beschäftigungssystem durch Haupt- und Nebenerwerb gemäß ihren Präferenzen mit nichtmarktmäßiger Eigenarbeit im Haushalt kombinieren. Gut belegt sind auch Bestrebungen, (blockierte) Chancen auf dem Erwerbsarbeitsmarkt durch vermehrte Haushaltsproduktion und unterschiedliche Formen informeller Arbeit (wie etwa Gelegenheitsjobs, ungesicherte Beschäftigungsverhältnisse und Schwarzarbeit) zumindest teilweise zu kompensieren. Zumeist stehen allerdings beide Formen der monetären Einkommenssicherung nicht in einem Konkurrenz- bzw. Substitutions- sondern vielmehr in einem Komplementärverhältnis. Angehörige bestimmter Berufe und Branchen verfügen aufgrund ihrer Teilhabe am Beschäftigungssystem sowohl über die Arbeitsmittel als auch über die Fähigkeiten und Fertigkeiten zu informellen Formen der Arbeit (vgl. Pahl 1990 sowie Jessen u. a. 1987).

Ähnliche Verhaltensmuster und Konfigurationen lassen sich im Bereich der Versorgung mit *immateriellen* Unterstützungsleistungen und sozialen Diensten finden. Aus der Forschung zu den personenbezogenen Dienstleistungen - etwa im Bereich der Betreuung von Kindern bzw. der Pflege älterer Menschen - ist geläufig, daß Wohlfahrtsgewinne oft aus situativ angepaßten Rekombinationsformen bezahlter professioneller Dienstleistungen mit unbezahlter Eigenleistung erzielt werden (vgl. Engelbert 1996 sowie den Beitrag von Evers und Olk in diesem Band). Solche Befunde stützen die These von Kaufmann (vgl. 1994), wonach die wohlfahrtsrelevanten Leistungen der einzelnen Sektoren der Wohlfahrtsproduktion nicht umstandslos für die Individuen verfügbar sind, sondern zunächst einmal durch deren aktives Handeln zugänglich gemacht werden müssen. Dies bedeutet - anders gewendet -, daß die individuelle Wohlfahrt bzw. konkrete Lebenslagen nicht einfach als eine Funktion verfügbarer *Ressourcen* aus unterschiedlichen Wohlfahrtssektoren verstanden werden kann, sondern sich im Ergebnis aus den vorfindlichen Präferenzen und *Kompetenzen* zur Mobilisierung solcher Ressourcen ergibt. Die Steigerung von Wohlfahrt und Wohlbefinden setzt also "Passungsverhältnisse" in zwei unterschiedlichen Dimensionen voraus: Aus der Mikro-Perspektive von Individuen und Haushalten kommt es darauf an, individuelle Kompetenzen und Handlungstrategien mit der institutionellen Eigenlogik und Eigenselektivität wohlfahrtsproduzierender Instanzen zu verknüpfen; aus der Makro-Perspektive geht es darum, durch eine optimale Rekombination und Verschränkung der vier unterschiedlichen Sektoren der Wohlfahrtsproduktion die Chancenstrukturen für sämtliche Bürgerinnen und Bürger zur möglichst selbstbestimmten Gestaltung ihrer Lebenslagen in einer gegebenen Gesellschaft zu verbessern.

## 2. *Die Angebotsseite im Wohlfahrtsmix*

In den folgenden Ausführungen dieser Einleitung und in der überwiegenden Mehrzahl der in diesem Band versammelten Beiträge steht allerdings nicht die Nachfrageseite sondern die Angebotsseite wohlfahrtspluralistischer Arrangements im Mittelpunkt des Interesses. Arbeiten, die dieser Forschungsperspektive zugerechnet werden können, untersuchen die spezifische "Produktionslogik" der vier Sektoren der Wohlfahrtsproduktion, aber auch deren inhärente Entwicklungsdynamiken, die sowohl zu wechselseitigen Stabilisierungs- als auch Verdrängungsprozessen und damit zu Beeinträchtigungen der individuellen wie kollektiven Wohlfahrt führen können. Beiträge, die das aus den vier zentralen Sektoren der Wohlfahrtsproduktion bestehende Gesamtsystem - etwa auf der Ebene eines Landes - untersuchen, sind bislang selten geblieben (vgl. Zapf 1981 sowie Evers 1990); insgesamt überwiegen Arbeiten, die sich jeweils ausschließlich auf einen der vier Sektoren der Wohlfahrtsproduktion beschränken:

- die Rolle des *informellen Sektors der Wohlfahrtsproduktion* und seiner verschiedenen Sub-Elemente ist primär in den Debatten zu Eigenarbeit (vgl. Offe/Heinze 1990), Selbsthilfe (vgl. Trojan 1986 sowie Badura/von Ferber 1981), sozialen Unterstützungsnetzwerken (vgl. für einen Überblick Heinze/Olk/Hilbert 1988, S. 111 ff.), Frauenarbeit und Hausarbeit (vgl. z.B. Ostner 1984) sowie Haushaltsproduktion (vgl. Abschnitt I 4.3) insbesondere unter Einbeziehung der Interaktion zwischen Markt, Staat und "Gesellschaft" erörtert worden;
- im Bereich des *Dritten Sektors* wurden insbesondere Möglichkeiten, Grenzen und Perspektiven der etablierten freien Träger der Wohlfahrtspflege, aber auch der Träger einer neuen Welle kleinerer Initiativen und Vereine im "intermediären Bereich" zum Gegenstand spezialisierter Forschungsstränge wie etwa der Wohlfahrtsverbändeforschung erhoben (vgl. Bauer 1980, Schmid 1996, Backhaus-Maul/Olk 1994 sowie Olk 1995), der Forschung zum "Dritten-" bzw. "Nonprofit-Sektor" (vgl. Forschungsjournal Neue soziale Bewegungen 1992, Ronge 1988 sowie Evers 1990), sowie von Beiträgen zu Debatten um Alternativbetriebe und Genossenschaften;
- die Rolle des *Marktes und privatwirtschaftlicher Unternehmungen* im wohlfahrtspolitischen Bereich hat bisher mehr politische als sozialwissenschaftliche Aufmerksamkeit erfahren. So hat sich etwa die bisherige Debatte um die Privatisierung öffentlicher Aufgaben auf bundes-, landes- und kommunaler Ebene zumindest überwiegend auf den Bereich der public policy allgemein und nur marginal auf den Bereich der Sozialpolitik konzentriert (vgl. beispielhaft Hill 1994 sowie König 1992). In den letzten Jahren wurden einige Novellierungen von bundesdeutschen Sozialgesetzen (vor allem einige Paragraphen im BSHG sowie das neue Pflegeversicherungsgesetz) als staatliche Bemühungen um eine Öffnung von Dienstleistungsmärkten für gewinnorientierte Unternehmungen bewertet;
- in diesem Kontext hat sich die Debatte um eine veränderte Rolle *des Staates* im Bereich der Wohlfahrtsproduktion in den letzten Jahren erheblich intensiviert. Während der Staat als Produzent sozialer Leistungen bzw. als Träger sozialer Einrichtungen und Dienste unter dem Einfluß einer Neudefinition von Staatsaufgaben (vgl. die Beiträge in Grimm 1994) und

Aufgabenkritik eine eher abnehmende Rolle spielt, werden unter wohlfahrtspluralistischer Perspektive zunehmend seine regulierenden, moderierenden und Bürgerengagement und gesellschaftliche Initiative fördernden bzw. "ermöglichenden" Funktionen betont (vgl. Gilbert/Gilbert 1989 sowie Kaufmann 1994, S. 374 ff.).

In den Sozialwissenschaften haben diese vier gesellschaftlichen Sektoren bislang keine gleichmäßige Aufmerksamkeit erfahren. Während Markt, Staat und Gemeinschaft bislang eindeutig im Mittelpunkt standen, hat sich das Interesse sozialwissenschaftlicher Forschung am intermediären Bereich von Organisationsbildungen "zwischen" Markt, Staat und Gemeinschaften erst in den letzten beiden Jahrzehnten intensiviert. Der Grund hierfür liegt im wesentlichen darin, daß sich das gesellschaftliche und politische Interesse am "Dritten-" bzw. "Nonprofit-Sektor" oder aber "intermediären Bereich" erst in dem Maße herausbilden und verstärken konnte, wie die Grenzen sowohl des Marktes als auch des Staates für die Lösung gesellschaftlicher Probleme einer breiten Öffentlichkeit bewußt wurden. In den letzten beiden Jahrzehnten sind allerdings - ausgehend von den USA (vgl. Anheier/ Seibel 1990) - die sozialwissenschaftlichen Forschungsaktivitäten auch in Europa erheblich ausgeweitet und eine Vielzahl von theoretischen Analysen und empirischen Befunden vorgelegt worden (vgl. zum Forschungsstand Evers 1993 sowie Backhaus-Maul/Olk 1992).

## *3. Die vier Sektoren der Wohlfahrtsproduktion und ihre Handlungslogiken*

Auf der Grundlage und in Weiterentwicklung der Arbeiten von Dahl/Lindblom (vgl. 1953), Streeck/Schmitter (vgl. 1985), Zapf (vgl. 1981), Offe/Heinze (vgl.1986) und Dekker/van den Broek (vgl. 1995) sind in Schaubild 1 die jeweils spezifischen Merkmale der vier Sektoren der Wohlfahrtsproduktion tabellarisch zusammengefaßt.

Aus dieser schematischen Zusammenstellung geht hervor, daß die vier institutionellen Bereiche der Wohlfahrtsproduktion auf jeweils spezifische zentrale Bezugswerte bzw. normative Gütkriterien hin ausgelegt sind, die sie jeweils optimal zu erfüllen in der Lage sind (vgl. hierzu und zum folgenden auch Offe/Heinze 1986, S.485ff.). Dies gelingt allerdings regelmäßig nur auf Kosten der Verfehlung bzw. Vernachlässigung der jeweils übrigen normativen Ziele bzw. Gütekriterien. Politische Ordnungskonzepte und -strategien, die auf die (exlusive) Stärkung jeweils eines dieser vier Institutionenkomplexe und Handlngslogiken abzielen, müssen sich also mit dem nicht-intendierten Folgeproblem

**Schaubild 1: Merkmale der Sektoren der Wohlfahrtsproduktion**

| Institution | Markt | Staat | Gemeinschaft | Zivilgesellschaft |
|---|---|---|---|---|
| Sektor der Wohlfahrtsproduktion | Markt-Sektor | Staats-Sektor | informeller Sektor / Sektor der Haushaltsproduktion | Nonprofit-Sektor / intermediärer Bereich |
| 1) Prinzip der Handlungskoordination | Wettbewerb | Hierarchie | persönliche Verpflichtung | Freiwilligkeit |
| 2) zentraler kollektiver Akteur (Angebotsseite) | Unternehmen | öffentliche Verwaltungen | Familien (Nachbarschaften, erweiterte Verwandtschaftsnetze, Betriebskollegien, Freundschaftsbeziehungen) | Assoziationen |
| 3) Komplementärrolle auf der Nachfrageseite | Konsument, Kunde | Sozialbürger | Mitglied der Gemeinschaft (z.B. der Familie, Nation etc.) | Mitglied der Assoziation / Mitbürger |
| 4) Zugangsregel | Zahlungsfähigkeit | legal verbürgte Anspruchsrechte | Askription / Kooptation | Bedürftigkeit |
| 5) Austauschmedium | Geld | Recht | Wertschätzung / Achtung | Argumente / Kommunikation |
| 6) zentraler Bezugswert | (Wahl-) Freiheit | Gleichheit | Reziprozität / Altruismus | Solidarität |
| 7) zusätzliches Gütekriterium | Wohlstand | Sicherheit | persönliche Teilhabe | soziale und politische Aktivierung |
| 8) zentrales Defizit | Ungleichheit, Negierung nicht-monetarisierbarer Folgelasten | Vernachlässigung von Minderheitsbedürfnissen, Einschränkung von Dispositionsfreiheiten, Entmutigung von Selbsthilfemotiven | Einschränkung der Wahlfreiheit durch moralische Verpflichtung, Ausschluß von Nicht-Mitgliedern | ungleiche Verteilung der Leistungen und Güter, Professionalisierungsdefizite, reduzierte Effektivität der Management- und Organisationsstrukturen |

der (partiellen) Verfehlung der übrigen normativen Gütekriterien auseinandersetzen. Dies soll im folgenden knapp erläutert werden.

Die gesellschschaftliche Institution des Marktes ist auf der Angebotsseite durch Waren und Dienstleistungen anbietende Unternehmungen und auf der Nachfrageseite durch Kunden gekennzeichnet. Für die Marktbeziehungen zwischen Käufern und Verkäufern ist die *Zeitpunkt-Bezogenheit* konstitutiv. Unter dem Vorbehalt der Diskontinuität erfolgen Äquivalenz-Tauschakte, die weder der Vorbereitung durch vorherige Interaktionserfahrungen und gemeinsam geteilte normative Deutungen noch der Festlegung zukünftiger (Tausch-) Handlungen bedürfen.

Dieser hohe Grad an Abstraktion von zeitlichen Kontinuitäten und normativen Übereinstimmungen ermöglicht es, durch Marktbeziehungen dauerhaft globale Beziehungen zwischen Käufern und Verkäufern - etwa auf dem Weltmarkt - herzustellen. Solche normativ-voraussetzungslosen Marktbeziehungen ermöglichen ein Maximum an Freiheit, allerdings resultiert aus der Kommerzialisierung von Beziehungen zugleich eine Erosion von gemeinschaftlichen Bindungen. Ferner sind Märkte nicht geeignet, das normative Gütekriterien universalistischer Gleichheit zu gewährleisten. Märkte garantieren zwar eine Gleichheit der Zugangschancen - teilnehmen kann jeder, der über gültige Zahlungsmittel verfügt - aber sie verfehlen systematisch das Ziel der Gleichheit der Ergebnisse oder auch nur der Teilhabe an Minimalstandards der Versorgung. Die Zeitpunkt-bezogenheit von Tauschbeziehungen auf Märkten und ihre Fixierung auf das Austauschmedium Geld führen ferner dazu, daß sowohl nicht-monetarisierbare Bedürfnisse nicht über Märkte zu befriedigen sind als auch ungleich verteilte nicht-monetarisierbare Folgelasten von Marktprozessen entstehen.

Der Staat - hier als Sektor der Wohlfahrtsproduktion - wird auf der Angebotsseite durch öffentliche Verwaltungen repräsentiert. In diesem Sektor werden öffentliche Güter produziert, an denen die Staatsbürger auf der Grundlage rechtlich verbürgter Anspruchsberechtigungen teilhaben können. Auf der Grundlage des *Steuerungsprinzips der Hierarchie* ist der Staat in hervorragender Weise geeignet, die Gesamtheit der Staatsbürgerinnen und -bürger mit einem flächendeckenden und standardisierten Angebot an Gütern und Dienstleistungen bzw. Infrastrukturmaßnahmen und damit mit einer tendenziellen Gleichartigkeit von Lebensbedingungen dauerhaft zu versorgen. Der bürokratische Rechts- und moderne Wohlfahrtsstaat erzeugt - sofern er seinen selbstgesetzten Ansprüchen folgt - ein maximales Maß an Berechenbarkeit und Vorhersehbarkeit sowie an innerer und äußerer Sicherheit. Aber gerade durch seine universalisierende und standardisierende Tätigkeit verfehlt er die Bedürfnisse von Minderheiten und schränkt zugleich die individuellen Freiheitsrechte seiner Bürger tendenziell ein. Solche Einengungen der individuellen Dispositionsfreiheit der Bürger ergeben sich aus der Erhebung von (Zwangs-) Steuern und Abgaben, aus Interventionen in das freie Spiel der Marktkräfte sowie aus der zunehmenden Kontrolle, Überwachung und Fremdbestimmung der Sozialstaatsklientele durch Sozialgesetzgebungen und Sozialbürokratien sowie durch einen expandierenden Apparat von anstaltlich organisierten sozialen Einrichtungen und Diensten. Der "versorgende" Staat engt aber nicht lediglich die Freiheitsrechte der einzelnen ein, sondern er untergräbt unter Umständen auch gemeinschaftliche Reziprozitätsbeziehungen. Die Entwicklung und Ausweitung sozialstaatlicher (Zwangs-) Versorgungs- und Versicherungssysteme schwächt möglicherweise die individuelle Bereitschaft und Notwendigkeit zur aktiven Teilhabe an kleinen (familialen, verwandtschaftlichen etc.) Solidargemeinschaften, da jeder Staatsbürger erwarten kann, daß im Falle des Auftretens von Hilfebedürftigkeiten grundsätzlich entsprechende staatlich fnanzierte bzw. organisierte Versorgungssysteme sowie Leistungsangebote verfügbar sind.

Der informelle Sektor der Wohlfahrtsproduktion wird durch Sozialgebilde wie Familienhaushalte, Nachbarschaften, Verwandtschaftsgruppen, aber auch durch Gemeinschaftsformen wie Nationen oder soziale Bewegungen repräsentiert. Informelle (Selbstversorgungs-) Gemeinschaften sind als Primärgruppen durch affektiv-diffuse Beziehungsmuster geprägt. Der Zugang zu diesen Gruppen erfolgt entweder über Askription (zum Beispiel im Falle "geborener" Mitglieder in Familien und Verwandtschaftsbeziehungen oder in Dorfgemeinschaften etc.) oder aber durch die Zugangsregel der Kooptation - wie im Falle von auf freiwilliger Mitgliedschaft beruhenden "inszenierten Gemeinschaften" (z.B. kleinen Gesprächs- und Selbsthilfegruppen). Der Fortbestand solcher Gruppen ist davon abhängig, ob es den Beteiligten gelingt, gegenseitig Achtung und Wertschätzung zu gewinnen sowie ein Gemeinschaftsgefühl bzw. eine kollektive Identität zu entwickeln. Mit Bezug auf Gemeinschaft als ein Steuerungsprinzip der Wohlfahrtsproduktion gilt, daß gemeinschaftliche Sozialgebilde Austauschbeziehungen zwischen Mitgliedern auf der Basis der Geltung des *Reziprozitätsprinzips* organisieren. Auf der Grundlage geteilter Normen und Identitäten können die Beteiligten darauf vertrauen, daß jeder Beitrag, den ein Mitglied zur Wohlfahrt der Gemeinschaft leistet, zu einem anderen Zeitpunkt von entsprechenden Beiträgen anderer entgolten werden wird. Dieser Austauschmechanismus baut auf der Erwartung der zeitlichen Stabilität solcher Gemeinschaften auf. Angesichts der Zugehörigkeit der Mitglieder zur Gemeinschaft auf unbestimmte Dauer kann jedes Mitglied damit rechnen, daß Gelegenheiten für die Kompensation geleisteter Beiträge auf unbestimmte Zeit bestehen bleiben, sodaß kein Mitglied die Gemeinschaft auf Dauer ausbeuten kann. Dabei muß sich die moralische Verpflichtung zur Gegenleistung keineswegs darauf beziehen, daß die Leistenden selbst es sind, die in den Genuß von Gegenleistungen kommen. Denkbar wäre auch, daß zukünftige Dritte (zum Beispiel die nachfolgende Generation) in den Genuß dieser Leistungen kommen werden.

Die Kehrseite dieses gemeinschaftlichen Prinzips der Reziprozitätserwartung in auf Dauer gestellten Sozialbeziehungen besteht darin, die Realisierung von Freiheitswerten systematisch zu verfehlen. Da Rückzahlungsverpflichtungen nur innerhalb von Gemeinschaften eingelöst werden können, steigen mit der Dauer der Zugehörigkeit die Kosten für einen individuellen Ausstieg (exit-option). Solidaritätsgemeinschaften bauen also moralische Dankesverpflichtungen auf, die den individuellen Dispositionsspielraum ihrer Mitglieder einschränken. Da solche Gemeinschaften auf partikularistischen, und affektiv-diffusen Beziehungsmustern gründen, bauen sie Barrieren zwischen "Innen" und "Außen" auf; sie sind daher darüberhinaus ungeeignet, Werte der Gleichheit und der universalistischen Teilhabe zu verwirklichen.

In dem Bereich der "Zivilgesellschaft" stellen freiwillige bürgerschaftliche Zusammenschlüsse ("Assoziationen") die zentralen kollektiven Akteure dar (vgl. Cohen/Rogers 1994); als Zugangsregel zu diesen Organisationsformen läßt sich die freiwillige bürgerschaftliche Bereitschaft zur Mitwirkung identifizieren; das zentrale Prinzip der Handlungskoordination ist "Verhandlung" und als Austauschmedium im Zusammenhang mit kollektiven Entscheidungsfindungsprozessen kann das "bessere Argument" gelten. Freiwillige bürgerschaftliche Assoziationen produzieren unmittelbar kollektive Güter sowohl für Mitglieder als auch für Nicht-Mitglieder. Leistungsstärken und positive gesellschaftliche Funktionen solcher Vereinigungen werden insbesondere in dem Beitrag zur sozialen Kohäsion und Integration moderner hochdifferenzierter Gesellschaften sowie in der Weckung und Stabilisierung politischer und sozialer Engagementbereitschaften der Bürger gesehen (vgl. Wuthnow 1991, Ware 1989). Mit solchen Bestimmungsmerkmalen ist allerdings lediglich ein Idealtypus der freiwilligen bürgerschaftlichen Assoziation bezeichnet. Selbstverständlich müssen die in einem bestimmten nationalen Kontext empirisch vorfindlichen realen Organisationsformen im intermediären Bereich zwischen Markt, Staat und Selbstversorgungsgemeinschaften diesem Idealtypus keineswegs vollständig entsprechen; in dieser Hinsicht gilt vielmehr, daß zivilgesellschaftliche Organisationsbildungen eher aus je spezifischen "mixes" der für diesen Bereich genannten Merkmale und Charakteristika der übrigen drei Steuerungsprinzipien der Wohlfahrtsproduktion bestehen (vgl. dazu ausführlicher Abschnitt IV.2).

Der Durchgang durch die vier Sektoren der Wohlfahrtsproduktion und ihrer je spezifischen Handlungslogiken hat ergeben, daß sämtliche Arrangements des Bedarfsausgleichs auf die Erfüllung eines einzigen normativen Bezugwertes hin optimal ausgelegt sind, während sie die jeweils anderen Bezugswerte bzw. normativen Gütekriterien systematisch vernachlässigen bzw. verfehlen. Staatszentrierte Modernisierungsstrategien, wie wir sie in klassischen sozialistischen bzw. sozialdemokratischen Reformprojekten antreffen, optimieren also das Ziel der Gleichheit und der flächendeckenden Versorgung der gesamten Bevölkerung mit bestimmten Leistungen, Diensten und weiteren Bestandteilen ihrer Lebenslage, geraten allerdings - wie die bisherige Geschichte derartiger Versuche deutlich zeigt - mit Zielen der (Wahl-)Freiheit und der Stärkung informeller Sorgegemeinschaften in Konflikt. Umgekehrt sind wirtschaftsliberale Reformkonzepte zentral dadurch gekennzeichnet, daß sie den Bürgerinnen und Bürgern weitestmögliche Dispositionsfreiheiten auf Märkten ermöglichen. Diese Ausdehnung von Marktprozessen untergräbt allerdings in vielfältiger Weise die auf Ortsbindung und Dauer angewiesenen informellen Gemeinschaften und forciert zudem soziale Ungleichheiten im Hinblick auf die Zugänglichkeit zu knappen Gütern und Dienstleistungen. Ähnliche Kosten-Nutzen-Relationen lassen sich im Hinblick auf Reformstrategien formulieren, die entweder nur auf "Vergemeinschaftung" oder aber nur auf die zivilgesellschaftlichen Institutionen und Kollektivakteure des Dritten Sektors setzen. Allerdings befinden sich solche ordnungspolitischen Modelle und Positionen gegenüber markt- und staatszentrierten Reformmodellen eher in einer Minerheitenposition. Die These, die unsere Ausführungen in den folgenden Abschnitten leiten wird, läuft nun darauf hinaus, daß wir gegenwärtig Tendenzen einer Überlappung, Verschränkung und Koordinierung der institutionellen Merkmale und Handlungslogiken aller vier Sektoren der Wohlfahrtsproduktion beobachten können, die als mehr oder weniger naturwüchsig verlaufende bzw. politisch intentional angestrebte Lösungsformen des skizzierten zugrundeliegenden Optimierungsproblems verstanden werden können. Da jede der Institutionen, die Wohlfahrt produzieren, für sich allein bestimmte Wohlfahrtsziele nur auf Kosten der Verfehlung anderer zu optimieren in der Lage ist, sind wohlfahrtssteigernde Effekte nur von neuen Kombinationsformen, Verknüpfungen und "Mixes" zwischen diesen Institutionen zu erwarten. Die hiermit angesprochenen übergreifenden Entwicklungstrends in wohlfahrtspluralistischen Arrangements sollen im folgenden Abschnitt näher erläutert werden.

## IV. Zentrale Entwicklungstrends wohlfahrtspluralistischer Arrangements - Zunehmende Interdependenzen und "mixes" sektorspezifischer Handlungslogiken

Im folgenden sollen einige ausgewählte zentrale Entwicklungstrends wohlfahrtspluralistischer Arrangements, wie sie sich in entwickelten westlichen Gesellschaften beobachten lassen, skizziert werden. Ein solcher Versuch muß die große Unterschiedlichkeit länderspezifischer Konstellationen im Auge behalten. Es ist bereits erwähnt worden, daß in den europäischen Wohlfahrtsstaaten sowohl die sozialpolitischen Sicherungssysteme als auch die Formen der Arbeitsteilung sowie der Über- und Unterordnung der Sektoren der Wohlfahrtsproduktion angesichts der Wirksamkeit nationaler kultureller Traditionen, der Beharrungskraft institutioneller Regelungen und der Auswirkungen unterschiedlicher parteipolitischer Konstellationen höchst verschieden ausgestaltet sind. Solche Varianzen in den nationalen wohlfahrtspolitischen Arrangements werden auch in absehbarer Zukunft keineswegs verschwinden. Vielmehr kann davon ausgegangen werden, daß z.B. in den skandinavischen Ländern auch weiterhin der Staat bzw. der öffentliche Sektor eine zentrale Rolle spielen wird, in südeuropäischen Ländern die Bedeutung traditionaler Gemeinschaften wie Familien, Verwandschaftsbeziehungen und Kirchengemeinden vergleichsweise hoch anzusetzen ist und die Spitzenverbände der Freien Wohlfahrtspflege im sozialpolitischen System der Bundesrepublik eine gewichtige Position im staatlich regulierten Markt sozialer Dienste behalten werden. Dennoch gibt es - jenseits solcher nationaler Eigenarten - übergreifende Entwicklungstrends, die die wohlfahrtspluralistischen Arrangements in den westlichen entwickelten Ländern prägen. Diese Trends sind weniger Ausdruck zielgerichteten politischen Handelns sondern Resultat der Wirksamkeit vielfältiger sozialstruktureller, kultureller und politischer Entwicklungsprozesse, die neue Anforderungen an die (sozial-) politische Gestaltung und Regulierung stellen.

(1) Der Entwicklungstrend, der hier an erster Stelle genannt werden soll, läuft darauf hinaus, *daß die Grenzen zwischen den einzelnen Sektoren der Wohlfahrtsproduktion durchlässiger und in der Folge die Interaktionen zwischen ihnen intensiver werden*. Herkömmliche sozialwissenschaftliche Ansätze und Theorien betonen in der Regel die Demarkationslinien, die die einzelnen Sektoren der Wohlfahrtsproduktion gegeneinander abgrenzen, die eine Innen-/Außendifferenz etablieren und auf diese Weise überhaupt erst die Entfaltung einer sektorspezifischen Funktions- und Handlungslogik ermöglichen. Beispiele für solche - oft bipolar angeordneten - Konzepte sind zahlreich. So werden z.B. die besonderen Merkmale des Staates in Bezug zu den übrigen Sektoren der Wohlfahrtsproduktion üblicherweise durch die Gegensatzpaare Staat - Gesellschaft beziehungsweise öffentlich - privat markiert. Inzwischen wird diese "monistische" Sicht des Staates als einer der Gesellschaft gegenüberstehenden öffentlichen Instanz zu Gunsten der Vorstellung eines fragmentierten politisch-administrativen Systems ersetzt, das im Verhältnis zur Gesellschaft eher durch fließende Übergänge gekennzeichnet ist. Die Vielzahl von Organisationsbildungen wie "verselbständigte Verwaltungseinheiten", "Verwaltungstrabanten", öffentlich kontrollierte Unternehmungen etc., die unter staatlicher Regie gebildet und gesteuert, aber formell unter einem nicht-öffentlich-rechtlichen Status geführt werden, gehören ebenso in diesen Kontext wie die Ausbreitung von Politikfeld-spezifischen Netzwerken aus öffentlichen und nicht-öffentlichen Organisationen und Akteuren, in denen politische Ziele und Strategien ausgehandelt und öffentliche Programme implementiert werden. (vgl. z.B. Brinckmann 1994).

(2) Solche fließenden Übergänge und durchlässigen Grenzen zwischen den Sektoren der Wohlfahrtsproduktion lassen sich mit einem weiteren Entwicklungstrend in Verbindung bringen, der in einem engen inneren Zusammenhang mit dem erstgenannten steht: *eine Steigerung des Niveaus individueller und kollektiver Wohlfahrt ist zunehmend weniger von Substitutions- und Verdrängungsprozessen zwischen klar abgegrenzten Sektoren sondern vielmehr eher von synergetischen "mixes" von unterschiedlichen Ressourcen und Handlungsrationalitäten zu erwarten.* Zur Erläuterung des Gemeinten läßt sich wieder an die genannten Beispiele anknüpfen: Die Beziehungen zwischen den Sektoren der Wohlfahrtsproduktion wurden bislang zumeist nach dem Muster von "Null-Summen-Spielen" rekonstruiert. Danach wird z.B. unterstellt, daß ein Wachstum des (Wohlfahrts-) Staates immer auf Kosten der Wachstumschancen des Dritten Sektors gehen muß. Ein Sektor kann also dieser Vorstellung gemäß seinen quantitativen Anteil am "Gesamtkuchen" der nationalen Wohlfahrtsproduktion nur auf Kosten eines oder mehrerer anderer Sektoren vergrößern. Heute wissen wir, daß solche Verdrängungseffekte nicht zwangsläufig eintreten müssen. So war z.B. das quantitative und qualitative Wachstum des Wohlfahrtsstaates sowohl in den USA als auch in der Bundesrepublik Deutschland mit einem Wachstum des sozialpolitisch relevanten Teils des Dritten Sektors vereinbar (vgl. für die USA Salamon in diesem Band, für die Bundesrepublik vgl. Heinze/Olk 1981). Durch solche "wechselseitigen Steigerungsverhältnisse" zwischen Staat und Drittem Sektor konnten und können offensichtlich in beiden Ländern - trotz ihrer unterschiedlichen Wohlfahrtskulturen und institutionellen Besonderheiten - sowohl die partikularistischen Interessen der sektorspezifischen korporativen Akteure befriedigt als auch übergreifende Wohlfahrtseffekte erzeugt werden. Der Staat kann die bereichsspezifischen Kompetenzen und Ressourcen nicht-staatlicher Organisationen nutzen sowie durch ihren Einbezug in die Umsetzung staatlicher Programme und Maßnahmen das tatsächliche Ausmaß staatlicher Eingriffe und Interventionen in die Gesellschaft partiell "herunterspielen". Die Dritte Sektor-Organisationen dagegen sichern sich durch ihre enge Zusammenarbeit mit staatlichen Institutionen zentrale Ressourcen und Einflußkanäle zu politischen Entscheidungsprozessen. Dabei führt das Zusammenwirken beider zu synergetischen Effekten: Aus der Perspektive potentieller Nutzer ergibt sich nämlich nun die Chance, sowohl die besonderen Leistungspotentiale und Möglichkeiten von Dritte Sektor-Organisationen zu nutzen als auch die in Abschnitt III.3.3 benannten Vorzüge staatlicher Wohlfahrtsproduktion (die Berechenbarkeit und Zuverlässigkeit der Leistungen, flächendeckendes Angebot etc.) nicht missen zu müssen.

Auch für den Dritten Sektor bzw. intermediären Bereich gilt, daß seine Grenzen zu den übrigen Sektoren der Wohlfahrtsproduktion äußerst durchlässig sind. So gilt z.B. in den Beziehungen zwischen dem Dritten Sektor und Staat, daß immer weniger die Autonomie gegenüber staatlichen Instanzen und Ressourcen und immer mehr die "guten" Kooperationsbeziehungen gepflegt und betont werden. Sowohl große, national und international operierende als auch kleine, örtlich agierende Dritte Sektor-Organisationen lehnen "Staatsknete" nicht mehr aus grundsätzlichen Erwägungen ab sondern akzeptieren staatliche Zuwendungen und Subventionen, um die eigenen Bestandsbedingungen zu verbessern und ihre spezifischen selbstgesetzten Anliegen - trotz bzw. neben der Erfüllung öffentlicher Auftragsangelegenheiten - erfüllen zu können. Auch die Beziehungen zwischen dem Dritten Sektor und dem Markt sind in Bewegung geraten. Dies gilt zum einen in dem Sinne, daß im Zuge der "Socialmanagement-Debatte" betriebswirtschaftliche Organisations- und Managementkonzepte eine Vorbildfunktion bei der Modernisierung (wohlfahrts-) verbandlicher Strukturen im Dritten Sektor erhalten haben. Dies gilt aber ebenso in dem ganz unmittelbaren Sinne, daß Dritte Sektor-Organisationen - wie die bundesdeutschen Wohlfahrtsverbände - unter bestimmten Bedingungen und in bestimmten Aufgabenbereichen - dazu übergehen, durch "Ausgründung" von Betriebsteilen in der rechtlichen Form von Kapitalgesellschaften bzw. der (gemeinnützigen) GmbHs als gewerbliche Betriebe auf den Markt zu treten. Schließlich öffnen sich auch die Grenzen zwischen dem Dritten und dem informellen Sektor: mit dem Aufkommen der Selbsthilfebewegung und der hiermit einhergehenden Ausbreitung von Selbsthilfegruppen, Initiativen und Sozialprojekten haben sich neue Formen des gemeinschaftlichen Sozialengagements herausgebildet, die zumindest zum Teil freiwillig wieder unter das Dach verbandlicher Wohlfahrtspflege zurückkehren, um die Servicefunktionen der großen Dachorganisationen des Dritten Sektors zu nutzen. Ferner wird ein Teil der neu entwickelten infrastrukturellen Einrichtungen und Angebote zur Förderung und Unterstützung von Selbsthilfe und Ehrenamt in der Trägerschaft von Dritte Sektor-Organisationen betrieben. Im Zuge dieser Entwicklung werden also Dritte Sektor-Organisationen im Sozialsektor mit vielfältigen Aufgaben der Unterstützung und Stabilisierung neuer solidarischer Gemeinschaftsformen betraut. Synergetische Effekte sind hier in mehrerlei Hinsichten zu erwarten: So kann etwa das Einsickern neuer Engagement- und Gemeinschaftformen in die traditionellen Wohlfahrtsverbände zu einer Revitalisierung gemeinschaftlicher und vereinskultureller Strukturen und Traditionen sowie die Geltendmachung neuer Sichtweisen, Ideen und Konzepte innerhalb der freien Wohlfahrtspflege begünstigen. Umgekehrt werden die lokalen und partikularistischen Solidargemeinschaften mit bestandsnotwendigen Ressourcen versorgt und zudem genötigt, ihre Anliegen und Konzepte im Rahmen einer verbandlichen (Fach-)Öffentlichkeit zu artikulieren und zu verteidigen.

(3) *Mit der Intensivierung der Beziehungen zwischen dem formellen und dem informellen Hilfebereich ist ein weiterer zentraler Entwicklungstrend angesprochen, der in diesem Zusammenhang Beachtung verdient.* Sowohl im

Alltagsbewußtsein, der (sozial-) politischen Praxis als auch in herkömmlichen sozialwissenschaftlichen Theorien gilt der informelle Sektor der Wohlfahrtsproduktion vielfach immer noch als der Bereich des Privaten, der der gesellschaftlichen Aufmerksamkeit und gesellschaftlichen Einflüssen weitgehend entzogen ist. Dies hindert nicht daran, dessen Leistungen und Handlungspotentiale im formellen Bereich der Wohlfahrtsproduktion stillschweigend als gegeben vorauszusetzen und zu nutzen. So setzt z.B. das lohnarbeitszentrierte soziale Sicherungssystem, wie es mit den Bismarkschen Sozialgesetzgebungswerken in Deutschland etabliert worden ist, die geschlechtspezifische Arbeitsteilung in den Familienhaushalten stillschweigend voraus, ohne irgend etwas zur Reproduktion der Handlungspotentiale informeller "Sorgegemeinschaften" beizutragen. Aber auch in den Bereichen Bildung, Gesundheit und Soziales werden bestimmte Vor- und Komplementärleistungen von Familienhaushalten und Verwandtschaftsnetzen für das Funktionieren formeller Institutionen vorausgesetzt. Der bundesdeutsche Sozialstaat - dies zeigen nicht nur Kleinkinderziehung und Schulsystem - ist in weitaus stärkerem Maße auf flankierende Leistungen informeller Sozialsysteme (vor allem der Familienhaushalte) angewiesen, als in offiziellen Programmatiken und Selbstdefinitionen zum Ausdruck kommt. Wohlfahrtsstaatliche Institutionen überwälzen bestimmte Teilaufgaben auf die Familienhaushalte (wie z.B. die Überwachung der Hausaufgaben, die Unterstützung bei individuellen Lernschwierigkeiten etc.), ohne die familienspezifischen unterschiedlichen Voraussetzungen und Fähigkeiten zur Erbringung solcher Leistungen zu berücksichtigen. Dieser Sachverhalt der Nicht-Berücksichtigung und Instrumentalisierung der Leistungen des informellen durch den formellen Bereich wird zunehmend durch *Strategien des systematischen Einbezugs und der Berücksichtigung der Leistungen und Potentiale des informellen Sektors der Wohlfahrtsproduktion* abgelöst. Beispiele für solche Formen der Anerkennung und systematischen Nutzung informeller Beiträge zur Wohlfahrtsproduktion lassen sich sowohl im materiellen wie immateriellen Bereich sozialer Sicherung finden: Im Bereich der Sozialversicherungssysteme ist hier z.B. auf die Anrechnung von Pflege- und Erziehungszeiten in der Rentenversicherung sowie auf die Diskussion um die "eigenständige soziale Sicherung" von Frauen zu verweisen. Im sozialen Dienstleistungsbereich gibt es zahlreiche Beispiele dafür, daß durch den Ausbau ambulanter Angebote und Dienste, die familienfreundliche Gestaltung von Öffnungszeiten sowie die Ganztagsbetreuung - etwa in Kindertagesstätten und Schulen - auf die Interessen und Belange informeller Netze bezug genommen und neue Formen der Arbeitsteilung zwischen formeller und informeller Wohlfahrtsproduktion etabliert werden. Die Ausweitung des Angebots personenbezogener sozialer Dienstleistungen in der Sozialpolitik hat zwangsläufig zu einer Intensivierung der Beziehungen zwischen dem formellen und dem informellen Bereich und damit zu der Notwendigkeit geführt, diese Beziehungen systematischer zu reflektieren und wohlfahrtssteigernd zu gestalten. Solche Verchränkungen zwischen formellen und informellen Bereichen gibt es aber auch im Überlappungsbereich zwischen Markt und informellen Sektor. Neue Technologien - insbesondere die elektronische Datenverarbeitung - werden im wachsendem Maße mit dem Ziel eingesetzt, bestimmte Teilprozesse von Dienstleistungstätigkeiten auf die Kunden zu delegieren, um damit Kosten einzusparen. Beispiele hierfür finden sich im Bankenwesen (electronic banking), in der Selbstbedienungs-Gastronomie sowie in bestimmten Produktbereichen, in denen halbfertige Industrieprodukte mit informellen "Heimwerkeraktivitäten" verknüpft werden (z.B. Selbstbau-Möbel etc.).

(4) Insgesamt haben diese Entwicklungen zusammengenommen - und damit wäre schließlich ein vierter Entwicklungstrend angesprochen - *zu einer Pluralisierung und Fragmentierung der Anbieterlandschaft im sozialpolitischen Bereich geführt.* Trotz aller beschworenen Vielfalt waren die Anbieterkonstellationen in den verschiedenen westlichen Ländern bislang vergleichsweise "monolitisch" strukturiert; entweder dominierte - wie in den nordischen Ländern - der Staat bzw. der öffentliche Sektor, oder es dominierten bereichskorporatistische Systeme der Verflechtung von staatlichen Institutionen mit einigen wenigen privilegierten Dritte Sektor-Organisationen - wie etwa in den Niederlanden und der Bundesrepublik Deutschland. Die Ausbreitung neuer Formen gemeinschaftlicher Selbstorganisation und solidarischer Hilfe im Gefolge neuer sozialer Bewegungen sowie das (allmähliche) Vordringen kommerzieller Anbieter und entsprechender Unternehmensphilosophien haben inzwischen zu einer erheblichen *Pluralisierung der Organisations- und Anbieterlandschaft* in den meisten westlichen Ländern geführt. Die gewachsene Konkurrenz auf den Sozialmärkten hat auch die etablierten Träger nicht unberührt gelassen, sondern sie den Einflüssen der neuen Akteure und ihrer Ideale und Handlungslogiken ausgesetzt. Solche pluralistischen Anbietersysteme bergen Chancen und Risiken: Vorteile pluralistischer Anbietersysteme sind vor allem darin zu sehen, daß sie sich der Heterogenität von Bedürfnissen und Problemdefinitionen und ihrem raschen Wandel, wie er für hochdifferenzierte moderne Gesellschaften zu beobachten ist, schneller anpassen können. Außerdem sorgt Anbieterkonkurrenz dafür, daß innovative Ideen, neue fachliche Arbeitsprinzipien und Organisationsformen auch bei großen Trägern Resonanz finden und damit Verallgemeinerungschancen erhalten. Auch nicht verallgemeinerbare Minderheitsbedürfnisse sind in pluralistischen Anbietersystemen leichter zu befriedigen. Sozialstrukturelle Heterogenisierungs- und kulturelle Pluralisierungstendenzen werden also auch in Zukunft den Trend zur Verbreiterung der Palette von Anbietern, Leistungen und Einrichtungen im Sozialsektor begünstigen. Nachteile pluralistischer Anbietersysteme können darin liegen, daß sie zumeist wenig koordiniert und integriert sind und daher für die

potentiellen Nutzer schwer durchschaubar sind, daß sie oft eine geringere Verläßlichkeit und Sicherheit ihrer Leistungen bieten, da ein Teil der Anbieterorganisationen alljährlich um die finanziellen Grundlagen für die Weiterarbeit kämpfen muß.

Alle diese genannten zentralen Entwicklungstrends wohlfahrtspluralistischer Arrangements lassen sich zudem als Herausforderungen an die Gestaltungsoptionen staatlicher Politik verstehen. Dabei liegt auf der Hand, daß sich eine Rückkehr zu den herkömmlichen "geschlossenen" Systemen mit einer öffentlichen Dominanz und einer relativ eng begrenzten Anzahl von nicht-öffentlichen Anbietern bzw. Trägern wohl kaum bewerkstelligen läßt. Hierzu sind die skizzierten Pluralisierungstendenzen viel zu sehr mit säkularen Entwicklungstrends moderner Gesellschaften verwoben. Es bleibt allerdings zu fragen, ob und wenn ja, mit welchen Zielen die politische Ebene den Auftrag für sich wahrnimmt, die jeweils vorfindlichen länderspezifischen wohlfahrtspluralistischen Arrangements zu regulieren und damit auch nach Maßgabe politischer Konzepte und Visionen zu gestalten. Solche politischen Konzepte und Strategien fallen in den einzelnen Ländern höchst unterschiedlich aus; sie bewegen sich allerdings allesamt zwischen den Polen der lediglich passiv-reaktiven Akzeptanz und Hinnahme ohnehin ablaufender Trends auf der einen Seite und der Neudefinition öffentlicher Initiative und Verantwortung andererseits, um die positiven Möglichkeiten der neuen Situation aktiv nutzen und ihre Gefahren und Nachteile eindämmen zu können (vgl. dazu ausführlicher die Abschnitt V bis VII).

## V. Wohlfahrtspluralismus als sozialpolitisches Konzept

Es soll im folgenden darum gehen, stärker die normativen Dimensionen, die in der Debatte um Wohlfahrtspluralismus angelegt sind, zu behandeln und auf sozialpolitische Konzepte und Programme zu verweisen, die - teilweise explizit - sich im Rahmen wohlfahrtspluralistischer Konzepte definieren, oder Fragen des welfare-mix ins Zentrum stellen. Die hier vorgenommene Trennung zwischen analytischer und normativ-politischer Dimension ist dabei lediglich als eine Methode zu verstehen, die es erlaubt, Diskurse, die zumeist beide Elemente verschränken, aus zwei verschiedenen Blickwinkeln zu betrachten.

Als Bezugsrahmen für Handlungskonzepte sollten dabei grundsätzlich zwei verschiedene Ebenen unterschieden werden. Die erste und allgemeinere ist die gesellschaftstheoretischer und gesellschaftspolitischer Konzepte, wie sie etwa im Rahmen der Auseinandersetzung zwischen liberalen und kommunitären Ansätzen zutage getreten sind. Die zweite Ebene ist die sozialpolitischer Entwürfe, Instrumente und Programme, von denen ein Teil sich als spezielle Fachpolitik -

z.B. für das soziale Sicherungssystem oder den sozialen Dienstleistungsbereich - versteht.

## 1. *Wohlfahrtspluralismus als gesellschaftspolitische Fragestellung*

Es gehört heute zum Allgemeingut soziologischer und politischer Theoriebildung, gesellschaftliche Modernisierungsprozesse nicht länger als naturhaften und prädeterminierten sozialen Wandel, sondern als einen reflexiv gestaltbaren Prozeß zu begreifen. Umstritten sind dabei jedoch Stellenwert und Entwicklungsmöglichkeiten von zivilen Solidaritäten, "kommunitären" Elementen im Gesellschaftlichen und des Typus von Individualismus, der dabei kreiert wird. Hier hat sich eine Art von Aufmerksamkeitsverschiebung hin zu einer Wende in der Beurteilung von Fortschritt und Modernisierung ergeben, die Robert Putnam treffend damit charakterisiert, daß man entdeckt hat, in welchem Ausmaß "networks of organized reciprocity and civic solidarity, far from being an epiphenomenon of socioeconomic modernisation, were a precondition of it" (Putnam 1995, S. 66). Aus diesem Blickwinkel wird der "Dritte Sektor als Teil des öffentlichen Raums in der Bürgergesellschaft" (Evers 1993, S. 13) nicht nur als "Produktionsfaktor", sondern ebenso sehr als ein wesentliches Element der Reproduktion von Werthaltungen sowie der Vermittlung sozialer Integrations- und politischer Beteiligungsmöglichkeiten angesprochen. Robert Wuthnow z.B. ist es um einen "voluntary sector" zu tun, der fähig wird "of sustaining itself, both as an arena of activities and as an example of alternative norms and values, against the growing prevalence of the state and the marketplace" (1991, S. 25). Michael Walzer skizziert in seinen Überlegungen zum Stellenwert der kommunitaristischen Kritik des Liberalismus einen "pluralistischen Republikanismus", der zur Einlösung der *im* Liberalismus steckenden Gemeinschaftspostulate "Großstädte, Kleinstädte und Dörfer zu seinen Bevollmächtigten macht, der Nachbarschaftskomitees und Aufsichtsgremien seine Unterstützung zuteil werden läßt und der beständig nach Bürgergruppen Ausschau hält, die bereit sind, in Lokalangelegenheiten Verantwortung zu übernehmen" (1993, S. 177). Im Konsensbereich eines engagierten Liberalismus und kommunitaristischer Konzepte bewegen sich auch konzeptionelle Überlegungen wie die von Cohen und Rogers (1994), denen es darum zu tun ist, demokratische und wohlfahrtspolitische Zielsetzungen dadurch zu revitalisieren, daß man das aufwertet, was sie in einer Art residualen Definition als "secondary associations" jenseits von Familie, Betrieb, Parteien und Staat bezeichnen - Formen der zivilen Solidarität, die in vielen Fällen auch selbstverwaltete Einrichtungen und Dienste sein können. In diesem Kontext zielen sie auf eine Rekonstruktion des Sozialstaates, der sich zukünftig vor allem durch die Unterstützung solcher Formen assoziativer Demokratie bewähren und dabei gleichzeitig einen politischen und regulativen Rahmen setzen soll, der verhindert, daß partikuläre gesellschaftliche Orientierungen notwendige Gemeinwohlbindungen auflösen.

## 2. *Wohlfahrtspluralismus in der Sozialpolitik*

Die hier skizzierten allgemeinen Überlegungen zur Aufwertung von gesellschaftlichen und gemeinschaftlichen Institutionen, die in den herkömmlichen, auf Markt und Staat fixierten Modernisierungs- und Gesellschaftskonzepten eine eher untergeordnete Rolle spielten, haben enge Bezüge zu "wohlfahrtspluralistischen" Leitbildern in der Sozialpolitik. Freilich tritt auf dieser Ebene zumeist die Dimension der *politischen* Aktivierung und Beteiligung gegenüber der der sozialen *Leistungsbeteiligung* zurück.

Im Zwischenfeld von Gesellschafts- und Sozialpolitik ist z.B. der im Rahmen der OECD entstandene Slogan von der "active society" (vgl. Gass 1996) zu verorten - eine Perspektive, die versucht, (a) wirtschaftliche und sozialpolitische Aufgabenstellungen zu integrieren, (b) die in der Gesellschaft selbst erbrachten Beiträge dazu ins Zentrum zu rücken und (c) förderlichen statt lediglich protektiven Aufgaben des Staates in der Wirtschafts- und Sozialpolitik mehr Aufmerksamkeit zu schenken. Ganz ähnlich ist auch der Tenor in den jüngsten Dokumenten der EU zur Wirtschafts- (Weißbuch Wachstum und Beschäftigung) und Sozialpolitik (Grünbuch und Weißbuch). Für den sozialen Dienstleistungsbereich wird dabei unter beschäftigungs- und sozialpolitischen Gesichtspunkten u.a. die Schaffung einer "neuen Sozialwirtschaft" (Europäische Kommission 1993, S. 22f.) gefordert. Damit ist jedoch nicht ein bestimmter Wirtschaftssektor (z.B. der der freien Träger oder Genossenschaften) gemeint, sondern eine Form der Verschränkung zwischen staatlichen Interventionen und Regulativen und Beiträgen aus dem privat- und gemeinwirtschaftlichen Bereich, die bei den sozialen Dienstleistungen ein "Kontinuum von Möglichkeiten zwischen einem vollständig durch staatliche Subventionen geschützten und einem vollständig dem Wettbewerb ausgesetzten Angebot" schafft. (ebda.)

In den letzten Jahren hat sich in der Gesellschaftspolitik zur Kennzeichnung derartiger Optionen vor allem der Begriff der welfare society/Wohlfahrtsgesellschaft herausgeschält. Dieser Begriff kommt in norwegischen Regierungsdokumenten ebenso vor, wie in der heutigen angelsächsischen oder deutschen Debatte (vgl. z.B. den Beitrag von Hegner in diesem Band). Auch der etwa in den Niederlanden vor einigen Jahren eingeführte Begriff der "caring society" verweist auf ein normatives Leitbild, bei dem etatisierte und professionalisierte Aufgaben an den einzelnen Bürger und an Institutionen wie die Familie und andere soziale Assoziationsformen zurückgegeben werden sollen, ohne sich dabei jedoch öffentlicher und staatlicher Verantwortung einfach zu entledigen (vgl. den Beitrag von Donati in diesem Band).

Weniger normativ geprägt und stärker Status quo orientiert sind demgegenüber die in der angelsächsischen Diskussion zum Teil des mainstreams gewordenen Diskussionsbeiträge zum "welfare mix", "welfare pluralism" oder der "mixed economy of welfare" (Rose 1986; Wistow u.a. 1993; Knapp/Wistow 1994). Sie zielen stärker auf die de facto vorfindlichen Formen des Pluralismus sozialer Leistungsträger und lassen zumeist offen, inwieweit staatliche Politik lediglich den Beitrag von voluntary organisations, Familien und kleinen Netzen besser nutzen und integrieren sollte, oder inwieweit sie darüber hinaus auch zu ihrer Aufwertung und Förderung beitragen sollte. Allerdings ist die ordnungspolitische Grundorientierung überall ähnlich - ob nun in der französischen Diskussion Laville vom notwendigen Übergang "de l'état tutélaire à létat partenaire" (1994, S. 305; siehe auch sein Beitrag in diesem Band) spricht oder Neil und Barbara Gilbert in den USA in ihrem vieldiskutierten Buch "The Enabling State" mit der von ihnen gewählten Formel "Public Support for Private Responsibility" (1989) thematisieren.

In diesem Kontext hat sich auch eine Planungs- und Steuerungsdebatte entwickelt, von der in der Bundesrepublik wohl insbesondere die New Public Management-Bewegung (Naschold 1993) erheblichen Einfluß entfalten konnte. Der Tenor dieser Debatte verdeutlicht auch den Unterschied zwischen dem "traditionellen" und dem "neuen" Pluralismus von Akteuren und Trägerschaften im Bereich der "public policies" und der Sozialpolitik. Hatte man es bislang in der Sozialpolitik mit verschiedenen historisch gewachsenen Konstellationen der Zusammenarbeit von staatlichen und zivilgesellschaftlichen Organisationen zu tun, die von einem locker verbundenen Nebeneinander (z.B. mit Freiwilligenorganisationen, die, wie in England, auf eigene Initiative hier und da Lücken staatlicher Angebote füllten) bis hin zu einer ausgeprägten korporatistischen Verschmelzung von Staat und einer begrenzten Anzahl großer Sozialverbände reichten (wie etwa in Deutschland, oder den Niederlanden), so ist es nun der Anspruch neuer Steuerungs- und Planungskonzepte, auf eine geplante und geregelte Aufgabenteilung hinzuwirken. Insbesondere in den USA und England wird um das, was Smith und Lipsky (1993) als "contracting regimes" bezeichnen oder andernorts von Kramer (1994) als "contract culture" analysiert wird, eine intensive Debatte geführt. Auch in der Bundesrepublik sind Fragen der Ausgestaltung von Leistungsverträgen, zu einer möglichen verpflichtenden Ausschreibung von Trägerschaften (compulsory competitive tendering) und der Eröffnung von Sozialmärkten, auf denen verschiedene Trägerformen konkurrieren, Allgemeingut der Diskussion geworden (vgl. Backhaus-Maul/Olk 1994, sowie Heinze/Strünck in diesem Band). An die Stelle einer scharfen

Abgrenzung von Organisationswelten und Logiken mit entsprechenden trennscharfen Unterscheidungen zwischen öffentlichem und privatwirtschaftlichen Sektor, hoheitlichem Recht und privaten Vertragsrecht, treten zunehmend Konzepte "hybrider" und "komplementärer" (Evers 1994, Naschold 1996, S. 32) Regulations- und Organisationsformen, von deren Verschränkung man sich Synergieeffekte erhofft. "Quasi Märkte" im Bereich gesundheitlicher und sozialer Dienstleistungen - wie sie sich in Deutschland z.B. insbesondere im Bereich der Hilfe und Pflege entwickelt haben - verschränken Ordnungselemente aus dem Marktbereich, staatliche Regulation und die Einbindung von gemeinnützigen Initiativen (einen Überblick speziell zum Bereich der gesundheitlichen und sozialen Dienste geben Knapp/Wistow 1994 und in diesem Band Heinze/Strünck). Auf eine verstärkte Interaktion und die Verwischung der Grenzen zwischen privaten und öffentlichen bzw. formellen und informellen Bereichen zielen neuere Konzepte dabei auch in Hinblick auf die Arbeitsteilung zwischen Familie und den Instanzen, die im haushaltsnahen Bereich die Dienstleistungsgesellschaft repräsentieren. An die Stelle sequentieller, residualer und alternativ strukturierter Konzepte der Dienstleistungsversorgung (z.B. bei der Pflege: zunächst durch die Familie, dann, wenn sie versagt, öffentlich und zwar - wie bei Heimlösungen - unter Ausgrenzung der vorherigen familialen Träger) treten Konzepte komplementärer Leistungserbringung mit einer bewußt gestalteten Teilung von Verantwortlichkeiten (wie z.B. bei der begrenzten Unterstützung häuslicher Pflege in der neuen Pflegeversicherung, vgl. den Beitrag von Evers und Olk in diesem Band).

In vielen Fällen geht es dabei aber nicht nur darum, bereits vorhandene und z.T. gut organisierte Beiträge aus dem gemeinschaftlichen und gesellschaftlichen Bereich auf kluge Weise zu nutzen und einzubinden. Es haben sich vielmehr - im Kontext veränderter Beschäftigungsprobleme, sowie Lebenslagen und -formen - auch neue Aufgaben sozialer Hilfe und Integration herausgeschält. Hier stellen sich Fragen nach angemessenen Mitteln und Wegen staatlicher Politik bei der ungleich schwierigeren Aufgabe der *Definition und Aktivierung* von gesellschaftlichen und gemeinschaftlichen Potentialen kooperativer Problembearbeitung. Auf der Ebene von Alltagskulturen betrifft das etwa Fragen der Herstellung einer Offenheit von Familienhaushalten für die Nutzung haushaltsnaher sozialer Angebote und Dienste. Das politische Bezugsproblem ist hier die Erfahrung, daß Familienhaushalte selbst bei vorhandener Hilfs- und Unterstützungsbedürftigkeit oft bestehende Angebote nicht bzw. nicht frühzeitig nutzen, z.B. weil familiale Orientierungsmuster, sozialer Erwartungsdruck von außen oder fehlende Komptenzen eine rechtzeitige Inanspruchnahme verhindern. Auf der Ebene der zivilen und politischen Kultur betrifft das natürlich insbesondere Fragen der Ermutigung bürgerschaftlichen Engagements. Roth (1995) hat darauf aufmerksam gemacht, daß man hier nur über geringe

Erfahrungen und kaum über geeignete Instrumente verfügt, die jenseits der traditionellen Förderung mit den Mitteln von Geld und Recht Möglichkeiten zur Ansprache und Unterstützung von "civic communities" bieten. Daß bei der politischen Bearbeitung von Problemen wie der behutsamen sozialen Aufwertung von Stadtvierteln oder bei über eine Arbeitsplatzvermittlung hinausgehenden sozialen Integrationskonzepten neue Formen der Intervention, Moderation und Vernetzung gefragt sind ("runde Tische", die Herstellung von lokalen Öffentlichkeiten, die Erarbeitung verbindlicher gemeinsamer Ziele von Organisationsnetzwerken), ist bislang eher der common sense von Praxisberichten als Gegenstand von Planungs- und Politikforschung. So fordert z.B. eine Studie der EU-Kommission (1995) zur Schaffung von Arbeitsplätzen im Bereich der persönlichen Dienste Entwicklungsstrategien, die sich "auf das örtlich vorhandene Potential stützen", und sich durch "`integriertes` Vorgehen und öffentlich/ private Partnerschaftsbeziehungen" auszeichnen (ebd. S. 25f.; vgl. dazu auch Laville in diesem Band). Haushalte und freie Träger sind dabei im Unterschied zu den neuen Steuerungskonzepten nicht nur als vertraglich einzubindende soziale Leistungsträger, sondern auch als gesellschaftliche Akteure und Partner einer entsprechenden Politik der Gemeinwesenentwicklung angesprochen.

Diese am Beispiel persönlicher sozialer Dienstleistungen entwickelten Ansatzpunkte und Strategien der Gestaltung eines Wohlfahrtspluralismus lassen sich noch in einer ganzen Reihe weiterer Politikbereiche dokumentieren.

Instruktiv ist hier z.B. die neuere Diskussion über Möglichkeiten und Aufgaben einer *ökologischen und sozialen Modernisierung*. Im Rahmen der *Stadtplanungsdiskussion* betont Selle (in diesem Band) die Notwendigkeit, verschiedene Handlungsebenen und Akteure in einen produktiven Zusammenhang zu bringen; es geht um ein Ineinandergreifen von community development, public-private-partnerships, privater Investition und öffentlicher Moderation (vgl. dazu auch Froessler 1993). So wird z.B. in einer Studie zu Perspektiven für das Land Bremen von der notwendigen Förderung eines "Entwicklungsmodells" gesprochen, das auch die (in Bremen ausgeprägte) Dichte von sozialen Netzen und Beziehungen als "Ressource" und Teil eines "komplexen sozialen Kapitals" einer Stadt begreift (Warsewa 1994, S. 12f.).

*Arbeit und Beschäftigung* sind wesentliche Dimensionen und oft - wie auch der Beitrag von Laville in diesem Band deutlich macht - Ausgangs- und Kristallisationspunkte für wohlfahrtspluralistische Konzepte; Dieser Sachverhalt läßt sich mit Blick auf das Politikfeld Behäftigungspolitik bestätigen. Das bereits erwähnte politische Dokument der EU zu lokalen Initiativen zur wirtschaftlichen Entwicklung und Beschäftigung skizziert in diesem Zusammenhang einen komplexen strategischen Ansatz, der in Hinblick auf eine Vielzahl unterschiedlicher Dimensionen in Kontrast zu herkömmlichen Konzepten gesetzt wird; (z.B. strenge räumliche und zeitliche Trennung vs. Ineinanderübergehen von häuslicher und beruflicher Sphäre; Abgrenzung vs. Übergänge zwischen freiwilligem Engagement und bezahlter Arbeit; technische Qualifikation vs. know how bei der Pflege von Beziehungen; starre, sektorale Verwaltung vs. sektorübergreifende Partnerschaftsorganisation und Netzwerke u.a.m.; 1995, S. 29).

Im Bereich der *Gesundheit* - insbesondere in der Diskussion zu Public Health und Gesundheitsförderung - zielen zahlreiche Programme und Strategieansätze auf einen neuen Pluralismus in der Politik, der sich u.a. durch eine Aufwertung nichtstaatlicher Beiträge, der Rolle von social support networks, organisierter Selbsthilfe und der Rolle von Lebensstilen gesellschaftlicher Teilgruppen auszeichnet (WHO 1993). In der Bundesrepublik hat dabei insbesondere das Teilgebiet öffentlicher Förderungs- und Unterstützungsprogramme für die überwiegend im Gesundheitsbereich operierenden Selbsthilfegruppen politische Relevanz erhalten (dazu: Braun/Opielka 1992).

Im Bereich der *Jugendhilfe* sind in den letzten zwei Jahrzehnten deutliche Lockerungstendenzen im Bereich des lokalen Korporatismus, der durch eine enge Zusammenarbeit zwischen Jugendämtern und etablierten Wohlfahrtsverbänden formiert wird, zu beobachten. Mit der Vervreitung einer bunten Palette von Initiativen, Projekten und alternativen Trägern im Bereich von Kinderbetreuung, alternativen Formen der Heimerziehung und Handlungsansätzen mit benachteiligten Jugendlichen (wie Straßenkindern, drogenabhängigen Jugendlichen etc.) hat sich eine Pluralisierung der jugendhilfepolitischen Trägerlandschaft entwickelt, die schließlich auch in dem Kinder- und Jugendhilfegesetz (KJHG) von 1990 rechtlich ratifiziert worden ist. Dabei wird sowohl vom Gesetzgeber als auch von den Vetretern der öffentlichen Jugendhilfe gewürdigt, daß eine plurale Struktur von Trägern sowohl der wert- und subkulturbezogenen Differenzierung der gegenwärtigen Gesellschaft angemessen ist und neue Engagementbereitschaften und -potentiale freisetzt und daß die Förderung und Unterstützung kleiner und unkonventioneller Träger dazu beitragen kann, neuartige und unter Umständen effektivere Arbeits- und Handlungsansätze in schwierigen Bereichen (wie der Arbeit mit drogenabhängigen bzw. sozial gefährdeten Jugendlichen) zu entwickeln und zu erproben.

Jenseits des Bereichs gesundheitlicher und sozialer Infrastrukturen stellt sich die Frage nach Politiken der Pluralisierung und nach den "Grenzen des Sozialversicherungsstaates" (Olk/Riedmüller 1994) auch in Hinblick auf die *(Um-)Verteilung* von Geldeinkommen. In welch hohem Maße z.B. neben Erwerbseinkommen und Transfers aus staatlicher Redistribution auch die innerfamiliale Umverteilung für Einkommensniveau und Sicherung von großer Bedeutung ist, wurde gleich zu Beginn der englischen "welfare-mix" Debatte herausgearbeitet (vgl. Rose 1986) - ein Thema, das in diesem Band von Leisering mit Blick auf Armutsrisiken wieder aufgenommen wird. In der internationalen

Diskussion zur sozialen Sicherung gewinnt ein Diskussionsansatz an Gewicht, der in Kategorien von welfare- und policy-mixes staatliche Absicherung/Sozialversicherung, betriebliche Alterssicherung und private Versicherung eher als komplementäre denn als alternative Elemente diskutiert (vgl. dazu klassisch Titmuss 1963).
Bei allen sonstigen Unterschieden lassen sich die hier skizzierten sozialpolitischen Denk- und Strategieansätze aufgrund von drei zentralen Gemeinsamkeiten als *wohlfahrtspluralistische Konzepte* etikettieren:

(a) sie "rechnen" ausdrücklich mit dem produktiven Beitrag von Organisationen des "Dritten Sektors" und Formen der Gemeinschaftsbildung;
(b) sie verlassen damit die herkömmliche bipolare Zentrierung von gesellschaftlichen Entwicklungskonzepten und Sozialpolitik auf (Zentral-)Staat und Märkte;
(c) sie akzentuieren angesichts einer Abwertung der staatlichen Rolle als Produzent und Träger von Diensten und Einrichtungen die strategiebildenden, regulativen, gewährleistenden und moderierenden Aufgaben des Staates.

## VI. Verschiedene Konzepte von Wohlfahrtspluralismus

Pinker legt in seinem Beitrag zu diesem Band dar, daß sich in Großbritannien sowohl der konservative als auch der sozialdemokratische Diskurs auf "Wohlfahrtspluralismus" als Leitbild berufen. "Indeed, it is the new orthodoxy" behauptet auch Kramer (1993, S. 193) vom Konzept des Wohlfahrtpluralismus, das er in seiner Untersuchung zur Privatiserung in vier europäischen Ländern sogar als analytischen Bezugsrahmen nutzt. Ähnlich wie im Bereich der Ökologie sind mittlerweile gesellschafts- und sozialpolitische Unterschiede nicht mehr so sehr daran festzumachen, *ob* die "Leistungspotentiale" von Familien, Selbsthilfegruppen und freien Trägern explizite Berücksichtigung finden, sondern eher daran, *wie* ihr Beitrag definiert und gewichtet wird. Im folgenden soll deshalb geprüft werden, welche gesellschafts- und sozialpolitischen Versionen eines Wohlfahrtspluralismus gegenwärtig Gestalt annehmen.

Wie mit Blick auf die verschiedenen Ebenen der Diskussion zum Wohlfahrtspluralismus bereits betont wurde, wäre eine einfache Zuordnung von Konzepten entlang der traditionellen politischen Grenzziehungen unzulässig. In Deutschland etwa berufen sich inzwischen fast alle politischen Parteien auf kommunitaristische Themen wie die Aufwertung von Gemeinschaft und Familie oder eine neue Balance von Bürgerrechten und Bürgerpflichten. Außerdem vollzieht sich eine Deregulierung traditioneller, stärker wohlfahrts-*staatlich* geprägter Arrangements sehr oft als pragmatischer Anpassungs- und Lernprozeß der politischen Administration ohne ausgewiesenen Bezug auf politisch -

ideologische Debatten. Ziele, wie die Vermeidung des weiteren Ausbaus eines arbeitsplatz- und damit auch kostenintensiven öffentlichen Sektors, eines verbesserten Managements von Angeboten unterschiedlicher Träger sowie die Suche nach flexibleren Arrangements durch die Auslagerung von Diensten im Zusammenhang von Sozialprogrammen, die leichter korrigierbar und widerrufbar sind, finden sich quer über Länder- und Parteigrenzen hinweg (vgl. Kramer 1994). Wir schlagen deshalb vor, zur Unterscheidung verschiedener Konzepte von Wohlfahrtspluralismus vor allem die folgenden möglichen Bedeutungsdimension heranzuziehen:

- die den jeweiligen sozialpolitischen Konzepten *zugrundeliegenden Menschen- und Gesellschaftsbilder*, insbesondere in Hinblick auf die Bewertung von Gemeinschaftsverpflichtungen und solidaristischen Orientierungen und Institutionen
- das Ausmaß der *Berücksichtigung der spezifischen Eigenlogik unterschiedlicher Teilsysteme* im Rahmen eines Wohlfahrtspluralismus (z.B. welches Gewicht neben staatlich redistributiven und martktwirtschaftlichen Prinzipien die Logiken von Reziprozität und Solidarität und deren Bestandsbedingungen in gesellschaftlichen und gemeinschaftlichen Zusammenhängen finden);
- das Ausmaß, in dem herkömmliche *Muster hierarchischer Zuordnung* zwischen den Bereichen und ihren Prinzipien und Leitwerten (z.B. die Dominanz professioneller und/oder managerieller Konzepte von Effektivität) reproduziert oder (z.B. durch eine Aufwertung von Laienkompetenzen) verändert werden;
- das *Niveau staatlicher Verantwortlichkeit* auf der Ebene der Gewährleistung, Regulation und Moderation, das bei einem beabsichtigten Abbau von öffentlichen Aufgaben der Trägerschaft und Produktion von Einrichtungen und Diensten angestrebt wird;
- das Ob und Wie der Verbindung von Fragen der Dienstleistungsproduktion und sozialen Leistungsbeteiligung mit *Fragen der Demokratie* (z.B. im Sinne verstärkter Konsumenten-, Nutzer- und Bürgerbeteiligung).

Im folgenden wird vorgeschlagen, mit Blick auf die gerade benannten Dimensionen der normativ-politischen Wohlfahrtspluralismusdiskussion grob vier "Idealtypen" zu unterscheiden, die u.a. auch bei einer Betrachtung und Differenzierung der sehr viel größeren Vielfalt von nationalen Realtypen wohlfahrtspluralistischer Entwicklungsformen hilfreich sein könnten.

### *1. Wohlfahrtspluralismus als ein Programm der Verallgemeinerung managerieller und konsumistischer Orientierungen*

Der erste Typus wird hier in Anlehnung an englische Klassifizierungen als managerielles und konsumistisches Konzept bezeichnet. Gemeint sind damit die Leitbilder einer Debatte, die gesellschaftspolitisch von einer umfassenden marktliberalen Orientierung geprägt ist, bei der grundsätzlich soviel gesellschaftliche Lebensbereiche wie möglich nach Maßgabe individueller Wahlakte geregelt werden sollen und Fragen der Effizienz- und Leistungssteigerung von Systemen dominieren. Im engeren Bereich der Sozialpolitik hat das vor allem einen großen Teil der Debatten zum New Public Management im Sinne "strategischer Umschwünge in den Leitbildern des öffentlichen Sektors" (Naschold 1993) geprägt. Das Leitbild vom "schlanken Staat" schließt eine Aufgabenkritik ein, die im Bereich persönlicher sozialer Dienstleistungen auf die Stärkung der Rolle nicht-staatlicher Träger zielt und dabei freie Träger zwar nicht grundsätzlich ausschließt, aber doch nur selten erwähnt. In diesem Zusammenhang wird auch der informelle Bereich weniger als ein Geflecht sozial produktiver Formen der Gemeinschaftsbildung gedacht, sondern eher als ein Feld mobiler Konsumenten, deren Erwerbsorientierungen und knappe Zeitbudgets die Hoffnung auf wachsende Servicemärkte nähren. Wesentlicher als die Frage nach dem jeweils angestrebten Gewicht von einzelnen Sektoren der Wohlfahrts- und Diensteproduktion ist jedoch die Tatsache, daß Denkansätze, Vokabular und Verfahrensmodelle aus der Wirtschafts- und Managementtheorie und dem privatwirtschaftlichen Bereich in einem Ausmaß tonangebend sind (OECD 1993), daß sie andere Konzepte von Effizienz und Effektivität (wie z.B. in professsionellen Diskursen, in Kategorien sozialer Angemessenheit und Gerechtigkeit oder der Ethik familialen Lebens) an den Rand drängen. Pinker beschreibt in seinem Beitrag zu diesem Band diese Version einer "wohlfahrtspluralistischen" Perspektive sehr präzise als "Paradox": Im Namen des Wohlfahrtspluralismus wird das dem privatwirtschaftlichen Sektor entlehnte Kriterium managerieller Effizienz und strategischen, erfolgsorientierten Handelns universalisiert und als Denkansatz auf die Gesamtheit gesellschaftlicher Bereiche ausgedehnt, in denen es bisher nicht dominierte. Ein solches Konzept von Wohlfahrtspluralismus wird, wie Pinker dann bemerkt, "den pluralistischen Charakter der britischen sozialen Dienste wahrscheinlich eher verringern als fördern". In bezug auf alle o.a. Kriterien und Dimensionen der Wohlfahrtspluralismusdiskussion ergibt sich dabei ein negativer Befund. Einer manageriellen und konsumistischen Sichtweise sind nicht nur die Logiken, nach denen sich Mikrosolidaritäten der Selbsthilfe strukturieren und reproduzieren, fremd; sie haben nicht nur Schwierigkeiten persönliche Dienstleistungen zu verstehen, die im Unterschied zu Serviceeinrichtungen auf Kooperation und

Kontinuität angewiesen sind; auch die Hierarchiebeziehungen des herkömmlichen Pluralismus, mit der starken Dominanz einer "Synergie von Markt und Staat" (Laville) wird allein in Richtung einer stärkeren Rolle von Marktrationalitäten verändert. Das beinhaltet, wie auch Naschold als Verfechter eines "New Public Management" unterstreicht, die Gefahr, daß dabei unabhängig von staatlichen Regelungsniveaus "die kulturellen Werte nicht-kommerzieller, öffentlicher Orientierung untergraben werden" (1993, S. 58). Die Eindimensionalität einer aus weiteren Reformbezügen gewissermaßen entbundenen manageriellen Orientierung äußert sich schließlich auch darin, daß Fragen des Einflusses von Nutzern und Betroffenen ausschließlich oder doch zumindest vorrangig - in den Kategorien der Freiheit und der Wahlmöglichkeiten - von Konsumenten als des zentralen Mittels zur Einflußnahme verstanden werden.

## 2. *Wohlfahrtspluralismus als gesellschaftlicher Wettbewerb*

Den zweiten Typus wohlfahrtspluralistischer Strategien kann man demgegenüber als liberales Konzept des gesellschaftlichen Wettbewerbs bezeichnen. Zwar läßt sich auch hier die gegenwärtige Dominanz von Orientierungen auf Markt, Wettbewerb und Effizienz verfolgen, über die sich das eben beschriebene Konzept definiert. Aber im Unterschied dazu sind der intermediäre und informelle Bereich genuiner Bestandteil einer Diskussion, die sich allgemein mit der zukünftigen Gestaltung der "mixed economy of welfare" und speziell mit ihrer Ausprägung im Bereich der persönlichen sozialen Dienste und ihrer "mixed economy of care" auseinandersetzt. Im Unterschied zu den zahlreichen britischen Beiträgen zu diesem Problemkreis (vgl. hier beispielhaft Knapp/Wistow 1994; Taylor u.a. 1994) ist es in der Debatte ordnungspolitischer Modelle, so wie sie in Deutschland im Rahmen der New Public Management Diskussion geführt wird, allerdings noch nicht selbstverständlich, so wie Naschold vorzuschlagen, die "im geglückten Wechselspiel von Dritter-Sektor-Initiativen und öffentlicher Regulierung" gegebene Möglichkeit zu ergreifen, der "simplen Gegenüberstellung von staatlichen versus privaten Dienstleistungen" zu entkommen (1996, S. 31). Daß neben privatwirtschaftlichen auch freie und gemeinützige Träger auf einem staatlich regulierten Markt (der u.a. auch durch "Sozialgutscheine" oder staatliche monetäre Transfers gleiche Rechte für die Sozialbürger als Konsumenten schafft) als konkurrierende Anbieter Platz haben sollen, ist eher ein Postulat der engeren sozialpolitischen Debatte.

Vom ersten manageriellen und konsumistischen Typus unterscheidet sich dieses Konzept der ordnungspolitischen Anerkennung einer gemischten Ökonomie vor allem durch vier Merkmale. Zunächst einmal spielt die Erörterung regulativer Aufgaben des Staates gegenüber Sozialmärkten, im Sinne der Entwicklung einer diesbezüglichen "trade and industry- policy" (Knapp/Wistow, ebd., S. 68), eine größere Rolle. In diesem Zusammenhang spielt dann auch das Problem der Garantie von universellen Leistungen, Gleichheitsansprüchen und des Staates als gewährleistende und redistributive Institution mehr Berücksichtigung. Zum zweiten hat in der "mixed economy of welfare" auch die Frage des Beitrags von "community care", also der Möglichkeiten und Grenzen von gemeinschaftlichen Institutionen, wie der Familie, der Nachbarschaft oder von Selbsthilfeinstitutionen - einen beträchtlichen Stellenwert; sie wird nicht, wie im manageriellen und konsumistischen Konzept, durch den alles dominierenden Bezug auf den individuellen Konsumenten verdrängt. Drittens ist die Debatte vor diesem Hintergrund auch grundsätzlich offener für Fragen der Einflußnahme durch politische Partizipation und für einen Stil der Dienstleistungserbringung, der die Nutzer als Koproduzenten einbezieht. Schließlich können sich Unterschiede zwischen diesem und dem vorhergehenden Typus von Wohlfahrtspluralismus auch aus der jeweiligen Aufmerksamkeit für und Bewertung von Beständen an "sozialem Kapital" - also z.B. familialen und gesellschaftlichen Solidaritäten (skeptisch/negativ oder optimistisch/positiv) - ergeben.

Es gibt freilich auch Gemeinsamkeiten zwischen dem ersten und dem zweiten Konzept. Neue Steuerungskonzepte kommen im Einklang mit den stark prozedural orientierten Gerechtigkeits- und Demokratievorstellungen liberaler Provenienz weitgehend ohne irgendeinen Anspruch auf die Erarbeitung von expliziten inhaltlichen Leitbildern und "policy visions" auf der Seite der öffentlichen Politik und ohne besondere normative Ansprüche hinsichtlich sozialer Leistungsbeteiligung und politischer Partizipation aus. Kulturelle und gesellschaftliche Ausgangslagen und Trends (etwa in Richtung Individualisierung/ Privatismus, aber auch verringerten sozialen Engagements) werden dementsprechend als Faktum hingenommen, und in "realistischen" Konzeptionen mit einem entsprechend geringen Stellenwert nicht-staatlicher und nicht-marktlicher Beiträge möglicherweise noch verstärkt. Dies gilt vor allem auch deshalb, weil der Bestand zivilgesellschaftlich fundierter freier Träger ja in erster Linie dem gesellschaftlichen Wettbewerb überlassen bleiben soll. Er wird abhängig gemacht von ihrer Fähigkeit, sich an gesellschaftlichen und sozialen Märkten behaupten zu können und das um so mehr, je stärker dabei dem Argument nachgegeben wird, daß andere, z.T. traditionelle Mittel einer staatlichen Bestandsförderung ziviler Solidaritäten (z.B. die Berücksichtiung von Gemeinnützigkeit im Steuerrecht, als nicht "leistungsgebundene" Zuwendungen an die Organisation etc.) als weniger effizient und als illegitime Wettbewerbsverzerrung gelten.

An der entsprechenden Praxis des britischen Typus von Wohlfahrtspluralismus läßt sich zeigen, wie schwierig und selektiv die Entwicklungsperspektiven sind, die aus einer derartigen Bindung der Förderung zivilgesellschaftlichen Engagements an Erfolge im Wettbewerb zwischen Dienstleistungsträgern resultieren. Der Einbezug des Dritten Sektors in Quasi-Märkte und die Ablösung der herkömmlichen grants (kleinere Zuwendungen für die gesamten Tätigkeiten von Freiwilligenorganisationen) durch contracts (Zuwendungen nur als Honorierung festgelegter Dienstleistungen) hat, wie eine Untersuchung von Taylor/Langan/Hoggett (1995) eindrucksvoll belegt, bislang vor allem zweierlei bewirkt. Kleinere Organisationen, deren Leistungen nicht klar operationalisiert und abgegrenzt sind und deren Handlungsorientierungen eher der Logik von Fürsorglichkeit als der einer eng umschriebenen Handlungseffizienz folgt, werden im Rahmen dieser Regulations- und Zuwendungslogik bei Strafe der Benachteiligung und allmählichen Verdrängung zu Anpassungsleistungen an übergeordnete Systemlogiken gezwungen. Das reduziert Pluralismus im Sinne der Vielfalt einer sozialen Ökologie von Trägern und Hilfeangeboten und bereitet einer staatlich regulierten Monokultur den Weg. Bei größeren Organisationen löst die selektive Förderung allein ihrer Dienstleistungsfunktion ein ungleichgewichtiges Wachstum und Identitätsprobleme aus, insbesondere in Hinblick auf ihre Rolle als soziale Anwälte, Pioniere von Innovationen oder Vertreter einer anderen Wertekultur. Beeinträchtigt wird damit vor allem der spezifische Beitrag von Dritten Sektororganisationen und ähnlichen Assoziationen als "schools of democracy" (Cohen/Rogers 1994).

Alles in allem ergibt sich also die Frage, inwieweit nicht die gegenwärtig dominierenden Konzepte eines integrierten, auf kooperative Dienstleistungsproduktion ausgerichteten Wohlfahrtspluralismus von historischen Beständen und einer entsprechenden Vielfalt an Leistungsmotiven, Hilfebereitschaften und Solidaritätsformen zehren, ohne mit dem von ihnen vertretenen Modernisierungsduktus auch zu ihrer Reproduktion beitragen zu können.

## *3. Wohlfahrtspluralismus als soziale Entwicklungspolitik*

Den dritten Typus wohlfahrtspluralistischer Konzepte könnte man als ein Konzept für eine Entwicklungspolitik zur Stärkung gesellschaftlicher Wohlfahrtsbeiträge bezeichnen. Plädiert wird hier für einen Umbau des Wohlfahrts-Staates in eine Richtung, die Wege zu einer Wohlfahrts*gesellschaft* ebnen hilft. Vertreter dieses Ansatzes finden sich nicht von ungefähr vor allem in der Debatte über Bürgergesellschaft und Kommunitarismus (vgl. etwa die Beiträge von Walzer, 1988 u. 1993 Cohen/Rogers 1994 und für die Bundesrepublik Rödel/Frankenberg/Dubiel 1989, S. 180f.) bzw. auf einer Ebene, die diese Diskussion mit - der Reform der öffentlichen Politik - speziell der Sozialpolitik und des Sozialstaats - zu verknüpfen sucht. Hier finden sich eine Reihe von konzeptionellen Abhandlungen (Evers/Svetlik 1993, Gilbert/Gilbert 1989) und speziell in der Bundesrepublik bislang eher vereinzelte, essayistisch gehaltene Beiträge (Roth 1994; Dettling 1995 und Evers 1995a). Dabei ist ein solcher Typus wohlfahrtspluralistischer Orientierung nicht a priori unverträglich mit einer Diskussion über ein effizientes Management öffentlicher Verwaltungen und Politiken. Er kann sich dafür als ein (alternativer) gesellschafts- und sozialpolitischer Bezugsrahmen anbieten. Bezeichnend ist hier z.B., daß für Osborne/Gaebler die Stärkung von Marktmechanismen nur die eine Hälfte ihres Konzepts eines "Reinventing Government" ausmacht und die andere Hälfte "the empowerment of communities" betrifft (1993, S. 309). Diesem zweiten Problemkomplex widemen sie zwar explizit nur ein Kapitel ihres Buches, diskutieren dort aber eine Reihe plastischer Beispiele für Möglichkeiten, diesen Anspruch im Rahmen einer stärker partizipativ ausgerichteten Demokratie einzulösen (ebda., S. 49-75) Bereits daraus ergibt sich ein bemerkenswerter Unterschied zu der in der bundesdeutschen Debatte zur Modernisierung des öffentlichen Sektors vorherrschenden Managementorientierung. Eine jüngst im Auftrag der Bundestagsfraktion Bündnis 90/ Die Grünen erstellte Studie mit Reformempfehlungen für eine "effiziente, aufgabengerechte und bürgerkontrollierte Verwaltung" stellt die Vielzahl ihrer organisations-technischen und -rechtlichen Empfehlungen denn auch in den Rahmen (a) einer "institutionell gesicherten Aufgabenübertragung an gesellschaftliche Träger jenseits von Staat und Markt" und (b) einer Steigerung der Verantwortlichkeit der Verwaltung, für die sowohl "wettbewerbs- und marktorientierte" wie "politisch partizipative" Strategien empfohlen werden (Clasen u.a. 1995, S. 35, 70, 72f). Im engeren Bereich der Sozialpolitik läßt sich darauf verweisen, daß sich in einzelnen Fachbereichen jenseits der etablierten korporatistischen Arrangements mit den Verbänden der freien Wohlfahrtspflege vor allem über einzelne Modellprojekte und Programme (wie z.B. die mit viel Publizität bedachten Initiativen zum 3. Lebensalter in Baden-Württemberg (Ministerium für Arbeit, Gesundheit und Sozialordnung 1994) oder Förderungsprogramme für Familienzentren, Seniorenbüros und Selbsthilfekontaktstellen (Bundesministerium für Familie und Senioren 1994) potentielle Elemente einer derartigen sozialen Entwicklungspolitik herausgebildet haben.

Auf allen diesen sehr unterschiedlichen Argumentations- und Handlungsebenen haben dabei kommunitaristische gegenüber liberalen Motiven an Bedeutung gewonnen (vgl. dazu als Dokumentation und Überblick: Forschungsjournal Neue Soziale Bewegungen 3/1995). Das läßt sich zunächst an dem Ausmaß ablesen, in dem Formen der Gemeinschaftsbildung wie Familie und Nachbarschaft als durchaus bestandsfähige und wünschenswerte Elemente zukünftiger Gesellschafts- und Lebensformen diskutiert werden statt lediglich als Reste eines notwendigerweise verschwindenden Traditionspolsters verstanden zu werden. Ein weiterer Indikator ist die große Bedeutung, die hier mit Blick auf

Demokratie und Sozialstaat neben dem Einklagen von Beteiligungsrechten auch die Thematisierung von Verantwortlichkeiten, Bindungen, Bürgerpflichten und Gemeinsinn gewonnen hat. Die verschiedenen Akteure in der Sozialpolitik geraten somit nicht nur aus dem engen Blickwinkel ihrer Rolle als Versorgungsträger in Betracht. Dementsprechend werden Wohlfahrtsverbände als Dienstleistungsanbieter, soziale Anwaltsorganisationen und Repräsentanten solidaristischer und gemeinwohlorientierter Werthaltungen (vgl. Olk 1995) thematisiert und Sozialprojekte einerseits als Beiträge zu besseren und billigeren Angeboten, andererseits als Repräsentanten "bürgerschaftlichen Engagements".

Daraus ergibt sich, daß mit Blick auf Themen wie Demokratie sowie Planung und Entscheidungsfindung die Betroffenen nicht nur als Konsumenten, sondern auch als Nutzer und Bürger angesprochen werden. Forderungen nach mehr Einflußnahme stellen sich dementsprechend nicht nur als Frage sowohl unter dem Aspekt der Konsumentenwahl als auch der kollektiven Beteiligung von Nutzern. Gefragt wird nicht nur nach dem Ausmaß von Kundenorientierung, sondern auch nach den individuellen Möglichkeiten der Mitgestaltung einer Dienstleistung. Es geht nicht nur um individuelle Präferenzen sondern auch um politisch gesetzte Prioritäten. Im Unterschied zur Abstinenz des liberalen Modells, das den jeweiligen Pluralismus z.B. im Bereich der Träger sozialer Dienste zur Disposition des gesellschaftlichen Wettbewerbs stellt, spielen hier normative Setzungen und entsprechende Prioritäten eine größere Rolle. Daraus resultiert nicht nur eine stärkere Anspruchshaltung gegenüber den Betroffenen, die sich als engagierte Bürger qualifizieren sollen, sondern auch die Forderung nach entsprechenden strategischen Konzepten für die staatliche Politik. Gefordert sind besondere Unterstützungsleistungen und größere Berücksichtigungsfähigkeit für zivilgesellschaftliche Beiträge - von der Diskussion über eine familien- und selbsthilfefreundliche Umwelt bis hin zu den zahlreichen erwähnten Förderprogrammen. Die Entwertung des in bürgerschaftlichem und nachbarschaftlichen Engagement, civil society und kommunitären sozialen Formen repräsentierten sozialen Kapitals soll nicht einfach als unabwendbare Folge sozialen Wandels hingenommen werden. Vielmehr gilt die Suche angemessenen Entwicklungspolitiken, die Investitionen in diesen spezifischen "Kapitalstock" und eine pflegliche Erneuerung entsprechender Bestände als notwendige Voraussetzung des Wohlfahrtspluralismus und Komplement der Suche nach einer besseren Nutzbarmachung von Beiträgen der Familie oder des Bürgerengagements begreifen. Entwicklungspolitische Perspektiven schliessen dabei notwendigerweise Strategien des "enabling" und "empowerment" ein und stellen im Unterschied zu den zuvor skizzierten Typen des Wohlfahrtspluralismus die Notwendigkeit der Überwindung traditioneller Machthierarchien heraus - sowohl in zu bildenden Verhandlungssystemen im lokalen öffentlichen und politischen Raum als auch in Hinblick auf fachpolitisch verfestigte

Hierarchiebeziehungen - z.B. zwischen Professionellen und Laien (vgl. Gerzer-Sass und Evers/Olk in diesem Band).

### 4. *Wohlfahrtspluralismus durch mehr Markt und mehr Gemeinschaft?*

Die Aufzählung idealtypischer Ansätze des Wohlfahrtspluralismus-Denkens gesellschaftlicher Entwicklungen, wäre jedoch ohne den Verweis auf Konzepte einer autoritativen Formierung unvollständig. Wer liberal-kommunitaristische Konzepte diskutiert, kann z.B. nicht über andere, von dort kommende Konzeptbildungen schweigen und außer Acht lassen, was in den USA durch eine "neue Rechte" ausgearbeitet worden und etwa in dem Manifest "Contract with America" (Gillespie/Schellhas 1994) sowohl als gesellschaftspolitische Vision als auch als konkretes sozialpolitisches Programm eingefordert worden ist. Ihre Version des Ziels, "to end welfare as we know it" (ebd., S. 65) führt zu einem Programm, das mehr Markt im Sinne radikaler wirtschaftsliberaler Ansätze konzeptionell mit einer kompensatorischen Aufwertung klassischer Gemeinschafts- und Integrationsinstitutionen wie der Familie und der lokalen bürgerschaftlichen Verpflichtung kombiniert. Der anti-gesellschaftliche und anti-etatistische Effekt einer solchen Verschiebung in Richtung auf mehr Markt *und* mehr Gemeinschaft liegt nicht nur darin, daß hingenommen wird, daß sich beides auf Kosten liberaler Freiheitsrechte vollziehen kann, sondern auch darin, daß die Minderung sozialer Ungleichheit wieder stärker zur Aufgabe von traditionellen Wohlfahrtsorganisationen und Selbsthilfeinitiativen wird.

In Deutschland mit seinen ganz anders gelagerten politischen Traditionen gibt es keine unmittelbar vergleichbaren Positionen. Aber auch hier haben Veröffentlichungen von Politikern wie Schäuble (1996) gezeigt, daß kommunitaristische Orientierungen, die Familien- und Bürgerpflichten aufwerten wollen, auch in einen sehr viel stärker durch staatliche Autorität vermittelt gedachten gesellschaftlichen Rahmen gestellt werden können. Die Denunziation eines Individualismus der Gleichgültigkeit und Trägheit vollzieht sich dabei im Rahmen eines Konzepts, das wesentlich auf Abbau und Abwertung statt auf Umbau und Umbewertung sozial-staatlicher Beiträge setzt, die nämlich "nach aller Erfahrung eher geeignet (sind), moralische Anreize zu zerstören, als sie irgendwo sinnvoll zu ergänzen" (ebd., S. 72). Die Frage ist, welche Akzente bei wachsender sozialer und kultureller Hierarchisierung und Desintegration dann der Appell an "gemeinsame Identität und Zusammengehörigkeitsgefühl" bekommt. Wo werden dann z.B. die Grenzen von Verpflichtungen und Zwängen verlaufen, und wie bedeutsam und folgenreich sollen dann die Unterschiede sein zwischen denen, die mit Blick auf den jeweiligen sozialmoralischen Mehrheitskonsens "dazugehören" und denen, die "außen vor" sind? Zwar gibt es gegenwärtig in

Deutschland zwischen einem entsprechenden gesellschaftspolitischen Raisonnement und einzelnen sozialpolitischen Maßnahmen und Konzepten keine stringente strategische Verbindung, aber es wäre wohl naiv anzunehmen, daß auch in Zukunft jedwede Sozialpolitik sich in einem politisch und kulturell liberalen Rahmen wird definieren müssen oder können. Politisch liberales Denken mag in hohem Maß indigniert sein von Forderungen nach einer staatlichen Förderung von Bürgerwehren, die sich zum Schutz ihrer Nachbarschaft zusammentun, von sozialpolitischen Konzepten zur Sorgeverpflichtung von Wohngemeinschaftsmitgliedern für Sozialhilfeempfänger, von Forderungen aus den Industrieverbänden nach einem staatlich oder kommunal zu organisierenden Arbeitsdienst für arbeitsfähige Sozialhilfebezieher und von einer Familienrethorik, die die Aufwertung familialer Leistungen nicht mit einer entsprechenden Umgestaltung von Arbeits- und Umweltbedingungen, sondern vielmehr mit moralischen und eventuell auch finanziellen Prämien koppelt. Ob man aus liberalen Einstellungen heraus jedoch bereit und in der Lage sein wird, derartigen Maßnahmen und Aufforderungen zur Verteidigung von Gemeinschaftsbeständen gegen "innere Feinde" mit glaubhaften Alternativen zu begegnen, statt die ihnen zugrundeliegenden Tendenzen zur Gleichgültigkeit und Gefährdung gesellschaftlicher Integration zu bagatellisieren, ist eine ganz andere Frage.

## VII. Vom Wohlfahrtsstaat zur Wohlfahrtsgesellschaft? Antinomien und Realisierungsbedingungen des Wohlfahrtspluralismus

Die folgenden Überlegungen beziehen sich hauptsächlich auf jene Konzeption von Wohlfahrtspluralismus, die wir als "soziales Entwicklungskonzept" bezeichnet hatten. Hier geht es im Unterschied zu den anderen Konzepten (sehr viel mehr) darum, die überkommenen hierarchischen Zuordnungen zwischen Markt, Staat, intermediären und familiaren Bereichen nicht nur zu modernisieren, sondern auch entlang einer Entwicklungsperspektive für den zivilgesellschaftlichen und gemeinschaftlichen Bereich zu reformieren. Damit werden hier auch sehr viel stärker Fragen aufgeworfen, die mit sozialer Gerechtigkeit, politischer Demokratie aber auch den Voraussetzungen für eine derartige Reformperspektive zu tun haben.

### *1. Wohlfahrtspluralismus, soziale Rechte und Gerechtigkeit*

Mit Blick auf den Wert der sozialen Gerechtigkeit geht der unmittelbar einleuchtende zentrale Einwand dahin, daß Dezentralisierung, eine stärkere Verantwortung von Familien und intermediären Organisationen (insbesondere wenn es sich um fragile, von freiwilligem Engagement abhängige kleine Gebilde handelt) Strukturmerkmale herkömmlicher sozialer Wohlfahrt wie Gleichheit, rechtliche Einklagbarkeit und Standardisierung in Frage stellen - jene Aspekte, die, wie in Abschnitt ausgeführt wurde und Salamon in seinem Beitrag zu diesem Band erläutert, die Stärke staatlicher Leistungen ausmachen. Auch wenn man berücksichtigt, daß eine erweiterte wohlfahrtspluralistische Perspektive nicht einfach auf bloße Substitution zwischen Sektoren der Wohlfahrtsproduktion, sondern auf Komplementäreffekte und Synergien zielt, läßt sich der beschriebene Einwand nicht negieren. Sicherlich gewährt - um nur ein Beispiel zu nennen - die neuerdings im Pflegeversicherungsgesetz vorgesehene Alternative der Geldlösung mehr Wahlmöglichkeiten im Hinblick auf Pflegearrangements; Geld in der Hand der Betroffenen gibt jedoch auch familieninternen Machtstrukturen mehr Gewicht als eine Strategie der Versorgung mit professionellen öffentlichen Diensten; die Situationsabhängigkeit von Versorgungsrisiken und -chancen steigt möglicherweise. Auf der anderen Seite ist zu bedenken, daß z.B. viele randständige Gruppen ohne die Vermittlerrolle und Hilfeangebote von öffentlich unterstützten Initiativen und Hilfsorganisationen, die das entsprechende Milieu repräsentieren, gar nicht erreichbar wären. So stellt denn auch Walzer mit Blick auf die Forderung nach Stärkung gesellschaftlicher Assoziationen und Dezentralisierung fest, daß dies "die alten Ungleichheiten traditionalistischer Lebensweisen ebensogut verstärken, wie den neuen Ungleichheiten des liberalen Marktes und des bürokratischen Staates entgegenwirken kann" (1993, S. 177).

Generell wird eine ausschließlich auf "social citizenship rights" focussierte Blickrichtung relativiert durch die Aufwertung nicht routinisierter Elemente sozialer Wohlfahrt und von Angeboten, die nicht soziale Versorgungsleistungen garantieren, sondern sich als Chancen eröffnende Angebote zur Selbsthilfe verstehen. Illustrieren ließe sich dies anhand von Strategien, die im Rahmen einer Politik der Gesundheitsförderung auf betriebliche Organisationsentwicklung und Selbsthilfegruppenunterstützung setzen. Sie bieten mehr Chancen aber auch weniger Sicherheiten als die herkömmlichen Formen von Unfallschutz und betrieblicher Gesundheitsversorgung. Damit stellt sich zunächst die Frage, welchen Einfluß Konzepte, die gewissermaßen mit nicht-staatlichen Beiträgen "rechnen" auf das Niveau und den Umfang staatlich garantierter sozialer Rechte haben sollen - ob man sie als einen garantierten Beitrag zu oder als vollständige Übernahme von Risiken und Kosten definieren soll. Verschiebungen von hochgradig staatlich vermittelten, protektiven zu stärker sozialkulturell vermittelten "enabling" Konzepten aktualisieren die grundsätzliche Frage, inwieweit soziale Wohlfahrt überhaupt in den Kategorien individuell einklagbarer sozialer Rechte definiert werden kann (Bellah u.a. 1991, S. 124 f.). Denn analog zur politisch-demokratischen Kultur gibt es auch in jeder Wohlfahrtskultur jenseits des rechtlich und organisatorisch verbürgten Teilbereichs ein breites Feld wohlfahrtsrelevanter Einstellungen und Beziehungsmuster. Sie tragen unmittelbar zu Wohlfahrt und Wohlbefinden bei, sind aber auch als mittelbare Voraussetzungen für die Einlösbarkeit garantierter Rechte wichtig. Damit ergibt sich die Aufgabe, abzuwägen zwischen Sozialleistungen, die individuelle Schutz- und Anspruchsrechte garantieren und Leistungen, die auf den Weiterbestand dieses "sozialen Kapitals" zielen. Investitionen, die - wie es Donati in seinem Beitrag zu diesem Band beschreibt, - nicht auf die Garantie individueller Rechtsgüter, sondern auf die Pflege und Ermöglichung sozialer Beziehungsgefüge zielen.

Schließlich ergibt sich ein wichtiges Problem für die Realisierung des Wertes der sozialen Gleichheit im Kontext des Verlangens nach "maßgeschneiderten" gruppenbezogenen und individuellen Lösungen - eine Forderung, die herkömmliche Formen der Qualitätssicherung durch Standardisierung und Normierung von Leistungen in Frage stellt. Taylor u.a. stellen im Zusammenhang mit der Einrichtung von Quasi-Märkten im Pflegebereich in England die Frage: "How can high-quality care and support be achieved without overstandardisation?" Sie erörtern dabei insbesondere die Möglichkeit, den Nutzern größere Mitgestaltungsmöglichkeiten beim Design von Diensten zu geben, wobei es dafür "user based advocacy projects" bräuchte. Ein solches System der kontextspezifischen Regulierung sollte dabei unterstützt und ergänzt werden durch staatliche Rahmenbestimmungen, die bestimmte Qualitätsnormen und Standards durchsetzen helfen , die aber nicht durchweg verpflichtenden Charakter haben, sondern z.T. auch als Orientierungsmaßstäbe und Empfehlungen fungieren könnten (1995, S. 68f.).

## 2. *Wohlfahrtspluralismus, politische Demokratie und Beteiligung*

Damit ist zugleich das Thema Macht und Demokratie angesprochen. Es wird in wohlfahrtspluralistischen Diskursen insoweit aktualisiert, als es grundsätzlich gesellschaftliche und gemeinschaftliche Bereiche und ihnen verpflichtete soziale Einrichtungen, die Verschiedenheit, Partikularität und Differenz repräsentieren, gegenüber staatlich-universalistischen Lösungen oder den seriellen Angeboten großer Märkte aufzuwerten sucht. Viele der dabei aufgeworfenen Fragen werden gegenwärtig in der Debatte um Multikulturalismus diskutiert und konkretisieren sich in der Sozialpolitik z.B. im Problem der zukünftigen Gestaltung von Erziehungs- und Betreuungsangeboten. Wie kann jenseits von Assimilationszwängen (etwa in einem vereinheitlichten öffentlichen Schulsystem) und einem dezentralen Pluralismus, der zu Fragmentierung, Provinzialismus und subkultureller Abschottung führen kann (etwa in Folge der öffentlichen Förderung privater Schulen einzelner Religionsgruppen), eine Balance gefunden werden? In diesem Band behandeln vor allem Nokielski und Pankoke mit ihrem Beitrag das nicht auflösbare Spannungsverhältnis zwischen universalistischen und partikularen Orientierungen (vgl. dazu auch: Evers 1993).

Dies führt zurück zu dem bereits angesprochenen Problem der Gewichtung und Verbindung verschiedener Wege zur Stärkung der Nutzer als Bürger, Konsumenten, Klienten und Koproduzenten. Die von der New Public Management - Bewegung anvisierte Konsumentendemokratie privilegiert eindeutig die Option des "exit," die individuelle Wahlakte und andere, in Anlehnung an den kommerziellen Bereich entwickelte, Techniken (voucher- Systeme, Marktsondierungen, Panels etc.) auszuweiten sucht. Konzepte einer partizipatorischen Bürgerdemokratie stellen die Option "voice", der kollektiven Abwägung und Verständigung, aber auch der Stärkung von Interessen- und Konsumentenverbänden in den Vordergrund. Autonomie- und Demokratiefragen ergeben sich darüber hinaus bei der Ausgestaltung von individuellen Leistungsbeziehungen und der Rollendefinition von Klienten als Koproduzenten. Die Tendenz zur *Verschränkung verschiedener ökonomischer Prinzipien der Dienstleistungsproduktion* und damit zu Arrangements, bei denen staatliche Rahmensetzungen und Gewährleistungen, Sozialmärkte, Leistungsvertäge mit nicht-staatlichen Anbietern und darüber hinaus spezielle Förderungsprogramme für freie Träger sich miteinander verschränken, wirft auch die Frage nach der jeweils angemessenen *Verschränkung verschiedener Prinzipien der politischen Kontrolle und Beteiligung* auf. Das Problem, um das es hier geht, betrifft die Frage, wie Wahlmöglichkeiten, Partizipationsrechte und individuelle Beteiligungschancen gewichtet und verknüpft werden sollen (dazu näher: Means u.a. 1993 sowie Barber 1994, S. 205 f.)?

Hierbei stellt sich auch die Frage danach, welche Machtverschiebungen bei den heute im Vordergrund stehenden Pluralisierungskonzepten per Leistungsvertrag und contracting-out beabsichtigt sind und welche real eintreten. Während es Studien gibt, die neue Kontraktbeziehungen vor allem mit Autonomieverlust und Assimilationszwängen assoziieren (Smith/Lipsky 1993), argumentieren andere (Ware 1989; Kramer 1994), daß in der Realität nicht nur bisweilen Organisationen mit einem starken Protestprofil hohe öffentliche Förderungen einwerben können, sondern auch die de facto Kontrolle von öffentlichen Mitteln - was immer die Leistungsverträge im einzelnen regeln mögen - gering und unwirksam ist. Die Extreme liegen also zwischen der Einschätzung, daß sich für eine intermediäre Institution verschiedene Kontrolleffekte gewissermaßen überlappen (durch Mitglieder, Öffentlichkeit, staatliche Institutionen und Nutzer) und der Vermutung, sämtliche Kontrollen würden durch die Positionierung der Organisation in einer Art "blindem Fleck" stillgesetzt werden.

Bei den diskutierten Problemen wohlfahrtspluralistischer Konzepte handelt es sich um strukturelle Antinomien, die nicht ohne weiteres auflösbar sind, sondern die dazu zwingen, Gewichtungen vorzunehmen sowie ein Repertoire an Techniken des "balancing pluralism" zu entwickeln. Aus solchen Prioritäten und Schwerpunktsetzungen bei der Entwicklung konkreter Maßnahmen und Strategien werden unterschiedliche gesellschafts- und sozialpolitische Positionen ablesbar sein.

## 3. *Welche gesellschaftlichen Grundlagen braucht ein wohlfahrtspluralistisches Entwicklungskonzept?*

Eine Reihe von Problemen ergeben sich mit Blick auf die Angemessenheit und Realisierbarkeit von wohlfahrtspluralistischen Konzepten, die auf eine Aufwertung der sozialen und kommunitären Elemente setzen. Zunächst einmal handelt es sich hier um ein stärker auf langfristig angelegte Investitionen denn auf kurzfristige Erträge zielendes Entwicklungskonzept. In der Sozialpolitik sind jedoch gegenwärtig kurzfristige Entlastungswirkungen gefragt, die man sich eher von einem verbesserten Management etablierter Anbieter denn von der Unterstützung zunächst oft fragiler sozialer Projekte erwartet. Das gilt noch stärker, wenn es um solche kaum quantifizierbaren "Sozialdividenden" wie etwa soziokulturelle und politische Integrationswirkungen von Gemeinwesenarbeit und Nachbarschaftsinitiativen geht. Daß der größte Teil von Wirtschaft und Politik, aber auch viele Bürger hier uninteressiert sind und sich auch gegenüber entsprechenden Argumentationen taub stellen, hängt dabei vor allem mit der gegenwärtigen umfassenden Vorherrschaft marktliberaler Doktrinen und eines entsprechenden Menschen- und Gesellschaftsbildes zusammen. Für dieses haben Werte wie Solidarität oder Gemeinschaftsorientierung und die Fürsorglichkeit informeller Hilfebeziehungen in Kontexten der Gemeinschaftlichkeit entweder keine oder bestenfalls eine nachrangige und funktionale Bedeutung im Rahmen der übergeordneten Imperative globaler Modernisierungs- und Wettbewerbszwänge. Hier gilt die Warnung von Robert Wuthnow einstweilen wenig: "The voluntary sector is too important to be left entirely to economists whose primary concern is the provision of services by nonprofit organizations" (1991, S. 22).

Es gibt jedoch auch Blockaden und Herausforderungen, die auf gesellschaftliche Tiefenströmungen unterhalb der marktliberalen Oberflächenbewegungen verweisen. Sie betreffen die jeweilige über Jahrzehnte gewachsene soziale und politische Kultur eines Landes oder einer Region wie Europa und die Frage, inwieweit sie für Veränderungen in Richtung einer pluralistischen Wohlfahrtsgesellschaft offen ist. Jenseits der sonst großen Besonderheiten ist diese Kultur heute in den Staaten der EU ganz überwiegend durch eine Kombination starker individualistischer Orientierungen und einer wohlfahrtsstaatlichen Absicherung geprägt, ohne die die heute existierenden Spielräume für ein Leben in weitgehender Unabhängigkeit von familialen Hilfebeziehungen und von Strukturen, die auf soziales Engagement verwiesen sind, das Privileg weniger darstellen würden. Das macht den Entwurf wohlfahrtspluralistischer Konzepte, die auf Hilfebereitschaft und bürgerschaftliche Verantwortung setzen, zwar nicht sogleich obsolet, legt aber doch die Frage nach den Grenzen eines politischen Konzepts nahe, das im vorgegebenen Rahmen einer individualistischen Kultur soziale Verantwortlichkeit und Solidarität zu stärken und in Wohlfahrtsarrangements einzubauen sucht. Inwieweit verfügt ein derartiger Politikentwurf heute, nach dem Niedergang neuer sozialer Bewegungen und angesichts eines weit verbreiteten defensiven Klientilismus von freien und gemeinnützigen Trägern, die oft am Tropf prekärer staatlicher Programme hängen (Evers 1995a), überhaupt noch über Ansprechpartner?

Was ist und was vermag der zivile und gemeinschaftliche Bereich? Wuthnow stellt in Bezug auf die Selbsthilfegruppenbewegung, die mitunter als ein zentraler Ausweis von neuen Formen der Engagementbereitschaft angeführt wird, z.B. fest, daß viele dieser Gruppen "merely provide occasions for individuals to focus on themselves in the presence of others" (1994, S. 45). Mit Blick auf Norwegen und die skandinavischen Länder bemerkt Selle: "At the expense of public organisations, there has been a comprehensive increase in the number of activity-oriented leisure organisations which voice a consumer ideology and which are often rather introverted in both activity and ideology" (1993, S. 12). Für die USA fordert z.B. Putnam, zu untersuchen, inwieweit die Mitgliedschaft in neuen Assoziationsformen den Abwärtstrend bei klassischen Solidarorganisationen (wie die Gewerkschaften) aufzuwiegen vermag (1995, S. 72). Es stellt sich daher die zentrale Frage, inwieweit die in der heutigen individualistischen Alltagskultur vorfindlichen Formen des Engagements und der Mitgliedschaft sozialpolitisch ähnlich tragfähig und belangreich sind, wie ältere in stabilen Verbänden und Mitgliedervereinigungen organisierte Solidaritäten. Derartige Befunde verstärken die Skepsis gegenüber Konzepten in den USA und Europa, die staatlich und gesellschaftlich organisierte Solidaritäten in erster Linie unter Gesichtspunkten der Substitution ersterer durch letztere sehen - im Zusammenhang einer angeblich unvermeidlichen gesellschaftlichen Korrosionswirkung von Wohlfahrts-Staatlichkeit. Sicherlich muß der Status quo gesellschaftlicher Bereitschaften und Fähigkeiten zu Solidarbeiträgen in den verschiedensten Formen nicht als unveränderbar gedacht werden. Aber die Möglichkeiten speziell der *staatlichen* Gesellschafts- und Sozialpolitik zur Veränderung der vorhandenen politischen Kultur und der "Kultur des Helfens" sind in einer demokratischen Gesellschaft prinzipiell begrenzt. Ihre Bürger können weder zum Glück noch zur Tugend gezwungen werden. Skepsis ist dabei nicht nur angebracht gegenüber den oft beschworenen "erzieherischen" Effekten eines schlichten Rückzugs des Staates aus sozialen Mitverantwortungen. Sie sollte auch denen gelten, die in der Kontroverse um Freiwilligkeit und Verpflichtung (etwa in Form eines sozialen Pflichtjahres) auf eine staatliche Vorschrift zum sozialen Engagement setzen. "Die aktive Bürgerschaft ... zu erzwingen hieße, sie zu zerstören" schreibt Benjamin Barber und fügt hinzu, daß "kommunale Programme und Gemeinschaftsaktionen sich parallel zu einem allgemeinen staatsbürgerlichen Verantwortungsgefühl werden entwickeln müssen" (1994, S. 287).

Problematisch sind die gesellschaftlichen Voraussetzungen für wohlfahrtspluralistische Konzepte aber nicht nur im Hinblick auf Fragen sozialer Kooperationsbereitschaft, sondern auch mit Blick auf politische Beteiligung und Mitverantwortung. Denn angesichts der gegenwärtigen politischen Kultur sozialer Interessenvertretung beinhaltet die Forderung nach der Aufwertung gesellschaftlicher Assoziationsformen die Gefahr der Lähmung einer staatlich-repräsentativen Politik, die auf der Suche nach für alle Gruppen verbindlichen Lösungen nach mehr als dem kleinsten gemeinsamen Nenner oder der jeweils proportionalen Sicherung von Einfußgewichten sucht. Schließlich gibt es auch hierzulande das, was man in den USA einen "interest group liberalism" oder die "identity politics" nennt - Versuchungen zu ego-zentrischen Formen von Durchsetzung und Selbstbehauptung, gegenüber denen auch die Organisationsformen benachteiligter und randständiger Anliegen und Interessen nicht gefeit sind. Derartige Formen des Gruppenegoismus und einer Politik, die die Bekräftigung kultureller und ethnischer Identitäten zum alles überragenden Ziel macht, werfen Fragen der Veränderung von kultureller und politischer Subjektivität auf. Diese werden jedoch in der Steuerungsdebatte zu klugen Organisationsformen politischer Verfahren und entsprechenden Arrangements pluraler Akteurskonstallationen und Netzwerke (Mayntz/Scharpf 1995) gerade ausgeklammert. Gefragt bleiben also Formen der substantiellen politischen Auseinandersetzung und Verständigung um Werte und Prioritäten, die den Beteiligten helfen "to be more other-regarding in their political practice" (Cohen/Rogers 1994, S. 155).

Zentral sind diese Probleme bei der Entwicklung von neuartigen Konzepten und Strategien etwa im Bereich von Arbeit und sozialer Integration, insoweit es hier darum geht, so verschiedene Organisationen und Interessenträger wie Landes- und Kommunalbehörden, Wohlfahrtsverbände, privatwirtschaftliche Unternehmen, Bürgerinitiativen und kommerzielle Sanierungsträger kooperativ zu vernetzen. Dabei stellt sich demokratiepolitisch vor allem das Problem der *Herstellung öffentlicher Räume* diskursiver Verständigung, die helfen können, wechselseitige Ängste und Distanzen aufzulösen und Kooperationsbereitschaft zu schaffen. Kurz: wo es in den Debatten um neue Steuerungsmodelle und staatliche politische Aufgaben eher um eine elegante Form der Moderation und Verwaltung der verschiedenen pluralen (staatlichen, marktlichen und frei-gemeinnützigen) Bestände an sozialen Angeboten und Trägern geht, muß eine soziale Entwicklungspolitik nach neuen Formen von Politik suchen, innerhalb derer benachteiligte Orientierungen Aufwertung und Anerkennung erfahren können. Angemessene demokratische Formen der Kooperation und Verständigung dafür gilt es erst noch zu finden (vgl. dazu: Roustang/Laville u.a. 1996).

Die vorangegangene Problematisierung des möglichen Beitrags ziviler Assoziationsformen zu einer "Resozialisierung" des Wohlfahrtsstaates verweist darauf, daß sozialpolitische Programme in wohlfahrtsgesellschaftlicher Perspektive womöglich kulturell und politisch ungleich voraussetzungsvoller und problematischer sind als viele ihrer Vertreter glauben machen wollen. Offenbar besteht ein komplexes und bislang analytisch kaum bearbeitetes Abhängigkeitsverhältnis zwischen dem Projekt einer pluralistischen Wohlfahrtsgesellschaft und einer auf die Stärkung der Dimension der Bürgerschaftlichkeit, des "civic engagement", setzenden zivilgesellschaftlichen Perspektive. Die weitgehende Ausblendung dieses Problems in der landläufigen Diskussion um Selbsthilfe, soziale Leistungsbeteiligung, Eigeninitiative und Wohlfahrtspluralismus ergibt ein "politisches Defizit" (Evers 1995) im Konzept der Wohlfahrtsgesellschaft.

## Literatur

Abrahamson, Peter 1995: Conceptualizing welfare pluralism and welfare mix, Paper prepared at the Second European Conference of Sociology, Budapest, Hungary, August-September 1995

Alber, Jens 1989: Der Sozialstaat in der Bundesrepublik 1950-1983. Frankfurt/New York: Campus

Anheier, Helmut K. 1990: Zur internationalen Forschung über den Nonprofit Sektor, in: Journal für Sozialforschung 35, 1, S. 163-180

Anheier, Helmut K./Seibel, Wolfgang (Hg.) 1990: The Third Sector. Comperative Studies of Nonprofit Organizations. Berlin/New York: de Gruyter

Backhaus-Maul, H./Olk, Th. 1992: Intermediäre Organisationen als Gegenstand sozialwissenschaftlicher Forschung. Theoretische Überlegungen und erste empirische Befunde am Beispiel des Aufbaus von intermediären Organisationen in den neuen Bundesländern, in: Schmähl, W. (Hg.), Sozialpolitik im Prozeß der deutschen Vereinigung, Frankfurt: Campus, S. 91-133

Backhaus-Maul, H./Olk, Th. 1994: Von Subsidiarität zu "outcontracting". Zum Wandel der Beziehungen zwischen Staat und Wohlfahrtsverbänden in der Sozialpolitik, in: Streeck, W. (Hg.), Staat und Verbände, Sonderheft 25 der Politischen Vierteljahresschrift, Opladen, S. 100-135

Backhaus-Maul, H./Olk, Th. 1995: Th.: Institutionentransfer im förderalen Bundesstaat. Kooperation zwischen öffentlicher und freier Wohlfahrtspflege in den neuen Bundesländern, in: Staatswissenschaften und Staatspraxis. Rechts-. wirtschafts- und sozialwissenschaftliche Beiträge zum staatlichen Handeln, 6, 2, Baden-Baden: Nomos, S. 261-289

Badura, Bernhard / von Ferber, Christian (Hg.) 1981: Selbsthilfe und Selbstorganisation im Gesundheitswesen. München: Oldenbourg

Barber, B. 1994: Starke Demokratie. Hamburg: Rotbuch-Verlag

Bauer, Rudolph 1978: Wohlfahrtsverbände in der Bundesrepublik. Weinheim/Basel

Bellah, R. N. u.a. 1991: The Good Society. New York: Alfred A. Knopf

Braun, J./Opielka, M. 1992: Selbsthilfeförderung durch Selbsthilfekontaktstellen. Schriftenreihe des Bundesministerium für Familie und Senioren. Stuttgart, Berlin, Köln: Kohlhammer Verlag

Brinckmann, Hans 1994: Strategien für eine effektivere und effizientere Verwaltung, in: Naschold, F./Pröhl, M. (Hg.): Produktivität öffentlicher Dienstleistungen. Gütersloh: Bertelsmann, S. 167-242

Bundesministerium für Familie und Senioren (Hg.) 1994: Familie und Familienpolitik im geeinten Deutschland - Fünfter Familienbericht, (BT-Drucksache 12/7560), Bonn

Bundesministerium für Familie und Senioren (Hg.) 1994: Modellprogramm Seniorenbüro. Materialien Bd. 1 ff. Bonn

Clasen, R./Schröter, R./Wiesenthal, H./Wollmann, H. 1995: "Effizienz und Verantwortlichkeit" Reformempfehlungen für eine effiziente, aufgabengerechte und bürgerkontrollierte Verwaltung. Angefertigt für die Bundestagsfraktion Bündnis 90/Die Grünen. Manuskript, Berlin

Cohen, J./Rogers, J. 1994: Solidarity, Democracy, Association, in: Streeck, W. (Hg.), Staat und Verbände, Sonderheft 25 der Politischen Vierteljahresschrift, Opladen, S- 136-159

Coleman, James S. 1988: Social Capital in the Creation of Human Capital, in: American Journal of Sociology 94 suppl., S. 95-120

Dahl, Robert A./Lindblom, Charles E. 1953: Politics, Economics and Welfare. Planning and Politico-Economic Systems Resolved into Basic Processes, Neuaufl. 1976, Chicago/London

Dekker, P./von den Broek, A 1995: Citizen partizipation in civil societies. Cross-national inquiries into the social and political correlats of volunteering. Paper presented at the Eighteenth Annual Scientific Meeting of the International Society of Political Psychology. Washington DC, July 5-7

Dettling, W. 1995: Politik und Lebenswelt. Vom Wohlfahrtsstaat zur Wohlfahrtsgesellschaft. Gütersloh: Bertelsmann

Dörr, G./Glatzer, W. 1995: Haushaltsproduktion und Wohlfahrtsproduktion. Strukturwandlungen und Zukunftsperspektiven, in: Nauck, B./Onnen-Isemann, C. (Hg.): Familie im Brennpunkt von Wissenschaft und Forschung. Rosemarie Nave-Herz zum 60. Geburtstag gewidmet. Neuwied, Kriftel, Berlin: Luchterhand, S. 515-532

Dubiel, Helmut 1994: Metamorphosen der Zivilgesellschaft I und II, in: Dubiel, Helmut: Ungewißheit und Politik. Frankfurt/M.:Suhrkamp, S. 67-105 u. 106-118

Eckart, Christel 1992: Der Blick in die Nähe. "Fürsorglichkeit" als Focus feministischer Gesellschaftskritik, in: Die Neue Gesellschaft, Frankfurter Hefte, 1/1992, S. 63-70

Engelbert, Angelika 1996: Die Inpflichtnahme der Familie durch den Sozialstaat. Zur Wirkungsproblematik aufgrund familialer Co-Produktion, in: Zeitschrift für Sozialreform, 42, 11/12, im Druck

Esping-Andersen, Gosta 1990: The three worlds of welfare capitalism. Cornwall:TJ Press

Europäische Kommission 1993: Wachstum, Wettbewerbsfähigkeit, Beschäftigung. Herausforderungen der Gegenwart und Wege ins 21. Jahrhundert. Weißbuch, Bulletin der Europäischen Gemeinschaften, Beilage 6/93, Luxemburg

Europäische Kommission 1995: Lokale Initiativen zur wirtschaftlichen Entwicklung und Beschäftigung. Studien der Europäischen Union, Dokument der Dienststellen, Brüssel

Evers, A. 1993: The Welfare Mix Approach. Understanding the Pluralism of Welfare Systems, in: Evers, A./Svetlik, I. 1993: Balancing Pluralism. New Welfare Mixes in Care for the Elderly. Avebury, Aldershot

Evers, A. 1995: Part of the Welfare Mix: the Third Sector as an Intermediate Area, in: Voluntas 5, 2, S. 159-182

Evers, A. 1995a: Das politische Defizit der Wohlfahrtsgesellschaft, in: Universitas, Schwerpunktnummer "Ressourcen der Demokratie", 50, 8, S. 734-742

Evers, A./Svetlik, I. 1993: Balancing Pluralism. New Welfare Mixes in Care for the Elderly. Avebury, Aldershot

Evers, Adalbert / Wintersberger, Helmut (eds.) 1988: Shifts in the Welfare Mix., (European Centre for Social Welfare Training and Research), Vienna

Evers, Adalbert 1990: Im intermediären Bereich - Soziale Träger und Projekte zwischen Haushalt, Staat und Markt, in: Journal für Sozialforschung, 35, 2, S. 189-210

Flora, Peter u.a. 1977: Zur Entwicklung der westeuropäischen Wohlfahrtsstaaten, in: Politische Vierteljahreszeitschrift 18, 4, S. 707-772

Forschungsjournal Neue Soziale Bewegungen 1992: Zwischen Markt und Staat. Dritter Sektor und Neue Soziale Bewegungen, 5, 4

Forschungsjournal Neue Soziale Bewegungen 1995: Kommunitarismus und praktische Politik, 7, 3

Froessler, R. 1993: Stadtviertel in der Krise. Innovative Ansätze zu einer integrierten Quartiersentwicklung in Europa, in: Institut für Landes- und Stadtentwicklungsforschung des Landes Nordrhein- Westfalen (Hg.), ILS Schriften Nr.87, Dortmund

Gass, Ron 1996: The Next Stage of Structural Change: Towards a Decentralised Economy and Active Society, in: OECD (Hg.): Reconciling Economy and Society. Towards a Plural Economy. Paris: OECD

Gilbert, N./ Gilbert, B. 1989: The Enabling State. Modern Welfare Capitalism in America. Oxford University Press. New York, Oxford

Gillespie, E./Schellhas, B. (Hg.) 1994: Contract with America. New York: Times Books

Glatzer, W./Zapf, W. 1984: Lebensqualität in der Bundesrepublik. Frankfurt a.M./New York: Campus

Glatzer, Wolfgang 1986: Haushaltsproduktion, wirtschaftliche Stagnation und sozialer Wandel, in: Glatzer, Wolfgang, / Berger-Schmitt, Regina (Hg.): Haushaltsproduktion und Netzwerkhilfe. Frankfurt/New York: Campus, S. 9-50

Glatzer, Wolfgang 1990: Die Rolle der privaten Haushalte im Prozeß der Wohlfahrtsproduktion, in: Heinze, Rolf G./Offe, Claus (Hg.): Formen der Eigenarbeit. Theorie, Empirie und Vorschläge. Opladen: Westdeutscher Verlag, S. 15-29

Grimm, Dieter (Hg.) 1994: Staatsaufgaben. Baden-Baden: Nomos

Heinze, R.G./Olk, Th. 1981: Die Wohlfahrtsverbände im System sozialer Dienstleistungsproduktion. Zur Entstehung und Struktur der bundesrepublikanischen Verbändewohlfahrt, in: Kölner Zeitschrift für Soziologie und Sozialpsychologie 33, 1, S. 94-114

Heinze, Rolf G. / Olk, Thomas / Hilbert, Josef 1988: Der neue Sozialstaat. Analyse und Reformperspektiven. Freiburg i.Br.

Hill, Hermann 1994: Staatskonzeption. Auf dem Weg zu einem neuen Staat, VOP, 5, 1994, S. 301-309

Hogsbro, Kjeld 1995: The Mobilization of Civil Society in the Danish Welfare State. Paper delivered to the 2. European Conference of Sociology. Budapest, Hungary, August-September 1995

Howard, Dick 1996: Politik der zivilen Gesellschaft, in: Kommune 14, 4, S. 6-11

Jessen, J./Siebel, W. et al 1987: Arbeit nach der Arbeit - Schattenwirtschaft, Wertewandel und Industriearbeit. Opladen: Westdeutscher Verlag

Johnson, Norman 1987: The Welfare State in Transition. Worcester, Wheatsheaf Books

Kaufmann, Franz-Xaver (Hg.) 1987: Staat, intermediäre Instanzen und Selbsthilfe. München: Oldenbourg

Kaufmann, Franz-Xaver 1994: Staat und Wohlfahrtsproduktion. in: Derlien, Hans-Ulrich/Gerhardt, U./Scharpf, F.W. (Hg.): Systemrationalität und Partialinteresse. Festschrift für Renate Mayntz. Baden-Baden: Nomos, S. 357-380

Kaufmann, Franz-Xaver 1995: Zukunft der Familie im vereinten Deutschland. Gesellschaftliche und politische Bedingungen. München: Beck

Knapp, M./Wistow G. 1994: Welfare Pluralism and Community Care Development: The role of Local government and the non-statutory Sectors in Social Welfare services in England, in: OECD (Hg.): Private Sector Involvement in the Delivery of Social Welfare Services: Mixed Models from six OECD Countries; Local Economic and Employment Development Notebooks Series No. 19, Paris

König, Klaus 1991: Verwaltung im Übergang in: DÖV, 5, S. 177-184

Kramer, R.M. 1994: Voluntary Agencies and the Contract Culture: "Dream or Nightmare?". in: Social Service Review, March 1994, S. 34-60

Kramer, R.M./ Lorentzen, H./ Melief, W.B./ Pasquinelli, S. 1993: Privatization in Four European Countries, M.E. Sharpe, New York: Armonk

Laville, J.L. 1994: L'économie solidaire, Paris: Declée de Brouwer

Mayntz, R./Scharpf, F.W.(Hg.) 1995: Gesellschaftliche Selbstregelung und politische Steuerung. Frankfurt a.M./New York: Campus Verlag

Means, R. u.a. 1993: Quasi-Markets and Community Care: Towards User Empowerment? Unpublished paper, University of Bristol, School for Advanced Urban Studies
Merz, Joachim/Wolff, Klaus 1990: Wohlfahrtsproduktion durch Erwerbs- und Eigenarbeit - Partizipation, Wohlfahrtsgewinne und Motivationsstruktur, in: Heinze, Rolf G./Offe, Claus (Hg.): Formen der Eigenarbeit. Theorie, Empirie und Vorschläge. Opladen: Westdeutscher Verlag, S. 30-52
Ministerium für Arbeit, Gesundheit und Sozialordnung Baden-Württemberg (Hg.) 1994: Seniorengenossenschaften als Beispiel bürgerschaftlichen Engagements. Eine Dokumentation. Stuttgart
Naschold, F. 1993: Modernisierung des Staates. Zur Ordnungs- und Innovationspolitik des öffentlichen Sektors., Berlin: Edition Sigma
Naschold, F. u.a. 1996: Leistungstiefe im öffentlichen Sektor. Erfahrungen, Konzepte, Methoden. Berlin: Sigma Verlag
Naschold, F./Budäur, D./Jann, W. u.a. 1996: Leistungstiefe im öffentlichen Sektor. Erfahrungen, Konzepte, Methoden. Berlin: Sigma
OECD 1993: Managing with Market-Type Mechanisms. Public Management Studies. Paris
Offe, Claus / Heinze, Rolf G. 1990: Organisierte Eigenarbeit. Das Modell Kooperationsring. Frankfurt/New York: Campus
Offe, Claus/Heinze, Rolf G. 1986: Am Arbeitsmarkt vorbei. Überlegungen zur Neubestimmung "haushaltlicher" Wohlfahrtsproduktion in ihrem Verhältnis zu Markt und Staat, in: Leviathan, 14, 4, 1986, S. 471-495
Olk, Th. 1995: Zwischen Korporatismus und Pluralismus. Zur Zukunft der freien Wohlfahrtspflege im bundesdeutschen Sozialstaat, in: Rauschenbach, Th./Sachße, Chr./ Olk, Th. (Hg.), Von der Wertgemeinschaft zum Dienstleistungsunternehmen. Wohlfahrts- und Jugendverbände im Umbruch, Frankfurt: Suhrkamp, S.98-122
Olk, Th./Riedmüller, B. 1994: Grenzen des Sozialversicherungsstaates oder grenzenloser Sozialversicherungsstaat? Eine Einführung, in: Riedmüller, B./Olk, Th. (Hg.), Grenzen des Sozialversicherungsstaates, Leviathan, Sonderheft 14/1994, S. 9-33
Osborne, D./Gaebler, T. 1993: Reinventing Government. How the Entrepreneurial Spirit is Transforming the Public Sector. New York: Penguin Books
Ostner, Ilona 1984: Haushaltsproduktion heute, Implekationen eines Konzepts und seine Realisierung, in: Fürstenberg, F./Herder-Dorneich, Ph./Klages, H. (Hg.): Selbsthilfe als ordnungspolitische Aufgabe. Baden-Baden: Nomos, S. 143-177
Pahl, Raymond E. 1990: Verteilungswirkungen informeller Arbeit, in: Heinze, Rolf G./Offe, Claus (Hg.): Formen der Eigenarbeit. Theorie, Empirie und Vorschläge. Opladen: Westdeutscher Verlag, S. 159-177
Putnam, R.D. 1995: Bowling Alone: America's Declining Social Capital, in: Journal of Democracy No. 1, S. 65-78
Rödel, U./Frankenberg, G./Dubiel, H. 1989: Die demokratische Frage, Frankfurt a.M.: Suhrkamp
Ronge, Volker 1988: Theorie und Emperie des "Dritten Sektors", in. Ellwein, T./Hesse, J.J./Mayntz, R./Scharpf, F. (Hg.): Jahrbuch zur Staats- und Verwaltungswissenschaft, Baden-Baden: Nomos, S. 113-148
Rose, R. 1986: Common Goals but Different Roles. The State's Contribution to the Welfare Mix, in: Rose,R./Shiratori, R. (Hg.): The Welfare State in East and West. New York, Oxford: Oxford University Press, S. 13-79
Roth, R. 1995: Kommunitaristische Sozialpolitik?, in: Forchungsjournal Neue Soziale Bewegungen 8, 3, S- 44-53
Roustang, G./Laville,J.L./Eme, B./Mothé, D./Perret, B. 1996: Vers un nouveau contrat social. Desclée de Brouwer, Paris
Salamon, Lester M. / Anheier, Helmut K. 1994: The Emerging Sector: An Overview. Baltimore
Schäuble, W. 1996: Bürgertugenden und Gemeinsinn in der liberalen Gesellschaft, in: Teufel, E. (Hg.): Was hält die moderne Gesellschaft zusammen? Frankfurt a.M.: Suhrkamp, S. 63-78
Schmid, Josef 1996: Wohlfahrtsverbände in modernen Wohlfahrtsstaaten. Soziale Dienste in historisch-vergleichender Perspektive. Opladen: Westdeutscher Verlag

Selle, P. 1993: Voluntary Organisations and the Welfare State: the case of Norway, Voluntas Vol. 4, 1, S. 1-15

Smith, S. R./Lipsky, M. 1993: Nonprofits for Hire. The Welfare State in the Age of Contracting. Cambridge, Massachusetts, London: Harvard University Press

Streeck, Wolfgang / Schmitter, Philippe C. 1985: Community, market, state - and associations? The prospective contribution of interest governance to social order. in: Streeck, Wolfgang / Schmitter, Philippe C. (eds.): Private Interest Government. Beyond Market and State. London / Beverly Hills / New Delhi: Sage-Publications, S. 1-29

Taylor, M. u.a. 1994: Independent Organisations in Community Care, in: Joseph Rowntree Foundation, findings, Social Care Research 56

Taylor, M./Langan, J./Hoggett, P. 1994: Encouraging Diversity: Voluntary & Private organisations in Community Care. Gower, Aldershot

Titmuss, R.M. 1963: The social devision of welfare: Some reflections on the search for equity, in: Titmuss, R.M.: Essays on "The Welfare State", London: Unwin University Books (2. Auflage), S. 34-55.

Trojan, A. (Hg.) 1987: Wissen ist Macht. Frankfurt a.M.: Fischer

Walzer, M. 1988: Socializing the Welfare State. in: Gutman, A. (Hg.): Democracy and the Welfare State. Princeton, New Jersey: Princeton Unversity Press, S. 13-26

Walzer, M. 1993: Die kommunitaristische Kritik am Liberalismus, in: Honneth, A. (Hg.) Kommunitarismus. Eine Debatte über die moralischen Grundlagen moderner Gesellschaften. Frankfurt, New York: Campus- Verlag

Ware, A. 1989: Between Profit and State. Intermediate Organizations in Britain and the United States, New Jerseym, Princeton: Princeton University Press

Warsewa; G. 1994: Perspektiven für Bremen, in: Senator für Bildung und Wissenschaft/ Universtät Bremen (Hg.): Bremer Perspektiven Labor. Band 2, November 1994

WHO 1992: Ottawa Charta zur Gesundheitsförderung, in: Trojan,A./Stumm, B. Gesundheit fördern statt kontrollieren. Frankfurt a.M.: Fischer

Wilbers, Joachim 1996: Die Pflegeversicherung aus der Sicht der Anbieter der Pflegeleistungen, in: Farny, D./Lütke-Bornefeld, P./Zellenberg, G. (Hg.): Lebenssituation älterer Menschen. Beschreibung und Prognose aus interdisziplinΣrer Sicht, Berlin: Duncker und Humblot

Wistow, G./Knapp, M./Hardy, B./Allen, C. 1993: Social Care in a Mixed Economy, Buckingham: Open University Press

Wollmann, H. 1996: Verwaltungsmodernisierung. Ausgangsbedingungen, Reformläufe und aktuelle Modernisierungsdiskurse, in: Reichard, C./Wollmann, H. (Hg.): Kommunalverwaltung im Modernisierungsschub ? (Stadtforschung aktuell, Band 58), Berlin: Birkhäuser, S. 1-49

Wuthnow, R. 1991: The Voluntary Sector: Legacy for the Past, Hope for Future?, in: Wuthnow, R. (Hg.) Between States and Markets. The Voluntary Sector in Comparative Perspective. Princeton, New Jersey: Princeton University Press, S. 3-29

Wuthnow, R. 1994: Sharing the Journey: Support Groups and America's New Quest for Community, New York. The Free Press

Zapf, W. 1977: Komponenten der Wohlfahrtsmessung, in: Krupp, H.J./Zapf, W.: Sozialpolitik und Sozialberichterstattung. Frankfurt a.M.: Campus, S. 247-266

Zapf, Wolfgang: Wohlfahrtsstaat und Wohlfahrtsproduktion. in: Albertin, L. / Link, W. (Hg.) Politische Parteien auf dem Weg zur parlamentarischen Demokratie in Deutschland. Entwicklungslinien bis zur Gegenwart. Düsseldorf 1981, S. 379-400; auch erschienen als: Zapf, Wolfgang 1984: Welfare Production: Public versus Private, in: Social Indicators. Research, vol 14, S. 263-274

# II. Wohlfahrtspluralismus - Konzept und theoretische Fundierung

# Zum Verständnis der gemischten Wohlfahrtsökonomie[1]

*Robert Pinker*

Seit Mitte der achtziger Jahre finden wir in allen wichtigen Bereichen der Sozialpolitik rechtliche Neuordnungen, da Sinn und Zweck sozialer Daseinsvorsorge eine grundlegende Neubeurteilung erfahren haben. Obgleich bereits neue Formen der Finanzierung und Organisation von Diensten und Leistungen eingeführt wurden, revidieren alle politischen Parteien auch weiterhin ihre grundlegenden Politiken, beeinflußt durch ein Klima wechselnder Erwartungen und Bedürfnisse und ernüchtert durch eine ökonomische Krise, die vermutlich weit in die neunziger Jahre hinein anhalten wird.

Vor dreißig Jahren noch war der Gegenstandsbereich der Sozialverwaltung eingebunden in die Beschränkungen eines weitgehend kollektivistisch geprägten Katalogs von Voraussetzungen und Annahmen. Es galt als gesichert, daß der Staat eine dominante Rolle sowohl bei der Finanzierung sozialer Dienste als auch bei deren Trägerschaft zu spielen hatte. Nur einzelne, politisch weit rechts Orientierte wagten es, diese Sicht in Frage zu stellen. Es hätte auch zu kaum mehr geführt, als die eine ideologische Zwangsjacke gegen eine andere auszutauschen. Man war entweder 'Kollektivist' oder 'Individualist', unterstützte entweder die Leitidee eines überwiegend staatlich verfaßten, fest institutionalisierten und vereinheitlichen Wohlfahrtskonzepts oder die alternative Vorstellung eines residualen Wohlfahrtskonzepts, in dessen Rahmen der Staat nur einer kleinen Minderheit von Bürgern soziale Absicherungen gewährt. Seit dieser Zeit hat sich der Charakter der Debatte bis zur Unkenntlichkeit verändert. Wir neigen heute zu einer weniger ideologisch geprägten Betrachtungsweise, die politische Optionen auf der Grundlage ihrer jeweiligen Vorzüge zu bewerten sucht.

## I. Ablösung von der Vergangenheit

Das durch die Erfahrung des letzten Jahrzehnts geschwächte Vertrauen in den Marxismus und die klassische politische Ökonomie - die zwei großen, aus dem

1 Aus dem Englischen übersetzt von Sabine Makowka.

achtzehnten und neunzehnten Jahrhundert hinterlassenen normativen Paradigmen - ist ein Grund für die veränderte Einstellung zur sozialen Wohlfahrt. Regierungen, die - hauptsächlich in Osteuropa und der früheren Sowjetunion - angeblich den Grundsätzen des marxistischen Sozialismus folgten, respektierten weder die fundamentalen Menschenrechte, noch sorgten sie für ein auch nur minimales Wohlfahrtsniveau ihrer Bevölkerung. Andere demokratische, nicht-marxistische Formen des Sozialismus haben überlebt und finden allmählich einen Kompromiß mit Marktwirtschaft, privatem Eigentum und den Realitäten der menschlichen Natur.

Die klassische politische Ökonomie wurde im neunzehnten und zwanzigsten Jahrhundert substantiell revidiert. Einesteils entwickelte sie sich zu etwas, das Karl Polanyi als eine extreme Form des "laisser-faire Ökonomismus" bezeichnet hat und in der alle Institutionen des sozialen Lebens - in Übereinstimmung mit den ökonomischen Imperativen, denen man die Autorität wissenschaftlicher Gesetze zuschrieb - dem rationalen Streben nach Profit und Effizienz unterworfen wurden. Aber auch andere Formen der politischen Ökonomie entwickelten sich, deren Ansätze Raum gaben für "moralische Institutionen in der Ökonomie des Marktes" und die erkannten, daß " in menschlichen Angelegenheiten Sympathie genauso wichtig ist wie Eigeninteresse" (vgl. Polanyi 1977, S. 5ff. und vgl. auch Pinker 1990, S. 34ff.).

Im Rahmen liberaler Denktraditionen anerkannte etwa John Stuart Mill die Bedeutung der "störenden Beweggründe", die die Operationen rein ökonomischer Gesetze durchkreuzen. Mill zog die Vielfalt menschlicher Motive, sowohl ökonomischer als auch nicht ökonomischer, in Betracht. Er unterschied zwischen dem Bereich der Produktion, in dem ökonomische Gesetze und Kräfte des Marktes akzeptierbar seien, und dem Bereich der Distribution, in dem je nach Lage der Dinge im Einzelfall staatliche Interventionen gerechtfertigt sein konnten (Mill 1976, S. 941ff.). Hiermit nahm Mill einige der Argumente vorweg, die fast ein Jahrhundert später im Beveridge Report von einem anderen großen Liberalen vertreten wurden (Beveridge Report 1942, 1958).

Die englische Fabier-Bewegung war von der Denktradition der klassischen politischen Ökonomie, insbesondere durch die Arbeiten der neoklassischen Ökonomen Alfred Marshall und A.C. Pigou beeinflußt. Beide erkannten an, daß es Gründe für staatliche Eingriffe in den freien Markt gäbe, insbesondere in bezug auf eine Einkommensumverteilung zwischen Arm und Reich, allerdings dürfe der unternehmerische Gesamtgewinn dadurch nicht vermindert werden.

In neuerer Zeit forderte John Maynard Keynes den marktradikalen Flügel der klassischen politischen Ökonomie heraus, indem er für mehr öffentliche Investitionen und eine verstärkte staatliche Wohlfahrtspolitik im Interesse von Vollbeschäftigung und eines erhöhten Lebensstandards argumentierte (vgl. Keynes

1936 und für einen ausgezeichneten Überblick über gegenwärtige Entwicklungen Barr 1987).

## II. Wohlfahrtspluralismus

Das, was wir heute "Wohlfahrtspluralismus" (welfare pluralism) oder die "gemischte Wohlfahrtsökonomie" (mixed economy of welfare) nennen, hat eine lange intellektuelle Vorgeschichte. Im Zusammenhang der Sozialpolitik können diese beiden Konzepte aus drei Gründen als neu angesehen werden. Erstens wurde, in der Folge der vom Beveridge-Report inspirierten Reformen der Jahre 1945-1950, soziale Wohlfahrt für viele Jahre allgemein gleichgesetzt mit staatlich verfaßter Wohlfahrt, und es existierte ein weitverbreiteter Konsens im akademischen Bereich, dies auch als gesellschaftlich erstrebenswertes Ideal anzusehen.

Erwähnenswert ist zweitens auch die Bedeutung des schieren Glaubens, daß Großbritannien nach 1945 ein einheitlicher Wohlfahrtsstaat geworden sei. Er gründete auf einer Fehlwahrnehmung nicht nur der kollektivistischen Orientierungen, die ihre eigenen Aspirationen mit der Wirklichkeit verwechselten, sondern auch jener individualistisch Orientierten, deren Angst und Ressentiment sie die kollektivistischen Elemente in den Nachkriegsreformen übertreiben ließ. Die neue veränderte Situation hängt zum dritten aber auch mit Unklarheiten zusammen, denn es stehen heute eine Reihe verschiedener Definitionen der Werte nebeneinander, die dem Wohlfahrtspluralismus - ein Begriff, der die verschiedenen institutionalisierten Sektoren sozialer Wohlfahrt umfaßt, die eine politisch pluralistische Gesellschaft charakterisieren - zugrunde liegen und ihm normative Kohärenz geben (vgl. John 1987). In der politischen Denktradition beruht Pluralismus auf der Voraussetzung, daß in einer freien Gesellschaft Kompromisse zwischen widerstreitenden politischen Zielsetzungen geschlossen werden müssen, die zwar alle gleich wünschbar wären, aber nicht aufgrund eines einzelnen Kriteriums allgemein befriedigend eingelöst werden können.

In freien Gesellschaften, bemerkte Isaiah Berlin, kann es keine "totale Akzeptanz irgendeines einzelnen Zieles" geben, da Regierungen in diesen Gesellschaften die Vielfalt menschlicher Interessen, Vorlieben und Werte beachten müssen. In totalitären Gesellschaften wird diese Vielfalt einem "absolut besonderen, konkreten und jedermann unmittelbar bindenden Ziel" untergeordnet - beispielsweise dem Streben nach größerer Gleichheit, oder auch dem nach größerer Ungleichheit (Berlin 1980, S. 150ff.). Die Erfahrung lehrt jedoch, daß, wenn ein solches Ziel auf Kosten seiner Alternativen verfolgt wird, eine Art von politischem Äquivalent des "Gesetzes des abnehmenden Ertragszuwachses" seine Wirkung zeigt.

## III. Beveridge und der Wohlfahrtspluralismus

Um zur gegenwärtig herrschenden Unklarheit über das Wesen des Wohlfahrtspluralismus zurückzukehren: War Beveridge tatsächlich ein Erz-Kollektivist, der sich dem Projekt einer einheitlichen Wohlfahrtsgesellschaft verschrieben hatte, in der hauptsächlich der Staat soziale Dienste finanziert und bereitstellt? Dies war jedenfalls die Ansicht der individualistisch ausgerichteten Kritiker des Beveridge-Reports.

Schon ein oberflächliches Lesen des Reports vermag diese Ansicht zu falsifizieren. Beveridge wird einfach falsch interpretiert, wenn man seine Befürwortung des Universalismus (für alle Bürger gleich geltende Rechte) mit der Absicht gleichsetzt, ein bestimmtes (staatlich-)institutionelles Wohlfahrtsmodell festzuschreiben. In dem wichtigen Bereich der sozialen Sicherheit etwa verband Beveridge sein Konzept universeller Rechte mit der Vorstellung eines garantierten Existenzminimums. Dieses garantierte Existenzminimum betrachtete er aber nun nicht als Ausgangspunkt, um zukünftig höhere staatliche Unterstützungen zu erreichen, sondern als Sicherheitsnetz für die Bürger, das diese zu eigenen Absicherungsleistungen anregen sollte. Mit anderen Worten: ihm lag an einem zukünftigen Wachstum betrieblicher und privater Alterssicherung.

Beveridges' Vertrauen in das Versicherungsprinzip bedeutete zudem, daß sein staatliches Sozialversicherungssystem nicht als wirklich universelle Lösung konzipiert werden konnte. Selektive, von Einkommensprüfungen abhängige Sozialleistungen sollten für die nicht versicherbaren Risiken und Bedarfe bereitgestellt werden. Beveridges' Versicherungsprinzip stellt die Werte des Wohlfahrtspluralismus par excellence dar, weil es die verpflichtende staatliche Intervention mit der direkten persönlichen Verantwortung verbindet.

In der Essay-Sammlung "The Pillars of Security", die ein Jahr nach der Publikation des Reports erschien, schrieb Beveridge, daß "der Plan weder eine Bewegung in Richtung Sozialismus noch in Richtung Kapitalismus ist. Er verläuft entlang eines Mittelwegs, genau zwischen beiden, orientiert an einem praktischen Ziel. Dies ist in jeder Form sozialer Organisation notwendig." (Beveridge 1943, S. 77) Er unterstrich auch noch einmal seine Ansicht, daß staatliche Intervention und Selbsthilfe als komplementäre und nicht etwa unvereinbare Prinzipien sozialer Wohlfahrt anzusehen sind. In seiner Arbeit über ein staatliches Existenzminimum (national minimum) argumentiert er: "Da es nur ein Minimum ist, gibt es den Individuen Raum und Anreiz, es nach eigenen Fähigkeiten und Wünschen aufzustocken"(ebenda, S. 143).

Weil diese "Aufstockungen" aber nicht in einem institutionellen Vakuum geschehen - sieht man einmal von der traditionellen Praxis, Sparguthaben unter der Matratze aufzubewahren, ab - versteht sich, daß Beveridge sein universalistisch orientiertes Konzept lediglich als einen Rahmen ansah, innerhalb dessen sich mit steigendem nationalen Wohlstand eine gemischte Wohlfahrtsökonomie ausdifferenzieren sollte. Über den staatlichen und privaten Bereich hinausschauend war Beveridge überzeugt vom moralischen und praktischen Wert eines aufblühenden Bereichs privater Träger. Sein Leben lang war er ein Befürworter des freiwilligen Engagements, und er war überzeugt, daß eine staatliche Garantie des Subsistenzniveaus sowohl die Selbsthilfe im Privatbereich als auch den Altruismus im Bereich der freien Wohlfahrtspflege fördern würde.

Beveridge sollte uns als ein Wohlfahrtspluralist in Erinnerung bleiben, der ein Modell von Sozialleistungen entwickelte, das weder staatlich-institutionell noch residual war. Das in seinem Reports ausgearbeitete Modell kann wohl am besten als horizontal geschichtete, gemischte Wohlfahrtsökonomie beschrieben werden, in der der Staat allen Bürgern eine gleiche Sockelleistung garantiert. In dieser Form gilt die Aussage jedoch nur für den Bereich der sozialen Sicherung. In den sozialen Dienstleistungsbereichen, besonders im Gesundheits- und Erziehungswesen und im sozialen Wohnungsbau ließ Beveridge für die Entwicklung freier Trägerschaften sowie für Markt- und Privatinitiative noch einen sehr viel breiteren Spielraum.

## IV. Titmuss als Kritiker des Pluralismus

Zehn Jahre, nachdem die wichtigsten Vorschläge von Beveridge in der Praxis umgesetzt waren, schrieb Richard Titmuss seinen einflußreichen Essay "The Social Division of Welfare", in dem er den pluralistischen Charakter der britischen Sozialdienste analysierte und Anklage erhob gegen das, was er als deutlichen Trend zu einer immer größeren Diversität ansah. Besonders kritisch äußerte er sich über die betrieblichen Sozialleistungen, wenn er bemerkte: "Ihr Wachstum und ihre Vermehrung geraten in Konflikt mit den Zielen der Einheitlichkeit der Sozialpolitik." Titmuss' Wortwahl ist bezeichnend. Nichtstaatliche soziale Leistungen und Dienste, so sein zentrales Argument, dienen zwar genau den gleichen Zielen wie staatliche Dienste, aber es gilt doch, normativ zwischen beiden zu unterscheiden. Die verschiedenen Leistungssektoren mögen ähnliche Bedürfnisse abdecken, doch führen sie zu unterschiedlichen politischen und moralischen Ergebnissen. Staatliche Dienste, Einrichtungen und Leistungen fördern Einheit und sozialen Zusammenhalt. Dagegen besteht, so argumentiert er, die "gesamte Tendenz" der betrieblichen Sozialleistungen darin, "Loyalitäten zu zerteilen, Privilegien zu fördern und das soziale Bewußtsein zu verengen". Betriebliche und steuerfinanzierte Sozialleistungen werfen für Titmuss die "fundamentale Frage der Gleichheit" auf, nämlich "ob und in welchem Ausmaß die Vorteile aus der Nutzung sozialer Dienste proportional zur beruflichen Leistung und zum Einkommensniveau verlaufen sollten" (Titmuss 1958, S. 52f.).

Titmuss untersuchte diese "fundamentale Frage" noch einmal in seinem Essay "The Irresponsible Society", wo er das professionelle betriebliche Wohlfahrtswesen insgesamt anklagte. Weder in "The Social Division of Welfare" noch in "The Irresponsible Society" untersuchte Titmuss den Bereich der freien Wohlfahrtsträger. Seine denkwürdigsten Aussagen dazu finden sich in "The Gift Relationship", wobei zu bemerken ist, daß dieses beispielhafte Feld eines generellen Altruismus in einem staatlich geprägten Rahmen situiert ist - dem des National Health Service (NHS)(Titmuss 1970, S.209ff.).

Titmuss war demnach kein Wohlfahrtspluralist, und er zeigte eine kompromißlose Feindseligkeit gegenüber der gemischten Wohlfahrtsökonomie. Er meinte, daß jede bedeutende Erweiterung der Rolle des Privatsektors und der freien Wohlfahrtspflege das Gleichheitsprinzip unterminieren, soziale Ungleichheiten verstärken und gesellschaftliche Solidarität schwächen würde. Die Hartnäckigkeit, mit denen die Prinzipien eines einheitlichen, fest institutionalisierten und überwiegend staatlich verfaßten Wohlfahrtssystems im Lehr- und Berufsbereich Sozialverwaltung verteidigt wurden, ist auf diesen Einfluß von Titmuss zurückzuführen. Tatsächlich sind die von ihm aufgeworfenen Fragen in der gegenwärtigen Debatte um Wohlfahrtspluralismus immer noch relevant. Und in diesem Zusammenhang wird auch noch einmal deutlicher, warum dieser Begriff offen für verschiedene Interpretationen ist.

## V. Gegenwärtige politische Trends

Während der 80er Jahre versuchten die aufeinanderfolgenden konservativen Regierungen die britische Sozialpolitik gemäß neo-liberalen Prinzipien umzuformen, mit der erklärten Absicht, die Rolle des Staates zu verringern und ein Wachstum des Wohlfahrtspluralismus zu fördern. Allen Ansprüchen politischer Rhetorik zum Trotz blieben die öffentlichen Gesamtausgaben für soziale Dienste bemerkenswert konstant. In den letzten Jahren erließ die Regierung jedoch einige wichtige Gesetze, die Vielfalt und Wahlmöglichkeiten bei der Art der Dienstleistungserbringung und den Methoden der Finanzierung fördern sollten.

Diese Tendenzen sind aus den Maßnahmen der Social Security Acts von 1980, 1986 und 1988 sehr deutlich erkennbar, durch die im übrigen auch einige Transferleistungen gestrichen oder gekürzt wurden, ohne dadurch eine Reduktion der Gesamtausgaben zu erreichen. Sie zeigen sich außerdem in den Maßnahmen des Housing Act von 1988, im Education Reform Act desselben Jahres, im Children Act von 1989, dem National Health Act und dem Community Care Act von 1990. In der Gesundheitspolitik beabsichtigt die Regierung durch die Förderung interner Märkte eine Art Pluralismus innerhalb des öffentlichen Sektors zu schaffen und außerdem eine verstärkte Inanspruchnahme des Privatsektors anzuregen. All diese Gesetze wurden mit der Absicht eingeführt, die Kooperation zwischen dem staatlichen und dem privatwirtschaftlichen Sektor und dem Bereich freier Träger zu fördern, eine stärkere Nutzung privatwirtschaftlicher und freier Trägerschaften sozialer Dienste anzuregen und eine engere Partnerschaft zwischen den formellen sozialen Diensten und den informellen Netzwerken von Fürsorge und Unterstützung durch Familie und Nachbarschaft zu erreichen. Als Anreiz zu gemeinnützigen Spenden wurden neue Steuererleichterungen eingeführt. In der Wohnungsbaupolitik erhielten Wohnungsbaugenossenschaften und der privatwirtschaftliche Bereich gegenüber kommunal-staatlichen Trägern Priorität.

Auch die Labour Partei konvertierte zu einer moderaten Form des Wohlfahrtspluralismus, die jedoch ausdrücklich die Hauptrolle der zentralstaatlichen und lokalen Politik vorbehalten sehen will. Hätte sie als Partei die Wahlen 1992 gewonnen, so hätte sie die "Privatisierung des NHS" ausgesetzt und Krankenhäuser und andere Dienstleistungen des lokalen NHS, die von der Möglichkeit Gebrauch gemacht haben, außerhalb dieses Rahmens weiter zu arbeiten (opting out) wieder ins System eingefügt (Labours Election Manifesto 1992, S.15). Im Bereich der Erziehung hätte sie das National Curriculum beibehalten, doch den lokalen Verwaltungen "eine neue, strategische Rolle" zugeordnet, die Zukunft kirchlicher und anderer freier Schulen jedoch gesichert und das Assisted Place Programm, mit dem Schüler an Privatschulen öffentliche Förderung erhalten können, beendet (ebenda, S.18).

Die Liberal Democrats versprachen, die "internen Märkte" des NHS durch "eine gemeinsame Struktur des lokalen Managements für Krankenhäuser und Gemeindezentren (community units)" zu ersetzen (Changing Britain for Good 1992, S.35f.). Auch sie wollten für die lokale politische Verwaltung eine strategische Rolle innerhalb eines "demokratisch verantwortlichen Rahmens" bewahren (ebenda, S. 31).

Bezüglich der sozialen Wohnungsbaupolitik zeigten beide Oppositionsparteien Bereitschaft, die Kaufrechte für Sozialwohnungen beizubehalten, wobei sie gleichzeitig mehr öffentliche Mittel für den sozialen Wohnungsbau bereitzustellen versprachen. Während Labour die Steuererleichterungen für Hypothekarzinsen beibehalten wollte, versprachen die Liberal Democrats, diese durch ein neues housing cost relief Programm zu ersetzen (Labours Election Manifesto 1992, S.19f. und Changing Britain for Good 1992, S.36).

Im Bereich der sozialen Sicherung ermutigten die Konservativen zu einem Ausstieg aus dem abgestuften System staatlicher Sicherungen. Dagegen versprach Labour bei den Wahlen von 1992 nicht nur die Ausweitung und Erhöhung vieler staatlicher Unterstützungen, sondern auch die Abschaffung des Social Fund, eine Verbesserung des abgestuften staatlichen Sicherungssystems, neue schärfere Fairneß-Bedingungen für die Operation der betrieblichen, ständischen und privatwirtschaftlichen Rentenkassen. Labour plante allerdings weder die Abschaffung noch die Kürzung ihrer Rentenprogramme. Die Vorschläge der Liberal Democrats zur Sozialversicherung lasen sich wie eine aktualisierte Version des Beveridge Reports, besonders in Hinblick auf die Forderung, den Bedürfnissen der ärmsten Rentner Priorität einzuräumen und staatliche Garantien bezüglich der Anspruchsrechte bei Betriebsrenten einzuführen (Changing Britain for Good 1992, S.35ff.).

Während Labour und die Liberal Democrats ihr Engagement für die kommunale Selbstverwaltung bestätigten, versprachen die Konservativen "weitere Reformen" ihrer "Struktur, Finanzierung und Verantwortlichkeit" und weitere Änderungen in Richtung eines Übergangs von einer Rolle der Kommunen als Dienstleistungsträger zu wirksamen Unterstützern anderer Trägerschaften (effective enabler)" (The Best Future for Britain 1992, S.37f.). Gleichzeitig erhielten die Programme aller großen Parteien viele Vorschläge für die Entwicklung neuer Kooperationsformen zwischen staatlichen, privatwirtschaftlichen und durch freie Trägerschaft bestimmten Bereichen.

Regierungen werden jedoch nach ihrer Politik und nicht nach ihren Programmen beurteilt. In dieser Hinsicht erscheint es wahrscheinlich, daß die konservative Version des Wohlfahrtspluralismus die Lokalverwaltungen letztendlich zu bloßen residualen Instanzen degradiert. Die Labour Party argumentiert noch radikaler. Ihres Erachtens ist die konservative Interpretation von Wohlfahrtspluralismus nur ein schlauer Kunstgriff zur Privatisierung des Wohlfahrtsstaates schlechthin. Nach und nach würden für die zentralstaatlichen wie auch für die lokalen Regierungen nur noch residuale Aufgabenbestimmungen bleiben.

Den Liberal Democrats sind individuelle Wahlrechte, Vielfalt und die Delegation von Entscheidungsmacht sehr wichtig. Sie sind auch die am meisten überzeugten Förderalisten unter den drei Parteien, stark engagiert für ihr Ziel "einer vollkommen integrierten, föderalen und demokratischen Europäischen Gemeinschaft [...], in der die Macht soweit als möglich bei den Bürgern liegt" (Changing Britain for Good 1992, S.6).Diese duale Verpflichtung auf föderale Integration und lokale Vielfalt wird in den kommenden Jahren möglicherweise zunehmend schwieriger aufrechtzuerhalten sein.

Durch ihre Akzeptanz eines beachtlichen Grades an Pluralismus bricht die Labour Partei mit alten Traditionen - mit Ausnahme des Gesundheitsbereichs, wo Labours' Antwort auf die Regierungspolitik authentisch nach Titmuss' Positionen klingt. Ganz offensichtlich kann der Weg in Richtung Wohlfahrtspluralismus sowohl aus ideologischer Überzeugung als auch mit Blick auf die Wahlergebnisse beschritten werden. Es sollte also nicht weiter verwundern, daß der Begriff mit ganz unterschiedlichen sozialpolitischen Zielvorstellungen verbunden wird. Es gibt eine Art von Pluralismus, die mit dem Versprechen verbunden ist, Reichweite und Trägervielfalt sozialer Dienstleistungen zu vergrößern, während die zentralen wie auch die lokalen staatlichen Instanzen weiterhin als Finanziers am wichtigsten bleiben. In einer anderen Konzeption wird eine neue Pluralität der Dienstleistungsträger als Alternative auch zu einer staatlichen Finanzierung entwickelt, mit dem Ziel einer weitestgehenden Privatisierung. Wohlfahrtspluralismus ist ein derart diffuses Konzept, daß es sich gleichermaßen in das eher staatlich universalistisch orientierte als auch in ein residuales Wohlfahrtsmodell einfügen läßt.

Es finden sich nun also in diesen älteren Wohlfahrtsmodellen fundamentale ideologische Differenzen bezüglich der Aufgaben des Wohlfahrtsstaates und des Umfangs seiner Verantwortlichkeiten. Wir sollten daher prüfen, welche möglichen Beziehungen zwischen diesen beiden Modellen und dem des Wohlfahrtspluralismus existieren.

Da in dem residualen Wohlfahrtsmodell auch der Staat eine residuale Rolle spielt, ist es z.B. gut vereinbar mit einer Form des Wohlfahrtspluralismus, in der die privatwirtschaftlichen und die frei-gemeinnützigen Organisationen zu den hauptsächlichen Finanziers und Trägern sozialer Dienste werden. Der Staat erfüllt vielleicht eine bestimmte Funktion, indem er dem Bürger den Beitritt zu einer privaten oder betrieblichen Sozialversicherung vorschreibt; er würde selbst aber nur für eine kleine Minderheit ein eigenes Unterstützungssystem vorsehen- z.B. in Fällen von "schlechten Risiken" oder bei Unglücksfällen, vielleicht auch als Rückversicherung für die von Zusammenbrüchen privater Rentenkassen Betroffenen.

Im staatlich-universalistisch orientierten Modell gibt es grundsätzlich niemals einen Konsens über die Höhe des staatlich garantierten Unterstützungsminimums oder über die Frage, ob der Staat über den Bereich dieses Sicherheitsnetzes hinaus für weitere Unterstützungsleistungen verantwortlich ist. Verbunden mit dieser Schwierigkeit sind die Probleme der Definition von Armut und die Frage, ob absolute und relative Bedarfskriterien miteinander vereinbart werden können.

Möglicherweise lassen sich die wesentlichen Unterschiede zwischen den drei wichtigsten Parteien in England folgendermaßen zusammenfassen: Die Konservativen wünschen einen größtmöglichen Anteil von Wohlfahrtspluralismus innerhalb einer noch weitgehend universalistischen Struktur. In den Sozialversicherungen deutet die Logik ihrer Politik -mit dem Staat als Versorgungsinstanz für die untersten Schichten - auf eine Umkehrung des ursprünglichen Beveridge-Modells. Im Gesundheits- und Erziehungswesen gäbe es größere Vielfalt, aber doch in einem universalistischen Rahmen. Im sozialen Wohnungsbau und dem Bereich persönlicher Dienste, die zu keiner Zeit universalistisch konzipiert waren, soll der Staat eine abnehmende Rolle spielen, obwohl er der zentrale Finanzier sozialer Dienste bleiben würde.

Im Gegensatz dazu offeriert die Labour Partei nur eine residuale Rolle für den Wohlfahrtspluralismus - innerhalb eines institutionellen Modells, das auf staatliche Dienstleistungen zielt. Es hat ohne Zweifel eine Annäherung zwischen den konservativen und den von Labour vertretenen Positionen stattgefunden, doch bleiben bedeutsame ideologische Differenzen bestehen, besonders über das Ausmaß redistributiver Aufgaben der Sozialpolitik. Diese Frage wird Konflikte zwischen Wirtschafts-, Steuer und Sozialpolitik erzeugen, und zwar nicht nur zwischen den, sondern auch innerhalb der politischen Parteien. Im übrigen besitzt dieses Problem nicht nur eine nationale, sondern auch eine europäische Dimension.

Reichweite staatlicher Dienstleistungsversorgung und Umfang der Redistribution werden letztlich durch das Steuerniveau bestimmt. Es kommt ein Punkt, an dem Steuererleichterungen dazu führen, daß man das Unterstützungsniveau senkt und die soziale Umverteilung verringert. Diese Reduktion, gleichgültig ob geplant oder erzwungen, wird die effektive Nachfrage nach nichtstaatlichen Dienstleistungen verstärken.

Die Konservativen sind jedoch Gefangene eines Dilemmas. Hohe Arbeitslosenraten haben die Sozialausgaben ansteigen lassen, während gleichzeitig die Steuereinnahmen aus der Einkommens- und Gewerbesteuer sanken. Die Regierung wurde mit dem Bewußtsein wiedergewählt, daß nach aller Voraussicht die derzeitigen Ausgaben der öffentlichen Hand die Einnahmen um 11,3 Billionen Pfund Sterling allein in 1992/93 übersteigen und daß diese Unausgeglichenheit sehr wahrscheinlich eine Steuererhöhung erfordern würde. Mit Blick auf die Entwicklung eines Wohlfahrtspluralismus ist das Wachstum des privaten Bereichs aber größtenteils von Anreizen abhängig, die von Steuerbegünstigungen bei einer Nutzung privater Dienste ausgehen. Gleiches kann über die Neigung zum Spenden gesagt werden. Die geplante Schaffung einer nationalen Lotterie wird beides kaum beeinflussen, wenn die Menschen das Gefühl haben, es gehe ihnen allgemein finanziell weniger gut.

Letztlich werden in der Sozialpolitik formulierte Konzepte wie die des Wohlfahrtspluralismus oder der gemischten Wohlfahrtsökonomie nur dann realisierbar sein, wenn ausreichende wirtschaftliche Ressourcen zur Verfügung stehen, um ihnen auch eine institutionelle Substanz zu verleihen. Der gegenwärtige Stand unserer Wirtschaft und ihrer Zukunftsaussichten deutet aber darauf hin, daß lediglich ein Bereich der gemischten Ökonomie mit Sicherheit wachsen wird - die informelle Fürsorge durch Familien und kleine Netze. Nur eine anhaltende wirtschaftliche Erholung und ein Sinken der Arbeitslosigkeit wird andere Möglichkeiten eröffnen. Angesichts dieser wirtschaftlichen Restriktionen und ihrer eigenen, stark redistributiven Orientierungen wird bei den beiden großen Oppositionsparteien das Eintreten für einen Wohlfahrtspluralismus kaum so stark sein wie bei den Konservativen.

Im weiteren wirtschaftlichen und politischen Zusammenhang stechen die zugrundeliegenden Differenzen zwischen den drei wichtigsten Parteien noch klarer hervor. Im konservativen Manifest von 1992 formulierte John Major seine Ansichten über diese allgemeineren Themen wie folgt: "Politiker dürfen nie den Fehler machen zu denken, der Staat wüßte immer alles besser, oder daß er berechtigt sei, den Hauptanteil des Geldes der Menschen zu erhalten. Ich glaube nicht nur an niedrige Steuern, weil sie Unternehmertum fördern - der kritische Funken für ökonomisches Wachstum - sondern weil sie Macht und Wahlmöglichkeiten dahin befördern, wo sie hingehören: in Ihre Hände". Auf der gleichen Argumentationslinie lag die unmißverständliche Forderung nach einer Ausweitung des Wettbewerbs und der Rolle des Privatbesitzes (The Best Future for Britain 1992, S.i und S. 8).

Für das liberaldemokratische Manifest war hingegen der Anspruch bestimmender, daß "der freie Markt die beste Garantie für ein verantwortliches Vorgehen mit Herausforderungen zu Wahl und Wandel darstellt. Doch wir glauben, daß der Markt unser Diener und nicht unser Herr sein soll" (Changing Britain for Good 1992, S.6). Auch die Labour Partei gab sich interventionistisch: "Moderne Regierungen haben eine strategische Rolle, nicht um den Markt zu ersetzen, sondern um sicherzustellen, daß er richtig funktioniert. [...] Die Regierung ist verantwortlich dafür, die Bedingungen zu schaffen, unter denen Unternehmen florieren können." (Labours Election Manifesto 1992, S.11).

Dies ist die Sprache, mit der Politiker sich selbst zu überzeugen suchen, daß die unsichtbare Hand des Marktes die von ihnen bevorzugte Melodie spielen wird, oder daß sie ihr vorschreiben können, welche Melodie sie spielen soll.

## VI. Die Wertdimension der Pluralismusdebatte

Es gibt andere Aspekte im Konzept des Wohlfahrtspluralismus, die mehr mit kulturellen Traditionen als mit Parteipolitik zu tun haben. Seit Mitte des 19. Jahrhunderts wurde die institutionelle Entwicklung der britischen Sozialdienste durch Ethos und Stil dessen geprägt, was heute öffentliche oder soziale Verwaltung (public or social administration) genannt wird. Noch zu Titmuss' Zeiten konnte eine Kontinuität dieser Tradition zurückverfolgt werden, die fast ohne ernsthafte Unterbrechungen oder Herausforderungen von der Entwicklung der ersten Regierungsinspektorate bis zu den ausgearbeiteten Kommissionsberichten der 60er Jahre reichte. Im Zusammenhang der Sozialpolitik ist sie in den Schriften von Chadwick, Simon, den Webbs, Beveridge, auch Titmuss selbst und zahllosen Royal Commissions beispielhaft illustriert (vgl. O.R. McGregor 1973, S. 247 ff.).

In dieser Tradition war für die Erweiterung und Unterstützung der sozialen Dienste das Wachstum komplexer bürokratischer und professioneller Hierarchien charakteristisch. Verbunden mit dem stetigen Wachstum der modernen sozialen Dienste verwandelte die Suche nach Gleichheit, Einheitlichkeit und Effizienz die herkömmlicherweise oft eher informellen Praktiken der Hilfeleistung und Hilfenahme in ein weitgehend unpersönliches Unternehmen. Erhebliche Anstrengungen wurden geleistet - und viele Bücher geschrieben -, um der damit einhergehenden Verschiebung der Balancen zwischen informellen und professionellen Komponenten entgegenzuwirken und eine menschliche Dimension in der sozialen Wohlfahrt zu bewahren. Innerhalb der professionellen Zusammenschlüsse wird vermehrt darauf geachtet, Klienten mit Sensitivität und Respekt zu behandeln. Zum Beispiel haben die Sozialarbeiter sich bemüht, obwohl sich ihre vom Staat verliehene Macht und ihre verwaltungsbezogenen Verpflichtungen vervielfacht haben, eine professionelle Identität auf Grundlage der Prinzipien des "Respekts für die Person" und der "Selbstbestimmung" zu bewahren.

Titmuss ärgerte immer wieder die Antipathie gegen jeden Ethos des Verwaltens, der bis heute für Kritiker von der Linken und der Rechten charakteristisch ist. In dreierlei Hinsicht, glaubte er, repräsentiere die öffentliche Verwaltung ein eigenes Konzept unparteiischer öffentlicher Dienste, das sie vom Konzept des Managements am privaten Markt unterschieden und qualitativ überlegen sein lasse. Erstens hätten Akteure im öffentlichen Dienst nicht mit dem Streben nach Gewinn zu tun; deshalb ist es auch schwierig, ihre Effektivität zu messen. Zweitens müßten sie mehr über "menschliches Verhalten und menschliche Bedürfnisse" wissen als Manager in Privatunternehmen und deshalb auch besser ausgebildet sein. Drittens seien sie, soweit sie verantwortlich gemacht werden können, an ethische Verhaltensregeln stärker gebunden als ihr Pendant in der Privatwirtschaft (vgl. Titmuss 1974, S.47 ff.).

Selbst zu ihrer Zeit mögen diese Unterscheidungen in bezug auf den freien Markt ein wenig unfair gewesen sein. Heute, wo das Wachstum des Wohlfahrtspluralismus die Schranken zwischen den staatlichen, privatwirtschaftlichen und gemeinnützigen Bereichen immer durchlässiger macht, wird das herkömmliche Verwaltungshandeln im gesamten öffentlichen Bereich zunehmend von einem neuen Stil unternehmerischen Managements abgelöst. Dieser neue Stil verändert mit Effizienzprüfungen und Marketingtechniken den Verwaltungsrahmen unserer Schulen, Universitäten, Krankenhäuser, Wohnungsbaugesellschaften, persönlichen soziale Dienste und selbst den Status des Beamtentums. Er verwandelte auch viele privatwirtschaftliche Sozialeinrichtungen in Instrumente öffentlicher Politik. Der gleiche Trend vollzieht sich im Bereich freier Träger. In dem Maße, wie sich der Wettbewerb um knappe staatliche Gelder und Finanzen aus öffentlichen Stiftungen intensiviert, nehmen die karitativen Organisationen, um zu überleben, zunehmend den Charakter geschäftlicher Unternehmungen an.

Diese Transformationsprozesse sind in ihrem Wesenskern jedoch paradox: die Uniformität einer überall Platz greifenden Managementorientierung wird den pluralistischen Charakter der britischen sozialen Dienste wahrscheinlich eher verringern als fördern. Titmuss mag mit der von ihm behaupteten Überlegenheit des Ethos der öffentlichen Verwaltung übertrieben haben, aber er erkannte gleichwohl an, daß deren Wirkungsbereich institutionellen Grenzen unterliegen sollte. Die Gefahr, der wir heute gegenüber stehen, ist, daß Managementorientierung und Marktethos eine neue, nunmehr aber universelle und unbegrenzte Orthodoxie der Sozialpolitik bilden, derweil die Privatunternehmer die Rolle ihres allgegenwärtigen Befürworters spielen. Doch die "business community" kann wahrscheinlich genauso wenig eine unfehlbare Quelle weiser, unvoreingenommener Zukunftsberatung sein, wie es Titmuss' hochgeistige Beamte in der Vergangenheit sein konnten. In diesem Zusammenhang hilft vielleicht die Erinnerung daran, daß für jeden heruntergewirtschafteten und von unzufriedenen Mietern bewohnten Kommunalwohnungsbau sich irgendwo eine Anzeige findet, die für neue zur Übernahme bereite Träger wirbt. Mit anderen Worten, der neue managementorientierte Ansatz wurde hauptsächlich deshalb in die überlieferte öffentliche Verwaltung eingeführt, weil diese in vieler Hinsicht als unzulänglich angesehen wurde und längst nicht immer den hohen Idealen entsprach, die Titmuss damit assoziierte.

Eine weitere dritte Dimension sozialer Wohlfahrt, die als Traditionsbestand gemeinschaftsorientierter, gemeinde- und/oder volksnaher Leistungen und Beiträge beschrieben werden kann, betrifft mehr Menschen im Verlauf ihres Lebens als alle anderen Dimensionen (die staatlichen, privatwirtschaftlichen und frei gemeinnützigen) zusammen (Pinker 1984, S.89ff.). Erst seit vergleichsweise kurzer Zeit haben Politiker ihr volles Potential erkannt. Heute müssen wir uns die Frage stellen: Welche Art neuer Beziehung werden formelle soziale Dienste mit dieser informellen gemeinschaftsbezogenen Kultur der Hilfe eingehen? Werden sie diese - im Sprachgebrauch der öffentlichen Verwaltung - "kolonisieren" oder werden sie sie - im Sprachgebrauch des unternehmerischen Managements - ihrer "Vermögenswerte" berauben?

Eine wachsende Anzahl von Untersuchungen deutet darauf hin, daß, was die spezifische handlungsleitende Moral und Verhaltensdynamik angeht, sich informelle Hilfe- und Sorgebeziehungen fundamental von formellen sozialen Diensten unterscheiden. Die hier vorherrschenden Vorstellungen von Verpflichtung und Anspruch, von Rechten und Verantwortlichkeiten sind komplex und selbst Experten nicht ganz verständlich, was, da sie einen Bestandteil des Privatlebens der Menschen bilden, auch nicht anders zu erwarten ist. Alle bisherige Erfahrung, von den Ursprüngen der Armengesetzgebung bis zur heutigen Haushaltseinkommensprüfung zeigt, daß öffentliche Angestellte, die als Fremde in diese Privathaushalte eindringen, um sie in irgendeiner Weise zu manipulieren, sehr oft eine Art Übertretung begehen, die die Wirkungsmechanismen dieser Systeme wechselseitiger Hilfe in der Privatsphäre schädigt. Obgleich unser Verständnis der kulturellen Dynamik informeller Hilfebeziehungen unvollständig ist, gibt es wenig Grund zu der Annahme, daß das, was gut gemeint ist, auch wirklich Gutes bewirkt.

## VII. Warum aber nun Wohlfahrtspluralismus?

Warum ist Wohlfahrtspluralismus oder die "gemischte Ökonomie der Wohlfahrt" ein so bekanntes, geradezu populäres Konzept geworden, in das sich so viele verschiedene Interpretationen einschreiben konnten? Erstens liefert es als Konzept eine zutreffendere Beschreibung des britischen Wohlfahrtsstaates, des vergangenen wie des gegenwärtigen, als die Konzepte der "staatlichen" und der "residualen" Wohlfahrt. Zweitens gründen sich die Interpretationsdifferenzen oft auf Schlußfolgerungen, Annahmen und Werturteile über zukünftige Absichten von Akteuren und über gegenwärtige Realitäten - ob zum Beispiel die Konservativen wirklich die staatlichen Dienste privatisieren werden oder die Labour Party tatsächlich so pluralistisch orientiert ist in Anbetracht ihrer sozialistischen Prinzipien.

Es gibt natürlich immer noch Ideologen in beiden Parteien (und außerhalb derselben), die glauben, daß es wünschbar und möglich sei, fundamentale Änderungen in der britischen Sozialpolitik durch bloße Erweiterungen oder Reduzierungen des Umfangs staatlicher Dienste zu bewirken. Ungeachtet dessen ist darauf hinzuweisen, daß Wohlfahrtspluralismus sowohl Ergebnis schlichten politischen Versagens als auch des Wiederauflebens ideologisch geprägter Überzeugung ist.

Politiker mögen aus ganz verschiedenen Richtungen zu einer pluralistischen Position kommen. Wie auch immer sie diese erreicht haben, auf dem Weg dahin haben sie wahrscheinlich einen Teil ihrer Ideologie gegen eine Portion gesunden Menschenverstands eingetauscht. Vor allem zwei Faktoren beeinflußten den Trend in Richtung Wohlfahrtspluralismus - ein allgemeiner Vertrauensverlust in beide großen politischen Parteien und der Verfallsprozeß der britischen Wirtschaft. Die jüngsten Erfahrungen mit Marktlösungen und Planwirtschaften beweisen ausreichend, daß ohne substantielle Veränderungen keines dieser Systeme besonders gut arbeitet. Die gegenwärtigen Probleme des westlichen Kapitalismus erscheinen nur deshalb weniger schwerwiegend, als sie es sind, weil sie am katastrophalen Versagen des Sozialismus gemessen werden. Reine

Wettbewerbssysteme arbeiten vielleicht besser als geplante, aber sie sind nicht perfekt. Sie arbeiten noch besser, wenn es wirksame öffentliche Einrichtungen gibt, die ihre Unzulänglichkeiten kompensieren.

Natürlich verbreiten sich die Konservativen weiterhin über die Tugenden des freien Marktes, während sie sich bemühen, das Niveau der Sozialversicherungsausgaben niedrig zu halten, das in der Reaktion auf vielfältige Prozesse des Marktversagens zunimmt. Sozialisten befürworten weiterhin eine kollektivistische Planung, derweil sie dem freien Spiel der Marktkräfte zur Sicherstellung ökonomischen Wachstums reichlichen Spielraum lassen.

In diesem intellektuellen und ökonomischen Klima kann Wohlfahrtspluralismus als eine Form der Schadensbegrenzung angesehen werden, in der Unzulänglichkeiten des einen Typus von Theorien und Politiken mehr oder weniger durch die Stärke der anderen kompensiert werden. Es ist deshalb nicht erstaunlich, daß trotz florierender politischer Rhetorik eine große Unsicherheit über die Ziele britischer Sozialpolitik herrscht; und es kann kaum überraschen, daß diese Lücke durch verstreute Innovationen verfahrenstechnischer und managerieller Art gefüllt wird. Die herkömmliche Verwaltung britischer Sozialdienste weicht neuen Formen von Marktmanagement und Angeboten nach Wettbewerbsregeln, doch diese Änderungen vollziehen sich bis jetzt noch innerhalb einer weitgehend unveränderten universalistischen Struktur. Das Muster zukünftiger Entwicklungen wird wahrscheinlich bestimmt durch das Ausmaß, in dem die Ziele gemeinwohlorientierter Politik, die ja in diese universalistische Struktur eingebettet sind, mit einem neuen Sortiment individualistisch orientierter Managementtechniken vereinbar gemacht werden können. Die zukünftigen Auswirkungen von Techniken des Managements auf die informellen Netzwerke sozialer Hilfe werden das Ergebnis spürbar beeinflussen. Die institutionellen Widersprüche und Kompromisse, um die es dabei geht, prägen den größten Teil der Charakteristik des gegenwärtigen Wohlfahrtspluralismus in Großbritannien.

Trotzdem ist nicht auszuschließen, daß diese pluralistischen Kompromisse, die mehr auf Notwendigkeit denn auf Überzeugung basieren, zusammenbrechen, wenn sich die internationale wirtschaftliche Situation verschlechtert, oder auch, wenn sie sich dramatisch verbessert. Vergangene Erfahrung lehrt uns: Es wäre eine Tragödie, wenn Panik oder bequemer Optimismus bei den Politikern oder ihrer Wählerschaft wiederbelebten radikalen ideologischen Überzeugungen auf der äußersten Rechten oder Linken erlauben würde, die miteinander verbundene Verteidigung von Kompromiß und Skepsis, die momentan unsere fragile, gemischte Wohlfahrtsökonomie schützt, hinwegzufegen.

Ich habe dargelegt, daß das Wesen des britischen Sozialsystems seit dem zweiten Weltkrieg weder als staatlich-universalistisch noch als bloß residual bezeichnet werden kann; es war pluralistisch. Jedoch ist Wohlfahrtspluralismus als Konzept immer noch Gegenstand widerstreitender Definitionen von Politikern und Sozialwissenschaftlern - in Hinblick auf die normativen Ziele von Sozialpolitik stimmen sie nämlich nicht alle überein.

## Literatur

Barr, Nicholas A., 1987: The Economics of the Welfare State, Weidenfeld und Nicolson, London.

Berlin, Isaiah, 1980: Concepts and Categories. Philosophical Essays, Oxford University Press, Oxford.

Beveridge Report, 1942, 1958: Social Insurance and Allied Services, Cmnd 6404, HMSO, London.

Beveridge, William H., Sir, 1943: The Pillars of Security, George Allen and Unwin, London.

Changing Britain for Good, 1992: The Liberal Demokrat Manifesto 1992, Liberal Demokrat Publications, 8 Fordingham Green, Dorchester, Dorset, April.

John, Norman, 1987: The Welfare State in Transition, Wheatsheaf Books, Brighton.

Keynes, John Major, 1936: The General Theory of Employment, Interest and Money, Harcourt Brace.

Labours Election Manifesto, 1992: It's Time to Get Britain Working Again, The Labour Party, 150 Walworth Road, London SE 17.

McGregor, O.R., 1973: Sociology and Welfare, in: W.D. Birrell, P.A.R. Hillyard, A.S. Murie and D.J.D. Roche, Social Administration. Readings in Applied Social Science, Penguin Books, S. 247 - 256.

Mill, John Stuart, 1976: Principles of Political Economy, Augustus M. Kelley, Fairfeld, New Jersey, S.941-979.

Pinker, Robert, 1984: Populism and the Social Services, Social Policy and Administration, vol. 18 Nr. 1, S. 89 - 99.

Pinker, Robert, 1990: Social Work in an Enterprise Society, Routledge, London und New York.

Polanyi, Karl, 1977: The Livelihood of Man, Academic Press, New York, San Francisco, London.

The Best Future for Britain, 1992: The Conservative Manifesto 1992, Conservative Central Office, 32 Smith Square, London SW1, April.

Titmuss, Richard M., 1958: Essays on the Welfare State, George Allen and Unwin, London.

Titmuss, Richard M., 1970: The Gift Relationship: From Human Blood to Social Policy, George Allen and Unwin, London.

Titmuss, Richard M., 1974: Social Policy, George Allen and Unwin.

# Third Party Government. Ein Beitrag zu einer Theorie der Beziehungen zwischen Staat und Nonprofit-Sektor im modernen Wohlfahrtsstaat[1]

*Lester M. Salamon*

## I. Vorbemerkung

Wenige Aspekte des amerikanischen Wohlfahrtsstaates wurden so gründlich übersehen, bzw. so umfassend mißverstanden, wie die Rolle des Nonprofit-Sektors und die Beziehungen zwischen Nonprofit-Organisationen und Politik. Dabei sind wenige Fragen für die Entwicklung des Wohlfahrtsstaates so wichtig wie diese.

Gemäß einer weit verbreiteten Vorstellung haben in den Vereinigten Staaten die Wohlfahrtsprogramme des "New Deal" und der "Great Society" die philanthropischen Organisationen ersetzt und zu deren Niedergang beigetragen. Tatsächlich aber hat der Freiwilligensektor ("voluntary sector") eine vitale und sogar wachsende Rolle im amerikanischen Wohlfahrtsstaat behalten. Dies geschah nicht trotz sondern vielmehr überwiegend wegen der Regierungspolitik; denn der Staat beauftragte private Nonprofit-Organisationen damit, öffentlich finanzierte Dienstleistungen zu organisieren. In den Fällen, in denen keine vorhanden waren, gründete die Regierung sogar in einigen Fällen neue Nonprofit-Organisationen. In anderen Fällen haben Nonprofit-Organisationen von zweckgebundenen Zuwendungen an die Bürgerinnen und Bürger profitiert, die letztere in die Lage versetzen sollten, bestimmte Güter und Dienstleistungen (z.B. Bildungsleistungen, Behandlungen in Krankenhäusern etc.) zu kaufen, die von Nonprofit-Organisationen angeboten werden. Durch solche und andere Praktiken und Kanäle entstand ein ausgedehntes Netzwerk partnerschaftlicher Arrangements, die den Staat bzw. die jeweilige Regierung mit dem Nonprofit-Sektor verbindet. Diese Kooperation reicht inzwischen so weit, daß in mehreren Dienstleistungsbereichen, wie z.B. im Gesundheitswesen und im Bereich der sozialen Dienste, der Anteil der in freier Trägerschaft betriebenen Dienste und Einrichtungen höher ist als die entsprechenden Anteile in öffentlicher Trägerschaft.[2]

---

1 Aus dem Englischen übersetzt von Sabine Makowka.

2 Für detailliertere Ausführungen siehe Salamon 1987.

Die entstandenen Kooperationsbeziehungen sind sowohl für den Staat als auch für den Nonprofit-Sektor vorteilhaft. Um so mehr muß erstaunen, daß diese Kooperationsbeziehungen trotz ihres quantitativen Ausmaßes und ihrer Bedeutung bislang wenig Aufmerksamkeit auf sich versammeln konnten. Wie läßt sich dieser paradoxe Sachverhalt erklären? Warum blieb ein so bedeutsames Merkmal der amerikanischen Sozialpolitik so lange weitgehend unverstanden und im Dunkeln verborgen? Warum wurde diesen kooperativen Arrangements zwischen Staat und Nonprofit-Sektor so wenig Interesse geschenkt, obwohl sie im System sozialer Dienste eine so große Rolle spielen?

Eine denkbare Erklärung könnte darin bestehen, daß das Phänomen der weitgehenden Kooperation zwischen Staat und Nonprofit-Sektor einfach ein zu junges Phänomen darstellt, um bereits große Aufmerksamkeit erregt haben zu können. Diese Erklärung ist allerdings kaum haltbar, da wir für diese umfassende Zusammenarbeit weitreichende Wurzeln in der amerikanischen Geschichte finden. Wenn also die weitverbreitete Unkenntnis über diese Partnerschaften nicht auf deren Neuheits-Wert zurückgeführt werden kann, worin liegt sie dann begründet? Ich möchte im folgenden das Argument vertreten, daß die Antwort im Bereich von Defiziten herkömmlicher theoretischer Ansätze liegt. Ich bin davon überzeugt, daß unser Versagen, die Realität dieser weitreichenden Verschränkungen zwischen Staat und Nonprofit-Organisationen wahrzunehmen, zu einem großen Teil das Produkt von Selektivitäten unserer konzeptionellen Brille darstellt, durch die wir diese Realität betrachten. Verantwortlich für diese Ausblendungen sind sowohl die Theorie des "Wohlfahrtsstaates" als auch die des "Freiwilligensektors". In beiden theoretischen Denktraditionen und Konzepten wird einer intensiven Verschränkung und Kooperation zwischen Staat und Nonprofit-Organisationen so gut wie kein konzeptioneller Platz zugebilligt.

Ist eine solche Ausblendung schon unter den üblichen Umständen problematisch, so erhielt sie in den letzten Jahren eine besondere Bedeutung dadurch, daß auf der Grundlage dieser fehlerhaften theoretischen Ansätze eine Reihe von Änderungen in der staatlichen Politik eingeleitet worden sind. Eine der zentralen Vorannahmen für die Haushaltskürzungen, die von der Reagan-Administration in den frühen achtziger Jahren durchgeführt worden sind, war die Annahme, daß Staat bzw. öffentlicher Sektor und Nonprofit-Organisationen in einer Substitutionskonkurrenz zueinander stehen und daß die bestmögliche Hilfe für den Nonprofit-Sektor daher darin bestünde, den Einfluß von öffentlichem Sektor und öffentlicher Politik zu reduzieren. Eine solche Sichtweise übersieht jedoch die in weiten Bereichen der Politik existierende umfassende Kooperation zwischen Staat und Freiwilligensektor (vgl. Salamon/Abramson 1982). Deshalb ist es auch nicht bloß eine akademische Übung, unser Verständnis der Beziehungen zwischen Staat und Nonprofit-Organisationen zu erhellen, sondern ist vielmehr entscheidend für die anhaltende politische Debatte.

Dieser Artikel beabsichtigt, einen Beitrag zu einer solchen Analyse zu liefern. Die Argumentation ist in drei Schritte aufgeteilt. Der folgende erste Abschnitt untersucht die herrschenden Denkmodelle, die das Nachdenken sowohl über den amerikanischen Wohlfahrtsstaat als auch über den Freiwilligensektor prägen. Ferner wird erläutert, wie solche Ansätze und Vorstellungen verhindern, daß wir die tatsächlich vorhandenen intensiven Kooperationsbeziehungen zwischen Staat und Nonprofit-Organisationen angemessen wahrnehmen. Im zweiten Teil der Argumentation werden zwei neue Konzepte vorgestellt; nämlich das Konzept des "Third Party Government" sowie das Theorem des "Versagens freiwilliger Aktion", von denen ich glaube, daß sie die realen Kooperationsbeziehungen weit besser erfassen und deshalb einen höheren Erklärungswert für sich beanspruchen können als die vorherrschenden Denk-Modelle.[3] Im letzten Teil dieses Aufsatzes werden diese neu eingeführten Konzepte als Theorierahmen für unsere Überlegungen zur gewünschten Entwicklung dieser Kooperationsbeziehungen genutzt.

## II. Die vorherrschenden theoretischen Ansätze

Es sind im wesentlichen zwei theoretische Ansätze, die für die verbreitete Vernachlässigung der Rolle enger Kooperationsbeziehungen zwischen Staat und Nonprofit-Organisationen im amerikanischen Wohlfahrtsstaat verantwortlich sind: Nämlich (1.) die Theorie des Wohlfahrtsstaates sowie (2.) die Theorie des Nonprofit-Sektors bzw. Freiwilligensektors.

### *1. Theorie des Wohlfahrtsstaats*

In der amerikanischen Diskussion ist insbesondere die vorherrschende konzeptionelle Vorstellung über den Wohlfahrtsstaat für Fehlinterpretationen der Beziehungsstrukturen zwischen Staat und Nonprofit-Sektor verantwortlich. Unter dem Eindruck der drastischen Erhöhung der staatlichen Ausgaben für soziale Wohlfahrt, die insbesondere in der Zeit der "Progressive Era" einsetzte und während des "New Deal" und der "Great Society" an Intensität zunahm, ließen sich die meisten Sozialwissenschaftler von der nahelegenden Schlußfolgerung leiten, daß sie in den Vereinigten Staaten Zeugen einer gigantischen Expansion des Wohlfahrtsstaates auf Kosten anderer sozialer Institutionen, insbesondere privater Initiativen und Organisationen des Dritten bzw. Nonprofit-Sektors, seien. Das zentrale konzeptionelle Leitbild ist das Bild des monolitischen, von bürokratischen Strukturen und Hierarchiebeziehungen geprägten Staates, der tendenziell sämtliche

3 Eine umfassendere Darstellung der Auswahlkriterien von Theorien und Modellen ist in Salamon 1970 zu finden.

Funktionen übernimmt, die bislang durch andere soziale Institutionen erfüllt wurden.

Mit dieser Vorstellung wird ein Staatsverständnis in den amerikanischen Kontext übertragen, das im wesentlichen europäischen Ursprungs ist und die zentrale Bedeutung des staatlichen Institutionensystems sowie dessen hierarchische Beziehungen zum Freiwilligensektor betont. Interessanterweise haben sowohl die Liberalen als auch die Konservativen gute Gründe, diese Vorstellung zu übernehmen. Für die Liberalen ist der Glaube an die Leistungspotentiale eines professionalisierten öffentlichen Dienstes und an einen integrierten staatlichen Verwaltungsapparat längere Zeit von entscheidender Bedeutung für ihren Kampf um politische Unterstützung für eine erweiterte staatliche Rolle bei der Lösung sozialer Probleme. Deshalb ist es nicht überraschend, daß es die Progressiven waren, die über die Praxis staatlicher Subventionierung privater, wohltätiger Institutionen im ausgehenden 19. Jahrhundert besorgt waren. Sie fürchteten, daß diese Praxis die Entwicklung eines aus ihrer Sicht wünschenswerten Systems verberuflichter öffentlicher Fürsorge behindern würde (Warner 1984, Dripps 1915, Fetter 1901/02 sowie Fleisher 1914).

Während also die Liberalen die Fähigkeiten des Staates zu übertreiben neigten, um ihrer Ansicht über die Notwendigkeit einer Vergrößerung des staatlichen Beitrags zur Lösung sozialer Probleme mehr Plausibilität zu verleihen, so hatten die Konservativen einen noch viel stärkeren Anreiz zur Übertreibung der Macht des modernen Wohlfahrtsstaates. Sie wollten allerdings damit die Bedrohung betonen, die der Staat für die individuelle Freiheit und weitere zentrale soziale Werte darstellt. Diese Tendenz läßt sich z.B. in den Arbeiten des Soziologen Robert Nisbet nachweisen, dessen Werk "Power and Community" zu einem Kernstück konservativer Ideologie avancierte. Für Nisbet besteht ein natürlicher Interessenkonflikt zwischen dem Staat und den verschiedenen "intermediären Institutionen", wie z.B. Nonprofit-Organisationen; ein Interessenkonflikt, den der Staat aus seiner Sicht gewonnen hat. Das Resultat - so die Position von Nisbet - sei ein ernsthafter Verfall des Gemeinschaftssinns in der modernen Welt und eine beunruhigende Zunahme von Anomie.

Die Tendenz, den monolitischen Charakter des amerikanischen Wohlfahrtsstaates zu betonen und die gleichgebliebene Rolle von selbstorganisierten Gruppen und Freiwilligenorganisationen in öffentlichen Programmen herunterzuspielen, wurde durch eine Schwerpunktsetzung der nationalen Politik-Debatte sowie der überwiegenden Mehrzahl politikwissenschaftlicher Policy-Analysen bestärkt, denn beide haben sich vor allem auf den Aspekt der Formulierung von Politik konzentriert, der in der Tat sehr stark unter den Einfluß der Regierung geraten ist, statt stärker auf deren Umsetzung (Implementation) zu achten, eine Phase des politischen Prozesses, in der die Nonprofit-Organisationen eine zentrale Rolle behalten haben (vgl. Hargrove 1975). Diese verengte Sichtweise führte dazu, daß der

Aspekt der Expansion des Staates betont wurde und daß der Eindruck einer staatlichen Dominanz bei gesellschaftlichen Problemlösungen und der Erbringung sozialer Dienstleistungen bestätigt wurde und ließ wenig konzeptionellen Raum für einen sich dynamisch entwickelnden Freiwilligensektor.

## 2. *Die herrschenden theoretischen Ansätze zum Freiwilligensektor: das Theorem von Markt- und Staatsversagen sowie das Theorem des "Vertragsversagens"*

Wir haben gesehen, daß in den vorherrschenden theoretisch-konzeptionellen Ansätzen eine Theorie des Wohlfahrtsstaates wenig Raum für einen dynamischen Freiwilligensektor oder für intensive Kooperationsbeziehungen zwischen Staat und Nonprofit-Organisationen existiert. Hinzu kommt nun, daß selbst in den Theorien des Freiwilligensektors kein Platz für ein angemessenes Verständnis effektiver Kooperation zwischen Staat und Nonprofit-Organisationen eingeräumt wird. Das Konzept des Nonprofit-Sektors wurde im späten 19. Jahrhundert entwickelt, um den öffentlichen und privaten Sektor schärfer gegeneinander abgrenzen zu können. Zuvor wurden freie Wohltätigkeitsorganisationen als Teil des öffentlichen Sektors betrachtet, da sie öffentlichen Interessen dienten. Eine scharfe Unterscheidung zwischen privaten und öffentlichen Aktivitäten wurde wichtig, als sich der Bereich der privaten wirtschaftlichen Aktivitäten gegen Ende des 18. Jahrhunderts von staatlichen Einflüssen zu befreien suchte. Als eine Konsequenz aus dieser Entwicklung entstand das Konzept eines autonomen privaten Nonprofit-Sektors (vgl. Hartz 1948 und Stevens 1982).

Der Ursprung der konzeptionellen Vorstellung eines Nonprofit-Sektors liegt also historisch in der Phase, in der bürgerliche Gesellschaft und Staat gegeneinander ausdifferenziert wurden. Diese Trennung von Staat und Gesellschaft wurde in den neueren ökonomischen Theorien über den Freiwilligensektor schärfer herausgearbeitet. Inzwischen haben sich zwei theoretische Ansätze etabliert, die den Anspruch erheben, die Herausbildung eines Freiwilligensektors zu erklären. Aber keiner dieser beiden Erklärungsansätze sieht intensive Kooperationsbeziehungen zwischen Staat und Nonprofit-Organisationen konzeptionell vor.

Der erste dieser beiden genannten Ansätze ist die Theorie des Markt- und des Staatsversagens. Diesem theoretischen Erklärungsansatz zufolge erklärt sich die Existenz eines Freiwilligensektors als ein kombiniertes Produkt von Markt- und Staatsversagen. Danach versagen sowohl der Markt als auch der Staat bei der Bereitstellung "kollektiver Güter" (vgl. Weisbrod 1978). "Kollektive Güter" - wie etwa nationale Verteidigung oder saubere Luft - sind unteilbare Güter und Dienste, von deren Genuß niemand ausgeschlossen werden kann, unabhängig davon, ob man zur Bereitstellung des Produktes beigetragen hat oder nicht. Würden solche kollektiven Güter ausschließlich über den Markt angeboten werden, so würde es zu einer Unterversorgung mit diesen Gütern kommen, denn kaum ein Konsument wird dazu bereit sein, freiwillig für ein Produkt zu bezahlen, das er auch umsonst nutzen kann. Wenn aber die Nachfrage nach diesen Produkten auf dem Markt aus den genannten Gründen gering ausfällt, werden die Produzenten eine geringere Menge von diesen Gütern und Diensten anbieten, als die Öffentlichkeit sie eigentlich benötigen und wünschen würde. Dieses Dilemma wird üblicherweise als "free-rider-Problem" bezeichnet und dient in der traditionellen ökonomischen Theorie als Argument für die Notwendigkeit einer Bereitstellung solcher Güter durch den Staat. Der Staat ist in der Lage, das "free-rider-Problem" - und damit das Marktversagen - "zu überwinden", indem er sämtliche Staatsbürger dazu verpflichtet, Steuern und Abgaben zu zahlen, um die Bereitstellung solcher "kollektiven Güter" zu finanzieren.

Allerdings gibt es ebenso Defizite bei der staatlichen Produktion kollektiver Güter. Das zentrale Problem für die öffentliche Bereitstellung kollektiver Güter in demokratischen Gesellschaften ist die Orientierung des Staates an dem sogenannten "durchschnittlichen Wähler" (median voter): Da die jeweilige Regierung daran orientiert sein muß, bei der nächsten Wahl wiedergewählt zu werden, wird sie sich in allen ihren Entscheidungen möglichst an der antizipierten Meinung der Mehrzahl der Wähler orientieren. Dies führt dazu, daß sowohl die Auswahl als auch die Menge der kollektiven Güter, die durch den Staat produziert werden, zentral von der (antizipierten) Unterstützung durch die Mehrheit der Wähler abhängen. Dies führt unweigerlich zu einer unbefriedigten Nachfrage im Bereich derjenigen kollektiven Güter, für die sich keine mehrheitliche Unterstützung in der Gesellschaft finden läßt.

Um diese "unbefriedigte Nachfrage" nach spezifischen (Minderheits-) Gütern zu befriedigen, so lautet das Argument, wird ein Freiwilligensektor benötigt. Gemäß der Theorie des Markt- und Staatsversagens begründet sich die Existenz von Nonprofit-Organisationen also daraus, daß diese solche kollektiven Güter bereitzustellen in der Lage sind, die zwar von einem Teil, nicht aber von der Mehrheit der Bevölkerung gewünscht werden. Hieraus folgt die Annahme, daß mit steigender Heterogenisierung der Sozialstruktur und Pluralisierung von Lebenslagen und Lebensstilen der Umfang des Nonprofit-Sektors zunehmen dürfte. Da nun nach dieser theoretischen Perspektive der Nonprofit-Sektor Defizite des staatlichen Sektors kompensiert, also Güter und Dienste bereitstellt, die von der Mehrheit der Wähler nicht unterstützt werden, fehlt hier eine theoretische Begründung für die staatliche Förderung und Unterstützung dieses Sektors. Darüber hinaus verfehlen Nonprofit-Organisationen gemäß dieser Theorie ihre theoretisch begründete Daseinsberechtigung, wenn sie Güter und Dienste bereitstellen, deren ausreichendes und flächendeckendes Angebot bereits der Staat garantiert. Aus der Theorie des Markt- und Staatsversagens ließe sich also die Voraussage ableiten, daß die Kooperationsbeziehungen zwischen Staat und Nonprofit-Organisationen schwach ausgeprägt sind und daß es kaum eine Legitimation für die vorhandenen Kooperationsbeziehungen gibt.[4]

Der zweite bedeutsame theoretische Ansatz ist die Theorie des "Vertragsversagens": Nach diesem Theorem verdankt sich die Existenz eines Nonprofit-Sektors einer spezifischen Form des Marktversagens, die in diesem theoretischen Ansatz als "Vertragsversagen" bezeichnet wird (vgl. Hansmann 1981). Käufer und Konsumenten - so die zentrale These des Ansatzes - sind im Bereich einiger Güter und Dienste, wie z.B. der Altenpflege, nicht identisch. Unter diesen Umständen greifen die üblichen Marktmechanismen, die auf der Wahl der Konsumenten auf der Grundlage adäquater Informationen beruhen, nicht. Aus diesem Grund muß es einen alternativen Mechanismus geben, der dem Käufer ein gewisses Maß an Sicherheit bietet, daß die gekauften Güter und Dienste einem adäquaten Qualitäts- und Quantitätsstandard entsprechen. Folgt man dieser Theorie, dann sind es die Nonprofit-Organisationen, die hierfür Sorge tragen können. Im Gegensatz zu gewerblichen Unternehmungen, die in ihrem Handeln durch das Profitmotiv bestimmt werden und deshalb versucht sein könnten, das Vertrauen eines Käufers, der nicht zugleich auch Empfänger der Leistungen ist, zu mißbrauchen, orientieren sich Nonprofit-Organisationen an gemeinwohlorientierten Zielen und sind daher in dieser Hinsicht vertrauenswürdiger als private Firmen. Gegen diesen theoretischen Ansatz ließe sich einwenden, daß es vor den Nonprofit-Organisationen insbesondere staatliche Institutionen sein müßten, die auf Grund der Gemeinwohlorientierung des Staates mindestens ebenso viel Vertrauen verdienen würden wie Nonprofit-Organisationen. Aus diesem Grunde müßte dieser Theorie zufolge das größere Vertrauen eher staatlichen Stellen als Nonprofit-Organisationen entgegengebracht werden.

## III. "Third Party Government" und das "Versagen freiwilliger Aktion" - Zur notwendigen konzeptionellen Analyse der Beziehungen zwischen Staat und Nonprofit-Organisationen

Die bisherige Argumentation sollte zeigen, daß sowohl die Theorie des Wohlfahrtsstaates als auch die Theorie des Nonprofit-Sektors aus unterschiedlichen Gründen nicht in der Lage sind, die Beziehungen zwischen Staat und Nonprofit-Organisationen adäquat zu analysieren. Beide theoretischen Konzeptionalisierungsansätze müssen weiterentwickelt werden, um die Realität genauer zu erfassen.

4 Burton Weisbrod, der diesen theoretischen Ansatz hauptsächlich entwickelt hat, erkennt zwar die Möglichkeit einer staatlichen Unterstützung von Freiwilligenorganisationen durchaus an, doch bewertet er dies als Ausnahme nicht als Kernstück des sozialen Dienstleistungssystems (Weisbrod 1978, S. 66).

## 1. *"Third Party Government": Eine neue Theorie des amerikanischen Wohlfahrtsstaates*

Das zentrale Defizit der Theorie des amerikanischen Wohlfahrtsstaates besteht in dem Sachverhalt, daß sie zwischen der regulierenden und finanzierenden Funktion des Staates einerseits und der Rolle des Staates als Erbringer von Dienstleistungen nicht differenziert. Im Hinblick auf die beiden erstgenannten Funktionsbereiche haben sich die Kompetenzen und Regulierungsverantwortlichkeiten des amerikanischen Bundesstaates tatsächlich enorm erweitert. Wenn es aber um die Erbringung von sozialen Diensten geht, dann zeigt sich, daß der Staat diese Aufgabe vor allem an andere Institutionen - an die Staaten, an die Kommunen und Landkreise, an Universitäten und Krankenhäuser, an Banken, Industriekonzerne usw delegiert. Der amerikanische Wohlfahrtsstaat - weit entfernt von dem konventionellen theoretischen Bild eines bürokratischen und monolitischen Blockes - bedient sich also einer breiten Palette verschiedenster "Drittparteien" zur Erfüllung staatlicher Funktionen. Auf diese Weise entsteht ein kompliziertes System von "Third party government" (vgl. Salamon 1981) in dem staatliche Instanzen einen beträchtlichen Anteil ihres Entscheidungsspielraumes und ihrer Machtbefugnisse mit nicht-staatlichem Akteuren ("Dritt-Parteien") teilt. Dieses Handlungsmuster des Staates läßt sich in vielen Politikfeldern nachweisen und greift auf die unterschiedlichsten gesellschaftlichen Akteure zurück. So stellt etwa der amerikanische Bundesstaat den Staaten und kommunalen Gebietskörperschaften in mehr als neunhundert Förderprogrammen finanzielle Unterstützung für die verschiedensten Aufgaben und Zwecke bereit, die von der Hilfe für Familien mit minderjährigen Kindern bis hin zum Autobahnbau reichen. In den "Darlehens-Garantie"-Programmen der Bundesregierung (loan guarantee programs) wird eine Summe von annähernd hundertfünfzig Billionen Dollar mit Unterstützung des Bundes als Darlehen von privaten Banken an Individuen und Korporationen für alle möglichen Zwecke vergeben, die von Hypotheken für den Eigenheimbau bis zur Hochschulausbildung reichen.

Der Bundesstaat übernimmt in all diesen Förderprogrammen eine Führungsrolle, überläßt aber den staatlichen und nicht-staatlichen Partnern einen beträchtlichen Ermessensspielraum: z.B. erstattet der Bundesstaat im "Aid to Families with Dependent Children-Program" den einzelnen Staaten einen Teil ihrer Zahlungen an Mütter mit minderjährigen Kindern, überläßt diesen aber die Entscheidung, ob sie überhaupt ein solches Programm einführen wollen oder nicht; die Entscheidung darüber, wie die Anspruchsberechtigungen definiert werden und die Höhe der Unterstützung kann ebenfalls von den Staaten selbst festgelegt werden.

Diese Form staatlichen Handelns spiegelt die föderalistische Struktur des amerikanischen Staates wider, die auf eine Teilung von Verantwortlichkeiten und Machtbefugnissen zwischen dem Bundesstaat und den Einzelstaaten beruht (vgl. Grodzins 1966 sowie Elazar 1972). Allerdings findet das Handlungsmuster des

"Third party government" weit über den Bereich der Beziehungen zwischen Regierungsebenen hinaus Anwendung. Dieses Muster bestimmt auch die Beziehungen zwischen dem Staat und vielen privaten Institutionen und ist letztlich auch ein Ausdruck des Konfliktes zwischen dem Wunsch nach der Bereitstellung öffentlicher Dienste einerseits und der Abneigung gegen einen zu großen und starken staatlichen Apparat andererseits, der lange Zeit das amerikanische politische Denken geprägt hat. Third party government ist sozusagen ein Kompromiß zwischen diesen beiden konkurrierenden Sichtweisen und hilft auch, die Rolle von Staat und Regierungspolitik bei der Förderung der allgemeinen Wohlfahrt zu stärken, ohne den staatlichen Verwaltungsapparat unnötig auszuweiten. Immer dann, wenn existierende nicht-staatliche Institutionen eine Funktion im Bereich öffentlicher Politik übernehmen können - sei es, daß sie Darlehen vergeben, sei es, daß sie Gesundheitsfürsorgeleistungen oder soziale Dienste anbieten -; jedes mal erhalten sie eine bedeutsame Rolle in dem neu zu etablierenden öffentlichen Programm, und zwar unabhängig von dem konkreten Gegenstand, der durch dieses Programm geregelt wird.

Dieses staatliche Handlungsmuster wird auch durch die pluralistische politische Struktur des amerikanischen Staates begünstigt. Um die erforderliche Unterstützung für ein neues staatliches Aktionsprogramm zu erhalten, ist es zumeist erforderlich, die Einwilligung - wenn nicht gar volle Unterstützung - der in dem jeweiligen Gebiet agierenden zentralen Interessengruppen einzuholen. Ein Weg, um dieses Ziel zu erreichen, besteht darin, diese Interessengruppen in das Programm einzubauen, indem sie an der Umsetzung beteiligt werden. So werden z.B. private Banken damit beauftragt, das staatliche Hypotheken-Garantie-Programm durchzuführen; private Krankenkassen und Krankenhäuser werden mit der Durchführung der medicare- und medicaid-Programme betraut und sowohl staatliche als auch private Vermittlungsagenturen werden mit der Durchführung staatlich finanzierter Sozialdienste betraut.

Dieses staatliche Handlungsmuster wird zum Teil mit dem Ziel einer Flexibilitätssteigerung und Kostenentlastung begründet. Durch den Einbezug vorhandener nicht-staatlicher Institutionen in die Umsetzung staatlicher Programme lassen sich staatliche Ziele oft einfacher und kostengünstiger erreichen, denn damit entfällt die Notwendigkeit, eigens eine Organisationsstruktur oder einen Stab von Mitarbeitern für diese Aufgabe neu zu etablieren. Dies trifft in besonderem Maße auf experimentelle Programme zu. Diese Art der Organisation staatlicher Dienste erleichtert die Anpassung der programmgebundenen Aktivitäten an lokale Gegebenheiten und individuelle Bedürfnisse und vermeidet so einige der bekannten Probleme der Bereitstellung sozialer Dienste durch den Staat. Es wird ferner argumentiert, daß die Inanspruchnahme nicht-staatlicher Vertragspartner durch die Einführung eines Wettbewerbs und die Nutzung der economies of scale (vgl. Fitch 1974 sowie Savas 1984) die Kosten reduziert.

Private Nonprofit-Organisationen sind die natürlichen Partner im System des Third party government. Ihre Ziele ähneln - mehr als die der privaten Firmen - den Zielen des Staates. Wie erwähnt, wurden Nonprofit-Organisationen bis etwa Ende des 19. Jahrhunderts üblicherweise als Teil des "öffentlichen Sektors" verstanden, weil auch sie "öffentliche" Zwecke verfolgten. Außerdem waren Nonprofit-Organisationen in vielen Bereichen lange vor dem Staat tätig. Es war deshalb aus staatlicher Sicht oftmals günstiger, die Ressourcen und das know how bestehender privater Organisationen zu nutzen und mit öffentlichen Geldern zu fördern, statt neue staatliche Organisationsstrukturen zu schaffen.

Die weitverbreiteten Regeln und Modalitäten öffentlicher Finanzierung von Nonprofit-Organisationen lassen sich als einen Bestandteil des übergreifenden Musters des Third party government betrachten; ein staatliches Handlungsmuster, daß sowohl ein Ausdruck der historisch weit zurückreichenden amerikanischen Tradition der Wohltätigkeit als auch ein Ausdruck aktueller Bemühungen zur Qualitätssicherung und Kostenreduktion im Bereich sozialer Dienste darstellt. Anstatt - wie konventionelle theoretische Vorstellungen - die Fiktion eines riesigen hierarchischen und bürokratischen Apparates zu pflegen, betont das Konzept des Third party government die pluralistische Verteilung von Verantwortlichkeiten zwischen privaten und öffentlichen Institutionen, die für den amerikanischen Wohlfahrtsstaat so charakteristisch ist. Da bei der Umsetzung staatlicher Ziele und Programme eine Mehrzahl verschiedenartiger Organisationen zusammenarbeiten müssen, erhöht dieses staatliche Handlungsmuster allerdings die Anforderungen an das öffentliche Management und wirft erhebliche Fragen und Probleme der Abgrenzung von Verantwortlichkeiten und der Kontrolle auf (vgl. Salamon 1981, Smith 1975 sowie Staats 1975). Doch es gibt auch viele Vorteile, die sich aus diesem Handlungsmuster ergeben: Diese Form des Handelns ermöglicht die Festlegung von Prioritäten zur Verwendung gesellschaftlicher Ressourcen durch einen demokratischen politischen Prozeß, während es die eigentliche Umsetzung der hieraus resultierenden öffentlichen Programme kleineren Organisationen überläßt, die näher an die sozialen Kontexte der Problementstehung herankommen. Auf diese Weise wird also öffentliche Präsenz auch ohne eine riesige öffentliche Bürokratie geschaffen. Außerdem gestattet dieses Muster eine größere Vielfalt und einen Wettbewerb bei der Bereitstellung öffentlich finanzierter Dienste, was sowohl zur Steigerung von Effizienz als auch zur Reduzierung von Kosten beitragen kann.

### 2. *Das "Versagen freiwilliger Aktion" und eine neue Theorie des Nonprofit-Sektors*

Wir haben gesehen, daß die unzureichende Anerkennung der Realität des Third party government innerhalb konventioneller theoretischer Konzepte des amerikanischen Wohlfahrtsstaates zu einer Ausblendung der Beziehungen zwischen Staat und Nonprofit-Organisationen geführt hat. Dieser Mangel wird durch Defizite vorfindlicher Theorien des Freiwilligensektors noch verstärkt. Wie gezeigt führen diese theoretischen Ansätze die Existenz eines Freiwilligensektors auf das Versagen von Markt und Staat zurück. Nonprofit-Organisationen füllen danach die Lücken im Bereich der Versorgung mit bestimmten Gütern und Leistungen aus, die auf Grund von Funktionsdefiziten von Markt und Staat entstehen.

Wahrscheinlich ist es aber sinnvoller, die Theorie auf den Kopf zu stellen und die Vorstellung zu verwerfen, wonach der Staat typischerweise das Versagen des Marktes kompensiert und statt dessen umgekehrt die These zu vertreten, daß es die Freiwilligenorganisationen sind, die in erster Linie kompensierend auf den Plan treten. Anstatt das Auftreten von Freiwilligenorganisationen wiederum als eine Reaktion auf Staatsversagen bei der Bereitstellung kollektiver Güter zu konzeptionieren, würde ein solcher theoretischer Ansatz umgekehrt argumentieren und den Staat als diejenige Instanz ansehen, die auf das Versagen des Freiwilligensektors reagiert; dies würde bedeuten, daß der Staats-Sektor durch die öffentliche Bereitstellung bestimmter Güter und Leistungen das Versagen des Freiwilligensektors kompensiert.

Die Begründung für die Umkehrung der üblichen Argumentation läßt sich in der Transaktionskosten-Theorie finden: Die Transaktionskosten, die benötigt werden, um staatliche Reaktionen auf einen Mangel an kollektiven Gütern zu mobilisieren, sind nämlich bedeutend höher als die Kosten der Mobilisierung von Freiwilligenorganisationen. Damit der Staat auf das Versagen des Marktes reagieren kann, müssen Mehrheiten mobilisiert, ein Stab von Beamten informiert, Gesetze formuliert, parteipolitische Mehrheiten gefunden und Programme geschrieben werden. Dagegen reicht oft eine Hand voll von engagierten Individuen aus, die entweder allein, oder mit ergänzender Hilfe von außen, handeln, um eine Reaktion des Freiwilligensektors zu erzeugen. Es kann daher erwartet werden, daß der Freiwilligensektor eher auf ein wahrgenommenes "Marktversagen" reagieren kann und daß der Staat nur dann auf den Plan tritt, wenn sich diese erste Reaktion als immer noch nicht ausreichend erweist. Folgt man dieser Argumentation, dann ließe sich das staatliche Handeln weniger als Ersatz sondern vielmehr als Ergänzung des Handelns von Freiwilligenorganisationen interpretieren. Darüber hinaus erlaubt es diese Neuformulierung der Theorie des Marktversagens, die vorhandene Realität intensiver Kooperationsbeziehungen zwischen Staat und Nonprofit-Organisationen besser zu erklären. Auf dieser Grundlage läßt sich eine theoretische

Begründung für diese Kooperationsbeziehungen formulieren, die den Freiwilligensektor aus der marginalisierten Grauzone heraushebt, in die er von den vorherrschenden Theorien geschoben wird und ihn in eine übergreifende, positive Konzeption des Freiwilligensektors einordnet.[5]

Worin liegt nun das Versagen des Feiwilligkeitsprinzips begründet, das den Staat auf den Plan ruft und eine staatliche Unterstützung dieses Sektors rechtfertigt? Ich schlage vor, zwischen vier Varianten des Versagens des Freiwilligkeitsprinzips zu unterscheiden: 1. Unzulänglichkeiten des philanthropischen Handelns, 2. der philanthropische Partikularismus, 3. der philanthropische Paternalismus und schließlich 4. der "Amateurismus" des Freiwilligensektors.

Zu 1.): *Die Unzulänglichkeiten des philanthropischen Handelns:* Die wichtigste Form des Versagens des Freiwilligkeitsprinzips bei der Bereitstellung kollektiver Güter besteht in seiner Unfähigkeit, zuverlässig und in ausreichender Menge Ressourcen zu mobilisieren, um die Anforderungen an das System sozialer Dienste in modernen Industriegesellschaften bewältigen zu können. Diese Unzlänglichkeit ist teilweise ein Ausdruck des "Trittbrettfahrer"-Problems, das bei der Bereitstellung kollektiver Güter auftritt. Da jedes Mitglied der Gesellschaft, unabhängig davon ob es finanziell dazu beigetragen hat, davon profitiert, daß die Notleidenden versorgt werden, gibt es für jeden einzelnen einen Anreiz, die Kosten für die Fürsorge den jeweils anderen aufzubürden. Solange also ein System der Freiwilligenbeiträge (in Form von Spenden, unbezahlter Tätigkeit etc.) gilt, werden die auf diese Weise bereitgestellten Ressourcen aller Wahrscheinlichkeit nach nicht ausreichen, um einen in der jeweiligen Gesellschaft für optimal gehaltenen Versorgungsgrad zu erreichen. Nur wenn alle dazu gezwungen werden, zur Finanzierung dieser Leistungen (z.B. durch Steuern) beizutragen, wird der Mittelzufluß wahrscheinlich stetig und ausreichend genug sein, um die anstehenden Aufgaben zu erledigen.

Abgesehen von dem "Trittbrettfahrer"-Problem ergibt sich ein weiterer Grund für die Unzulänglichkeit des philanthropischen Handelns aus dem konjunkturellen

---

5 Diese Umformulierung entspricht auch mehr der amerikanischen Tradition von Freiheit und Individualismus, die darauf deutet, daß die Entwicklung eines Sinns für "soziale Verpflichtung" gebraucht wird, um kollektives Handeln zu unterstützen, am besten auf freiwilliger Basis und auf lokaler oder Gruppen-Ebene zu erwarten ist, an denen Individuen mit ihren Nachbarn teilnehmen können, ohne die Freiheit der Wahl zu opfern (Schambra, 1982). Deswegen gilt: je weiter sich die Förderung des Sinns für soziale Verpflichtung von dieser Ebene entfernt, um so schwächer wird sie. Wenn man, wie es in der ökonomischen Theorie getan wird, die Gebietskörperschaften, und hier insbesondere den Zentralstaat, als erste Ansprechpartner zur Bereitstellung kollektiver Güter behandelt, so heißt dies, man schafft eine sehr viel unsichere Basis für die Versorgung mit kollektiven Gütern, als die freiwilligen Aktivitäten bieten. Nur wenn sich das freiwillige Engagement als unzureichend erweist, sollte der Staat auf den Plan treten. Aus dieser Perspektive erscheint die staatliche Unterstützung der gemeinnützigen Organisationen, sowie die Partnerschaft zwischen Staat und Nonprofit-Organisationen, als programmatisch attraktivste Form, die die staatliche Reaktion auf das "Versagen des Freiwilligkeits-Prinzips" annehmen kann.

Auf und Ab des ökonomischen Prozesses. Die ökonomischen Konjunkturen, die die wachsende Komplexität der Volkswirtschaft begleitet haben, führen dazu, daß wohltätige Individuen unter Umständen gerade dann auf Grund ihrer eigenen ökonomischen Lage anderen nicht helfen können, wenn diese die Hilfe am dringendsten benötigen, wie es das Beispiel der Weltwirtschaftskrise zeigt. Auch versagt das System der Freiwilligenleistungen bei der Sicherstellung eines flächendeckenden Systems der Bedarfsdeckung, weil die freiwilligen Ressourcen und Beiträge oft gerade in denjenigen Regionen nicht zur Verfügung stehen, in denen die größten Probleme und Mangellagen auftreten. Mit anderen Worten: Trotz seiner Vorteile, wie die Reduzierung der Transaktionskosten und die Schaffung von Gefühlen der sozialen Verpflichtung und Anteilnahme hat das System der Freiwilligenfürsorge im Hinblick auf die Mobilisierung einer ausreichenden Menge und eines stetigen Zuflusses von Ressourcen zur Befriedigung der Bedürfnisse in einer Gesellschaft schwerwiegende Nachteile.

Zu 2.): *Der Partikularismus philanthropischen Handelns*: Abgesehen von der Schwäche des Freiwilligensektors, Mittel im benötigten Umfang zu mobilisieren, ergibt sich eine weitere Funktionsschwäche aus dem Partikularismus dieses Sektors. Zunächst einmal ist der Partikularismus, also die Tendenz von Freiwilligenorganisationen, sich in ihren Leistungen auf besondere Gruppen in der Bevölkerung zu konzentrieren, eine der behaupteten Stärken. Freiwillige Organisationen stellen oft ein Medium dar, damit sich - ethnische, religiöse, nachbarschaftlich usw. - Gruppen in der Bevölkerung zur Verfolgung gemeinsamer Angelegenheiten zusammenschließen können. Wie wir gesehen haben, dient genau dieser Partikularismus in manchen theoretischen Ansätzen als zentrale Begründung für die Existenz des Nonprofit-Sektors.

Doch als ein Mechanismus für die Reaktion auf die Entstehung menschlicher Bedürfnisse hat der Partikularismus auch seine Nachteile. Es ist nämlich möglich, daß einige gesellschaftliche Gruppen in der Struktur der Freiwilligenorganisationen nicht adäquat repräsentiert werden. Auch Freiwilligenorganisationen benötigen Ressourcen; es ist nun immerhin möglich, daß diejenigen, die diese Ressourcen in Freiwilligenorganisationen finanziell wie auch organisatorisch kontrollieren, nicht allen Segmenten der Gesellschaft gleich wohlwollend gegenüberstehen, was zu schwerwiegenden Versorgungslücken im Hinblick auf bestimmte Gruppen in der Gesellschaft führen könnte. Eine genauere Analyse des Nonprofit-Sektors in der Stadt New York hat z.B. ergeben, daß bis in die frühen sechziger Jahre hinein der überwiegende Anteil der sozialen Dienste für Kinder durch katholische und jüdische Organisationen getragen wurde. Da nun aber die Mehrzahl der zumeist armen schwarzen Menschen, die in der Zeit nach dem Zweiten Weltkrieg in die Stadt einwanderten, protestantisch war, fanden sie in dem etablierten Versorgungssystem nicht sofort geeignete Ansprechpartner (vgl. Beck 1971, S. 271). Auch Gruppen wie Homosexuelle, Behinderte, Puertorikaner und Frauen standen vor ähnlichen Schwierigkeiten, als sie versuchten, eine Nische im System der Freiwilligenorganisationen zu finden und Unterstützung für ihre Aktivitäten zu suchen. Mit anderen Worten: Es gibt auch im Nonprofit-Sektor seit langem eine Tendenz, die "Elite" der Armen bevorzugt zu bedienen und den öffentlichen Institutionen die schwierigsten Fälle und Problemgruppen zu überlassen. In diesem Sinne hat unsere Untersuchung von 3400 sozialen Dienstleistungsorganisationen ergeben, daß nur bei etwa 30% der untersuchten Organisationen die Armen als Klienten im Mittelpunkt standen und daß für die Hälfte dieser Organisationen die Gruppe der Armen zu weniger als 10% als Zielgruppe verorgt wurde (vgl. Salamon 1984b).

Partikularismus und die Privilegierung bestimmter Adressatengruppen können sowohl zu ernsten Versorgungslücken als auch zu einer Überversorgung in anderen Bereichen führen. Die Betätigung in freiwilligen Organisationen sowie unentgeltliches soziales Engagement kommen nicht nur zustande, weil bestimmte unbefriedigte soziale Bedürfnisse wahrgenommen werden, sondern sind auch durch die "Gruppenstolz" motiviert. Jede Bevölkerungsgruppe will ihre eigenen sozialen Dienste organisieren und Spenden werden oft unter Verweis auf bestimmte religiöse, ethnische oder konfessionelle Zugehörigkeiten abgerufen. Dies kann dazu führen, daß einige der Wohltätigkeitsorganisationen sogar diejenigen Größenordnungen überschreiten können, die die economies of scale erwarten ließen; auf diese Weise kommt es dann zu Effizienzeinbußen und Kostensteigerungen im System sozialer Dienste.

Zu 3.): *Paternalismus im System der Wohlfahrtspflege*: Ein dritter Problemkomplex im Bereich des Systems freiwilliger Dienste und Leistungen ergibt sich aus dem Sachverhalt, daß hier die Definitionsmacht über Wohlfahrt und Bedürftigkeit in den Händen derjenigen liegt, die über die umfangreichsten Mittel verfügen können. Dieser Zusammenhang besteht trotz der enorm hohen Bedeutung freiwilliger Leistungen in diesem Sektor. Denn zum einen benötigt selbst die freiwillige Aktion Ressourcen an Zeit und Wissen. Zum anderen führen die steigenden Anforderungen an die Qualität von Diensten und Hilfeleistungen dazu, daß über freiwillige Leistungen hinausgegangen werden muß. Solange das freiwillige wohltätige Handeln die einzige Form der Unterstützung des Freiwilligensektors darstellt, können diejenigen, die die wohltätigen Ressourcen kontrollieren, allein bestimmen, was in diesem Sektor geschieht und was nicht. Die Allokationsentscheidungen in diesem Sektor werden also nicht von Präferenzen und Bedürfnissen der Bevölkerung geprägt sondern von einigen ihrer wohlhabenden Mitglieder. Aus diesem Grunde werden bestimmte Aktivitäten und Bereiche - wie z.B. Kunst und Kultur - die von den Reichen bevorzugt werden, gefördert, während andere Aktivitäten, die von den Armen gewünscht werden, vernachlässigt werden. Nun sind diese privaten Beiträge zur Wohltätigkeit (z.B. in Form von Spenden) steuerabzugsfähig; ökonomisch gesehen entstehen also

Verteilungseffekte durch die Allokation privater Mittel als auch durch die Allokation ausgefallener öffentlicher Einnahmen, und zwar ohne daß diese Allokationsprozesse durch öffentliche Entscheidungen zustande kommen würden.

Diese Situation begründet nicht nur ein Demokratiedefizit sondern kann auch zu sinnlosen Abhängigkeitsverhältnissen für die Armen führen, weil es für sie keinerlei Handhabe gibt, über die Ressourcen mitzubestimmen, die für sie und ihre Bedürfnisse verteilt werden. Dies wird dann als eine Angelegenheit der Barmherzigkeit und nicht des Rechtsanspruches behandelt. Mit anderen Worten: Trotz ihrer Vorzüge und ihres positiven Wertes kann die private Wohltätigkeit ihrer Tradition bürgerlicher Wohltätigkeit nicht entkommen; sie kann keinen Rechtsanspruch auf Hilfe in Notlagen begründen.

Zu 4.): Der dritte Problemkreis des Freiwilligensystems der Wohltätigkeit betrifft schließlich *den laienhaften Charakter seiner Ansätz zur Bewältigung sozialer Probleme*. Zum Teil ist dies ein Ausdruck des oben angesprochenen Paternalismus; erstaunlich lange wurde das Problem der Armut und sozialen Not als Indiz für den moralischen Verfall der Armen selbst gedeutet. Dem entsprechend wurde die Fürsorge für die Armen, Irren und ledigen Müttern sowohl den wohlmeinenden Amateuren als auch denjenigen anvertraut, die eine Berufung zur moralischen Überzeugung und religiösen Belehrung fühlten und weniger soziale und medizinische Hilfe auf der Basis einer formalen Fachausbildung leisten wollten.

Mit den Erkenntnisfortschritten in der Soziologie und Psychologie verloren solche Ansätze an Boden und es wurden mit der Herausbildung neuer "helfender Berufe" wie der Sozialarbeiter und psychoszialen Berater wurden professionelle Formen der Intervention und Behandlung entwickelt und verstärkt eingesetzt. Einrichtungen und Dienste des Freiwilligensektors, die ausschließlich auf Spenden und unentgeltliches soziales Engagement setzen, werden - da sie die angemessenen Löhne nicht bezahlen können, kaum in der Lage sein, professionelles Personal einzustellen. Zum Teil aus diesem Grunde, zum Teil aber auch aus dder Befürchtung heraus, daß die Freiwilligenorganisationen benötigte knappe Ressourcen binden würden, die für den Aufbau professionalisierter Dienste benötigt werden, wollten die Befürworter einer Weiterentwicklung der sozialen Wohlfahrt im ausgehenden 19. und beginnenden 20. Jahrhundert die privaten wohltätigen Organisationen nicht mehr unterstützen.

## *3. Zwischenbilanz: Eine Theorie der partnerschaftlichen Beziehungen zwischen Staat und Nonprofit-Organisationen*

Trotz seiner Stärken weist also der Freiwilligensektor im Hinblick auf seine Fähigkeiten und Kapazitäten zur Befriedigung sozialer Bedürfnisse in modernen industriellen Gesellschaften eine Vielzahl inhärenter Schwächen auf. Seine

Fähigkeiten zur Mobilisierung erforderlicher Mengen von Ressourcen sind begrenzt, er ist anfällig für Partikularismus und selektive Begünstigungseffekte des Handelns von Wohlhabenden, und er neigt zu paternalistischen Formen der Fürsorge und wird partiell mit Laientätigkeit - im Gegensatz zur professionellen sozialen Arbeit - assoziiert.

Eine nähere Betrachtung der Zusammenhänge zeigt, daß der Freiwilligensektor überall dort seine Schwächen hat, wo der Staat seine Stärken hat und umgekehrt. So ist z.B. der Staat zumindest potentiell in der Lage, für einen stetigen Zufluß von Ressourcen zu sorgen und die Prioritäten für die Verausgabung dieser Ressourcen auf der Basis demokratischer Entscheidungsprozeduren zu fällen, statt nach den Wünschen und Vorlieben der Wohlhabenden, sowie den Paternalismus des Systems der Wohltätigkeit durch die Etablierung von Rechtsansprüchen auf Hilfe auszugleichen; ferner kann der Staat die Qualität wohlfahrtspflegerischen Handelns durch die Kontrolle von Qualitätsstandards erhöhen. Auf der anderen Seite sind die Freiwilligenorganisationen eher als der Staat in der Lage, die sozialen Dienste bedürfnissensibler auszugestalten, auch im Hinblick auf Minderheitsbedürfnisse zu handeln und die Wohlfahrtspflege den Klienten anzupassen statt ungekehrt die Klienten den Strukturen staatlicher Organisationen. Ferner etabliert das System der freien Wohltätigkeit eine Art von Wetbewerb zwischen den einzelnen Dienstleistungsanbietern. Unter diesen Umständen ist weder die vollständige Ersetzung des Freiwilligensektors durch den Staat noch die Ersetzung des Staates durch den Freiwilligensektor geboten, die optimale Lösung wäre vielmehr eine enge Zusammenarbeit zwischen beiden. Aus einer theoretischen Perspektive, die das Handlungsmuster des Third party government im amerikanischen Wohlfahrtsstaat nicht ausblendet und die den Freiwilligensektor trotz seiner immanenten Defizite als zentralen Mechanismus für die Bereitstellung kollektiver Güter betrachtet, stellt die intensive Zusammenarbeit zwischen Staat und Nonprofit-Sektor nicht etwa eine ungerechtfertigte "Anomalie" dar, sondern wird als ein konsequenter und auch aus theoretischer Sicht vernünftiger Kompromiß angesehen. Sowohl die Theorie des "Versagens" des Freiwilligkeitsprinzips als auch die Theorie des Third party government, die hier vorgestellt wurden, erlauben es uns, die Realität der intensiven Kooperationsbeziehungen zwischen Staat und Nonprofit-Organisationen viel besser zu begreifen als die zur Zeit gebräuchlichen konkurrierenden analytischen Konzepte. Diese besondere Leistung der hier neu eingeführten analytischen Konzepte sollte ausreichen, um der Erklärungskraft dieser Theoreme zu vertrauen.

## IV. Schlußfolgerungen

Wie gezeigt gibt es eine plausible theoretische Erklärung für die enge Kooperation zwischen Staat und Nonprofit-Organisationen. Aber mit dieser Aussage ist natürlich nicht gesagt, daß die Kooperationsbeziehungen sich in der Praxis tatsächlich so auswirken, wie es diese Theorie erwarten läßt. Die Fragen und Probleme, die sich für Spender und Aktivisten des Freiwilligensektors angesichts vorherrschender Muster staatlicher Förderprogramme ergeben, sind von ganz anderer Art. Aus diesen Zusammenhängen ergeben sich drei ganz andere potentielle Gefahren:

(1.) Die in diesem Zusammenhang wichtigste Sorge geht dahin, daß ein potentieller Verlust der Autonomie bzw. Unabhängigkeit befürchtet werden muß, wenn sich Freiwilligen-Organisationen immer stärker auf staatliche Unterstützung verlassen;

(2.) Darüber hinaus steht zu befürchten, daß der eigentliche selbstgesetzte Auftrag der Organisationen durch die Konkurrenz um knappe Fördermittel verzerrt wird und schließlich

(3.) wird die Gefahr der Bürokratisierung und Überprofessionalisierung gesehen, die sich aus staatlichen Förderprogrammen und ihren Abrechnungsmodalitäten ergeben könnten.

Da bislang keine tragfähige theoretische Grundlage für die Analyse der Beziehungen zwischen Staat und Nonprofit-Organisationen vorlag, konnten solche Problemkreise und Fragen nicht effektiv bearbeitet werden. Einige sozialwissenschaftliche Beobachter der Szene haben aus der Existenz von Spannungen und Konflikten zwischen beiden Seiten darauf geschlossen, daß diese Partnerschaft grundsätzlich nicht funktionieren kann und aufgegeben werden sollte. Vor dem Hintergrund der skizzierten theoretischen Vorstellungen erscheint es dagegen sinnvoll, diese Fragen in neuer Weise zu stellen und die Implikationen zu untersuchen, die sich für die Zukunft der Beziehungen zwischen Staat und Nonprofit-Organisationen und für die Rollen und Verantwortlichkeiten der beteiligten Partner ergeben. Aus meiner Sicht sind die folgenden vier Schlußfolgerungen besonders wichtig.

### *1. Für eine Stärkung des "Nonprofit-Föderalismus"*

Die vielleicht wichtigste Schlußfolgerung, die aus der vorangegangenen Diskussion gezogen werden kann, ist die, daß die Partnerschaftsbeziehung, die sich in diesem Land zwischen Staat und Nonprofit-Sektor herausgebildet hat, wertvoll genug ist, um erhalten und gestärkt zu werden. Hätten wir diesen Mechanismus für die Bereitstellung der benötigten sozialen Dienste nicht bereits erfunden, so würden wir mit hoher Wahrscheinlichkeit jetzt versuchen, ihn zu erfinden, statt ihn größeren Belastungen auszusetzen.

Der Nonprofit-Föderalismus bietet die Chance, die Leistungsstärken von Freiwilligenorganisationen im Bereich der Bereitstellung sozialer Dienste mit den Vorzügen des demokratischen Staates, für eine ausreichende und stetige Mittelzufuhr zu sorgen und Prioritätensetzungen demokratisch zu legitimieren, zu verbinden. Darüberhinaus ermöglicht diese Form der Zusammenarbeit vielfach die Kombination von öffentlichen Mitteln und privaten Spenden, wodurch ein höheres Versorgungsniveau erzielt werden kann als es durch die getrennte Verausgabung beider Ressourcenquellen möglich wäre. Damit soll nicht gesagt werden, daß sämtliche Dienste und Leistungen durch diese Muster der engen Kooperation zwischen Staat und Nonprofit-Sektor erbracht werden sollen, denn dieses System hat auch Nachteile. Aber es spricht sehr viel für die Förderung dieses Ansatzes als ein zentrales Element des amerikanischen Systems der Produktion sozialer Dienste.

## *2. Berücksichtigung organisationeller Besonderheiten von Nonprofit-Organisationen durch den Staat*

Der "Nonprofit-Föderalismus" hat, als ein System der Bereitstellung sozialer Dienste, auf Grund bestimmter unverwechselbarer Merkmale der Nonprofit-Organisationen überwiegende Vorteile. Dieses Muster erhält die eigentümliche Rolle, die private Nonprofit-Organisationen seit jeher gespielt haben - ihre Stärke liegt nicht unbedingt im Bereich der Beförderung von Effizienzzielen aber durchaus im Bereich der Förderung anderer wichtiger sozialer Werte, wie z.B. die Freiheit von Individuen und Gruppen, die Diversität der Bedürfnisse und Lebenszusammhänge, der Gemeinschaftsinn, das bürgerschaftliche Engagement und die zivile Wohltätigkeit. Angesichts dieser Merkmale war es im öffentlichen Interesse, den Freiwilligensektor zu hegen und zu pflegen, selbst wenn dies mit Kosten verbunden war.

Der Nonprofit-Sektor bietet allerdings auch eine Anzahl praktischer Vorzüge bei der Bereitstellung sozialer Dienste. In diesem Zusammenhang sind insbesondere die folgenden zu nennen:

- ein vergleichsweise hoher Grad an Flexibilität, der sich aus dem Sachverhalt ergibt, daß sich Freiwilligenorganisationen relativ leicht bilden und auflösen können sowie aus der Nähe dieser Organisationsbildungen zu ihrem Handlungsfeld;
- ein weites Netz von Infrastrukturen in den verschiedensten Handlungsfeldern; dieser Sachverhalt ist eine Konsequenz der Tatsache, daß Freiwilligenorganisationen sich häufig in solchen Bereichen engagieren, für die es noch keine staatlichen Programme und Maßnahmen gibt;

- ein kleinerer Verwaltungsapparat, der es erlaubt, die Dienste stärker an den Bedürfnissen der Klienten auszurichten;
- ein hohes Maß an Diversität bezüglich der Inhalte und der institutionellen Rahmenbedingungen von sozialen Diensten;
- eine höhere Fähigkeit zur ganzheitlichen Befriedigung von komplexen Bedürfnissen z.B. von Familien oder Individuen statt eines hohen Grades der Spezialisierung und Differenzierung;
- ein besserer Zugang zu privaten Ressourcen und freiwilligem sozialen Engagement, die die Qualität der zu leistenden Dienste steigern und zugleich einen gewissen Druck zur Bereitstellung öffentlicher Gelder entwickeln können.

Die Beteiligung an der Umsetzung öffentlicher Aufgaben kann - nicht-intendiert - zur Gefährdung einiger dieser inhärenten Vorteile von Nonprofit-Organisationen führen. Je mehr sich Nonprofit-Organisationen in die Erfüllung öffentlicher Aufgaben einbinden lassen, desto schwieriger wird es für sie, ihre Rolle als Dienstleistungsproduzenten mit ihrer sozialanwaltschaftlichen Rolle und ihrer politischen Rolle als Kritiker von Regierungspolitik zu vereinbaren. Auch andere wichtige Komponenten ihrer Organisation, wie z.B. ihre Attraktivität für freiwillige Helfer auf Grund ihrer sozialethischen Ausrichtung, ihre Unabhängigkeit, ihr häufig informeller und nicht-bürokratischer Charakter und ihre demokratische Leitungsstruktur werden durch eine enge Einbindung in öffentliche Sozialprogramme gefährdet. Da es genau diese Merkmale sind, die die Nonprofit-Organisationen für eine enge Partnerschaft mit dem Staat prädestinieren, wäre es paradox, wenn durch Richtlinien und Vorgaben der öffentlichen Förderprogramme genau diese Merkmale ernsthaft gefährdet werden würden. Es stellt sich daher hier die Notwendigkeit, daß staatliche Institutionen die Besonderheiten von Freiwilligen-Organisationen berücksichtigen und alles tun sollten, um die unverwechselbaren Merkmale der Nonprofit-Sektors zu stärken statt zu schwächen. Dies könnte unter anderem beinhalten:

- die Abstimmung der Zahlungsschritte im Bereich von Förderprogrammen und Leistungsverträgen auf die Liquiditätsprobleme von Nonprofit-Organisationen;
- die Vermeidung übertriebener Interventionen in Funktionsbereiche von Freiwilligen-Organisationen, die mit der Erbringung sozialer Dienste und Leistungen nichts direkt zu tun haben;
- einen verstärkten Einsatz von Anschub-Förderungen und ähnlichen Finanzierungsinstrumenten, die die Organisationen für den Einsatz von Freiwilligen und für die Mobilisierung privater Finanzierungsquellen als Ergänzung zu öffentlichen Finanzquellen belohnen;
- eine kontinuierliche Ermunterung privater Spender, die für den Erhalt einer zumindest teilweisen Unabhängigkeit und Flexibilität dieser Organisationen entscheidend sind.

### *3. Für eine Anerkennung bestimmter Mitspracherechte und legitimer Rechenschaftsbedürfnisse des Staates*

Wenn die enge Partnerschaft zwischen Staat und Nonprofit-Sektor durch die Beteiligung des Nonprofit-Partners gestärkt wird, dann wird sie auch durch die Beteiligung des Staats-Partners gestärkt. Die Kernthese der dargestellten Theorie des "Versagens" des Freiwilligkeitsprinzips besagt, daß der Freiwilligensektor neben all seinen Vorteilen auch bestimmte Grenzen hat, die es unvernünftig erscheinen lassen, voll und ganz auf den Freiwilligensektor zu setzen. Unter dieser Bedingung lassen sich vier zentrale Überlegungen anführen, warum eine Beteiligung des Staates auch dann wünschenswert ist, wenn Freiwilligenorganisationen bereits aktiv sind.

*Finanzen:* Obwohl private Spenden und freiwillige Leistungen auch weiterhin lebenswichtig bleiben, kann nicht ausschließlich auf diese Ressourcen gesetzt werden, um ein System der sozialen Dienste zu etablieren, das die tatsächlich entstehenden sozialen Bedürfnisse in modernen industriellen Gesellschaften befriedigt. Dies war eine der zentralen Lektionen des ausgehenden 19. und beginnenden 20. Jahrhunderts, die unter erheblichen Kosten in den meisten modernen industriellen Gesellschaften der Welt - einschließlich Amerika - gelehrt wurde.

*Fairness:* Der Staat ist nicht nur besser als Freiwilligenorganisationen in der Lage, die benötigten Dienste zu finanzieren, sondern er ist auch besser in der Lage, eine gerechte Verteilung dieser Ressourcen in regionaler und sozialer Hinsicht zu sichern. Ob freiwillige wohltätige Ressourcen genau dort vorhanden sind, wo die Not am größten ist, kann niemand garantieren. Ohne Rückgriff auf den Mechanismus der demokratischen Entscheidungsfindung ist es extrem schwierig, die verfügbaren Ressourcen in die Regionen und Bevölkerungsgruppen zu lenken, die am stärksten bedürftig sind. So ist es denkbar, daß in den betreffenden Regionen unter Umständen gar nicht genügend Nonprofit-Organisationen vorhanden sind, die über die Erfahrung und die Kompetenz besitzen, um bestimmte Dienste bereitzustellen, so daß die bedürftigen Bevölkerungsgruppen auf direkte öffentliche Leistungen angewiesen wären.

*Diversität:* Bei allen Vorteilen des Nonprofit-Sektors hinsichtlich der Bereitstellung sozialer Dienste hat er auch einige Nachteile. Es ist z.B. von privaten Freiwilligenorganisationen bekannt, daß sie sich mehr, als viele Adressaten es wünschen, in die persönlichen, religiösen und moralischen Vorlieben der Leistungsadressaten einmischen. Auch neigen große, etablierte Organisationen dazu, den Fluß der privaten Spendenmittel zu monopolisieren, so daß die verfügbaren Ressourcen für neue Problembereiche oder kleine Adressatengruppen eingeschränkt werden.

Zudem kann es Aufgaben und Ziele geben, für die die bestehenden Institutionen als nicht geeignet oder zuverlässig angesehen werden müssen. Für diese Aufgabenbereiche liegt es im öffentlichen Interesse, daß staatliche Finanzmittel die Neugründung von Institutionen ermöglichen. Alle diese Gründe zusammengenommen lassen sich als Argumente dafür anführen, daß der Staat in dieser Partnerschaftsbeziehung eine wichtige Rolle behalten muß.

## 4. *Öffentliche Prioritätensetzung*

Ein zentraler Grundsatz demokratischer Gesellschaften besagt, daß die Bürgerinnen und Bürger die politischen Prioritäten in einem demokratischen politischen Prozeß festlegen, und daß sodann die Ressourcen aufgebracht werden sollten, um sicherzustellen, daß diese im politischen Prozeß ausgehandelten Prioritäten eingehalten werden können.

Die Tatsache, daß die Politik eine zentrale Rolle in der Partnerschaft zwischen Staat und Nonprofit-Sektor spielen muß, bedeutet natürlich auch, daß die jeweilige Politik bestimmte legitime Erwartungen an die Nonprofit-Organisationen richtet. Eine Minimalforderung besteht darin, daß die Freiwilligenorganisationen Rechenschaft über die richtliniengetreue und zweckgebundene Verauslagung öffentlicher Mittel geben müssen. Die Beteiligung an der Durchführung öffentlicher Programme und Maßnahmen beinhaltet ferner die Verpflichtung, allen Bürgerinnen und Bürgern einen Zugang zu den Diensten und Leistungen zu eröffnen. Die Lösung dieser Problemkreise kann nur in der Suche nach einem Gleichgewicht bestehen, das die legitimen öffentlichen Interessen bezüglich der Rechenschaftslegung und der Einhaltung rechtlicher Standards schützt, ohne die Merkmale zu unterhöhlen, die die Nonprofit-Organisationen gerade zu wertvollen Partnern des Staates machen.

## 5. *Notwendigkeiten der Optimierung des Managements der Partnerschaft*

Obwohl inzwischen eine solide finanzielle "Partnerschaft" im Bereich der sozialen Dienste zwischen Staat und philanthropischen Institutionen entstanden ist, ist diese Partnerschaft in mancherlei Hinsicht lediglich eine dem Namen nach. Die Prozesse der Mittelverwendung laufen in beiden Bereichen weitgehend isoliert voneinander und oft sogar ohne gegenseitiges Wissen ab. So haben die Institutionen des öffentlichen Sektors kaum klare Vorstellungen über den Einsatz privater (Spenden-) Gelder; und der Freiwilligensektor weiß in der Regel wenig über - und hat kaum Einfluß auf - die Verteilung öffentlicher Mittel. Selbst eigentlich unbedingt erforderliche Informationen über den Umfang und die

Struktur privater Dienstleistungssysteme sind in den meisten Orten nicht vorhanden, wodurch ein koordiniertes Vorgehen erschwert wird.

Die Diversität und mangelnde Kohärenz sind eigentlich Stärken des gegenwärtigen pluralistischen Dienstleistungssystems; doch aus der Perspektive von Effizienz - und Effektivitätskriterien muß diese Form der Mittelverwendung als äußerst kostspielig angesehen werden. Angesichts immer begrenzterer öffentlicher Mittel und eines wachsenden Stellenwertes korporativer und philanthropischer Institutionen mag eine intensivere Verständigung über Fragen der Mittelverwendung, über die Aufteilung der Verantwortlichkeiten bei der Erfüllung von wohlfahrtspflegerischen Aufgaben und über public-private-partnerships angebracht sein. Zumindest wird es erforderlich sein, das Wissen über Ausmaß und Charakter des Systems privater Dienste und dessen Interaktionen mit dem öffentlichen Sektor zu verbessern. Wahrscheinlich ist es darüber hinaus erforderlich, formalisierte Wege der Kommunikation und der Entscheidungsfindung zu etablieren, um den Informationsfluß zwischen und innerhalb der beiden Systeme zu verbessern. Der Mythos der gegenseitigen Abgrenzung, der das Denken sowohl im öffentlichen als auch im Freiwilligensektor dominiert, muß gebrochen werden und die tatsächlich bestehende mixed economy muß von beiden Seiten explizit anerkannt werden. Hiermit soll nicht für die Etablierung eines umfassenden öffentlich-privaten Planungs-und Entscheidungsfindungsapparates plädiert werden, der Prioritäten setzen und alle nur erdenklichen Entscheidungen fällen sollte. Eine solche Entwicklung würde zu Recht von allen beteiligten Partner abgelehnt werden. Aber zwischen diesem Irrweg und einer chaotischen Situation, die heutzutage in dieser Hinsicht an den meisten Orten existiert, liegt ein weiter Raum für Mittelwege der Kooperation und des Austausches von Informationen, die die Nutzung knapper Ressourcen verbessern und möglicherweise zu einer fruchtbaren Form der Zusammenarbeit beitragen würden.

## V. Schlußbemerkung

Die enge Partnerschaftsbeziehung, die zwischen dem Staat und dem Nonprofit-Sektor bei der Erbringung sozialer Dienste entstanden ist, ist zwar nicht die einzige, aber doch eine der bedeutenden amerikanischen Beiträge zur Evolution des modernen Wohlfahrtsstaates. Deshalb ist es besonders paradox, daß diese Partnerschaft so gründlich sowohl in den öffentlichen Debatten wie auch in sozialwissenschaftlichen Untersuchungen übersehen worden ist. Ich habe argumentiert, daß diese Ausblendung auf Mängel sowohl der Theorien des Wohlfahrtsstaates als auch des freiwilligen Sektors zurückzuführen ist. Durch die Weiterentwicklung dieser theoretischen Ansätze in Richtung einer angemessenen

Berücksichtigung des Phänomens des Third party government können die bestehenden Formen der Zusammenarbeit viel klarer dargestellt und deren Verursachungszusammenhänge besser verstanden werden. In solchen theoretischen Ansätzen würde die Vorrangstellung des Freiwilligensektors bei der Bereitstellung kollektiver Güter in Rechnung gestellt werden, ohne die schwerwiegenden Defizite des Bereiches zu vernachlässigen, die die Leistungsbeiträge dieses Sektors begrenzen.

Der vorliegende Beitrag ist lediglich ein erster Ansatz zu einer notwendigen theoretischen Klärung der anstehenden Fragen. Nun sind empirische Untersuchungen erforderlich, mit deren Hilfe die tatsächlich vorhandenen Partnerschafts-Beziehungen genauer rekonstruiert werden könnten[6]. Die vorliegende Arbeit hat hoffentlich gezeigt, was für ein wichtiger und fruchtbarer Untersuchungsbereich hier vorliegt und hat auf diese Weise vielleicht zu den benötigten weiteren Forschungsarbeiten angeregt.

## Literatur

Berger, Peter und Neuhaus, John, 1977: To Empower People: The Role of Mediating Structures in Public Policy, Washington, D.C., The American Enterprise Institute.

Dripps, Robert D., 1915: The Policy of State Aid to Private Charities. Proceedings of the 42nd National Conference of Charities and Corrections. Chicago, Hildman Printing.

Elazar, Daniel, 1972: American Federalism: The View from the States. New York: Thomas Y. Crowell.

Fetter, Frank, 1974: The Subsidizing of Private Charities, American Journal of Sociology VII, S. 359-385.

Fitch, I. C., 1974: Increasing the Role of the Private Sector in Providing Public Services, in: W.D. Hawley and D. Rogers (Hg.), Improving the Quality of Urban Management. Beverly Hills, S. 264-306, Sage Publication.

Fleisher, A., 1944: State Money and Privately Managed Charities, The Survey 33, S. 110-112.

Hansmann, Henry, 1981: The Role of Nonprofit Enterprise, Yale Law Journal 89, 5, S 1-15.

Hargrove, Erwin, 1975: The Missing Link, Washington, D.C., The Urban Institute Press.

Hartz, Louis, 1948: Economic Policy and Democratic Thought: Pennsylvania, S. 1776-1860, Cambridge, Harvard University Press.

Nisbet, Robert, 1962: Community and Power, New York, Oxford University Press (c 1953).

Salomon, Lester M., 1970: Comparative History and the Theory of Modernization, World Politics, XXIII, (I), S. 88-103.

Salomon, Lester M., 1981: Rethinking Public Management: Third-Party-Government and the Changing Forms of Public Action, Public Policy 29, S. 255-275.

Salomon, Lester M., 1984a: Nonprofit Organizations: The lost Opportunity, in: John Palmer und Isabel Sawhill (Hg.), The Reagan Record, Cambridge, Ballinger, S. 261-286.

Salomon, Lester M., 1987: Partners in Public Service: The Scope and Theory of Government-Nonprofit Relations, in: Walter Powell (Hg.), The Nonprofit Sector, New Haven, Yale University Press, S. 99-117.

Salomon, Lester M. and Abramson, Alan J., 1982: The Federal Budget and the Nonprofit Sector, Washington, D.C., The Urban Institute Press.

6 Siehe Salamon 1987, für eine umfassendere Darstellung dessen, was über die Partnerschaft zwischen Staat und Freiwilligensektor bekannt ist.

Schambra, William, 1982: From Self-Interest to Social Obligation: Local Communities vs. the National Community, in: Jack Meyer (Hg.), Meeting Human Needs: Toward a New Public Philosophy, Washington, D.C., American Enterprise Institute, S. 34-42.
Smith, Bruce, 1975: The Public Use of the Private Sector, in: Bruce L.R. Smith (Hg.), The New Political Economy: The Public Use of the Private Sector, London, The MacMillan Press, Ltd, S. 1-45.
Stevens, Rosemary, 1982: A Poor Sort of Memory: Voluntary Hospitals and Government Before the Depression, Milbank Fund Quarterly/Health and Society 60, 4,S. 551-584.
Warner, Amos, 1894: American Charities: A Study in Philanthropy and Economics, New York: Thomas Y. Crowell.
Weisbrod, Burton, 1978: The Voluntary Nonprofit Sector, Lexington, Lexington Books.

# Von der Gemeinwirtschaft zur Solidarwirtschaft. Auf dem Weg zu einem neuen Pluralismus[1]

*Jean-Louis Laville*

In der immer wieder aufflammenden Debatte über die Stellung des Marktes und des Staates wird von Seiten der unterschiedlichsten Ansätze die Notwendigkeit unterstrichen, neben Staat und Markt die unverzichtbare Rolle von freien Trägern und Vereinen (associations) zu berücksichtigen. Dabei verfolgt die angelsächsische Theorie des "institutional choice" bei der Untersuchung des Beitrags freier gemeinnütziger Träger zur Produktion von Gütern und Dienstleistungen einen Ansatz, der parallel zu den Studien über die "*économie sociale*" (im folgenden: die Gemeinwirtschaft) im französischsprachigen Raum verläuft, jedoch ohne daß ein wirklicher Austausch zwischen diesen beiden Forschungsströmungen stattfinden würde. In diesem Artikel soll nun mit Blick auf neue Entwicklungen im Bereich freier Träger ein Dialog zwischen den beiden Traditionssträngen angeregt werden.

In einem *ersten Teil* wird zunächst an das hohe Maß an Synergie zwischen Staat und Markt, das die Zeit der Nachkriegsexpansion kennzeichnete, erinnert; in der Folge geht es darum aufzuzeigen, wie die wirtschaftlichen Veränderungen, die zum Aufschwung des Dienstleistungssektors geführt und die Rolle der Erwerbsarbeit für soziale Integrationsprozesse verändert haben, die Grenzen sowohl der reinen Marktökonomie wie auch der nicht-marktwirtschaftlichen Ansätze deutlich gemacht haben. Gesellschaftliche Praktiken sind entstanden, die die strikte Trennung dieser Wirtschaftsformen ablehnen und mit Blick auf die Lösung von sozialen Alltagsproblemen in einem Zwischenfeld neue öffentliche Räume erschlossen haben. Die Hypothese ist, daß in diesem Zwischenbereich eine *économie solidaire* (im folgenden: Solidarwirtschaft) Gestalt gewinnt, die zu einem neuen Pluralismus beitragen könnte, wirtschaftlich ebenso wie politisch.

In einem *zweiten Teil* soll dann das, was hier unter dem neuen Begriff der Solidarwirtschaft gefaßt wird, im Verhältnis zum traditionellen Konzept der Gemeinwirtschaft erörtert werden. Bei diesem Vergleich wird deutlich, daß die gesellschaftlichen Entwicklungen Veränderungen mit sich gebracht haben, die weder vom im Rahmen ökonomischen Denkens verbleibenden Konzept der

---

1 Aus dem Französischen übersetzt von Helga Weigelt.

Gemeinwirtschaft, noch vom Konzept des "institutional choice" erfaßt werden. Aus dem erweiterten Blickwinkel einer Sozialökonomie, die insbesondere die Rolle der Politik einbezieht, stellt demgegenüber das Konzept der Solidarwirtschaft insbesondere auf die Rolle intermediärer Einrichtungen ab, deren Existenz Konfliktaustragung und Vermittlung zwischen verschiedenen Sphären und Rationalitätsebenen des Gesellschaftlichen erleichtern.[2]
Zur Zeit der "drei goldenen Jahrzehnte" nach dem 2. Weltkrieg hat das gesteuerte Wirtschaftswachstum in den entwickelten Ländern eine Konvergenz zwischen der starken Nachfrage nach Konsumgütern, Produktionswachstum und Beschäftigungsanstieg ermöglicht. Der Markt als Quelle der gesellschaftlichen Dynamik war der Kontrolle eines Staates unterstellt, der dafür verantwortlich war, störende Auswirkungen zu korrigieren.

Diese Synergie zwischen Markt und Staat beruhte auf einer spezifischen Trennung und Hierarchisierung verschiedener Formen des Wirtschaftens. Wenn man sich auf die vier Wirtschaftsformen bezieht, die Polanyi (1978) unterschieden hat: Markt, Umverteilung, Reziprozität und private Haushaltsführung, dann nahmen dabei die vom Marktprinzip und die vom Prinzip der (staatlichen) Umverteilung geprägten Wirtschaftsformen - auf Kosten der nichtmonetären, von den Grundsätzen der Reziprozität und der privaten Haushaltsführung beherrschten Wirtschaftsbereiche - einen stetig wachsenden Raum ein. Was sich aufgrund dieser Komplementarität zwischen kommerzieller und nichtkommerzieller Wirtschaft (bei gleichzeitiger wechselseitiger Abgrenzung) entwickelte, war ein anhaltender Ausdehnungsprozeß der Geldwirtschaft.

Dieser Kompromiß, der im Gefolge der Synergie Staat-Markt entstand, ist jedoch nicht mehr tragfähig, wenn die Industriegesellschaft von einer Dienstleistungsgesellschaft abgelöst wird. Angesichts der Veränderungen bei Märkten und Technologien schaffen die Aktivitäten mit starkem Produktivitätswachstum, die der Expansion[3] zugrunde gelegen haben, kein ausreichendes Erwerbsarbeitsangebot mehr, um das Wachstum der Aktivbevölkerung aufzufangen.

## I. Neue Dienstleistungen, Arbeit und soziale Integration

Neue Perspektiven für die Schaffung von Arbeitsplätzen bieten die Tätigkeiten mit stagnierender Produktivität, im vorliegenden Fall die persönlichen sozialen

2 Die hier entwickelte Orientierung entspricht der analytischen Perspektive, wie sie von Evers (vgl. 1993) entwickelt worden ist.

3 Der Ausdruck "Dienstleistungsgesellschaft" unterstreicht die Rolle von "dienstleistungsvermittelten gesellschaftlichen Beziehungen", durch die sich eine größere Nähe und Verschränkung von Anbietern und Nutzern auf technischer, sozialer und institutioneller Ebene ergibt (vgl. Gadrey 1990).

Dienstleistungen, die auf der Interaktion zwischen Dienstleister und -nutzer im Bildungs-, Gesundheits- und Sozialwesen beruhen. Insbesondere die "*services de proximité*" (im folgenden: Dienste im zwischenmenschlichen Bereich) gelten als möglicher Ausgangspunkt zur Schaffung neuer Arbeitsplätze. Bei Versuchen zur praktischen Umsetzung sind bis zum Anfang der 90er Jahre vor allem zwei Wege beschritten worden: die Förderung privater Dienstleistungen, und die Förderung öffentlicher Dienste.

## *1. Die privaten Dienstleistungen*

Auf diesem Gebiet liefern uns die amerikanischen Erfahrungen einen Bezugspunkt. Der spektakuläre Aufstieg des privaten Dienstleistungssektors mit der Schaffung von 7,6 Millionen Arbeitsplätzen zwischen 1982 und 1986 hat in anderen Industrieländern zu Überlegungen geführt, inwieweit es sich hier um ein reproduzierbares Modell handelt. Die angewandte Strategie ist einfach: Priorität hat die Schaffung von Arbeitsplätzen, und der Hebel dafür ist die Reduzierung der Lohnkosten. Die gleiche Vorgehensweise wurde in einigen europäischen Ländern wie Frankreich angewandt, allerdings mit anderen Ansatzpunkten: Reduzierungen der Lohnkosten wurden mit der Garantie voller staatlicher Sozialleistungen für die entsprechenden Arbeitnehmer und mit Steuererleichterungen für die Arbeitgeber gekoppelt. Die Auswirkungen einer solchen Politik geben Anlaß zu vielen Fragen. Die erste lautet: Ist die Senkung der Lohnkosten - "ein wirkliches Geschenk für die Reichen" (vgl. Dupeyroux 1991) - gerechtfertigt? Diese Frage bezieht sich darauf, daß seit kurzem Privatpersonen einen Teil der Kosten für Hausangestellte von ihren Steuern absetzen können. Weitere grundlegendere Fragen werden von Beobachtern wie Gorz und d'Iribarne gestellt.

Nach Gorz (1989) gilt für die Arbeitsverhältnisse im Bereich persönlicher Dienstleistungen das Modell der Hausdienerschaft. Insoweit sich in solchen Arbeitsbeziehungen Leistung allein durch die Zeit bestimmt, die dem Dienst an einem einzigen "Herrn" gewidmet wird, ist seines Erachtens die Beziehung zwischen den so Arbeitenden und der Gesamtgesellschaft zerbrochen. Bei dieser Art des Tätigseins wird die universelle Bedeutung der Arbeit, die mit der Austauschbarkeit ihrer Produkte verknüpft ist, und damit auch ihr täglicher Beitrag zu einem Prozeß der gesellschaftlichen Rationalisierung negiert. Die Arbeitsteilung zwischen solchen persönlichen Diensten und anderen Tätigkeiten findet nicht mehr in einem Anstieg der globalen Produktivität ihren Ausdruck, sondern in der einfachen Entnahme von Zeit zugunsten eines Verbrauchers, dessen dadurch gewonnene Zeit mehr wert ist als die seines Dienstleisters.

Eine Strategie der steuerlichen Unterstützung der Beschäftigung in Privathaushalten fällt eine Entscheidung zugunsten einer Strategie der Schaffung von Arbeitsplätzen, die automatisch mit einem Anwachsen von Ungleichheit verknüpft ist. In diese Richtung verweisen auch Empfehlungen der OECD, wonach die Schaffung von Arbeitsplätzen im Bereich persönlicher Dienste eine stärkere Hierarchisierung der Lohn- und Gehaltsskala erfordert.[4] Ein solcher strategischer Ansatz macht auch die Unterschiede im Vergleich zu der Zeit deutlich, als die Schaffung von Arbeitsplätzen noch mit Fortschritten im Hinblick auf den Ausgleich von sozialen Unterschieden zusammenfiel.

Der ökonomische Denkansatz geht von der Schrankenlosigkeit der Bedürfnisse aus und argumentiert, daß es gilt, den technischen Fortschritt in Richtung auf solche neuen Aktivitäten "umzuleiten", die dazu führen könnten, daß das Gesamtvolumen der Arbeit ansteigt (so z.B. Sauvy 1980). Aber diese Umstrukturierung ist nicht mehr so leicht zu bewerkstelligen wie zur Zeit der Expansion, als dank der industriellen Dynamik ein Arbeitsplatz Status und Identität verlieh und soziales Lernen in Gang setzte. Im Kontext eines veränderten Wachstums kann eine bornierte Strategie der Schaffung von mehr privaten Dienstleistungen zu einer künstlichen Stimulierung von Bedürfnissen und zu schlechteren Formen der Erwerbsarbeit führen.

Bei der Konzentration auf den Markt als einzige Form der Institutionalisierung arbeitsschaffender Dienste wird auch vergessen, daß gerade persönliche Dienstleistungen auch durch das soziale Umfeld und die gesellschaftlichen Vorstellungen des Betroffenen geprägt werden. Die Beziehung, die in einer solchen Dienstleistung die Individuen verbindet, kann nicht immer auf den Kaufvertrag reduziert werden. Oft kommt ein symbolischer Austausch ins Spiel, bei dem es um eine ganz andere Gegenleistung geht als um Geld. Das Scheitern einer ganzen Anzahl privatwirtschaftlich organisierter Dienstleistungsangebote erklärt sich auch aus der Ausblendung derartiger Fragen. Gesellschaftliche Bereiche und Prozesse geraten aus dem Blickfeld, wo Zeit anders verwendet wird und wo sich nicht alles um bezahlte Arbeit dreht.

Immer wieder wird die Unfähigkeit des Marktes betont, kollektive öffentliche Güter zu schaffen. Aber bei den persönlichen Dienstleistungen stellen Selektivität im Hinblick auf die Klientel und Informationsasymmetrien ein ebenso großes Problem dar (vgl. dazu auch Salamon in diesem Band). Wo die Anbieter darauf zielen, Verbraucherbedürfnisse zu möglichst geringen Kosten zu befriedigen, interessieren sie sich einerseits nur für die wirklich zahlungsfähigen Nachfrager und andererseits werden sie nur unvollkommen die Bedürfnisse derjenigen Verbraucher befriedigen können, die aufgrund unzureichender Informationen

4 Dies findet sein Echo in einem Dossier zur Beschäftigung des französischen Ministeriums für Wirtschaft und Finanzen aus dem Jahr 1991: "Die Dienstleistungen in Privathaushalten stellen eine sehr wichtige Quelle der Arbeitsplatzbeschaffung dar. Aber man kann hier nur dann mehr Menschen beschäftigen, wenn die Gehälter niedrig genug sind, um die Schaffung solcher Arbeitsplätze attraktiv zu machen. Das erfordert eine Einkommensdifferenzierung, die ebenso erheblich und dynamisch ist, wie das in den Vereinigten Staaten oder auch in Japan der Fall ist."

nicht in der Lage sind, die Qualitätsunterschiede bei den vielen Dienstleistungsanbietern am Markt auch wahrzunehmen. Diese dem Marktmodell innewohnenden Grenzen können jedoch durch staatliche Maßnahmen zur Steuerung des Dienstleistungsangebots teilweise überwunden werden.

## 2. *Öffentliche Dienstleistungen*

Alle Länder, die als Wohlfahrtsstaaten angesichts der Kosten der Arbeitslosigkeit unter Reformzwang stehen, haben sich einer Strategie bedient, die versucht, durch Dienste Erwerbsarbeit und soziale Integrationsmöglichkeiten zu schaffen. Damit hat sich ein Bereich der sozialpolitischen Behandlung von Arbeitslosigkeit eröffnet, der gekennzeichnet ist durch die Verwendung öffentlicher Mittel für die Beschäftigung von Erwerbslosen in Tätigkeitsbereichen von öffentlichem Interesse oder sozialem Nutzen.

In Deutschland sind die Arbeitsbeschaffungsmaßnahmen (ABM) auf ein bis zwei Jahre begrenzt und öffentlich finanziert. Sie werden an Langzeitarbeitslose und für Arbeiten in definierten sozial nützlichen Bereichen vergeben. Verstärkt angewandt seit Ende der 60er Jahre werden diese Maßnahmen paritätisch auf lokaler Ebene verwaltet. Die Gehälter orientieren sich an den Tarifverträgen und werden zu 60 bis 80 % durch Zuwendungen der Bundesanstalt für Arbeit finanziert. Jährlich kommen etwa 300.000 Personen in den Genuß dieser Maßnahme.

In Großbritannien wurde mit dem Community Program von 1982 ein vorhergehendes Programm aus dem Jahre 1975 fortgesetzt. Die Anstellungen waren damals auf höchstens ein Jahr bemessen, und die Arbeit wurde zum normalen Stundensatz des jeweiligen Berufs bezahlt, wobei im Rahmen des Programms der Arbeitgeberanteil zu den Sozialbeiträgen und die Lohnkosten in Höhe des garantierten Mindestlohns erstattet wurden. So wurden nach diesem Programm bis zu 250.000 Arbeitsplätze angeboten.

In Frankreich findet man mehrere Programme, die TUC (travaux d'utilité collective - gemeinnützige Arbeiten) für die Jugend, die PLIF (programmes d'insertion locale pour les femmes - Programme zur örtlichen Eingliederung von Frauen) und die PIL (programmes d'insertion locale - Programme zur örtlichen Eingliederung) für Arbeitsuchende im Alter von über 25 Jahren. Sie wurden 1989 in einem einzigen System, dem CES (Contrat Emploi-Solidarité - Vertrag für Beschäftigung und Solidarität) zusammengefaßt. Die Nutznießer, Jugendliche oder Erwachsene (1990 waren es 300.000) haben den normalen Erwerbstätigenstatus für einen Zeitraum, der sich auf 2 Jahre erstrecken kann, und erhalten das garantierte Mindestgehalt.

All diese Programme brechen mit einem Normalitätsmodell der Erwerbsarbeit, das durch Anstellung auf unbestimmte Zeit und volle Beschäftigung gekennzeichnet ist. Sie belegen überdies Wandlungen in der Vorstellung dessen, was mit Arbeit assoziiert wird. Zugang zu einer Arbeit, die ein Einkommen schafft, wird als an sich positiv gewertet und durch eine Verringerung der Personalkosten für den Arbeitgeber dank öffentlicher Finanzierung ermöglicht. Die jeweilige Erwerbstätigkeit wird hier als Mittel im Dienste der sozialen Eingliederung betrachtet und eine entsprechende Arbeitsbeschaffung auf Gebiete ausgedehnt, die der Markt und die herkömmlichen öffentlichen Interventionen hatten brach liegen lassen. Die unmittelbare Verbindung einer staatlichen Umverteilungsmaßnahme mit einer Erweiterung des Arbeitsangebots bringt jedoch mehrere Einschränkungen mit sich. Die "publics" sind festgelegt: es handelt sich dabei um Tätigkeiten, die sozial besonders Benachteiligten vorbehalten sind; außerdem sind die in Frage kommenden Bereiche begrenzt; es sind gemeinnützige Aufgaben, die nicht von Privatunternehmern übernommen werden können. Genau umgrenzt sind auch die zuständigen Organisationen: es sind Einrichtungen der öffentlichen Hand, gemeinnützige Organisationen oder Gebietskörperschaften.

Ohne die genannten sozialpolitischen Konzepte hier in Frage stellen zu wollen, durch die es immerhin gelungen ist, in vielen Fällen soziale Ausgrenzung zu vermeiden, sind deren konzeptionell bedingte Grenzen für die örtlich Beteiligten doch offensichtlich. Die erste Grenze resultiert daraus, daß in diesen Modellen die Logik des Verfügbarmachens von Arbeitsplätzen als Größe an und für sich eine Logik ersetzt, die den persönlichen Berufsweg in einen Zusammenhang stellt mit Ausbildungsweg und -erfolgen. Was auch die qualitativen Überlegungen am Anfang gewesen sein mögen, der Druck, der von der hohen Arbeitslosigkeit ausgeht, ist so stark, daß das quantitative Ziel, die Betroffenen irgendwo unterzubringen, in den Vordergrund tritt.

Dieser Umstand führt zu einer zweiten Grenze. Sie ergibt sich aus der Vermischung von Fragen der Integration und Fragen der Dienste im zwischenmenschlichen Bereich. Das den Arbeitsbeschaffungsmaßnahmen innewohnende Prinzip, Aktivitätsfelder zu umreißen, die mehr für die einzugliedernden Personen als für die Benutzer des entsprechenden Angebots erfunden werden, wertet die geschaffenen Arbeitsfelder ab. Es begründet einen zweiten Arbeitsmarkt, auch im Sinne von "zweitklassig", und es gelingt diesem Markt nicht, eine wirksame Rolle beim Übergang von der Arbeitslosigkeit zur dauerhaften Beschäftigung zu spielen; denn auch die geschaffenen Arbeitsplätze und Angebote bleiben oft zeitlich begrenzt, so daß eine allmähliche Akzeptanz der Angebote erschwert wird. Diese Unklarheiten über Ziele und Unvereinbarkeiten zwischen vorübergehenden Anstellungen und auf Dauer angelegten Bedarfen führen insbesondere bei Dienstleistungen, für die es erheblicher Qualifikationen bedarf, zu Dysfunktionen. Es kommt zu wechselseitigen Frustrationen: die

Repräsentanten von Gebietskörperschaften und der Verwaltung, die die Durchführung von Maßnahmen fördern möchten, sind von den erzielten Ergebnissen enttäuscht, und die Förderer und Dienstleister glauben, nicht genügend von den Benutzern unterstützt zu werden, die die angebotenen Leistungen nur in Anspruch nehmen, wenn sie keine andere Wahl haben. Aus den genannten Gründen verstärkt diese Art sozialpolitischer Arbeitsbeschaffung nur die Malaise vieler sozialer Vereine und Initiativen. In den 80er Jahren gestand der Wohlfahrtsstaat zu, daß er in Sachen Eingliederung nicht allein handeln könne; die Rolle intermediärer Organisationen wurde somit anerkannt. Stark mobilisiert für entsprechende sozialpolitische Initiativen und bei zunehmender Professionalität der jeweiligen Leitungsstrukturen werden viele Vereine und Verbände mittlerweile aber so sehr in Maßnahmen und Regulative eingebunden, daß sich viele nach dem Sinn und der Steuerbarkeit der entsprechenden Programme fragen.

Zusammenfassend kann man sagen, daß sozialpolitische Beschäftigungsprogramme, die den Grenzen des Marktes Rechnung tragen, doch in der Regel die Grenzen des staatlichen Handelns ignorieren (dazu zusammenfassend Grand 1991; kritisch diskutiert wird dabei die Argumentation von Wolf 1988). Dies führt dann dazu, daß dessen Finanzkrise noch durch eine Legitimitätskrise (so Rosanvallon 1981) verstärkt wird. Sozialpolitische Beschäftigungsprogramme können folglich unter Strukturschwächen leiden, wie sie sich in einer beträchtlichen Zahl von durch öffentliche Finanzierung begünstigten Projekten zeigen. Wird der Preis als Zwischenträger von Informationen ausgeschaltet, dann sind Umfang und Qualität der Angebote oft deshalb unzureichend, weil sie sich vor allem aus Entscheidungen ergeben, die von den Administratoren und Professionellen getätigt werden, also von Personen, die in der Lage sind, so zu tun, als gäbe es keine Konkurrenz. Die Nutzer geraten dabei tendenziell in Vergessenheit. Die abstrakte staatsvermittelte Solidarität, die entsprechende Förderprogramme prägt, entspricht, selbst wenn sie sich auf konkrete Solidaritäten vor Ort zu stützen versucht, in der Regel nicht genügend den jeweils besonderen Anforderungen an eine personelle Umsetzung und Beteiligung. Und Dokumentations- und Evaluationsverfahren werden zu kostspielig, wenn die Förderlandschaft schier unübersehbar heterogen ist.

## *3. Solidarwirtschaftlich organisierte Dienste*

Nach diesem kurzen Rückblick läßt die Bilanz der vorherrschenden Ansätze im Sektor von Diensten im zwischenmenschlichen Bereich deutlich werden, daß sie sich einerseits von den Interventionsmodalitäten aus der Zeit der Expansion unterscheiden, sie andererseits aber auch in gewisser Weise fortführen. Sie unterscheiden sich, weil die Synergie Staat-Markt unter heutigen Bedingungen rasch zu einer impliziten Konfrontation zwischen privatwirtschaftlich orientierten Strategien und staatlichen Programmzielen, wie einer Förderung des sozialen Ausgleichs durch die Einrichtung von Dienstleistungsangeboten, führt. Sie stellen eine Verlängerung herkömmlicher Praktiken dar, insofern sie keine andere Art der Bedürfnisbefriedigung kennen als die durch den Markt und/oder den Staat. Darauf verweist auch das angelsächsische Konzept der "Quasi-Märkte", wo es z.B. bei Pflegediensten um einen partiellen Ersatz staatlicher Lenkungs- und Umverteilungsmechanismen durch regulierte Sozialmärkte geht. (vgl. dazu Grand 1990). Gerade die am meisten in Sachen Beschäftigung und sozialer Eingliederung engagierten Ansätze leiden auch am ehesten an den perversen Effekten eines strategischen Rahmens, der im Dualismus von marktwirtschaftlicher Logik und staatlicher Planungs- und Umverteilungslogik gefangen bleibt.

Die vielfach entstehenden Initiativen zur Schaffung und Förderung von Diensten im zwischenmenschlichen Bereich zeigen, wie aktuell die skizzierten Überlegungen sind. Entstanden ohne die Unterstützung der öffentlichen Politik und mit nur geringen Mitteln ausgestattet, zielen sie auf Angebotsdefizite[5], die es offenbar trotz der Bemühungen zugunsten von mehr kommerziellen und öffentlichen Diensten und Einrichtungen gibt. Ob es sich nun um häusliche Hilfe, Betreuung von Kleinkindern, um das Gesundheits-, Transportwesen, um Kultur, Freizeitangebote oder Umweltschutz handelt - alle diese Initiativen leisten Millionen von Nutzern in ganz Europa gute Dienste, und sie repräsentieren Zehntausende von Arbeitsplätzen und Angebote zum ehrenamtlichen Engagement. (für Einzelheiten vgl. Laville 1992). Selbsthilfegruppen in Deutschland, kommunale Träger in England, Kooperativen in Italien - sie alle finden ihren Widerhall in der Bewegung der 'associations' lokaler, freier Träger und Vereine im Sozial-, Umwelt- und Kulturbereich, mit denen sich in Frankreich die Konturen einer anderen sozialen Gestalt von Diensten andeuten.

Jenseits organisationstechnischer Gesichtspunkte beruht die Funktionsfähigkeit der Arbeitsformen dieser Vereine und Kooperativen auf einer Form von Legitimität, die sich aus den jeweiligen kollektiven Willensbekundungen speist, die zu der jeweiligen Initiative in diesem oder jenem Dienstleistungsbereich geführt haben. Die aus dem ursprünglichen Engagement entstandene Tätigkeit basiert auf reziproken Hilfebeziehungen und spiegelt grundlegende soziale Bindungen, die nun im Zuge der Entwicklung solcher Initiativen in ein Spannungsverhältnis mit anderen Leitprinzipien gesetzt werden. Als eine spezielle Form der Dienstleistungsproduktion stützt sich die jeweilige Initiative nämlich

5 Zur beispielhaften Illustration mag hier der Bereich der Kinderkrippen dienen, wo Frankreich im Vergleich zu anderen europäischen Ländern und den USA noch relativ günstig dasteht. Schätzungen sprechen von 775.000 Kindern unter drei Jahren, die betreut werden müßten, während die Eltern zur Arbeit gehen, aber von nur 149.000 Krippenplätzen in öffentlichen Einrichtungen oder Elterninitiativen; 286.000 Kinder werden in der Familie betreut, 212.000 von anerkannten und 128.000 von informell tätigen Tagesmüttern.

auch auf bezahlte Arbeit; und die Verteilung von Dienstleistungen erfolgt auf der Basis einer Verschränkung von Marktprinzipien und von Prinzipien der öffentlichen Umverteilung. Dieser doppelte Versuch der Diversifikation von Formen der Arbeit und von Rationalitätsmustern wirtschaftlichen Handelns richtet sich gegen die wechselseitige Abschottung von Rationalitäten, auf die sich die herkömmliche Aufteilung in kommerzielle und nicht-kommerzielle Dienstleistungen stützt.

- Die Leistungen beziehen sich auf kleinräumige öffentliche Bereiche, die dank der dichten Interaktionen zwischen den verschiedenen kooperierenden Akteuren unmittelbare Wechselwirkungen von Angebot und Nachfrage ermöglichen.
- Der Fortbestand der jeweiligen Vereine und Kooperativen wird durch Hybridlösungen, also eine Verschränkung verschiedener Arten von Ressourcen ermöglicht; Verkaufserlöse, öffentliche Mittel, aber auch nicht-monetäre Formen der Unterstützung spielen eine Rolle.

Unter diesen Gesichtspunkten können die Dienste im zwischenmenschlichen Bereich als Bestandteile einer entstehenden *Solidarwirtschaft* angesehen werden. Diese wird als eine Wirtschaftsform definiert, die Grundsätze der Reziprozität, des Marktes und der öffentlichen Umverteilung in einer institutionellen Lösung miteinander vereinigt, die sich auf das Prinzip der Beitrittsfreiheit und der Gleichberechtigung aller Mitglieder gründet.

## 4. *Angebot, Nachfrage und lokale Öffentlichkeit*

Mit den skizzierten solidarwirtschaftlich organisierten Diensten könnte eine herkömmliche Konstellation überwunden werden, in der die Nachfrage sich entweder an bestehende formelle Angebote anpassen oder defensiv Lösungen im privaten Haushaltsbereich oder im informellen Bereich finden muß. Der Rückgriff auf Prinzipien der Reziprozität verweist darauf, daß man sich derartigen Zwangslösungen zugunsten stärker von Freiwilligkeit geprägten Arrangements zu entziehen sucht, die sich mit den Alltagsproblemen im öffentlichen Bereich kollektiv und aus dem Blickwinkel gemeinsamer Betroffenheit befassen[6], statt zu versuchen, sie individuell in der Privatsphäre zu lösen. Diese Verlagerung in den öffentlichen Bereich unterscheidet die Solidarwirtschaft eindeutig von familialen und hauswirtschaftlichen Lösungen. Es geht also nicht darum, über die Solidarwirtschaft eine einfache Rückkehr zur Familie als Ort "natürlicher"

6 Es läßt sich die Hypothese vertreten, daß die Besonderheit dieser Dienstleistungen darauf beruht, daß sie Reziprozitätsbeziehungen in den öffentlichen Bereich heben. In Fortführung der Analysen von Godbout und Caillé (1992), wonach die moderne Gabebeziehung dadurch gekennzeichnet ist, daß sie *dem Fremden* zugute kommen kann, könnte man sagen, daß es sie auch auszeichnet, im öffentlichen Bereich stattfinden zu können.

Solidaritäten anzuregen. Phänomene wie die anhaltende Landflucht oder die zunehmende Berufstätigkeit der Frauen haben gezeigt, daß der Ausstieg aus der privaten Hauswirtschaft eine Befreiung widerspiegelt, die irreversibel ist. Natürlich, die Solidardienste stützen sich auf die Ressourcen der Familie, aber im Sinne einer Stärkung und Ergänzung und nicht etwa um Verpflichtungen ohne Auswege zu fördern, wie z.B. bei einer Frau, die sich ohne Hilfe von außen um ihre alten Eltern kümmern muß. Somit ist es denn auch eine zentrale Aufgabe entsprechender Anbieter von Pflegediensten, eine gleichgewichtige Übernahme von Verantwortungen in der Familie zu fördern. Professionelle Interventionen können Spannungen abbauen helfen, insofern sie die Alten und ihre Angehörigen gemeinsam in Unterstützungskonzepte einbinden. Das Dreiecksverhältnis zwischen den Pflegeinitiativen, den Nutzern und Dienste Leistenden sieht einerseits eine aktive Rolle der Familie vor, erleichtert ihr aber gleichzeitig durch das Gesamtarrangement Rückzug und Entlastung.

Aufgrund ihrer Verankerung in lokalen Öffentlichkeiten weisen die Strukturen der Solidarwirtschaft übrigens eine große Vielfalt auf. Die Fälle, in denen sich die Nutzer selbst organisieren, mögen exemplarischen Charakter haben, sind aber tatsächlich nur ein Strukturtypus unter vielen. Projektträger sind manchmal diejenigen, die durch eigenes Engagement fehlende Einrichtungen und Dienste selbst schaffen; einigen unter ihnen ermöglicht; die so ins Leben gerufene Einrichtung auch eine weitere berufliche Tätigkeit. Das ist z.B. bei den Jugendlichen der Fall, denen die Solidarität in der peer group die Gründung einer Initiative ermöglicht, die sich der Organisation sportlicher oder kultureller Aktivitäten verschreibt, eventuell sogar mit schulischer Unterstützung. Auch die Professionellen, wegen ihrer herkömmlichen Interventionskonzepte oft kritisiert, konzipieren über Projektgründungen neue Formen sozialer Arbeit, die den lebensweltlichen Erfahrungen der Nutzer stärker Rechnung tragen und gleichzeitig nach neuen Kompromissen mit den jeweiligen institutionellen Anforderungen und Zwängen suchen. Jenseits des bloßen Dienstleistungsangebots liegt das Augenmerk dieser Professionellen auf einer Befreiung der Nutzer aus der Vereinzelung, die durch das herkömmliche Dienstleistungsmuster reproduziert wird. Viele Beispiele finden sich dafür in Bereichen wie der häuslichen Hilfe, der Kleinkindbetreuung, bei Mobilitätshilfen oder gesundheitsbezogenen Angeboten (vgl. exemplarisch für einen solchen Ansatz: Eme 1993). Noch einen Schritt weiter gehen professionelle Konzepte von Diensten, bei denen die (vormaligen) Nutzer auch ehrenamtlich Mitarbeitende werden können, ganz im Sinne der Zielsetzung, die Dynamik des Ansatzes gegenseitiger Hilfe zu stärken.

Die Dienste im zwischenmenschlichen Bereich gründen sich auf die Ansprüche, Wertvorstellungen und Wünsche der Menschen, die sie nutzen, auf die alltäglichen Lebenspraktiken der Bevölkerung, auf die Beziehungen und die Symbolik, die in ihrem Umgang miteinander eine Rolle spielen und die das Netz des örtlichen Alltagslebens weben. Insoweit es gelingt, diese vielfältigen Realitäten in den um die Diensteorganisation geführten öffentlichen Debatten vor Ort zu berücksichtigen, können sich Nachfrage und Angebot einander anpassen. Der hohe Gebrauchswert, den die Leistungen oft in den Augen der Benutzer haben, erklärt sich dadurch, daß in der gerade beschriebenen Weise ein engeres Verhältnis zu Bedürfnissen und Nutzern gewonnen werden kann als über Marktstudien für kommerzielle Anbieter oder im Rahmen von Bedarfserhebungen für öffentliche Einrichtungen und Dienste. Hier liegt auch ein wesentlicher Grund dafür, daß Projekte immer da erfolgreich sind, wo Markt und Staat scheitern, weil es ihnen gelingt, Asymmetrien in der Information bei Anbietern und Nutzern zu reduzieren und zwischen beiden Seiten Vertrauensverhältnisse aufzubauen. Durch die besondere Aufmerksamkeit für das, was auf der Seite (potentieller) Nutzer zur Sprache gebracht wird, können die Projekte Ängste der Betroffenen vor invasiven Strategien abbauen. Insgesamt trägt daher der Prozeß der Ausweitung von Angeboten gleichzeitig zur "Formalisierung" sehr heterogener Bedürfnisse bei.

Derartige Dienste bedürfen allerdings eines institutionellen Rahmens; denn entsprechende Initiativen und Aktivitäten wachsen nicht einfach aus sich selbst als gewissermaßen natürliche Produkte guter Nachbarschaft. Dienste im Rahmen der Solidarwirtschaft sind nicht deshalb den Diensten im zwischenmenschlichen Bereich zuzurechnen, weil sie aus einer Nachbarschaftsidylle stammen. Der zwischenmenschliche Bereich ist nicht geographisch, sondern relational definiert. Auch bei räumlicher Nähe werden Begegnungen nur dank gemeinsamer Erfahrungen zu möglichen Ausgangspunkten sozialer Initiativen. Von diesem Standpunkt betrachtet, geht es im Konzept der Solidarwirtschaft immer auch um die Herstellung gesellschaftlicher Anerkennung für ein bestimmtes Projekt und nicht einfach nur um Koordination und Abstimmung zwischen verschiedenen etablierten Institutionen.

Das Konzept einer Solidarwirtschaft arbeitet insofern auch mit einem anderen Konzept des Akteurs oder des kollektiven Handelns. Die hier implizierten Akteure dürfen weder mit dem strategischen Akteur noch mit dem Akteur "soziale Klasse" verwechselt werden, von dem in der Organisationssoziologie bzw. der Arbeitssoziologie die Rede ist. Im Unterschied zu den strategischen Akteuren handeln Akteure in sozialen Projekten und Initiativen nicht, um die Macht zu ergreifen, errungene Machtpositionen zu erweitern oder zu verteidigen, sondern um Systeme durch institutionelle Neuformierungen zu verändern. Die individuelle Initiative, untrennbar verbunden mit der kollektiven Autonomie, wird zur verändernden Kraft, wenn sich herkömmliche institutionelle Lösungen als unzureichend erweisen. Im Unterschied zu einem Klassenakteur setzen die Akteure hier Veränderungen nicht durch den kollektiven Konflikt oder durch eine gesellschaftliche Bewegung in Gang, sondern durch auf lokaler Ebene stattfindende "mikrokollektive" Aktionen als Ausdruck der Suche nach neuen institutionellen Regelungen und Lösungen, die den tiefgreifenden Wandlungen in der gegenwärtigen Gesellschaft Rechnung tragen. Bei allen sonstigen Unterschieden zwischen den jeweiligen Aktivisten ist man sich letztlich doch in der Zielsetzung einig, die Erfahrungen der Nutzer zu berücksichtigen und positive Integrations- und Sozialisationsentwürfe zu entwickeln. Von daher geht es eher um *Sinnstiftung*, um Dienste, die den einzelnen als Akteur konstituieren möchten, wobei die Schaffung von Arbeitsplätzen in eine örtliche Entwicklungsdynamik eingebettet ist, die erst mit der Entwicklung geteilter Werte und Ziele entsteht. Es handelt sich somit eher um Inter-Agierende (interacteurs; vgl. Chambon und Proux 1988), die es sich zur Aufgabe gemacht haben, durch die Entwicklung von Querschnittsperspektiven blockierte Systeme zu verändern; und die Logik entsprechender Projekte überschreitet damit auch die Logik von Fachprogrammen.

## 5. *Eine Verschränkung verschiedener Wirtschaftsformen*

Die Strukturen einer Solidarwirtschaft sind nicht darauf beschränkt, eine integrierte Entwicklung von Angebot und Nachfrage in kleinräumigen öffentlichen Strukturen zu entwickeln. Sie konsolidieren sich auch durch eine Kombination monetärer und nichtmonetärer Ressourcen.

Die Grenzen von öffentlichen oder privaten Dienstleistungen, die einzig und allein auf Geldressourcen bauen, sind, wie wir gesehen haben, offenkundig. Was nichtmonetäre Ressourcen betrifft wie z.B. soziales Engagement, so sind sie zwar für das Überleben von Strukturen der Solidarwirtschaft notwendig, aber nicht ausreichend. Dienste, die sich zu sehr auf ehrenamtliche Tätigkeiten stützen, sind der Tendenz nach nur punktuelle, von günstigen Umständen abhängige Lösungen. Aus diesem Grund stellt die im folgenden *hybridation* verschiedener Wirtschaftsweisen eine Konsolidierungsstrategie für die Dienste dar, bei der es darum geht, ausgeglichene Kombinationen zwischen monetären und nichtmonetären Ressourcen zu finden, die nicht nur eine gewisse Autonomie der Dienste durch eine Mehrfachabhängigkeit, sondern auch ihre wirtschaftliche Tragbarkeit sichern helfen sollen. Derartige Kombinationen sollen eine Reinvestition der Ergebnisse in die Aktivität selbst sicherstellen und deren kollektive Aneignung, damit der durch diese Form des Wirtschaftens erzielte Gewinn nicht etwa von irgendeiner Seite privat angeeignet werden kann. Derartige Merkmale und Bestrebungen verbinden die Solidarwirtschaft mit der gemeinwirtschaftlichen Tradition. Sie weist aber darüber hinaus eine doppelte Originalität auf. Erstens entwickelt sie sich vor dem Hintergrund einer beispiellosen Ausweitung des Dienstleistungssektors. In diesem Zusammenhang gestaltet sich die Struktur von Trägern sehr viel komplexer. Um die jeweiligen Dienste und Einrichtungen herum gruppieren sich die verschiedensten Organisationen, an denen verschiedene

Kategorien von Akteuren beteiligt sind (Nutzer, Professionelle, Ehrenamtliche). Die im 19. Jahrhundert entstandenen Institutionen der Gemeinwirtschaft hatten sich hingegen um eine homogene Kategorie (Arbeiter, Verbraucher oder Bauern) herum gebildet. Zum zweiten ist für solidarwirtschaftliche Strukturen eine Vielzahl von Beziehungen zur öffentlichen Hand kennzeichnend, ganz im Unterschied zu der Periode, als sich die Gemeinwirtschaft in einem kaum ausgebildeten Sozialstaat entwickelte. Der Begriff der Verschränkung bezeichnet also nicht nur den Rückgriff auf erschiedene Arten von Ressourcen, der ja für gemeinwirtschaftliche Ansätze auch schon kennzeichnend war; er weist auch auf eine Umverteilung der relativen Gewichte zwischen diesen Ressourcen hin, deren Balance sich anders darstellt als zu einer Zeit, wo soziale Aufgaben in einer Weise finanziert wurden, bei der die eine oder andere Form der Ressourcenbeschaffung eindeutig überwog (z.B. staatliche Finanzierung oder Eigenfinanzierung durch Mitglieder).

Die Solidarwirtschaft stellt keine neue Wirtschaftsform dar, die zu den bereits bestehenden marktwirtschaftlichen oder nicht-kommerziellen Formen des Wirtschaftens hinzuaddiert werden sollte. Sie stellt eher einen Versuch dar, marktwirtschaftliche, nicht-kommerzielle und nichtmonetäre Ressourcen neu zu verknüpfen - unter Ausnutzung der Chancen, die die gegenwärtige Konjunktur des Dienstleistungssektors dafür bietet. Es geht darum, die Vorteile der Geldwirtschaft mit der ihr eigenen marktvermittelten individuellen Freiheit und die Vorteile des auf Gleichheitsziele bezogenen staatlichen redistributiven Handelns mit den Vorzügen des nichtmonetären wirtschaftlichen Handelns zu verknüpfen, die unter anderem darin liegen, daß es soziale Beziehungen knüpft und es erlaubt, punktuell aus der Anonymität herauszutreten.

Die Regeln, die für die entsprechenden Vermittlungen von Formen des Wirtschaftens gelten, sind auch von maßgeblicher Bedeutung für den Umgang mit den vielfältigen Formen der Mitarbeit in Strukturen der Sozialwirtschaft. Sei es nun das Engagement der Nutzer, der im Projekt Engagierten, der Prominenten, die sich für eine bestimmte Initiative einsetzen - ehrenamtliches Engagement kann niemals bezahlte Arbeit ganz ersetzen. Sie kann, im Gegenteil, Beschäftigungsmöglichkeiten vorbereiten helfen oder vergrößern, z.B. indem sie den Selbstkostenpreis von entsprechenden Dienstleistungen senkt und die Aufrechterhaltung einer engen und dauerhaften Verbindung zwischen den Nutzern und den anderen örtlichen Partnern erleichtert. Deutlich ablesbar ist dabei, daß die Art der Aufgabenwahrnehmung nicht von der Natur der fraglichen Dienstleistung vorherbestimmt ist, sondern weitgehend abhängt von den jeweiligen institutionellen Formen, die dieselbe Dienstleistung annehmen kann. Die Kombination einer Eingliederung in ein organisiertes professionelles System mit einem innovativen Konzept von Anbieter-Nutzer-Beziehungen macht es nicht nur möglich, bestimmte Tätigkeiten als Dienste aus der häuslichen Sphäre herauszulösen, sondern sie auch als von bezahlten Kräften ausgeführte Arbeiten aufzuwerten. Die gegenwärtige Situation zwingt dazu, sich mit der ambivalenten Rolle der reinen Geldwirtschaft auseinanderzusetzen, die einerseits Individualisierung als einen auch für die Demokratie bedeutsamen Wert fördert, andererseits jedoch diese Individualisierung bis zu einem auch für die Demokratie bedrohlichen Punkt verabsolutiert. Statt allein Krisenlösungen, die auf die Synergie Staat-Markt setzen, zu verfolgen, ist es nötig, gegenüber der Individualisierungstendenz gewissermaßen paradoxe Strategien zu entwickeln, d.h. "Doppelstrategien", die gleichzeitig mehr individuelle Wahlmöglichkeiten schaffen und Möglichkeiten stärken, die nicht von diesem Prinzip individueller Wahlfreiheit bestimmt sind (vgl. Barel 1990, S. 93). Mit Blick auf die Arbeit könnten diese Strategien z.B. auf eine Abnahme der Bedeutung der Erwerbsarbeit im sozialen Leben durch Arbeits- und Einkommensumverteilung zielen und zugleich auf eine egalitäre Ausweitung der Teilhabe an Erwerbsarbeit u.a. durch neue arbeitsrechtliche Regelungen im Bereich gering qualifizierter und entlohnter Arbeit. Aber jenseits des Beschäftigungsbereichs ist es ebenso wichtig, die Formen der Arbeit zu fördern, die über eine soziale und nicht nur eine ökonomische Legitimation im engeren Sinne verfügen.[7] Damit diese Öffnung in Richtung einer anderen Gewichtung und Verknüpfung von tätig und erwerbstätig sein gesellschaftliche Akzeptanz gewinnt, ist es außerdem notwendig, daß die Strukturen der Solidarwirtschaft sich vor allem dadurch auszeichnen, daß sie die persönliche Verantwortung fördern und stärken. Auch aus diesem Grunde stellt die Solidarwirtschaft die Begriffe "Akteur" und "Projekt" in den Mittelpunkt, im Unterschied zu jenen Ansätzen, die Arbeit vor allem als Pflicht im Rahmen eines abstrakten gesellschaftlichen Ganzen thematisieren.

## II. Fragen an die Gemeinwirtschaft

In Vereinen und Kooperativen, mit denen eine Solidarwirtschaft Gestalt annimmt, stellt sich die Frage nach ihrem Verhältnis zur Gemeinwirtschaft und ihren Traditionen. Erinnern wir uns daran, daß der Ausdruck "Gemeinwirtschaft" ("économie sociale") seit 1970 in Frankreich wieder verstärkt verwendet wird. Der Begriff umriß seit jeher den von Genossenschaften, Sozialkassen (mutuelles)

7 Diesen Punkt sollte man weiter entwickeln. Die Perspektive der Solidarwirtschaft hat nur im Rahmen einer auf die Teilung von Arbeit und Einkommen zielenden Strategie einen Sinn. Aber gleichzeitig regt der Umfang der sozial notwendigen Beschäftigung dazu an, die Reduzierung der Arbeitszeit nicht als Lösung an sich zu betrachten, sondern die gesellschaftlichen Bedingungen für den Erfolg derzeitiger Konzepte dadurch zu verbessern, daß man mit Formen der Solidarwirtschaft Platz für soziale Teilhabe, Tätigkeit und Sinn schafft, wo bei einer bloßen isolierten Strategie der Erwerbsarbeitsverkürzung sich Leerstellen in Lebens- und Integrationsmustern auftun können.

und Vereinen mit sozialen und kulturellen Zielsetzungen gebildeten Gesamtbereich. Insoweit die Teilbereiche dieser Gemeinwirtschaft (nicht nur juristisch) einen unterschiedlichen Status haben, ging es dabei besonders um die Schaffung von Instanzen zur wechselseitigen Abstimmung und die Erarbeitung gemeinsam getragener Erklärungen. Diese interne Sammlungsbewegung hat sich fortgesetzt in einer verstärkten Anerkennung durch die öffentliche Hand in Frankreich und hat schließlich dazu geführt, daß auf der Ebene der EU économie sociale/social economy ein offzieller, amtlicher Begriff geworden ist.

Weit verbreitet ist in Frankreich etwa die folgende Definition von Gemeinwirtschaft: Es handelt sich um eine sozio-ökonomische Struktur, die zugleich freiwilliger Zusammenschluß von Personen und Unternehmen ist, eine Verknüpfung, die zur Form der Genossenschaft/Kooperative führt und für die Art des unternehmerischen Handelns von Bedeutung ist. Über zwei komplementäre Pole und ihre Beziehungen definiert sich demnach das Regelsystem der Gemeinwirtschaft:

- alle Mitglieder haben in den Organen der Organisation mit allgemeiner Kompetenz gleiche Einflußmöglichkeiten (eine Person, eine Stimme),
- zu reinvestierende Teile der Betriebsüberschüsse bleiben auf Dauer Eigentum der gemeinnützigen Organisation (nicht teilbare Reserven),
- weitere gegebenenfalls erwirtschaftete Überschüsse werden verteilt nach Maßgabe der aktiven Beiträge von Genossenschafts/Kooperativen-Mitgliedern zum Unternehmen.[8]

Diese hier wiedergegebene Definition von Gemeinwirtschaft, die mit Organisationsregeln operiert, hat zunächst sicherlich den Vorzug, daß sie unter Vermeidung endloser Debatten über Leitwerte und Merkmale der Gemeinwirtschaft anhand einiger Schlüsselfaktoren genau zu definieren erlaubt, welche Organisationen dem gemeinwirtschaftlichen Bereich zugehören. Wie die Theorie des "institutional choice" hilft eine solche Konzeptionalisierung der Gemeinwirtschaft, ein genau umgrenztes Feld zu umreißen, wo jene Akteure einer modernen Wirtschaft ihren Platz haben, deren Unternehmungen sich weder durch die Sorge um die Rentabilität des investierten Kapitals noch durch Bezugnahme auf ein öffentliches Interesse erklären lassen.

Die Theorie des "institutional choice" (vgl. insbesondere Anheier und Seibel 1990; Weisbrod 1988), die die Frage nach den Bestandsvoraussetzungen von Nonprofit-Organisationen stellt, die nicht monetäre Ressourcen wie das freiwillige soziale Engagement mobilisieren, insistiert sowohl auf Markt- als auch auf Staatsversagen als Vorbedingung für die "Wahl" solcher Organisationen. Marktwirtschaftliche und öffentliche Dienste stoßen demnach auf Hindernisse, die

8 Délégation générale à l'innovation sociale et à l'économie sociale, Ministère de l'éducation nationale, Les institutions de l'économie sociale, Paris: Banque intermediaire pour la documentation des programmes d'enseignement et de recherches sur l'économie sociale, 1992.

sie davon abhalten, alle potentiellen Bedürfnisse zu erfüllen. Das erklärt dann die Existenz eines "Dritten-Sektors", dessen Dienstleistungsangebot als eine notwendige Ergänzung verstanden wird, weil es eher als die anderen institutionellen Formen des Wirtschaftens dazu angetan ist, Vertrauen bei den Nutzern zu schaffen und auf die Bedürfnisse von Minderheiten einzugehen.

Was die Theorie der Gemeinwirtschaft betrifft, so beinhaltet sie, daß eine bestimmte Anzahl von durch die dominanten Akteure vernachlässigten, aber für die dominierten Akteure notwendigen Tätigkeiten von letzteren übernommen werden können. Die Gemeinwirtschaft erscheint somit als Resultat zweier in Spannung zueinander stehender Reaktionsformen: eines Widerstands von Akteuren gegen die Ausweitung einer rein gewinnorientierten marktwirtschaftlichen Produktion, aber auch einer funktionellen Anpassung an ihre Regeln.

Beide konzeptionelle Rahmensetzungen, die referierte Definition der Gemeinwirtschaft und der institutional choice-Ansatz, können unserer Meinung nach jedoch den Organisationsdynamiken im "Dritten Sektor" nur teilweise gerecht werden. Zwar erkennen sie die unersetzliche Rolle von Genossenschaften resp. Nonprofits an, aber sie weisen ihnen doch nur einen Nischenplatz zu. Es sind die von Markt und Staat offengelassenen Bedarfslücken, in denen sie sich festsetzen. Insbesondere die Gemeinwirtschaftstheorie naturalisiert gewissermaßen die herkömmliche Unternehmensform als eine Kombination von marktwirtschaftlich vermittelten Produktionsfaktoren mit dem Ziel der Herstellung von Marktgütern. Das Konzept der Gemeinwirtschaft stellte damals wie heute herkömmliche marktwirtschaftliche Produktions- und Arbeitskonzepte nicht in Frage. Allerdings, es wurden im Rahmen der Geschichte der französischen Gemeinwirtschaft auch institutionelle Reformen in die Wege geleitet - z.B. mit der Gründung der "mutualités", die als lokale Schutz- und Sicherungsgemeinschaften Vorformen der heutigen sozialen Sicherungssysteme schufen. In diesem Bereich der sozialen Sicherung hat die "économie sociale" tatsächlich institutionelle Innovationen geschaffen, mit denen neue Formen nicht-marktlichen Wirtschaftens eingeleitet wurden. Was die "institutional choice"-Konzepte angeht, so blenden sie, indem sie die Akteure durch das Prisma des rational-Choice-Konzepts begreifen, "den großen Bereich nicht konsumistischer und nicht instrumenteller Motive aus", die zur Bildung von Organisationen im Dritten Sektor führen (so Evers, vgl. 1993). Sie verbleiben innerhalb der Grenzen eines Konzepts, das den Dritten Sektor als durch das unabhängige Prinzip der Reziprozität definiert begreift, das ihn vom Markt und vom Prinzip der (staatlichen) Redistribution unterscheidet. Dem Reziprozitätsprinzip wird dabei aber nur eine "abgeleitete und sekundäre Rolle zugewiesen, dort Aufgaben erfüllend, wo die beiden anderen Prinzipien keine Geltung beanspruchen" (Salomon 1987); letztlich "wird es als marginal und peripher im Verhältnis zu den grundlegenden Institutionen und Prozessen der Gesellschaft" (Herman 1984) angesehen.

Der ausschließliche konzeptionelle Bezug auf rationale Wahlhandlungen von Einzelpersonen reduziert das Denken auf die diskursive Vernunft und diese wiederum auf das strategische Kalkül. Aber die Akteure in Kooperativen, Vereinigungen und Initiativen bemühen sich als sicherlich vernunftgeleitete Akteure, auch den Erfahrungen und den Umständen, die sie beeinflussen, Rechnung zu tragen im Rahmen einer historisch-gesellschaftlichen Dynamik, die sie mitbestimmen und innerhalb derer auch die symbolische Dimension ihrer Aktionen nicht vernachlässigt werden darf. Denn, wie Caillé sagt und dabei Ricoeur zitiert: "Das Symbol gibt immer mehr zu denken als die diskursive Vernunft denken kann, genau deshalb, weil es selbst keine diskursive Größenordnung ist" (Caillé 1993).

In gewisser Weise eint die Theorien des "institutional choice" und der "économie sociale" ihr gemeinsamer Bezug auf einen Interessenbegriff, der die durch das organisierte gemeinsame Handeln vermittelte intersubjektive Dimension organisierten Handelns verdunkelt. Gerade die Einbeziehung dieser Dimension führt jedoch dazu, daß ein Konzept der Gemeinwirtschaft Plausibilität erhält, in dem die sozioökonomische Rolle, die sie spielt, durch Herausstellung ihrer politischen Dimension "als Teil des öffentlichen Raums in den zivilen Gesellschaften" (so Evers, vgl. 1993) vervollständigt wird. Aus diesem Blickwinkel kann man dann auch die Elemente der Gemeinwirtschaft als intermediäre Institutionen begreifen.

## *1. Gemeinwirtschaft und Institutionen*

Die Besonderheit der Gemeinwirtschaft läßt sich also anhand zweier Merkmale zusammenfassen:

- Der freiwillige Zusammenschluß vermittelt dem Handeln einen Zugang zum öffentlichen Bereich. Dies geschieht durch die Bestätigung eines gemeinsamen Anliegens und Gutes, das die Mitgliederschaft in der jeweiligen Gruppierung und das soziale Band, das sie vereint, bekräftigt;
- Diese soziale Bindung reproduziert sich durch die jeweilige wirtschaftliche Tätigkeit, die als Mittel zur Realisation des gemeinsamen Gutes betrachtet wird.

Bei der Analyse dieser kollektiven Tätigkeiten sollte davon ausgegangen werden, daß dabei eine oder mehrere institutionelle Logiken Gestalt annehmen, also Grundsätze der Legitimation des Handelns, die für das so geschaffene Gebilde zu kollektiven legitimatorischen Bezugspunkten werden. Dabei unterwerfen sich die Akteure der Gemeinwirtschaft nicht vorab gegebenen Legitimationsprinzipien. Sie konstruieren durch ihr eigenes Handeln vielmehr solche Prinzipien selbst. Seinen Ausgangspunkt nimmt dieser Prozeß in der Kritik der Mängel und Grenzen der gegebenen Logiken, um dann voranzuschreiten zur Verteidigung der institutionellen Logiken, zu denen man im Laufe des eigenen Handelns gelangt ist. Das ist es dann auch, was jenseits organisatorisch-technischer Aspekte an den Strukturen der Gemeinwirtschaft so interessant ist. Bei den jeweiligen institutionellen Lösungen geht es aus diesem Blickwinkel dann auch um mehr als um eine bestimmte Art der Organisation von Produktionsprozessen. Sie sind vielmehr Ausdruck des jeweiligen Kompromisses, den die gesellschaftlichen Akteure zwischen verschiedenen Grundsätzen und Logiken vereinbart haben und der nun ihre "Spielregeln" bestimmt (Zu dieser Unterscheidung zwischen institutioneller und organisatorischer Dimension vgl. insbesondere Belanger und Levesque 1990).

Die Institution der Gemeinwirtschaft kann also auf zwei sich ergänzenden Ebenen als intermediäre Einrichtung betrachtet werden: einerseits als intermediäre Einrichtung auf dem Gebiet der Politik und andererseits als intermediäre Einrichtung auf dem Gebiet der Wirtschaft, denn zwischen beiden Gebieten stellt sie eine besondere Verbindung her.

## 2. *Intermediäre Institutionen auf dem Gebiet der Politik*

Gemeinwirtschaftliche Institutionen fügen sich in das Gebiet der Politik als kollektive Schöpfungen, die in einem konfliktgeladenen öffentlichen Raum agieren, ein. Aus diesem Grunde passen sie auch nicht in ein liberales politisches Konzept, das die Herstellung von Konsens im öffentlichen Bereich auf der Grundlage des Kalküls der rationalen Verfolgung von Privatinteressen postuliert und damit viele umstrittene Fragen dem Privatbereich zuordnet. Gemeinwirtschaftliche Institutionen wurzeln vielmehr in der Forderung, gewisse Fragen der Privatsphäre zu öffentlichen zu machen. Ihre Behandlung und Lösung muß dabei zugleich als Reaktion auf Mechanismen der schon bestehenden Institutionen verstanden werden. Mit anderen Worten, mit der Bildung neuartiger Institutionen wird ein Projekt formuliert, das auf institutionellen Wandel zielt. Eine intermediäre Einrichtung ist die jeweilige Initiative sowohl mit Blick auf die verschiedenen Akteure, die durch die Beteiligung an ihr neue Beziehungen eingehen, aber auch mit Blick auf die bereits konstituierte institutionelle Umwelt, zu der sich diese Initiative in Beziehung setzt.

Dabei ist, unabhängig von der Art der Dienste und Leistungen, das Legitimationsprinzip gemeinwirtschaftlicher Institutionen von dem der privaten Haushaltsproduktion grundverschieden. Denn die Zugehörigkeit wird hier freiwillig gewählt und nicht vorgefunden und sie erstreckt sich über die

Privatsphäre hinaus. Sie ist aber auch von der staatsbürgerlichen Legitimität unterschieden, weil sie eher Ausdruck gemeinschaftlichen Engagements als der Delegation von Befugnissen ist. Außerdem ist es nicht unbedingt ein universalistischer Horizont, auf den man sich bei der Formulierung und Produktion des jeweiligen "common goods" bezieht. Gemeinwirtschaft in ihren verschiedensten Spielarten beruht aber in jedem Fall auch auf personalisierten Vertrauensbeziehungen, ein Umstand, der von Wirtschaftstheorien verdeckt wird, die allein um die Frage des individuellen Nutzens zentriert sind.

## *3. Intermediäre Institutionen auf dem Gebiet der Wirtschaft*

Jede gemeinwirtschaftliche Organisation ist nun aber in ihrer Alltagspraxis ganz konkret in eine bestimmte Sphäre der Produktion und des Angebots von Diensten eingebettet. Gegründet auf ehrenamtliches Engagement und gegenseitige Hilfe kennt die jeweilige Initiative vielfältige Formen der Mitarbeit, wo sich ehrenamtliche und bezahlte Tätigkeiten begegnen; das Angebot ist durch eine Kombination verschiedener wirtschaftlicher Prinzipien gekennzeichnet; zusätzlich zur Reziprozität findet man hier den Rückgriff auf marktwirtschaftliche Regeln, den Einfluß öffentlicher Redistributionsprinzipien, ja sogar eine gewisse Rolle hauswirtschaftlicher Elemente.

Diese Pluralität von Formen des Arbeitens und Wirtschaftens,die früher auch die traditionelle Gemeinwirtschaft kennzeichnete, hat sich jedoch im Zuge der Entwicklung von Alltagsroutinen sehr reduziert. In der Zeit der Expansion reduzierte die Synergie Staat-Markt die verschiedenen Formen der Mitarbeit bei Genossenschaften und Versicherungsvereinen (mutualités) weitgehend auf die bezahlte Beschäftigung, wobei erstere ein Unterkomplex der Privatwirtschaft wurden, letztere sich in bloße Zusatzsysteme zur allgemeinen Sozialversicherung verwandelten. Die Solidarwirtschaft führt demgegenüber wieder eine Problematik ein, die auch der Gemeinwirtschaft ursprünglich zugrunde gelegen hatte, nämlich diejenige der Kombination von verschiedenen Arbeits- und Wirtschaftsformen und die mit dem Eintritt in die "Lohnarbeitsgesellschaft" in Vergessenheit geraten war. Sie knüpft damit wieder an gewisse Aspekte des Gründungsprojekts der Gemeinwirtschaft an. Und es ist kein Zufall, daß diese Rückkehr zu den Ursprüngen in einem Augenblick stattfindet, in dem Auswege aus der eindimensionalen Lohnarbeitsgesellschaft[9] gesucht werden, die nicht gleichzeitig einen sozialen Rückschritt bedeuten. Waren die ersten Manifestationen der Gemeinwirtschaft präkeynesianisch, so markiert dieses Wiederaufleben die Krise des keynesianischen Kompromisses. Insofern ist es auch kaum erstaunlich, daß die

9 Tatsächlich wird dies, wie Perret und Roustang (vgl. 1992) unterstreichen, mit dem Übergang zu einer Dienstleistungsgesellschaft zu einer zentralen Frage.

Wiederbelebung gemeinwirtschaftlicher Prinzipien zuerst im Bereich sozialer Initiativen stattfand, d.h. in dem Sektor des gemeinwirtschaftlichen Bereichs, der im Unterschied etwa zu Agrargenossenschaften und Organisationen im Banken- und Versicherungswesen am wenigsten durch die vorangegangene Institutionalisierung berührt worden war. Die neue Solidarwirtschaft macht sich also als Bestandteil der alten Gemeinwirtschaft bemerkbar. Ihre Merkmale sind diejenigen, die einmal die Gemeinwirtschaft als Ganzes charakterisierten, wobei es jedoch zusätzliche eigene Kennzeichen gibt.

## 4. *Intermediäre Institutionen zwischen privatem und öffentlichem Raum*

In der bisherigen Argumentation war stillschweigend vorausgesetzt worden, daß die Solidarwirtschaft im Bereich der persönlichen Dienstleistungen operiert. Im Hinblick darauf ist ihre Entwicklung auch untrennbar mit dem allgemeinen, weltweiten Bedeutungszuwachs dieser Dienst verbunden. In je verschiedenen Formen geht es dabei immer um Dienste, die mit einem Eindringen in die Privatsphäre des Nutzers einhergehen. Dieses Übergewicht der Beziehung von "Mensch-zu-Mensch" im Rahmen einer immateriellen Produktion ist mit ganz neuen Schwierigkeiten verbunden, die die Gemeinwirtschaft, entstanden in den Zeiten der Entwicklung der materiellen Produktion mit ihrem Übergewicht von "Mensch-Sach-Beziehungen", so nicht kannte. Hier liegt auch der Grund, warum eine funktionale Sichtweise versagen muß, wenn es darum geht, die Solidarwirtschaft zu verstehen. Wie Habermas (1981) unterstreicht, konnte soziales Handeln nie in funktionalen Systemen aufgehen und die auch symbolisch strukturierten "Lebenswelten" verweisen auf eine andere Vorstellungswelt, die auch den Gefühlen und der Nichtfunktionalität Rechte einräumt. Die Institutionen der Gemeinwirtschaft sind auch deshalb intermediär, weil sie im öffentlichen Bereich Ausdrucksformen und Praktiken zulassen, die in den Lebenswelten wurzeln. Diese Eigenart speziell von solidarwirtschaftlich organisierten Diensten illustriert die generelle Anpassungsfähigkeit von gemeinwirtschaftlichen Institutionen. Die Form, die sie jeweils annehmen, ist stark an die Organisationslandschaft und an die gesellschaftlich jeweils vorherrschenden Formen der Produktion und des Austausches gebunden, in der sie verortet sind. Dies gilt ungeachtet der Tatsache, daß sie gleichzeitig immer auch eine Reaktion auf die herrschenden politischen und wirtschaftlichen Ordnungen darstellen. Entstanden im Zusammenhang des Übergangs zu einer "Dienstleistungsgesellschaft", fügt die Solidarwirtschaft dem intermediären Charakter gemeinwirtschaftlicher Institutionen eine weitere Dimension hinzu, nämlich die der Vermittlung zwischen Privatsphäre und Öffentlichkeit, zwischen Lebenswelten und Systemen. Dies macht im übrigen gleichzeitig ihre Bedeutung und ihre Schwäche aus. Denn die hoch entwickelten Gesellschaften, in denen Fortschritte im Individualisierungsprozeß und produktivistische Ideologien miteinander verknüpft sind, zeigen eine beträchtliche Resistenz gegenüber einer solidarwirtschaftlichen Perspektive. Sie ziehen ihr eine Politik der weiteren Entwicklung des Dienstleistungssektors im Rahmen ihrer offiziellen Industriepolitik (politique industrielle)[10] vor.

Diesem Konzept zufolge verlangt die Schaffung von Arbeitsplätzen bei den Diensten im zwischenmenschlichen Bereich gerade den Ausstieg aus der Praxis des "Bastelns" und "Improvisierens", wenn eine signifikante Wirkung erreicht werden soll. Trotz ihrer offensichtlichen Simplizität verdienen derartige Postulate eine kritische Diskussion. Das Konzept der Industrialisierung und seine Übertragung auf den Sektor der Dienste im zwischenmenschlichen Bereich besteht in hohem Maße auf dem Glauben an die Objektivierbarkeit gesellschaftlicher Bedürfnisse. Der Bedarf scheint vorab analysierbar zu sein und, einmal klar umrissen, ein entsprechendes Angebot konzipierbar zu sein. Sicherlich können gewisse gesellschaftliche Bedürfnisse in groben Umrissen abgeschätzt werden, aber die damit einhergehende Dichotomisierung von Nachfrage und Angebot unterschlägt bestimmte Sachverhalte, wie z.B. die Abhängigkeit der Nachfrage vom Angebot. Gerade auf dem Gebiet der Dienste im zwischenmenschlichen Bereich ist diese aber in aller Regel besonders ausgeprägt. "In einer Situation begrenzter Dienstleistungsangebote kann man den Mechanismus einer beidseitigen Reduktion (de la filière inversée) entstehen sehen: das Angebot an Dienstleistungen orientiert Nachfrage und Präferenzen, die sich dann als Ergebnis einer realistischen Anpassungsbewegung an eine bekannte Mangelsituation oder als eine nachträgliche Rationalisierung vorangegangener Entscheidungen darstellen." (Greffe 1990, S. 47) Somit können auch schwerwiegende Mangelsituationen in der Gesamtversorgung fortbestehen, weil der unbefriedigte Bedarf latent bleibt oder sich nur in atomisierter Form bemerkbar macht. So wichtig eine vorausschauende Bedarfsabschätzung als strategisches Mittel in einem bislang vernachlässigten Wandlungsfeld wie dem der persönlichen Dienste sein mag, sie beinhaltet das Risiko, den Charakter der jeweiligen Bedürfnisse als sozialer Konstrukte zu negieren und damit Faktoren, die entwicklungshemmend oder auch entwicklungsfördernd wirken, indem sie z.B. Vertrauen zwischen Nutzern und Dienstleistern schaffen.

Ausgehend von statistischen Bedarfszahlen, die man oft vorschnell als Beweis für unleugbare Bedürfnisse ausgibt, konzentriert sich dann ein Industrialisierungskonzept vor allem auf die folgenden Aspekte von Dienstleistungsentwicklung: auf eine Informationspolitik gegenüber den Verbrauchern, auf die Schaffung einer zahlungsfähigen Nachfrage und auf ein

10 So die in Frankreich in verschiedenen offiziellen Berichten verwendete Begrifflichkeit (vgl. Brunhes 1993).

Rationalisierungskonzept bei den Anbietern. Es stellt sich jedoch die Frage, ob die Dienste, die hochgradig kulturell vermittelt sind, also z.B. dazu zwingen, in die Privatsphäre von Personen einzudringen, im Schema einer Entwicklungspolitik nach industriellem Vorbild angemessen thematisiert werden können. Vertraut man einen hochbetagten Vater oder eine Mutter oder ein kleines Kind einem anderen Menschen an, so wie man in einem Geschäft einen Kaufvertrag tätigt? Natürlich nicht. Und man weiß auch, daß ein umfassendes Hilfearrangement, das viele verschiedene Dienste und Personen einbezieht, Ruhe und Lebensrhythmus einer pflegebedürftigen Person sehr beeinträchtigen kann: Pflegemaßnahmen, diverse Hilfen und Essen auf Rädern lösen einander ab, ergeben aber ohne eine umfassende Koordination kein wirkliches, das soziale Umfeld und die persönlichen Beziehungen berücksichtigendes Muster an Hilfe. Insoweit es die Betrachtung historisch und persönlich gebundener Aspekte außer acht läßt, verfehlt ein Entwicklungskonzept industrieller Prägung die soziale Komplexität von Diensten im zwischenmenschlichen Bereich. Die sich hier verschränkenden kulturellen, sozialen und wirtschaftlichen Dimensionen können nur sehr begrenzt von Marktkonzepten positiv erfaßt werden.

Industrialisierung und Kommodifizierung sind in unseren Gesellschaften miteinander verknüpft. Man weiß inzwischen um die Schäden, die von einer Industrie mit rein technischen Leitbildern, die die Rolle sozialer Systeme ausblenden, angerichtet wurden. Man sollte sich also sorgsam vergegenwärtigen, wie reduktionistische Marktkonzepte im Bereich persönlicher Dienste auf längere Sicht wirken können. Sie postulieren, daß die weitere Entwicklung dieser Dienstleistungen nur durch eine sukzessive Anpassung an normale Marktmechanismen erreicht werden kann.

Die Position, die die Institutionen und Vertreter der Gemeinschaft gegenüber den Problemen einnehmen, die durch die Entwicklung von Diensten im zwischenmenschlichen Bereich aufgeworfen worden sind, wird bestimmend sein für die Zukunft der Solidarwirtschaft. Eine strikte Orientierung an den Gesichtspunkten von Verwaltung und Management wird dazu führen, daß man diese Dienste schlicht als einen neuen Marktsektor betrachtet, über dessen Bedeutung nicht zuletzt angemessene Entwicklungs- und Marketingkonzepte entscheiden. Die Erfahrungen der Solidarwirtschaft würden dabei ignoriert. Sollten die Institutionen und Vertreter der Gemeinwirtschaft jedoch neuerlich Fragen der sozialen Integration und Solidarität, die einmal ihr Daseinszweck gewesen sind, Priorität geben, dann könnte die Gemeinwirtschaft an der Dynamisierung einer offenen Solidarwirtschaft mitwirken.

## Literatur

Anheier, H.K., Seibel, W. (Hg.) 1990: The Third Sector: Comparative Studies of Non-Profit-Organisations, Berlin, New York, de Gruyter.
Barel, Y. 1990: Le grand intégrateur, Connexions Nr. 56, S. 93.
Belanger,P.R.; Levesque,B. 1990: La théorie de la régulation. Du rapport salarial au rapport de consommation, Montréal, UQAM.
Brunhes 1993: Choisir l'emploi, in: Ministère du travial, de l'emploi et de la formation professionelle (Hg.), Nouveaux services, nouveaux emplois, Paris: La Documentation Française.
Caillé, A 1993: La dimension des clercs. La crise des sciences sociales et l'oubli du politique, Paris: La Découverte.
Chambon, A.; Proux, A.M. 1988: Zones d'éducation prioritaires: un changement social en éducation? Revue de pédagogie, 83, April-Mai-Juni.
Délégation générale à l'innovation sociale et à l'économie sociale, Ministère de l'éducation nationale, Les institutions de l'économie sociale, Paris: Banque intermediaire pour la documentation des programmes d'enseignement et de recherches sur l'économie sociale, 1992.
Dossier zur Beschäftigung des französischen Ministeriums für Wirtschaft und Finanzen 1991.
Dupeyroux, J.J. 1991: Un cadeau pour les riches, in Le Monde, 20.12.1991.
Eme, B. 1993: Des structures intermédiares en émergence. Les lieux d'accueil CNRS IRESCO.
Evers, A. 1993: The Welfare Mix Approach. Understanding the Pluralisms of Welfare Systems, in: A. Evers, I. Svetlik (Eds.), Balancing pluralism. New Welfare Mixes in Care for the Elderly. Aldershot. Avebury.
Gadrey, J. 1990: Rapports sociaux des services; une autre régulation, Révue économique Nr. 1, Januar 1990.
Godbout, J.T. und A. Caillé, A. 1992: "L'esprit du don", Paris: La Découverte.
Gorz, A. 1989: Kritik der ökonomischen Vernunft. Rotbuch Verlag, Berlin.
Greffe, X.(Hg.) 1990: Nouvelles demandes, nouveaux services, Commissariat Général du Plan, Paris: La Documentation française, S. 47.
Habermas, J. 1981: Theorie des kommunikativen Handelns, Frankfurt, Suhrkamp.
Herman, R.D. 1984: Why is there a third Sector? Bringing Politics Back in School of Business and Public Affairs, Kansas City: University of Missouri.
Laville, J.L. 1992: Services de proximité in Europe, Paris, Syros.
Le Grand, J. 1990: Quasi-Markets and Social Policy, Studies in Decentralisation and Quasi-Markets SAUS Publication 01 - School for Advanced Urban Studies, University of Bristol.
Le Grand, J. 1991: The Theory of Government Failure. Studies in Decentralisation and Quasi-Markets, SAUS Publications 05 - School for Advanced Urban Studies, University of Bristol.
Perret, B. und Roustang, G. 1992:L'économie contre la société, Paris.
Polanyi, K. 1978: The Great Transformation. Frankfurt a.M..
Rosanvallon, P. 1981: La Crise de l'État-providence. Paris, Le Seuil.
Salamon, L. 1987: Partners in Public Service: The Scope and Theory of Government - Non Profit Associations Relations, in: W.W. Powell (ed.), The Non Profit Sector: a Research Handbook, New Haven: Yale University Press.
Sauvy, A. 1980: La machine et le chômage. Dunod, Paris.
Weisbrod, B.A. 1988: The Non-Profit-Econonomy, Cambridge, Harvard University Press.
Wolf, C. 1988: Markets or Governments, Cambridge, Massachussets, MIT Press.

# Konzepte und Strategien einer integrierten und synergetischen Sozialpolitik[1]

*Pierpaolo Donati*

## I. Einführung

Die westeuropäischen Wohlfahrtsstaaten erlebten insbesondere in der Nachkriegsepoche eine nie dagewesene Expansion. Allerdings verlief die Entwicklung in den einzelnen sozialpolitischen Feldern (wie Familienpolitik, Wohnungspolitik, Rentenpolitik, Gesundheitspolitik etc.) relativ isoliert voneinander. Der Umfang wohlfahrtsstaatlicher Leistungen für Individuen und Familienhaushalte stieg bis in die Mitte der 70er Jahre hinein an, ohne daß sich ein umfassendes und ganzheitliches Verständnis sozialer Bedürfnisse und ihrer Entwicklung herausbilden konnte. Inzwischen verfügen die Bürger in den meisten europäischen Staaten zwar über ein erhebliches Ausmaß bürgerschaftlicher Teilhaberrechte und soziale Anspruchsrechte, doch gerade die Ausweitung rechtlich garantierter Ansprüche erzeugte eine Vielzahl nicht-intendierter sozialer, kultureller wirtschaftlicher Folgeprobleme.

Infolgedessen wird ungefähr seit Beginn der 70er Jahre über die "Krise des Wohlfahrtsstaates" diskutiert. Diese Diskussion ist allerdings durch ein grundlegendes Dilemma gekennzeichnet: einerseits werden die unerwünschten Nebenwirkungen des expandierenden Wohlfahrtsstaates - wie Bürokratisierung, Effektivitätseinbußen und steigende Soziallasten - beklagt; andererseits ist aber niemand dazu bereit, offen und unverhohlen eine Einschränkung sozialer Schutzrechte oder der Sozialleistungsansprüche zu fordern.

Die Diskussion über die Krise des Wohlfahrtsstaates hat allerdings dazu beigetragen, über alternative Wege wohlfahrtsstaatlicher Sicherung nachzudenken. Ein zentraler Aspekt in diesem Zusammenhang ist die Forderung nach einer verstärkten Integration einzelner wohlfahrtsstaatlicher Interventionen, um Effektivitätssteigerungen zu erreichen. Die Schlagworte in diesem Zusammenhang lauten: Koordination und Vernetzung. Unabhängig von parteipolitischen Kräftekonstellationen und der politischen Zusammensetzung der jeweiligen Regierung fordern sämtliche europäischen Regierungen neue Wege der

1 Aus dem Englischen übersetzt von Sabine Makowka.

Formulierung und Implementation sozialpolitischer Programme. Das generelle Ziel ist die Förderung und Unterstützung der Fähigkeiten und Fertigkeiten zur Befriedigung sozialer Bedürfnisse (vgl. OECD 1988).

Sozialpolitische Programme und Strategien in den europäischen Ländern sind in zunehmenden Maße durch ihre Orientierung an einer Pluralisierung wohlfahrtsstaatlicher Arrangements sowie an der Erzielung synergetischer Effekte durch Kooperation gekennzeichnet. Prozesse sozialstruktureller Differenzierung begünstigen dabei einen Trend zur De-Regulierung in den westeuropäischen Staaten. Unter diesen Bedingungen sind die Menschen in den europäischen Staaten zunehmenden sozialen Risiken ausgesetzt. Wenn gesellschaftliche Spaltungs- und Desintegrationsprozesse verhindert werden sollen, müssen neue politische Strategien entwickelt werden, um intelligente und synergetische Formen der Intervention westeuropäischer Wohlfahrtsstaaten zu entwickeln. Dies ist nicht nur eine Frage der materiellen Wohlfahrt. Vielmehr ist auch die immaterielle Seite der Wohlfahrt - also Aspekte von Lebensqualität und Wohlbefinden - davon berührt. Die Menschen in den hochentwickelten westlichen Wohlfahrtsstaaten erwarten sowohl einen wirksamen Schutz gegen die Existenzrisiken des modernen Lebens als auch politische Rahmenbedingungen, um Ziele wie Selbstentfaltung, Lebenssinn und Zufriedenheit zu entwickeln.

Der Artikel gliedert sich in die folgenden Abschnitte: in einem ersten Schritt soll ein Überblick über aktuelle Trends der europäischen Sozialpolitik gegeben werden. Es soll gezeigt werden, daß in den kommenden Jahren ein neues sozialpolitisches Konzept benötigt wird, daß uns in die Lage versetzt, die strukturellen Ambivalenzen des bestehenden Systems der Wohlfahrt aufzuheben. Dieses Konzept müßte ein geringeres Maß staatlicher Kontrolle mit größerer Effizienz wohlfahrtsstaatlicher Interventionen verbinden. Erreicht werden kann dieses Ziel nur mit "synergetischen" Formen wohlfahrtsstaatlicher Intervention, die die unterschiedlichen Bestandteile des sozialen Sicherungssystems besser integrieren. In einem zweiten Schritt versuche ich, die zentralen Konzepte und Kriterien zu beschreiben, die eine solche "synergetische Integration" definieren. Der dritte Schritt dient dem Ziel, durch eine Synthese einzelner sozialpolitischer Strategien und Konzepte zu einem Gesamtkonzept integrativer Sozialpolitik zu kommen. Das zentrale Argument dieses Artikel lautet: Sozialpolitik kann als ein plurales Aktionssystem angesehen werden, daß die Interaktionen zwischen einzelnen Teilbereichen sozialer Intervention und Organisationsformen innerhalb eines Wohlfahrtsstaates befördert. Die sozialpolitischen Strategien der 90er Jahre lassen sich besser verstehen, planen und durchführen, wenn man sie als neue Wege der Steuerung sozialer Systeme betrachtet. Im Vordergrund steht die Entwicklung neuer relationaler Steuerungs- und Interventionssysteme, die auf einer allgemeinen Theorie und Praxis sozialer Netzwerkbeziehungen basieren. Ein solches Grundverständnis von sozialpolitischer Intervention muß sowohl auf der

Makro- als auch auf der Mikroebene durchgesetzt und die Verbindungen zwischen beiden Ebenen genauer bestimmt werden.

## II. Gegenwärtige Konzepte und Programme und die Suche nach einer neuen "Konstruktion" Europäischer Sozialpolitik zur Überwindung der Krise des Wohlfahrtsstaates

Die sozialwissenchaftliche Kontroverse über die sogenannte Krise des Wohlfahrtsstaates wird zumeist verkürzt geführt; Defizite und Grenzen wohlfahrtsstaatlicher Sicherungssysteme werden zumeist durch die Brille ideologischer Überzeugungen interpretiert, sodaß im Endeffekt die Interessen und Sichtweisen gesellschaftlicher Partikularinteressen dominieren. Es wäre statt dessen angemessener, sich für die tiefgreifenden Veränderungen im konzeptionellen Grundverständnis und der Verwirklichung von Staatsbürgerrechten und deren Bedeutung für den Wohlfahrtsstaat zu interessieren. Die Vorstellung einer "industriegesellschaftlichen Staatsbürgerschaft" ist in westeuropäischen Gesellschaften überholt und muß durch das Konzept einer "post-industriellen Staatsbürgerschaft" ersetzt werden. Hierbei handelt es sich um eine umfassende konzeptionelle Sicht, die den Menschen weder auf seine Rolle als Erwerbstätiger noch als sozial schwache Person festlegt sondern den gesamten Menschen in seinen vielfältigen lebensweltlichen Bezügen berücksichtigt (vgl. Donati 1985 sowie 1985 a).

Herkömmliche sozialpolitische Programme und Maßnahmen zielten bislang allesamt auf die Etablierung von rechtlich fixierten Minimalstandards sozialer Sicherung ab, um Armut bekämpfen und Hilfeleistungen für sozial benachteiligte und marginalisierte Gruppen garantieren zu können (vgl. Hill 1980 sowie Room 1979). Dieses sozialpolitische Konzept der Mindestsicherung wurde um so unzulänglicher, als der Wohlfahrtsstaat in der Nachkriegszeit tendenziell die gesamte Bevölkerung in das System sozialpolitischer Anspruchsberechtigungen einbezog (vgl. Mishra 1981). Die erfolgreiche Garantie von sozialen Rechten, etwa durch die europäische Sozial-Charta, die vom Europarat 1961 in Turin unterzeichnet wurde, weckte in den Menschen gesteigerte Erwartungen an die Milderung sozialer Ungleichheiten und die Eindämmung sozialer Problemlagen. Allerdings ist es den europäischen Wohlfahrtsstaaten keineswegs gelungen, diese Erwartungen zu erfüllen; vielmehr sind die bestehenden sozialen Sicherungssysteme nur höchst unzureichend in der Lage, Strukturen sozialer Ungleichheit - wie die ungleiche Verteilung von Erwerbseinkommen, ungleiche Zugänge zu sozialen Diensten und ungleiche Chancen auf Arbeitsmärkten - erfolgreich zu beeinflussen. Es verbreitet sich deshalb die Einsicht in ernstzunehmende strukturelle wie politische Grenzen der auf Keynes und

Beveridge beruhenden europäischen Wohlfahrtsstaats-Modelle. Der moderne Wohlfahrtsstaat ist sowohl mit steigenden finanziellen Kosten als auch mit wachsenden Risiken des Legitimationsverlustes konfrontiert (vgl. Luhmann 1981, Mishra 1984 sowie Donati 1987 b). Der Staat und seine Verwaltung verliere die normative Kontrolle über die bürgerliche Gesellschaft, so wurde etwa die Krise des Wohlfahrtsstaates in den 80er Jahren interpretiert und in der einschlägigen sozialwissenschaftlichen Diskussion stand die Angemessenheit sogenannter "rationaler" Denkmodelle zur Diskussion (vgl. Leach/Steward 1982).

Selbst wenn man einmal die extreme Varianz nationaler wohlfahrtsstaatlicher Politikziele in den einzelnen europäischen Ländern berücksichtigt, so läßt sich doch ein starker Trend in Richtung De-Reguierung feststellen. Diese Tendenz wird durch eine Vielzahl sozialer Indikatoren belegt von denen im folgenden einige genannt werden sollen:

1.) Bezüglich der Voraussetzungen und der Dauer der Ansprüche auf wohlfahrtsstaatliche Leistungen gibt es für Arbeitslose - und hier insbesondere auch für Jugendliche und Frauen - kaum Verbesserungen. Vielmehr gilt, daß die Anspruchsvoraussetzungen sowie Höhe und Dauer der Unterstützungsleistungen eher immer restriktiver gehandhabt werden. Auch gibt es keinerlei erkennbare Bemühungen, die Vereinbarkeit von Erwerbsarbeit und Familienverpflichtungen zu verbessern (vgl. Roustang 1982)[2].
2.) Auch das Ziel, die wohlbekannten "Armutsfallen" sozialpolitischer Umverteilungssyteme zu beseitigen, wurde inzwischen aufgegeben (vgl. die Beiträge in Walker u.a. 1985). Infolgedessen entwickeln sich neue verdeckte Formen der Armut. Die Sozialpolitik muß erst zur Kenntnis nehmen, daß es systematische Beziehungen zwischen bestimmten Familienstrukturen und Verarmungsprozessen in der Bevölkerung gibt.
3.) Im Gesundheitssystem dominiert immer noch das naturwissenschaftliche Krankheitsmodell, die hieraus abgeleiteten kurativen Behandlungsstrategien sowie die Apparate-Medizin. Die Folge sind sowohl erhebliche Kostensteigerungen im Gesundheitswesen als auch eine Vernachlässigung präventiver Strategien sowie integrativer Behandlungsformen, die sowohl organische als auch soziale und psychische Krankheitsursachen berücksichtigen (vgl. die Beiträge in Donati 1989 a).
4.) Mit dem Rückgang der Unterstützungspotentiale informeller Netzwerke, wie Familie, Verwandtschaft etc. entsteht ein zunehmender Bedarf an staatlicher Unterstützung von sozialpolitischen Risikogruppen wie Kinder, alte Menschen und Behinderte etc. (vgl. Donati 1989 b).

---

2 Der Erziehungsurlaub wird allgemein zu wenig in Anspruch genommen oder gar mißbraucht; Experimente wie die italienischen "Solidaritätsverträge" ließen sich nicht auf andere Zusammenhänge übertragen.

Unter dem Eindruck der Diskussion um die Krise des Wohlfahrtsstaates wuchs der Einfluß des neokonservativen Weltbildes; dadurch erhielt die Politik der De-Regulierung erneut Auftrieb und es verstärkten sich die Bemühungen um eine Orientierung an rückwärtsgewandten Wohlfahrtsstaats-Modellen (vgl. Bean 1985 u.a.). Überall, wo diese ordnungspolitischen Denkmodelle umgesetzt werden konnten, führten sie zu weiteren De-Regulierungen und zu einer Desintegration einzelner sozialpolitischer Handlungsfelder[3]. Auch die Rückbesinnung auf neo-sozialistische Ideologien und Politikkonzepte führte nicht weiter[4]. Nur eines ist deutlich geworden: es gibt weder eine Rückkehr in die Vergangenheit, noch einen Sprung ins Nichts. An der Produktion der Wohlfahrt einer Bevölkerung müssen sich sämtliche gesellschaftlichen Bereiche und Akteure beteiligen. Der Staat sollte in diesem Zusammenhang lediglich als ein Teilsystem agieren, dessen zentrale Aufgabe darin besteht, allgemeingültige gesetzliche Schutzbestimmungen und soziale Mindestsicherungen zu garantieren. Ein solches Verständnis von Sozialpolitik kommt in den unterschiedlichsten Maßnahmen und Aktivitäten zur Neuorientierung sozialpolitischer Strategien sowie in vielen Stellungnahmen verantwortlicher politischer Akteure zum Ausdruck. Die wahrzunehmenden zentralen Trends können folgendermaßen beschrieben werden:

- Es gibt einen Wechsel von einem ausschließlichen oder dominanten sozialpolitischen Akteur (dem Staat) zu einer Mehrzahl unterschiedlicher Akteure der Sozialpolitik (vgl. Johnson 1987).
- Es zeichnet sich eine Abkehr von umfassenden Versorgungskonzepten ab, die eine standardisierte Palette sozialer Rechte (in den Bereichen Erziehung, Wohnen, Gesundheit, Mindesteinkommen etc. ) garantieren hin zu neuen Konzepten von Wohlbefinden und Lebensqualität, die weit über die Komponente materieller Wohlfahrt hinausgehen (zur Terminologie vgl. Nutbeam 1986)[5].
- Evaluationskriterien der Rechtmäßigkeit und der formalen Richtigkeit werden durch ergebnisorientierte Kriterien wie Effektivität, Effizienz und Fairness abgelöst (vgl. Teubner 1986).
- Die Verwirklichung sozialpolitischer Ziele bzw. sozialpolitischer Programme stützt sich immer weniger auf öffentliche Körperschaften und greift immer häufiger auf das Mittel der Konstruktion komplexer Netzwerke staatlicher wie nicht-staatlicher Akteure zurück; solche Formen und Strukturen der

3 Ein Abbau des industriellen Wohlfahrtsstaates mag leicht zu bewerkstelligen sein; doch stellt dies keine Lösung der vielen sozialen Probleme dar, mit denen westliche Industiregesellschaften fertig werden müssen.

4 Von sozialistischer Planung zu sprechen, wäre irreal; dennoch gibt es Sozialwissenschaftler, die versuchen, flexiblere Formen der Planung gesellschaftlicher Prozesse zu entwickeln (vgl. Walker 1984).

5 In diesem Zusammenhang ist auch die Forschung von Inglehart zum post-materialistischen Wertewandel relevant.

Implementation sehen die Beteiligung gesellschaftlicher Akteure an der Umsetzung sozialpolitischer Programme systematisch vor und rechnen mit produktiven Leistungsbeiträgen von örtlichen Beziehungsnetzen und informellen Gemeinschaften (wie Familien, Nachbarschaften, Selbsthilfegruppen etc) (vgl. Bulmer 1985).

Alle diese Tendenzen demonstrieren, daß das institutionelle Modell der Europäischen Wohlfahrtsstaaten der Nachkriegsära den veränderten ökonomischen, sozialen und politischen Rahmenbedingungen und Erwartungen nicht mehr gerecht werden kann und daß weder das wirtschaftsliberale noch das sozialistische Modell des Wohlfahrtsstaates optimale Lösungen für die anstehenden Probleme bereitstellen. Nur dezentralisierte und auf dem Prinzip der Selbstverwaltung beruhende Formen der Organisation von Wohlfahrt können den veränderten Problemlagen, Erwartungen und Anforderungen gerecht werden. Solche Sozialpolitik-Modelle sind allerdings nicht mit marktliberalen Konzepten zu verwechseln. Vielmehr beruht dieser Trend zu dezentralen und selbstgesteuerten Prozessen der Wohlfahrtsproduktion auf Erfahrungen bei der Suche nach neuen Lösungen und Regelungen. So haben zum Beispiel die Grenzen zentralistischer (ex ante) Sozialplanung neue Konzepte und Strategien wohlfahrtsstaatlicher Planung begünstigt, die auf der Flexibilität und Autonomie einzelner operativer Einheiten aufbauen. Zudem ermöglicht die Pluralisierung der sozialpolitischen Trägerlandschaft und die Herausbildung subkultureller Konzepte und Strategien sozialer Sicherung die Entstehung neuer, autonomer und dezentraler sozialpolitischer Akteure. Auf diese Weise entstehen neue Kooperationsformen auf lokaler Ebene, freiwillige Vermittlungsdienste sozialer Leistungen, kooperative Formen der gegenseitigen Hilfe, Selbsthilfegruppen und andere Formen von Graswurzel-Initiativen, die sich überall ausbreiten.

Im Zuge dieser Entwicklung erhält die Idee, daß Sozialpolitik nicht ausschließlich eine Angelegenheit des Staates sondern auch eine der sozialen Gruppen ist, die aktiv dazu beitragen, die Wohlfahrt aller zu befördern, neue Legitimität (vgl. Alary 1988, Bulmer 1987, sowie Donati und Colozzi 1988). Von nun an wird die Produktion von Wohlfahrt nicht mehr als eine administrative Angelegenheit sondern vielmehr als eine Angelegenheit autonomer Individuen verstanden, die in und durch soziale Netzwerkbeziehungen Zuwendung und Anteilnahme konstituieren und auf diese Weise die örtliche Ebene mit der nationalen und supranationalen Ebene verbinden (vgl. Adler 1988).

Auf einer Konferenz der europäischen Sozialminister (ECSWTR 1987) wurden die beschriebenen Tendenzen in einem Dokument zusammengefaßt und zu einen Konzept verdichtet, wobei insbesondere drei Punkte betont wurden:

1. Die Pluralisierung der Akteure und Träger von Sozialpolitik,
2. die Bedeutung der Familie für die Produktion primärer Leistungen im alltäglichen Leben, sowie

3. die Reorganisation personenbezogener sozialer Dienste.

Zwischen diesen drei Aspekten gibt es erhebliche Verschränkungen. Man sollte sie deshalb nicht als isolierte Aspekte sondern als Komponenten eines integrativen Konzeptes interpretieren, denn sie demonstrieren gemeinsam die neue Denkrichtung, die den nachfolgenden Leitlinien entspricht. Danach müssen in Zukunft sozialpolitische Konzepte und Strategien

- ihr Vertrauen auf makro-strukturelle Mechanismen begrenzen
- Initiativen von den "Graswurzeln" der Gesellschaft her entwickeln sowie
- selbst die Verbindungen zwischen wohlfahrtspolitischen Aktivitäten auf der Mikro- und Makroebene herstellen.

Diese Leitlinien lassen sich in der Aussage zusammenfassen, wonach Sozialpolitik als integratives und synergetisches Handeln zu betrachten ist. Diese Idee soll im folgenden Abschnitt näher erläutert werden.

## III. Vorstellungen und Prinzipien einer integrierten und synergetischen Sozialpolitik

In der bisherigen Argumentation wurde herausgearbeitet, daß trotz kurzfristiger Rückschläge und massiver Forderungen nach einer Deregulierung sozialpolitischer Leistungen ein langfristiger Trend hin zu einem umfassenden und integrierten System der Wohlfahrtsproduktion in Westeuropa erkennbar ist (vgl. Donati 1984 sowie Gordon 1988). Allerdings täuscht diese Aussage darüber hinweg, daß das Konzept eines integrierten Wohlfahrtssystems keineswegs so klar ist, wie es zunächst vielleicht klingen mag.

Zunächst sei darauf hingewiesen, daß Integration weder spontan durch den Markt noch durch staatliche Anordnung hergestellt werden kann. Sozialpolitische Integration meint hier vielmehr die dynamische Herstellung von "Ermöglichungsbedingungen" für die Erweiterung von Solidaritätsbeziehungen sowie für die Partizipation der Bürger am Prozeß der Definition, Implementation und Evaluation sozialpolitischer Maßnahmen.

Doch bevor erste Schritte in diese Richtung beschrieben werden können, muß daran erinnert werden, daß sozialpolitische Interventionen oft nicht-intendierte Folgen und widersprüchliche Effekte hervorrufen. Es ist ein wohlbekannter Sachverhalt, daß der Wohlfahrtsstaat permanent seine eigenen Bestandsvoraussetzungen zerstört, indem er individualistische Handlungskalküle befördert während er Solidarität anstrebt. Hierfür gibt es eine Vielzahl von Belegen. Indem der Wohlfahrtsstaat bestimmten Risikogruppen (wie Kindern, Frauen und alten Menschen) verläßliche und garantierte Hilfe- und Unterstützungsleistungen anbietet, untergräbt er immer zugleich unbeabsichtigt auch die Solidaritätsbeziehungen in informellen Gemeinschaften (wie Familien,

Verwandtschaftssystemen etc.). Der Wohlfahrtsstaat handelte als eine große Versicherungsgesellschaft, als er den Akteuren die schädlichen Nebeneffekte, die sich aus der Verfolgung privater Interessen ergaben, abnahm und damit die Aufgabe übernahm, die durch private Entscheidungen produzierten kollektiven Schäden auszugleichen (vgl. Ewald 1986). Damit trug der Wohlfahrtsstaat unbeabsichtigt zu einer moralischen Indifferenz sowohl gegenüber den Wohlfahrtszielen als auch gegenüber dem bei, was Soziologen "gesellschaftliche Gemeinschaft" nennen. Treffend bemerkte Zijderveld (vgl. 1986): der Wohlfahrtsstaat hat einen "a-moralischen-Ethos" geschaffen[6].

Es genügt nun nicht, eine Strategie der Dezentralisierung zu verfolgen, um diesen a-moralischen Ethos zu überwinden. Dezentralisierung beinhaltet zunächst nur die Verlagerung von Dispositionsbefugnissen aus dem Zentrum in die Peripherie. Die Verwirklichung von Solidarität bedeutet dagegen die Beförderung des Gemeinwohls durch - und innerhalb der - sozialen Beziehungen, die eine Gemeinschaft oder soziale Gruppe als solche erschaffen und erhalten. Leider wird von sozialpolitischen Akteuren, Beschäftigten öffentlicher Sozialverwaltungen und sogar von einschlägigen sozialwissenschaftlichen Experten immer noch nicht verstanden, daß Solidarität nicht allein durch die Garantie von Rechten (bzw. Anspruchsberechtigungen) von Individuen, sondern nur durch die Förderung von Gemeinsinn und Anteilnahme primären und sekundären sozialen Beziehungen gesichert werden kann. Zwar ist die Ausweitung individueller Anspruchsrechte ein legitimes Ziel und steht auch im Einklang mit modernen Konzepten sozialer Wohlfahrt; allerdings handelt es sich dabei keineswegs um ein Allheilmittel gegen die wohlbekannten Phänomene der Stigmatisierung, der Marginalisierung, der Anomie, der Entfremdung und der vielen anderen Varianten von "Armutsfallen"[7].

Eine integrative Sozialpolitik kann nur verwirklicht werden, wenn sie nicht einzelne Individuen, sondern deren soziale Beziehungen zum Gegenstand des Handelns erhebt. Es geht darum, soziale Beziehungen als wertvolles Gut, als "soziales Kapital" zu schützen. Dies ist das neue Arbeitsfeld einer integrativen Sozialpolitik. Das Gemeinwohl bzw. das Gemeinsinn müssen als relationale Güter gefördert werden. Die Etikettierung einzelner Kategorien von Bedürfnissen oder von Personengruppen ist vielfach schon der halbe Weg zu ihre Stigmatisierung. "Beziehungsgüter" müssen sowohl von öffentlichen Gütern als auch von kollektiven Gütern und Interessen unterschieden werden. Zwar sind

6 In den westeuropäischen Gesellschaften ist in den 70er Jahren versucht worden, diesem historischen Prozeß durch die Etablierung neokorporatistischer Strukturen der Interessenvermittlung entgegenzuwirken (vgl. Cawson 1985 sowie Williamson 1989). Dennoch gilt, daß Sozialpolitik permanent die Grundlagen des eigenen Funktionierens untergräbt. Die durch neokorporatistische - oder ähnliche - Strukturen geschaffene Solidarität kann die primäre Solidarität nicht ersetzen.

7 vgl. zur akademischen Diskussion des Mißerfolgs von Familienpolitik nicht nur in den USA Dumons 1980, Moen/Schorr 1987, Gallagher 1981, Hill 1979, Talmann 1979 sowie Montgomery/Fewer 1988.

Beziehungsgüter genau wie jene unteilbar, doch sie entstehen nicht wie diese als Ergebnis utilitaristischer Nutzenkalküle. Beziehungsgüter (bzw. soziales Kapital) ist schlichtweg notwendig zur Vermeidung von Entfremdung und sozialer Anomie, aber dieses Kapital kann nur in actu von allen Beteiligten genossen werden (vgl. Waldorn 1987). Ein prominentes Beispiel für ein solches Beziehungsgut ist die Familie. Die Grundprinzipien einer integrierten und synergetischen Sozialpolitik können nur im Bezug auf solche Gemeinschaftsgüter definiert werden [8].

Zudem darf die Integration von Sozialpolitik nicht in statischen Begriffen konzeptualisiert werden. Soziale Bedürfnisse sind einem ständigen Wandel unterlegen; deshalb müssen sie in dynamischer Weise gedacht werden. Sie müssen darüber hinaus auf relationale Art definiert werden. Dies bedeutet, daß jedes Bedürfnis in seiner Beziehung zu anderen bestimmt und beurteilt werden muß. In einer komplexen Gesellschaft bedeutet daher die Integration sozialpolitischer Interventionen eine Zusammenführung und Verbindung unterschiedlicher, aber doch voneinander abhängiger Elemente. Auf der Makro-Ebene impliziert dieses Konzept das Prinzip der Inter-Sektoralität: Dies bedeutet, daß ohne die Beteiligung aller relevanten Teilbereiche der Sozialpolitik eine bestimmte Zielsetzung nicht erreicht werden kann. So ist zum Beispiel das Ziel der (Wieder-)Herstellung von Gesundheit keineswegs ausschließlich eine Angelegenheit des Gesundheitssystems, sondern unter Umständen darüber hinaus auch eine der Erziehung, der sozialen Unterstützung, der materiellen Einkommenssituation oder aber sogar der Integration in den Arbeitsmarkt. Deshalb genügt der Ausbau des Gesundheitssystems zur Förderung der Gesundheit keineswegs aus, denn hierzu muß auch die Lebensqualität in der Familie und ihrer weiteren Umwelt berücksichtigt werden. Im Bereich der Intervention auf der Mikro-Ebene läuft das Konzept der Integration auf die Vernetzung einzelner Personen hinaus. Die Verwirklichung von Zielen wie Wohlfahrt und Wohlbefinden stehen in einer engen Beziehung zur subjektiven Bedeutung informeller Unterstützungsnetzwerke von Menschen. Diese Netzwerke sind bei aller Widersprüchlichkeit und sogar Pathologien Ausgangspunkte für positiv bewertete Handlngsmöglichkeiten und zeigen oft sogar therapeutische Effekte (vgl. Karpel u.a. 1986).

Man kann diesen Sachverhalt auch anders formulieren: Der Schwerpunkt sozialpolitischer Programme und Maßnahmen sollte auf die Herstellung synergetischer Effekte anstelle von Differenzierung abzielen. Die bisherigen Ausführungen sollten deutlich gemacht haben, daß vor dem Hintergrund der ausgeführten Argumente eine wohlfahrtspolitische Strategie, die auf die Erzielung

8 Eine weit verbreitete Auffassung geht davon aus, daß eine Effektivitätssteigerung des Wohlfahrtsstaates nur durch eine Reduktion der Wirksamkeit des Inklusionsprinzips durch die möglichst restriktive und selektive Definition von Anspruchsberechtigungen erreicht werden kann (vgl. Luhmann 1981). Folgt man jedoch der hier entwickelten Argumentation, dann müßten die Kriterien der Inklusion und der Definition von Staatsbürgerrechten eher erweitert werden.

synergetischer Effekte angelegt ist, der bestmögliche Weg ist, um die komplexen Bezüge zu den unterschiedlichen wohlfahrtsproduzierenden Akteuren erhalten und auf dynamische Entwicklungen angemessen reagieren zu können sowie das übergreifende Ziel der Fairness im Rahmen einer solchen integrativen wohlfahrtspolitischen Strategie verwirklichen zu können. Die Sozialpolitik muß sich auf den grundlegenden Sachverhalt einrichten, daß soziale Systeme sich - unter entsprechenden Randbedingungen - grundsätzlich selbst regulieren. So kann zum Beispiel die Einführung sozialer Innovation auf der Mikro-Ebene, die die vorhandenen lokalen Gegebenheiten und Beziehungsmuster aus dem Gleichgewicht bringen, zur Mobilisierung örtlicher Ressourcen und damit zur Selbstorganisation beitragen. Auf der Makro-Ebene können es neue Regulierungsformen und Kontrollstrukturen sein, die veränderte Modi sozialer Steuerung wirksam werden lassen. In diesem Zusammenhang können neue Regulierungsformen dazu beitragen, pro-soziale Einstellungen systematisch zu belohnen. So könnten zum Beispiel durch entsprechende Förderrichtlinien und Steuergesetzgebungen präventiv ausgerichtete Sozial- und Gesundheitsdienste prämiert werden, um von der kurativen Behandlung bereits eingetretener (Gesundheits-)Schäden zu einer vorausschauenden und präventiven Strategie im Sozial- und Gesundheitsbereich zu kommen.

Die synergie-orientierte Perspektive läßt sich zusammenfassend als einen Managementstil beschreiben, der Phänomene wie Bürokratisierung, die Entmutigung von Selbsthilfepotentialen von bedürftigen Personen (-gruppen) und/oder lokaler Unterstützungsnetzwerke, die Marginalisierung benachteiligter Bevölkerungsgruppen sowie die Verfestigung sozialer Ungleichheiten zu vermeiden sucht. Es sollen soziale (Netzwerk-)Beziehungen sowohl zwischen hilfebedürftigen Personen sowie zwischen Angehörigen helfender Berufe als auch zwischen beiden geschaffen werden, um natürliche Unterstützungsressourcen aktivieren zu können und um die sozialen Akteure zu einer vorsorgenden Vermeidung auftretender sozialer Problemlagen zu befähigen.

## IV. Neue Strategien

Auf der Grundlage der bisherigen Ausführungen können nun konkrete Strategien formuliert werden. Eine synergie-orientierte und integrierte Sozialpolitik kann insbesondere durch die folgenden drei strategischen Optionen verwirklicht werden:

(1) durch die Stärkung örtlicher Netzwerkbeziehungen (bzw. lokaler Gemeinschaftsformen);

(2) durch die Entwicklung und Unterstützung intermediärer Organisationen sowie

(3) durch ein verändertes Aufgabenselbstverständnis des Staates, der sich weniger den klassischen ordnungspolitischen Aufgaben als vielmehr verstärkt Aufgaben einer Dauerbeobachtung gesellschaftlicher Entwicklungen, der Diagnose von Problemzusammenhängen und der indirekten Unterstützung von Problemlösungen widmen soll.

Im folgenden sollen diese drei strategischen Optionen erläutert werden.

Zu 1): In den 80er Jahren wurden sozialpolitische Konzepte und Strategien lokal orientierter Hilfe- und Unterstützungsformen in "community care" intensiv diskutiert. Allerdings ist der Begriff "community care" vieldeutig: Er bezeichnet sowohl die Unterstützung durch die örtliche "Gemeinde" im Sinne der kommunalen Gebietskörperschaft als auch die Unterstützung in "Gemeinschaften". In den westlichen Europäischen Wohlfahrtsstaaten bezeichnet dieser Begriff in der Regel ein breites Spektrum von formalen wie informellen Organisationsformen, die auf eine Produktion von sozialen Dienstleistungen und Formen der Unterstützung in einem gegebenen örtlichen Kontext abzielen. In den USA meint dieser Begriff diejenigen Unterstützungsleistungen, die durch informelle Unterstützungsnetzwerke wie Familie, Verwandtschaft, Nachbarn oder Freunde geleistet werden. Walker (vgl. 1988) hat zu recht darauf hingewiesen, daß unter der legitimatorischen Formel der "community-care" oft genug finanzielle Entlastungen von Bund, Ländern und Kommunen bzw. öffentlichen Haushalten legitimiert werden sollen. Allerdings haben Bulmer (vgl. 1987) und Malin (vgl. 1986) herausgearbeitet, daß die Strategie der "community care" durchaus ein Ausgangspunkt nicht nur für die Konstruktion und Umsetzung einer sozialen Dienstleistungsstrategie sondern auch übergreifender sozialpolitischer Strategiekonzepte sein kann. Ich vertrete ebenfalls die Auffassung, daß "community care" als ein Modus der Formulierung, Implementation und Evaluation sozialpolitischer Programme und Maßnahmen verstanden werden sollte. In diesem Sinne sollte sich lokale Sozialpolitik an den folgenden Leitlinien orientieren: (a) an dem Prinzip der Stärkung autonomer und Solidarität befördernder Assoziationen, wie freiwillige Vermittlungsdienste, Selbsthilfegruppen sowie soziale Initiativen, die sich für die Belange und Interessen benachteiligter Bevölkerungsgruppen bzw. die Skandalisierung sozialer Probleme einsetzen.; (b) dem Prinzip der Entwicklung vermittelnder Strukturen und Verfahren zwischen dem formellen und dem informellen Hilfesystem (vgl. Litwak 1985); sowie schließlich an der Entwicklung und Unterstützung von Strategien der "Netzwerk-Förderung", die das Ziel verfolgen, sozial benachteiligte Personengruppen in soziale Unterstützungsnetzwerke einzubinden und diese mit entsprechenden Netzwerk-Ressourcen zu versorgen.

zu 2): Die Verbesserung der Rahmenbedingungen für die Entwicklung autonomer intermediärer Organisationen auf allen gesellschaftlichen Eben (lokal, auf Landes- und Bundes- sowie auf europäischer Ebene) ist eine wichtige

Vorkehrung gegen die Gefahr, daß amtierende Regierungen die Strategie der "community care" lediglich als ein Instrument benutzen, um soziale Verantwortlichkeiten und soziale Kosten auf informelle Unterstützungsnetzwerke - vor allem auf Familien - abzuwälzen. Intermediäre Organisationen erfüllen Aufgaben und Funktionen, die weder der Staat, noch der Markt, noch informelle Gemeinschaften erfüllen könnten. Gegenüber staatlichen Sozialverwaltungen haben sie den Vorteil, daß sie näher an die unmittelbaren Lebensumstände und Lebenswelten sozialer Problemgruppen herankommen und flexibler auf entstehende soziale Probleme und Notlagen reagieren können als staatliche Institutionen. Ihre relative Unabhängigkeit von öffentlichen Funktionen ermöglicht es ihnen zudem, vergleichsweise eher das Vertrauen von Angehörigen sozialer Problemgruppen zu gewinnen und deren Mitmachbereitschaft zu stimulieren. Intermediäre Organisationen können den Staat keineswegs ersetzen; vielmehr wird in neueren Ansätzen zu einer Theorie sozialer Steuerung die Auffassung vertreten, daß intermediäre Organisationen (bzw. Verbände) einen vierten "Modus der Handlungskoordination" neben Staat, Markt und Gemeinschaften repräsentieren [9]

Zu 3): Um sicherzustellen, daß durch die Neugewichtung der sozialpolitischen Bedeutung lokaler Unterstützungsnetzwerke und intermediärer Organisationen nicht bestehende soziale Ungleichheiten verstärkt und neue soziale Problemlagen provoziert werden, muß der Staat eine koordinierende und moderierende Funktion im Bereich der Sozialpolitik erfüllen. Ohne den Staat wäre kein universalistisches und flächendeckendes Netz sozialer Sicherung möglich. Eine Neuausrichtung des Selbstverständnisses des Staates würde dementsprechend das Ziel verfolgen, den Staat in die Lage zu versetzen (a) die Entwicklung sozialer Bedürfnisse durch geeignete Verfahren sozialwissenschaftlicher Dauerbeobachtung frühzeitig zu erkennen und zu erfassen und potentielle Prozesse sozialer Marginalisierung aufzudecken; (b) die Verursachungs- und Entstehungszusammenhänge sozialer Probleme zu diagnostizieren sowie schließlich nicht-staatliche Akteure und soziale Systeme dabei zu unterstützen, neue Formen der Kooperation und Koordination sowie angemessene Strukturen und Prozesse der Implementation und Evaluation sozialpolitischer Strategien zu realisieren.

Die Leitvorstellung, die allen drei Strategien zugrunde liegt, besagt, daß die von sozialen Problemen und Defiziten betroffenen Subjekte möglichst selbst in die

9 In der einschlägigen sozialwissenschaftlichen Diskussion wird diesbezüglich von "intermediären Strukturen" (vgl. Berger/Neuhaus 1979), "social-private-spheres" (vgl. Donati 1985) sowie Nonprofit-Organisationen (vgl. Powell 1987) gesprochen. Streeck und Schmitter haben den Begriff der "privaten Interessenregierungen" (private-interest-government) eingeführt. Allen diesen Konzepten ist gemeinsam, daß sie Strategien und Modelle der Herausbildung von sich selbst regulierenden Wohlfahrtsinstitutionen untersuchen. Dieses wird als unentbehrliche Grundvoraussetzung dafür angesehen, um im Vergleich zur ausschließlichen Wirkungsweise von Primärgruppen, des freien Marktes oder des Staates zu besseren und normativ stärker akzeptierten Resultaten zu kommen.

Lage versetzt werden sollen, Entscheidungen über Ziele, Akteure und zeitliche Schritte sozialpolitischer Maßnahmen selbst zu fällen. Nur sie selbst sind letztlich dazu in der Lage, ihre Lebenssituation in allen ihren Aspekten zu erkennen und entsprechende Unterstützungsbedarfe zu formulieren. Letztlich hängt es von ihnen ab, ob die Entscheidungen über sozialpolitische Maßnahmen, Programme und Strategien zu den gewünschten Zielen führen.

## V. Schlußbemerkung

Wir leben in der Mitte der 90er Jahre und sehen der Jahrtausendwende entgegen. Es genügt nicht mehr, an liebgewordenen Vorstellungen und Erfahrungen der 80er Jahre festzuhalten; vielmehr bedürfen wir dringend neuer sozialpolitischer Konzepte und Modelle, um vom Wohlfahrtsstaat zur "Wohlfahrtsgesellschaft" voranzuschreiten. Aber das erforderliche Umdenken muß über die Reformulierung konkreter politischer Strategien im Bereich der Sozialpolitik hinausgehen. Benötigt wird eine Kultur des Fürsorge und Anteilnahme, die entscheidend dazu beitragen könnte, die gewaltigen sozialen Herausforderungen zu bewältigen, die in einer hochkomplexen und deshalb von anomischen Selbstzerstörungstendenzen betroffenen Gesellschaft entstehen. Dieser Perspektivenwechsel wurde schon von einer Vielzahl von Schlagworten auf den Begriff gebracht. Aber bislang erfaßte jedes von ihnen lediglich einen Teilaspekt der hier in Rede stehenden Strategie. Der Slogan von der Wohlfahrt zum Wohlbefinden (well-beeing) zum Wohlergehen (wellness) bringt die Bemühungen um die optimale Gestaltung menschlicher Lebensbedingungen, in denen Sozialpolitik nur einen Teilbereich darstellt ,auf den Begriff.

Wir dürfen hoffen, daß mit Hilfe des genannten politischen Reformkonzeptes der Modernisierungsprozeß in den europäischen Ländern, der angesichts der Dominanz von Staat und Markt dahin tendierte, lokale Gemeinschaftsbindungen und primäre soziale Netzwerke an den Rand der Aufmerksamkeit zu drängen, eine neue Richtung erhält, die auf eine Stärkung lebensweltlicher Handlungs- und Sinnzusammenhänge hinausläuft. Es geht hierbei zentral um die Frage nach Strategien der sozialen Unterstützung einer Kultur der Anteilnahme und der wechselseitigen Unterstützung. Voraussetzung hierfür ist die Erkenntnis, daß Wohlbefinden nur entsteht, wenn Individuen und Gruppen in befriedigende soziale Beziehungen und Netzwerkzusammenhänge, also in konkrete, subjektiv als positiv erlebte Gemeinschaften, eingebunden sind. Dieser grundlegende Tatbestand gilt sowohl für die sozialen Beziehungen in der Familie als auch für alle außerfamilialen Bereiche und Felder sozialer Interaktion.

Der Slogan "global Denken, lokal Handeln" bringt diese Grundeinsicht auf den Begriff. Er enthält im Keim die Botschaft, die sozialpolitische Strategien und

Konzepte der 90er Jahre als unser Vermächtnis an das dritte Jahrtausend anstreben sollten.

## Literatur


Alery, J. (Hg.) 1988: Solidarités: Practiques de Recherche-Action et de Prise en Charge par le Milieu, Montréal: Boréal.

Alder, C.F. 1988: Le local et le mondial: comment percevoir, analyser et assumer leurs interconnexions, in: Revue Internationale des Sciences Sociales, 117.

Aldous, J/Dumon, W. (Hg.) 1980: The Politics and Programs of Family Policy; United States and European Perspectives, Notre Dame: Notre Dame Press.

Bean, Ph. u.a. (Hg.) 1985: In defence of Welfare, London, Travistock Publications.

Berger, P.L./Neuhaus, R.J. 1979: To Empower People: The Role of Mediating Structures in Public Policy, Washington D.C.: American Enterprise Institute for Public Policy Research.

Bulmer, M. 1985: The Rejuvenation of community studies? neighbours, networks and policy, in: The Sociological Review, 33, 3, S. 430-448.

Bulmer, M. 1987: The Social Basis of Community Care, London: Allen and Unwin.

Cawson, A. (Hg.) 1985: Organized Interests and the State, London: Sage.

Commissione Nazionale Famiglia (1982): Rapporto sulla Famiglia in Italia, Roligrafico dello Stato, Roma, 5.

Conseil de lÉurope 1988: Rapport sur la Politique de la Famille, Rapporteur M. Pini, Assemblée Parlementaire, Doc. 5870, 5.

Council of Europe 1989: Family Policy. Reply to the committee of Ministers to Assembly Recommendation 1074.

Council of Europe 1988: Social health and Family Affairs Committee, Strasbourg, 2. May.

Donati, P. (Hg.) 1985: Le frontiere della Politica Sociale, Redistribuzione e Nuova Cittadinanza, Milano: Angeli.

Donati, P. 1987a: Traditional political theories and new social options: replies to the crisis of the welfare state, in: Evers, A u.a. (Hg.): The Changing Face of Welfare, Adlershot: Cower Press.

Donati, P. 1987: Die Zukunft des Sozialstaats. Kontinuitäten und Diskontinuitäten, in. Soziologisches Jahrbuch, 3,11, S. 194-222.

Donati, P. (Hg.) 1988: Salute, famiglia e decentramento dei servizi, special issue La Ricerca Sociale, 37, Milano: Angeli.

Donati, P. (Hg.) 1989a: La Cura della Salute Verso il 2000, Milano: Angeli.

Donati, P. (Hg.) 1989b: Prima rapporto Cisf sulla Famiglia in Italia, Roma: Paoline.

Donati, P./Colozzi, I. 1988: Institutional reorganization and new shifts in the Welfare mix in Italy during the 1980s, in: Evers, A./Wintersberger, H. (Hg.): Shifts in the Welfare Mix, Vienna: Eurosocial.

Doty, P. 1986: Family care of the elderly: the role of the public Policy, Milbank Quaterly, 64, 1, S. 34-75.

ECSWTR 1987: Report of the Conference of European Ministers Responsible for Social Affairs, Warsaw, Poland, 6-10 April.

ECSWTR 1989: Common goals and different roles for social welfare policies in the European UN-Region, Report of the International Expert Meeting, Bonn 25-29 January, in Eurosocial.

Ewald, F. 1986: L∩Etat Providence. Paris: Bernard Grassert.

Flora, P. (Hg.) 1987: Growth to limits, Berlin. de Gruyter (5 Bände).

Gallagher, J.J. 1981: Models for policy analysis: Child and family policy, in: Haskins, R/Gallagher, J.J. (Hg.). Models for analysis of social policy, Norwood, New Jersey: Ablex Publications.

Gordon, M.S. 1988: Social Security Policies in Industrial Countries, Cambridge: Cambridge University Press.

Hill, M. 1980: Understanding Social Policy, Oxford. Basis Blackwell.

Hurrelmann, K. u.a. (Hg.) 1987. Social Intervention: Potential and Constraints, Berlin: de Gruyter.

Johnson, N. 1987: The Welfare State in Transition: the Theory and Practice of Welfare Pluralism, Brighton: Wheatsheaf Books.
Karpel, M.A. 1986: Family Ressources. The Hidden Partner in Family Therapy, New York: Guildford.
Kaufmann, F.X. 1986: The Relationship between guidance, control and evaluation, in: Kaufmann, F.X. u.a. (Hg.): op cit, S. 211-228.
Kaufmann, F.X. u.a. (Hg.) 1986: Guidance, Control and Evaluation in the Public Sector, Berlin: de Gruyter.
Kickbusch, I. 1986: Health promotion: A global perspective, in. Canadian Journal of public Health, Autumn issue.
Leach, S./Stewart, J. (Hg.) 1982: Approaches in public policy, London: Allen and Unwin.
Lee, Ph/Raban, C. 1988: Welfare Theory and Social Policy, London: Sage.
Leik, K/Hill, R. 1979: What price national policies for families?, in: Journal of Marriage and Family, 41, 3.
Litwak F. 1985: Helping the Elderly: The Complementary Roles of Informal Networks and Formal Systems, New York: Guilford Press.
Luhmann, N. 1981: Politische Theorie im Wohlfahrtsstaat, München: Olzog Verlag.
Malin, N. (Hg.) 1987: Reassessing Community Care, London. Croom Helm.
Mishra, R. 1981: Society and Social Policy: Theories and Practices of Welfare (second edition), London, MacMillan.
Mishra, R. 1984: The Welfare State in Crisis. Social Thought and Social Change, Brighton: Harvester Press.
Moen, Ph./Schorr, A. 1987: Families and social policy, in: Sussman, M.B./Steinmetz, S.K. (Hg.): Handbook of marriage and the family, London: Plenum Press.
Montgomery, J/Fewer, W. (Hg.) 1988: Family Systems and Beyond, New York: Human Sciences Press.
Nutbeam, D. 1986: Health Promotion Glossary, in. Health Promotion, 1, 1, S. 113-127.
OECD 1988: The future of social protection. Social Policy Studies,6,Paris.
Powell, W.W. (Hg.) 1987: The Nonprofit Sector, New Haven. Yale University Press.
Rapport Laroque 1985: La politique familiale en France depuis 1945, Ministere des Affaires Sociales et la Solidarité Nationale, Rapport sous la direction de Pierre Laroque, La Documentation Francaise, Paris..
Rein, M. 1980: Méthodes pour l∩étude de l ∩interaction entre les sciences sociales et la politiques sociale, in: Revue Internationale des Sciences Sociales, 32, 2.
Richardson, L. (Hg.) 1982: Policy Styles in Western Europe, London: Allan and Unwim.
Ritsatakis, A. 1988. Key Issues in HFA policy and a review of HFA policy developments in countries, Paper presented at the WHO meeting, Haikko (Finnland), 7-10 February.
Robertson, A./Osborn, A. (Hg.) 1985: Planning to care: Social Policy and the quality of life, Aldershot. Gower.
Room, G. 1979: The Sociology of Welfare, Oxford: Basil Blackwell.
Roustang, G. 1982: Le travail Autrement; Travail et Mode de Vie, Paris: Dunod.
Sgritta, G.B. 1988. Conoscenza e intervento. verso un approccio interattivo, in: Rassegna Italiana di Sociologia, 29,4.
Shamgar, L./Palomba, R. (Hg.) 1987: Alternative Patterns of Family Life in Modern Societies, Rome, IRP.
Spencer, K. 1982: Comprehensive cummunity programs, in: Leach, S/Stewart, J. (Hg.). op cit, S. 199-225.
Steinmetz, S.K. (Hg.) 1988: Family and Support Systems Across The Life Span, London: Plenum Press.
Streeck, W./Schmitter, Ph. C. (Hg.) 1985: Private Interest Government, London: Sage.
Talmann, I. 1979: Implementation of a national family policy: the role of the social scientist, in: Journal of Marriage and the Family, 41,3.
Teubner, G. (Hg.) 1986: Dilemmas of Law in the Welfare State, Berlin: de Gruyter.
Titmuss, R.M. 1986: Commitment to Welfare, London: Allan and Unwin.
Waldron, J. 1987: Can communal goods be human rights?, in. Archive Europeens de Sociologie, 27.

Walker, A. 1983: Community Care, Oxford:Basil Blackwell.
Walter, A. 1984: Social Planning: A Strategy for Socialist Welfare, Oxford: Basil Blackwell.
Walder, R. u.a. (Hg.) 1985: Responses to poverty. Lessons from Europe, Aldershot: Gower.
Whittaker, J.K./Garbarino, J. (Hg.) 1983: Social Support Networks: Informal Helping in the Human Services, New York: Aldine.
Williamson, P.J. 1989: Corporatism in Perspective, London: Sage.
Zardi, A. 1987: Lavoro, salario e famiglia nella politica sociale del consiglio d`Europa, in: Ultrumque Ius, 16, Roma.
Zjiderveld, A. 1986: The Ethos of the Welfare State, in: International Sociology, 1, 4.

# Post-korporative Partikularität. Zur Rolle der Wohlfahrtsverbände im Welfare-Mix

*Hans Nokielski/ Eckart Pankoke*

Kritik und Krise der tradierten Verbändewohlfahrt formierten sich sowohl als Kritik an unvollständiger Modernisierung wie auch aus Unbehagen in der Modernität organisationsgesellschaftlicher Rationalisierung: In modernisierungspolitischer Perspektive wurden Wohlfahrtsverbände kritisiert, weil ihre wertgebundene Organisationskultur nicht modern genug schien, um den Ansprüchen wirtschaftlicher und politischer Rationalität zu genügen. In modernisierungskritischer Perspektive erscheinen die Wohlfahrtsverbände hingegen als viel zu angepaßt an die Systemzwänge etablierter Modernität. Kritische Stimmen - auch innerhalb der Verbände - problematisieren allzu opportunistische Anpassung an den universellen Rationalismus von Staat und Markt und einen Professionalismus des Wissens, der das besondere Profil und Proprium der eigenen Partikularität zu relativieren und tendenziell zu neutralisieren scheint.[1]

Orten wir die Kontroverse um die Traditionalität und/oder Modernität konfessioneller Wohlfahrtsverbände soziologisch - etwa in dem von Parsons ausgearbeiteten evolutionstheoretischen Schema der "pattern variables" (dazu Nokielski 1994), so scheint es auf den ersten Blick naheliegend zu sein, die Wohlfahrtsverbände wegen der Partikularität ihrer Interessen und ihrer Einbindung in ein konfessionelles Milieu in der "traditionellen" Spalte zu verorten und die Wohlfahrtsverbände in ihren sozialen Mustern als emotional, diffus und askriptiv zu beschreiben. Dies aber würde ihnen dann typisch "moderne" Eigenschaften wie emotionale Neutralität (zuweilen auch in der Extremform einer Kälte des Helfens), Spezifität (in Anbetracht ihrer hohen fachlichen Spezialisierung besonders absurd) und Leistungsorientierung von vornherein absprechen. Will man dies vermeiden, wird man sich zunächst damit bescheiden müssen, daß es sich bei Partikularität um eine Beziehungstruktur handelt, die - aufgrund welcher Zuschreibungen und Kriterien auch immer - einen Unterschied zwischen

1 Die hier vorgestellte Argumentation entstand aus wohlfahrts- und verbandstheoretischen Diskussionen im Kontext des im Rahmen des BMFuS-Programms "Neue Wege der Altenhilfe" geförderten Forschungsprojekts "Lebensraumorientierte Netzwerkhilfe für ältere Menschen". In diesen Zusammenhang gehören auch Überlegungen zum Wandel von gesellschaftlicher Struktur (Nokielski 1994) und sozialer Kultur (Pankoke 1994) der Verbändewohlfahrt.

Zugehörigkeit und Nichtzugehörigkeit macht. Modernisierungstheoretisch ließen sich demnach die unterschiedlichen Muster von Partikularität je unterschiedlichen geschichtlichen Phasen zuordnen.

Im ersten Abschnitt (I.) werden wir uns kurz mit traditioneller Partikulariät beschäftigen, um an diesem Kontrastbild deutlich zu machen, daß die konfessionellen Wohlfahrtsverbände nicht nur auf einer Traditionalität partikularer Bindungen gründeten, sondern der Organisationstyp Wohlfahrtsverband von Anfang an mit Modernität verbunden war, und dies nicht nur weil er sich der Mittel moderner Organisation bediente, sondern auch aufgrund seiner Funktion innerhalb eines sozialstaatlichen Dienstleistungssystems, dessen Beziehungsstruktur und Verteilungsmechanismen wir als (neo)korporatistisches Arrangement beschreiben werden. Dabei soll deutlich werden, daß Entstehung, Wachstum und Erfolg der konfessionellen Wohlfahrtsverbände eng an korporatistische Beziehungen zwischen dem Staat und den Konfessionen gebunden waren. Darauf aufbauend werden wir darlegen, daß Krisen und Umbrüche des korporatistischen Arrangements den Wohlfahrtsverbänden zur Bestandsbedrohung und Herausforderung werden, sich auf den Wandel ihrer gesellschaftlichen und politischen Umwelt einzustellen (II.).

In einem dritten Teil sollen dann einige Optionen und Perspektiven skizziert werden, die sich in der neuen Umwelt-Situation den konfessionellen Wohlfahrtsorganisationen eröffnen (III.). Und schließlich werden wir darlegen, daß es dabei mit Korrekturen im Maßstab konventioneller Zweck-Mittel-Rationalität nicht getan sein wird; auch ein Zurück in die Unbedingtheit reiner Wertrationalität wäre nur unter Verlust der Identität und Preisgabe von Gestaltungschancen möglich. Unter post-korporatistischen Bedingungen ist deshalb eine Umstellung in der Art des Denkens und der Verständigung gefordert, die wir als reflexive Rationalität zu beschreiben suchen (IV.).

## I. Das neo-korporatistische Arrangement[2]

In wissenssoziologischer Perspektive markiert bereits Mannheims (vgl. 1964) Unterscheidung von "traditionellem" und "konservativen Denken" eine Modernisierungsschwelle: Während traditionale Partikularität selbstgenügsam "in sich ruhte", definiert sich korporative Partikularität über die Regulierung und Stabilisierung der Außenrelationen organisierter Interessen zu anderen Partikularinteressen und vor allem gegenüber der dem Universalitätsanspruch staatlicher (oder

2 Wir verwenden hier den Begriff Neo-Korporatismus - trotz einiger Mißverständlichkeit (vgl. Schmid) - im Anschluß an Heinze (vgl. z.B. Heinze/Olk 1984; zur Präzisierung Heinze/Voelzkow 1994, S. 245f.). Zur besseren Lesbarkeit lassen wir allerdings das "Neo" weg, wenn aus dem Kontext hervorgeht, daß nicht das ältere ständische Korporatismuskonzept gemeint ist.

auch marktlicher) Systembildung. Dies erfordert nicht nur die Formulierung eigener Identität, sondern auch die organisatorische Formierung der sich in ihrer Besonderheit profilierenden materiellen wie ideellen Interessen.[3]

Im Unterschied zur traditionellen Partikularität der geschlossenen Lebenskreise wird die Verflechtung von Verbänden mit dem politisch-administrativen System als "Neo-Korporatismus" thematisiert.[4] Auf dem Gebiet der Wohlfahrtspflege verfestigten sich korporatistische Strukturen durch die Einbeziehung konfessioneller Wohlfahrtsverbände in den wohlfahrtsstaatlichen Ausbau. Dies war besonders ausgeprägt in Ländern mit konfessioneller Mischstruktur wie in Deutschland und den Niederlanden, wo das industrielle Spannungsfeld von Kapital und Arbeit durch Konfliktlinien im Beziehungsfeld Staat und Kirche unterlaufen und durchbrochen wurde. Hier gewannen die konfessionellen Verbände - gleichsam als "neue" Akteure - an Einfluß und Bedeutung (zum Systemvergleich nationaler Wohlfahrtskulturen vgl. Schmid 1995). Auch Entstehung und Erfolg der konfessionellen Wohlfahrtsverbände beruhten auf der spezifischen Konstellation einer nach korporatistischen Prinzipien verfaßten Sozialstaatlichkeit.

Daß zunächst vereinzelte Initiativen, wie sie sich vor allem im Kontext sozialer und konfessioneller Bewegung gebildet hatten, zu modernen Organisationen ausgebaut und zu Verbänden formiert wurden, richtete sich auch gegen die Idee und Gefahr eines ausschließlich über universalistische Kontrollmedien (Geld, Macht, Recht) und nach zentralistischen Mustern programmierten "wachsenden Staatlichkeit" (A. Wagner). Gerade die konfessionellen Verbände formierten sich in prinzipieller Abwehrhaltung gegenüber Eingriffen des "heidnischen" Staates (so für die Niederlande van Doorn 1985) in gesellschaftliche Lagen und individuelle Prozesse der Lebensgestaltung und Erziehung. Die daraus resultierende Ablehnung einer Verstaatlichung oder Kommunalisierung des Helfens verband sich mit Befürchtungen, eine bürokratische und/oder rein fachliche Ausgestaltung hätte keinen Unterschied machen können zwischen den von konfessioneller Zugehörigkeit geprägten (und zu prägenden) Gefühlen, Gewohnheiten und Selbstverständ-

3 Ein historisch aufschlußreiches Beispiel für den defensiven Konservativismus korporativer Partikularität ist der Kampf des "alten Handwerks" gegen die universellen Mechanismen industrieller Märkte. Dem Kapitalismus des Marktsystems war das "Kapital der Ehre" letztlich nicht gewachsen. Vor allem die Gesellenvereinigungen reagierten, in ihrer noch zünftlerisch geprägten Rückständigkeit auf die industrielle Modernität zunächst mit eher konservativer Widerständigkeit, die sich bei vielen dann jedoch revolutionär radikalisierte. Aus zunächst noch "traditionaler Partikularität" erwuchs "soziale Bewegung". Die andere Option des bedrängten Handwerks war es, Hilfe vom Staat zu erwarten. In der zwischen dem Sozial-Liberalen Schulze-Delitzsch und dem Sozial-Demokraten Lassalle ausgetragenen Kontroverse um "Selbsthilfe" oder "Staatshilfe" (dazu Pankoke 1970) zeichnete sich ein neues Verständnis korporativer Partikularität ab, wie es später im Konstrukt des Neo-Korporatismus auf den Begriff kam: die Allianz partikularer Interessenvertretung mit den demokratischen Universalismen der Macht, des Rechts und des Geldes.

4 Diese Entwicklung ist zurückverfolgbar bis in die mit der industriellen Revolution sich entwickelnde frühe "Organisationsgesellschaft" (Vgl. dazu Pankoke 1970, Pankoke 1994).

nissen der Menschen.[5] Kurzum: Ein sozial-'staatliches' Interventionssystem hätte jene Variation der Sinnbezüge und der Organisationsbildung nicht zugelassen, wie sie sich nicht nur in kirchengemeindlichen Formen des Helfens, sondern auch in den vielen Initiativen diakonischen und caritativen Engagements herausgebildet hatten.

Beharrten die Kirchen in dieser Auseinandersetzung mit dem Staat anfänglich - und von den reformierten Protestanten in den Niederlanden (ausführlich Nokielski 1987, Nokielski 1989) besonders deutlich vertreten - auf einer "Souvereiniteit in eigen kring" (kring = Lebenskreis), zeichnete sich bei der Ausgestaltung und Aushandlung der gesetzlichen Regelungen parlamentarisch als Kompromiß eine Gewalten- und Arbeitsteilung zwischen Staat und Verbänden ab, mit der einerseits die Kirchen die Legitimität einer universalen (gesetzestechnischen) Regelung von Lebens- und Erziehungsfragen anerkannten, andererseits die Kirchen und konfessionellen Verbände das Recht behielten und dazu nun auch mit Staatsmittel ausgestattet wurden. Die Erbringung der konkreten Hilfeleistungen war dabei organisatorisch und personell so auszugestalten, daß konfessionelle Wert- und Sinnstrukturen bewahrt und gefestigt werden konnten.[6] Obwohl diese neue Konstellation nun auch nicht kirchennahen sozialen Initiativen, so sie sich organisatorisch festigten und zu Verbänden zusammenschlossen, den Zugang zu dem sich nunmehr entwickelnden System einer "korporatistischen" Wohlfahrtspflege eröffneten, hatten die konfessionellen Wohlfahrtsverbände die günstigeren Startbedingungen.[7] Nicht nur gab es bereits handlungsfähige konfessionelle Verbände

5 Klassischer Kronzeuge für die universalistische Rationalität moderner Staatlichkeit ist Hegel, der gerade die Armenpflege dem modernen Staat überantworten wollte und dazu unter dem Titel "Polizei und Corporation" darauf hinwies, daß "das Subjektive der Armut und überhaupt der Not aller Art auch eine subjektive Hilfe (erfordere), ebenso in Rücksicht der besonderen Umstände, des Gemüts und der Liebe. Hier ist der Ort, wo bei aller allgemeinen Veranstaltung die Moralität genug zu tun findet." Gegenüber dieser traditionell partikularen Solidarität forderte Hegel letzlich aber jenen modernen Formwandel des Helfens, wonach es auch im Bezug auf soziale Notlagen darauf ankomme, "das Allgemeine herauszufinden und zu veranstalten und jene Hilfe entbehrlich zu machen. ... Der öffentliche Zustand ist im Gegenteil für umso vollkommener zu achten, je weniger dem Individuum für sich nach seiner besonderen Meinung, im Vergleich mit dem was auf allgemeine Weise veranstaltet ist, zu tun übrig bleibt". (Hegel, Philosophie des Rechts 1821, §242) Damit waren ordnungspolitische Konflikte und Kontroversen programmiert: zwischen einer auf sozialstaatliche Verallgemeinerung zielenden Souveränität und dem den Eigensinn gesellschaftlicher Besonderung anerkennenden Prinzip der Subsidiarität. (Zum historischen Hintergrund der Überführung der Armenfrage in moderne Wohlfahrtspolitik vgl. Pankoke/ Sachße 1992).

6 Auf der Ebene der Beziehungen der Verbände untereinander und zum politisch-administrativen System der staatlichen bzw. kommunalen Ebene wurden die Zugeständnisse an staatlich und/oder gesellschaftlich notwendig erscheinende universalistische Regelungen (u.a. Leistungsarten, Leistungsbedingungen und Leistungsformen) "ausgehandelt". Dabei war eine Vorrangstellung der Verbände durch das Subsidiaritätsprinzip gesichert.

7 Dies bestätigt auch die derzeitige Größenverteilung zwischen den Wohlfahrtsverbänden im westlichen Teil der Bundesrepublik. In den Niederlanden (vgl. Neij 1989) verlief die Entwicklung noch deutlicher: Am Aufbau des korporatistischen Systems der Dienstleistungsproduktion waren bis zum Niedergang dieses Systems (Entsäulung) nahezu

(mit einem Unterbau vieler, auch großer Einrichtungen), sondern diese hatten auch mehr und bessere Möglichkeiten der Ressourcengewinnung: Neben staatlichen Zuweisungen und Spenden erhielten sie auch Zuweisungen der Kirchen und vor allem waren sie - gerade über ihr soziales Engagement - fest eingebunden in ihr jeweiliges konfessionelles Milieu. Dies sicherte ihnen nicht nur gute Möglichkeiten der Personalrekrutierung und die wichtige Ressource ehrenamtlicher Mitarbeit, sondern auch einen festen Stamm von Hilfesuchenden, die sich allein schon aufgrund konfessioneller Bindung an "ihren" Verband wandten.

'Milieu' (konfessionelles Hinterland), 'Amtskirche' und 'Staat' (einschließlich der korporatistisches Verteilungs- und Aushandlungssysteme) erwiesen sich so als die für Bestand und Wachstum der konfessionellen Wohlfahrtsverbände wichtigsten Umweltsektoren. Die Entwicklung der konfessionellen Wohlfahrtsverbände zeigt aber auch, daß deren Identität bereits unter den Bedingungen des Wohlfahrtsverbändekorporatismus, welcher ihnen Privilegien und stabile Aushandlungs- und Verteilungsbedingungen sicherte, gleichwohl komplex und verletzlich war. In ihrer Intermediarität mußten die Verbände auf allen ihren Organisationsebenen und an mehreren Fronten "Beziehungsarbeit" betreiben, was vor allem durch netzwerkartige soziale Verflechtungen, Personalunionen und (vielfach satzungmäßig geregelte) wechselseitige Vorstandsbeteiligungen gelang.[8] Und ihnen mußte daran gelegen sein, die Balance zwischen den unterschiedlichen Beziehungssystemen zu halten, was nicht immer gelang. Identitätsprobleme ergaben sich vor allem daraus, daß die Wohlfahrtsverbände in ihrem Bürokratismus und Professionalismus dem universalistischen Wohlfahrtsstaat immer ähnlicher wurden.

## II. Krisen und Umbrüche infolge veränderter Umwelten

Daß es auch innerhalb ansonsten stabiler Beziehungen Probleme und Krisen geben kann, muß hier nicht ausgeführt werden. Davon sind aber solche Probleme und Krisen zu unterscheiden, die ihre Ursache in einem Strukturwandel der Beziehungen haben und/oder auf Veränderungen der "Partner" zurückzuführen sind. Mit solchen Wandlungen innerhalb der für die konfessionellen Wohlfahrtsverbände relevanten Umweltsektoren und mit Veränderungen in den Beziehungen der Verbände zu ihren Umwelten wollen wir uns nun auseinandersetzen und dabei zeigen, daß es sich bei der Krise der (und nicht einzelner) Wohlfahrtsverbände um eine Systemkrise handelt, die auf ein Ende der Stabilität des korporatistischen Arrangements hindeutet.

---

ausschließlich konfessionelle Organisationen beteiligt; die Abstimmungs- und Aushandlungsverfahren wurden durch sie dominiert.

8 Eine gute empirische Studie (Duffhues u.a. 1985) liegt für die Niederlande vor.

In der Sprache der mikropolitischen Organisationstheorie (Küpper/Ortmann 1988, Ortmann u.a. 1990) werden Relationsstrukturen von Organisationen - und die mit ihnen gültigen Regelungen und Vereinbarungen - als "Spielstruktur" analysierbar, aus der sich Handlungs- und Gestaltungsmöglichkeiten, Gewinnchancen und Verlustrisiken ergeben und auf die hin Strategien und Spielzüge zu entwickeln sind. Solche Spielstrukturen sind niemals starr, sie werden ausgehandelt und verändern sich auch infolge anderer Einflußfaktoren ständig. Aber neben der Normalität derart prozessualer Veränderungen gibt es auch Formen strukturellen Wandels, die derart einschneidend sind, daß die Akteure - hier die Wohlfahrtsverbände - sich "gezwungen" sehen, sich gleichsam auf ein anderes "Spiel" einzulassen. Wie stark dieser "Zwang" (i. S. Crozier/Friedberg 1979, S. 306) ist, hängt von ihren Ressourcen und Alternativen ab - und zuweilen verfolgen sie auch selbst Strategien, die Struktur des Spiels zu verändern oder in ein anderes Spiel zu wechseln. Zur Akzentuierung unserer These von der Krise des korporatistischen Arrangements werden wir die neue Spielstruktur zunächst in Umrissen beschreiben.

Auffällig ist, daß der Staat zunehmend dazu übergeht, die Produktion gesundheitlicher und sozialer Dienstleistungen der privaten Initiative und damit privaten Akteuren zu überlassen, wobei er nicht nur auf die Regulierungsmechanismen marktwirtschaftlicher Konkurrenz setzt[9], sondern auch auf neue Formen der Selbst- und solidarischen Fremdhilfe, die sich neben den etablierten Verbänden entwickelten und gegen diese durchsetzen mußten.[10] Damit ist einer Verbändepolitik, die ihre Legitimation aus der Kritik an staatsbürokratischen Organisationsformen der Dienstleistungsproduktion bezog, eine wesentliche Argumentationsgrundlage entzogen. Tiefergehend noch: Namentlich die konfessionellen Wohlfahrtsverbände sehen sich mit dem Problem konfrontiert, nicht mehr begründen zu können, daß ihr Vorbehalt gegen den Universalismus des Sozial-/Wohlfahrts-/Versorgungsstaates eine Aussöhnung nur im Wohlfahrtskorporatismus und einer nach Lagern und Weltanschauungen reduzierten Pluralität erfahren kann.

Der Wechsel vollzog sich in zwei Etappen: Zunächst waren es Aktionsformen und -gruppen der Selbsthilfeszene und "neuer" sozialer Bewegungen, die den Verbänden zur Herausforderung wurden, zumal der Staat - etwa in der Form von

9 Während vor allem in England und den USA (eine gute Zusammenfassung gibt Baldock 1993) der (sozial)politische Systemwechsel von staatlichen zu marktförmigen Steuerungsformen ausdrücklich zum politischen Programm erklärt wurde, vollzog er sich in der Bundesrepublik eher als "stille Revolutionen" der Gesetzesreformen (vor allem Krankenkassenreform, Pflegeversicherung, Gesundheitsstrukturgesetz und der Tendenz nach auch KJHG.

10 Die Stärkung nicht verbandlicher Anbieter wird im KJHG mit der größeren Offenheit der Formulierungen in Zusammenhang mit der Trägerschaft deutlich. Die Schwächung der Position der etablierten Träger zeigt sich selbst im Heimbereich - einer klassischen Domäne der (konfessionellen) Verbände. Mit Wegfall der Einweisungskompetenz der Landesjugendämter funktionieren hier die ehedem "sicheren" Zuweisungskanäle nicht mehr (vgl. Reiferscheid 1993).

Förderungsprogrammen - eine Beziehungsstruktur zu ihnen aufbaute. Wichtiger aber ist vielleicht die zweite Etappe, da der Staat wirtschaftliche Prinzipien deutlicher fordert, zu "mehr Markt" ermuntert und verstärkt auch kommerziell motivierte "Anbieter" ihre Marktchance erhalten und wahrnehmen. In der Auseinandersetzung mit den nicht verbandlich organisierten "autonomen" Gruppen und "alternativen" Diensten, die in sozialer Hilfe auch ein neues Beschäftigungsfeld sahen (Huber 1987), lag man im Streit um eine "neue Subsidiarität" (Heinze 1986) noch auf einer gemeinsamen Argumentationslinie, welche die Notwendigkeit eines (wenn auch als "gesteigerter Pluralismus" zu modifizierenden) Systems staatlicher Förderung und spezieller Vermittlungs- und Verhandlungsstrukturen grundsätzlich anerkannte. Nun aber kommt es zum Führungswechsel vom korporatistischen Arrangement zu Marktsteuerung. In der Konfrontation mit alternativen Gruppen konnten sich die Wohlfahrtsverbände noch recht gut behaupten: indem sie ihre Domänen sicherten, Konkurrenz abwehrten und den Alternativen lediglich Rand- und Restbereiche (als "Spielwiesen") überließen - oder diese in ihr System integrierten. Gegen die nun virulent werdende wirtschaftliche Konkurrenz privater Anbieter reicht dagegen ein Beharren auf Privilegien, die in der Blütezeit des Korporatismus errungen wurden und noch lange danach Gültigkeit hatten, nicht mehr aus. Durch politische Einflußnahme im Konkurrenzkampf Vorteile zu sichern und so eine Marktschließung zu erreichen, wird immer schwieriger, zumal unter Bedingungen eines auf europäischer Ebene vereinbarten "freien", d.h. streng marktwirtschaftlichen, Dienstleistungstransfers, jene den Nationalstaaten abgetrotzten Privilegien mehr und mehr an Bedeutung verlieren (vgl. Schmid 1994).

Als Konkurrenzvorteil der Wohlfahrtsverbände könnte sich nun um so mehr deren Einbettung in ihr konfessionelles Milieu erweisen. Aber auch hier haben sich die Beziehungen deutlich verändert. Dies hat Gründe, die sowohl auf Seiten der Verbände (a), als auch in den Veränderungen der konfessionellen Milieus (b) als auch in der Struktur der Verband-Hinterland-Beziehungen zu suchen sind (c).

(a) Als "partikulare" Produzenten und Mittler universeller Sozialstaatsleistungen erlangten die konfessionellen Verbände eine relative Autonomie zwischen Staat und Kirche.[11] Sofern sie sich bei der Rekrutierung ihres Personals und vor allem bezüglich der ihr Handeln bestimmenden Sinnstruktur an den sozialen und kulturellen Besonderheiten ihres Milieus orientierten, blieben die konfessionellen Wohlfahrtsverbände fest eingebunden in ihr jeweiliges Lager; mit der Finanzierung ihrer Apparate durch den Staat - und ein Zurückdrängen der Kirche in die Rolle des Mitfinanziers - gewannen sie zugleich jedoch auch gegenüber der

11 Sie konnten eigene Leitungs- und Organisationsstrukturen aufbauen und dabei universalistische Prinzipien bürokratischer Leitung und Kontrolle, ebenso wie Prinzipien der Fachlichkeit und Professionalität, in einer gegenüber der Staatsverwaltung modifizierten Form übernehmen.

Amtskirche an Autonomie[12]. Sie waren nun auch weniger angewiesen auf Unterstützung aus ihrem "Hinterland" (Kirchengemeinden, konfessionellen Vereinswesens). Ihren Freiraum konnten die Verbände zum Auf- und Ausbau großer Apparate nutzen, die sowohl auf konfessionellen Werten als auch auf Fachlichkeit gründen sollten; mit der Verberuflichung/Professionalisierung gewannen sie die dazu notwendige organisatorische Stabilität. Aber gerade aus solchen "Erfolgen" resultierte vielfach auch eine Entfremdung gegenüber Kirche und Milieu, die sich u.a. in Kommunikationsproblemen und Konflikten zwischen Ehrenamtlichen und beruflichen Mitarbeitern manifestierte.

b) Veränderungen im konfessionellen Milieu (vgl. Kaufmann 1979, Gabriel 1993, Ebertz 1993) zeigen sich nicht nur mit Krisensymptomen wie Kirchenaustritte, Rückläufigkeit der Gottesdienstbesuche, Mitgliederschwund des konfessionellen Vereinswesens u.s.w., sondern darin, daß die Beziehungen zu Kirche, Gemeinde und Milieu immer weniger auf einer gefühlsmäßig gestärkten, "eingelebten" Traditionalität beruhen und durchsetzt sind mit rationalen Erwägungen und expliziten Begründungen.[13] Die Zugehörigkeit zum Milieu verliert selbst für die Gläubigen an Selbstverständlichkeit. Einem konfessionellen Verein anzugehören, am Gemeindeleben teilzunehmen, sich für einen konfessionellen Wohlfahrtsverband zu engagieren oder ihn auch nur in Anspruch zu nehmen, wird mehr und mehr zu einer Frage der bewußten Wahl und damit zum Gegenstand individueller Entscheidung.[14]

c) Da wir an anderer Stelle bereits auf Veränderungen in der Beziehungsstruktur 'Staat-Verband' eingegangen sind, können wir nun die Argumentation zuspitzen und Übergangsphänomene außerhalb der Betrachtung lassen. Dazu gehen wir von der Annahme aus, daß der Staat, getrieben vor allem (aber nicht nur) durch chronische Finanznot, sich gerade auch auf dem Gebiet der sozialen und gesundheitlichen Dienstleistungen zum Minimalstaat entwickelt, dessen "Philosophie" im Kern darin besteht, sich auf das zur Systemintegration Wesentliche zu beschränken.[15] Dabei geht es nicht nur um den Rückzug des Staates aus der Umklammerung korporatistischer Verflechtungen (treffend beschrieben bei van Doorn 1985), sondern um ordnungspolitische Fragen der Leistungsfähigkeit unterschiedlicher Typen von Verteilungs- und Koordinationssystemen (Etatismus, Korporatismus, Markt) und unterschiedlicher Typen von Organisationen

---

12 Gerade in der Wachstumsperiode des Sozialstaates wurde für die Verbände die Beziehung zum Staat immer wichtiger. Sie entwickelten sich gleichsam als Nebenprodukt des Sozialstaats und kommen mit ihm in die Krise.

13 Und dies nicht nur zu Zwecken einer nach außen gerichteten Legitimation, sondern gerade auch als Selbstvergewisserung.

14 Das Aufbrechen des ehedem "ganzheitlichen" Milieus korrespondiert dabei mit gesellschaftlichen Prozessen der Individualisierung. Vgl. auch Nokielski 1994.

15 Was angesichts wachsender Probleme keineswegs unbedingt eine Reduzierung der Sozialbudgets zur Folge hat, wohl aber Umstrukturierungen und Umstellungen im Leistungsspektrum und in den Steuerungsformen.

(kommerzielle versus Nonprofit-Organisationen). Welche Dienste privater Initiative zu überlassen und durch kommerzielle oder gemeinwirtschaftliche private Träger zu erbringen sind, entscheidet sich vor allem nach Maßgabe einer die Kosten jeweiliger Lösungen abwägenden Transaktionslogik.[16] Damit verlieren andere Erwägungen - etwa auch Rücksichtnahmen auf jene besonderen Beziehungen zu Kirchen und konfessionellen Verbänden - an Prominenz. Intendiert ist, daß die Abstimmung der aus staatlicher und/oder korporatistischer Lenkung freigesetzten Leistungsströme und Leistungsanbieter über die "invisible hand" (Smith) marktähnlicher Verteilungsstrukturen erfolgt.[17] Letztendlich soll es zu einem Wettbewerb um die Gunst möglicher Kunden und Klienten kommen. Bei Kostenübernahme durch den Staat und/oder die Versicherungen soll vornehmlich die Qualität der Leistungen den Ausschlag geben, wer zum Zuge kommt und wer nicht. Die Wohlfahrtsverbände und ihre Einrichtungen würden dann behandelt wie andere Private und sie müßten sich nun am Markt bewähren.[18]

## III. Optionen und Perspektiven

Unsere Analyse führte zu dem Zwischenergebnis, daß die Wohlfahrtsverbände infolge nachhaltiger Veränderungen innerhalb ihrer inneren und äußeren Umwelt gezwungen sein könnten, sich auf die Notwendigkeit grundlegender organisatorischer Wandlungsprozesse einzustellen. Wenn es ihnen nicht gelingt, innerhalb der neuen Konstellation ihre "Nische" zu finden, werden sie jenen Weg gehen, der im Evolutionsmodell populationsökologischer Organisationsentwicklung als "Absterben" vorgezeichnet ist (vgl. z.B. Aldrich 1979). Welche Optionen und Perspektiven eröffnen sich speziell den konfessionellen Wohlfahrtsverbänden unter den genannten Bedingungen?

Zur Vereinfachung der Darstellung werden wir hier von "Wegen" sprechen, zwischen denen die Verantwortlichen in den Verbänden sich werden entscheiden müssen. Notwendigerweise kann unsere Darstellung die Findigkeit der Akteure nicht vorwegnehmen und nicht alle Wegverzweigungen, Auswege und Nebenpfade berücksichtigen. Worauf es uns ankommt, ist zu zeigen, welche Richtung man mit der Wahl eines Weges einschlägt und welche Folgen dies hat. Dabei unterscheiden wir zwischen eingefahrenen (1.), umgebauten (2.) und neuen Wegen (3.). Man kann nicht alle diese Wege gleichzeitig begehen, d.h. die Optionen sind nicht beliebig kombinierbar. Zwar sehen wir die Möglichkeit

16 Deren Kalküle werden für den privaten Bereich durch die Transaktionskostentheorie beschrieben (Zusammenfassend, Ebers/Gotsch 1993, S.216 ff.).

17 Ob sich, gleichsam als Folge der "fatal remedies" (Sieber 1981) einer Entstaatlichung, neue Vorzugsrelationen herausbilden, läßt sich nur schwerlich vorhersagen.

18 In der Erwartung größerer Gestaltungsfreiheit sahen auch konfessionelle Einrichtungen den "Markt als Zukunftsperspektive" (Kuhn/Staiber 1993).

paradoxer Strategien und kreativer Verknüpfungen, aber wir sehen auch, daß die Akteure sich entscheiden müssen, wie sie ihre Ressourcen einsetzen, wie ihr Verband wahrgenommen werden will, welche Rolle er unter den veränderten gesellschaftlichen und politischen Bedingungen spielen soll.

1. Als anfänglich leicht begehbar erscheint der *eingefahrene Weg*, Konkurrenzvorteile und Domänen durch ein Beharren auf Privilegien und die Pflege der altbewährten korporatistischen Beziehungsnetze zu sichern. In der Erwartung, daß bereits bei formeller Zugehörigkeit und bei Verwendung der Symbole konfessioneller Trägerschaft eine besondere Beziehung zum Milieu und zu Klienten/Patienten erhalten bleibt, glaubt man sich eine ausreichend große "Nische" innerhalb des Klientenmarktes zu bewahren. Und in der Erwartung einer Subventionierung aus Kirchensteuermitteln beteiligt man sich auch dann an der Produktion marktuniverseller Dienstleistungen, wenn aufgrund der im Vergleich zu anderen (privaten) Trägern mit einer ungünstigeren Kostenstruktur (Ursachen u.a. Personalstruktur und Besonderheiten in den Arbeitsbeziehungen) zu rechnen sein wird. Dieser Weg wird zur Sackgasse, wenn auch die Kirchensteuermittel knapper werden.

2. Im Interesse einer besseren Anpassungsfähigkeit an die neuen Bedingungen beginnen deshalb einige Wohlfahrtsverbände (bzw. deren Untergliederungen) mit *Umbaumaßnahmen*, die im Ergebniss ihre Marktfähigkeit steigern sollen: Umgestaltungen in der Rechtsform (u.a. Gründung von Trägergesellschaften); Einführung betriebswirtschaftlicher Formen des Managements, detailierter Kostenrechnung und Controlling; neue Abnehmergruppen sollen durch eine Art social marketing erschlossen werden. Dieser Weg in den Wohlfahrtsmarkt könnte zu dem Ziel führen, daß die Dienste konfessioneller Träger "marktgängig" werden - vielfach allerdings um den Preis, daß die Leistungen der Einrichtungen universell und damit austauschbar werden.[19]

Im Erkennen dieser Gefahr versuchen beispielsweise die Caritas, sich eine eigene, *unverwechselbare konfessionelle Corporate Identity* zu schaffen (zu bewahren). Vorweg oder gleichzeitig soll durch *Leitbilddiskussionen* der Kurs bestimmt und durch eine breite verbandsinterne Beteiligung das Möglichkeitsspektrum ausgelotet, Legitimation hergestellt und bei den Mitarbeitern die Chance verbessert werden, sich mit der Organisation zu identifizieren. Aber dieser Weg einer Öffnung der Organisation für Prozesse diskursiver Gestaltung erweist sich als hürdenreich: Er setzt Vertrauen und eine Übereinstimmung in Basiswerten und Grundverständnissen voraus. Ohne Vertrauen kommen Leitbild-diskussionen nicht in Gang oder bleiben folgenlos; ohne ein Mindestmaß an Übereinstimmung ufern

19 Die Einrichtungen und deren Leistungen werden nunmehr nicht den staatlichen Bürokratien, sondern denen anderer "privater" Anbieter immer ähnlicher werden. Von diesem unterscheiden sie sich im Extremfall nur noch durch das Logo im Briefkopf und das Schild an ihrer Eingangspforte.

sie aus und versanden schließlich.[20] So müssen beim Personal (noch oder wieder) jene Bedingungen und Bereitschaften angelegt sein, die eine Selbstbindung an Basiswerte und Grundverständnisse ermöglichen. Wie die aktuellen Versuche zur Leitbilddiskussion und Organisationsentwicklung innerhalb der Caritas zeigen, wird eine kommunikative Öffnung und organisatorische Neugestaltung am ehesten dort gelingen, wo sich an konfessionelle Gemeinschaft und die Traditionen einer "missionary organization" (Mintzberg 1983) anknüpfen läßt.[21] Schwieriger wird es, wenn den Organisationsmitgliedern Fach- und Berufsorientierungen wichtiger sind als die Bindung an eine bestimmte Organisation und deren nicht-fachliche Werte.

Unterhalb solcher Schwellen normativer Übereinstimmung liegen Ansätze, die eine intrakonfessionelle Vernetzung auf der arbeitspraktischen Ebene anstreben: Intensivierung der Zusammenarbeit zwischen Einrichtungen und Diensten derselben Konfession (bzw. desselben Verbandes) - soweit notwendig formalisiert durch explizite Absprachen (Verträge) und Vorgaben bei der Fallbearbeitung. Der Organisationsgestaltung öffnen sich damit vielfältige Möglichkeiten der Zusammenarbeit gleichartiger (mehrere Pflegestationen installieren einen Notdienst) und unterschiedlicher Dienste und Einrichtungen (Kooperation von katholischem Krankenhaus mit katholischer Pflegestation), wobei die Formen der Zusammenarbeit nicht nur nach Härtegraden der Regelung (von lockerer Zusammenarbeit über joint ventures bis hin zu Fusionen und Übernahmen) variieren, sondern vor allem darin, welche Ziele angestrebt werden und inwieweit sich die Beteiligten auf Zusammenarbeit auch dann einlassen, wenn dies für sie mit Kosten verbunden ist. Zumeist entsteht hier ein Kollektivgutproblem[22] und die Beteiligten reduzieren die Zusammenarbeit auf die Fälle und Gebiete, bei denen sie unmittelbare Vorteile, zumindest aber keine Kosten haben. Ver- und Überweisungskartelle sind ein klassisches Beispiel für eine solche Strategie, an dem aber auch deutlich wird, daß intrakonfessionelle Vernetzung sich schnell als Bumerang erweisen könnte, wenn sie als Instrument mißbraucht wird, durch "gezielte" Beratung den Klienten/Patienten von der "Konkurrenz" fern zu halten. Sofern sich das Personal bei Verweisungsempfehlungen nicht von den sachlichen Erwägungen leiten läßt, was für den Klienten das beste wäre, sinkt die Qualität der Beratung und Verweisung. Nur zu leicht machen solche "Regelungen" ihre Rechnung ohne den Klienten, der es vielfach besser weiß. Dort allerdings, wo es gelingt, Versor-

20 Zur wechselseitigen Bedingtheit von Vertrauen und Konsens vgl. Gondeck/Heisig/Litteck 1992.

21 So in Einrichtungen in der Trägerschaft von Ordensgemeinschaften (vgl. z.B. Schwester Basina Kloos 1993).

22 Untersuchungen von Raub/Wessie (1994) an der Universität Utrecht zeigen, daß Auswege aus dem dabei auftretenden Gefangenendilemma vor allem dann möglich werden, wenn bereits Vertrauen besteht und/oder sich stabilisieren läßt. Lösungen können sich aber auch auf dem Verhandlungswege ergeben, wobei häufig Formalisierung und Genauigkeit fehlendes Vertrauen ersetzen müssen.

gungsketten aufzubauen, bei denen jedes Glied konkurrenzfähig ist, kann Vernetzung die Qualität verbessern und die Einrichtungen erhalten Wettbewerbsvorteile.[23] Die Wohlfahrtsverbände würden so zu gut sortierten "Warenhäusern" sozialer und gesundheitlicher Dienstleistungen, wobei der Vorteil für den Klienten in der reibungslosen Zusammenarbeit zwischen den mehr oder weniger selbständigen Abteilungen bestehen könnte. Ähnlich wie beim Modell der Trägergesellschaft, das sich auch als rechtlich und organisatorisch gefestigter Typus der Vernetzung beschreiben ließe, ist allerdings auch hier noch keineswegs gewährleistet, daß ein solcher Verband durch jene Besonderheit(en) geprägt wird, die bestimmten Klientengruppen ein zusätzliches Argument sein und eine Identifikation ermöglichen könnte(n).

3. Die bislang diskutierten Wege und Modelle gingen von der Prämisse aus, daß die konfessionellen Wohlfahrtsverbände ihre Aufgabe darin sehen, selbst als Dienstleistungsanbieter am Markt zu agieren. Mit der Skizzierung "neuer" Wege beziehen wir uns demgegenüber sehr grundsätzlich auf die dargelegten Veränderungen. Dabei gehen wir von folgenden Prämissen aus: Der Trend zu Privatisierung und Marktregulierung setzt sich fort, Privilegien und Kirchensteuerzuschüsse werden abgebaut, viele Einrichtungen sind nur um den Preis einer "Normalisierung" - und damit des Verlustes an Besonderheit - überlebensfähig. Merkmal der konfessionellen Wohlfahrtsverbände wäre dann nicht mehr Partikularität, was jedoch nicht bedeutet, die Partikularität habe unter Marktbedingungen keine Funktion mehr. Aus der veränderten Situation könnten sich für die Wohlfahrtsverbände deshalb auch neue Aufgaben ergeben, die allerdings nicht nur eine Neuorientierung erfordern, sondern auch organisatorischen und personellen Wandel.[24] Als "Verstärkung des Gemeindebezugs" (a) und "Umgang mit Marktversagen" (b) skizzieren wir zwei solcher Wege.

(a) Zur Vereinfachung unserer Argumentation konzentrieren wir uns auf territorial konstituierte Kirchengemeinden; mit Modifikationen wäre sie auch auf das kirchliche Vereinswesen, Fachverbände und konfessionelle Gruppen zu übertragen. Ausgangspunkt unserer Überlegungen dazu ist, daß sich der Begriff der Partikularität auf die Kirchengemeinde in mehrfacher Weise anwenden läßt: als konfessionelle Partikularität, als Partikularität der sozialen Beziehungen zwischen den Gemeindemitgliedern und schließlich auch als räumliche Partikularität. So sehen wir die Kirchengemeinde auch als einen sozialen Raum (und damit die Kirche

23 Dieser Weg erscheint vor allem dann gangbar, wenn in einem Gebiet ohnehin die Versorgung durch einen Verband erfolgt; sie wird schwieriger in (gemischt konfessionellen) Gebieten mit pluraler Trägerstruktur.

24 Dies zu belegen, müssen wir das Koordinatensystem unserer Argumentation verschieben: Liegt beim korporatistischen Wohlfahrtsverbändekonzept der Akzent auf der Beziehung zum Staat, ist nunmehr danach zu fragen, ob und wie sich gegenüber der Universalität von Marktprozessen Partikularität aufbauen läßt. Zugleich werden wir unseren Blick stärker auf das Milieu - hier besonders die Kirchengemeinden - und weniger auf die Wohlfahrtsverbände richten.

als einen Ort), der nicht von vornherein durch die Universalität funktionaler Zweckmäßigkeit festgelegt ist. Erst aus dieser Mischung und Verknüpfung unterschiedlicher Partikularismen ergibt sich die Chance, daß sich innerhalb des organisatorischen Rahmens der Kirchengemeinde vielfältige soziale Beziehungen, ein lebendiges Gruppenleben und unterschiedlichste Aktivitäten entfalten können (siehe auch Nokielski/Pankoke 1991). Auch wenn dabei die Partikularität der Glaubensgemeinschaft im Vordergrund steht und dem Sinnsystem religiöser Überzeugungen und Rechtfertigungen besondere Bedeutung zukommt, bildet Religiosität nicht den einzigen Zugang zur Kirchengemeinde. Systemtheoretisch formuliert: Der Zugang der Kirchengemeinde ist nicht ausschließlich als Glauben/Nichtglauben kodiert, sondern kann sich über die soziale Nähe zwischen den Gemeindemitgliedern ebenso öffnen wie über Gruppenaktivität. Indem sich die unterschiedlichen Sphären des Gemeindelebens durchdringen und im konkreten Handeln der Mitglieder aufeinander beziehen, konstituiert sich das Handlungssystem der "lebendigen" Kirchengemeinde überhaupt erst in Prozessen gemeinsamen Handelns und der (sprachlichen) Verständigung zwischen den Gemeindemitgliedern. In den konkreten Ausprägungen der Sinnbindungen stellt jede Kirchengemeinde ein einmaliges Handlungssystem dar, was sich auch in den Beziehungen zur Umwelt zeigt.

Die Kirchengemeinde muß sich nicht gegenüber ihrer Umwelt abschotten und universalen Errungenschaften sperren, aber sie kann auch zur "Lebenswelt" werden, die sich durch den Aufbau eigener Sinnstrukturen (Eigensinn) einer "Kolonisierung" durch andere Systeme und Organisationen sperrt. Dies zeigt sich nicht zuletzt auch im Verhältnis zu den Wohlfahrtsverbänden: Im Konflikt, ob Einrichtungen und soziale Dienste (z.B. Mobiler Sozialer Dienst) in der Trägerschaft der Kirchengemeinde weitergeführt oder vom Verband übernommen werden sollen, stehen dann unterschiedlich begründete und sozial anders "konstruierte" Partikularismen gegeneinander. Den Verbänden erscheint der Eigensinn der Kirchengemeinden, jenes Sich-Sperren gegenüber der Universalität zweckrationaler Bearbeitung und Organisation vielfach als Hindernis ihrer eigenen (wohlgemeinten) Absichten und als Modernisierungsrückstand partikularer Gemeinschaft. Daraus können sich erhebliche Konflikte ergeben, wenn das wechselseitige Unverständnis seine "realpolitische Basis" in unterschiedlichen Umweltbezügen- und Systemreferenzen hat[25] (andere Bezugsgruppen, divergente Rationalitäts- und Erfolgskriterien) und - bei aller Gemeinsamkeit der konfessionellen Bindung - die Beteiligten auch in Konkurrenz zueinander stehen. So sichern die Verbände ihre Domänen eben nicht nur nach außen, d.h. gegenüber dem Staat, anderen Verbänden, privaten Anbietern usw., sondern gleichsam auch nach

25 Damit ist nicht nur gemeint, daß die Akteure mikropolitisch in je andere Handlungszusammenhänge (Verband, Gemeinde) eingebunden und diesen verpflichtet sind, sondern auch, daß die Handlungszusammenhänge jeweils andere Umweltbeziehungen und Systemreferenzen haben.

innen gegenüber Kirchengemeinden und anderen kirchennahen Gruppen und Organisationen.[26] Konfliktanlässe ergeben sich dann beispielsweise aus der Konkurrenz um Fördermittel, soziale Unterstützung und ehrenamtliche Mitarbeit (angesichts eines begrenzten Potentials an aktivierbaren Ehrenamtlichen) oder auch bei der Zurechnung von Erfolgen und Mißerfolgen.[27] Und zumeist fällt es den geringer organisierten Gruppen und Gemeinden schwer, sich gegenüber dem Wohlfahrtsverband zu behaupten. Wenn dann noch hinzukommt, daß Mindeststandards, Fachlichkeit und Dauerverfügbarkeit bei einer Art von Hilfeleistungen nur durch Maßstabsvergrößerung erreichbar sind - oder auch nur, daß das größere Format Kostenvorteile verspricht, ist der Weg in die Übernahme durch einen Wohlfahrtsverband geradezu vorgezeichnet.[28] So plausibel und unumgänglich solche Übernahmen vielfach allerdings scheinen, stellen sie als "Alles oder Nichts-Lösungen" doch Extremformen dar, welche die Spannung zwischen Verband und Kirchengemeinde durch scharf geschnittene Kompetenzgrenzen und eine bewußt betriebene Abtrennung der Domänen noch verstärken. So reduziert sich die Zusammenarbeit zwischen verbandlicher Einrichtung und Kirchengemeinde nicht selten auf gelegentliche Kontakte[29] und eine wechselseitige Wertschätzung. Die Frage ist, ob Wohlfahrtsverbände mit (thematisch oder kategorial spezifizierten) Gruppen und territorialen Gemeinden auch anders umgehen könnten. Im Interesse einer Stärkung der Gemeinden wäre dabei an "weichere" Verknüpfungsformen wie Beratung, Verhandlung, Vertrag (vgl. Scott 1986, S. 264ff.) zu denken. Ist eine Übernahme aus guten Gründen nicht zu vermeiden, wären im Verhältnis zu den übernommenen Einrichtungen Formen verbandsinterner Autonomie zu entwickeln, die nicht auf Vereinnahmung, sondern auf Vermittlung gerichtet sind.[30]

---

26 Beim Caritasverband zeigt sich dies auch darin, daß der Verband sich nicht nur auf die Koordinatoren- und Moderatorenfunktion eines Spitzenverbandes beschränkt, sondern selbst als Einrichtungs- und Leistungsträger expandiert, und damit zwischen Spitzenverband und seinen Fachverbänden Konkurrenzen und Konflikte programmiert sind.

27 Untersucht man solche Konflikte, wird schnell deutlich, daß sie nahezu immer auch eine personale Komponente haben, was jedoch nicht darüber hinwegtäuschen darf, daß nicht nur die Handlungsmöglichkeiten sondern auch die Interessen der Beteiligten stark davon abhängen, welche Positionen und Rollen sie in den Auseinandersetzungen einnehmen.

28 Wie sich am Beispiel der Sozialstationen und neuerdings der Mobilen Sozialen Dienste zeigen läßt. Diese Beispiele sind auch insofern aufschlußreich als sie verdeutlichen, daß die Verbände sich der Probleme nun auch in ihren Beziehungen zum Staat annehmen konnten. So folgte der Gründung der ersten Sozialstationen sehr bald die Förderung aus Landesmitteln. Am Beispiel von Baden-Württemberg zeigt dies Schöllkopf 1993.

29 Häufig auf der "Spitzenebene" zwischen den Einrichtungsleitungen und einigen Kontaktpersonen in der Gemeinde, seltener als Beteiligung pfarrgemeindlicher Gruppen oder einzelner Ehrenamtlicher an den Hilfeleistungen, die nun als Fallbearbeitung nach fachlichen Standards und von einem darauf geschulten Personal erbracht werden.

30 Ansätze, Organisations- und Arbeitsformen einer solchen intrakonfessionellen Beziehungs- und Vermittlungsarbeit zu entwickeln, zeichnen sich beispielsweise in Modellversuchen zur Gemeindesozialarbeit (vgl. Nokielski/Pankoke 1991) ebenso ab wie in dem Bemühen um

(b) Da der Markt wichtige Bedingungen seiner Funktionsfähigkeit selbst nicht erzeugt[31], wird es zum Problem, "wie" (andere Abstimmungs- und Koordinationsformen) und durch "wen" (andere Akteure bzw. Träger) diese zustande kommen könnten. Das Funktionieren von Märkten beruht wesentlich darauf, daß zwischen einer Vielzahl von Anbietern ein Wettbewerb um die Gunst der Nachfrager stattfindet. Vernachlässigt man unlautere Methoden, kann bei Dienstleistungen, die über Versicherungen oder aus öffentlichen Kassen (also nicht von Nachfragern) zu festen Preisen finanziert werden, der Wettbewerb nicht über Preise, sondern nur über Qualität geführt werden.[32] Qualität bedeutet mehr als nur *Mindeststandards* zu gewährleisten. Dabei gewinnen gerade an Dienstleistungsmärkten auch Qualitätsmerkmale der *räumlichen und sozialen Zugänglichkeit, der kulturellen Stimmigkeit, der Vertrautheit und Vertrauenswürdigkeit* an Bedeutung; gefordert ist ein "Sich-Einstellen" auf aktuelle und potentielle Klienten (Patienten). Dies erfordert nicht nur Organisations- und Arbeitsformen einer "flexiblen Spezialisierung" (Piore/Sabel), sondern auch eine *"Einbeziehung" der Dienstleistungsempfänger*. Dabei kann Einbeziehung bedeuten, daß man gleichsam vom Kunden lernt (Scharioth 1992) und sich so auf seine Bedürnisse einstellt, sie kann aber auch über Mitgliedschaften und Beteiligungsrechte gefestigt werden, wie dies bei genossenschaftlichen und selbstorganisierten Projekten der Fall ist.[33] Gerade, aber nicht nur, an den Quasi-Märkten sozialer und gesundheitlicher Dienstleistungen ergeben sich Wettbewerbsvorteile so nicht aus strikt universellen Beziehungen, sondern aus Partikularität. Darin liegt auch die Chance kleiner Anbieter, die ihr Profil aus räumlicher, sozialer oder thematischer Nachfragernähe und nicht zuletzt (etwa durch die Gleichsinnigkeit des soziokulturellen oder sozialmoralischen Milieus) *aus Verbundenheit* mit dem Nachfrager entwickeln.

Der Weg in den Markt muß so nicht notwendig den Trend zur Universalität verstärken, sondern kann zur Herausforderung werden, die Bedingungen für Produktions- und Angebotsformen einer nicht allein konfessionell vorbestimmten Partikularität zu schaffen. Die Wohlfahrtsverbände stehen dabei vor der Aufgabe, ihren Einrichtungen mehr Autonomie als Bedingung für mehr Flexibilität und

---

verbandliche Kommunikationsstrukturen, die sich der Umwelt öffnen (als Beispiel dazu das Konferenzsystem des DPWV).

31 Ein solches Marktversagen zeigt sich u.a. darin, daß Marktmechanismen kaum gewährleisten, bezüglich aller wichtigen Probleme und auch in den marktwirtschaftlich weniger attraktiven Zonen genügend Anbieter zu finden, daß die Anbieter sich nicht allein von Gewinninteressen und Kalkülen betrieblicher Zweckmäßigkeiten leiten lassen (sondern bspw. auf Qualitätsstandards festgelegt werden, deren Einhaltung "überwacht" wird) und schließlich, daß die "Nachfrager" über die Beweglichkeit und Kompetenz verfügen, sich am Markt zu orientieren und entsprechend ihren Bedürfnissen geeignete Hilfen zu beschaffen.

32 Es sei denn, es gelingt den Versicherungen, die Anbieter in einen Preiswettbewerb zu bringen. Dazu gibt es durchaus Ansätze und in den Versuchen, die Privaten aus den Verhandlungen (etwa um Pflegesätze) möglichst rauszuhalten liegt die Gefahr, daß die Wohlfahrtsverbände durch Marktspaltung in einen Preiswettbewerb mit den Privaten gezogen werden.

33 Zum dienstleistungstheoretischen Hintergrund dieses Arguments vgl. Badura/Gross 1976.

Kundennähe zu verschaffen. Sie werden sich dabei stärker wieder auf klassische Verbandsfunktionen zurücknehmen müssen: indem sie rechtlich und wirtschaftlich selbständige Dienste und Einrichtungen fördern und beraten und indem sie deren Interessen gegenüber Dritten vertreten.[34] Wie insbesondere die Privatisierungsversuche in England zeigen (Hoyes/Means 1993, Gray/Jenkins 1993), ist eine marktförmige Koordination der Dienstleistungsproduktion ohne die Zwischenschaltung von vermittelnden "Agenturen" nur schwer möglich: verbandliche Hilfestellung wird vor allem dann erwartet, wenn es darum geht, Anschubfinanzierungen zu geben, Fachberatung anzubieten, Vermittlungs-, Verhandlungs- und Interessensicherungsfunktionen gegenüber dem Staat, Kommunen und Versicherungen zu übernehmen. Würden sich die Wohlfahrtsverbände mehr auf solche Mittlerfunktionen konzentrieren, könnten sie zugleich einen wesentlichen Beitrag zur Angebots- und Qualitätssicherung leisten, und zwar dort, wo sowohl die Universalität des Marktes als auch jene des Staates versagt.[35] Ein solches Selbstverständnis wäre auch besser vereinbar mit dem Anspruch einer allgemeineren, nicht auf Mitglieder beschränkten Interessenvertretung für die von Not und Armut betroffenen Menschen.

Ein weiteres Problem des Marktversagens ergibt sich aus der Hilflosigkeit (Inkompetenz) vieler Hilfesuchender, sich am Markt der Hilfemöglichkeiten zu orientieren und sich einen Zugang zu den Hilfeleistungen zu verschaffen. Dazu zeichnet sich in der Praxis sozialer Arbeit mit der Methode des case managements (bzw. care managements, vgl. Challis u.a. 1993, Hoyes/Means 1993) die Möglichkeit ab, daß einzelne Helfer (ehrenamtliche Helfer, Sozialarbeiter, Pfarrer, Gemeindesekretärin) und/oder Organisationen zwischen Hilfesystem(en) und Klienten die Mittlerrolle übernehmen. Dies beginnt bei der Auswahl geeigneter Hilfen, setzt sich fort in Absprachen (Kontrakten) mit den Diensten und kann auch Entscheidungen erforderlich machen, die der case manager stellvertretend für den Klienten fällt. Damit eine solche Beziehung nicht in Bevormundung umschlägt, ist Verständigung, zumindest aber einfühlsames Verstehen zwischen Sozialarbeiter und Klient gefordert. Gemeinsamkeiten der Werte und gemeinsam geteilte soziale

34 Autonomisierung ist nicht allein eine Frage der Rechtsform. Wichtiger ist vielfach, daß beim derzeitigen System die verbandliche Förderung (Finanzierung) rechtlich selbständiger Einrichtungen mit teilweise detaillierten, in Richtlinien standardisierten Auflagen verbunden ist. Hier käme es darauf an, von der Politik den goldenen Zügel auf non-direktive Steuerungsformen der Beratung, Verhandlung und Überzeugung umzustellen, was in vielen Bereichen auch schon geschehen ist. Zwischen den Arbeitsbereichen gibt es hier jedoch erhebliche Unterschiede (etwa im Vergleich zwischen Krankenhäusern und Pflegestationen), die wesentlich darauf beruhen, daß einige Bereiche existentiell auf Zuweisungen aus Verbands- bzw. Kirchensteuermittel angewiesen sind und immer noch nach dem Prinzip simpler Machtspiele verfahren wird, daß wer bezahlt, der bestimmt.

35 Da wir unseren Beitrag hier darin sehen, im Rahmen einer Steuerungstheorie des welfare-mix auf mögliche Aufgaben und Funktionen der konfessionellen Wohlfahrtsverbände hinzuweisen, werden wir nicht abwägen, welche Funktion dem Staat und den Kommunen bei der Erstellung solcher Vorleistungen zukommen könnte.

Erfahrung der Milieueinbindung können dazu ganz wesentlich beitragen. Case management könnte so zu einer genuinen Aufgabe gerade der konfessionellen Einrichtungen werden. Vielfach kann case management innerhalb eines Dienstes und als Bestandteil der Hilfeleistung (z.B. im Zusammenhang mit Pflege) erfolgen. Nach Art des Problems und Umfang der Hilfe (z.B. case management für Kinder von Aidspatienten) kann es allerdings auch notwendig werden, solche Aufgaben einem darauf hin geschulten Personal und Organisationen zu übertragen, die ihre Vermittlungskompetenz und ihr Interessenvertretungsmandat damit festigen, daß sie nicht selbst auch andere Dienstleistungen anbieten. Mit case management wäre so auch eine Qualitätskontrolle verbunden, vor allem, wenn die in den Hilfeprozessen gesammelten Erfahrungen dokumentiert, systematisiert und ausgewertet werden.[36] Daraus ergibt sich für die Wohlfahrtsverbände ein neues Arbeitsfeld der Evaluation sozialer Dienste und der Innovation neuer Formen des Helfens. Denkbar ist auch, daß sich dabei neue Standards entwickeln, die zwischen den Einrichtungen und mit den Finanzierungsträgern zu vereinbaren wären und sich auch in der Aus- und Fortbildung des Personals niederschlagen könnten.

## IV. Reflexive Rationalität als Bedingung

Die im Zugzwang von Markt und Staat den verbandlichen Trägern nahegelegten Rationalisierungstrategien stoßen heute nicht nur bei noch vor-modern gebundenen Konservativen auf Kritik, sondern auch im Horizont post-moderner Alternativen, die in einer neuen Kultur des Helfens die Funktionalität von Organisationsgesellschaft überwinden wollen. Den klassischen Bezugsrahmen zur Darstellung unterschiedlicher Arten der Rationalität formulierte Max Weber, der in seinem Idealtypus bürokratischer Herrschaft aufzeigte, wie in klarer Systemtrennung (Staat - Gesellschaft, Politik - Verwaltung) und bürokratischer Rationalisierung die Trennung der Zwecke von den Mitteln institutionell an Gestalt gewann. Im Kontrast zur modernen Zweckrationalität entwickelte er den Gegen-Typus eines wertrationalen Handelns, das sich "durch den bewußten Glauben an den ... unbedingten Eigenwert eines bestimmten Sichverhaltens" (Weber 1972, S. 12) bestimmen läßt.

36 Ob die selbst als Einrichtungsträger auftretenden Wohlfahrtsverbände darüber hinaus auch Aufgaben einer "neutralen" Qualitätsüberwachung übernehmen könnten, ist jedoch mehr als zweifelhaft. Hier zeichnet sich ab, daß auch die öffentlich finanzierten Dienstleistungen in die Verbraucherpolitik einbezogen und von darauf spezialisierten, neutralen Einrichtungen "getestet" werden (als Beispiel der Pflegediensttest in der Zeitschrift der Stiftung Warentest, siehe o.V. 1993). Der auf universelle Vergleichbarkeit gerichtete Test ersetzt jedoch nicht eine prozeßbegleitende Qualitätskontrolle, wie etwa beim case management erfolgt und in der Form von Beschwerde- und Anregungsverfahren mit geeigneten Anlaufstellen institutionalisiert werden könnte. Dazu wären die Wohlfahrtsverbände sehr wohl geeignet.

"Wertrationalität" findet ihren Ort jedoch eher in der traditionalen Partikularität sozialmoralischer Milieus und der Abgeschlossenheit "weltfremder" Gemeinschaft. Bereits die Logik der im korporatistischen Kontext geforderten Regulierungen und Relationierungen war weit komplexer als die einfache Struktur rigoroser Wert- oder Zweckrationalitäten. Leitmotiv war weder eine bedingungs- und oft auch folgenlose Absolutierung (oder auch Isolierung) von Werten, noch eine im Sinne vordefinierter Zwecke optimierte Mittelwahl, sondern eher ging es darum, Domänen und Dominanzen zu sichern. Was sich dabei als Relationsmuster "einspielte", war dadurch bestimmt, daß sich hier sehr unterschiedliche Interessen und Rationalitäten arrangieren mußten: Zweckrationalität und Wertrationalität, wohlfahrtsstaatlicher Universalismus und wohlfahrtsverbandlicher Partikularismus. Die Spieler in einem solchen Spiel haben dann nicht mehr nur das Interesse, ihre Ziele gradlinig zu verfolgen, sondern sie müssen zugleich interessiert sein, die Spielstruktur und die sie tragenden Relationen zu kontrollieren und zu stabilisieren.

Bestimmte sich der ordnungspolitische Stellenwert der Wohlfahrtsverbände über die Stabilität einer "neo-korporatistischen" Kollaboration im etablierten System öffentlicher und privater Fürsorge, so erweist sich diese Stabilität heute als zu unbeweglich angesichts explosiver Probleme und einer demgegenüber restriktiven und reduktiven Staatlichkeit, die sich aus korporatistischen Verflechtungen und Verpflichtungen mehr und mehr herauslöst. Formeln, daß der Neo-Korporatismus durch einen Neo-Liberalismus ersetzt wird, bieten jedoch nur oberflächliche Schlagworte für den tiefergreifenden Wandel. Nicht nur der Staat zieht sich aus dem Korporatismus zurück, auch für den engagierten 'moralischen Unternehmer' wird der Korporatismus zur kritischen Schwelle, der zwar die materiellen Ressourcen absichert, jedoch gerade die Potentiale sozialen Engagements neutralisieren könnte.[37] Auch im - nur auf den ersten Blick tradionalistischen - Lager einer radikalen Konfessionalität stellt man sich die Frage, ob man dem konfessionellen Anspruch nicht gerade dort näher kommt, wo man sich freiwillig aus der Schwerfälligkeit des Korporatismus herauslöst und mit "leichterem Gepäck" neue Beweglichkeit gewinnt.[38]

Offensichtlich sind die konfessionellen Wohlfahrtsverbände nur sehr unterschiedlich zu radikalen post-korporativen Wenden bereit. Aber sie können sich

37 In der neuen Reserviertheit gegenüber korporatistischen Arrangements, gibt es durchaus Vergleichbarkeiten zwischen dem konservativen Votum für einen Ausstieg in traditionale Partikularität und der im alternativen Lager geführten "Staats-Knete"-Diskussion.

38 Symptomatisch für diese Entwicklung ist eine in der Kirchenpresse verbreitete Nachricht, daß zwei Frauenorden (prominente Einrichtungsträger im Gesundheitsbereich) sich von ihren Großeinrichtungen trennen und diese in eine Stiftung einbringen wollen. Als Grund wurde angegeben, nach wie vor zu radikaler Hingabe und für radikale Not bereit zu sein. Doch wolle und müsse man das religiöse Engagement und die Opferbereitschaft auf direkte Hilfen und besonders wertgeladene Projekte wie Sterbehospiz, Aidshilfe oder Frauenhäuser konzentrieren. Reine Managementaufgaben lägen weder in ihrer Kompetenz noch in ihrem Interesse.

den Herausforderungen religiöser Radikalität, die eine Umstellung auf eine "reinere" und konsequentere Konfessionalität fordert, ebensowenig entziehen wie den Erwartungen der Kostenträger nach (Markt-) Wirtschaftlichkeit und administrierbarer Standardisierung. In ihrem praktischen Handeln müssen sie sich vor allem darin bewähren, die Balance zwischen den sehr unterschiedlichen kulturellen Wertladungen und Sinnrichtungen und einem nicht primär religiösen Engagement, wie man es gerade im Milieu sozialaktiver Kirchengemeinden findet, zu halten. Konfessionelle Wohlfahrtsverbände dürfen sich deshalb nicht in Prinzipienstreiten aufreiben und darüber Not und Bedürfnisse von Klienten aus den Augen verlieren.[39]

Ob ihnen dies gelingt, hängt wesentlich davon ab, ob sich jenseits der Routinen des Alltags geeignete Verfahren und Formen herausbilden, den eigenen Weg zu bestimmen. Die dabei geforderte Reflexivität ist weder mit einer introvertierten Selbstbeschäftigung mit dem eigenen Ego (wie es gerade im professionellen Milieu sozialer Arbeit gerne als gruppendynamische Selbsterfahrung kultiviert wird) zu verwechseln, noch mit einer Übertragung der intellektuellen Kultur akademischer Dauerreflexion in die Praxis des Helfens: Es geht also nicht um die Schau ins eigene 'Innere', sondern um die Fähigkeit und Bereitschaft einer bewußteren Gestaltung der 'Relationen' zur Umwelt. Eine solche "Relationierung von Relationen" (Luhmann) - und damit der Umgang mit reflexiven Relationen (im Unterschied zu den transitiven Relationen des Eingriffs und des Durchgriffs) - setzt die Bereitschaft voraus, sich sensibler auf 'Umwelt' einzustellen. Man muß schon genauer hinhören auf die je besonderen Ideen und Interessen, Belange und Bedürfnisse der unterschiedlichen Ziel- und Bezugsgruppen. In der Steuerung reflexiver Relationen läßt sich aus Prinzipien wenig ableiten - und unsystematisierte Einzelerfahrungen tragen auch nicht sehr weit. Die notwendigen "Diskurse" müssen sich auf eine solide Basis systematisch erhobenen und systematisch ausgewerteten Wissens stützen. Wie nicht zuletzt die Armutsstudie des Deutschen Caritasverbandes zeigt (vgl. 1993), könnte eine wesentliche Rationalitätsreserve in dem Wissen liegen, über das die Wohlfahrtsverbände verfügen, das ihnen aber in der Alltagsroutine nicht verfügbar ist.[40] Die zuweilen überschäumende Diskussion zur Rolle "der" (bzw. einzelner) Wohlfahrtsverbände könnte so an Sachlichkeit und Erfolgsaussicht gewinnen. Vor allem aber setzt reflexive Rationalität in jeder Phase des Handlungs- und Gestaltungsprozesses - und auf allen Ebenen der Organisation[41] - die Bereitschaft und Fähigkeit zu einer Art "kommunikativen Validie-

39 Zumal der Prinzipienstreit häufig mit Formeln wie "Alles geschieht im Interesse des Klienten" maskiert wird.

40 Vgl. zur "professionellen Verwendung empirischen Wissens" auch Nokielski/Pankoke 1992.

41 "Durchgreifenden Veränderungen in der gesellschaftlichen Umwelt der Organisationen und den Herausforderungen neuer sozialer Probleme wird man mit innovativen Konzepten begegnen müssen. Diese wiederum lassen sich nicht verordnen, sondern nur auf der Grundlage von Gemeinsamkeit und Lernfähigkeit entwickeln. Als hilfreich könnte sich dabei erweisen, das Bild

rung" (Klüver) der eigenen Praxis in ihren sozialen System-Umwelt-Relationen voraus. Eigenes Beobachten und die eigenen Feldbeschreibungen sind dabei mit den Meinungen, Erwartungen und Bewertungen der Akteure im Feld rückzukoppeln.

Mit der in wechselseitiger Spiegelung sich einspielenden sozialen Wirklichkeit konstituiert sich ein neuer Typus von Partikularität: Der Eigensinn des Besonderen gründet nicht im traditionalen Rückbezug auf "gewachsene" Ordnungen und Gliederungen, aber auch nicht im Realitätssinn des in korporatistischen Relationen Machbaren, sondern sie konstituiert sich als bewußt konstruierter Kontext von Selektionen und Kombinationen in einem unsicheren Feld unüberschaubarer Möglichkeiten und Schwierigkeiten. Bindet sich traditionale Partikularität über feste Werte und reguliert sich korporatistische Partikularität über stabile Relationen organisierter Interessen, so steuert sich post-korporative Rationalität über die Kommunikation und Reflexion von sozialem "Sinn".

Während im Korporatismus der Rahmen institutioneller Arrangements relativ starr vorgegeben und auf einige wenige politische Arenen[42] festgeschrieben war, stehen nun die Kontexte sozialen Engagements und sozialer Praxis zur Disposition und Diskussion. In ihrer geradezu konstruktivistischen Künstlichkeit bilden sich die Kontexte im kommunikativen Wechselspiel zwischen Verantwortlichen, Beteiligten und Betroffenen heraus: als Prozesse und Projekte, Konstrukte und Kontrakte, Konflikte und Kompromisse. Kontextuelle Steuerung (Willke 1992) unterscheidet sich von korporatistischer Regulierung damit durch größere Offenheit, gesteigerte Künstlichkeit und höhere Komplexität (mehr Möglichkeiten/Schwierigkeiten, mehr Mitspieler).

Als "neue Unübersichtlichkeit" kann Offenheit aber auch Angst machen, wenn es nicht gelingt, den Umgang mit Offenheit als Lernprozeß zu sehen und einzuüben. Gefordert ist nicht nur ein Lernen in und aus Relationen, sondern auch ein "Lernen des Lernens" (reflexives Lernen im Sinne Luhmanns). Folgt man Steuerungstheorien einer "Politischen Kybernetik" (Karl Deutsch), wird deutlich, daß Nicht-Lernen sich nur leisten kann, wer Macht hat und einsetzen kann. Wer primär über Macht (auch die symbolische Macht hoher Werte und großer Worte) regiert, verlernt das Lernen. So müßten sich die Wohlfahrtsverbände, denen auch aus ihrer Vorrang- und Sonderstellung im korporatistischen System Macht erwuchs, selbstkritisch fragen, ob sie so nicht zuweilen auch verleitet wurden, statt auf Lernen auf Macht zu setzen.[43]

---

vom cleveren Manager durch die Vorstellung von der lernfähigen Organisation zu ersetzen." (Klimecki/Nokielski 1992, S. 51).

42 Der Begriff wird hier in Anlehnung an die policy-Analyse (vgl. Windhoff-Héritier 1987) verwandt.

43 Dies ließe sich auch an dem Beharren konfessioneller Wohlfahrtsverbände auf eine Sonderstellung (die aus Wesenseigenschaften und rechtlichen Privilegien hergeleitet wird) gerade auch für den Bereich der Arbeitsbeziehungen zeigen (vgl. dazu Beyer/Nutzinger 1991).

In unserer nun schon älteren Studie zur Steuerungsproblematik von Reformprozessen haben wir in Absetzung von traditionaler "Selbstgenügsamkeit" und korporatistisch rationalisierter "Selbstregulierung" die "neuen Formen gesellschaftlicher Selbststeuerung" (Pankoke u.a. 1975) herausgearbeitet. Damals sah es noch so aus, als ob dieser Typus sich eher in einem aus dem korporatistischen System "ausgekuppelten" alternativen Sektor entwickeln werde. Heute hingegen stellt sich die Frage, ob sich jenseits von Staats- und Marktversagen ein "Dritter Sektor" ausweitet, der gewiß angewiesen bleibt auf konventionelle Steuerungsmedien (wie Geld, Recht, Macht), zugleich aber über den Steuerungmodus solidarischer Selbstorganisation produktiv werden kann. Gerade im konfessionellen Bereich ergeben sich daraus neue Herausforderungen. Kontext-Partikularität müßte dabei nicht bedeuten, daß die Gründe und Grenzen der Solidarität immer schon durch vorgegebene Werte und Interessen fixiert sind, aber sie kann ihre spezifischen Chancen und Aufgaben wahrnehmen, wenn sie einen - im Verhältnis zur Universalität von Markt und Staat - anderen Zugang zu den Menschen findet, sich zu Gemeinschaftsprojekten zusammenzuschließen.

Die Offenheit der heute möglichen Kombinatorik kommt aktuell in der Formel vom "Wohlfahrts-Mix" auf den Begriff. Hier stellt sich die Frage, ob die Wohlfahrtsverbände auf den Errungenschaften ihrer korporatistischen Domänen sitzen bleiben, - oder aber es lernen, in neuen Konstellationen aktiv mitzumischen und sich interaktiv einzumischen. Neben den veränderten und schwächer werdenden - gewiß aber auch weiter wirksamen - korporatistischen Arrangements wären die Wohlfahrtsverbände dann gefordert, sich intensiver - ganz im Sinne des klassischen Subsidiaritätsverständnisses - auf die soziale Nähe der primären Netze einzulassen. Flexibilität im Wohlfahrts-Mix bedeutet Nähe und Distanz, die Beziehung zum "Nächsten" und die Auseinandersetzung mit (Inbeziehungsetzen zu) den "sekundären Systemen" der universalistischen Modernität von Staat und Markt.

Möglicherweise identifizieren die Wohlfahrtsverbände dann ihre besondere Chance darin, zwischen sekundären Systemen und primärer Nähe neue "intermediäre Netze" anzubieten - oder auch nur zu fördern. Sie dürften sich dann nicht auf die Produktion sozialer (Dienst-)Leistungen festlegen, sondern müßten sich für "Vermittlungsaufgaben" offen halten und in der Zusammensetzung ihrer Mitglieder und ihres Personals deutlich vorhandene, unter Bedingungen korporatistischer Regulierung aber zuweilen in den Hintergrund geratene Potentiale wie Solidarität und Sensibilität, Emotion und Engagement verstärken und neu gewichten. Post-korporative Partikularität würde dann kein Zurück in die Abgeschlossenheit traditionaler Partikularität bedeuten, wohl aber die trügerische Sicherheit des neo-korporatistischen Arrangements überwinden; gefordert wäre die Fähigkeit "von der Umwelt zu lernen": in der Auseinandersetzung mit Nöten, Bedürfnissen und Betroffenheiten, in der Bereitschaft zu neuen Kooperationen und Bündnissen und in der Konstruktion neuer Kontexte der Selbst-, Fremd- und Solidarhilfe.

## Literatur

Aldrich, Howard, 1979: Organizations and Environments, Englewood Cliffs, N.Y.
Badura, Bernhard/Peter Gross, 1976: Sozialpolitische Perspektiven. Eine Einführung in Grundlagen und Probleme sozialer Dienstleistungen, München.
Baldock, John, 1993: Patterns of change in the delivery of welfare in Europe, in: Taylor--Gooby/Robyn Lawson (Hrsg.), S. 24-37.
Beyer, Heinrich/Hans G. Nutzinger, 1991: Erwerbsarbeit und Dienstgemeinschaft. Arbeitsbeziehungen in kirchlichen Einrichtungen, Bochum.
Bornat, Joanna/Charmaine Pereira/David Pilgrim (Hrsg.), 1993: Community Care, Houndsmill und London.
Challis, David/John Chesterman/Robin Darton/Karen Traske, 1983: Case Management in the Care of the Aged: The Provision of Care in Different Settings, in: Bornat, Joanna/Charmaine Pereira/David Pilgrim (Hrsg.), S. 184-203.
Crozier, Michel/Erhard Friedberg, 1979: Macht und Organisation. Die Zwänge kollektiven Handelns, Königstein/Ts.
Deutscher Caritasverband (Hrsg.), 1993: Arme unter uns: Ergebnisse und Konsequenzen aus der Caritas-Armutsuntersuchung, Freiburg.
Doorn, Jacques van, 1985: Entwicklung und Krise des Interventionsstaates - dargestellt am Beispiel der Niederlande, in: Sociologia internationalis 23, S. 129-146.
Duffhues Ton/Albert Felling/Jan Roes, 1985: Bewegende Patronen: een analyse van het landelijk netwerk van katholieke organisaties en bestuurders 1945-1980, Baarn.
Ebers, Mark/Wilfried Gotsch, 1993: Institutionenökonomische Theorien, in: Kieser, Alfred (Hrsg.), S. 193-242.
Ebertz, Michael N., 1993: Die "Vergesellschaftung" der Kirchen. Kircheninterner Pluralismus, in: Forschungsjournal NSB 3-4, S. 37-50.
Gabriel, Karl, 1993: Christentum zwischen Tradition und Postmoderne, Freiburg u.a..
Gondek, H.-D./U. Heisig/W. Littek, 1992: Vertrauen als Organisationsprinzip. in: Heisig, U./W. Littek/H.-D. Gondek (Hrsg.), Organisation von Dienstleistungsarbeit. Sozialbeziehungen und Rationalisierung im Angestelltenbereich, Berlin, S. 33-56.
Gray, Andrew/Bill Jenkins, 1993: Markets, managers, and the public service: The changing of a culture, in: Taylor-Gooby, P./R. Lawson, S. 9-23.
Heinze, Rolf G. (Hrsg.), 1985: Neue Subsidiarität. Leitidee für eine zukünftige Sozialpolitik, Opladen.
Heinze, Rolf G./Thomas Olk, 1984: Sozialpolitische Steuerung: Von der Subsidiarität zum Korporatismus, in: Glagow, Manfred (Hrsg.), Gesellschaftssteuerung zwischen Korporatismus und Subsidiarität, Bielefeld, S. 162-194.
Heinze, Rolf G./Helmut Voelzkow, 1994: Verbände und "Neokorporatismus", in: Roth, Roland (Hrsg.), Kommunalpolitik. Politisches Handeln in den Gemeinden, Opladen, S. 245-270.
Huber, Joseph, 1987: Die neuen Helfer. Das "Berliner Modell" und die Zukunft der Selbsthilfebewegung, München.
Hoyes Lesley/Robin Means, 1983: Markets, Contracts and Social Care Services: Prospects and Problems in: Bornat, Joanna/Charmaine Pereira/David Pilgrim (Hrsg.), S. 287-295.
Kaufmann, Franz-Xaver, 1979: Kirche begreifen. Analysen zur gesellschaftlichen Verfassung des Christentums, Freiburg.
Kieser, Alfred (Hrsg.), 1993: Organisationstheorien, Stuttgart u.a..
Klimecki, Rüdiger/Nokielski, Hans, 1992: Sozialmanagement. Innovationszwang und Entwicklungspotentiale von Wohlfahrtsverbänden, in: Jahrbuch des Deutschen Caritasverbandes. Caritas '93 Freiburg, S. 40-51.
Küpper, Willi/Günther Ortmann (Hrsg.), 1988: Mikropolitik. Rationalität, Macht und Spiele in Organisationen, Opladen.
Kuhn, Ulrich/Helmut Staiber, 1992: Die Zukunft der caritativen Einrichtungen. Staatsbürokratie oder Markt? in: Caritas '93. Jahrbuch des Deutschen Caritasverbandes, Freiburg, S. 51-56.

Mannheim, Karl, 1964: Das konservative Denken. Soziologische Beiträge zum Werden des politisch-historischen Denkens in Deutschland (zuerst 1927), in: Ders. Wissenssoziologie. Auswahl aus dem Werk, hrsg. v. K.H.Wolff, Neuwied, S. 408-508.

Mayo, Marjorie, 1994: Communities and caring. The mixed economy of welfare, Houndsmills u.a..

Mintzberg, Henry, 1983: Power in and around organizations, Englewood Cliffs, N.J..

Neij, Rob, 1989: De Organisatie van het Maatschappelijk Werk, Zutphen.

Nokielski, Hans, 1987: Strukturwandel organisierten Helfens in den Niederlanden, in: Bauer, Rudolph/Anna-Maria Thränhardt (Hrsg.), Verbandliche Wohlfahrtspflege im internationalen Vergleich, Opladen, S. 107-131.

Nokielski, Hans, 1989: Organisationswandel sozialer Arbeit in den Niederlanden, Essen (Habilitationsschrift).

Nokielski, Hans, 1994: Universalität, Partikularität, Individualität. Zum Wandel der Orientierungsmuster sozialer Dienste, in: Zeitschrift für Sozialreform 11, 39, S. 667-678.

Nokielski, Hans/Eckart Pankoke, 1991: Konstruktive Netzwerkhilfe. Ressourcenmanagement im Lebenszusammenhang Gemeinde, in: Deutscher Caritasverband (Hg.), Caritas '92 - Jahrbuch des Deutschen Caritasverbandes, S. 37-43.

Nokielski, Hans/Eckart Pankoke, 1992: Feldbeschreibung. Zur professionellen Verwendung empirischen Wissens, in: Archiv für Wissenschaft und Praxis der sozialen Arbeit, S. 300-316.

Ortmann, Günther/Arnorld Windeler/Albrecht Becker, 1990: Computer und Macht in Organisationen. Mikropolitische Analysen, Opladen.

o.V., 1993: Samariter mit wenig Zeit. in: test 28, Sept., S. 86-91.

Pankoke, Eckart, 1970: Sociale Bewegung - Sociale Frage - Sociale Politik. Grundfragen der deutschen "Socialwissenschaft" im 19. Jahrhundert, Stuttgart.

Pankoke, Eckart, 1995: Subsidiäre Solidarität und Freies Engagement. Zur "anderen" Modernität der Wohlfahrtsverbände, in: Thomas Rauschenbach/Christoph Sachße/Thomas Olk (Hrsg.), Von der Wertgemeinschaft zum Dienstleistungsunternehmen. Jugend- und Wohlfahrtsverbände im Umbruch, Frankfurt/M., S. 54-83.

Pankoke, Eckart/Nokielski, Hans/Beine, Theodor, 1975: Neue Formen gesellschaftlicher Selbststeuerung in der BRD. - Diskussion an Beispielen aus den Bereichen Bildung, Soziale Sicherung und Kommunale Selbstverwaltung, Kommission für wirtschaftlichen und sozialen Wandel 86, Göttingen.

Pankoke, Eckart/Sachße, Christoph, 1992: Armutsdiskurs und Wohlfahrtsforschung. Zum deutschen Weg in die industrielle Moderne, in: Leibfried, St./W. Voges (Hrsg.), Armut im modernen Wohlfahrtsstaat, Sonderheft 32/1992 der Kölner Zeitschrift für Soziologie und Sozialpsychologie, Opladen, S. 149-173.

Raub, Werner/Weesie, Jeroen, 1994: The Management of Matches, Thesenpapier vorgelegt anläßlich eines Vortrags an der Universität Essen.

Reiferscheid, Dagmar 1993: Innovationsmöglichkeiten und -zwänge der Heimorganisation. Wie können Heimleitungen und Mitarbeiter auf die Herausforderungen des KJHG reagieren? Untersucht am Beispiel eines in katholischer Trägerschaft befindlichen Kinderheimes, Essen (erziehungswiss. Dipl.-Arbeit).

Scharioth, Joachim, 1992: Vom Kunden lernen, in: Camilla Krebsbach-Gnath (Hrsg.): Den Wandel im Unternehmen steuern. Faktoren für ein erfolgreiches Change-Management Frankfurt/M., S. 103-126.

Schmid, Josef, 1987: Wohlfahrtsverbände und Neokorporatismus - kritische Anmerkungen zur Übertragung einer Theorie, in: Mensch, Medizin, Gesellschaft 2, 12, S. 119-123.

Schmid, Josef, 1995: Verbändewohlfahrt im modernen Wohlfahrtsstaat. Strukturbildende Effekte des Staat-Kirche-Konflikts, in: Immerfall, S./P. Steinbach (Hrsg.), Historisch-vergleichende Makrosoziologie. Stein-Rokkan - der Beitrag eines Kosmopoliten aus der Peripherie, S. 88-118.

Schmid, Josef, 1994: Der Wohlfahrtsstaat Europa und die deutschen Wohlfahrtverbände, in: V. Eichener/H. Voelzkkow (Hrsg.), Organisierte Interessen in Europa. Marburg, S. 453-483.

Schöllkopf, Martin, 1993: Neuordnung der ambulanten Dienste. Implementation eines Landesprogramms, Konstanz (verwaltungswiss. Dipl.-Arbeit).

Scott, W. Richard, 1986: Grundlagen der Organisationstheorie, Frankfurt und New York.

Sieber, Sam D., 1981: Fatal Remedies. The Ironies of Social Intervention, New York u. London.

Taylor-Gooby, Peter/Lawson,Robyn, 1993: Markets and Manager. New Issues in the Delivery of Welfare, Ballmoor.
Weber, Max, 1972: Wirtschaft und Gesellschaft. Grundriss der verstehenden Soziologie, Studienausgabe, 5. rev. Aufl., Tübingen.
Willke, Helmut, 1982: Systemtheorie. Eine Einführung in die Grundprobleme, Stuttgart u.a..
Willke, Helmut, 1992: Ironie des Staates. Grundlagen einer Staatstheorie polyzentrischer Gesellschaft, Frankfurt.
Windhoff-Héritier, Adrienne, 1987: Policy-Analyse. Eine Einführung, Frankfurt und New York.

# Wohlfahrtspluralismus und Wohlfahrtspluralität. Überlegungen am Beispiel der Sozial- und Gesundheitssicherung

*Friedhart Hegner*

Immer dann, wenn das Wirtschaftswachstum stagniert oder gar rückläufig ist, erwachen die an Wohlstand gewöhnten Zeitgenossen aus dem *"Kurze(n) Traum immerwährender Prosperität"*, wie es *Burkhart Lutz (1984/1989)* im Titel seines Buches gekennzeichnet hat. Das trifft in den alten Bundesländern für die Rezessionsjahre 1974 bis 1976 und 1980 bis 1982 ebenso zu wie für die Wirtschaftsrezession von 1991/92 bis 1993/94. Die Rückkehr aus einem als angenehm erlebten Traum in die graue Alltagswirklichkeit führt meist zu anfänglicher Desorientierung und anschließender Verstimmung. Eines der Symptome der Desorientierung ist die bange Doppelfrage, ob 1. das Niveau der erreichten Sozial- und Gesundheitssicherung noch finanzierbar und gewährleistet ist, und ob 2. die etablierten Ordnungsprinzipien der Versorgung mit Sozial- und Gesundheitsgütern oder -diensten weiterhin tragfähig sind. Die Suche nach Antworten war Ende der 70er Jahre kaum anders als seit 1992 (vgl. Hegner 1979; Schneider 1993; Damkowski/Luckey 1994, S. 23-38).

Dabei sind in solchen Zeiten der Verunsicherung stets zwei Entwicklungen möglich (vgl. von Ferber 1989): Die eingefahrenen Muster des Erlebens, Denkens und Verhaltens sowie die verkrusteten Organisationsformen der Versorgung mit Sachgütern, Geld und Dienstleistungen werden entweder starr verteidigt, weil das Gewohnte die Illusion von Sicherheit vermittelt, oder aber kritisch hinterfragt, um das noch Brauchbare auf die neuen Notwendigkeiten und Chancen abzustimmen, - wenn man einmal von der obsolet gewordenen Option radikaler Kritik und revolutionärer Umgestaltung absieht, die in hochdifferenzierten Industrie- und Dienstleistungsgesellschaften nur als verbaler Kraftakt taugt. - Im folgenden wird in der Tradition des Reformismus versucht, das vielschichtige Konzept des Wohlfahrtspluralismus mit Konturen zu versehen, die Orientierungslosigkeit vermeiden sollen, damit ein akzeptables Ausmaß an Sozial- und Gesundheitssicherung praktisch weiterhin realisiert werden kann. Auf alltagsnahe Konkretisierung muß dabei aus Platzgründen weitgehend verzichtet werden. Allerdings sollen neben der Makro-Ebene auch die Meso- und Mikro-Ebene pluraler Wohlfahrtssicherung durch verschiedenartige Sozialsysteme beachtet werden.[1]

## I. Sozialstaat und Wohlfahrtsgesellschaft - die Makro-Ebene

Auf allen Ebenen sozialer Systembildung (makro, meso, mikro) geht es letztlich um *Bedarfsdeckung*, d.h. um die Beschaffung, Verteilung und Verwendung der Mittel für die Bedürfnisbefriedigung, wobei die Bedürfnisse und die Mittel zu ihrer Befriedigung teils materiell und teils immateriell ausgeprägt sind (vgl. Scherhorn 1959). Die Termini Sozialstaat und Wohlfahrtsgesellschaft bezeichnen bestimmte Weisen der Bedarfsdeckung mit Blick auf die gesellschaftliche Makro-Ebene. Zwei globale Weisen der Bedarfsdeckung werden anschließend gegenübergestellt: die etatistische und die pluralistische (vgl. Schmidt 1988, S. 117-168; Rieger 1992, S. 33ff u. passim). Die Vertreter beider Richtungen erheben den Anspruch, *Wohlfahrt*, d.h. gelungene Bedarfsdeckung, zu gewährleisten.

Der Terminus *Sozialstaat* drückt aus, daß es offenbar vorrangig ein Merkmal und eine Aufgabe der Großorganisation *Staat* - mit ihren Komponenten Bund, Länder, Kommunen - ist, Wohlfahrt für möglichst viele - im Idealfall: alle - zu sichern, d.h. "sozial" zu agieren (zur Systematik und Historie des Sozialstaatsverständnisses siehe beispielsweise Hartwich 1970/1978, S. 21-61; Tennstedt 1981, S. 78-89, 135-151). Die Konzentration auf den Akteur Staat ist verbunden mit einem verengten oder speziellen Verständnis von "sozial", das im 19. Jahrhundert entstanden ist (vgl. Pankoke 1970, S. 75ff, 164ff). - Löst man sich davon zunächst einmal, können mit dem Begriff sozial verschiedene Dimensionen individueller und kollektiver Aktivitäten der Bedarfsdeckung - einschließlich der Hilfeleistung - bezeichnet werden:

*(a) Sozial definiert*, also durch gesamtgesellschaftliche oder gruppen- und schichtspezifische Normen und Wertvorstellungen geprägt, sind die individuell oder kollektiv erlebten Mangelzustände und die mit ihnen verbundenen Bedürfnisorientierungen, d.h. die Erwartungen/Wünsche nach Beseitigung des Mangels. Demzufolge spricht *Walter G. Runciman (1966/1972)* von "relativer Deprivation", und *Robert K. Merton (1961/1971)* befaßt sich mit "sozialen Problemen", d.h. mit Defiziten, die an "sozialen Standards" gemessen werden. Ebenfalls sozial definiert - wiederum auf sozialen Standards basierend - sind die kodifi-

1 Bei der Unterscheidung dieser drei analytischen Ebenen der sozialen Systembildung wird im folgenden eklektisch auf verschiedene wissenschaftliche Ansätze zurückgegriffen: Touraine 1973/1993, S. 36-62, 262-286 ("Gesellschaftskonflikte zwischen Klassen", "Institutionen", "Organisationen"); Luhmann 1984, S. 256-269, 560-581 ("Gesellschaft" (mit "Teilsystemen"), "Organisation" ("formale"), "Interaktion"); Kaufmann 1991 ("institutionelle Koordination", "operationale Koordination", "interindividuelle Handlungsketten").

zierten Ansprüche auf Mangelbeseitigung sowie die daran gebundenen Hilfen und Leistungen (vgl. Albrecht 1977).

*(b) Sozial organisiert* ist die Erbringung und Übermittlung von Hilfeleistungen, d.h. von Mitteln für die Bedürfnisbefriedigung, wenn sie über die spontane Hilfegewährung durch zufällig am gleichen Ort Anwesende hinausgeht, die allerdings durchaus sozial definiert sein kann, wie das Beispiel des Samariters zeigt. Dabei ist zu unterscheiden zwischen einfach organisierten Sozialsystemen, in denen Hilfe aufgrund informeller, d.h. nicht schriftlich kodifizierter, Verhaltenserwartungen und Standards geleistet wird, und formal organisierten Sozialsystemen mit kodifizierten Standards, Verhaltenserwartungen und Mustern der Arbeitsteilung (vgl. Blau/Scott 1962/1969, S. 2ff; Luhmann 1973). In einfach organisierten Sozialsystemen können die Verhaltenserwartungen und Standards entweder vorrangig durch eingelebte Gewohnheiten und Sanktionen institutionalisiert sein, wie es beispielsweise für Hilfeleistungen im Familienhaushalt oder Nachbarschaftsverband gilt, oder primär durch Vereinbarungen zwischen Individuen konstituiert werden, wie es beispielsweise in der Gründungsphase von Selbsthilfegruppen zutrifft (vgl. Hegner 1982, 1985).

Verengt wird das Spektrum der sozialen Definitionen und Organisationsformen dann, wenn 1. dem Staat als Akteur eine herausragende Bedeutung zugemessen wird, und wenn 2. aus einem bestimmten Verständnis der Staatsaufgaben oder -aktivitäten heraus einzelne Aspekte des Definierens und Organisierens hervorgehoben werden.[2] Das folgende *Schema 1* gibt in Stichworten einen Überblick über unterschiedlich enge/weite Verständnishorizonte mit Bezug auf soziale Definitionen und Organisationsformen der Bedarfsdeckung.

Mit Hilfe dieses *Schemas* läßt sich der *Sozialstaat* folgendermaßen - etatistisch - definieren:

*(a)* Kennzeichnend für ein eingeengtes Verständnis der Bedarfsdeckung ist die Konzentration auf *öffentliche Akteure*, d.h. auf Bund, Länder und Kommunen (abgekürzt Staat) sowie parastaatliche Akteure (z.B. Sozialversicherungsträger). Andersartigen Akteuren wird lediglich eine komplementäre Rolle zugewiesen. Demzufolge wird das Subsidiaritätsprinzip, wie es die katholische Soziallehre formuliert hat, auf den Kopf gestellt (siehe dazu die Beiträge von Heinze, Bellermann und Kühr in: Heinze (Hg.) 1986).

2 Derartige gedankliche (z.B. begrifflich-theoretische) Verengungen korrespondieren mit tatsächlichen Entwicklungen, - im Sinne der Vorbereitung oder nachträglichen Aufarbeitung (so am Beispiel des 19. Jahrhunderts: Pankoke 1970; mit Blick auf einen Vergleich zwischen Deutschland und Großbritannien: Rieger 1992, S. 19-27, 111-150; am Beispiel der Verengung des Sozialstaatskonzepts auf eine Gesellschaft mit Vollbeschäftigung: Rosner 1990, S. 91-191; Wehner 1992, S. 37-70).

**Schema 1: Pluralismus und Etatismus bei der Wohlfahrtssicherung**

| Horizont \ Dimension | Typ der sozialen **Definition** von Bedürfnis, Bedarf und Bedarfsdeckungsniveau oder -qualität | Modus der sozialen **Organisation** der Bedarfsartikulation, -bearbeitung und -deckung |
|---|---|---|
| **Erweitertes** Verständnis (Pluralismus außerhalb des Staats)<br><br>*"Bürgerliche Gesellschaft"* | Festlegung durch Wertvorstellungen, Normen und Gewohnheiten. Beurteilung durch Angaben zur Menge und Qualität von Sachgütern und Dienstleistungen. | Spontan vereinbart/inszeniert (z.B. Selbsthilfegruppen). Einfach/informell organisiert (z.B. Familienhaushalt). Formal organisiert (z.B. kirchliche u. freigemeinnützige Wohlfahrtspflege). |
| **Verengtes** Verständnis (z.B. Etatismus)<br><br>*"Sozialstaat"* | Kodifizierung durch Rechts- und Verwaltungsvorschriften. Angaben und Messung in Geldgrößen (auf öffentliche Budgets bezogen) | Formal organisiert<br>▸ bürokratisiert<br>▸ professionalisiert<br>▸ inter-organisatorisch ausgehandelt und vertraglich vereinbart zwischen dem Staat und anderen Organisationen (Verbänden etc.) |
| ***Umfassendes*** *Verständnis (Pluralismus unter Einbeziehung des Staats)*<br><br>*"Wohlfahrtsstaat und -gesellschaft"* | *Kombinationen der zuvor genannten Definitionstypen* | *Kombinationen der zuvor genannten Typen des Organisierens und der Organisation* |

*(b)* Folgende *Definitionsinstrumente* sind für den öffentlichen Akteurstyp charakteristisch: Transformation individueller Bedürfnisse und kollektiver Bedarfe in Ansprüche, die durch Rechts- und Verwaltungsvorschriften kodifiziert werden, sowie in Geldgrößen, die in Budgets kumuliert und als Bemessungsgrundlage für Einzelleistungen (auch Sachgüter und Dienstleistungen) herangezogen werden können.

*(c)* Die beiden Definitionsinstrumente Recht und Geld sind zwar prinzipiell indifferent gegen *Definitionsinhalte*, erlauben also ein sehr breites Spektrum von Inhalten; sie werden jedoch gemäß dem jeweiligen historischen Verständnis des Sozialstaats sukzessive mit Hilfe spezifischer Inhalte, also selektiv, konkretisiert. Ein herausragendes Beispiel dafür ist jener globale Definitionsinhalt, der besagt, der Sozialstaat habe die Aufgabe, nicht nur die sozial Schwachen, die ohne fremde Hilfe Not leiden, zu unterstützen (vgl. Scherpner 1962, S. 120-138), sondern auch soziale Ungleichheit zu beseitigen und soziale Gleichheit herzustellen (vgl. Krüger 1975). Das erfordert soziale Standards, die von personen-, gruppen- oder schichtspezifischen Bedürfnisorientierungen und Bedarfsdeckungsstandards entweder abstrahieren oder durch perfektionistische Detailformulierungen versuchen, tendenziell allen individuellen Besonderheiten gerecht zu werden. Der zweitgenannten Anforderung können die Definitionsinstrumente Recht und Geld lediglich näherungsweise gerecht werden, ohne jedoch jemals die dynamische Entwicklung personen-, gruppen- oder schichtspezifischer Bedürfnisorientierungen und Bedarfsdeckungserwartungen einholen zu können (vgl. Luhmann 1981, S. 70ff, 94ff).

*(d)* Kennzeichnend für ein eingeengtes Verständnis der Wohlfahrtssicherung durch den Sozialstaat ist schließlich die Konzentration auf jene *Modi des Organisierens und der Organisation*, die für öffentliche Akteure charakteristisch sind. Dazu gehören vor allem: die formal organisierte Koordination von Einzelakteuren und -aktivitäten auf der Basis explizit formulierter Regeln und Verwaltungserwartungen, wobei eine Tendenz zur Bürokratisierung besteht, sowie die Ausrichtung der Aktivitäten an den Standards spezialisierter Professionen (vgl. Grunow 1988, S. 12ff, 59-140; Olk 1986). Im Bereich der Sozial- und Gesundheitssicherung wirken sich diese Modi des Organisierens (Management) und der Organisation (Aufbau-, Ablauforganisation) sowohl direkt als auch indirekt auf die Bedarfsdeckungsprozesse aus. Direkt in den Fällen, in denen öffentliche Akteure selbst Sachgüter, Geldmittel oder Dienstleistungen erbringen und übermitteln. Indirekt dann, wenn zwar die Erbringung und Ermittlung durch andere Akteure erfolgt (z.B. Wohlfahrtsverbände, Kirchen, Selbsthilfegruppen), jedoch die Finanzierung ganz oder teilweise durch öffentliche Budgets gesichert wird; in diesem Fall müssen die Adressaten oder Empfänger öffentlicher Zuwendungen etc. die Vorgaben der jeweiligen Verwaltung zur Art der Leistungen, zur Kostenberechnung und zur Entgeltabrechnung detailliert befolgen. Das hat Auswirkungen

sowohl auf die Modi der Erbringung und Übermittlung von Leistungen als auch auf die Aufbau- und Ablauforganisation der nicht-öffentlichen Akteure, die im Laufe der Zeit zumindest teilweise die Definitionsinstrumente und Organisationsmodi der öffentlichen Geldgeber übernehmen (vgl. Freier 1991; Hegner 1985, 1992).

Ziehen wir Zwischenbilanz (siehe als Überblick auch: Opielka/Ostner (Hg.) 1987; Lewkowicz (Hg.) 1991): Das verengte - etatistische - Verständnis der Bedarfsdeckung sowie die etablierten Muster der Erbringung, Übermittlung und Finanzierung von Leistungen der Sozial- und Gesundheitssicherung gehen einher 1. mit einer Verrechtlichung und Monetarisierung der Definitionen und Problemlösungsstandards für relative Defizite oder Deprivationen sowie 2. mit einer Bürokratisierung und Professionalisierung der Prozesse des Organisierens und der Modi der Organisation (dazu noch immer lesenswert: Achinger 1958/1971, S. 85-128; von Ferber 1967, S. 11-29; Tennstedt 1976). Die Kritik aus Wissenschaft und Praxis an den negativen Konsequenzen eines verengten Sozialstaatsverständnisses wird seit Mitte der 70er Jahre begleitet von der Suche nach Alternativen und Komplementen. Das gilt besonders für den Bereich der "human services", d.h. der personalintensiven und personenbezogenen Dienstleistungen, bei denen die negativen Konsequenzen für die Bedürfnisbefriedigung und Bedarfsdeckung unübersehbar sind (so jüngst nochmals: Baldock/Evers 1991; Hasenfeld 1992). In Reaktion darauf sind die sozialen Definitionen und Organisationsformen der Bedarfsdeckung, wie sie für institutionalisierte Hilfeansprüche und -leistungen im Kontext von Familienhaushalt, Nachbarschaftsverband oder Kirchengemeinde charakteristisch sind, ebenso "wiederentdeckt" worden wie spontan inszenierte und informell organisierte Hilfeleistungen im Rahmen von Selbsthilfeinitiativen und -gruppen (vgl. Badura 1980; Hegner 1981, 1982, 1986).

Derartige Modi der Bedarfsdeckung sind unter den Bedingungen einer hochdifferenzierten Industrie- und Dienstleistungsgesellschaft lediglich begrenzt leistungsfähig - im Unterschied zu autark (vgl. Arbeitskreis 1989, S. 37-99; Braun/Opielka 1992, S. 19-81). Deshalb muß die doppelte Frage beantwortet werden, ob und auf welche Weise ihre Leistungspotentiale durch direkte öffentliche Unterstützung oder durch flankierende öffentliche Maßnahmen gestärkt und erweitert werden können. Damit wird die Aufmerksamkeit auf brauchbare Kombinationen - englisch "mixes" - der verschiedenartigen Definitionstypen und Organisationsmodi gelenkt (vgl. Hegner 1985; Vilmar/Runge 1988, S. 241-287; Olk 1990; Braun/Opielka 1992, S. 82-123). Allmählich entstehen so die Konturen eines umfassenden Verständnisses der Wohlfahrtsgesellschaft, wobei der herkömmliche Sozialstaat gemeinsam und gleichgestellt mit anderen Akteuren darum bemüht ist, die Wohlfahrt der Bürger(innen) zu sichern (vgl. Robson 1976, S. 174ff; Evers 1992).

Die Wohlfahrtsgesellschaft impliziert nicht nur weiterhin - wenn auch in abgewandelter und sich ständig verändernder Form - die Definitionsinstrumente (Recht, Geld) und Organisationsmodi (Bürokratisierung, Professionalisierung) des Sozialstaats. Vielmehr bleibt in ihr auch ein historisch gewachsener *Definitionsinhalt* bezüglich der Standards der Wohlfahrtssicherung weiterhin wirksam: die Idee der *Gleichheit*, die als Forderung nach politischer Gleichheit im 18. Jahrhundert die ständische Gesellschaft erschütterte und sodann im 19. Jahrhundert zunächst - liberal - zur Forderung nach gleichen sozioökonomischen Chancen und schließlich - sozialistisch - als Anspruch auf tatsächliche Gleichstellung hinsichtlich der Bedarfsdeckung oder Wohlfahrtssicherung umgemünzt wurde (vgl. Robson 1976, S. 36ff, 51ff, 74ff). Daraus resultiert ein ständiges Konfliktpotential - nicht nur im Sinne von politischen Verteilungskämpfen und ökonomischen Interessenunterschieden, sondern auch in Form soziokultureller und psychosozialer Triebfedern für die Suche nach akzeptablen Standards der Wohlfahrt.

## II. Organisierte Pluralität der Sozial- und Gesundheitssicherung - die Meso- und Mikro-Ebene

Auf der analytischen Makro-Ebene werden - wie zuvor geschehen - auf hohem Abstraktionsniveau zum einen Basisbausteine der Bedarfsdeckung (soziale Definition, soziale Organisation) sowie zum zweiten hochaggregierte kollektive Akteure (z.B. Sozialstaat) behandelt. Demgegenüber geht es auf der analytischen Meso- und Mikro-Ebene auf geringerem Abstraktionsniveau sowohl um interorganisatorische Akteurskonstellationen - beispielsweise um Formen der interorganisatorischen Arbeitsteilung und Interessendurchsetzung - als auch um die jeweilige Struktur und Entwicklungsdynamik einzelner Organisationen der Bedarfsdeckung (Verwaltungsbehörden, Unternehmen, Wohlfahrtsverbände, Infrastruktureinrichtungen etc.). Auf der Meso- und Mikro-Ebene wird anschließend nicht mehr von Wohlfahrtspluralismus gesprochen, sondern von *Wohlfahrtspluralität*, d.h. von der organisierten Vielfalt der teils nebeneinander wirkenden und teils miteinander kombinierten Definitionstypen und Organisationsmodi.[3]

3 Unter Betonung der dynamischen Prozesse des Kombinierens und Interagierens verschiedenartig strukturierter kollektiver Akteure (z.B. Verwaltungsbehörden, Unternehmen, Wohlfahrtsverbände, Selbsthilfegruppen) kann auch von sozialer Aktion gesprochen werden (vgl. Hegner 1979, S. 76-110).

## *1. Grundformen der Koordination und Typen von Akteuren*

Zunächst werden drei Grundformen der Koordination von Aktivitäten und Akteuren der Bedarfsdeckung skizziert (hierarchische Redistribution, marktmäßiger Äquivalententausch, reziproke oder solidarische Hilfeleistung), die den analytischen Vorteil haben, sowohl zur Makro- als auch zur Meso- und Mikro-Ebene hin anschlußfähig zu sein (vgl. Gretschmann 1986; Hegner 1986a; Krüsselberg 1986):

*(a) Hierarchische Redistribution* von Mitteln für die Bedürfnisbefriedigung. Sie ist verbunden mit einer funktionalen und hierarchischen Differenzierung zwischen Zentrumspositionen und Peripheriepositionen. Dabei ziehen die Zentrumspositionen per rechtlich kodifizierter Anordnung bestimmte Güter oder Mittel (z.B. Geld, Dienstleistungen, Sachgüter) an sich, während die Peripheriepositionen auf der Basis rechtlich kodifizierter Regelungen teils dem Zentrum bestimmte Güter zur Verfügung stellen (z.B. in Form von Steuern, Sozialabgaben) und teils im Wege der Redistribution vom Zentrum solche Güter zugeteilt bekommen. Beispiel: Der Staat (Bundesebene) erhebt Steuern von den Bürgern und transferiert einen Teil der Steuern an die öffentlichen Sozialhilfeträger (Kommunalebene), von wo sie auf der Basis des BSHG an die freigemeinnützigen Träger der Wohlfahrtspflege und an die Hilfebedürftigen transferiert werden.

*(b) Äquivalenten-Tausch* von Gütern zwischen formal gleichgestellten Marktteilnehmern (Anbietern, Nachfragern). Dabei tragen vor allem die Marktpreise, aber auch gesetzliche Verfahrensregeln (z.B. Wettbewerbsrecht) und vertragliche Abmachungen dazu bei, daß auf der Basis des Wettbewerbs die Bedarfsdeckung sowohl für die Anbieter als auch für die Nachfrager insgesamt gemäß dem Prinzip der Äquivalenz von Input und Output verläuft. Das heißt beispielsweise: Die gewerblichen Anbieter von Pflegediensten erwirtschaften trotz wettbewerbsgerechter Leistungsqualität aufgrund einer straffen Binnenorganisation und marktgerechter Preise ausreichende Überschüsse, und die Pflegebedürftigen erhalten rasche und fachlich kompetente Betreuung, wofür sie ein nach Preisvergleich für angemessen angesehenes Entgelt zahlen (vgl. Freier 1991).

*(c) Reziproke oder solidarische Selbstorganisation der Hilfeleistung*, d.h. über Reziprozität oder Solidarität gesteuerte Bereitstellung von Mitteln für die Bedürfnisbefriedigung. Dabei erfolgen sowohl die Eigenbedarfsdeckung als auch der Naturalientausch teilweise im Rahmen institutionalisierter Eigenhilfe (z.B. im Familienkontext oder der ursprünglichen Diakonie und Caritas) und teilweise im Rahmen sozial inszenierter Selbsthilfe (z.B. von den Beteiligten gegründete und gestaltete Gruppen). Der Austausch von Sachgütern oder Dienstleistungen vollzieht sich sowohl auf der Basis des Reziprozitätsprinzips ("do ut des") als auch auf der Grundlage von Solidarität ("einer für alle, alle für einen"). Beides beinhaltet mit Bezug auf einzelne konkrete Sach- oder Dienstleistungen ein - zumindest vorübergehendes - Ungleichgewicht zwischen dem aktuell Gebenden und dem aktuell

Nehmenden. Jedoch handelt der Gebende in der sozial verankerten Erwartung, daß auch ihm gegeben wird, wenn er - später oder andersartig - einmal in Not ist.

Die drei Grundformen der Koordination von Aktivitäten werden sowohl in wissenschaftlichen als auch in alltagspolitischen Diskussionen bisweilen mit bestimmten *kollektiven Akteuren* gleichgesetzt, und zwar nach dem Motto: hierarchische Redistribution = Staat oder öffentliche Akteure, Äquivalententausch = Marktakteure (z.B. Unternehmen), reziproke oder solidarische Selbstorganisation der Hilfeleistung = Familienhaushalte oder Selbsthilfegruppen. Das ist analytisch nur dann zulässig, wenn genau herausgearbeitet wird, 1. in welchem Ausmaß eine bestimmte Grundform der Koordination von Aktivitäten tatsächlich dominant prägend für die Binnenorganisation bestimmter Akteurstypen ist, und 2. auf welche Weise die faktischen inter-organisatorischen Bezüge zwischen kollektiven Akteuren von einem der drei Koordinationsprinzipien dominant geprägt werden, wenn auch eventuell in Verbindung mit dem oder den anderen. Eine derartige Prüfung macht es erforderlich, sowohl die jeweilige Binnenorganisation der kollektiven Akteure als auch deren Umweltbezüge - einschließlich der inter-organisatorischen Beziehungen - analytisch und empirisch zu untersuchen (zur Methodik dieses doppelgleisigen Vorgehens siehe Grunow 1988). Dabei wird die Makro-Ebene verlassen. Zugleich rücken auf der Meso- und Mikro-Ebene die zu bewältigenden relativen Deprivationen oder sozialen Probleme sowie die darauf gerichteten Prozesse der Bedarfsdeckung ebenso ins Blickfeld wie die verschiedenartigen Mittel zur Bedürfnisbefriedigung (z.B. Leistungs- oder Hilfeangebote).

An die Stelle des globalen Prinzipienstreits über "ismen" - z.B. Etatismus versus Liberalismus oder Pluralismus - tritt folgende praxisnahe Frage: Welche der Grundformen der Koordination ist entweder allein, d.h. mit starker Dominanz, oder in Kombination mit anderen - annähernd oder vollkommen gleichgewichtig - am besten geeignet, jene Mittel für die Bedürfnisbefriedigung zu erbringen und an die Hilfe- oder Leistungsbedürftigen zu übermitteln, die das jeweilige soziale Problem beseitigen oder zumindest akzeptabel abmildern, ohne allzuviele negative Nebenwirkungen nach sich zu ziehen? Bei der Suche nach Antworten auf diese Frage sind vier *Blickwinkel* zu beachten (detaillierter zum Folgenden: Hegner 1985, 1991, 1991a):[4]

- Perspektiven der Problembetroffenen (potentielle/aktuelle Nutzer von Angeboten) sowie - analytisch - der zu bearbeitenden Probleme (relativen Deprivationen)
- Perspektive der Anbieter und Angebotsträger (z.B. kommunale Beratungsstelle, kirchliche Sozialstation, Wohlfahrtsverband, kommunale Sozi-

4 Als Beispiele für empirische Untersuchungen, die diese vier Blickwinkel mit Bezug auf die Sozial- und Gesundheitssicherung beachten, seien genannt: Dahme u.a. 1980; Grunow/Hegner/Schmidt 1981; Jaedicke u.a. 1991; Damkowski/Luckey 1994).

alverwaltung, Kranken- oder Rentenversicherungsträger, gewerblicher Sozialdienst)

- Perspektive der Angebotsentstehung (Prozeß der Planung und Implementation von Diensten, Leistungen oder Einrichtungen).
- Perspektive der Angebotsübermittlung (Prozeß der Selektion von Adressaten, der Zusammenführung von Angeboten und Adressaten sowie der Interaktion mit den Nutzern)

Jeder einzelne Blickwinkel, aber auch die Überschneidung mehrerer Perspektiven dient dazu, die verschiedenen Komponenten, die in jedem Bedarfsdeckungsprozeß enthalten sind, genauer zu beleuchten. Diese facettenreiche Analyse ist die unerläßliche Voraussetzung für die Suche nach dem jeweils problemadäquaten Wohlfahrtsmix oder Pluralitätsmuster.

## 2. *Arten von Angeboten und Interventionsformen*

Aus dem Blickwinkel derjenigen, die von bestimmten Problemen (materieller, psychischer, somatischer etc. Art) betroffen sind, geht es in erster Linie um die Frage nach den verfügbaren bzw. erreichbaren *Arten von Angeboten*, die bei der Milderung oder Beseitigung von Mangelsituationen helfen können. Hier sind Unterschiede auf zwei Ebenen zu beachten (vgl. *Schema 2*):

- Zum einen sind hier die *unbezahlten* Angebote in Form der Eigenhilfe im Familien- oder/und Nachbarschaftskontext oder der Selbsthilfe in selbstorganisierten Gruppen sowie die *bezahlten* berufsmäßigen Angebote erwerbswirtschaftlicher, freigemeinnütziger, staatlicher und parastaatlicher Art zu unterscheiden.
- Zum zweiten geht es um den Unterschied zwischen *ambulanten, teilstationären* und *stationären* Dienstleistungsangeboten sowie zwischen *Geld-, Sach-* oder *Dienst*leistungen und *Infrastruktur*einrichtungen. Mit Blick auf die dominierende Art der Einflußnahme auf die Mangelsituationen kann hier auch von rechtlichen, ökonomischen, ökologischen und pädagogischen *Interventionsformen* gesprochen werden (vgl. Kaufmann 1982). Dabei ist die rechtliche Interventionsform den öffentlichen Akteuren vorbehalten. Ihr entspricht außerhalb des öffentlichen Bereichs die sozial normierte Intervention, d.h. die Definition und Realisierung des Anspruchs auf relative Status- und Lageverbesserung auf der Grundlage von gruppen- oder schichtspezifischen Normen und Standards.[5]

5 F.-X. Kaufmann (1982) hat vier sozialpolitische *"Interventionsformen"* unterschieden, d.h. vier Typen von Maßnahmen mit Bezug auf Personen und Gruppierungen: Veränderung des rechtlichen Status (rechtliche Intervention), Veränderung der Einkommens- oder Vermögensverhältnisse (ökonomische Intervention), Veränderung der materiellen und sozialen Umwelt

Schema 2: **Soziale Probleme und Grundformen der Problembewältigung**

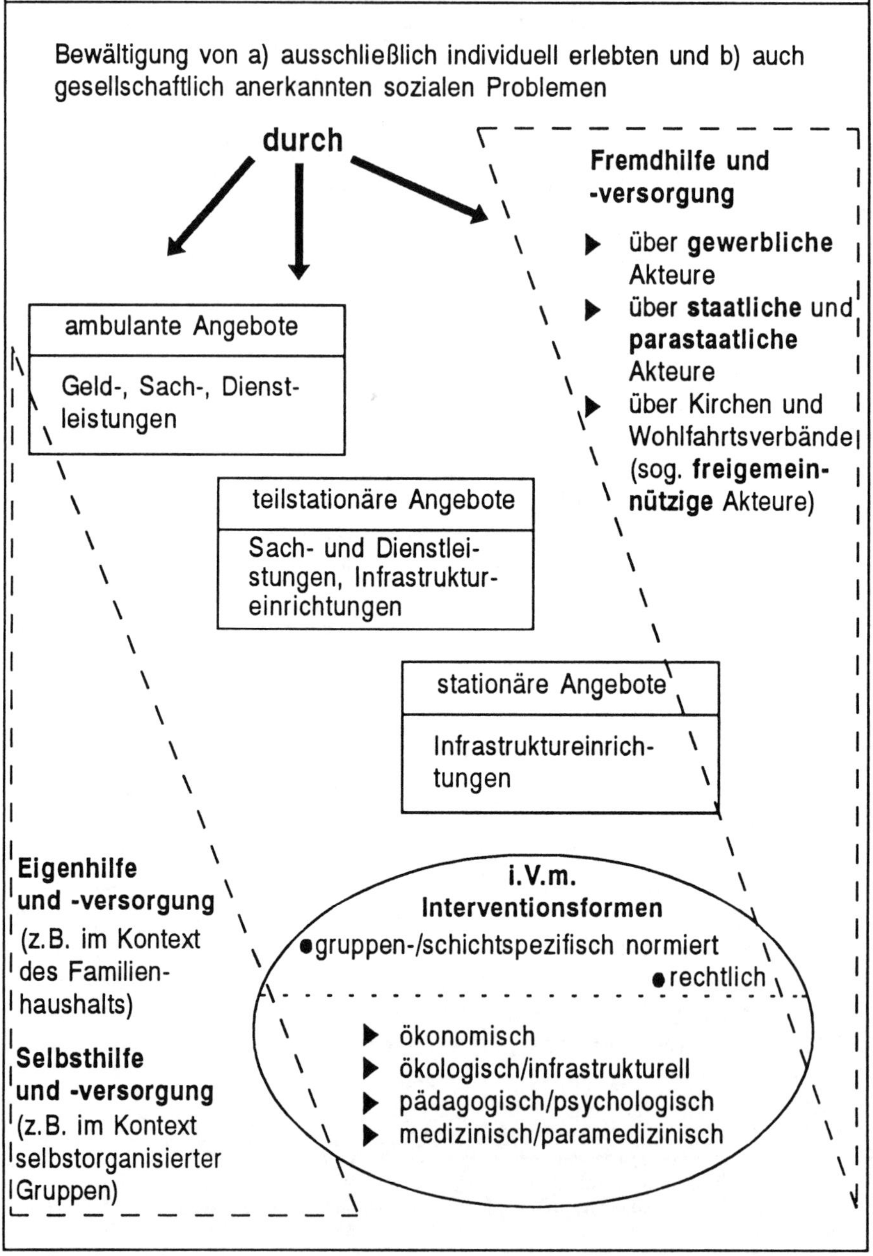

Bewältigung von a) ausschließlich individuell erlebten und b) auch gesellschaftlich anerkannten sozialen Problemen

**durch**

ambulante Angebote

Geld-, Sach-, Dienstleistungen

teilstationäre Angebote

Sach- und Dienstleistungen, Infrastruktureinrichtungen

stationäre Angebote

Infrastruktureinrichtungen

**Fremdhilfe und -versorgung**

- über **gewerbliche** Akteure
- über **staatliche** und **parastaatliche** Akteure
- über Kirchen und Wohlfahrtsverbände (sog. **freigemeinnützige** Akteure)

**Eigenhilfe und -versorgung** (z.B. im Kontext des Familienhaushalts)

**Selbsthilfe und -versorgung** (z.B. im Kontext selbstorganisierter Gruppen)

**i.V.m. Interventionsformen**

- gruppen-/schichtspezifisch normiert
- rechtlich

- ökonomisch
- ökologisch/infrastrukturell
- pädagogisch/psychologisch
- medizinisch/paramedizinisch

1059phg/Schema2/zu WohlPlu/050494B

Je nach Art und Intensität des psychischen, somatischen, ökonomischen etc. Problems sind die einzelnen Arten von Angeboten besser oder schlechter für die *Problembewältigung* geeignet. Deshalb sind die Kriterien für die genaue Beurteilung eines sozialen Problems ein unverzichtbarer Startpunkt jeder Auswahlentscheidung bezüglich der Gestaltung von Angeboten (Leistungen, Dienste, Einrichtungen).

Dabei sind zwei prinzipielle Merkmale sozialer Probleme zu beachten: a) Oftmals sind die Hilfebedürftigen von einer *Mehrzahl von Defiziten* betroffen, also beispielsweise von fehlenden Geldmitteln, körperlicher Schwäche oder Behinderung, seelischen Depressionen und unzureichender Fähigkeit zur Artikulation oder Durchsetzung ihrer Anliegen. b) Alle Problembetroffenen befinden sich jeweils in einer bestimmten Phase ihres Lebenszyklus und ihrer Problem-"Karriere". Sie befinden sich also prinzipiell immer in einem *Stadium des Übergangs*. - Der Problemvielfalt und der Problemveränderung versucht man von seiten der Träger oder Anbieter sozialer Dienstleistungen etc. durch sogenannte Versorgungsketten zu begegnen, d.h. durch mehr oder weniger gut aufeinander abgestimmte Arten von Angeboten. Solche *Angebotsketten* können sehr unterschiedlich strukturiert sein (vgl. Hegner 1991):

- als *Versorgungsschienen* mit starren Vorgaben bezüglich des Übergangs von einer Angebotsart zur nächsten - z.B. von der Eigenhilfe über die ambulante zur stationären Betreuung - sowie mit geringen Optionen für eine "Umkehr" des Problembetroffenen (so beispielsweise im Falle der "Drehtürpsychiatrie" oder der "Hospitalisierung" Altersschwacher), oder aber
- als *Versorgungsnetzwerke*, wobei der Problembetroffene im Mittelpunkt steht und verschiedenartige Optionen bezüglich der Inanspruchnahme von und der Übergänge zwischen den einzelnen Angebotsarten hat.

Die Versorgungsschiene erinnert auf den ersten Blick an öffentlich-bürokratisch geregelte Übergänge zwischen Angeboten, während das Versorgungsnetzwerk gedankliche Assoziationen zur "Freiheit des Marktes" nahelegt. Jedoch handelt es sich in beiden Fällen analytisch um *zwei Arten* der faktischen Strukturierung von Angebotsketten. Jede der beiden kann sowohl mit hierarchisch organisierter Redistribution durch öffentliche Akteure als auch mit marktpreisgesteuertem Austausch zwischen Anbietern und Nachfragern einhergehen (vgl. Hegner 1986a; Krüsselberg 1986).

---

von Personen durch infrastrukturelle Maßnahmen (ökologische Intervention) sowie Veränderung der Handlungsfähigkeit von Personen (pädagogische Intervention). Ergänzt man die sozialpolitischen um gesundheitspolitische Maßnahmen (vgl. von Ferber 1989), dann gehört zur Veränderung der individuellen Handlungsfähigkeit auch die medizinische und paramedizinische Interventionsform (angestrebte Verbesserung der anatomischen/physiologischen Handlungsfähigkeit).

## III. Inter-organisatorische Wohlfahrtspluralität: Akteurskonstellationen auf der Meso-Ebene

Wählt man nicht die Perspektive der Problembetroffenen, also der Hilfe- oder Leistungsbedürftigen, sondern diejenige der *Anbieter*, dann lautet die vorrangige Frage: Welche der drei Grundformen für die *Koordination* von Aktivitäten bei der Erbringung, Finanzierung und Übermittlung des jeweiligen Angebots ist - entweder allein oder kombiniert mit anderen - am zweckmäßigsten? Die Beantwortung dieser Frage macht es erforderlich, die drei Koordinationsprinzipien (hierarchische Redistribution, marktmäßiger Äquivalententausch, reziproke oder solidarische Hilfeleistung) in Relation zu setzen

- sowohl zu jenen *Grundformen der Bedarfsdeckung*, also der Hilfe und Versorgung, die sich ergeben, wenn die Identität oder Nichtidentität sowie die soziale Symmetrie oder Asymmetrie zwischen dem jeweiligen Anbieter und Problembetroffenen beachtet wird (*Eigen*- und *Selbst*versorgung versus *Fremd*versorgung über staatliche, parastaatliche, gewerbliche oder sog. freigemeinnützige Akteure)
- als auch zu den verschiedenen *Angebotstypen* (ambulant, teilstationär, stationär) und den damit verbundenen *Interventionsformen* (pädagogisch/psychosozial, medizinisch/paramedizinisch, ökonomisch, ökologisch; dazu querliegend: rechtlich oder gruppen- und schichtspezifisch normiert).

### 1. *Akteurskonstellationen auf seiten der Anbieter*

Diese beiden - analytischen und konkreten - Relationen werden in der wissenschaftlichen Diskussion auch dazu herangezogen, *Sektoren-Modelle* der Bedarfsdeckung zu bilden (als Überblick über die verschiedenen Ansätze siehe Teichert 1993, S. 28-62). Dabei werden dem "öffentlichen" und dem "privat-gewerblichen" Sektor der Bedarfsdeckung ein bis zwei weitere Sektoren zur Seite gestellt: ein "Dritter Sektor" (Fremdhilfe oder -versorgung über freie/freiwillige und gemeinnützige kollektive Akteure mit mehr oder weniger stark ausgeprägten Ansätzen zu einer formalen Organisation) sowie ein "vierter Sektor" (Eigenhilfe und -versorgung im Kontext einfach organisierter Sozialsysteme wie beispielsweise Familienhaushalt oder Nachbarschaftsverband). Die Abgrenzung der Sektoren erfolgt über das jeweils dominierende Koordinationsprinzip und den jeweils dominanten Organisationsmodus und Akteurstyp. - Ein Nachteil dieser Sektoren-Modelle besteht darin, daß die Aufmerksamkeit einseitig auf solche Akteursketten und Inter-Organisationsgeflechte gelenkt wird, die ausschließlich aus *einem* der Organisationsmodi und Akteurstypen bestehen (z.B. formal organisierte öffentliche Behörden und Einrichtungen) sowie exklusiv oder zumindest stark dominierend auf *einem* der Koordinationsprinzipien basieren (z.B. hierarchische Distribution). Das verstellt den Blick für jene Formen der Bedarfsdeckung, bei denen Angebotsketten - seien es Versorgungsschienen oder -netzwerke - mit solchen Akteurskonstellationen einhergehen, in denen verschiedenartige Akteurstypen und Koordinationsprinzipien miteinander kombiniert sind. Das folgende *Schema 3* illustriert die Differenz zwischen homogenen und heterogenen Akteurskonstellationen.

Sind die Akteurskonstellationen in sich uniform oder homogen, so handelt es sich um eine inter-organisatorische Versäulung von Akteuren, die jeweils gemäß gleichartigen Prinzipien organisiert sind und funktionieren. Sind die Akteursketten demgegenüber heterogen, so besteht das Problem, Akteure mit verschiedenartiger Eigendynamik und Strukturierung miteinander zu vernetzen. Die Prozesse der *inter-organisatorischen* Versäulung und Vernetzung der - teilweise formal - organisierten Akteure erfolgen

- teils durch öffentliche Regulierung,
- teils durch preisgesteuerten Äquivalenten-Tausch und
- teils durch den Koordinationsmechanismus des "bargaining", d.h. durch Aushandeln und Kompromißbildung (vgl. Dahl/Lindblom 1953/1963, Kap. 12; Streeck/Schmitter 1991).

Demgegenüber eignet sich die solidarische Selbstorganisation als inter-organisatorischer Koordinationsmechanismus nur dann, wenn bedrohliche Notlagen zur raschen Kombination von Ressourcen zwingen oder wenn es sich bei den Sozialsystemen jeweils um kleine Kreise einfach organisierter und miteinander vertrauter Akteure handelt (vgl. Hegner 1986a sowie die dort zitierte Literatur).

Betrachtet man die Frage der zweckmäßigen Problembewältigung unter *beiden* Blickwinkeln, also sowohl mit Bezug auf die Angebotsketten als auch mit Bezug auf die Akteurskonstellationen, dann spricht zweierlei für *heterogene* Akteursketten, also für einen *"Wohlfahrtsmix" der Anbieterarten* (vgl. Dahme/Hegner 1982; Hegner 1991):

- zum einen die Verschiedenartigkeit sozialer Probleme (psychischer, somatischer, finanzieller etc. Art) sowie deren Veränderung im Verlauf individueller Biographien und Problem-"Karrieren". Beides erfordert mehrere Optionen für die Problembetroffenen. Genauer: sowohl mehrere Optionen, weil die Probleme und Individuen unterschiedlich sind, als auch mehrere Optionen, weil sich im Zeitverlauf die Beschaffenheit der Probleme und die Handlungsfähigkeit der Problembetroffenen verändern;
- zum zweiten die Verschiedenartigkeit der erforderlichen Angebote und Interventionsformen (vgl. Kaufmann 1982), die auf die Heterogenität und Dynamik der zu bewältigenden Probleme zugeschnitten sein müssen. Damit verbunden sind unterschiedlich aufwendige und komplexe Kombinationen von

Schema 3: **Typen von Akteurskonstellationen auf seiten der Angebotsträger und Anbieter**

Akteurs-Typen gemäß dem jeweils dominierenden Koordinationsprinzip der Bedarfsdeckungsaktivitäten:

= Markt-Akteure (z.B. freie Berufe, gewerbliche Unternehmen)

= Staats-Akteure (z.B. Kommunen, Bund, Länder); parastaatliche Akteure (Sozialversicherungsträger; öffentlich subventionierte und dirigierte Wohlfahrtsverbände)

= Selbstorganisierte Akteure (z.B. Selbsthilfegruppen, Eigenhilfe im Familienhaushalt)

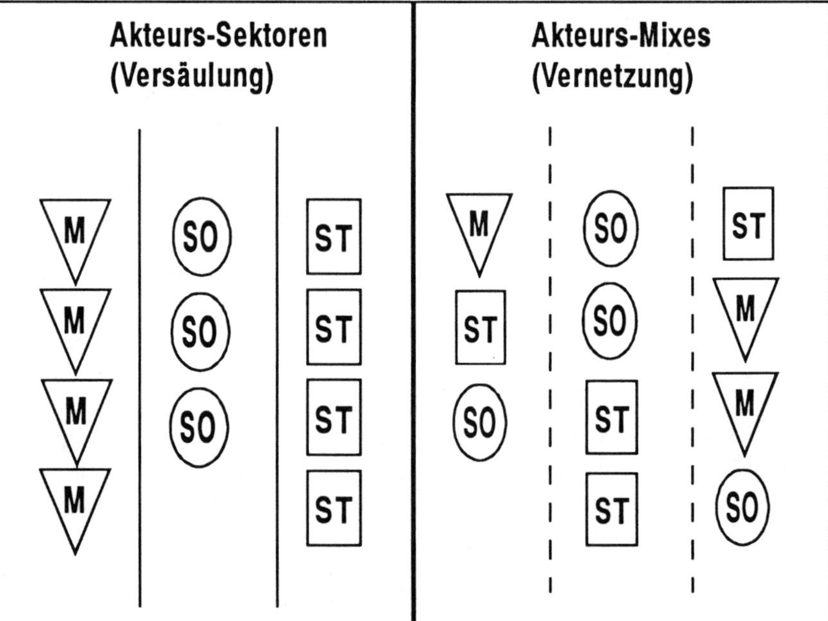


1058phg/Schema3/zu WohlPlu/050493B

Geld- und Sachleistungen, professionellem Know-how für personale Dienstleistungen sowie infrastrukturellen Vorkehrungen für ambulante, teilstationäre und stationäre Angebote. Vor diesem Hintergrund kann eine *angebotsspezifische Gewichtung* innerhalb der jeweils zweckmäßigen Akteurskonstellationen versucht werden, also eine Gewichtung von - abgekürzt - Staat, Markt und Selbstorganisation (vgl. Baldock/Evers 1991; Evers 1992). Dabei wird Selbstorganisation bei den ambulanten Angeboten in den Vordergrund gerückt (unter Rückgriff auf Flankenschutz durch Markt und Staat), weil hier zum einen ein Höchstmaß an flexibler Abstimmung auf individuelle Lebenssituationen und Mitwirkungspotentiale erforderlich ist, und weil zum zweiten nicht unbedingt oder ständig aufwendige und hochkomplexe Vorkehrungen zu treffen sind. Demgegenüber werden Markt und Staat bei den teilstationären und stationären Einrichtungen in den Vordergrund gerückt (unter Rückgriff auf Flankenschutz durch Selbstorganisation), weil hier dauerhaft teils baulich und personell aufwendige sowie teils technisch und professionell komplexe Vorkehrungen zu treffen sind. Innerhalb und im Umfeld der formal organisierten Einrichtungen (z.B. Krankenhäuser, Heime, Kindergärten) besteht allerdings Bedarf an Selbstorganisation, um trotz des Anstaltsbetriebs auf individuelle Lebenssituationen eingehen sowie Mitwirkungspotentiale aktivieren zu können. Das Letztgenannte ist besonders wichtig, wenn es um die Nachsorge im Anschluß an eine stationäre Plazierung geht (z.B. bei Krebskranken, Herzinfarktpatienten, Suchtkranken).

## 2. *Akteurskonstellationen bei der Planung und Implementation*

Für die Wohlfahrtspluralität oder den Wohlfahrtsmix spricht aber nicht nur die Vielfalt der zweckmäßigen Zuordnungen von Angebotsarten und Akteurskonstellationen. Vielmehr rückt die Kombination von Markt, Staat und Selbstorganisation auch dann ins Blickfeld, wenn man den Prozeß der Planung und Implementation der Angebote näher betrachtet (vgl. Dahme u.a. 1980; Mayntz (Hg.) 1980; Altenstetter 1985, S. 29-108; Jaedicke u.a. 1991, S. 25-45). Gerade eine solche Prozeßperspektive macht deutlich, daß in den einzelnen Phasen der Erbringung und Übermittlung von Angeboten je nach Art und Umfang der benötigten Ressourcen ganz unterschiedliche Akteurskonstellationen benötigt werden (vgl. Kaufmann 1991).

So handelt es sich beispielsweise bei der Formulierung und Verabschiedung von Rechtsnormen primär um öffentliche Akteursketten auf Bundes-, Landes- und Kommunalebene. Sie können allerdings den Hintergrundeinflußversuchen von Markt-Akteuren ausgesetzt sein (z.B. Lobbies). Demgegenüber wirken bei der Bereitstellung baulicher und technischer Ressourcen für den Bau eines Krankenhauses oder Pflegeheims sowohl Staats-Akteure (z.B. bei der Bereitstellung von

Geldmitteln) als auch parastaatliche Akteure (z.B. Krankenversicherungsträger) als auch Markt-Akteure (z.B. bei der Bauausführung) in der Implementationskette mit. Dabei agieren sie teils separat und nebeneinander, teils als Konkurrenten und teils in enger Zusammenarbeit.

Der Schwerpunkt der Beteiligung von Selbstorganisations-Akteuren, die teilweise allein und teilweise zusammen mit Markt- oder Staats-Akteuren tätig werden können, liegt demgegenüber in der Phase der Übermittlung von Dienstleistungsangeboten an die Problembetroffenen. Insbesondere bei der Übermittlung personaler Dienstleistungen, die von Markt- oder Staats-Akteuren erbracht - d.h. vorbereitet oder finanziert - werden, wird die beabsichtigte Wirkung oft nur dann erreicht, wenn nicht nur der Klient aktiv mitwirkt, sondern auch durch ein aktives selbstorganisiertes Umfeld unterstützt wird (vgl. Badura 1980; Hasenfeld 1992). Aber auch in der vorangehenden Phase der konkreten Ausgestaltung der Angebote "vor Ort" kann Selbstorganisation eine wichtige Rolle spielen - etwa in Form von Bürgerinitiativen (vgl. Vilmar/Runge 1988, S. 153-197). Durch deren Aktivitäten können die Markt- und Staats-Akteure dazu bewegt werden, ihre Angebote auf die Besonderheiten von Personen und sozialen Situationen abzustimmen sowie ausreichende Spielräume für die aktive Mitwirkung der Betroffenen einzubauen.

Welche Akteurskette jeweils zweckmäßig ist (z.B. ein- oder mehrgliedrig, homogen versäult, heterogen vernetzt), muß aus den zu bewältigenden Aufgaben in den einzelnen Phasen hergeleitet und begründet werden. Anders ausgedrückt: Mit Bezug auf die *Aufgaben* und Anforderungen, die im Vordergrund einzelner Phasen der Angebotsplanung und -implementation stehen, muß die jeweils zweckmäßige Akteurskonstellation geschaffen oder ausgewählt werden. Das ist eine normative Aussage, bei der keineswegs übersehen werden kann, daß in der Praxis etablierte Interessen und verfestigte Organisationsdomänen eine Rolle spielen (vgl. Kaufmann 1992, S. 48-91). Sie werden die jeweilige Auswahlentscheidung ebenso beeinflussen wie die sozialen Definitionen der jeweils zu bewältigenden Probleme.

Als Folge dieser Entscheidung werden sich zum einen unterschiedlich lange, also ein- oder mehrstufige, sowie zum zweiten mehr oder weniger heterogene Akteursketten ergeben (vgl. Hegner 1985; Kaufmann 1991). Die auf die bestmögliche Abstimmung von sozialen Problemen und Angebotsarten ausgerichtete Gestaltung der jeweiligen Akteurskonstellationen bietet weitaus bessere Chancen für Qualitätsverbesserungen bei der Sozial- und Gesundheitssicherung als der Prinzipienstreit über den "einen besten Weg" - heiße er nun Staat oder Markt oder Selbstorganisation.

## Literatur

Achinger, Hans, 1958/1971: Sozialpolitik als Gesellschaftspolitik, Reinbek (zuerst 1958).

Albrecht, Günter, 1977: Vorüberlegungen zu einer "Theorie sozialer Probleme", in: Christian von Ferber und Franz-Xaver Kaufmann (Hrsg.), Soziologie und Sozialpolitik, Opladen, S.143-185.

Altenstetter, Christa, 1985: Krankenhausbedarfsplanung, München/Wien.

Arbeitskreis, 1989: Ehrenamtliche soziale Dienstleistungen. Bericht eines Arbeitskreises der "Gesellschaft für Sozialen Fortschritt e.V.", Stuttgart.

Badura, Bernhard, 1980: Self-help groups as an alternative to bureaucratic regulation and professional dominance in the human services, in: Dieter Grunow und Friedhart Hegner (Hrsg.), Welfare or Bureaucracy? Cambridge, Mass., S. 199-212.

Baldock, John und Evers, Adalbert, 1991: Beiträge zu einer neuen Dienstleistungskultur, Soziale Welt 42, 232-257.

Blau, Peter M. und Scott, William R., 1962/1969: Formal organizations, London (zuerst 1962).

Braun, J. und Opielka, Michael, 1992: Selbsthilfeförderung durch Selbsthilfekontaktstellen. Studie im Auftrag des BMJFFG, Stuttgart.

Dahl, Robert A. und Lindblom, Charles E., 1953/1963: Politics, economics, and welfare, New York u.a. (zuerst 1953).

Dahme, Heinz-Jürgen u.a., 1980: Die Neuorganisation der ambulanten Sozial- und Gesundheitspflege, Bielefeld.

Dahme, Heinz-Jürgen und Hegner, Friedhart, 1982: Wie autonom ist der autonome Sektor? Zeitschrift für Soziologie 11, S. 28-48.

Damkowski, Wulf und Luckey, Karin, 1994: Durchsetzung und Scheitern von Innovationen, Düsseldorf.

Evers, Adalbert, 1992: Megatrends im Wohlfahrtsmix, Blätter der Wohlfahrtspflege 139, S. 3-7.

Ferber, Christian von, 1967: Sozialpolitik in der Wohlstandsgesellschaft, Hamburg.

Ferber, Christian von, 1989: Strukturreform oder Weiterentwicklung des gegliederten Sozialleistungssystems der Bundesrepublik, in: Günther Lüschen u.a. (Hrsg.), Gesundheit und Krankheit in der BRD und den USA, München/Wien, S. 133-146.

Freier, Dietmar, 1991: Mehr Markt und weniger Dirigismus in der Sozialen Arbeit, in: Marina Lewkowicz (Hrsg.), Neues Denken in der Sozialen Arbeit, Freiburg i.Br., S. 112-120.

Gretschmann, Klaus, 1986: Solidarity and markets reconsidered: Cum, versus, or what? in: Franz-Xaver Kaufmann, Giandomenico Majone und Vincent Ostrom (Hrsg.), Guidance, Control, and Evaluation in the Public Sector, Berlin/New York, S. 395-415

Grunow, Dieter, 1988: Bürgernahe Verwaltung, Frankfurt a.M./New York.

Grunow, Dieter, Hegner, Friedhart und Schmidt, Ernst H., 1981: Psychiatrische Versorgung durch kommunale Gesundheitsämter. Empirische Untersuchungen (Schriftenreihe der Forschungsgruppe "Sozialplanung und Sozialverwaltung e.V.", Bd. 6), Bielefeld.

Hartwich, Hans Hermann, 1970/1978: Sozialstaatspostulat und gesellschaftlicher Status Quo, 3. Aufl., Opladen (zuerst 1970).

Hasenfeld, Yeheskel, 1992: The nature of human service organizations, in: Yeheskel Hasenfeld (Hrsg.), Human Services as Complex Organizations, Newbury Park u.a., S. 3-23.

Hegner, Friedhart, 1979: Bürgernähe, Sozialbürgerrolle und soziale Aktion. Praxisbezogene Orientierungspunkte für notwendige Änderung im System der sozialen Sicherung, Bielefeld.

Hegner, Friedhart, 1981: Zur Systematisierung nicht-professioneller Sozialsysteme, in: Bernhard Badura und Christian von Ferber (Hrsg.), Selbsthilfe und Selbstorganisation im Gesundheitswesen, München/Wien, S. 219-253.

Hegner, Friedhart, 1982: Haushaltsfamilie und Familienhaushalt. Vorüberlegungen zu einer Typologie der Verknüpfung familialer und ökonomischer Aktivitäten, in: Franz-Xaver Kaufmann (Hrsg.), Staatliche Sozialpolitik und Familie, München/Wien, S. 23-47.

Hegner, Friedhart, 1985: Öffentliche Förderung von Selbsthilfe und Selbstorganisation, in: Klaus Dieter Keim und Laszlo A. Vascovics (Hrsg.), Wege zur Sozialplanung, Opladen, S. 156-181.

Hegner, Friedhart, 1986: Sozialarbeit im Spannungsfeld zwischen Selbsthilfe und Sozialstaat, in: Hubert Oppl und Arnold Tomaschek (Hrsg.), Soziale Arbeit, Bd. 2: Modernisierungskrise und soziale Dienste, Freiburg i.Br., S. 151-172.

Hegner, Friedhart, 1986a: Solidarity and hierarchy. Institutional arrangements for the coordination of actions. in: Franz-Xaver Kaufmann, Giandomenico Majone und Vincent Ostrom (Hrsg.), Guidance, Control, and Evaluation in the Public Sector, Berlin/New York, S. 407-429.

Hegner, Friedhart, 1991: Angebotsketten und verkettete Organisationsprinzipien der Versorgung, in: Reinhardt P. Nippert, Willi Pöhler und Wolfgang Slesina (Hrsg.), Kritik und Engagement. Soziologie als Anwendungswissenschaft. Festschrift für Christian von Ferber zum 65. Geburtstag, München, S. 225-238.

Hegner, Friedhart, 1991a: Welche Mischung von Staat, Markt und Selbsthilfe ist die richtige? in: Marina Lewkowicz (Hrsg.), Neues Denken in der Sozialen Arbeit, Freiburg i.Br., S. 121-142.

Hegner, Friedhart, 1992: Organisations-"Domänen" der Wohlfahrtsverbände: Veränderungen und unscharfe Konturen, Zeitschrift für Sozialreform 38, S. 165-190.

Heinze, Rolf G. (Hrsg.), 1986: Neue Subsidiarität. Leitidee für eine zukünftige Sozialpolitik? Opladen.

Jaedicke, Wolfgang u.a., 1991: Lokale Politik im Wohlfahrtsstaat. Zur Sozialpolitik der Gemeinden und ihrer Verbände in der Beschäftigungskrise, Opladen.

Kaufmann, Franz-Xaver, 1982: Elemente einer soziologischen Theorie sozialpolitischer Intervention, in Franz-Xaver Kaufmann (Hrsg.), Staatliche Sozialpolitik und Familie, München/Wien, S. 49-86.

Kaufmann, Franz-Xaver, 1991: The relationship between guidance, control, and evaluation, in: Franz-Xaver Kaufmann (Hrsg.), The Public Sector, Berlin/New York, S. 213-234.

Kaufmann, Franz-Xaver, 1992: Der Ruf nach Verantwortung. Risiko und Ethik in einer unüberschaubaren Welt, Freiburg i.Br.

Krüger, Jürgen, 1975: Soziale Ungleichheit und Sozialpolitik, Archiv für Wissenschaft und Praxis der sozialen Arbeit 6, S. 21-37.

Krüsselberg, Hans-Günter, 1986: Markets and hierarchies, in: Franz-Xaver Kaufmann (Hrsg.), The Public Sector, Berlin/New York, S. 369-393.

Lewkowicz, Marina (Hrsg.), 1991: Neues Denken in der Sozialen Arbeit. Mehr Ökonomie - mehr Markt - mehr Management, Freiburg i.Br.

Luhmann, Niklas, 1973: Formen des Helfens im Wandel gesellschaftlicher Bedingungen, in: Hans-Uwe Otto und Siegfried Schneider (Hrsg.), Gesellschaftliche Perspektiven der Sozialarbeit, Bd. 1., Neuwied, S. 21-44.

Luhmann, Niklas, 1981: Politische Theorie im Wohlfahrtsstaat, München.

Luhmann, Niklas, 1984: Soziale Systeme. Grundriß einer allgemeinen Theorie, Frankfurt a.M.

Lutz, Burkart, 1984/1989: Der kurze Traum immerwährender Prosperität. Eine Neuinterpretation der industriell-kapitalistischen Entwicklung im Europa des 20. Jahrhunderts, 2. Aufl., Frankfurt a.M. (zuerst 1984).

Mayntz, Renate (Hrsg.), 1980: Implementation politischer Programme, Königstein/Ts.

Merton, Robert K., 1961/1971: Social problems and sociological theory, in: Robert K. Merton und Robert A. Nisbet (Hrsg.), Contemporary Social Problems, 3rd edition, New York (zuerst 1961), S. 697-737.

Olk, Thomas, 1986: Die professionelle Zukunft sozialer Arbeit - Zur Veränderung des beruflichen Selbstverständnisses in einem schwierigen Arbeitsfeld, in: Hubert Oppl und Arnold Tomaschek (Hrsg.), Soziale Dienste 2000, Bd. 2: Modernisierungskrise und soziale Dienste, Freiburg i.Br., S. 107-136.

Olk, Thomas, 1990: Förderung und Unterstützung freiwilliger sozialer Tätigkeiten, in: Rolf G. Heinze und Claus Offe (Hrsg.), Formen der Eigenarbeit, Opladen, S. 244-265.

Opielka, Michael und Ostner, Ilona (Hrsg.), 1987: Umbau des Sozialstaats, Essen.

Pankoke, Eckart, 1970: Sociale Bewegung - Sociale Frage - Sociale Politik, Stuttgart.

Rieger, Elmar, 1992: Die Institutionalisierung des Wohlfahrtsstaates, Opladen.

Robson, William A., 1976: Welfare state and welfare society, London.

Rosner, Siegfried, 1990: Gesellschaft im Übergang? Zum Wandel von Arbeit, Sozialstruktur und Politik, Frankfurt a.M./New York.

Runciman, Walter G., 1966/1972: Relative deprivation and social justice, Harmondsworth (zuerst 1966).

Scherhorn, Gerhard, 1959: Bedürfnis und Bedarf. Sozialökonomische Grundbegriffe im Lichte der neueren Anthropologie, Berlin.
Scherpner, Hans, 1962: Theorie der Fürsorge, Göttingen.
Schmidt, Manfred G., 1988: Sozialpolitik. Historische Entwicklung und internationaler Vergleich, Opladen.
Schneider, Ulrich, 1993: Solidarpakt gegen die Schwachen. Der Rückzug des Staates aus der Sozialpolitik, München.
Streeck, Wolfgang und Schmitter, Philippe C., 1991: Community, market, state - and associations? The prospective contribution of interest governance to social order, in: Graham Thompson u.a. (Hrsg.), Markets, Hierarchies, and Networks, Newbury Park u.a., S. 227-241.
Teichert, Volker, 1993: Das informelle Wirtschaftssystem. Analyse und Perspektiven der wechselseitigen Entwicklung von Erwerbs- und Eigenarbeit, Opladen.
Tennstedt, Florian, 1976: Zur Ökonomisierung und Verrechtlichung der Sozialpolitik, in: Axel Murswieck (Hrsg.), Staatliche Politik im Sozialsektor, München, S. 139-165.
Tennstedt, Florian, 1981: Sozialgeschichte der Sozialpolitik in Deutschland. Vom 18. Jh. bis zum 1. Weltkrieg, Göttingen.
Touraine, Alain, 1973/1993: Production de la sociètè, 2. rev. Aufl., Paris (zuerst 1973).
Vilmar, Fritz und Runge, Brigitte, 1988: Handbuch Selbsthilfe, Frankfurt a.M..
Wehner, Burkhard, 1992: Der neue Sozialstaat. Vollbeschäftigung, Einkommensgerechtigkeit und Staatsentschuldung, Opladen.

# Der Welfare-Mix in der vergleichenden Politikforschung: Der Weg vom Etatismus über den Korporatismus zum Pluralismus - und einige methodische Stolpersteine

*Josef Schmid*

## Wohlfahrtspluralismus: The Dark Side of the Moon?

Obwohl die Begriffe Pluralismus und Wohlfahrt zu den zentralen Kategorien des Fachs zählen, beschäftigt sich die deutsche Politikwissenschaft nur sehr spärlich mit dem Phänomen des Wohlfahrtspluralismus. Gleichwohl existiert ein breiter Fundus an Forschung über Sozialpolitik und Wohlfahrtsstaat - auch und gerade weil nach Ernst Fraenkel (1991, S. 50) Deutschland "den Gedanken der sozialen Geborgenheit" als einen "bedeutenden und bleibenden Beitrag zu der Entwicklung des Staats- und Gesellschaftstyps beigesteuert hat, den man als 'westliche Demokratie' zu bezeichnen pflegt". Die etatistische Grundorientierung basiert wohl auf dem historischen Erbe einer Staats- und Polizeiwissenschaft einerseits und der Rezeption der angelsächsischen Public-Policy-Forschung andererseits.

Erst seit wenigen Jahren weitet sich die analytische Perspektive auf das Terrain jenseits des Wohlfahrtsstaats aus und dies geschieht wiederum in einer eigentümlichen Abstufung, die mit den besonderen deutschen ideengeschichtlichen Grundlagen zu konvenieren scheint: vom Etatismus über den Korporatismus zum Pluralismus. Dieser disziplinäre Lern- und Entwicklungsprozeß revidiert die Vorstellung von "dem" Wohlfahrtsstaat; die westlichen Wohlfahrtsstaaten bilden demnach keine einheitlichen Gebilde, vielmehr kommen in ihnen verschiedenartige soziale und staatliche Kräfte, Interessen und Wertorientierungen zum Ausdruck (Rieger 1992), können unterschiedliche Formen und Grenzlinien von Institutionen insbesondere in bezug auf ihren öffentlichen bzw. privaten Charakter etabliert werden (Zapf 1982, Zacher/Kessler 1990).

Zugleich weist die vergleichende Politikforschung jedoch auf einige Aspekte hin, die in der stärker praktisch, reformerisch, ja gelegentlich empathisch orientierten Diskussion über die optimale Ausgestaltung des Welfare-Mix leicht ins Hintertreffen geraten: Sozialpolitik ist zwar ein dynamisches Feld im Detail, doch von einer erstaunlichen Kontinuität im ganzen. Weiter gilt: auch in pluralistischen Systemen sind der Staat sowie die großen Verbände immer noch zentrale Ordnungsmächte, wenngleich mit erheblichen nationalen Divergenzen in Struktur und Funktion. Wohlfahrtsmaßnahmen reflektieren aus dieser Sicht dann nicht nur die Bearbeitung von sozialen Problemen und die Herstellung von Sicherheit und Gleichheit, sondern sie (re-)produzieren zugleich Macht und Ungleichheit. Hinzu kommt, daß gerade der Vergleich, der "in der Politikwissenschaft größere Bedeutung als in anderen Sozialwissenschaften" erlangt hat (Beyme 1988, S. 50), nicht nur den Blick schärft für Gemeinsamkeiten und Besonderheiten, sondern auch für die mit solchen Untersuchungsstrategien verbundenen Schwierigkeiten. Dies gilt sowohl für die präzise Abgrenzung und Bewertung einzelner Institutionen innerhalb des pluralistischen Wohlfahrtssyndroms als auch für den internationalen Vergleich. In der Forschung zum Wohlfahrtspluralismus wird den Methodenfragen bisher allerdings kaum Beachtung geschenkt, was nicht selten zu einer Intransparenz des Vorgehens und zur Fehlbewertung von Ergebnissen führt. H. Wilensky (in Kramer 1981, S. xiv) hat sogar einmal behauptet, daß der Forschungsstand durch ein "abundance of ideological passion, a minimum of serious analysis, and few cross- national comparisons" gekennzeichnet sei, was der "confusion in political language and action" Vorschub leiste.

Daher bietet es sich an, die Erträge aus beiden Disziplinen für einander fruchtbar zu machen und eine Art "Rochade" der Perspektiven vorzunehmen: d.h. die relativ generaliserend orientierte Wohlfahrtsstaatsforschung soll um die theoretischen und praktischen Elemente bereichert werden, die aus der internationalen Debatte um den Welfare-Mix stammen bzw. zumindest auf diese relevanten Gegenstandsbereiche hingewiesen werden. Umgekehrt scheint es nützlich, die grundlegenden Forschungsansätze und die teilweise rigorosen methodischen Verfahren der vergleichenden Politikwissenschaft in die Wohlfahrtspluralismus-Debatte einzubringen. Gerade beim Blick auf die erfolgreiche sozialpolitische Gestaltungspraxis in anderen Ländern ist es wichtig, die kritischen Fragen nach der strukturellen Kompatibilität und der Übertragbarkeit der Lösungsmodelle nicht aus den Augen zu verlieren. Eine methodisch fundierte Skepsis gegenüber solchen Wegen aus der Krise des Wohlfahrtsstaats tritt besonders dann auf, wenn "anstelle von theoretischen Funktionsbehauptungen empirisch fundierte Forschungsergebnisse" eingefordert werden (Backhaus-Maul/Olk 1992, S. 106).

## I. Sozialpolitik in der vergleichenden Politikforschung

### *1. Der Wohlfahrtsstaat im internationalen Vergleich*

Wohlfahrtsstaatliche Politiken gehören zu den relativ breit untersuchten Phänomenen in der vergleichenden Politikwissenschaft. Vereinfacht lassen sich die vorliegenden Beiträge einteilen in Ansätze, die vorwiegend:

a) den Wohlfahrtsstaat als Ganzes, d.h. die Charakteristika einer solchen soziopolitischen Formation staats- und gesellschaftstheoretisch sowie sozialphilosophisch untersuchen,
b) einzelne Politik- und Problemfelder, wie Gesundheit, Arbeitslosigkeit, Alter etc., sowie dazugehörige sozialadministrative und organisatorische Interessen- und Implementationsstrukturen analysieren,
c) mit quantitativ-statistischen Verfahren nach Determinanten und (generalisierbaren) Erklärungsmodellen von wohlfahrtsstaatlichen Politiken suchen.

Besonders die im letzten Punkt angesprochene Comparative Public-Policy-Forschung ist für den disziplinären Zugriff charakteristisch, und hier sind in den letzten beiden Jahrzehnten wichtige theoretische und empirische Ergebnisse erzielt worden; Manfred G. Schmidt (1988) hat zum Beispiel fundierte Überblicke vorgelegt. In den anfänglichen Auseinandersetzungen über die Bedeutung von politischen gegenüber sozioökonomischen Variablen wie auch in den integrierten Erklärungsmodellen fortgeschrittener Provenienz spielen zwei Faktorenkomplexe eine herausragende Rolle: einerseits solche, die einer Logik des Industrialismus folgen, andererseits Variablen, die auf die Mobilisierung der Arbeiterklasse rekurrieren.

Für ersteres sind die Arbeiten von Harold Wilensky (1975) typisch. Er geht davon aus, daß insbesondere die ökonomische Entwicklung und die damit verbundene Altersstruktur der Bevölkerung für die Ausgabenunterschiede verantwortlich sind. Linke bzw. sozialdemokratische Parteien spielen nur eine untergeordnete Rolle. Zur Messung der unabhängigen Variable "wohlfahrtsstaatliche Anstrengung" verwendet er ILO-Statistiken, die sich auf Ausgaben für Sozialversicherungen (d.h. die Sozialleistungsquote) beziehen und die grundlegenden Risiken der modernen Industriegesellschaft abdecken sollen. Der zweite Ansatz wird etwa von John Stephens (1979) vertreten und geht davon aus, daß das Ausmaß der sozialdemokratischen Regierungsbeteiligung und die Stärke der Gewerkschaften die wohlfahrtsstaatlichen Ausgaben bestimmen. Im Unterschied zu Wilensky bezieht er sich bei deren Operationalisierung auf die gesamten Staatsausgaben abzüglich der Kosten für Verteidigung (s.a. Schmidt 1982 und 1988).

Diese unterschiedliche Wahl von Indikatoren für die unabhängige Variable hat jedoch weitreichende theoretische Implikationen: Wilensky verwendet ein enges, Stephens dagegen ein weites Konzept des Wohlfahrtsstaats. Es handelt sich bei ersterem primär eher um einen Indikator dafür, wie reaktiv der Staat ist, während die zweite Maßzahl primär seine Interventions- und Präventionskapazitäten angibt (O'Connor/Brym 1988, S. 51f., Esping-Andersen 1990, S. 1f.).[1] Damit ist

1 Darüber hinaus zeigen Replikationen beider Studien mit OECD-Daten für 17 Länder im Zeitraum von 1960-80, daß Wilensky's Teilerklärung durch die Altersstruktur der Gesellschaft nur dann trägt , wenn auch die Sozialversicherungsausgaben zugrunde gelegt werden, nicht jedoch wenn

zugleich die Frage berührt, ob und inwieweit sich vergleichende Analysen über wohlfahrtsstaatliche Politiken auf Sozialpolitik konzentrieren sollen oder ob nicht verstärkt die Wirtschaftspolitik einzubeziehen sei, wobei sich dann vielfältige Überschneidungen mit der Neokorporatismus-Diskussion ergeben. Letzteres macht in sachlicher und funktionaler Hinsicht durchaus einen Sinn, da etwa eine aktive Arbeitsmarktpolitik, Regelungen der industriellen Beziehungen, keynesianische wirtschaftliche Steuerung etc. nicht ohne Wirkungen auf die Sozialpolitik bleiben. Ferner kann für eine vergleichende Klassifikation von Wohlfahrtsstaaten gerade das Interventionsgefälle zwischen Wirtschafts- und Sozialpolitik eine charakteristische Dimension sein. Manfred Schmidt (1982, S. 214ff.) hat etwa auf die Diskrepanz zwischen ökonomischer Passivität und sozialpolitischer Aktivität der meisten westeuropäischen Länder (außer den "sozialdemokratischen") hingewiesen.

In verschiedenen neueren Arbeiten werden über die quantitativen Analysen von Staatsausgaben und Sozialversicherungsleistungen hinaus qualitative Ergänzungen wie Vollbeschäftigungsgarantie, Ausmaß sozialer Rechte, Umverteilungskapazität verwendet und Wohlfahrtsstaatstypen bzw. -regimes gebildet. Sie beziehen sich vorwiegend auf die grundlegenden "ordnungspolitische(n) Konzeptionen der Sozialpolitik" (Schmidt 1988, S. 158ff., s.a. Esping-Andersen 1990, Leibfried 1990, Olk/ Riedmüller 1994) und die damit verbundenen institutionellen Differenzen. Unterschieden werden dabei Systeme der Staatsbürgerversorgung, Versicherungssysteme und selektive Sicherungssysteme, wobei vor allem die Art der Finanzierung und der Leistungsansprüche als Grundlage dient. Wohlfahrtsverbände oder andere Aspekte des Wohlfahrtspluralismus spielen dabei bislang keine Rolle, obwohl dies zur Präzisierung der Typen beitragen könnte, da hier enge "Wahlverwandtschaften" zwischen öffentlichen und privaten Strukturen bestehen. Die wichtigsten Dimensionen des liberalen, konservativen und sozialdemokratischen Typus sind in einem Schaubild (nach Schmidt 1988, S. 162) zusammengefaßt.[2]

---

auf die zivilen Staatsausgaben (d.h. dem Indikator von Stephens) rekurriert wird (vgl. O'Connor/Brym 1988). Das methodische Problem, daß der Welfare Mix die Qualität dieser Indikatoren berührt, etwa hinsichtlich der Vergleichbarkeit des Staatssektors, wird jedoch nicht gesehen.

2 Die Wohlfahrtsstaatstypen werden nach dominanten politischen Bewegungen benannt. Das sozialdemokratische Modell (wie es u.a. in Skandinavien realisiert worden ist) bietet dabei einen umfassenden Schutz für alle Bürger, während der liberale Typus (z.B. USA und Großbritanien) stark marktorientiert ist und mit einem Minimum an Wohlfahrtsstaatlichkeit auskommt. Der konservative Wohlfahrtsstaat ( in den kontinentaleuropäischen Ländern) liegt zwischen diesen beiden Extremen. Ältere Typenbildungen liefern Titmus oder Furniss/Tilton; sie unterscheiden vor allem nach dem Ausmaß und der Art der angestrebten Umverteilung zwischen institutionellen und residualen Modellen des Wohlfahrtsstaats.

Schaubild 1: Typen und Dimensionen des Wohlfahrtsstaats

| Indikator: | Typus des Wohlfahrtsstaats<br>Liberal: | Konservativ: | Sozial-demokratisch: |
|---|---|---|---|
| Schutz gegen Marktkräfte und Einkommensausfälle | Schwach | Mittel | Stark |
| Sozialrechte (SR) oder Armenunterstützung (AU) | AU | SR | SR |
| Anteil der privaten Sozialausgaben | Hoch | Mittel | Niedrig |
| Ausmaß der individuellen Finanzierung | Mittel | Groß | Mittel |
| Nach Berufsgruppen differenzierte Sicherungssysteme | Nein | Ja | Nein |
| Umverteilungskapazität | Gemäßigt | Gemäßigt | Groß |
| Vollbeschäftigungsgarantie | Nein | Nur in Prosperität | Ja |

Die immer noch dominierende Konzentration der vergleichenden Politikforschung auf monetäre Indikatoren bzw. rechtliche Regelungen der Sozialversicherungssysteme weist jedoch erhebliche Defizite auf: diese Vorgehensweise führt leicht zu Konvergenztheoremen (so explizit bei Wilensky) bzw. zu eingeschränkten Variationen im Sinne von less/more of the same. Esping-Andersen (1990, S. 19, 20) kritisiert daran, daß "Expenditures are epiphenomenal to the theoretical substance of welfare states". Therborn (1987, S. 237f.) hat in drei Punkten zusammengefaßt, "why welfare state research cannot remain as it is":

a) Die meisten Studien haben die Vorstellung eines linearen Wachstums nicht ausreichend problematisiert; typisch hierfür ist (zumindest im Titel) Jens Alber: Vom Armenhaus zum Wohlfahrtsstaat (1982). Dadurch sind in der Regel die Zwangslagen, Kosten und Widersprüche des Wohlfahrtsstaats vernachlässigt worden.

b) Durch die simplifizierende Annahme "the bigger the better" sind systematische Effizienz- und Wirkungsanalysen sowie die Interessen der Betroffenen in den Hintergrund gerückt. Die damit verbundene Über-Quantifizierung stößt ebenfalls auf Grenzen; eine neue Konjunktur wird geprägt von stärker qualitativen Analysen der sozialen Dienste, Management und Kontrolle, Implikationen von Partizipation etc.
c) Das vorherrschende "Social Democratic Paradigm", das die Industrialismustheorien in der Politikwissenschaft weitgehend abgelöst hat, weist erhebliche Lücken und Defizite auf. Schweden und Norwegen bilden nämlich nicht die paradigmatischen Fälle (oder das höchste Stadium einer teleologischen Entwicklung), sondern die Ausnahme[3]. Umgekehrt fehlt es etwa an einer befriedigenden Erklärung der Rolle von christlichen Parteien und der Formen, die der Wohlfahrtsstaat in Ländern mit schwacher Sozialdemokratie angenommen hat.

Joan Higgins (1986) hat in ihrer kritischen Rezension der Comparative Social Policy-Literatur auf weitere Problembereiche verwiesen: Erstens, die theoretisch ausgerichtete, international vergleichende Forschung bleibt gegenüber den empirischen und z.T. gestalterisch orientierten vergleichenden Beiträgen und Fallstudien (etwa aus der Social Administration, der Sozialpädagogik oder der Implementationsforschung) weitgehend isoliert - was die Gefahren von Oberflächlichkeit und Praxisferne in sich birgt. Zweitens werden hier vor allem die sozialpolitischen Trägerstrukturen zu wenig differenziert, zu sehr auf den Staat ausgerichtet und in ihrer Dynamik unterschätzt. Das breite Spektrum nicht-staatlicher Institutionen (wie Arbeitgeber, Gewerkschaften, Familien, Sozialverbände, kommerzielle Organisationen) ist nur wenig vergleichend untersucht worden. Aus diesem Grunde reflektieren die vorhandenen Theorien des Wohlfahrtsstaats nicht "the enormous diversity of welfare provision in superficially similar Western societies" (Higgins 1986, S. 233, s.a. Rieger 1992).

Eine solche Ausdifferenzierung der sozialpolitischen Trägerstrukturen zu einem komplexen Welfare-Mix beinhaltet zugleich einen grundlegenden Wechsel der Forschungsperspektive: Nicht mehr die Gesetzgebung, Finanzierung und die Distribution, sondern die Produktion von wohlfahrtsstaatlichen Leistungen steht dann im Vordergrund. Damit geraten auch personenbezogene soziale Dienste stärker ins Blickfeld - ein Terrain, das im Hinblick auf die politische Konflikthaltigkeit, die Innovationstätigkeit und die Organisationsformen weitaus mehr internationale Varianz bietet als die Sozialversicherungsysteme und Sozialausgaben. Ferner werden so neben der Sozialpolitik "von oben", d.h. die Sozialversicherungssysteme, auch die Sozialpolitik "von unten", d.h. die Armutspolitik (Leibfried 1990) sowie die in die sozialpolitischen Institutionen eingebundenen Interessenselektivitäten und Disparitäten stärker thematisiert.

3 Esping-Andersen (1990, S. 17) spricht ebenfalls von einem "Swedocentrism" der Forschung.

## 2. *Varianten des Wohlfahrtskorporatismus*

Im Zusammenhang mit den Determinanten wohlfahrtsstaatlicher Politiken sind neben (sozialdemokratischen) Parteien auch Gewerkschaften als relevant benannt worden. Neokorporatistische Arrangements wirken sich insbesondere positiv auf die Vollbeschäftigung, aber auch auf die Wettbewerbsfähigkeit aus. Die Vorteile von "Verbänden" und (inter-) "organisatorischer Abstimmung" sind von Streeck/Schmitter (1985) zu einem vierten sozialen Ordnungsmodell - neben Gemeinschaft, Markt und Staat - generalisiert worden. Die steuerungs- und ordnungstheoretischen Grundlagen sind im Rahmen einiger Arbeiten, die am Rande des main-stream dieser Forschung liegen, auf die Rolle der Verbände in der Sozialpolitik angewendet worden. Hierdurch finden lange in der Neokorporatismus- und Wohlfahrtsstaatsdiskussion ausgeblendete Verbändetypen und Aktivitätsmuster Beachtung.

Knapp skizziert liegen dazu drei unterschiedliche Ansätze vor: Für Malcom Harrison (1984, S. 27) entwickeln im modernen Wohlfahrtsstaat die sekundären Umverteilungsprozesse eine strukturbildende Wirkung mit der Folge, daß Probleme und Konflikte im Bereich der "organized consumption" eine ähnliche gesamtgesellschaftliche Relevanz erhalten wie diejenigen im Produktionsbereich. Entsprechend bedeutsam werden Interessenorganisationen aus diesem Bereich. Demzufolge ist die Untersuchung von Verflechtungsformen zwischen staatlichen und privaten Organisationen auch in den Bereich des "Welfare Corporatism" (z.B. Gesundheit, Wohnen, Ernährung) auszudehnen. Harrisons (1984, S. 21) Modell zielt ferner auf die Beziehungen zwischen kollektivem Konsum, Inkorporierung von Interessenorganisationen, Klassenstrukturen und die Bildung von Unterschichten.[4]

Dagegen bezieht Alan Cawson (1982, S. 81) das Korporatismus-Konzept auf die Produzenten sozialer Güter und Dienstleistungen: "The development of corporatism in social policy is a consequence of the political strength of professional and producer interests". Sie umfassen insbesondere die Ärzteverbände sowie die entsprechenden white collar Gewerkschaften bzw. Professionen etwa im Gesundheitsdienst. Dabei finden diese korporatistischen Arrangements (in Großbritannien) nicht - wie im Bereich der Wirtschaftspolitik - in neugeschaffenen korporatistischen Institutionen statt, sondern in den bestehenden sozialpolitischen Institutionen, wie dem National Health Service. Gerade hier zeigt sich mangels ausreichender eigener Informationen eine massive Abhängigkeit des Staates von

4 Ähnliche Argumente entwickelt Simmel (1906, S. 28): "Die Gliedfunktion, die der Arme innerhalb der bestehenden Gesellschaft ausübt, ist nicht schon damit gegeben, daß er arm ist; erst indem die Gesellschaft ... mit Unterstützung darauf reagiert, spielt er seine spezifische soziale Rolle."

denjenigen, die die Dienstleistungen produzieren, was sowohl im Hinblick auf deren Qualitätskontrolle als Planung gilt.

In Deutschland hingegen ist besonders von Heinze/Olk (1981, 1994) die intensive Einbeziehung der Wohlfahrtsverbände in die Formulierung und Implementierung staatlicher Fürsorge- und Sozialpolitik als "neokorporatistisches Verflechtungssystem" charakterisiert worden. Dies ermöglicht einerseits die Nutzung der legitimatorischen, informellen, finanziellen und personellen Ressourcen der Verbände und gewährt ihnen andererseits eine umfangreiche öffentliche Subventionierung und ein Vertretungsmonopol gegenüber dem Staat. Entsprechend arbeiten sie die "Bürokratisierung der Nächstenliebe" (so Olk/Heinze 1981) und die Zentralisierung der Wohlfahrtsverbände bis hin zur Gründung gemeinsamer nationaler Dach- und Fachverbände heraus. Thränhardt (1981) betont stärker die Bedeutung der kommunalen Ebene, was sich etwa in der Institution des Jugendwohlfahrtsausschusses, indem die Verbände vertreten sind, manifestiert ("kommunaler Korporatismus"). Gleichzeitig hebt er die "wilhelminische Entstehung" der engen Verflechtung von Wohlfahrtsverbänden und Staat hervor, die weniger eine Folge von freiwilliger Kooperation gleichgewichtiger Partner darstellt, als aus dem unvollendeten Liberalisierungsprozeß - vor allem im Bereich der Großkirchen und der Kammern (vgl. Thränhardt 1984) - resultiert.[5]

Die Übertragung des Neokorporatismus-Konzepts auf die Verbände in der Sozialpolitik weist jedoch einige Ambivalenzen und Defizite auf: Die verwendeten Korporatismusbegriffe und die untersuchten Politikfelder bzw. Organisationen sowie die politiktheoretische Reichweite der Ansätze sind äußerst heterogen. Zudem werden einige Spezifika der deutschen Wohlfahrtsverbände (s.u.) nicht ausreichend differenziert und nur allgemein auf das theoretische Konzept bezogen (Schmid 1987). Darüber hinaus bleiben die geringer organisierten und nicht auf die formelle Produktion sozialer Dienste angelegten Phänomene, wie Familie und Selbsthilfe, weiterhin zu wenig berücksichtigt.

Andererseits verfügt der analytische Zugriff über die Steuerungs- und Dienstleistungskapazitäten über den Vorzug, einige strukturell-funktionale Äquivalente zwischen Konsumentenvereinigungen, Professionsverbänden, Gewerkschaften und Wohlfahrtsverbänden aufzudecken. In vergleichender Perspektive zeigt sich so die prägende Wirkung, die das nationale Wohlfahrtsstaatsmodell auf die Topographie der Verbände im Sozialsektor bzw. die Strukturierung des Welfare-Mix ausübt.

5 Zum breiteren Stand der Forschung über Wohlfahrtsverbände vgl. Ebertz/Schmid 1986 und Schmid 1990.

### 3. *Weitere Elemente eines Wohlfahrtspluralismus*

Neben dem Staat und den Großverbänden ist jedoch eine Reihe von weiteren, weniger formalisierten und kleineren Gruppierungen in der Sozialpolitik aktiv. Sie reichen von lokalen Vereinen und Selbsthilfegruppen über reine Soziallobbys bis zu gemeinnützigen Einrichtungen, Stiftungen etc.. Sie werden unter mehreren, weitgehend äquivalenten Analysekonzepten, wie Dritter Sektor, autonomer Sektor, neue Subsidiarität, intermediärer Bereich, Nonprofit-Organisationen, in einer gemeinsamen Kategorie zusammengefaßt. In einer Minimaldefinition sind sie weder profitorientiert noch unterliegen sie bürokratischen Rigiditäten, sondern basieren ferner auf Freiwilligkeit und Reziprozität. Und: "Welfare Pluralism indicates that it is accepted that market, state and civil society will play a role in welfare provision" (Abrahamson 1992, S. 8, s.a. Evers 1990, Evers/Svetlik 1993, Backhaus-Maul/Olk 1992 und Salamon/Anheier 1994). Zugleich wird in diesen vielfältigen Formen gesellschaftlicher Selbstorganisation ein wichtiges Potential zur Bewältigung der Krise des Wohlfahrtsstaats gesehen.[6]

Bei dieser Ausweitung der analytischen Perspektive kommen auf der einen Seite die weitreichenden Prozesse des sozialen Wandels zum Ausdruck, die unter Stichworten wie Postmaterialismus, Individualisierung und Pluralisierung sowie Krise der Familie diskutiert werden. Die "bürgernahen" Trägerformen zwischen Markt und Staat indizieren daher auch eine gewachsene Kritik an der traditionellen Sozialpolitik und deren überzogener Bürokratisierung, Verrechtlichung und Monetarisierung. Mikroanalytische Befunde belegen dies aus der Sicht der Nachfrageseite. Die Präferenzen für eine Zuständigkeit unterschiedlicher Träger verteilen sich wie folgt: "Das Schwergewicht im Bereich der staatlichen Ebene liegt ... in der finanziellen Erwartungshaltung, bei den intermediären Instanzen (wie Verbände und Kirchen; J.S.) nehmen die Dienstleistungen den ersten Rangplatz ein. Im selbstorganisierten Sektor entfallen ... die meisten Nennungen auf 'Zuneigung'..." (Deimer/Jaufmann 1986, S. 243; s.a. Statistisches Bundesamt 1985, S. 513ff.).

Auf der anderen Seite erweist sich die Entwicklungsdynamik im Dritten Sektor der Wohlfahrtsproduktion auch als Folge sozialpolitischer Spar- und Abbaumaßnahmen; der Wohlfahrtspluralismus ist daher auch ein staatlich geförderter; ja manchmal sogar erzwungener. Eng damit verbunden ist außerdem die positive Bewertung der Rolle des Marktes bzw. der Privatisierung von Aufgaben und Einrichtungen im Sozialbereich. Dies gilt besonders für Großbritannien, wo im Gefolge des Thacherismus "voluntary associations" an Stellenwert gewonnen haben, jedoch primär im Rahmen einer Entstaatlichungsstrategie, in der die Forderung

6 Vgl. hierzu ebenfalls die Beiträge in Forschungsjournal NSB 4/1992, in dem wichtige Übersichten und Positionen zur Dritten-Sektor-Forschung enthalten sind; s. ferner Kramer u.a. 1993, Zapf 1982, Zacher/Keßler 1990 sowie die weiteren Beiträge in Teil 1 des Bandes.

nach ehrenamtlicher Arbeit und weniger deren Förderung auf der politischen Agenda steht (vgl. Olk 1991, Kramer u.a. 1993, Evers/Svetlik 1993). Aber auch die Europäische Union berührt mit ihrer Förderpraxis und Integrationspolitik die nationalen sozialen Dienstleistungssysteme dergestalt, daß Ökonomisierungs- und Pluralisierungstendenzen der Wohlfahrtsverbände verstärkt werden bzw. nichtstaatliche Trägerstrukturen gefördert werden (Schmid 1994). Schließlich hat die deutsche Vereinigung ebenfalls den Einfluß des politischen Rahmens auf die Wohlfahrtsproduktion eindrucksvoll bestätigt: Trotz der schlechten sozialstrukturellen und organisatorischen Voraussetzungen in der ehemaligen DDR ist es den Wohlfahrtsverbänden gelungen, dort erfolgreich Fuß zu fassen. Dies ist vor allem auf den Transfer des Subsidiaritätsprinzips als Element des bundesrepublikanischen Sozialstaatsmodells und direkte politische Unterstützungsmaßnahmen zurückzuführen (vgl. Angerhausen u.a. 1993, Olk 1996, Schmid 1994).

In der wissenschaftlichen Diskussion um Nonprofit-Organisationen, Dritten Sektor und Welfare-Mix, die seit Ende der 70er Jahre zunehmend an Gewicht gewonnen hat, spielen die strukturellen Grenzen und komparativen Vorteile der Systeme der Wohlfahrtsproduktion Markt, Staat, Familie und Nonprofit-Organisationen eine zentrale Rolle (vgl. die Einleitung zu diesem Band). Damit wird die Entwicklung des Dritten Sektors als Kompensation des Versagens der anderen Sektoren ex negativo begründet und zugleich eine hohes Maß an Funktionalität und Effizienz angenommen. Dies stellt in Anbetracht der Fragmentierung, des Partikularismus und des Unvermögens der Organisationen, die auch hier existieren, eine normative Überhöhung und ökonomische Engführung dar (vgl. Backhaus-Maul Olk 1992, S. 97ff., Seibel 1991, Salamon 1987). Zugleich werden in der angelsächsischen Literatur die "Grenzsituationen, Übergänge und Spannungsfelder" zwischen den Sektoren ebsenso unterschätzt wie die sich daraus ergebenden Vermittlungs- und Vernetzungsnotwendigkeiten (Evers 1990, S. 199). Die im "intermediären Bereich" tätigen Organisationen sind daher strukturell und funktional hybrid; ja sie können bei einer schwachen demokratischen Öffentlichkeit auch als Herrschaftsinstrumente fungieren.

In diesem Zusammenhang erfolgt eine Verortung von Wohlfahrtsverbänden als Zwitter- und Scharnierorganisationen, die eine wichtige "intermediäre Stellung" zwischen dem formellen (Markt und Staat) und informellen Sektor (Familie, Nachbarschaft, Selbsthilfe etc.) einnehmen (Heinze/Olk 1984, S. 179). Zugleich wird der Blick verstärkt auf die angrenzenden Sektoren gerichtet und es werden nun ebenfalls Familien und Wirtschaftsunternehmen (als Produzenten und als Nachfrager) als relevante Faktoren in der Wohlfahrtsproduktion wahrgenommen (vgl. Evers 1990, Evers/Svetlik 1993).

An den Ansätzen eines Dritten Sektors läßt sich aus vergleichender Sicht kritisieren, daß sie zu Beginn mit deutlichen Konvergenzannahmen verbunden waren: Bei einem strukturell angelegten Markt- und Staatversagen besteht überall ein kompensatorischer Bedarf für Nonprofit-Organisationen. Neuere international vergleichende Studien, bei denen besonders das sogenannte Johns Hopkins Projekt unter der Leitung von Salamon und Anheier zu erwähnen ist, zeigen in diesem Zusammenhang zweierlei: Einerseits existiert in allen Ländern - auch im (alten) Ostblock und der Dritten Welt - ein solcher Dritter Sektor, andererseits variieren seine Struktur und sein Stellenwert historisch wie international betrachtet (vgl. die Beiträge in Forschungsjournal NSB 4/1992 und Salamon/Anheier 1994).[7]

Konzepte wie Dritter Sektor und Wohlfahrtspluralismus versuchen ferner, die vielfältigen Erscheinungsformen der sozialen Dienste und Leistungen analytisch zu integrieren, was sich zwar als sozialpolitisch sinnvoll, aber begrifflich kaum präzisierbar erweist. Zudem werden die komparativen Leistungspotentiale und die relative Bedeutung der einzelnen Sektoren und Träger im Welfare-Mix mehr behauptet als gemessen.

## II. Methodenprobleme und Bestimmungsfaktoren beim Vergleich des Welfare-Mix

### *1. Strukturen sozialer Dienstleistungssysteme in Westeuropa*

In einer der ersten vergleichenden Monographien zur Rolle von "Voluntary Agencies in the Welfare State" hat Ralph Kramer (1981, S. 4) verschiedene westliche Industrieländer in ein Kontinuum zwischen staatlichen und privaten bzw. verbandlichen Dienstleistungen eingeordnet. Die Niederlande und Schweden markieren demnach die Extremwerte, während die USA eine Mittelposition einnehmen. Dicht beim niederländischen Fall - bzw. nach anderen Untersuchungen sogar darüber - liegt Deutschland, Großbritannien ähnelt dem schwedischen Beispiel und Frankreich, Israel sowie Kanada liegen zwischen diesen und den USA. Unter Einbeziehung weiterer Informationen lassen sich noch mehr Länder in diese grobe "Landkarte" einordnen (Bauer/Thränhardt 1987, Kramer u.a. 1993, Loges 1992, Schulte 1990, Prognos 1991, Schmid 1994, Zacher/Keßler 1991).

Kramer unterscheidet wie die Vertreter des Dritten-Sektor-Ansatzes indes kaum zwischen lokalen Vereinen und Selbsthilfegruppen sowie großen national organisierten Sozialleistungsverbänden, und auch die Abgrenzung gegenüber profitorientierten oder familialen Trägerstrukturen verläuft nicht trennscharf. Zugleich basieren seine Aussagen auf Untersuchungen, die primär im Bereich des

---

7 Allerdings zeigt sich eine nicht theoretisch bedingte Bevorzugung der drei größeren europäischen Länder Deutschland, Großbritannien und Frankreich sowie eine jeweils landesspezifische thematische Ausrichtung, was der Vergleichbarkeit nicht gerade dienlich ist. Zugleich unterscheiden sich die sozialpolitischen Diskurse und analytischen Zugriffsweisen zum Dritten Sektor in diesen Ländern beträchtlich. Vgl. hierzu etwa Evers/Svetlik 1993 und Kramer u.a. 1993.

Behindertenwesens durchgeführt worden sind. Ein besseres Ergebnis und ein transparenteres Vorgehen kommen zustande, wenn z.B. die aus dem deutschen Fall ableitbaren Kriterien für die Existenz einer Verbändewohlfahrt (als einem definierten Segment im Welfare-Mix) als Maßstab angelegt werden, d.h. vor allem auf breite und umfangreiche soziale Dienstleistungskapazitäten rekurriert wird. Von Wohlfahrtsverbänden wäre ferner zu sprechen, wenn das verbandliche Sozialleistungssystem stark zentralisiert und konzentriert ausfällt bzw. korporativen Merkmalen entspricht, und sie als "dritte Sozialpartner" (Spiegelhalter) fungieren (siehe zweites Schaubild).

Ein so eng definiertes Phänomen findet sich nur hierzulande und mit Modifikationen in Holland und Belgien. In den europäischen Nachbarländern ist es den entsprechenden Akteuren nicht gelungen, "jene organisatorische und institutionelle 'Verdichtung' (zu) erreichen, welche das Spezifikum der 'großen' Verbände in der Bundesrepublik Deutschland ist ..." (Schulte 1990, S. 50).[8] Die beiden folgenden Schaubilder zwei und drei geben die konzeptionellen Differenzierungen und die komparative Verteilung von (Wohlfahrts- bzw. Sozialleistungs-) Verbänden wider, wobei die Verwendung eines anderen Konzepts wie etwa "Nonprofit-Organisationen" natürlich zu anderen Ergebnissen führen würde (so bei Salamon/Anheier 1994). Im übrigen sind die Fälle im dritten Schaubild entsprechend der Sozialausgaben in hoch, mittel und tief angeordnet (Daten nach Schmidt 1988, S. 170).

Ferner berücksichtigt Kramer wie andere Autoren nur ansatzweise die Strukturen und Entwicklungen des jeweiligen Wohlfahrtsstaats; dies geschieht vorwiegend in einer deskriptiven und nicht in einer erklärenden Art und Weise. Der Umstand, daß beide Extremfälle (Niederlande, Schweden) zu denjenigen Ländern mit den höchsten Sozialausgaben zählen, deutet freilich darauf hin, daß die Wechselbeziehungen hier äußerst komplex sind.

Zwei sich ergänzende Erklärungsmuster für die Entstehung und stabile Funktion verbandlich dominierter Systeme sozialer Dienstleistungen - bzw. im umgekehrten Fall - primär staatlicher Systeme lassen sich entlang der beiden Stichworte politisch-administrative Komplementarität und religiöse Konfliktlinien skizzieren.

Zum ersten: Bei der Produktion sozialer Dienstleistungen treten etwa wegen der mangelnden Routinisierbarkeit und konditionalen Steuerung erhebliche bürokratieinterne Probleme auf (Offe 1974), was eine Auslagerung der Behandlung konkreter und individueller Probleme nahelegt. Dies erzeugt eine Domäne der Verbände, die durch hohe staatliche Transferzahlungen und Leistungsentgelte stabilisiert wird - und was als Nebeneffekt zu einer relativ geringeren

8 Die Fälle von geringer organisatorischer Differenzierung und teilweise vormodernen Assoziationsformen (z.B. Kirchengemeinde) in der Produktion sozialer Dienstleistungen bilden v.a. die südeuropäischen Länder (im Schaubild rechts unten).

Schaubild 2: Verschiedene Konzepte und Analysebenen

Dritter bzw. Nonprofit-Sektor
=
Nonprofit-Organisationen außerhalb der Sozialpolitik
+
Nonprofit-Organisationen in der Sozialpolitik

| d.h.

Soziallanspruchsvereinigungen
+
Selbsthilfe/lokale Vereine/Kirchengemeinde
+
Sozialleistungsverbände

|
└-----> Wohlfahrtsverbände:
- hohe Dienstleistungskapazitäten
- wenige, zentralisierte Großverbände
- stabile Institutionalisierung
- enge Staat-Verbände-Kooperation

Schaubild 3: Primäres Element im System sozialer Dienstleistungen

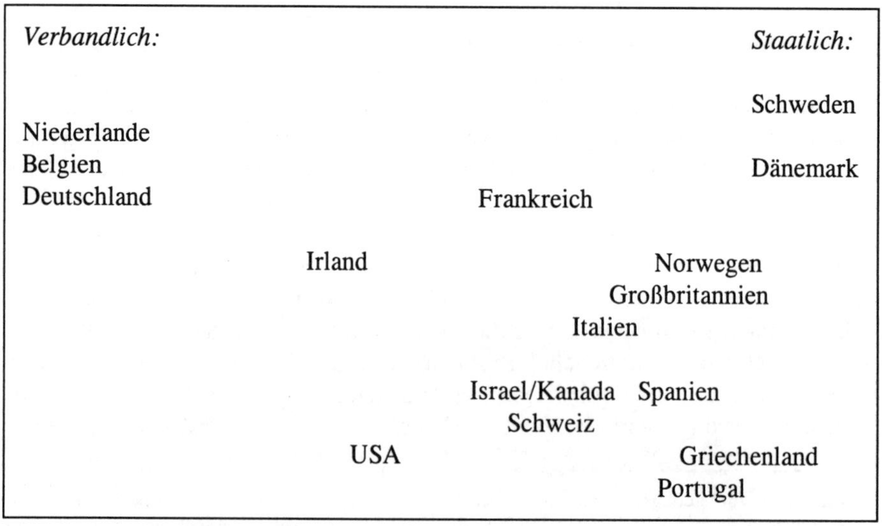

*Verbandlich:* *Staatlich:*

Schweden

Niederlande
Belgien
Deutschland

Dänemark

Frankreich

Irland

Norwegen
Großbritannien
Italien

Israel/Kanada Spanien
Schweiz

USA

Griechenland
Portugal

Beschäftigung im öffentlichen Dienst führt. Im internationalen Vergleich variieren diese Funktionsprobleme des Staates aber sowohl hinsichtlich ihres Ausmaßes als auch bezüglich der Instrumente und funktionalen Äquivalente, die zu ihrer Lösung zur Verfügung stehen. Die Rigiditäten sind bei Verwaltungssystemen, die nicht den restriktiven Bedingungen des Weberschen Idealtypus unterliegen, geringer, was etwa für die skandinavischen und angelsächsischen Länder im Unterschied zu den kontinentalen gilt. Hinzu kommen gerade in diesen Ländern übergreifende Effekte der jeweiligen Strukturen der politisch-administrativen Interessenvermittlung und des (hier: sozialdemokratischen) Wohlfahrtsstaatsregimes, das universalistisch und etatistisch ausgerichtet ist und so für verbandliche Sozialleistungen nur wenig Raum läßt (vgl. Lehmbruch 1987, Bauer/Thränhardt 1987).

Zweitens läßt sich ergänzend die Existenz und Persistenz von Wohlfahrtsverbänden auf die Wirkung von soziopolitischen Konfliktlinien im Sinne Stein Rokkans, genauer die Spannungen zwischen Staat und Kirche, zurückführen (ausführlicher Schmid 1995). Wohlfahrtsverbände knüpfen demnach an tradierte kirchliche Einrichtungen der Armenfürsorge des Mittelalters an und sind verbunden mit den jeweiligen Regelungen des Armenwesens. Vor allem im Kulturkampf zeigt sich, wie im Gefolge dieser Auseinandersetzungen in einigen Ländern (Deutschland, Niederlande) nicht nur klerikale Parteien sondern ein breites Organisationsnetz des politischen und sozialen Katholizismus entstehen.

Verstärkt wird die "gewaltige Anspannung des Organisatorischen, Verbandsmäßigen" (Maier 1983, S. 168) durch die Konkurrenz mit dem Protestantismus sowie der entstehenden sozialistischen Arbeiterbewegung. Zu den katholischen Laienvereinigungen zählt besonders der 1897 gegründete Caritasverband; er ist auch "Ausdruck (des) Strebens nach konfessioneller Parität" (Ebertz 1992, S. 402).

Die rechtliche und finanzielle Institutionalisierung von Wohlfahrtsverbänden und Subsidiarität läßt sich vor diesem Hintergrund als Konfliktregulierungsmechanismus aus dem vorigen Jahrhundert interpretieren, der die zugrunde liegenden Sozialstrukturen und die darauf basierenden Organisationsformen stabilisiert - und zugleich als soziales Versorgungssystem fungiert. Wohlfahrtsverbände spielen trotz des massiven Ausbaus des modernen Wohlfahrtsstaats in Deutschland und den Niederlanden bis heute eine zentrale Rolle, weil sie auf einem "Cleavage" beruhen, während sie in Großbritannien und Schweden allenfalls in wenigen Spezialbereichen oder auf lokaler Ebene aktiv sind und statt dessen staatliche Einrichtungen diese Funktionen übernommen haben (vgl. zur Empirie Bauer/Thränhardt 1987, Kramer 1981, Schmid 1994). Davon zu unterscheiden sind die aktuellen Strategien einer Privatisierung, wenngleich sich freilich auch hier die unterschiedlichen sozialpolitischen Traditionslinien auswirken (Kramer u.a. 1993).

## 2. Zur Methodik internationaler Vergleiche von Wohlfahrtsverbänden

Mit den skizzierten theoretischen Überlegungen zum Auftreten bzw. Nichtauftreten von Wohlfahrtsverbänden sind einige ebenfalls für die Diskussion des Welfare-Mix wichtige methodische Schwierigkeiten verknüpft. Zu den offensichtlichen Tücken eines internationalen Vergleichs zählt der Umstand, daß kaum Daten über die Organisationen, d.h. zu Mitgliederzahlen, Finanzen, Personal und Dienstleistungskapazitäten, sowie zu den Gründungskontexten und Zusammenschlüssen in Dachverbänden oder Kuppelorganisationen, vorliegen. Hinzu kommen Probleme mit der (fremden) Sprache, genauer: den darin eingewobenen politisch-kulturellen Konnotationen. Das Begriffsfeld Staat zum Beispiel weist erhebliche Unterschiede in Großbritannien und Deutschland auf (vgl. Seck 1991), so daß der Kollektivsingular Wohlfahrtsstaat eher als eine Form der "social creation of comparative issues" (Higgins 1986, S. 224), denn als Abbildung der Realität erscheint. Die parteipolitischen Auseinandersetzungen in der deutschen Nachkriegsgeschichte haben gezeigt, daß der Begriff Sozialstaat durchaus als Gegenkonzept zum britischen oder schwedischen Wohlfahrtsstaat verstanden worden ist (vgl. Fischer Lexikon 1964).

Dieser Sachverhalt läßt sich in methodischer Hinsicht als Problem des variierenden Kontextes fassen, da sich konkrete Einflüsse der politischen Umwelt auf die Strukturierung der Verbändelandschaft etwa aus der Rechtsordnung ergeben. So ist im Allgemeinen Preußischen Landrecht der Verein im öffentlichen Recht, aber auch indirekt im Staatskirchenrecht dicht reguliert, was im Subsidiaritätsprinzip, aber auch in der Bezeichnung Ehrenamt (im Unterschied zu "Volunteer") heute noch anklingt und Formalisierungs-, Zentralisierungs- und Inkorporierungstendenzen begünstigt hat. In Großbritannien verläuft dagegen die Verbandsentwicklung relativ staatsfrei, was bis heute pluralistische, dezentrale Strukturen begünstigt (vgl. Olk 1991); auch ist dort das Subsidiaritätsprinzip weitgehend unbekannt (Leaper 1975). Zudem treten die schon erwähnten Auswirkungen der sozialpolitischen und verwaltungsstrukturellen Differenzen auf.

Ambivalent für den internationalen Vergleich sind ferner gemeinsame kulturelle Kontexte, Diffusionsprozesse und zunehmend die Regimewirkungen der Europäischen Union (EU). Diese Randbedingungen verletzen einerseits das Postulat der Unabhängigkeit der Fälle, was übrigens ebenfalls die statistischen Voraussetzungen für die Anwendung von Korrelationsverfahren tangiert. Gleichzeitig sind sie aber die zentrale Voraussetzung für eine leichte Übertragbarkeit von sozialpolitischen Modellen und Programmen.[9]

---

9 Auch die Vereinigung der beiden deutschen Staaten wirft insofern methodische Probleme auf, als Struktur und Funktion der Wohlfahrtsverbände in den neuen Ländern weitgehend extern - durch die alte BRD - bestimmt werden, so daß etwa regionale sozialstrukturelle oder landespolitsche Erklärungsfaktoren kaum greifen können (Schmid 1994).

Ein weiteres Problem des Vergleichs liegt in der Tatsache, daß je nach Forschungsstrategie unterschiedliche Ebenen, d.h. System, Organisation, Politikfeld, untersucht werden können. In dem vorangegangenen Abschnitt sind Formen der sozialen Dienstleistungsproduktion in Westeuropa auf einer Systemebene klassifiziert worden. Wegen fehlender Daten und konzeptueller Unschärfen ist dieses Verfahren allerdings in methodischer Hinsicht nicht voll befriedigend. Als ergänzende und gegebenenfalls exaktere Forschungsstrategien bietet es sich an, unterhalb der Systemebene anzusetzen. So kann man die Rolle der Verbändewohlfahrt als einem Segment im Wohlfahrtspluralismus wie folgt bestimmen.

- Als partielle - nicht pars pro toto - Strategie läßt sich z.B. ein Vergleich der Rot-Kreuz-Organisationen durchführen, da diese in jedem Land vertreten sind. Je breiter deren Aufgabenspektrum ausfällt, also über das Rettungs- und Katastrophenhilfewesen hinausgeht, desto eher kommt den Verbänden im Wohlfahrtsstaat eine wichtige Rolle zu.
- Aus der sozial- und verwaltungsrechtlichen Behandlung im Detail kann der "öffentliche Status" (Offe) der Wohlfahrtsverbände ermittelt werden. Z.B. belegen die konkreten Förderansprüche, Kooperations- und Konsultationsregelungen in Deutschland ihre privilegierte Stellung.
- Ferner lassen sich sozialpolitische Teilgebiete, wie Gesundheit und Alter (Evers/Svetlik 1993) oder aber das Behindertenwesen wie bei Kramer (1981, ders. u.a. 1993) heranziehen, um die Bedeutung von freien Trägern oder Privatisierungsstrategien zu vergleichen.
- Schließlich geben - in Anlehnung an Verfahren der Aktionsforschung - die unterschiedlichen Strategien und Reaktionen auf die Politik der EU gegenüber den Wohlfahrtsverbänden ebenfalls Hinweise auf strukturelle Differenzen und Transformationen.

Der Versuch, Wohlfahrtsverbände im Rahmen eines internationalen Vergleichs zu untersuchen, wirft damit eine ganze Reihe von methodischen Schwierigkeiten und Wahlmöglichkeiten auf. Dies gilt insbesondere dann, wenn ein operationales Konzept verwendet wird und Wohlfahrtsverbände nicht umstandslos unter eine Sammelkategorie wie Dritter Sektor oder Nonprofit-Organisation fallen, sondern als spezielle (und dann auf wenige Länder beschränkte) Strukturvariante gelten, die über typische Leistungsmerkmale und intermediäre Potentiale verfügen.

## *3. Konzepte und Kriterien zur operationalen Differenzierung unterschiedlicher Formen der sozialen Dienstleistungsproduktion*

Die Grundfragen einer Methodik des Vergleichs betreffen nicht nur die internationale, sondern auch die institutionelle Dimension. Insbesondere die Vorstellung eines Wohlfahrtspluralismus oder Welfare-Mix verweist auf die Existenz unterschiedlicher Elemente, die jedoch operationalisiert werden müssen. Allerdings fehlt es an expliziten und differenzierten Meßkonzepten über Strukturen, Prozesse, In- und Outputs; vielfach werden simple Typologien und geordnete Deskriptionen verwendet, deren Erklärungsgehalt jedoch begrenzt ist. Ohne diese Problematik methodisch und theoretisch im Detail auszuloten, sollen im folgenden einige Exempel diskutiert werden (vgl. Backhaus-Maul/Olk 1992, Kieser 1993, Zacher/Kessler 1990, Forschungsjournal NSB 4/1992).

a) Weitgehend nominalistischer Natur sind Einteilungen in öffentlich und privat, die auf der Rechtsform der Organisation und der Art der produzierten Güter basieren. Über eine Klassifikation hinaus werden jedoch vielfach entsprechende Aufgaben zugewiesen oder Wirkungen erwartet. Daß eine solche Annahme empirisch ungesichert ist, zeigt schon das oben erwähnte Beispiel der öffentlichen Verwaltung, die im internationalen Vergleich deutliche Struktur- und Leistungsdifferenzen aufweist, obwohl sie doch immer eine öffentliche Einrichtung darstellt. Noch deutlicher wird die historische Zufälligkeit der Rechtsform beim Roten Kreuz, wo nur der bayerische Landesverband eine öffentliche Körperschaft darstellt. Umgekehrt sind etwa Kindergärten sowohl öffentlich (kommunal) als auch privat (verbandlich), ohne daß systematische Organisations- und Leistungsunterschiede bekannt wären.

b) Stärker in der angelsächsischen Kontingenztheorie der Organisationsforschung verbreitet sind Annahmen über einen systematischen Zusammenhang zwischen Struktur- und Umweltmerkmalen einer Organisation. So geht etwa das Konzept der task contingency davon aus, daß ähnliche Aufgabenstellungen zu ähnlichen Organisationsformen führen bzw. umgekehrt, daß bestimmte Strukturen sich besonders für die Durchführung von bestimmen Funktionen eignen. Allerdings sind auch hier die Beziehungen erheblich "lockerer", und zumindest im deutschsprachigen Raum fehlt es schlicht an empirischen Belegen.

c) Aus der neueren Institutionenökonomik stammen Vorstellungen über variierende Transaktionskosten (z.B. für Informationen, Kontrolle etc.) von Markt, Hierarchie und Netzwerk. Als wesentliche Determinanten für die Bestimmung einer effizienten Organisationsform gelten die Spezifität, die Unsicherheit und die Häufigkeit des Austauschs. Auch die Regelungen des Prinzipal-Agent-Problems, das etwa zwischen Staat und Wohlfahrtsverbänden auftritt, gehören in diese Theorierichtung, die zwar wichtige theoretische Erkenntnisse, aber kaum operationale Kriterien anbietet.

d) Auf dieser Grundlage argumentieren die stark auf eine betriebliche Anwendung bezogenen Versuche zur Ermittlung der optimalen Leistungstiefe bzw. der Make or Buy-Entscheidung des öffentlichen Sektors. Analoge Kalküle lassen sich für alle Elemente des Wohlfahrtspluralismus anstellen: Je nach

Art bzw. Eigenschaft der Hilfeleistungen lassen sich die "idealen" Organisationsformen zuorden. Zum Beispiel liegen alle Aufgaben mit hohen transaktionsspezifischen Investitionen und strategischen Relevanz bei der jeweiligen Organisation. Problematisch sind auch hier die mangelnden praktischen Umsetzungsvorschläge und Abgrenzungskriterien.

Gegen diese Versuche der Begründung einer rationalen und effizienten Arbeitsteilung zwischen einzelnen Trägerformen im Wohlfahrtspluralismus läßt sich aus der Sicht der historisch-vergleichenden Wohlfahrtsstaatsforschung einwenden, daß die institutionelle Struktur von sozialen Dienstleistungssystemen "sich durch einen hohen Grad an Eigenständigkeit gegenüber den Verhaltensweisen und Zielen politischer Akteure" auszeichnet (Rieger 1992, S. 11f.) und stark durch nationale historische Entwicklungspfade geprägt ist: "Whatever the precise causal configurations turn out to be, it is apparent that historically evolved structural arrangements, political parties, and international market and geopolitical positions are hardly open to short-term 'choice' by nations" (Skocpol 1984, S. 311).

Auf theoretischer Ebene kritisieren besonders die Vertreter eines neuen Institutionalismus aus der Politik- und Organisationsforschung die Rationalitäts-Effizienz-Annahmen, da es auch Formen von erfolgreicher Ineffizienz gibt. Der Erfolg scheiternder Organisationen liegt vor allem in der Bereitstellung symbolischer Lösungen und folgenloser Organisationsstrukturen, die die materielle Unmöglichkeit der Problemlösung nur verschleiern (Seibel 1991, s.a. Czada/Windhoff 1991).

Möglicherweise sind es ja gerade unscharfe Effizienzkriterien und opake Organisationsstrukturen, die die Politik vom Markt unterschieden, so daß politische Bewertung und Konflikte sowie Institutionen der Interessenvermittlung und nicht rationale Kalkulation von Organisationsformen gefragt sind. "Der politische Charakter der Entscheidung darüber, für welche Güter die öffentliche Hand (oder ein anderer Träger, J.S.) Sorge zu tragen hat, läßt sich durch die 'Theorie der öffentlichen Güter' nicht eskamotieren" (Thiemeyer 1981, S. 96).

## III. Fazit: "Vielheit in der Einheit" (W. James)

Die Quintessenz der Ausführungen läßt sich in praktisch-politischer Hinsicht auf die Formel bringen: Es gibt keinen one best way der Herstellung von Wohlfahrt und sozialer Sicherheit. Für die vergleichende Politikwissenschaft stellt die Öffnung in Richtung eines Wohlfahrtspluralismus eine wichtige theoretische Ergänzung ihres analytischen Horizonts dar. Hieraus kann sich auch eine positivere Bewertung der Offenheit und der Gestaltbarkeit des Untersuchungsfeldes ergeben und sozialpolitische Praxiskompetenz gewinnen. Umgekehrt läßt sich für manchen Beitrag aus der Welfare-Mix-Forschung die Forderung "Bringing the State Back

In" (Skocpol) erheben, an die Grenzen der Machbarkeit erinnern und an das methodische Gewissen appellieren. Denn wie bei einer pluralen Ordnung[10] wohl inhärent angelegt, sind die Grenzziehungen zur Beliebigkeit - nach dem Motto: one, more, many, any - fließend.

Bei der Variationsbreite von Aktivitäten, Organisationsformen und Zielsetzungen in einem entfalteten Wohlfahrtspluralismus reicht der Bedeutungsgehalt des Präfix Wohlfahrt deutlich über die traditionellen sozialpolitischen Aspekte hinaus und erfaßt auch kulturelle und gesellschaftspolitische Bereiche. Gleichsam in einer Dialektik von Ausdehnung und Ambivalenz läßt sich schließlich das nicht unproblematische Verhältnis von (Wohlfahrts-) Pluralismus und sozialen Disparitäten andeuten: Handelt es sich bei den neuen Formen und Inhalten von Wohlfahrt um eine Auseinandersetzung über die Ausweitung sozialer Rechte, um neue soziopolitische Konfliktlinien, die ihren Niederschlag auch in den sozialpolitischen institutionellen Arrangements suchen? Oder liegt vielmehr eine "Mobilization of Bias" (Schattschneider) vor, demzufolge Wohlfahrtspluralismus eher die Umverteilung von Lasten auf benachteiligte Gruppen beinhaltet? Vielleicht ist es ja gerade einer der Vorzüge des Konzepts, daß solche normativen Fragen aufgeworfen, sie aber pragmatisch und gegebenenfalls unterschiedlich beantwortet werden können.

## Literatur

Alber, Jens, 1982: Vom Armenhaus zum Wohlfahrtsstaat. Analysen zur Entwicklung der Sozialversicherung in Westeuropa, Frankfurt.

Abrahamson, Peter, 1992: Welfare Pluralism: Towards a New Consensus for a European Social Policy? in: Linda Hantrais u.a. (Hrsg.), Cross-National Research Papers, New Series: The Implications of 1992 for Social Policy, 6. The Mixed Economy of Welfare, S. 5-22.

Angerhausen, Susanne/Backhaus-Maul, Holger/Schiebel, Martina, 1993: In "guter Gemeinschaft"? Die sozial-kulturelle Verankerung von intermediären Organisationen im Sozialbereich der neuen Bundesländer, Bremen, ZeS-Arbeitspapier Nr. 14.

Backhaus-Maul, Holger/Olk, Thomas, 1992: Intermediäre Organisationen als Gegenstand sozialwissenschaftlicher Forschung, in: Winfried Schmähl (Hrsg.), Sozialpolitik im Prozeß der deutschen Vereinigung, Frankfurt, S. 91-132.

Bauer, Rudolph/Thränhardt, Anna-Maria (Hrsg.), 1987: Verbandliche Wohlfahrtspflege im internationalen Vergleich, Opladen.

Beyme, Klaus von, 1988: Der Vergleich in der Politikwissenschaft, München.

Cawson, Alan, 1982: Corporatism and Welfare. Social Policy and State Intervention in Britain, London.

Czada, Roland/Windhoff-Héritier, Adrienne (Hrsg.), 1991: Political Choice. Institutions, Rules, and the Limits of Rationality, Frankfurt.

10 Diese pragmatische Philosophie des "und" ist für die Pluralismustheorie, besonders ihren frühen Exponenten William James, charakteristisch; vgl. hierzu Schubert/Wilkesmann 1994. Möglicherweise liegt hierin auch eine Basis für normative Begründungs- und Motivationsstrukturen der Sozialpolitik jenseits von Religion und Recht.

Deimer, Klaus/Jaufmann, Dieter, 1986: Nutzerpräferenzen und Erwartungen an sozialpolitische Träger - Staat, Wohlfahrtsverbände und Selbsthilfe aus der Sicht Betroffener, Soziale Sicherheit 35, S. 238-244

Ebertz, Michael N., 1992: Deutscher Caritasverband, in: R. Bauer (Hrsg.), Lexikon des Sozial- und Gesundheitswesens, München, S. 402-407.

Ebertz, Michael N./Schmid, Josef, 1987: Zum Stand der Wohlfahrtsverbände-Forschung. Sozialwissenschaftliche Fragestellungen, Erkenntnisfortschritte und Defizite, Caritas 87, S. 289-313.

Esping-Andersen, Gösta, 1990: The Three Worlds of Welfare Capitalism, Cambridge.

Evers, Adalbert, 1990: Im Intermediären Bereich. Soziale Träger und Projekte zwischen Haushalt, Staat und Markt, Journal für Sozialforschung 39, S. 189-210.

Evers, Adalbert/Svetlik, Ivan (Hrsg.), 1993: Balancing Pluralism. New Welfare Mixes in Care for the Elderly, Aldershot.

Fischer Lexikon Staat und Politik (herausgegeben von E. Fraenkel und K.D. Bracher), 1964: Sozialpolitik, Wohlfahrtsstaat, Frankfurt.

Forschungsjournal Neue Soziale Bewegung, 1992: Zwischen Markt und Staat 5, 4).

Fraenkel, Ernst, 1991 (1964): Deutschland und die westlichen Demokratien, Frankfurt.

Harrison, Malcolm L. (Hrsg.), 1984: Corporatism and Welfare, Aldershot.

Heinze, Rolf G./Olk, Thomas, 1981: Die Wohlfahrtsverbände im System sozialer Dienstleistungsproduktion, Zur Entstehung und Struktur der bundesrepublikanischen Verbändewohlfahrt, Kölner Zeitschrift für Soziologie und Sozialpsychologie 33, S. 94-114.

Heinze, Rolf G./Olk, Thomas, 1984: Sozialpolitische Steuerung. Von der Subsidiarität zum Korporatismus, in: M. Glagow (Hrsg.), Gesellschaftssteuerung zwischen Korporatismus und Subsidiarität, Bielefeld, S. 161-194.

Higgins, Joan, 1986: Comparative Social Policy, The Quarterly Journal of Social Affairs 2, S. 221-242.

Kieser, Alfred (Hrsg.): 1993: Organisationstheorien, Stuttgart

Kramer, Ralph, 1981: Voluntary Agencies in the Welfare State, Berkeley.

Kramer, Ralph u.a., 1993: Privatization in Four European Countries. Comparative Studies in Government-Third Sector Relations, Armonk.

Leaper, R.A.B., 1975: Subsidiarity and the Welfare State, Social and Economic Administration 9, S. 82-97.

Lehmbruch, Gerhard, 1987: Administrative Interessenvermittlung, in: A. Windhoff-Héritier (Hrsg.), Verwaltung und ihre Umwelt. Festschrift für Thomas Ellwein, Opladen, S. 121-160.

Leibfried, Stephan, 1990: Sozialstaat Europa? Integrationsperspektiven europäischer Armutsregimes, Nachrichten des Vereins für öffentliche und private Fürsorge 70, S. 295-305.

Loges, Frank, 1992: Wohlfahrtsorganisationen in Europa. Gemeinsamkeiten und Unterschiede, Theorie und Praxis der Sozialen Arbeit 43, S. 381-386.

Maier, Hans, 1983: Zur Soziologie des deutschen Katholizismus 1803-1950, in: D. Albrecht u.a. (Hrsg.), Politik und Konfession. Festschrift für Konrad Repgen, Berlin, S. 159-172.

O'Connor, Julia S./Brym, Robert J., 1988: Public welfare expenditure in OECD countries. Towards a reconciliation of inconsistent findings, British Journal of Sociology 39, S. 47-68.

Olk, Thomas, 1991: Ehrenamtliche Arbeit in England, Freiburg.

Olk, Thomas, 1996: Wohlfahrtsverbände im Transformationsprozeß Ostdeutschlands, in: R. Kollmorgen/R. Reißig/ J. Weiß (Hrsg.), Sozialer Wandel und Akteure in Ostdeutschland. Empirische Befunde und Ansätze, Sonderdruck, Opladen, S. 179-216.

Olk, Thomas/Heinze Rolf G., 1981: Die Bürokratisierung der Nächstenliebe. Am Beispiel der Geschichte und Entwicklung der "Inneren Mission". in: Ch. Sachße/F. Tennstedt (Hrsg.), Jahrbuch der Sozialarbeit, Bd. 4. Reinbek, S. 233-271.

Olk, Thomas/Barbara Riedmüller (Hrsg.), 1994: Grenzen des Sozialversicherungsstaates? Eine Einführung, in: Riedmüller, B./Olk, Th. (Hg.), Grenzen des Sozialversicherungsstaates, Leviathan, Sonderheft 14,Opladen, S. 9-33.

Prognos, 1991: Soziale Sicherung und Versorgung im internationalen Vergleich. Bundesrepublik Deutschland, Frankreich, Niederlande, Spanien. Studie der Prognos AG im Auftrag der Bank für Sozialwirtschaft, Teil 2., Köln.

Rieger, Elmar, 1992: Die Institutionalisierung des Wohlfahrtsstaates, Opladen.
Salamon, Lester M./Anheier, Helmut K. 1994: The Emerging Sector. The Nonprofit Sector in Comparative Perspektive, Baltimore
Salamon, Lester M., 1987: Of Market Failure, Voluntary Failure, and Third-Party Government, Journal of Voluntary Action Research 16, S. 29-49.
Schmid, Josef, 1987: Wohlfahrtsverbände und Neokorporatismus - kritische Anmerkungen zur Übertragung einer Theorie, Mensch, Medizin, Gesellschaft 12, S. 119-123.
Schmid, Josef, 1992: Wohlfahrtsverbände und Wohlfahrtsverbändeforschung, in: R. Bauer (Hrsg.), Lexikon des Sozial- und Gesundheitswesens, München, S. 2170-2175.
Schmid, Josef 1995: Verbändewohlfahrt im modernen Wohlfahrtsstaat. Strukturbildende Effekte des Staat-Kirche-Konflikts, in: S. Immerfall/P. Steinbach (Hrsg.), Historisch-vergleichende Makrosoziologie. Stein Rokkan - der Beitrag eines Kosmopoliten aus der Peripherie, S. 88-118.
Schmid, Josef, 1994: Der Wohlfahrtsstaat Europa und die deutschen Wohlfahrtverbände, in: V. Eichener/H. Voelzkkow (Hrsg.), Organisierte Interessen in Europa. Marburg, S. 453-483.
Schmid, Josef, 1994: Der Aufbau von Wohlfahrtsverbänden in den neuen Bundesländern. Gesellschaftliche Selbsthilfebewegung oder quasistaatliche Veranstaltung?. in: J. Schmid u.a. (Hrsg.), Organisationsstrukturen und Probleme von Parteien und Verbänden. Marburg, S. 181-200.
Schmidt, Manfred G., 1982: Wohlfahrtsstaatliche Politik unter bürgerlichen und sozialdemokratischen Regierungen. Ein internationaler Vergleich, Frankfurt.
Schmidt, Manfred G., 1988: Sozialpolitik. Historische Entwicklung und internationaler Vergleich, Opladen.
Schubert, Klaus/Willkesmann, Uwe: Einführung, in: W. James, Das pluralistische Universum, hrsg. von K. Schubert, Darmstadt (i.E.).
Schulte, Bernd, 1990: Das Verhältnis zwischen öffentlichen und freien Trägern in internationaler Perspektive, in: J. Münder/D. Kreft (Hrsg.), Subsidiarität heute, Münster, S. 44-60.
Seck, Wolfgang, 1991: Politische Kultur und Politische Sprache. Empirische Analysen am Beispiel Deutschlands und Großbritanniens, Frankfurt.
Seibel, Wolfgang, 1991: Erfolgreich scheiternde Organisationen, Politische Vierteljahresschrift 32, S. 479-496.
Simmel, Georg, 1906: Zur Soziologie der Armut, Archiv für Sozialwissenschaft und Sozialpolitik 22, S. 1-30.
Skocpol, Theda, 1984: What is Happening to Western Welfare State?, Comtemporary Sociology 14, S. 307-311.
Statistisches Bundesamt (Hrsg.) in Zusammenarbeit mit dem Sonderforschungsbereich 3 der Universitäten Frankfurt und Mannheim, 1985: Datenreport 1985. Zahlen und Fakten über die Bundesrepublik Deutschland, Bonn.
Stephens, John, 1979: The Transition from Capitalism to Socialism, London.
Streeck, Wolfgang/Schmitter, Philippe, 1985: Gemeinschaft, Markt und Staat - und die Verbände? Der mögliche Beitrag von Interessenregierungen zur sozialen Ordnung, Journal für Sozialforschung 25, S. 133-157.
Therborn, Göran, 1987: Welfare States and Capitalist Markets, Acta Sociologica 30, 237-254.
Thiemeyer, Theo: Öffentliche Unternehmen als Instrumente einer sozial orientierten Wirtschaftspolitik, in: W. Meißner u.a. (Hrsg.), Für eine ökonomische Reformpolitik. Frankfurt, S. 92-107.
Thränhardt, Dietrich, 1984: Von Thron und Altar zur bürokratischen Verknüpfung. Die Entwicklung korporatistischer Beziehungen zwischen Wohlfahrtsverbänden und Staat in Deutschland, in: R. Bauer (Hrsg.), Die liebe Not, Weinheim, S. 164-171.
Thränhardt, Dietrich, 1981: Kommunaler Korporatismus. Deutsche Traditionen und moderne Tendenzen, in: Thränhardt, D./Uppendahl, H. (Hrsg.): Alternativen lokaler Demokratie, Königstein, S. 5-34.
Wilensky, Harold L., 1975: The Welfare State and Equality. Structural and Ideological Roots of Public Expenditures, Berkeley.
Zacher, Hans F./Kessler, Francis, 1990: Die Rollen der öffentlichen Verwaltung und der privaten Träger in der sozialen Sicherheit, Zeitschrift für internationales Arbeits- und Sozialrecht 4, S. 97-157.

Zapf, Wolfgang, 1982: Welfare Production. Public versus Private, Frankfurt/Mannheim, Arbeitspapier des SFB 3, Nr. 85.

# III. Wohlfahrtspluralistische Arrangements in unterschiedlichen Politikbereichen

# "Einkommensmix" als individuelle Wohlfahrtsstrategie

*Lutz Leisering*

Die konkrete Wohlfahrt der Individuen ist Resultante von Leistungen einer Vielzahl öffentlicher und privater, formeller und informeller Wohlfahrtsinstanzen - so die Grundannahme der Forschungen zum "Wohlfahrtsmix". Monistische Bilder wie "Marktgesellschaft" oder "Versorgungsstaat", die Wohlfahrtsproduktion an Märkten bzw. durch staatliche Bürokratien als gesellschaftsprägend unterstellen, erweisen sich in dieser Sicht als einseitig.[1]

Die "großen Alternativen" (Zapf 1981, S. 399) wie Staatssozialismus und Marktliberalismus werden als Fluchtpunkte gesellschaftlicher Entwicklung in Frage gestellt.

Analysen des Wohlfahrtsmix beziehen sich im allgemeinen auf *Dienstleistungen* und dabei auf die *Anbieterseite*, stellen etwa die Rolle intermediärer Träger und lokaler Initiativen für die Bereitstellung sozialer Dienstleistungen heraus. Im vorliegenden Beitrag soll dagegen der Blick zum einen auf *monetäre* Wohlfahrtsströme gerichtet werden (vgl. die Forderung von Evers/Wintersberger 1990, S. 403f.): Ist auch die monetäre Komponente individueller Lebenslagen durch eine Vielfalt von Versorgungsquellen gekennzeichnet, durch einen "Einkommensmix"?[2] Zum andern soll der Wohlfahrts- bzw. Einkommensmix "von unten", von der Seite der *Leistungsempfänger* her betrachtet werden. Übersetzt sich die institutionelle Pluralität von Anbietern in differenzierten Gesellschaften in eine *Pluralität individueller Lebensressourcen*, also in einen individuellen Wohlfahrts- bzw. "Einkommensmix"? Und: Welche *Handlungsorientierungen* auf Seiten der Individuen sind darauf gerichtet,

---

1 Ich danke Michael Zwick für quantitative Berechnungen (Tabelle 3) und Sabine Lührs für qualitative Analysen auf der Grundlage der Bremer Längsschnittstichprobe von Sozialhilfeakten (LSA) sowie Petra Buhr für methodische Hinweise. Ferner danke ich Hans-Peter Blossfeld, Claudia Born und Walter Heinz für anregende Kritik anläßlich der Vorstellung einer früheren Fassung des Beitrags. Schließlich gilt mein Dank Herrn Winger vom Statistischen Bundesamt für die Überlassung aktueller statistischer Zahlen.

2 Aufschlußreich wäre darüberhinaus eine Analyse des gesamten, monetäre wie nicht-monetäre Leistungen umfassenden Wohlfahrtmixes, die freilich erhebliche methodische Probleme aufwirft (s. dazu das Beispiel des Wohlfahrtmixes bei Kindern und Jugendlichen, Leisering 1992, S. 138f.).

individuelle Wohlfahrt auf der Grundlage einer Pluralität von Versorgungsinstanzen zu sichern? Erst durch Beantwortung der beiden letzten Fragen wird erkennbar, welche Bedeutung Wohlfahrtspluralismus für individuelle *Lebenslagen* hat. Sind individuelle Einkommensmixstrategien etwa Ausdruck einer Individualisierung und Pluralisierung von Lebensformen, die seit den 80er Jahren in der Soziologie diskutiert wird?

Der vorliegende Beitrag exploriert ein wenig beackertes Feld. Nach Begründung des Wechsels von der Anbieter- zur Nutzerperspektive (Abschnitt I) und der Skizzierung eines konzeptuellen Bezugsrahmens zur Analyse von Einkommensmix (Abschnitt II) wird der Einkommensmix empirisch dargestellt, zuerst in Hinblick auf die Gesamtbevölkerung der Bundesrepublik (Abschnitt III), sodann auf der Grundlage der Bremer Längsschnittstichprobe von Sozialhilfeakten (LSA) für Sozialhilfeempfänger (Hilfe zum Lebensunterhalt) (Abschnitt IV). Diese Gruppe ist besonders aufschlußreich für Einkommensmixanalysen, stellt sie doch - neben den "Rentnern" - die herausragende Bevölkerungsgruppe dar, deren soziale Existenz in der Öffentlichkeit durch den Bezug einer einzigen Einkommensart gekennzeichnet wird. Hinzu kommt, daß ein Gutteil der sozialpolitisch-sozialpädagogischen Literatur nahelegt, daß unter materiell eingeengten Verhältnissen kein Spielraum für die Entfaltung einer Pluralität von Lebensäußerungen besteht. Im Rahmen der Individualisierungsdebatte hat Günter Burkart (1993, S. 172f.) argumentiert, daß die Individualisierungsthese für sozial benachteiligte Bevölkerungsgruppen keine Gültigkeit beanspruchen könne.[3]

## I. "Wohlfahrtsmix": Von Institutionen zu individuellen Lebenslagen

Der Wohlfahrtsmix-Begriff zielt unmittelbar auf die Ebene der Anbieter, d.h. die Vielfalt der *Institutionen* der "Wohlfahrtsproduktion" wie Markt, Staat, Assoziationen und Haushalte (etwa Zapf 1981, S. 391 sowie die Einleitung zu diesem Band). Der Begriff kann jedoch auch auf die Ebene der *Individuen* bezogen werden, bei denen die vielfältigen "Wohlfahrtsprodukte" (Rose 1986, S. 16) zusammenlaufen und konkrete *Lebenslagen* konstituieren. In diesem Sinne bezeichnet 'Wohlfahrtsmix' ein Arrangement von Institutionen, die zur gesamtgesellschaftlichen Produktion von Wohlfahrt beitragen, aber auch die bei

3 Am Vorarbeiten zum Einkommensmix bei Armen liegen vor: die Studie von Lee Rainwater, Martin Rein und Joseph Schwartz (1986), die die Verhältnisse in den USA, Schweden und Großbritannien vergleicht; die Analyse von Klaus Kortmann (1992) für sozialbedürftige Alte; die Arbeiten von Hans-Jürgen Andreß u.a. (1993) und von Jürgen Andreß und Wolfgang Strengmann-Kuhn (1994) auf der Grundlage des Sozio-ökonomischen Panels und der Datenbank "Sozialhilfestatistik" für Bielefeld; und von Lutz Leisering und Michael Zwick (1993), von Petra Buhr (1994) und von Sabine Lührs (1994) auf Basis der LSA. Zum Einkommensmix s. generell Rainwater/Rein/Schwartz (1986) und Day (1992).

einzelnen Personen oder Haushalten vorliegende Kombination unterschiedlicher Wohlfahrtsquellen.

Die institutionelle Ebene ist Gegenstand von Theorien sozialer Steuerung, wobei schon früh eine Pluralität von Steuerungsmodi identifiziert wurde (klassisch Dahl/Lindblom 1953). Die Analyse des Wohlfahrtsmixes auf individueller Ebene und der damit verbundenen Handlungsstrategien ist dagegen kaum zum Gegenstand eines eigenen Forschungsstrangs geworden. Das individuelle Wohlfahrtsmixkonzept richtet sich gegen hochaggregierte Ansätze, vor allem *ökonomische Verteilungs-* und *soziologische Klassenanalysen*, insoweit sie individuelle Lebenslagen auf wenige Statusvariablen reduzieren und so die Unterschiede ausklammern, die aus verschiedensten Zusatzeinkommen neben dem statusdefinierenden Haupteinkommen resultieren.

Aber auch institutionelle Analysen können von der "bottom-up"-Perspektive der Betroffenen (Rose 1986, S. 16) profitieren, denn ohne die Reaktionen und Handlungsstrategien der Leistungsadressaten kann die Wirkungsweise von Wohlfahrtsinstanzen nicht verstanden werden. Die Einsicht, daß normalerweise eine Mehrzahl verschiedener staatlicher Instanzen zusammenwirkt, verdeutlicht die Grenzen der herkömmlichen Wirkungsforschung. *Die Wirkungen sozialpolitischer Intervention* sind schwieriger zu erfassen, wenn mehrere Instanzen gleichzeitig wirksam werden. "Die aggregierten Effekte staatlicher Politik sind weit umfangreicher und nachhaltiger als die Einzeleffekte bestimmter Maßnahmen, wie wir sie mit Hilfe der Evaluations- und Wirkungsforschung messen wollen." (Kaufmann 1990, S. 103) Rainwater/Rein/Schwartz (1986, S. 22) gehen dieses Problem des "cumulative impact" an, indem sie fordern, von der Ebene der betroffenen Individuen auszugehen, weil dort die Lebenslagerelevanz politischer Maßnahmen konkret greifbar werde: "... it is necessary to approach policy backwards, i.e. from the perspective of its target population. In other words, we need to begin not with specific programs, but with outcomes and then try to trace government activities which contributed to creating the situation as it is ...". Dabei soll die Analyse der *individuellen* (bzw. haushaltsbezogenen) Kumulation von Einkommensquellen helfen, die intendierten und unintendierten Folgen des *institutionellen* Wohlfahrtsmixes, insbesondere der Kumulation verschiedener sozialpolitischer Leistungen und Maßnahmen, zu rekonstruieren. Hierzu wird der Begriff der "tacit social policy" vorgeschlagen, der die "*de facto* priorities" politischen Handelns meint (ebenda, S. 24), wie sie sich auf der Ebene der *outcomes* niederschlagen. Kritisch ist dazu anzumerken, daß Ausdrücke wie "*tacit*" und "*de facto*" das Problem der Erklärung politischen Handelns und seiner Folgen eher verschleiern als lösen.

Über die Beschreibung der Kumulation von Einkommensströmen hinaus ist nach individuellen *Handlungsstrategien* zu fragen, die dahinter stehen (s. etwa den Begriff des "*claiming*" bei Rainwater/Rein/Schwartz 1986, S. 12f., der den sozialen Prozeß der Beanspruchung von Versorgungsleistungen meint). Adalbert Evers (1990, S. 18,20) unterscheidet zwischen "*defensiven*" und "*offensiven*" Wohlfahrtsmixstrategien, wobei mit "defensiv" eine reaktive Anpassung unter externem Druck gemeint ist, während "offensiv" eine kreative und autonome Ausweitung der Formen sozialer Betätigung bezeichnet. Evers/Wintersberger (1990, S. 404) sehen den Handlungsaspekt von Wohlfahrtsmix gar als Ansatzpunkt, einen emphatisch kommunitaristisch verstandenen Begriff der "civil society" auf den Bereich der Wohlfahrtsproduktion auszudehnen. Nicht nur Politik, Arbeit und Geistesleben, sondern auch die alltägliche Reproduktion wird zum Feld autonomer Bürgerteilhabe. Insofern hat das Konzept des Wohlfahrtsmixes einen doppelten Charakter: normativ-programmatisch geht es um Szenarien sozialer Innovation, empirisch-analytisch gilt es, die faktische Pluralität alltäglicher Wohlfahrtsstrategien zu rekonstruieren.

## II. "Einkommensmix" - ein konzeptueller Bezugsrahmen

"Einkommen" kann etwas sehr verschiedenes bedeuten. Neben direkten Geldzahlungen leisten *indirekte* Einkommensquellen einen wesentlichen Beitrag zur finanziellen Situation eines Menschen, vor allem Steuervergünstigungen. Allein im Sozialbudget machen indirekte Transfers DM 70 Mrd. (7%) aus (1992; BMAS 1994, S. 194).[4] Auch "*Einkommensäquivalente*", etwa kostenlose medizinische Versorgungsansprüche mitversicherter Familienangehöriger, fallen ins Gewicht. Ferner ist Individual- und Haushaltseinkommen zu unterscheiden. Es stellt sich die Frage, ob das Individuum oder der Haushalt *Untersuchungseinheit* sein soll. In der explorativen Studie lassen wir indirekte Einkommen und Einkommensäquivalente aufgrund methodischer und Datenschwierigkeiten außer Betracht.

Jedoch soll auf das Individuum als Untersuchungseinheit abgestellt werden, da das Leben im Haushalts- und Familienverbund selbst eine wesentliche Form der "Mischung" von Einkommen darstellt. Im Haushalt werden mehrere, oft gleichartige Einkommensarten zu einem Haushaltseinkommen "gepoolt", vor allem wenn beide Ehepartner erwerbstätig sind oder ältere Kinder, besonders in Unterschichten, zum Haushaltseinkommen beitragen ("*Einkommensmix im Haushaltsverbund*"). Rainwater/Rein/Schwartz (1986) bezeichnen den in Familien stattfindenden Einkommensmix insgesamt als "*income packaging*". Gerade für Armutsgefährdete ist gezeigt worden, daß die Zahl der Verdiener etwa bei Arbeitslosenhaushalten wesentlich darüber entscheidet, inwieweit Verarmung eintritt (Klein 1987; Müller/Frick/Hauser 1994 für die neuen Bundesländer).

4 Richard Titmuss spricht in seinem klassischen Aufsatz "The social division of welfare" (1956) von "*fiscal welfare*".

Haushaltseinkommen ist im Zeitverlauf instabiler als Individualeinkommen (Headey u.a. 1990, S. 19) - auch hierdurch wird erkennbar, daß der Einkommensmix im Haushaltsverbund Lebenslagen wesentlich beeinflußt. Während Haushaltseinkommen in der Forschung normalerweise schematisch auf die Haushaltsmitglieder umgelegt wird (anhand von "Äquivalenzskalen", Überblick bei Motel/Wagner 1993, S. 436f.), um die individuellen Wohlfahrtspositionen zu bestimmen, ist für die Zukunft zu fordern, Prozesse der Intra-Haushalt-Verteilung empirisch genau zu rekonstruieren (Jenkins 1991).

## *1. "Einkommensarten"*

Nicht nur die *Höhe*, sondern auch *Art* und *Zusammensetzung* des Einkommens beeinflussen die Lebenslage von Personen. Diese Annahme, genauer: Hypothese, liegt jeder Untersuchung von Einkommensmix unausgesprochen zugrunde. Eine wichtige Vorstufe zur Analyse des Einkommensmixes ist daher die Analyse von Einkommensarten und ihrer sozialen Bedeutung, zunächst unabhängig davon, welche Kombination von Einkommensarten bei konkreten Personen oder Haushalten vorliegt.

Beryl Day ist dieser Fragestellung anhand einer explorativen qualitativen Studie (1992) mit kleiner Stichprobe (n = 21) nachgegangen. Die *Art* der bezogenen Einkommen (Einkommensquelle, *income source*), so die These der Autorin, prägt, relativ unabhängig von der Einkommens*höhe*, die Lebenslage und den Sozialstatus von Haushalten, sowohl in objektiven als auch subjektiven Dimensionen. Damit wird die Bedeutung herkömmlicher Einkommensschichtungsanalysen systematisch in Frage gestellt. Selbstbild, Zufriedenheit, soziale Kontakte, Handlungsspielräume und Entwicklungsmöglichkeiten sind, wie Day fand, durch die Einkommens*art* bestimmt, genauer durch die quantitativ dominierende Einkommensart (1992, S. 471f.). Dabei unterscheidet sie drei Gruppen von Haushalten: solche mit überwiegendem Erwerbseinkommen, mit überwiegendem Sozialeinkommen (primär Sozialhilfe und Rente - letztere in Großbritannien oft auf Armutsniveau) und mit überwiegendem Einkommen aus Betriebsrenten und privater Vorsorge.

Day stellt vor allem auf *handlungsverengende Folgen* unterschiedlicher Einkommensarrangements ab. So schränke Einkommen aus Erwerbstätigkeit das Zeitbudget für den außerberuflichen Alltag ein, und der andauernde Druck, die erreichte Position zu sichern oder auszubauen, induziere Konflikte im Privatleben. Der Bezug von Sozialhilfe bzw. Rente passiviere dagegen und isoliere sozial (Day 1992, S.472-78). Das biographische Entwicklungspotential von Erwerbseinkommensbeziehern hebe sich allerdings positiv von Sozialleistungsempfängern ab: "while an employee can sometimes change employer, acquire more skills, sell more time, or together with others withdraw labour, a benefit claiment can usually do little to alter a disability to attract more benefit. ... Fewer strategies to increase income were available, and in many cases there was little possibility of extricating themselves from this particular relation with the state. No use could be made of the equation time = money. Instead of contriving to sell their skills, they were required to concentrate on their negative attributes" (1992, S. 478).

Days Aufsatz ist ein wichtiger Beitrag zur Einkommensmixdiskussion, er negiert jedoch die Stoßrichtung des Konzepts in einem wichtigen Aspekt, indem nur die überwiegende Einkommensquelle als sozial prägend behauptet wird. Gegen Day ist zudem festzuhalten, daß die Folgen von Sozialleistungsbezug auch biographisch-produktiver Art sein und Handlungsspielräume erweitern können. Während des Bezugs sind die Empfänger - zumindest in Deutschland - aktiver als Day es nahelegt. Vor allem ist Sozialhilfebezug meistens befristet und kann Moment der Entwicklungsdynamik des Lebens der Betroffenen sein (s.u. Abschnitt IV).[5]

### 2. *Einkommensmix als soziales Handeln*

Drei Handlungsorientierungen in bezug auf Einkommensquellen und ihre Kombination können idealtypisch unterschieden werden[6]: *Einkommenssteigerung*, *Einkommenssicherung* und *Lebensgestaltung*.

*Einkommenssteigerung* ist die naheliegendste Zielorientierung, die mit dem Bezug bestimmter Einkommensarten verbunden ist. Der Nutzen eines Einkommensmix kann darin liegen, eine Einkommenshöhe zu versprechen, die mit einem einzigen Einkommen nicht erzielt werden könnte. Das Engagement, mehrere Einkommensquellen zu mobilisieren, kann dann als Versuch interpretiert werden, das Potential individueller bzw. familialer Teilhabemöglichkeiten und -kompetenzen voll auszuschöpfen. Auch für die Aggregatebene des gesellschaftlichen Wohlfahrtsmix kann ein solcher Optimierungsgedanke dahingehend formuliert werden, daß erst eine Pluralität wohlfahrtsproduzierender Institutionen das Gesamtpotential gesellschaftlicher Wohlfahrtsproduktion voll realisiert (so bei Rose 1986, S. 15). Das entspricht der Idee von Adam Smith und

5 S. die Darstellung der neueren dynamischen Armutsforschung in Deutschland als Kritik älterer Sichtweisen bei Ludwig (1995), Buhr (1995a) und Leibfried/Leisering u.a. (1995) sowie Zwick (1994), aber auch die analogen Ergebnisse von Rauinwater/Rein/Schwartz (1986) und Rank (1994) für die USA.

6 In der Literatur werden u.a. nur die ersten beiden Orientierungen angesprochen (z.B. bei Rauinwater/Rein/Schwartz 1986, S. 15), oder gar primär nur die erste (z.B. bei Rose 1986, S. 32).

Niklas Luhmann, daß gesellschaftliche Arbeitsteilung bzw. funktionale Differenzierung produktivitätssteigernd wirkt.

Gerade am unteren Ende der Einkommensskala fallen naturgemäß auch kleinere zusätzliche Einnahmequellen ins Gewicht wie Zeitungsaustragen durch Schüler und Ehefrauen. In der Entwicklungsländerforschung ist seit den 70er Jahren das Konzept des "Informellen Sektors" breit diskutiert worden. Demgemäß engagieren sich Unterschichtangehörige in urbanen Agglomerationen der Dritten Welt gleichzeitig in mehreren informellen Tätigkeitsformen, um ihr Auskommen zu sichern (Elwert/Evers/Wilkens 1983). Das Konzept richtet sich gegen die ältere modernisierungstheoretische Sichtweise, daß marktliche Steuerung - und damit reguläres Erwerbseinkommen als primäre Einkommensart - zumindest in evolutionärer Perspektive das orientierende Modell entwicklungspolitischer Strategien sein müsse. In dieser Sicht ist Einkommensmix - häufig zusammengeflickt aus mehreren kleinen Geldquellen - ein tragfähiges Sozialmodell und gesellschaftliche Normalität.

Einkommensmix bewirkt in diesen Fällen Einkommenssteigerung, indem mehrere Einkommen sich addieren. Nachhaltiger wirkt jedoch eine interaktive, nicht bloß additive Verknüpfung verschiedener Einkommensarten ("*synergetischer Einkommensmix*"). Derartige Effekte scheinen besonders für Personen mit höherem Sozialstatus realisierbar. So sind aus individueller Sicht diejenigen Einkommensarten besonders attraktiv, die andere Einkommensströme quasi-automatisch nach sich ziehen, so etwa Erwerbseinkommen, aus dem Sozialversicherungsansprüche erwachsen sowie, besonders in größeren Unternehmen, diverse *fringe benefits*.

*Sicherung* bzw. Stabilisierung eines einmal erzielten Einkommens ist eine Zielorientierung, die relativ unabhängig vom Ziel der Einkommenssteigerung verfolgt wird und mit diesem in Konflikt tritt, wenn das sichere dem höheren, aber riskanteren Einkommen vorgezogen wird. Für Max Weber war die Orientierung am langfristig gesicherten Gewinn eine *differentia specifica* des modernen Kapitalisten, die ihn vom älteren Beutekapitalisten unterscheidet, der auf kurzfristigen, hohen Gewinn aus war (Weber 1920, S. 4-7). Im entwickelten Wohlfahrtsstaat ist 'Sicherheit' zu einer zentralen politischen Leitformel aufgestiegen (Kaufmann 1973). Die immanenten Instabilitäten von Erwerbseinkommen, aber auch von lebenszyklisch wechselnden innerfamilialen Transfers kompensierend, sichern sozialstaatliche Leistungssysteme die Kontinuität des Lebenslaufs (Gross 1981; Leisering 1992, S. 235f.). Die spezifische Funktion eines Einkommensmix im Hinblick auf Einkommenssicherung liegt in der Verbreiterung der Einkommensbasis, die eine erhöhte Flexibilität in Zeiten krisenhafter Entwicklungen in einzelnen Einkommensbereichen ermöglicht - wie Kapitalstreuung durch Investoren das Anlagerisiko begrenzen soll. Auch im Konzept des Informellen Sektors spielt die

Sicherheitsorientierung - die "Suche nach Sicherheit" auf einem überlebenssichernden Niveau, nicht Einkommenssteigerung - eine zentrale Rolle (Elwert/Evers/Wilkens 1983).

*Lebensgestaltung*: Einkommensarten und -kombinationen werden auch aufgrund nicht-monetärer Aspekte gewählt, wegen bestimmter Chancen der Lebensgestaltung, die durch diese Einkommensarten eröffnet werden. So können sich Frauen voll der Erziehung von Kindern widmen, wenn sie von eigenem Erwerbseinkommen zu ehelichem Unterhalt oder Sozialhilfe wechseln. Umgekehrt kann die Aufnahme einer (Haupt- oder Neben-) Erwerbstätigkeit von Hausfrauen die Unabhängigkeit gegenüber dem Ehemann steigern oder auch der Selbstverwirklichung dienen. Haushaltsproduktion als Ergänzung des Kaufs von Konsumgütern am Markt kann Ausdruck von Kreativität sein und die Selbst-Identität steigern. Erwerbsarbeit in Betrieben bringt soziale Kontakte mit sich. Teilzeitarbeit und/oder Sozialleistungsbezug kann vorübergehend in Kauf genommen werden, um sich für zukünftige lukrativere Tätigkeiten zu qualifizieren - etwa durch Fortbildung - oder diese einzuleiten - etwa die Gründung eines selbständigen Betriebs.

Nicht immer ist es gerechtfertigt, von regelrechten 'Strategien' der Einkommenserzielung zu sprechen. Realistischer ist es, von einem Spektrum auszugehen, das von bewußter Planung bis zu zwanghafter Unterwerfung unter bestimmte Formen der Einkommenssicherung reicht, aber auch gewohnheitsmäßiges Verhalten einschließt. Damit hängt auch zusammen, ob es sich um einen defensiven oder offensiven Wohlfahrtsmix handelt. Der Marxsche "stumme Zwang der Verhältnisse", hier: der Zwang zum Anbieten der Arbeitskraft am Arbeitsmarkt, ist heute durch wohlfahrtsstaatliche Regelungen abgeschwächt. Monetäre Transfers innerhalb von Familien und Verwandtschaftssystemen beruhen auf etablierten Konventionen und eingefahrenen Machtverhältnissen, aber auch auf Aushandlungsprozessen. Sozialstaatliche Leistungsarten haben teilweise Zwangscharakter, so im Fall der Sozialversicherung, oder werden quasi-automatisch erbracht (z.B. Kindergeld). Bei sozialen Diensten sind dagegen besondere Anstrengungen der Inanspruchnahme erforderlich. Dies gilt auch für monetäre Transfers im Randbereich standardisierter Leistungen, nämlich dort, wo Antragszwang besteht und individuelle Bedürftigkeitsprüfungen durchgeführt werden, primär in der Sozialhilfe sowie bei Wohngeld oder bei Leistungen nach dem Bundesausbildungsförderungsgesetz.

In bezug auf Einkommensmix, vor allem im Haushaltsverbund, gibt es tradierte und institutionalisierte Muster, Leitbilder, die in einem bestimmten Zeitabschnitt gesellschaftlicher Entwicklung einflußreich sind. Diese Leitbilder müssen allerdings nicht den realen Verhältnissen entsprechen. Rainwater, Rein und Schwartz (1986) zeigen in ihrer international vergleichenden Studie, daß die "*dual career welfare state family*" der empirisch vorherrschende Typ ist, also die Doppelverdienerfamilie, die ergänzende sozialstaatliche Leistungen bezieht. Auch in Deutschland scheint das Leitbild des "männlichen (Allein-) Ernährers" der Familie an Verbindlichkeit einzubüßen. In den alten Bundesländern wird es gemäß einer repräsentativen Umfrage nur noch von 37% geteilt, in den neuen gar nur von 11% (1994; Braun 1995, S. 6).

## III. Empirische Befunde zum Einkommensmix in der Bundesrepublik

Erste Anhaltspunkte für den gesellschaftlichen Einkommensmix liefert die Unterhaltsstatistik des Statistischen Bundesamtes, die auf den Individualdaten des Mikrozensus beruht. Hier wird nach dem *überwiegenden* Unterhalt von *Individuen* gefragt. Dies hat zur Folge, daß etwa Kinder und die meisten Ehefrauen als familial versorgt gelten, insofern sie überwiegend vom Erwerbseinkommen des Vaters bzw. Ehemannes leben.

Die Unterhaltsstatistik gibt eine *pluralistische Struktur* zu erkennen (Tabelle 1). Einseitige Interpretamente wie "Arbeitsgesellschaft" und "überbordender Versorgungsstaat" finden in diesen Zahlen keinen Anhalt: jedes der drei großen Systeme der Einkommenszuteilung dominiert in einem relevanten Teil der Bevölkerung. Deutlich weniger als die Hälfte der Bevölkerung lebt überwiegend von Erwerbseinkommen - was in der Logik dieser Statistik immer heißt: von eigenem Erwerbseinkommen. Der (Arbeits-) Markt, genauer: das Erwerbssystem, und die Familie erweisen sich in dieser Sicht als die beiden Hauptversorgungssysteme in unserer Gesellschaft; dem Sozialstaat kommt ein geringeres Gewicht zu.

In den letzten 30 Jahren hat ein Wandel stattgefunden: Der Anteil der primär sozialstaatlich Versorgten ist gestiegen, während der Anteil der familial Versorgten (primär Ehefrauen und Kinder) gesunken ist. Die Erwerbseinkommensbezieherquote ist dagegen über die Jahrzehnte annähernd konstant geblieben, wodurch jedoch heterogene Wandlungsprozesse nur oberflächlich verdeckt werden: Gegenläufige Trends wie die wachsende Erwerbsbeteiligung der Frauen und die Verkürzung des Erwerbslebens infolge verlängerter Jugend- und Altersphase heben sich gegenseitig auf.

Bei Differenzierung nach Altersgruppen wird erkennbar, daß der institutionelle Einkommensmix in etwa den Phasen des *Lebenslaufs* entspricht: familiale Versorgung hat ihren Schwerpunkt in Kindheit und Jugend, ist aber auch in den anderen Lebensphasen von Bedeutung; der Markt dominiert in der mittleren Lebensphase; und sozialstaatliche Versorgung betrifft vor allem alte Menschen.

*Tabelle 1:* Bewohner der Bundesrepublik Deutschland nach überwiegendem Lebensunterhalt 1961-1993[1] (in Prozent der jeweiligen Altersgruppe)

| *Überwiegender Unterhalt durch ...* | *Altersgruppe* | unter 15 | 15-20 | 20-25 | 55-60 | 60-65 | 65 und mehr | Wohnbevölkerung |
|---|---|---|---|---|---|---|---|---|
| Erwerbstätigkeit | 1961 | 1 | 58 | 80 (69) | 55 | 39 | 9 (5) | 44 (29) |
| | 1970 | 0 | 46 | 75 (65) | 53 | 36 | 5 (3) | 40 (26) |
| | 1979 | 0 | 33 | 70 (63) | 51 | 20 | 3 (2) | 40 (26) |
| | 1988 | 0 | 28 | 68 (64) | 51 | 18 | 2 (1) | 42 (29) |
| | 1993 West | 0 | 25 | 64 (60) | 53 | 18 | 1 (1) | 43 (32) |
| | 1993 BRD | 0 | 27 | 64 (60) | 47 | 16 | 1 (1) | 42 (32) |
| Arbeitslosenunterstützung | 1961 | 0 | 0 | 0 (0) | 0 | 0 | 0 (0) | 0 (0) |
| | 1979 | 0 | 1 | 2 (2) | 1 | 1 | 0 (0) | 1 (1) |
| | 1988 | 0 | 1 | 4 (4) | 5 | 1 | 0 (0) | 2 (2) |
| | 1993 West | 0 | 1 | 3 (3) | 6 | 2 | 0 (0) | 2 (2) |
| | 1993 BRD | 0 | 1 | 5 (5) | 6 | 1 | 0 (0) | 3 (3) |
| Rente und dergl.[2] | 1961 | 1 | 2 | 2 (1) | 19 | 37 | 76 (71) | 15 (17) |
| | 1970 | 1 | 2 | 3 (2) | 21 | 40 | 82 (76) | 17 (19) |
| | 1979 | 2 | 3 | 6 (5) | 19 | 57 | 83 (77) | 19 (21) |
| | 1988 | 3 | 3 | 6 (6) | 20 | 59 | 87 (82) | 22 (24) |
| | 1993 West | 3 | 4 | 7 (7) | 18 | 59 | 89 (85) | 22 (24) |
| | 1993 BRD | 3 | 4 | 9 (10) | 28 | 66 | 91 (87) | 23 (26) |
| Angehörige | 1961 | 98 | 40 | 19 (29) | 26 | 24 | 15 (25) | 42 (54) |
| | 1970 | 99 | 53 | 22 (33) | 26 | 24 | 13 (21) | 43 (55) |
| | 1979 | 98 | 64 | 23 (31) | 28 | 23 | 14 (22) | 41 (53) |
| | 1988 | 97 | 69 | 23 (26) | 24 | 22 | 11 (17) | 34 (45) |
| | 1993 West | 97 | 71 | 26 (29) | 23 | 21 | 10 (15) | 33 (42) |
| | 1993 BRD | 97 | 68 | 22 (25) | 19 | 17 | 8 (11) | 31 (39) |

*Quelle:* Berechnet nach Statistisches Bundesamt, Statistisches Jahrbuch 1964:150; 1974:134; Fachserie 1, Reihe 4.1.1., 1976:64; 1979:30; 1982:35; 1988:39; 1993:47f.; Bevölkerung und Kultur, Heft 10

1) Personenbezogenes Unterhaltskonzept. - In Klammern: Werte für die weibliche Bevölkerung.

2) Die Kategorie umfaßt neben Renten der Gesetzlichen Rentenversicherung auch Pensionen und sonstige öffentliche Sozialleistungen sowie Erträge aus privatem Vermögen.

In einzelnen Lebensphasen bzw. Altersgruppen, besonders am unteren und oberen Rand des Altersspektrums, hat sich der Einkommensmix deutlicher verändert, als die Betrachtung der Gesamtbevölkerung zu erkennen gibt (s. ausführlich Leisering 1992, S. 72-77). Ins Auge fällt insbesondere der scharfe Rückgang der Einkommenart "Erwerbseinkommen" in Jugend und Alter und die komplementäre Zunahme sozialstaatlicher Transfers bzw. (im Fall der Jugend) auch familialer Versorgung. Erst durch diese 'Reinigung' haben diese beiden Phasen des menschlichen Lebens ihre heutige soziale Gestalt erhalten, die sie deutlich von der mittleren Altersphase als Erwerbs- und Ehephase abgrenzt (ebenda, Kap. 1). *Der institutionelle Einkommensmix übersetzt sich also in die Phasenstruktur des Lebenslaufs und schafft sie zugleich.*[7] In den neuen Bundesländern stellt sich die Situation etwas anders dar. Vor allem schlägt sich der höhere Anteil von Arbeitslosen und Rentnern nieder sowie, erkennbar anhand der geringeren Versorgung durch Angehörige, die höhere Erwerbstätigkeit von Frauen.

Die Unterhaltsstatistik verschenkt allerdings einen wesentlichen Teil des analytischen Potentials des Wohlfahrtsmixkonzepts, da der Begriff "überwiegender Lebensunterhalt" die individuell anfallende Vielfalt von Einkommensquellen auf eine dominante Quelle zusammenzieht. Hier führen Analysen auf der Grundlage des Sozio-ökonomischen Panels (SOEP) weiter (Andreß u.a. 1993, Andreß/Strengmann-Kuhn 1994) (Tabelle 2).

Auch bei desaggregierter Betrachtung erweist sich der *Markt* als ein zentrales Versorgungssystem. Selbst im untersten Einkommensbereich, bei den Haushalten unter 40% des durchschnittlichen Einkommens (also eher unter Sozialhilfeniveau), macht Markteinkommen die Hälfte des Gesamteinkommens aus. (Für die Sozialhilfeempfänger gilt das naturgemäß nicht, s.u.). Nur weil sich die hier wiedergegebenen Berechnungen auf Haushalte statt auf Individuen beziehen, wird die Rolle des zweiten großen Systems, des Haushalts bzw. der *Familie*, nicht erkennbar. Der Anstieg weiblicher Erwerbstätigkeit, vor allem bei verheirateten Frauen, verweist darauf, daß Einkommensmix im Haushaltsverbund an Bedeutung zunimmt. Im internationalen Vergleich westlicher Länder liegt der Anteil der Frauen am gesamten Haushaltseinkommen bei 20% (Rainwater/Rein/Schwartz 1986, S. 57ff.).

Sozialstaatliche Einkommensanteile nehmen erwartungsgemäß mit sinkendem Einkommen zu, herrschen allerdings selbst bei den Ärmsten (unter 40% des Durchschnittseinkommens) nicht vor, wieder mit Ausnahme der Sozialhilfeempfänger.

7 Allgemeiner behauptet Karl Ulrich Mayer (1991, S. 178), daß der Lebenslauf die funktionale Differenzierung der Gesellschaft in der Zeitachse des individuellen Lebens abbilde. Dazu kritisch Leisering (1992, S. 25).

*Tabelle 2:* Einkommensmix in der Bevölkerung der BRD, 1984-1988 (Einkommensarten in % des Gesamteinkommens)

| | *Einkommensklasse*[*)] | | |
|---|---|---|---|
| *Einkommensart* | 40% | 50% | 60% |
| *Erwerbseinkommen* | 47 | 60 | 59 |
| Lohn/Gehalt | 33 | 49 | 50 |
| Selbständiges Einkommen | 7 | 5 | 4 |
| Kapitaleinkommen | 4 | 4 | 4 |
| Nebenerwerb | 2 | 2 | 2 |
| *Sozialstaatliche Transfers* | 50 | 36 | 38 |
| Lohnersatz | 29 | 24 | 29 |
| subsidiär | 21 | 12 | 9 |
| Sozialhilfe | 8 | 3 | 2 |
| Wohngeld | 4 | 2 | 2 |
| Kindergeld | 9 | 7 | 5 |
| *Private Transfers* | 4 | 4 | 3 |
| *Zahl der Einkommensarten* | 1,8 | 1,7 | 1,5 |
| N | 995 | 1365 | 1861 |

*Quelle:* Andreß/Strengmann-Kuhn (1994:10)
*Datenbasis:* Sozio-ökonomisches Panel, gepoolter Datensatz (Haushalte werden in verschiedenen Jahren als unterschiedliche Haushalte behandelt, Erhebungswellen 1984-1988; vgl. Andreß u.a. 1993: 99)
[*)] *Einkommensklassen:* Haushalte unter 40%, 50% bzw. 60% des haushaltsgrößenspezifisch gewichteten Durchschnittseinkommens

Dies scheint das alte Bild einer sozialstaatlichen Umverteilung von oben nach unten zu bestätigen statt die Umverteilung durch die Sozialversicherung abzubilden, die wesentlich zwischen *Lebensphasen* stattfindet. Aber "unten" umfaßt auch Haushalte in schlechter gestellten Lebensphasen; und selbst in Bevölkerungskreisen, die nach keinem Kriterium als arm gelten können (über 60% des Durchschnittseinkommens), liegt der Anteil von Sozialtransfers noch bei 29%.

Hans-Jürgen Andreß und Wolfgang Strengmann-Kuhn (1994, S. 10) interpretieren Einkommensmix als Zeichen einer prekären Lebenslage: Das Bemühen um zusätzliche Einkommensquellen erwachse aus finanzieller Not; zugleich schaffe eine gesteigerte Mischung verschiedener Einkommensarten erhöhte Koordinationsbedarfe. Diese pessimistische Sicht des Einkommensmix hat eine gewisse Plausibilität. Zwei Befunde sollen sie belegen: Zum einen wächst die Zahl unterschiedlicher Einkommensquellen mit sinkendem Einkommen (Tabelle 2), zum andern nehmen die - durch Befragung ermittelten - Sorgen mit der Zahl der Einkommensquellen zu, und zwar unabhängig von der Höhe des Einkommens. Beide Belege bedürfen genauer Prüfung.

Zum Zusammenhang mit niedrigem Einkommen: Die Begriffe "Einkommen" und "Einkommensart" erweisen sich hier als zu wenig eindeutig, insbesondere bei Anwendung auf unterschiedliche soziale Schichten. Eine Zeile in der Einkommenssteuererklärung Bessergestellter kann, ohne als "Einkommensart" gezählt zu werden, als indirektes Einkommen (Abzug von der Steuerschuld) zehnmal oder hundertmal soviel Geld einbringen wie einzelne Posten in Unterschichthaushalten, die penibel als Einkommensquelle aufgeführt werden. Unberücksichtigt bleiben auch Geldäquivalente wie betriebliche Vergünstigungen bei höheren Einkommensgruppen sowie unternehmensbezogene Subventionen und Vergünstigungen bei Selbständigen. Insoweit verliert zumindest ein quantitativ gefaßter Einkommensmixbegriffs an Erklärungskraft. Allerdings ist der Bezug einkommensabhängiger Sozialtransfers wie Wohngeld und BaFöG in der Tat Zeichen finanzieller Knappheit (aber auch von Inanspruchnahmekompetenz).

Zum Zusammenhang mit Sorgen: Bemühungen um mehrere Einkommensquellen können auch und gerade Ausdruck von Aktivität und positiver Lebensbewältigung sein. Am Beispiel der Sozialhilfeempfänger ist im nächsten Abschnitt zu zeigen, daß Einkommensmix selbst am Rande der Gesellschaft nicht nur zur Einkommenssteigerung, sondern auch zur Lebensgestaltung dienen kann. Möglicherweise sind "Sorgen" und "aktive Bewältigung", im Zeitverlauf betrachtet, nur zwei Seiten einer übergreifenden Bedeutung von Einkommensmix: Der gleichzeitige Bezug mehrerer Einkommen verweist darauf, daß die Betroffenen an sozialen Systemen *teilhaben* und gesellschaftlich integriert sind. So haben Asylbewerber in der Sozialhilfe einen minimalen Einkommensmix (s.u.), was ihre soziale Ausgrenzung spiegelt und nicht etwa nahelegt, sie seien weniger mit Sorgen belastet.

## IV. Einkommensmix am Rande der Gesellschaft - der Fall der Sozialhilfeempfänger

Wird jemand in der öffentlichen Diskussion als "Sozialhilfeempfänger" bezeichnet, so ist oft mehr gemeint als die bloße Tatsache, daß der oder die Betreffende Sozialhilfe bezieht; es ist eine pauschal abwertende Bezeichnung der Gesamtperson, hinter der andere Eigenschaften zurücktreten (vgl. Georg Simmels Essay "Der Arme", 1908). "Sozialhilfeempfänger" in diesem Sinne gelten als Problemfälle, die in einer Reihe mit "Ausländern", "Obdachlosen" oder "Behinderten" genannt werden. Sozialhilfebezug wird zum "master status" (E.C. Hughes, vgl. Becker 1963, S. 32f.). Die Sozialhilfeempfänger sind also ein Personenkreis, der *sozial durch den Bezug einer einzigen Einkommensart charakterisiert* wird, unabhängig davon, ob im Einzelfall andere Einkommensquellen vorliegen. Wenn von anderen Einkommensquellen bei Hilfeempfängern die Rede ist, so meist in bezug auf illegitimen Einkommensmix, vor allem Schwarzarbeit und andere nicht angegebene Einkommensquellen. Unter diesem Gesichtspunkt wird gerade die Mischung von Einkommensquellen hervorgehoben, um die Betreffenden zu diskriminieren.
Von Sozialhilfeempfängern wird also angenommen,

- daß sie ausschließlich von Sozialhilfe leben, also *kein Einkommensmix* vorliegt;
- oder es wird ihnen gerade vorgeworfen, mißbräuchlich weitere Einkommen zu beziehen, also einen *illegitimen Einkommensmix* zu verfolgen;
- Schließlich wäre aus der allgemeinen Annahme eingeschränkter Handlungsfähigkeit von Sozialhilfeempfängern abzuleiten, daß ein eventuell vorhandener Einkommensmix, einschließlich des Bezugs der Einkommensart "Sozialhilfe" selbst, nicht Ergebnis aktiver Lebensgestaltung ist, sondern nur unter dem Druck der Verhältnisse erfolgt (*defensiver Einkommensmix*).

Diese drei Annahmen - die auf die Auffassung hinauslaufen, Sozialhilfeempfänger seien vom "normalen" Pluralismus individualisierter Lebensformen ausgeschlossen - sollen im folgenden empirisch überprüft werden.[8]

8 Die Analysen beziehen sich auf quantitativen und qualitativen Auswertungen der Bremer 10%-Längsschnittstichprobe von Sozialhilfeakten (LSA). Grundgesamtheit sind alle Neuzugänge der Sozialhilfe (Hilfe zum Lebensunterhalt, HLU) in der Stadt Bremen seit 1983 (Voges/Zwick 1991). Zugrunde liegt hier nur ein Teil der gesamten Stichprobe, die Neuzugänge des Jahres 1983(n=586 Haushalte, entsprechend 1570 Personen, davon 843 Sozialhilfeempfänger), deren Sozialhilfeverläufe bis 1989 anhand der Akten verfolgt wurden. Zudem wurden 90 Tiefeninter-

## *1. Sind "Sozialhilfeempfänger" nur Sozialhilfeempfänger?*

Wir analysieren im folgenden den *"formellen Einkommensmix"*, also die gegenüber dem Sozialamt angegebenen und auf die Sozialhilfe "angerechneten" anderen Einkommensquellen. Erste Informationen gibt die Bundessozialhilfestatistik. Demnach beziehen immerhin 72% der Empfänger laufender Hilfe zum Lebensunterhalt andere Einkommen neben Sozialhilfe, außer Wohngeld (48%) vor allem Kindergeld (34%), Arbeitslosengeld/-hilfe (13%) und Renten (12%) (1992; Statistisches Bundesamt, FS 13, R.2, S. 54f.). Erwerbseinkommen wird nur von 11% bezogen, der Anteil der "working poor" ist in Deutschland also weiterhin gering.

Wir betrachten zunächst den *globalen Einkommensmix*, also das gesamte anrechenbare Einkommen - ungeachtet der Art und der Anzahl der Einkommensarten, aus denen es sich zusammensetzt - und setzen es ins Verhältnis zu den Sozialamtszahlungen. Der Betrag, um den das Sozialamt das vorliegende Einkommen ergänzt - gemessen als Prozentsatz des resultierenden Gesamteinkommens (= Sozialhilfeniveau) - wird in der Literatur als *"Armutslücke"* bezeichnet (Klanberg). So besagt eine Armutslücke von 80%, daß der Betreffende nur 20% seines Existenzminimums aus eigenen bzw. anderen Mittel bestreiten kann. Es ist auch ein Maß des individuellen Armutsgrads und der *"Abhängigkeit"* des Hilfebedürftigen (Gottschalk/Moffitt 1994, S. 38): je größer die Armutslücke, desto höher der Anteil der Sozialhilfezahlungen am Gesamteinkommen und desto größer der möglicherweise erwartbare negative Effekt des Hilfebezugs auf Selbstbild und selbständige Handlungsorientierungen der Betroffenen. Hilfeempfänger mit geringerer Armutslücke verursachen zudem niedrigere Kosten für die öffentlichen Träger.

Wie Tabelle 3 zeigt, sind *"Sozialhilfebezieher" nicht nur Sozialhilfebezieher*: Im Schnitt[9] wird ein Drittel des Einkommens aus anderen Quellen bestritten.[10] Das bedeutet: Hilfeempfänger sind nur zum Teil von den Sozialamtszahlungen "abhängig". Es bedeutet auch: Hilfebezug verursacht für die Träger weniger Kosten, als die Höhe der Hilfesätze es annehmen läßt. Real ist der Anteil anderer Einkommen noch höher, da in den ersten Bezugsmonaten die Auszahlung des Wohngelds häufig auf sich warten läßt und die Sozialhilfe dafür einspringen muß.

---

views geführt.- Eine Auswertung Bielefelder Sozialamtsdaten hat Hans-Jürgen Andreß vorgenommen (1994).

9 Bezugseinheit sind bei allen Analysen nicht Personen, Haushalte oder Aktenfälle, sondern Bezugsmonate (insgesamt 11.337 Monate, in denen die 586 untersuchten Bedarfsgemeinschaften Sozialhilfe bezogen).

10 Das bedeutet, daß die "Armutslücke" 67% beträgt. Aufgrund unterschiedlicher Operationalisierung kommt Buhr(1994, S. 8, Tab. 4) zu einer größeren Armutslücke (79% bzw. 72%). Die sehr viel niedrigere Armutslücke von unter 50% bei Andreß/Strengmann-Kuhn (1994, S. 10) ist erkennbar auf die Selektivität der Stichprobe und andere Faktoren zurückzuführen; hier wird die Abhängigkeit der Hilfebezieher von den Sozialamtszahlungen also unterschätzt.

Dies schlägt sich im durchschnittlichen Anteil anderer Einkommen stark nieder, da die meisten Personen nur kurzzeitig Hilfe beziehen und das Wohngeld teilweise erst nach Ende des Bezugs nachgezahlt wird.

Tabelle 3 zeigt auch *erhebliche Unterschiede des Grades der Sozialhilfeabhängigkeit* bei verschiedenen sozialen Gruppen, wodurch auf sehr heterogene Lebenslagen verwiesen wird. Rentner haben die kleinste "Armutslücke" (40%), beziehen im Schnitt also nur "aufstockende" Sozialhilfe. Ähnliches gilt für Familien mit mehreren Kindern, was auf mehrere andere Einkommensquellen wie Erwerbseinkommen und Kindergeld zurückzuführten sein dürfte (durchschnittlich mehr als zwei Einkommen neben der Sozialhilfe). Sozialpolitisch ist zu folgern, daß durch bedarfsgerechte Ausgestaltung der Renten (Mindestrente) bzw. des Kinderlastenausgleichs die Sozialhilfebedürftigkeit dieser beiden Gruppen mit begrenztem fiskalischem Aufwand wirksam bekämpft werden könnte. Die größte Armutslücke hat erwartungsgemäß die Gruppe der Aus- und Übersiedler und Asylbewerber und -berechtigten. Ihr geringer Einkommensmix verweist darauf, daß sie nicht in gesellschaftliche Zusammenhänge eingebunden sind, aus denen sie andere Einkommen ziehen könnten. Erst 1991, also nach der Zeit, auf die sich diese Daten beziehen, wurde das Arbeitsverbot für Asylsuchende gelockert. Wegen des Arbeitsverbots kamen sie den Staat teurer zu stehen.

Wie "*abhängig*" Personen von Sozialhilfe sind und welche Kosten sie verursachen, hängt neben der Armutslücke auch von anderen Faktoren ab. So haben Asylfälle zwar eine höhere Armutslücke, aber ihr Sozialhilfeanspruch (haushaltsspezifisches Sozialhilfeniveau) ist (leicht) unterdurchschnittlich. Kurzzeitbezieher haben generell eine hohe Armutslücke, dabei im Schnitt aber einen sehr niedrigen Sozialhilfeanspruch. Gegenläufige Faktoren sind auch bei Langzeitbeziehern wirksam. Vor allem an sie denkt man, wenn von "Abhängigkeit" von Sozialhilfe die Rede ist. Was die Armutslücke angeht, sind sie jedoch zusammen mit den "Pendlern" - also den Personen, die mit Unterbrechungen langfristig Hilfe beziehen - weniger stark von Sozialhilfe abhängig als Kurzzeitbezieher. Insbesondere die Pendler bestreiten mehr als 40% ihres Einkommens selbst. Langzeitbezieher mögen also anfällig sein für "Abhängigkeit", was mögliche Langzeiteffekte von Hilfebezug angeht wie Demoralisierung und Unselbständigkeit, also in der zeitlichen Dimension; in der finanziellen Dimension sind sie es gerade nicht.[11]

11 Auch Abhängigkeit in der zeitlichen Dimension ist durch neuere Forschung stark relativiert worden (Leisering/Leibfried u.a. 1995, Kap. 4).

*Tabelle 3:* Formeller Einkommensmix bei Sozialhilfeempfängern

| *Bezugstyp* | *Anzahl anrechenbarer Einkommen* | *individuelle Sozialhilfeschwelle (DM)* | *Armutslücke*[1] |
|---|---|---|---|
| *Verlaufstyp:*[2] | | | |
| Kurzzeitbezieher | 0.6 | 636 | 73 |
| Langzeitbezieher | 1.2 | 883 | 68 |
| "Mehrfach-Kurzzeitbezieher" | 0.6 | 820 | 72 |
| "Pendler" | 1.2 | 953 | 59 |
| *Bezugsursache:* | | | |
| Aus-/Übersiedler/Asyl | 0.4 | 855 | 92 |
| Wartefälle[3] | 0.3 | 631 | 87 |
| Ausbildung/Umschulung | 1.1 | 731 | 71 |
| Familiäre Gründe | 1.4 | 975 | 73 |
| Krankheit/Behinderung/Sucht | 1.1 | 819 | 68 |
| Arbeitslosigkeit | 1.2 | 955 | 58 |
| Unzureichendes Erwerbseinkommen | 1.4 | 1017 | 58 |
| Unzureichende Rente | 1.6 | 989 | 40 |
| *Haushaltstyp:* | | | |
| Alleinstehend | 0.7 | 663 | 77 |
| Alleinerziehend, 1 Kind | 1.4 | 1092 | 74 |
| Alleinerziehend, 2 u.m. Kinder | 2.0 | 1366 | 65 |
| Ehepaar ohne Kind | 1.3 | 1197 | 44 |
| Ehepaar, 1 Kind | 2.0 | 1396 | 56 |
| Ehepaar, 2 u.m. Kinder | 2.2 | 1648 | 38 |
| *Alle* | 1.1 | 871 | 67 |

1) Sozialhilfezahlungen in Prozent der individuellen Sozialhilfeschwelle
Beispiel: Eine Armutslücke von 67 % bedeutet, daß ein anrechenbares Einkommen von 33 % des individuellen Bedarfs nach Bundessozialhilfegesetz vorliegt.

2) Kurzzeitbezug: bis zu 18 Monaten im Bezug (einschließlich Bezugsunterbrechungen); Langzeitbezug: 6 Jahre im Bezug (einschließlich Bezugsunterbrechungen), zuletzt mindestens 2 Jahre ununterbrochener Bezug; Mehrfach-Kurzzeitbezug: mindestens zwei Bezugsepisoden von höchstens 6 Monaten; Pendler: mindestens 3 Bezugsepisoden von mehr als 6 Monaten.

3) Bezieher, die auf die Auszahlung bewilligter Arbeitslosenunterstützung, Rente o.ä. warten.

*Datengrundlage:* Bremer 10%-Längsschnittstichprobe von Sozialhilfeakten (LSA), Zugangskohorte 1983, Beobachtungszeitraum 1983-1989, n = 11.337 Bezugsmonate (von 586 Aktenfällen)
*Quelle:* Sonderforschungsbereich 186 und Zentrum für Sozialpolitik der Universität Bremen, Senator für Jugend, Gesundheit und Soziales; berechnet von Michael Zwick

Oder brächte eine Verlaufsanalyse an den Tag, daß die finanzielle Sozialhilfeabhängigkeit, also die Armutslücke, doch mit fortschreitender Bezugsdauer steigt? Man könnte etwa die Hypothese aufstellen, daß die Armutslücke zunimmt, weil die Betreffenden im Laufe der Zeit Handlungskompetenz und Motivation verlieren, um andere Einnahmen zu erzielen. Dies scheint jedoch nicht der Fall zu sein: die Armutslücke bleibt über die Jahre in etwa gleich (Buhr 1994, S.8, Tab. 4).[12] Vom ersten zum zweiten Bezugsjahr fällt der Anteil der Sozialhilfezahlungen sogar, was darauf zurückzuführen sein dürfte, daß Wohngeld und andere Sozialleistungen in den ersten Bezugsmonaten häufig verspätet ausgezahlt werden. In diesem Sinne ist die deutsche Sozialhilfe - anders als Fürsorgezahlungen etwa in den USA - eine "schnelle" Einkommensart, was ihrem Sinn als Nothilfe und Ausfallbürge entspricht. Da die Sozialhilfe häufig nur überbrückend eintritt, *ist ihre "Schnelligkeit"* - bei Hilfebedürftigkeit Auszahlung am Tag der Antragstellung - *eine ihrer wichtigsten Funktionen im Einkommensmix unterer Schichten.* Beachtliche 36% der untersuchten Neuantragsteller kamen in die Sozialhilfe, weil sich die Auszahlung von Arbeitslosenunterstützung, Rente oder Ausbildungsförderung durch die zuständigen Stellen verzögerte und die eigenen Rücklagen nicht ausreichten, um diese Zeit zu überbrücken (Buhr 1995a, S. 121).

Umgekehrt hätte man die Hypothese aufstellen können, daß Hilfebezieher mit der Zeit lernen, weitere Einkommensquellen zu mobilisieren mit der Folge, daß ihre Armutslücke sinkt. Daß auch dies im statistischen Durchschnitt nicht der Fall ist, könnte daran liegen, daß die anderen Einkommensquellen vorwiegend Sozialleistungen sind (s.u.) - Arbeitslosenunterstützung, Rente, Wohn- und Kindergeld usw. - und daß diese, wie Beryl Day im Vergleich zu Erwerbseinkommen herausstellt (s.o. Abschnitt II.1), wenig ausbau- und entwicklungsfähig sind. Insoweit stellt der spezifische Einkommensmix von Sozialhilfeempfängern eine Sackgasse dar - was allerdings nur für den formellen Einkommensmix, also die beim Sozialamt angegebenen und angerechneten Einkommen, gilt; zudem gilt es nur für das Einkommen während des Hilfebezugs, besagt also nicht etwa, daß die Sozialhilfesituation selbst eine Sackgasse wäre. Letztlich ist die annähernde Konstanz des Einkommensmix bei längerem Sozialhilfebezug plausibel, da sich das Bemühen um weitere Einkommensquellen "nicht rechnet" und bereits beanspruchte andere staatliche Sozialleistungen sich über die Zeit nicht wesentlich verändern.

Bei den einzelnen anrechenbaren Einkommensarten, der *Feinstruktur des Einkommensmix*, war eine enorme Spannbreite von Einkommensarten festzustellen. Nach Berechnungen von Michael Zwick wurde in 59% der Fälle

12 Andreß und Strengmann-Kuhn (1994, S.10) zeigen dagegen einen - leichten - Anstieg, was sich allerdings auf den Anteil von Hilfe zum Lebensunterhalt plus Hilfe in besonderen Lebenslagen plus Wohngeld am Gesamteinkommen der Hilfeempfänger bezieht.

mindestens ein weiteres Einkommen bezogen: in 25% der Fälle zwei, bei 22% drei und bei 12% drei oder mehr. Vorgeordnete staatliche *Sozialleistungen spielen die größte Rolle*: Lohnersatzleistungen wie Rente und Arbeitslosengeld/-hilfe lagen in 22% der Fälle vor, subsidiäre Leistungen wie Wohn- oder Kindergeld bei 47%. Private Unterhaltszahlungen wurden nur in 11% der Fälle bezogen, Erwerbseinkommen in 6% (alle Angaben mit Mehrfachnennungen). Sozialhilfeempfänger sind also - zusammen mit den Rentnern - die sozialstaatlich versorgte Gruppe *par excellence*. Sie kommen der Lepsiusschen Vorstellung einer sozialstaatlich geschaffenen "*Versorgungsklasse*" am nächsten (Lepsius 1990/1979, S. 128). Insoweit sind die Hilfeempfänger in einem erweiterten Sinne von "Fremdhilfe" "abhängig", aber die Interviews zeigen, daß es für das Selbstbild der Betroffenen von Bedeutung sein kann, ob sie überwiegend von Sozialhilfe leben oder das Geld nur beziehen, um andere, durch eigene Vorleistungen "verdiente" Einkommen wie Rente und Arbeitslosengeld aufzustocken.

Sozialpolitisch folgt: *Sozialhilfebedürftigkeit ist häufig durch den Sozialstaat selbst erzeugt*, ist Folge unzureichender anderer Sozialleistungen (Leisering/Voges 1992). Damit ist Sozialhilfebedürftigkeit in diesen Fällen auch sozialpolitisch behebbar, vor allem durch "Sockelung" der Leistungen der Sozialversicherungen und durch bedarfsgerechteres Kinder- und Wohngeld. Das Konzert sozialstaatlicher Transfersysteme ist derzeit unzureichend abgestimmt, was zur Forderung nach einer "*integrierten Armuts- und Sozialpolitik*" Anlaß gegeben hat (Hauser/Hübinger 1993, Teil VI, Leibfried/Leisering u.a. 1995, Kap. 9). Der geringe Anteil privater Unterhaltszahlungen - die sogar bei den Alleinerziehenden nur in 31% der Bezugsmonate anfallen - dürfte zudem damit zu tun haben, daß Unterhaltsansprüche geschiedener oder getrennter Frauen in bezug auf ihren früheren Mann nur höchst lückenhaft durchgesetzt werden. Auch hier besteht Bedarf, den gesellschaftlichen *Einkommensmix besser zu koordinieren*.

## 2. *Einkommensmix als soziales Handeln*

Wenn Menschen Sozialhilfe beziehen, so liegt in aller Regel eine Notsituation zugrunde. Trotzdem, so Ergebnisse des qualitativen Teils der Bremer Forschung (Ludwig 1992, 1995, Buhr 1995a, Kap.6, Buhr/Ludwig 1994),[13] müssen auch Sozialhilfeempfänger als Handelnde verstanden werden und nicht pauschal als passiv Geschobene. Unter vergleichbaren Bedingungen gehen auch Sozialamtsklienten recht unterschiedlich mit ihrer Situation um.

---

13 Zu ähnlichen Ergebnissen kommen Eva Mädje und Claudia Neusüß (1994) für alleinerziehende Hilfeempfänger sowie Rainwater/Rein/Schwartz (1986, Kap. 13) und Rank (1994) für US-amerikanische Fürsorgeempfängerinnen.

Der Bezug der *Einkommensart "Sozialhilfe"* selbst ist in unterschiedlichem Ausmaß als Entscheidungsprozeß rekonstruierbar, bei dem Alternativen erwogen werden. Von einigen Empfängern wird der Weg zum Sozialamt und das niedrige Leistungsniveau in Kauf genommen, weil ihnen übergreifende biographische Ziele wichtiger sind, deren Verfolgung durch die Hilfe recht und schlecht finanziell flankiert wird, so die Trennung von einem unerträglichen Ehemann, die Erziehung eines Kindes bei einigen alleinerziehenden Frauen, oder die Bewältigung einer biographischen Krise. Diese "subjektiven Überbrücker" erleben Sozialhilfebezug nicht als Schicksal, sondern als begrenzte Phase in ihrem Leben (Buhr 1995a, S. 175-184, 1995b). Auch am unteren Ende der gesellschaftlichen Schichtungsstruktur sind also Einkommensstrategien anzutreffen, die auf Lebensgestaltung, nicht nur auf Einkommenserhöhung zielen. Monika Ludwig (1995, Kap.6) identifiziert ein breites Spektrum des Umgangs mit Sozialhilfe, das von "aktiver Gestaltung" zu passivem Opfersein reicht. Während "Gestalter" weitergehende Lebensanliegen verfolgen, gibt es einen mittleren Typus, den "notgedrungenen Verwalter", der auch aktiv wird, aber sich darauf beschränkt, das finanzielle Überleben zu sichern. Für "Verwalter" ist die Sozialhilfe also Teil eines rein defensiven Einkommensmix, während sie für "Gestalter" auch offensive Züge hat.

Sabine Lührs (1994) kommt in einer Sonderauswertung von Interviews mit Langzeitbeziehern zu dem Ergebnis, daß die Heranziehung zusätzlicher, gegenüber dem Sozialamt verschwiegener Einkommen (*"informeller Einkommensmix"*) verbreitet ist, jedoch eher als Form von Selbstaktivierung zu verstehen ist, die zum Verlassen des Bezugs führen kann, denn als parasitäres Einnisten in der Hängematte. Verschwiegene Einkommensbemühungen unterscheiden sich hierin nicht wesentlich von angegebenen. Aktiver Umgang korreliert mit einer Ausstiegsorientierung. So hält ein chronisch kranker Techniker durch kleine Reparaturen im Bekanntenkreis Kontakt mit seinem Tätigkeitsfeld. Eine Mutter und ihr behindertes Kind - dies ein Fall ohne Aussicht auf Ausstieg - geben ihrem Leben etwas Sinn durch Basteleien, die sie auf Flohmärkten anbieten. Würde man diese bescheidenen Strategien, das eigene Leben ein wenig besser und farbiger zu gestalten, als "offensiven" Einkommensmix ansprechen wollen? - wohl selten im emphatischen Sinne zivilgesellschaftlicher Bürgerteilhabe wie im Fall einer Frau, die während des Bezugs durch aktive Beteiligung an Frauen- und Sozialhilfegruppen zu einer selbständigen Persönlichkeit reift. "Defensive" Elemente sind stark, können sich aber in unterschiedlichem Ausmaß mit aktiver Lebensgestaltung verbinden.

## V. Fazit: "Einkommensmix" als Zumutung und Chance in einer differenzierten Gesellschaft

Die explorativen Analysen legen die Annahme nahe, daß "Einkommensmix" eine wesentliche Dimension *individueller Lebenslagen* in einer Gesellschaft ist, in der Einkommen von einer Pluralität von Instanzen verteilt wird. Was die soziologischen Klassiker über die außerökonomischen Voraussetzungen der Funktionsweise von Märkten sagten, gilt auch in bezug auf das ureigenste Medium des Marktes, das Geld: Geldeinkommen wird in einer funktional differenzierten Gesellschaft nicht nur am Markt, sondern notwendig auch familial, staatlich und auf andere Weise zugewiesen. Die Rollenverteilung der Allokationssysteme ist dabei wesentlich über die Zeitachse des *Lebenslaufs* gesteuert. Während marktliche Allokation auf die mittlere Lebensphase begrenzt ist, operieren Familie und Staat in allen drei großen Lebensphasen mit Schwerpunkten in Kindheit bzw. Alter. Staatliche Regelungen definieren erst die Grenzen der Erwerbsphase im Lebenslauf. Dabei konkurrieren die drei großen Versorgungsinstanzen nicht in der Art eines "Null-Summen-Spiels", sondern verstärken sich teilweise gegenseitig, wenn etwa soziale Sicherungssysteme gefordert sind, den gesteigerten Lebensstandard des Wohlstandsbürgers auch in Phasen der Erwerbsunfähigkeit hinein zu verlängern. Die gesellschaftliche Wohlfahrtsproduktion ist nicht nur ein "Mix", sondern eine verflochtene Struktur, die *Koordinationsaufgaben* für die Politik bereithält.

Der institutionelle Einkommensmix übersetzt sich, so unsere Befunde, in vielfältige Formen eines *individuellen Einkommensmix*. Mehr noch: Erst die Individuen "schnüren" ein "Einkommenspaket", das ihren Anforderungen gerecht wird. Sie erbringen damit *individuelle Allokationsleistungen*, die der Markt und die anderen Allokationsinstanzen selbst nicht erbringen, gleichwohl voraussetzen. So wird Erwerbseinkommen, das in aller Regel auf individuelle Empfänger abgestimmt ist, erst durch Hinzuziehen weiterer Einkommensquellen an die Bedarfe einer Familie angepaßt. Selbst sozialstaatliche Transfers, obwohl stärker bedarfsorientiert, erfordern individuelle Kompetenzen und Bemühungen der Inanspruchnahme (Antragstellung). *"Einkommenmixen" ist soziales Handeln.* Scheitern Individuen an dieser Anforderung, so treten Probleme auf wie "latente Armut", weil zustehende Sozialhilfe nicht in Anspruch genommen wird oder Hilfe von Verwandten wegen Vereinsamung nicht mobilisiert werden kann. Aber selbst in beengter Lage und gegenüber einem diskriminierenden Transfersystem wie der Sozialhilfe, so die Befunde, wird teilweise bewußt "gehandelt", wird eine bestimmte Einkommensart gewählt, weil sie die Verfolgung biographischer Anliegen flankiert.

Unterschiedlicher Einkommensmix begründet *unterschiedliche Lebenslagen, auch bei Personen, denen nach herkömmlichen Schichtungskriterien und soziodemographischen Merkmalen derselbe soziale Status zukommt*: "Sozialhilfeempfänger" sind, wie gezeigt werden konnte, nicht nur Empfänger von Sozialhilfe. "Rentner" leben oft nicht nur von ihrer Rente. Rentenstatistiken sagen daher wenig über die konkrete Einkommenslage der Empfänger aus; allerdings dominieren wie bei Sozialhilfeempfängern staatliche Leistungen im Einkommensmix (Kortmann 1992, BMAS 1990, Kap.3-5). Arbeitslosigkeit führt nicht generell zu Verarmung, sondern nur, wenn andere Haushaltseinkommen den Einkommensverlust nicht ausgegleichen können. Schließlich sagen niedrige Frauenlöhne nur wenig über die materielle Situation "der" Frau aus, belegen also nicht etwa die These "Die Armut ist weiblich", da Frauen überwiegend familial sowie sozialstaatlich unterhalten werden. Als Determinante von Lebenslagen spielen auch vielfältige "kleine", vorübergehende, zum Teil indirekte Einkommens- und Vermögenszuwächse eine Rolle wie Überstunden, betriebliche Vergünstigungen, diverse Nebenjobs, Geschenke, Steuervergünstigungen usw. - die "Feinstruktur" des Einkommensmix, die in den üblichen Datensätzen nicht abgebildet wird.

Vielfalt von Einkommensquellen ist eher die Regel als die Ausnahme. Es gibt nur wenige Gruppen, vor allem die Rentner und die Sozialhilfeempfänger, die einer "monistischen" oder doch homogenen (vorwiegend sozialstaatlich geprägten) Einkommenssituation zumindest nahekommen. Zudem verweist der relative Einkommensmonismus der Sozialhilfeempfänger auf einen "*Einkommensmix im Lebensverlauf*", einen "*diachronen Einkommensmix*" neben dem synchronen: Sozialhilfebezug ist nach neueren Forschungsergebnissen meistens nur eine vorübergehende Episode im Lebenslauf. Das bedeutet auch, daß ein weit größerer Teil der Bevölkerung zeitweise sozialhilfebedürftig ist als die üblichen Stichtagsmessungen der Zahl der Empfänger zu erkennen geben. Sozialhilfebezug ist also für relevante Bevölkerungsgruppen Teil des gesamtbiographischen Einkommensmix. Sozialhilfe ist aber nur eines von mehreren möglichen Elementen jenes diachronen Einkommensmixes, den viele, wenn nicht die meisten Menschen im Zuge ihres Lebens durchlaufen. Einkommensquellen wechseln mit den Phasen und Episoden des Lebens. Beryl Day kennzeichnet sozialstaatliche Leistungen zutreffend als Einkommen, die im Unterschied zu Erwerbseinkommen kaum entwicklungsfähig sind - sie übersieht aber, daß Sozialleistungen, selbst Sozialhilfe, eine Dynamik im biographischen Zusammenhang stützen können, indem sie eine zeitweise gestörte Lebenskurve "reparieren", verstetigen und renormalisieren.

Individuelle Einkommensstrategien sind selten "offensiv" in einem emphatischen Sinne, wie Adalbert Evers es von neuen, expressiven Formen intermediärer Dienstleistungsorganisation aussagt. Sie stellen auch eher Initiativen einzelner dar, sind kaum an soziale Bewegungen und "organisierte Gesellschaftlichkeit" rückgebunden wie soziale Dienstleistungsstrategien - mit der großen Ausnahme der Gewerkschaften, die als Lohnerhöhungsvereine in nachindustriellen Gesellschaften jedoch an Bedeutung zu verlieren scheinen; nur Sozialhilfeinitiativen stellen in einem begrenzten Feld eine neuere Erscheinung dar. Trotzdem sind Einkommensmixstrategien auch im unteren Einkommensbereich nicht notwendig bloß reaktiv und auch nicht nur Zeichen finanzieller Probleme, wie von Hans-Jürgen Andreß nahegelegt. Vielmehr zeigt eine Vielzahl von Einkommensarten an, daß der Einkommensbezieher an gesellschaftlichen Systemen in einer funktional differenzierten und pluralisierten Gesellschaft teilhat. *Soziale Teilhabe* ist in unserer Gesellschaft *Zumutung und Chance* zugleich: der Zwang, teilzuhaben, um in unserer Gesellschaft zu überleben, und die Chance, eigene Zielvorstellungen umzusetzen. Insofern ist das Schnüren wechselnder Einkommenspakete im Lebensverlauf Teil des Prozesses der Individualisierung im unemphatisch Beckschen Sinne, ist Zumutung und Chance für den einzelnen, ohne direktive Vorgaben von Dritten unter den gegebenen Umständen selbst handeln zu müssen und zu können. Einkommensmix wird erkennbar als materielle Komponente jener "*Bastelbiographie*" (Beck/Beck-Gernsheim 1993, S. 178), die jeder selbst aus den Vorgaben der heutigen, nur noch lose vergesellschaftenden Institutionen immer erneut herstellen muß.

## Literatur

Andreß, Hans-Jürgen, 1994: Steigende Sozialhilfezahlen. Wer bleibt, wer geht und wie sollte die Sozialverwaltung darauf reagieren? in: Zwick, Hg., 1994, S. 75-105.

Andreß, Hans-Jürgen; Strengmann-Kuhn, Wolfgang, 1994: Arme Familien finanzieren sich etwa zur Hälfte über Lohn und Gehalt, in: Frankfurter Rundschau, Nr. 179, 4.8.1994, S. 10.

Andreß, Hans-Jürgen; Göddecke-Stellmann, Jürgen; Lipsmeier, Gero; Salentin, Kurt; Strengmann-Kuhn, Wolfgang, 1993: Versorgungsstrategien privater Haushalte im unteren Einkommensbereich. Abschlußbericht an die Deutsche Forschungsgemeinschaft, Universität Bielefeld, Fakultät für Soziologie.

Beck, Ulrich; Beck-Gernsheim, Elisabeth, 1993: Nicht Autonomie, sondern Bastelbiographie. Anmerkung zur Individualisierungsdiskussion am Beispiel des Aufsatzes von Günter Burkart, in: Zeitschrift für Soziologie, Jg. 22, S. 178-187.

Becker, Howard S., 1963: Outsiders. Studies in the Sociology of Deviance, New York: The Free Press.

BMAS (Bundesminister für Arbeit und Sozialordnung) zusammen mit Infratest Sozialforschung 1990: Alterssicherung in Deutschland 1986, Bd. IV: Haushalte und Ehepaare, München: BMAS.

BMAS (Bundesminister für Arbeit und Sozialordnung) 1994: Sozialbericht 1993, Bonn: BMAS.

Braun, Michael, 1995: Einstellung zur Berufstätigkeit der Frau: Steigende Zustimmung im Osten, Stagnation im Westen, in: Informationsdienst Soziale Indikatoren, hg. von ZUMA, Nr. 13, Januar, S. 6-9.

Buhr, Petra, 1994: Sozialhilfeabhängigkeit von Familien. Zum Verhältnis von Sozialhilfeleistungen und anderem Einkommen bei unterschiedlichen Familientypen. Ms. Universität Bremen, Sonderforschungsbereich 186.

Buhr, Petra, 1995a: Dynamik von Armut. Dauer und biographische Bedeutung von Sozialhilfe, Opladen: Westdeutscher Verlag.

Buhr, Petra, 1995b: Wie wirksam ist die Sozialhilfe? Dauer und biographische Bedeutung von Sozialhilfe, in: Riedmüller, Barbara/Olk, Thomas, Hg., 1994: Grenzen des

Sozialversicherungsstaats, Wiesbaden: Westdeutscher Verlag (Leviathan Sonderband Nr. 14), S. 219-247.

Buhr, Petra; Ludwig, Monika, 1994: Deklassierung oder biographischer Übergang? In: Zwick, Hg., 1994, S. 106-133.

Burkart, Günter, 1993: Individualisierung und Elternschaft - Das Beispiel USA, in: Zeitschrift für Soziologie, Jg. 22, S. 159-177.

Dahl, Robert A.; Lindblom Charles E., 1953: Politics Economics and Welfare. Planning and Politico-Economic Systems Resolved into Basic Processes, Neuaufl. 1976, Chicago and London: The University of Chicago Press.

Day, Beryl, 1992: Income Source as a Social Barometer. In: Journal of Social Policy, 21, S. 469-487.

Elwert, G.; Evers, H.D.; Wilkens, W., 1983: Die Suche nach Sicherheit. Kombinierte Produktionsformen im sogenannten "informellen Sektor". In: Zeitschrift für Soziologie, 12, S. 281-296.

Evers, Adalbert; Wintersberger, Helmut, 1990: Main Findings and Common Orientations in the National Reports. In: dies. (Hrsg.) 1990, S. ***.

Evers, Adalbert; Wintersberger, Helmut (Hrsg.), 1990: Shifts in the Welfare Mix. Their Impact on Work, Social Services and Welfare Policies, Frankfurt a.M.: Campus Verlag.

Evers, Adalbert, 1990: Shifts in the Welfare Mix - Introducing a New Approach for the Study of Transformations in Welfare and Social Policies. In: ders./Wintersberger (Hrsg.) (1990), S. **.

Gottschalk, P./Moffitt, R.A., 1994: Welfare Dependence: Concepts, Measures, and Trends, in: American Economic Journal, Jg. 84, S. 38-42.

Gross, Peter, 1981: Lebenslauf als Gegenstand der Sozialpolitik. In: Schulte, W. (Hrsg.), Soziologie in der Gesellschaft. Referate der Sektionen beim 20. Soziologentag Bremen, S. 657-662.

Hauser, Richard; Hübinger, Werner, 1993: Arme unter uns. Teil 1: Ergebnisse und Konsequenzen der Caritas-Armutsuntersuchung, Freiburg i. Br.: Lambertus.

Headey, Bruce; Habich, Roland; Krause, Peter, 1990: The Duration and Extent of Poverty - Is Germany a Two-Thirds-Society? Berlin: Wissenschaftszentrum (Arbeitspapier P90/103)

Jenkins, Stephen P., 1991: Poverty Measurement and the Within-Household Distribution: Agenda for Action, Journal of Social Policy, Jg. 20, S. 457-484.

Kaufmann, Franz-Xaver, 1973: Sicherheit als soziologisches und sozialpolitisches Problem. Untersuchungen zu einer Wertidee hochdifferenzierter Gesellschaften, 2., umgearb. Aufl., Stuttgart: Ferdinand Enke Verlag.

Kaufmann, Franz-Xaver, 1990: Sozialpolitik und Bevölkerungsprozeß. In: Birg, Herwig; Mackensen, Rainer, Hg., Demographische Wirkungen politischen Handelns, Frankfurt/New York: Campus, S. 103-124.

Klein, Thomas, 1987: Sozialer Abstieg und Verarmung von Familien durch Arbeitslosigkeit. Eine mikroanalytische Untersuchung für die Bundesrepublik Deutschland, Frankfurt/Main; New York: Campus Verlag.

Kortmann, Klaus, 1992: Kleinrenten, Niedrigeinkommen und Sozialhilfebedarf im Alter, in: Deutsche Rentenversicherung, S. 337-362.

Leibfried, Stephan; Leisering, Lutz u.a., 1995: Zeit der Armut. Lebensläufe im Sozialstaat. Frankfurt a.M.: Suhrkamp.

Leisering, Lutz, 1992: Sozialstaat und demographischer Wandel. Wechselwirkungen, Generationenverhältnisse, politisch-institutionelle Steuerung, Frankfurt/ Main; New York: Campus Verlag.

Leisering, Lutz; Leibfried, Stephan, 1995: Keine Hängematte, sondern nur Spiegel der Probleme. Frankfurter Allgemeine Sonntagszeitung, 29.1.1995.

Leisering, Lutz; Voges, Wolfgang, 1992: Erzeugt der Wohlfahrtsstaat seine eigene Klientel? Eine theoretische und empirische Analyse von Armutsprozessen. In: Leibfried, Stephan; Voges, Wolfgang (Hrsg.), Armut im Modernen Wohlfahtsstaat, Opladen: Westdeutscher Verlag, S. 446-472.

Leisering, Lutz; Zwick, Michael, 1993: "Einkommensmix" als individuelle Wohlfahrtsstrategie - der Fall der Sozialhilfeempfänger. Ms, Universität Bremen, Sonderforschungsbereich 186.

Lepsius, Mario Rainer, 1990: Soziale Ungleichheit und Klassenstrukturen in der Bundesrepublik Deutschland, in: ders., 1990: Interessen, Ideen und Institutionen, Opladen: Westdeutscher Verlag, S. 117-152 (zuerst 1979).

Ludwig, Monika, 1992: Sozialhilfekarrieren. Über ein neues Konzept in der Armutsforschung. In: Neue Praxis, 22, S.130-140.

Ludwig, Monika, 1995: Armutskarrieren zwischen sozialem Abstieg und Aufstieg. Opladen: Westdeutscher Verlag (erscheint Ende des Jahres).

Lührs, Sabine, 1994: Zu Handlungsmöglichkeiten und -orientierungen von Langzeitsozialhilfeempfängern. Ms., Universität Bremen, Sonderforschungsbereich 186.

Mädje, Eva/Neusüß, Claudia, 1994: Frauen im Sozialstaat: subjektive Deutungen, Orientierungen und staatliches Handeln am Beispiel alleinerziehender Sozialhilfeempfängerinnen, Diss. phil., Freie Universität Berlin.

Mayer, Karl Ulrich, 1991: Life Courses in the Welfare State. In: Heinz, Walter, Hg., Theoretical Advances in Life Course Research, Weinheim: DeutscherStudienVerlag, S. 171-186.

Motel, Andreas; Wagner, Michael, 1993: Armut im Alter? Ergebnisse der Berliner Altenstudie zur Einkommenslage alter und sehr alter Menschen, in: Zeitschrift für Soziologie, Jg. 22, S. 433-448.

Müller, Klaus/Frick, Joachim/Hauser, Richard, 1994: Die hohe Arbeitslosigkeit in den neuen Bundesländern und ihre Verteilungswirkungen, Ms..

Rainwater, Lee; Rein, Martin; Schwartz, Joseph, 1986: Income Packaging in the Welfare State. A Comparative Study of Family Income, Oxford: Clarendon Press.

Rank, M.R., 1994: Living on the Edge: The Realities of Welfare in America, New York: Columbia University Press.

Rose, Richard, 1986: Common Goals but Different Roles: The State's Contribution to the Welfare Mix. In: Rose, Richard; Shiratori, Rei (Hrsg.), 1986: The Welfare State East and West, New York; Oxford: Oxford University Press, S. 13-39.

Simmel, Georg, 1908: Soziologie. Untersuchungen über die Formen der Vergesellschaftung, Berlin: Duncker & Humblot (5. Aufl. 1968).

Statistisches Bundesamt: Fachserie 13, Reihe 2; Fachserie 1, Reihe 4.1.1; Bevölkerung und Kultur, Heft 10; Statistisches Jahrbuch (verschiedene Jahrgänge).

Titmuss, Richard, 1956: The Social Division of Welfare. In: ders., 1987: The Philosophy of Welfare, London/Sydney: Allen&Unwin, S. 39-59.

Voges, Wolfgang; Zwick, Michael, 1991: Die Bremer Stichprobe von Sozialhilfeakten: Chancen und Möglichkeiten für die empirische Sozialforschung. In: Zeitschrift für Soziologie, 20, S.78-81.

Weber, Max, 1920: Gesammelte Aufsätze zur Religionssoziologie, Band I, Tübingen: Mohr.

Zapf, Wolfgang, 1981: Wohlfahrtsstaat und Wohlfahrtsproduktion. In: Albertin, Lothar; Link, Werner (Hrsg.), 1981: Politische Parteien auf dem Weg zur parlamentarischen Demokratie in Deutschland. Entwicklungslinien bis zur Gegenwart, Düsseldorf: Droste Verlag.

Zwick, Michael M. (Hrsg.), 1994: Einmal arm, immer arm? Neu Befunde zur Armut in Deutschland, Frankfurt a.M./New York: Campus Verlag.

# Kooperation im intermediären Bereich. Anmerkungen zum Wandel im Planungsverständnis

*Klaus Selle*

Planung - oder doch zumindest das in der Fachwelt erzeugte Bild von ihr - wird neu begriffen. Sie verliert die ihr früher zugeschriebene fachliche Führungsposition: Planer sind nicht mehr alleinige Träger sondern bestenfalls Mitgestalter von Prozessen, an denen viele Akteure mitwirken. Diese Zurücknahme des Gestaltungsanspruchs (eher eine Anpassung an die Realität) ist verbunden mit einer Gegenbewegung: Öffentliche Planung mischt sich in (private) Projekte ein, sucht auf neuen Wegen nach Möglichkeiten der Umsetzung ihrer Ziele. Beide Bewegungen münden in der Kooperation. Planung wandelt sich - will sie Wirkung zeigen - zur Vermittlung: zwischen verschiedenen Akteuren, Wertsystemen, Alltagswelten, Aktivitäten, Prozeßabschnitten etc. Diese Mittler-Aufgaben werden nicht selten von neuen Akteuren, zumeist intermediären Organisationen, wahrgenommen.

Von diesen Wandlungen soll hier die Rede sein: Beginnend mit einem Blick zurück auf die Veränderungen im Selbstbild der Disziplin (I) steht die Darstellung verschiedener Beispiele im Mittelpunkt, die neue Arbeits- und Organisationsformen illustrieren sollen (II). Daran schließt sich der Versuch an, deren gemeinsamen Nenner zu umschreiben (III) und abschließend (IV) darf der Hinweis nicht fehlen, daß die beschriebenen Veränderungen in einem durchaus problematischen Kontext stehen, der das Gesamtbild der Planung im Wandel uneindeutig werden läßt.

## I. Kurzer Rückblick auf die Disziplin

Als die Stadtplanung aus dem Städtebau zu entstehen begann, gab es klare Rollenzuweisungen für die Planer. Das sei zunächst anhand eines Zitates aus dem Handbuch des Städtebaus von Cornelius Gurlitt, das 1920 veröffentlicht wurde, illustriert: "Die ungeheure Verantwortung beruht eben darin, daß des Städtebauers Werk das Dauerhafteste im Gesamtleben der Nation ist. Er darf seine Pflichten den kommenden Geschlechtern gegenüber nie vergessen. Er muß den Mut haben, sich der "praktischen Leute" zu erwehren, die alles nach dem Augenblicksbedürfnis beurteilen. Er soll ihnen auf dem Grunde sorgsamen Erwägens aufgebaute Darlegungen entgegenhalten, was die Bedürfnisse einer nahen und fernen Zukunft sein werden. Er ist den Söhnen für die Kurzsichtigkeit der Väter verantwortlich."

Es scheint ganz einfach: Städte sind das Werk der Städtebauer, die aufgrund "sorgsamen Erwägens" wissen, wohin die weitere Entwicklung gehen sollte. Wäre da nicht der gelegentliche Unverstand der "praktischen Leute", hätte alles mit dem Urteil des dazu Berufenen sein Bewenden. Dieses Zitat ist kein Einzelfall und das hier zum Ausdruck kommende omnipotente Rollenverständnis blieb auch nicht auf die ersten Jahrzehnte des Jahrhunderts beschränkt. Patrick Abercrombie etwa schrieb in seinem - während des zweiten Weltkriegs erschienenen - Standardwerk "Town and Country Planning": "Die Planung von Stadt und Land sucht dem Zuge der natürlichen Entwicklung eine lenkende Hand zu bieten, aufbauend auf einer sorgfältigen Untersuchung des Planungsraumes und seiner Außenbeziehungen. Das Ergebnis sollte mehr sein als eine gute Leistung auf den Gebieten des Ingenieurwesens oder der Hygiene oder der Wirtschaftlichkeit: Es sollte ein sozialer Organismus und ein Kunstwerk sein." (beide Zitate nach: Albers 1993, S.98).

Das von Abercrombie vermittelte Bild erscheint weniger autoritär, eher väterlich-fürsorglich: Die natürlichen Entwicklungen werden an die Hand genommen - auf daß ein Gesamtkunstwerk entstehe. Es bleibt dennoch Gurlitts Rollenverteilung - hie der Sachverstand und dort das zu gestaltende Ganze - verpflichtet.

Dieses Planerbild entwickelte sich in der ersten Hälfte des Jahrhunderts kontinuierlich weiter und kulminierte in den 60er Jahren im "Gott-Vater-Modell" (Walter Siebel): Zum Gestaltungswillen, zur missionarischen Verantwortung für die "Bedürfnisse der nahen und fernen Zukunft", zum paternalistischen Selbstverständnis kam nun noch der Anspruch der integrierten Entwicklungsplanung, auf wissenschaftliche Methoden und elaborierte Techniken (Informationssysteme) gestützt, alle wesentlichen Entwicklungen umfassend steuern zu können. Nicht mehr nur Bau- und Nutzungsstrukturen waren Gegenstand planerischen Bemühens. In der Planungseuphorie jener Zeit erschien vielmehr die Gesellschaft insgesamt planungsbedürftig und planbar. Alles schien - wie es hieß - "machbar".

Daß sich das Planerbild zu solchen Höhen aufschwingen konnte, hing eng mit dem Bild vom Staat zusammen, das in der "Reformphase" (Rodenstein 1983) vorherrschte (vgl. zum Wandel des Staatsverständnisses u.a. Offe 1987). Dessen angebliche Souveränität und Autonomie schien der (staatlichen und kommunalen) Planung die Kraft zu Intervention und Lenkung zu verleihen. Ihr oblag der Entwurf einer sinnvollen Ordnung ebenso wie dessen Umsetzung in die Realität. Dieses Bild geriet selbst dann nicht in's Wanken, als die Ergebnisse von Planung durchaus nicht mehr nur positiv gesehen wurden. Auch die Schuldzuweisungen und Reformvorstellungen, mit denen auf sichtbare Defizite in der räumlichen Entwicklung reagiert wurde, richten sich weiterhin an die Adresse der Planer in den öffentlichen Administrationen: Sie schienen für die "Unwirtlichkeit der Städte" ebenso verantwortlich wie für die allmählich ins Bewußtsein dringenden Umweltschäden. Es war dann weiter folgerichtig, daß die (z.T. radikale) Kritik der späten 60er und frühen 70er Jahre ein klares Feindbild hatte: die öffentlich bestallten Planer (z.B. in der Rolle der "willfährigen Handlanger" ökonomischer Interessen). Selbstverständnis und Rollenzuschreibung bestätigten sich gegenseitig. Beides lief immer wieder auf das alte Bild hinaus: hie die Planer, dort der von ihnen zu gestaltende Gegenstand, der Raum (die Stadt, die Landschaft). Die Vorstellung von der Gestaltbarkeit der räumlichen Entwicklung durch einen zentralen Akteur beherrschte so über Jahrzehnte das Planungsverständnis.

Allerdings wechselte die Kostümierung für diese Planerrolle: Dem Stadt-Bau-Künstler und dem fürsorgenden Planer-Vater folgte der diagnostizierende und heilende Stadt-Arzt (der in der Lage ist, Städte zu "sanieren", also wieder gesund zu machen), dieser wurde in den 60er Jahren abgelöst durch den Wissenschaftler, der die Entwicklung der Räume (unter Verwendung großer Datenmengen) systematisch analysiert und die Verteilung der räumlichen Ressourcen sachlogisch optimiert. Kaum jemand rieb sich die Augen und fragte: Hat der Kaiser wirklich Kleider an? Sind es die Planer, die die Entwicklung des Raumes gestalten? Sind es ihre Pläne, von denen die entscheidenden Impulse ausgehen? Oder planen da nicht die einen, während andere (den Raum, die Gesellschaft) entwickeln, verändern?

Erst in den 70er Jahren erschütterten ökonomische Krisen, politische Turbulenzen und überdeutliche Mißerfolge der Planung den Glauben an die Gestaltbarkeit der räumlichen Entwicklung. Nach der Planungseuphorie nun der Kater. Diese Ernüchterung löste Lernprozesse aus. Schrittweise wurde das Bild von der räumlichen Entwicklung und den an ihr Beteiligten deutlicher, also komplexer.

Zunächst gaben die frustrierenden Erfahrungen der Planer - vor allem mit den weitreichenden Entwicklungskonzepten - Anlaß, das erhebliche (Gegen-) Gewicht der an den Märkten (Immobilien, Kapital, Bau, Transport etc.) agierenden Unternehmen zur Kenntnis zu nehmen. Das Bild wurde damit bipolar: Staat - Markt. Räumliche Entwicklung ist demnach Resultierende der Aktivitäten in beiden Feldern.

Eine weitere Entwicklung drängte zwar nicht so machtvoll aber doch durchaus spürbar in das Planerbewußtsein: Spätestens in den 80er Jahren verwandelt sich ein Teil der zu Beginn der 70er entstandenen sozialen Bewegungen von Protestgruppen zu Selbsthilfeinitiativen. In vielen gesellschaftlichen Bereichen begannen Bürger, drängende Probleme direkt anzugehen, statt weiter an andere zu appellieren, daß sie sich doch dieser Aufgaben annehmen mögen. Die Sozial-, Gesundheits-, Kulturpolitik ist voller Beispiele für solche Aktivitäten. Aber auch im Wohnbereich und im Stadtquartier trugen (und tragen) Initiativen zu Verbesserungen bei: Das Aktivitätsspektrum reicht vom gemeinsam erneuerten Haus über das sozio-kulturelle Zentrum bis hin zur Quartierskompoststelle. Die Wissenschaft nahm dies zum Ausgangspunkt einer erweiterten Betrachtung: Nicht nur die gemeinschaftliche Tätigkeit der Initiativen erschien ihr bemerkenswert, sondern die produktive Tätigkeit der privaten Haushalte insgesamt. So wurden Selbsthilfe und "informelle Ökonomie" auch in den Städten der Industriestaaten entdeckt (vgl. z.B. Jessen/Siebel 1988; Runge/Vilmar 1988 u.v.a.m.).

Die Stadtbewohnerinnen und -bewohner gerieten jedoch noch aus zwei anderen Perspektiven in's Blickfeld:

- Es zeigte sich, daß viele Aufgaben der Stadtentwicklung, vor allem die Sicherung der Naturbasis durch einen verantwortungsvolleren Umgang mit der Umwelt, nicht nur der Akzeptanz, sondern der Eigenaktivitäten privater Haushalte bedürfen: Das gilt für Mobilitätsverhalten und Verkehrsmittelwahl ebenso wie für Müllvermeidung und -trennung, Energieverwendung und so fort. Wer also in diesem Handlungsfeld wirksam werden will, muß Eigenaktivitäten ernst nehmen, sie aufgreifen und fördern.
- Politische und rechtliche Widerstände von Betroffenen ließen viele Planungs- und Investitionsvorhaben scheitern oder doch unkalkulierbar werden. Wer heute Großvorhaben in's Auge faßt, wird daher nicht nur Werbung und Öffentlichkeitsarbeit für sein Vorhaben intensivieren, sondern sich in vielen Fällen gleich mit allen möglichen Beteiligten zusammensetzen, um das gemeinsam Akzeptierbare auszuhandeln. Vor allem bei umweltrelevanten Maßnahmen (Mülldeponien, Kraftwerke etc.) gewinnen solche "Alternative Dispute Resolutions" wie "Mediation", "Negotiation" etc. an Bedeutung (vgl. Gaßner/Holznagel/Lahl 1993). Auch hier werden - nolens, volens - Bürger als Akteure eigener Kompetenz in Problemlösungsprozesse eingebunden.

Damit war das Bild erneut erweitert: Aus zwei "Polen" wurden drei: Markt, Staat, "zivile" Gesellschaft (bzw. die Summe der einzelnen privaten Haushalte) - alle drei im Prinzip "selbstaktive Felder", die Stadt- und Regionalentwicklung prägen. Zugleich eröffnet sich ein Zwischenfeld voller "Ambiguitäts- und Übergangszonen", der intermediäre Bereich zwischen Staat, Markt und Haushalten.

Bei der Kennzeichnung von Zäsuren in der Planungsgeschichte ist allemal Vorsicht geboten. Zu oft haben sie sich als vorschnell erwiesen. Dennoch möchte ich von einem Paradigmawechsel sprechen, der sich in den letzten Jahren schrittweise vollzogen hat (und noch vollzieht). Es ist evident, daß sich die Vorstellung von Akteuren und Aufgabenverteilungen in der Planung wesentlich verändert: Die Konzentration auf das politisch-administrative System als zentralem Akteur wird ersetzt durch eine erweiterte (realistische) Betrachtung, die der Eigendynamik von Märkten und den Aktivitäten von privaten Haushalten Rechnung trägt. Dieses "Rechnung tragen" kann allerdings in zwei konträren Reaktionen bestehen: Resignation und Aufgabe eines Gestaltungsanspruchs seitens der öffentlichen Akteure oder bewußte Übernahme einer neuen Rolle zwischen den verschiedenen

Welten, die auch - bei intelligenter Ausfüllung - neue Gestaltungsmöglichkeiten eröffnet.

Tatsächlich finden wir heute beide Reaktionsformen nebeneinander vor, wodurch die laufenden Veränderungen ein hohes Maß an Ambivalenz und Uneindeutigkeit erhalten: Auf der einen Seite vermengte sich der Planungspessimismus der 70er Jahre mit den Deregulierungsbemühungen der 80er und der zeitgeistigen Ästhetisierung des Chaos im Städtebau in den frühen 90ern (vgl. z.B. Mönninger 1993, zur Kritik Novy 1990) zu einer eigenartigen Melange. Heraus kam dabei nicht die Abschaffung der Planung, wohl aber so etwas wie ein planerischer Minimalismus, der seine Aufgaben darin sieht, Grund und Boden der Verwertung in verschiedenen Märkten möglichst zügig zuzuführen und ansonsten mit dem traditionellen Instrumentarium die Entwicklung der Bodennutzung zu protokollieren. Auf der anderen Seite wird weiter an einem eigenständigen (Mit-) Gestaltungsanspruch öffentlicher Akteure festgehalten (vgl. z.B. Ganser 1991). Der ist allerdings nur einzulösen in kooperativer Aktion mit allen an der räumlichen Entwicklung Beteiligten, und das setzt Veränderungen der bisherigen Arbeitsweisen voraus.

Von Entwicklungen der letztgenannten Art soll hier die Rede sein. Im Mittelpunkt stehen dabei die neuen Organisations- und Arbeitsformen im intermediären Bereich. Oft ist Planung als Kooperation aus den gegebenen institutionellen Strukturen heraus - zumindest in einer Übergangsphase - nicht zu betreiben. Diese Aussage ist nicht als Norm zu verstehen: Es soll nicht so sein - es ist so. Wo Innovationen inhaltlicher, vor allem aber auch prozeduraler Art durchgesetzt werden, finden wir daher häufig Akteure, Instanzen, Organisationen, die "zwischen den Welten" agieren. Diese Zwischenstrukturen sind in vielen gesellschaftlichen Bereichen zu finden (vgl. die Beiträge von Bauer, Evers, Hildebrandt, Schwendter, Selle, Trojan, in Trojan/ Hildebrandt 1990). Sie werden als "neue Brückeneinrichtungen", "Mittlerinstanzen" oder "intermediäre Organisationen" (vgl. Selle 1986 b und 1991) bezeichnet. Im folgenden möchte ich einige Beispiele aus verschiedenen Handlungsfeldern der räumlichen Planung vorstellen.

## II. Intermediäre Organisationen und Arbeitsformen im intermediären Bereich: Beispiele

### *1. Public Private Partnerships*

Aus angelsächsischen Praxisfeldern sind bereits seit den 80er Jahren neue Akteure bekannt, die im Zwischenfeld von Staat und Markt angesiedelt sind. Man sieht es ihrem Namen an: "Public Private Partnerships" ("PPP"). Sie sind vor allem bei der Entwicklung und Wiedernutzung brachgefallener Industriegelände aktiv und treten dort weitgehend an die Stelle traditioneller Verwaltungsstrukturen. Dies geschieht unter ausdrücklichem Verweis auf höhere Effizienz.

In der Bundesrepublik hat dieses Modell inzwischen zahlreiche Nachahmer gefunden. Ein Beispiel: In der FAZ vom 20.11.1992 (S. 39) war zu lesen "Städtebau-Partnerschaft geht in Frankfurt an den Start". Unter diese Überschrift kommt der Planungsdezernent zu Wort, der von aktuellen Problemen der Stadtentwicklung berichtet und auf die Grenzen der öffentlichen Handlungsfähigkeit verweist: "Aus eigener Kraft sei die Stadt nicht in der Lage, die Probleme zu lösen. Ihr fehle es an Kapital, Know-how und flexiblen Organisationsstrukturen. Die Situation sei nicht mehr mit der in den 70er Jahren vergleichbar. Damals habe die Stadt ohne große Probleme Siedlungen aus dem Boden stampfen können. Heute wundern sich die Planer von einst, wie kompliziert die Verfahren geworden sind." Aber auch einzelne Bauherren würden mit den komplizierten Anforderungen, die sich insbesondere bei der Wiedernutzung innerstädtischer Flächen stellen, allein nicht fertig. Erst zusammen sei das machbar. "Beide Partner gründen eine gemeinsame Projektentwicklungsgesellschaft. Sie übernimmt zugleich die Planung und Projektsteuerung bis hin zur baukünstlerischen Gesamtleitung und Vermarktung der Grundstücke. Über das Mittel des Gesellschaftsrechts kann die Stadt Einfluß auf den Prozeß der Entwicklung und Vermarktung nehmen und von der gemeinsamen Wertschöpfung profitieren."

Diese "PPP" hat Vorläufer, die schon in der Realisierung sind - wie z.B. die MediaPark Köln GmbH. Das Land Nordrhein-Westfalen, die Stadt Köln und ein Immobilien- und Medienkaufmann als Gesellschafter gestalten hier 20 ha eines ehemaligen Güterbahnhofs in einen neuen Stadtteil um. Auch für Siedlungsflächenerweiterungen finden wir vergleichbare Konstruktionen - etwa bei der Entwicklung der sogenannten Technologieparks. Auch hier verweisen die Beteiligten darauf, daß die besonderen Ansprüche an Architektur, Städtebau und Umweltqualität nur über die privatwirtschaftlichen Aushandlungsmöglichkeiten der Träger durchgesetzt werden können.

In dem bereits zitierten Zeitungsartikel heißt es in diesem Zusammenhang zutreffend: Wirtschaftliche und rechtliche Verflechtungen mit privaten Unternehmen ermöglichten den Städten nicht nur schwierige Entwicklungsprobleme zu lösen. Die Public Private Partnership räume ihnen zugleich Mitsprache- und Steuerungsmöglichkeiten ein, die sie auf traditionellem Wege nicht hat. In der Tat dringt hier öffentliches Handeln in die unmittelbare Teilhabe an Marktprozessen vor, eine Sphäre, die dem traditionellen Planungsrecht strikt versagt ist. Diese Erweiterung der Gestaltungsmöglichkeiten durch Kooperation mit privatwirtschaftlich operierenden Akteuren kann jedoch durchaus auch erhebliche Probleme aufwerfen. Um nur einige Aspekte zu nennen:

Spezifisch an den "PPPs" ist, daß sie in der Regel auf eigene Rechnung wirtschaften, was die Vermutung nährt, daß hier aus public (money) private profit werden kann. Zugleich ist zu fragen, ob diese öffentlich-private Verbindung in einer Gesellschaft tatsächlich aus öffentlicher Sicht Handlungsspielräume erweitert oder nicht außerhalb der Kontrolle durch demokratisch legitimierte Organe Festlegungen erfolgen, die die öffentliche Hand langfristig erheblich binden (vgl. Ganser 1990). Aus diesen und anderen Gründen soll hier keinesfalls der Nutzen dieser "partnerships" unkritisch propagiert werden. Sie werden lediglich als früher (und heute weit verbreiteter) Spezialfall einer allgemeineren Entwicklung genannt, in der Handlungsformen und Instrumentenspektrum von Privatwirtschaft und politisch-administrativem System - in z.T. neuen "hybriden" Institutionen miteinander verknüpft werden. Auch ist darauf hinzuweisen, daß der Terminus Public Private Partnership durchaus nicht nur auf die Verbindung von Großinvestoren und staatlichen/kommunalen Verwaltungen zur Realisierung von Großprojekten Anwendung finden kann. Kestermann (1993) weist zu recht darauf hin, daß damit ein sehr viel breiteres Akteurs- und Maßnahmenspektrum angesprochen ist, so daß die Kooperation von Stadtteilinitiativen, lokalem Gewerbe und Arbeitsämtern zur Erneuerung benachteiligter Stadtquartiere ebenfalls eine solche "Partnership" wären.

## 2. *Moderation kooperativer Projektentwicklung*

Nicht eigenwirtschaftlich, sondern vor allem als Anstifter, Vermittler und Koordinatoren tätig sind jene Akteure, die ich "regionale Moderatoren" nennen möchte.

Die Internationale Bauausstellung Emscher-Park im Ruhrgebiet dürfte im Augenblick das prominenteste Beispiel dieser Art sein. Ziel der Aktivitäten ist es, Anstöße für die städtebauliche und ökologische Verbesserung des Ruhrgebiets zu geben. Dies ausdrücklich auch als Voraussetzung für die ökonomische Modernisierung der Region. Dazu gehören weitreichende Konzepte: So greift die Idee des "Landschaftsparks" Versuche zur Sicherung regionaler Grünzüge, die seit den 20er Jahren im Ruhrgebiet unternommen wurden, wieder auf. Sie soll aber - so die Initiatoren der IBA - weiter reichen, als die Freiraumpolitik der vergangenen Jahre: Nicht nur Sicherung und Verteidigung sind angezielt, sondern der "Wiederaufbau der Landschaft" u.a. durch räumliche Erweiterung der Flächen (Rückgewinnung), Altlastenbeseitigung, Vernetzung und Verknüpfung inselhafter Potentiale, Realisierung neuer Gebrauchswerte und ästhetischer Qualitäten. Es ist dies jedoch nur ein Ausschnitt aus dem gesamten Projektspektrum:

Neben dem Emscher Landschaftspark geht es zugleich um die ökologische Verbesserung des Emscher-Systems, um Industriedenkmäler, es geht um neue

Konzeptionen für Gewerbegebiete, neue Wohnformen und Angebote für soziale, kulturelle und sportliche Tätigkeiten. Was sich zunächst als ein Patchwork beliebiger Einzelthemen ausnimmt erweist sich bei näherer Betrachtung als Versuch, eben jene spezifischen Prägungen und Entwicklungsbedingungen der Region zu identifizieren, die für die Gestaltung der nächsten Zukunft bedeutsam sind. Analog zum Alltagsweltbezug, der für die Kooperation mit Quartiersbewohnern unerläßlich ist, finden wir hier einen Regional- und Ortsbezug, der zentrale Voraussetzung für die Bestimmung von Aufgabenstellung und Arbeitsweise ist. Dementsprechend sind die Aktionsformen nicht auf die Ebene regionaler Entwicklungskonzeption zu beschränken. Wesentlich ist vielmehr der iterative Bezug zwischen regionalen Strukturen und konkreten, lokalen Projekten. Sichtbar wird dies auch im Teilbereich freiraumplanerischer Aufgaben: Er reicht von den regionalen Grünzügen und der komplizierten Gestaltung interkommunaler Kooperation bis hinunter in die Mietergärten der Arbeitersiedlungen - und den hier notwendigen vielschichtigen Abstimmungen mit Grundeigentümern, Bewirtschaftern, Bewohnerinnen und Bewohnern, Städten etc.

Diese auf vielen Ebenen angelegte und einen weiten Beteiligtenkreis umfassende Ideenfindung und Projektentwicklung bedarf der gezielten Gestaltung (vgl. zu ihrer Arbeitsweise u.a. Häußermann/Siebel 1993, Sieverts/Ganser 1993, Kilper 1992, 29 f.) Daran wirken die verschiedensten Akteure mit. Im Mittelpunkt der Aktivitäten steht dabei die sogenannten Planungsgesellschaft IBA Emscher Park. Sie fördert die Ideenfindung, organisiert die Umsetzung von Konzepten in realisierungsfähige Planungen, schreibt Ideen- und Planungswettbewerbe aus, organisiert den nationalen und internationalen Erfahrungsaustausch und präsentiert die von ihr betreuten und als gut befundenen Projekte in den zwei Ausstellungsjahren (Zwischenbilanz 1994, Schlußpräsentation 1999).

Die Planungsgesellschaft ist eine privatrechtliche Gesellschaft, zugleich 100%ige Tochter des Landes und bezieht auch von dort ihre (institutionelle) Finanzierung, "ohne dabei in die hierarchischen und haushaltsrechtlichen Entscheidungsstrukturen des federführenden Ministeriums eingebunden zu sein." (Kilper 1992, 45). Darüber hinaus verfügt die IBA GmbH nicht über eigene Mittel. Dies hängt mit dem organisatorischen Grundprinzip zusammen: Die Planungsgesellschaft soll nicht selbst "Träger" sein - es sind dies die 17 Städte und Gemeinden der Region, die Landesentwicklungsgesellschaft (LEG) und andere Bau- und Entwicklungsgesellschaften, in Einzelfällen auch Initiativen, Vereine oder Genossenschaften. Neben den "Trägern" ist ein weitaus größerer Akteurskreis gleichfalls von Bedeutung: Es sind dies die verschiedenen Fachbehörden auf den unterschiedlichen staatlichen Ebenen, Fachleute aus den verschiedensten Disziplinen, vor allem aber auch Grundeigentümer (die vor allem aus dem als besonders unbeweglich geltenden Montanbereich stammen) und Investoren. Wesentliche Aufgabe der IBA ist es, diese - ansonsten aneinander vorbei oder gegeneinander handelnder

- Akteure in kooperativen Prozessen zuzusammen zu führen. Damit nicht genug: Es sollen auch in diesem - wie Häußermann/Siebel (1993) schreiben - "nicht-innovativen Milieu" Innovationen nicht nur gedacht, sondern auch realisiert werden.

Dieses Beispiel macht also für unseren Zusammenhang deutlich, daß die neuen Akteure vielfach in komplexen Netzen mit weitverzweigten Kommunikations- und Kooperationsbezügen operieren. Dabei werden auch verschiedene Handlungsebenen (kleinräumige lokale Projekte und regionale Entwicklungsvorhaben) und unterschiedlichste, traditionell streng voneinander getrennte Handlungsfelder miteinander in Verbindung gebracht. Eben dieser inhaltliche und organisatorische Brückenschlag scheint ein wichtiges weiteres Merkmal zu sein: es wird der Tendenz zur Fragmentierung entgegengearbeitet. Verbindungen zwischen ansonsten getrennten Welten finden sich aber auch noch in anderer Hinsicht: es wird gleichzeitig an der Entwicklung allgemeiner Konzepte sowie ihrer Operationalisierbarkeit (z.B. in sogenannten Kriterienkatalogen) und an der Realisierung erster Projekte gearbeitet. Das heißt: Die Grenzen zwischen den Phasen des Planungsprozesses sind überwunden: statt eines hierarchischem Nacheinanders gilt nun Gleichzeitigkeit. Damit ein solcher projektorientierter, iterativer (Lern-)Prozeß gelingen kann, treten an die Stelle einmal fixierter Zielvorgaben (die für das traditionelle Verständnis der Entwicklungsplanung kennzeichnend waren) dynamisch sich entwickelnde Wert-orientierungen. Um bei den vielen nicht vorab bestimmbaren konkreten Entscheidungssituationen handlungsleitend sein zu können reicht es nicht, sie schriftlich zu fixieren. Sie müssen vielmehr in Qualifizierungs- und Verständigungsprozessen in den Köpfen der Beteiligten verankert werden. Die Gestaltung oder Moderation solcher Entwicklungen ist für die Planer(innen) ein wesentlicher Arbeitsinhalt und prägt die Arbeitsformen.

## *3. Mit den Bewohnerinnen und Bewohnern städtische Quartiere entwickeln*

Ich komme nun zu einer anderen Art von Beispielen. Sie sind zunächst den oben erwähnten nahe verwandt, wenn es um die Kooperations- und Arbeitsformen geht. Sie unterscheiden sich aber hinsichtlich der Akteurskonstellation.

Es geht jetzt weniger um die Kooperation von Fachleuten aus öffentlichen Verwaltungen mit Unternehmen und Investoren in verschiedenen Märkten. Im Vordergrund steht das Engagement von Bewohnern in städtischen Quartieren und deren Kooperation mit Fachleuten vor allem aus "intermediären Organisationen" also solchen professionellen Beratungs- und Unterstützungseinrichtungen, die weder dem öffentlicen Sektor noch einem Markt privater Dienstleistungen eindeutig zuzuordnen sind. Ziel ist in der Regel die Verbesserung der Wohn- und Lebenssituation in den Quartieren. Dazu können (städte-) bauliche Maßnahmen beitragen, oder soziale, kulturelle etc. In der Regel ist es - wie oben - ein traditionelle Fachgrenzen überschreitendes Bündel von Maßnahmen, das zur Erneuerung der Quartiere in diesem Sinne benötigt wird.

Charakteristisch für die neuen Ansätze ist nun, daß nicht nur die Experten unter sich die Koordination dieser Instrumente absprechen. Vielmehr werden Problemlösungen gemeinsam mit Bewohnern entwickelt. Diese Kooperation bezieht zunächst die schon bestehenden "selbstaktiven Felder" (Bewohnerinitiativen u.ä.) mit ein, macht es sich aber auch zur Aufgabe, noch passive Bewohner zum Engagement anzuregen und dabei zu unterstützen. Im englischen Sprachraum gibt es hierfür die treffenden Bezeichnungen "to enable" oder "to empower people". Vielfach werden diese Aufgaben von neuen Akteuren im intermediären Bereich wahrgenommen. An einigen Beispielen sollen Kooperation und "enabling" erläutert werden (vgl. ausführlicher Selle 1991).

## 4. *Komplexe Aufgaben bearbeiten, alltagstauglich sein, endogene Potentiale mobilisieren*

Baltimore Jobs in Energy Project (BJEP) hieß ein Projekt in Baltimore (USA), auf das wir im Rahmen unserer Forschungen zur Arbeit intermediärer Organisationen in städtischen Quartieren stießen (vgl. Benfer u.a. 1991). BJEP verfolgt viele Ziele zugleich: Gebäude und Wohnungen sollen für einkommensschwache Bewohner erneuert werden - dabei liegt das besondere Augenmerk auf energieeinsparende Maßnahmen. In diesem Zusammenhang werden Arbeitsplätze für Quartiersbewohner geschaffen. Über das bauliche und beschäftigungspolitische Aufgabenspektrum hinaus ist BJEP in der Initiativenberatung tätig, bietet Gemeinwesenarbeit an, schult und qualifiziert Bewohnerinnen und Bewohner, vernetzt Initiativen, übernimmt Lobby-Aufgaben in der kommunalen Politik. Dieser Typus gemeinwesenbezogener, vielfältige Dienste anbietender Organisationen ist in den USA sehr häufig zu finden. Aber auch in Großbritannien, den Niederlanden und der Bundesrepublik finden sich Beispiele hierfür vor allem in sogenannten benachteiligten - also z.B. durch hohe Arbeitslosenziffern geprägten - Stadtquartieren.

Ebenfalls neuen Aufgabestellungen ist ein anderer Organisationstyp gewidmet, für den wir Beispiele in Basel und in Nürnberg fanden: Gemeint sind Vernetzungsversuche zahlreicher lokaler Initiativen zum Zwecke einer ökologisch orientierten und sozial verträglichen Quartierserneuerung. Mit der Bildung einer "Kontaktstelle für Stadtökologie" in Basel (vgl. zum Kontext "Ökostadt Basel" die Beiträge von Fornallaz 1990 und Wiener 1987) oder des Ökozentrums in Nürnberg sollen diese Initiativen nicht zusammengefaßt werden. Vielmehr geht es um -

wie Sieverts (1990 S. 4) das nennt - "das Nutzbarmachen synergetischer Wirkungen durch Vernetzung von Orten und Einrichtungen."

Diese Beispiele machen deutlich, welchen Beitrag intermediäre Akteure zur Steigerung der Wirkung von Bewohnerengagement leisten können: Die zahlreichen Bewohneraktivitäten und damit das breite inhaltliche Spektrum im Aufgabenbereich der jeweiligen Kontaktstelle beziehen sich auf viele der für die Lebensqualität im Quartier wichtigen Fragen. Damit wird zugleich der "ganzheitliche" Anspruch stadtökologischer Ansätze sichtbar.

Die Organisationsform entspricht der Komplexität der Aufgaben - ohne jedoch zugleich alle Initiativen mit dem Gewicht der Gesamtaufgabe " Stadtökologie" zu überfrachten. Vielmehr wird die aus direkter Betroffenheit resultierende Konkretheit punktueller Initiativen (Kompostieren, Platz-Nutzung, Verkehrsberuhigung, Kinderspiel usf.) aufgegriffen und in den Zusammenhang eines stadtteilweiten Netzes eingebunden. Dabei wird das "Vermitteln" im oben beschriebenen Sinn zur Kernaufgabe.

## 5. *Konflikte schlichten, Unversöhnliches miteinander in Verbindung bringen, neue Förderstrukturen effizient umsetzen*

Wohnpolitische Konflikte, Instandbesetzungen und scharfe Spannungen in den Stadtteilen der "benachteiligten Gruppen" kennzeichneten den "Bedarf" nach neuen Akteuren in Wohnungspolitik und Stadtteilentwicklung zu Beginn der 80er Jahre.

In der Bundesrepublik Deutschland lag der Brennpunkt der Konflikte in Berlin. Hier entstanden auch die ersten alternativen Sanierungsträger - Stattbau GmbH, hervorgegangen aus einer Initiative von "Netzwerk e.V." und "Ausnahme und Regel", eine Gründung des Sozialpädagogischen Instituts Berlin. In den letzten 10 Jahren wurden in Berlin und Hamburg weitere Organisationen dieser Art (vgl. Froessler/Selle u.a. 1991) gegründet. "Alternativ" waren und sind derartige Sanierungsunternehmen in mehrfacher Hinsicht:

- zunächst fühlen sie sich nicht nur den Bewohnern besonders verbunden. Sie entstammen vielmehr oft selbst dem intermediären Bereich (Stattbau Hamburg z.B. hat als Gesellschafter die Autonomen Jugendwerkstätten e.V., Mieter helfen Mietern e.V. und Netzwerk Selbsthilfe e.V.) und sind damit auch in ihrer Arbeit in besonderer Weise gegenüber den Gesellschaftern oder den in Beiräten etc. vertretenen Gruppen legitimationspflichtig.
- es geht diesen Sanierungsträgern nicht nur um die bauliche Substanz. "Ausnahme und Regel" wurde z.B. ausdrücklich mit sozialpädagogischen Zielsetzungen gegründet: Die sozialen Probleme vor allem marginalisierter Gruppen sollten an ihren Wurzeln (Wohnen/Arbeiten) durch "integrierte

Problemlösungen" (jugend-, sozial- und stadtentwicklungspolitisch) behoben werden. Entsprechend gehören einkommensschwache und benachteiligte Bewohner zur primären Zielgruppe, entsprechend wird auch nicht nur die Erneuerung von Wohnraum betreut, es entstanden vielmehr auch soziale Einrichtungen verschiedenster Art.

Ihr Aufgabenschwerpunkt liegt vor allem in der organisatorischen und technischen Betreuung von Gruppen, die mit großem Einsatz von "Muskelhypothek", also eigener Arbeit, heruntergekommene Gebäude instandsetzen und ihren Bedürfnissen entsprechend modernisieren. Guter Wille und viel Arbeit allein machen jedoch diese Projekte nicht tragfähig. Sie bedürfen auch in hohem Maße öffentlicher Förderung. Und auch diese Mittel werden über die alternativen Sanierungsträger beschafft und abgerechnet.

Daß dieser Versuch des Brückenbaus nicht spannungsfrei ist liegt nahe. Die mehr als 10jährige Geschichte läßt bereits einige "Transformationen" erkennen. Insbesondere an den frühen Berliner Gründungen ist abzulesen, wie innovative, flexible und offene Verfahren schrittweise eingeengt und festgeschrieben werden (vgl. hierzu Volker v. Tiedemann's "Transformationsgrammatik", 1986 S. 311 ff.). Zugleich kann die notwendige Kommunikation zwischen Verwaltung und intermediären Organisationen aus der Sicht der Selbsthelfer aus Bündnisgenossen Vertreter der Obrigkeit, aus Beratern Kontrolleure machen. Franziska Eichstädt-Bohlig hat das für Stattbau Berlin so beschrieben: "Aus der Sicht der Behörden soll Stattbau eine möglichst perfekte Verwaltung sein, aus der Sicht der Bewohner aber gerade keine Verwaltung, sondern eine Koordinierungs- und Durchführungsstelle für Selbstverwaltung." Das zeigt: Intermediäre Organisationen im Handlungsfeld Quartierserneuerung operieren in Spannungsfeldern (vgl. hierzu ausführlich Selle 1991 S. 167 - 202) und sind einer z.T. unkalkulierbaren Entwicklungsdynamik ausgesetzt.

## 6. *Eine weit gespannte Beratungsinfrastruktur entwickeln*

Die bislang genannten Beispiele bezogen sich stets auf einzelne Quartiere und Projekte. Hier entstanden intermediäre Organisationen, die den Bewohnerinnen und Bewohnern helfen konnten. Dem haftet etwas zufälliges an: Was ist in den zahlreichen Quartieren, in denen es keine entsprechenden Angebote gibt?

In der Tat zeigt der internationale Vergleich, daß in vielen Ländern die hier beschriebenen Strukturen nur in speziellen Programmgebieten oder in besonderen Konfliktfällen entstehen konnten. Es fehlt an einem breiten, " flächenhaften" Angebot. In den Niederlanden ist dieses Problem z.T. dadurch entschärft worden, daß es Regelungen gibt, nach denen Staat und Kommunen Beratungsleistungen (mit)finanzieren. So konnte hier seit Beginn der 70er Jahre ein "Markt" der Beratungs-, Unterstützungs-, Schulungs-, Vermittlungs- und Managementleistungen für verschiedenste Bewohner-Aktivitäten im Rahmen der Entwicklung städtischer Quartiere entstehen. Anders also als in anderen Ländern, in denen intermediäre Organisationen vor allem in zugespitzten Situationen aufgebaut wurden - typisches Beispiel: Berlin Kreuzberg oder Basel - oder lediglich in "Marktnischen" Überlebenschancen haben, kann man in den Niederlanden von einem inzwischen etablierten System zur Stützung von Bewohnerengagement sprechen. Es gibt zwar deutliche regionale Schwerpunkte (Amsterdam, Rotterdam), prinzipiell sind aber Beratungsangebote in allen Städten und Regionen des Landes verfügbar.

Ähnliche landesweite Strukturen finden sich auch in den USA: Zu erwähnen ist etwa die Neighborhood Reinvestment Corporation (NRC), die zentral in Washington (mit einem großen Weiterbildungszentrum in Chicago) und mit regionalen Büros operiert. Aufgabe dieser 1978 gegründeten Organisation ist die Wiederbelebung desinvestitionsgefährdeter Stadtgebiete. Zu diesem Zweck werden ausgehend von Anfragen an NRC aus dem jeweiligen Quartier selbständig agierende Organisationen vor Ort gegründet: die Neighborhood Housing Services (NHS). Diese lokalen Partnerschaften umfassten Anfang der 90er Jahre 269 Nachbarschaften mit über 3 Millionen Menschen in insgesamt 142 Städten der USA (vgl. ausführlicher die Fallstudie bei Benfer u.a. 1991, S. 233-252).

## 7. *Politik für Lokale Partnerschaften*

Bislang war vor allem von intermediären Organisationen und ihren Tätigkeiten die Rede. Nun kann zweifellos die planerische Arbeit nicht nur von lokalen oder regionalen Vermittlungsagenturen geleistet werden. Ein Perspektivenwechsel ist notwendig. Die Frage ist offen, wie es denn um staatliche oder kommunale Politik steht. Welchen Beitrag kann und soll sie zur Kooperation im intermediären Bereich leisten? Wie muß Politik gestaltet werden, die die Entwicklung und Förderung kooperativer Handlungsansätze zum Ziel hat? Solche Fragen stellen sich für alle planerischen Aufgabenbereiche (sei es die regionale Strukturpolitik, die Projekte zur Wiedernutzung städtischer Flächen, die ökologisch orientierte Stadtentwicklung, die Stadterneuerung usf.).

Ich möchte hier abschließend nur ein Aufgabenfeld herausgreifen, das ich aus anderer Perspektive schon beschrieben habe: Die Strategien für benachteiligte Stadtquartiere. Aus den USA kennen wir die Bilder: Stadtteile der sozial Ausgegrenzten, der Armut, des Verfalls. Bis vor wenigen Jahren hielt man das in Europa für ein "typisch amerikanisches Problem". Nun aber titeln selbst die Zeitungen in Deutschland: "Bronx auch bei uns"? Denn auch in den Städten Westeuropas wächst die Armut. Der Stadtraum beginnt zu zersplittern - in Quartiere derjenigen, die am Wohlstand teilhaben und derjenigen, die von ihm ausgeschlossen und weitestgehend eigener Handlungsmöglichkeiten beraubt sind. Was soll mit den ausgegrenzten, den benachteiligten Quartieren und ihren Bewohnerinnen und Bewohnern geschehen? Die traditionelle Stadterneuerung ist angesichts der Probleme dieser Stadtteile überfordert. Denn es geht nicht mehr nur um's Bauen, um Reinvestition und Aufwertung. Solche Strategien würden den Problemen der Bewohnerinnen und Bewohner nicht gerecht und liefen im übrigen auch ökonomisch ins Leere. Wenn die Lebenslagen benachteiligter Quartiersbewohner stabilisiert und, wo möglich, verbessert werden sollen, ist Quartierserneuerung als vorrangig soziale Aufgabe zu begreifen. Notwendig sind also Konzepte, die dem komplexen Wirkungsgefüge der Benachteiligung mit integrierten Ansätzen begegnen: Arbeitsmarkt-, Wirtschafts-, Sozial-, Kultur-, Wohnungs- und Städtebaubaupolitik müssen zusammengeführt werden und Spielräume für gezieltes Handeln vor Ort eröffnen.

Diese Integration verschiedener bislang getrennter Handlungsfelder sowie deren Ausrichtung auf die Ebene der städtischen Quartiere zwingt zur Kooperation: Staat, Gemeinden, gesellschaftliche Organisationen, freie Träger und (lokale) Unternehmen müssen gemeinsam handeln. Zudem sollen die Menschen, um die es geht, bei der Suche nach Lösungsansätzen direkt beteiligt werden. Auf drei Schlagworte reduziert: Solche Strategien müssen integriert, kooperativ und aktivierend zugleich sein. In einigen europäischen Ländern werden bereits seit mehr als zehn Jahren solche Programme zur Erneuerung benachteiligter Quartiere in die Praxis umgesetzt. Zu erwähnen sind insbesondere Frankreich (mit seiner DSQ-Politik = "Politique du Développement Social Urbain"), England und Schottland (z.B. mit dem "City-Challenge"-Programm) oder die Niederlande ("Sociale Vernieuwing").

Ziele und Kooperationsformen dieser Politiken haben wir an anderer Stelle ausführlicher dargestellt (vgl. Froessler u.a. 1994). Hier soll illustrierend nur das Beispiel der Niederlande kurz erwähnt werden.

Dort wird die Erneuerung als gesellschaftliche Aufgabe begriffen. Sie wird lokal gestaltet, der Staat hat aber aktiv und aktivierend daran teil. Versucht wird die Integration von Politikansätzen mit dem Ziel, benachteiligte Quartiere in den Städten angemessen erneuern zu können. Eine niederländische Beobachterin beschreibt die Ausgangspunkte und Ziele dieser Politik so (zit. n. Froessler u.a. 1994, 23): "Das Zauberwort ist "integrierter Ansatz" - als Gegenstück zum sektoralen Ansatz. Aber dazu gehört auch, daß man etwas weiter schaut als bisher, etwas weiter, als die eigene Nase lang ist : Wenn z.B. Kinder in der Schule nicht mitkommen, kann man natürlich noch mehr Lehrer und Betreuerinnen einkaufen. Das ist die Strategie des " mehr von demselben". Man kann aber auch überlegen, ob die Ursachen für die Schwierigkeiten der Kinder in der Schule nicht in den Schwierigkeiten begründet sind, die die Eltern mit der Schule haben. Wenn es - zum Beispiel - in einem Quartier viele Arbeitslose gibt und außerdem die Rede ist von zugigen Häusern: Warum sollen dann nicht die Arbeitslosen auf eine für sie selbst lohnenswerte Weise eingeschaltet werden und dabei helfen, die Wohnungen zugfrei machen. Drei Fliegen mit einer Klappe: Mehr Beschäftigung, bessere Wohnungen und niedrigere Gasrechnung. Zugleich werden - und das ist essentiell - Selbstbewußtsein, Handlungsfähigkeit und die Fähigkeit zur Selbstorganisation bei den Bewohnern gefördert."

Um eine solche Politik möglich zu machen ist zweierlei notwendig: Eine flexible Koordination verschiedener (traditionell scharf voneinander getrennter und eifersüchtig auf ihre Selbständigkeit bedachter) staatlicher Politiken und ein hohes Maß an lokaler Selbstbestimmung darüber, wann und wie diese Politiken mit ihren Ressourcen zum Einsatz kommen. Beides wird in den Niederlanden versucht. Hervorzuheben ist darüberhinaus: Durch dieses Programm erhielten die beteiligten Kommunen kaum zusätzliche Mittel. Die Budgets wurden lediglich vernetzt, der Mitteleinsatz flexibilisiert und an die Mittelvergabe wurde die Bedingung geknüpft, zu kooperieren und lokale Potentiale zu mobilisieren. Kooperation findet hier also sowohl auf der Reichsebene statt wie auf der kommunalen Ebene: Hier sollen die verschiedenen Gemeindeämter einen koordinierten Handlungsansatz entwickeln und weitere Akteure wie Arbeitsamt, Bewohner(-organisationen) u.a. in ihre Strategie einbinden. Die Globalisierung der Mittel bezieht die Bewohner direkt ein. So wurde in Nijmwegen einer bewohnergetragenen Stiftung ein jährliches Budget von 200.000 Gulden zur Verfügung gestellt. Sie kann darüber frei verfügen, ist allerdings im Nachhinein rechenschaftspflichtig. Der Einsatz der Mittel erfolgt in vielen Fällen nach dem Grundsatz der "Spitzenfinanzierung" - d.h. es werden andere Finanziers gesucht und die Stiftung trägt einen ungedeckten Restansatz.

Der niederländische Ansatz unterscheidet sich in dreierlei Hinsicht von vergleichbaren Konzepten in Deutschland: Er ist - erstens - langfristig angelegt, reagiert also nicht vorrangig auf akute Krisen in Quartieren, sondern versucht behutsam Potential in benachteiligten Gebieten zu identifizieren und zu fördern. Zweitens werden hier sehr umfassende Mitgestaltungsspielräume für Bewohner eingeräumt. Dies geschieht vor dem Hintergrund weitreichender Erfahrungen und gut ausgebildeter (intermediärer) Unterstützungsstrukturen. Und drittens strebt die Politik der Sozialen Erneuerung eine dauerhafte Neuorganisation sozialstaatlichen Handelns - auch auf der städtischen Ebene - an. Politikfelder werden problemorientiert zusammengefaßt und im Verfahren flexibilisiert. Zugleich entstehen auf der örtlichen Ebene Handlungsspielräume, die als zentrale Voraussetzung für "lokale Maßarbeit" anzusehen sind. Das bedeutet nichts anderes als eine grundlegende Veränderung traditioneller Arbeitsweisen und eine durchgreifende Modernisierung der Organisationsstrukturen. Weil das so ist hat die Politik der Sozialen Erneuerung in den Niederlanden die "Umgestaltung des Systems sozialer Dienste und der Administration" zum eigenständigen Ziel erklärt. Es steht gleichberechtigt neben den beiden, auf die Probleme der benachteiligten Quartiere zielenden Aufgabenfelder (Arbeit, Schulung, Einkommen, Verbesserung der alltäglichen Wohn- und Lebensumwelt). Das heißt: Die Entwicklung von neuen Strategien für benachteiligte Stadtquartiere gilt hier zugleich als ein " Experimentierfeld" für eine generelle Überprüfung von lokaler Politik und der Organisation öffentlicher Dienstleistungen. Wenn solche Strategien tatsächlich zu einem " Mehrwert" (wie das in den Niederlanden bezeichnet wird) führen, gibt es keinen Grund anzunehmen, dieser stelle sich nur bei einigen speziellen Problemen und Quartieren ein. Insofern befassen sich die hier diskutierten Strategien nicht mit einem Partikularproblem lokaler Politik, sondern sind als Baustein einer sich verändernden politischen Kultur zu verstehen.

## III. Gemeinsamer Nenner: Kooperation

In den vielfältigen - hier nur anzudeutenden - Veränderungen läßt sich ein roter Faden erkennen: Die Suche nach kooperativen Problemlösungen, die die Bewältigung vielschichtiger Vermittlungsaufgaben zur Voraussetzung haben. Diese vielfältigen Brückenschläge - zwischen verschiedenen Handlungsfeldern, zwischen bürokratischen und Alltagswelten, zwischen verschiedenen Arbeits- und Organisationsformen und so fort - führt die traditionelle Planung aber an ihre Grenzen: "Wir haben nicht gelernt, komplexe Verhaltenssysteme zu beeinflussen" - gestand ein Stadtbaurat in einer der vielen Fachdiskussionen über neue Aufgaben und kennzeichnete damit eines der Probleme, das sich der traditionellen Planung heute stellt.

Dieses Defizit kennzeichnet aber nicht das ganze Ausmaß des Dilemmas. Denn die heutige Stadtentwicklung stellt weitere Anforderungen an die Planung, die sich u.a. in folgenden " Prinzipien" umreißen lassen:

- das Prinzip der Ortsnähe: Handlungsansätze müssen vor Ort, projektnah und mit den jeweils dort Agierenden entwickelt werden. Dieses "Anschmiegen" an die je besondere Situation überfordert die auf Regelfälle ausgerichteten öffentlichen Verwaltungen.
- das Prinzip der Fehlerfreundlichkeit und Revidierbarkeit: Fehler müssen schnell und unbürokratisch korrigiert werden können, zunächst nicht absehbare Folgen sind zu berücksichtigen, begonnene Prozesse müssen grundsätzlich umkehrbar sein. Diese Anforderungen - gewachsen u.a. aus den Erfahrungen der Stadtentwicklung in den 70er Jahren - sind eng verbunden mit den bereits erwähnten Grundsätzen der iterativen Planungsprozesse, die wie komplexe soziale Lernprozesse zu gestalten sind. Auch diese Anforderung steht quer zu den bislang eingeübten Verfahrensroutinen linearer und hierarchischer Planformulierung und -umsetzung.

- Aus dem Prinzip der Örtlichkeit und dem der iterativen Entwicklung von Werten und Lösungen folgt notwendig die prinzipielle Offenheit der Prozesse. Karl Ganser - Geschäftsführer der Internationalen Bauausstellung Emscher-Park - wird mit dem Satz zitiert: "Man muß Prozesse organisieren, deren Ausgang man nicht kennt". Das Prinzip der Offenheit ist keinesfalls schmückendes Beiwerk, sondern eine zentrale Voraussetzung für die neuen Arbeitsformen: Nur so können endogene Potentiale oder vorhandenes Engagement integriert werden; Nur so wird die Moderation nicht zur Manipulation hin auf ein vorgegebenes Ziel und nur so wird die kooperative Entwicklung von Lösungen möglich.

Statt Regulation Moderation, statt Planung vom Schreibtisch aus Handeln vor Ort, statt Planung für, Kooperation mit, so ließen sich in Schwarz-Weiß-Manier die neuen Anforderungen an die Rolle der Planer skizzieren. Bezogen auf die kleinteilige Arbeit vor Ort, im alltäglichen Raum der Bewohner städtischer Quartiere heißt dies auch, die schwächeren Beteiligten zu ermutigen, zu aktivieren und zur Kooperation zu befähigen: "Restructuring the relation of planner to citizen means to mobilize citizen power around specific issues; it means to encourage a process of citizen empowerment." (Friedmann 1990 S. 55) Das alles zusammengenommen ergänzt sich zum eingangs bereits erwähnten Bild der Kooperation im intermediären Bereich als neuer Bearbeitungsform und verändertes Rollenverständnis. An die Stelle technokratischer, segmentierter und monologischer Entscheidungsverläufe treten pragmatische, auf Problemzusammenhänge gerichtete, dialogische Prozesse.

## IV. Uneindeutige Perspektiven

Eingangs habe ich darauf verwiesen: Die hier beschriebenen Entwicklungen stehen nicht allein. Jene deregulierenden Kräfte, die öffentliche Mitwirkung an der räumlichen Entwicklung zurückdrängen wollen, sind unübersehbar. Das macht die Veränderungen, die hier als Ergänzungen und Erweiterungen beschrieben wurden, so ambivalent. Im Kontext mit Haushaltskonsolidierung, Abbau von Planungskapazitäten in öffentlichen Verwaltungen etc. können sie in den Sog anders gerichteter Politik geraten. Dann wird aus der Kooperation unter der Hand der Verzicht auf eigenständigen Steuerungsanspruch, geht das Gemeinwohl in der Projektorientierung unter, wird die Partnerschaft zur Sparstrategie, verkümmert die Perspektive zum Marketingprospekt, dann erodiert Planung.

Zieht sie sich hingegen auf ein traditionelles Rollenverständnis zurück, beharrt auf hoheitlichem Gestus und der langen Weile vieler ihrer Verfahren bleibt sie nicht nur wirkungslos, sie wird auch immer deutlicher von den Entwicklungen um sie herum überholt und macht sich damit selbst überflüssig. Es gibt in diesen Spannungsfeldern kein "entweder/oder" für die Planung.

Diese Feststellung trifft nicht nur für die Entwicklung des Planungsverständnisses zu. In vielen gesellschaftlichen Feldern findet man heute eine verwirrende Vielfalt nebeneinander gültiger Werte und Verhaltensweisen. Einfache, aber Orientierung gebende Schemata lösen sich auf. Konservativ oder Progressiv, Ost oder West, Links oder Rechts, Plan oder Markt haben schon längst ihre ordnende Wirkung verloren.

Was folgt daraus? Eine Antwort auf diese Frage führt uns zurück in das Jahr 1927. In dieser Zeit schrieb Wassily Kandinsky einen Aufsatz, der die merkwürdige Überschrift "und" trägt. Darin vertritt er die These, daß das 19. Jahrhundert vom Ordnen, von der Spezialisierung geprägt gewesen sei und sich am beginnenden 20. Jahrhundert eine wesentliche Wende abzeichne (die den hier beschriebenen Veränderungen der Planung frappant ähnelt): "Die Spezialisierung verlangt nach einer Wahl, nach Zerteilung und Absonderung. Auch der heutige Mensch steht noch unter dem Zeichen entweder-oder. Diese zwei Worte reichen zur erschöpfenden Charakterstik des 19. Jahrhunderts" Von außen gesehen kann unsere Zeit im Gegensatz zur "Ordnung" des letzten Jahrhunderts - ebenso mit einem Wort bezeichnet werden - Chaos. Die größten Widersprüche, die entgegengesetztesten Behauptungen, das Negieren des Ganzen zugunsten des Einzelnen, Umwerfen des Gewohnten und Versuche, das Umgeworfene sofort wieder aufzurichten, das Zusammenprallen der verschiedensten Ziele bilden eine Atmosphäre, die den heutigen Menschen zum Verzweifeln und zu einer scheinbar noch nie dagewesenen Verwirrung führt. So wie seinerzeit das feine Ohr in der Ordnungsruhe das Donnern hörte, kann das scharfe Auge im Chaos eine andere Ordnung erraten. Diese Ordnung verläßt die Basis "entweder-oder" und erreicht langsam eine neue — "und". Das 20. Jahrhundert steht unter dem Zeichen "und". Ulrich Beck, dessen Buch über die "Erfindung des Politischen" ich den Hinweis auf Kandinsky entnahm, verweist darauf, daß mit dem Nebeneinander, der Vielheit, dem Experiment des Austausches viele Spannungen auf neue Weise zutage treten. Mit dem "und" beginne also keineswegs das Paradies auf Erden. Möglicherweise würden hier sogar Verhängnisse völlig neuer Art ihren Anfang nehmen. Aber die Welt des entweder-oder, in der wir denken, handeln und leben erweise sich zunehmend als falsch.

Das alles scheint recht genau die Situation in der Planung zu treffen. Viele traditionelle "Entweder-Oders" erweisen sich als wenig hilfreich, die Auseinandersetzung mit dem "und", mit dem Nebeneinander von sehr Verschiedenem schafft hingegen Uneindeutigkeiten und Spannungen. Will Planung also nicht nur von den Entwicklungen getrieben werden, sondern eigene Impulse geben können, sind Orientierungen unverzichtbar, mit denen sie in den neuen Spannungsfeldern zu navigieren lernt. Solche Orientierungen sind heute noch Mangelware. All zu oft wird nur noch "gemanagt", werden Prozese um ihrer selbst willen "moderiert" - ohne daß die eigenständige Perspektive öffentlicher Planung erkennbar würde. Das Gegenstück dieser Orientierungslosigkeit - die autoritäre Selbstgewißheit der traditionellen Planerrolle mit ihren Omnipotenzphantasien hat sich überlebt. Aber was bleibt zwischen diesem erneuten "entweder/oder"? Zwischen dem Treibenlassen im Strom des ökonomisch Gebotenen oder dem (wirkungslosen) Beharren auf der planerischen Definition der "Bedürfnisse einer nahen und fernen Zukunft" (Gurlitt)? Vermutlich ist auch dieses Gegensatzpaar über Bord zu werfen. Das jedenfalls folgere ich aus Enzensbergers "Vermutungen über die Turbulenz": "Die Frage, ob es mit dem Strom oder gegen ihn zu schwimmen gilt, scheint mir veraltet, weil sie eine unerträgliche Vereinfachung voraussetzt. Ergiebiger erscheint mir das Verfahren des Seglers zu sein, der sowohl mit dem Wind als auch gegen ihn kreuzt. Ein solches Vorgehen auf die Gesellschaft bezogen, erfordert extreme Aufmerksamkeit und stoischen Unglauben.

## Hinweis

Die hier nur skizzenhaft entwickelte Argumentation wird ausführlicher dargestellt in: Klaus Selle: Was ist bloß mit der Planung los? Erkundungen auf dem Weg zum kooperativen Handeln. Ein Werkbuch. Dortmunder Beiträge zur Raumplanung, Bd. 69. Dortmund 1994.

## Literatur


Albers, Gerd, 1993: Über den Wandel im Planungsverständnis, in: RaumPlanung H. 61 (1993), S. 97-103.

Ambrose, 1986: Whatever happened to planning? London/New York.

Beck, Ulrich, 1993: Die Erfindung des Politischen, edtion suhrkamp NF 780, Frankfurt.

Benfer,Wilhelm / Rolf Froessler / Roger Karapin / Reiner Staubach u.a., 1991: Anleitung zur Selbsthilfe - zwischen "community organizing" und marktnahem Service. Der Beitrag intermediärer Organisationen zur Entwicklung städtischer Quartiere in den USA, Bd. 4 der Ergebnisberichte zum Forschungsprojekt Selbsthilfe und Stadterneuerung, Dortmund.

Brech, Joachim (Hrsg), 1993: Neue Wege der Planungskultur. Orientierungen in der Zeit des Umbruchs, Darmstadt.

Enzensberger, Hans Magnus, 1990: Vermutungen über die Turbulenz, in: Sloterdijk, Peter (Hrsg): Berichte zur Lage der Zukunft. Bd. 1, Frankfurt, S. 106-118.

Evers, Adalbert, 1988: Shifts in the Welfare Mix - Introducing a new approach for the Study of Transformations in Welfare and Social Policy, in: Evers/Wintersberger (Hrsg): Shifts in the Welfare Mix, Wien, S 7-30.

Fingerhuth, Carl, 1990: Stadtplanung auf der Kippe zwischen Hoffnung, Nostalgie und Verzweiflung, in: Dokumente und Informationen zur Schweizerischen Orts-, Regional- und Landesplanung (DISP) H. 103/Oktober 1990, S. 8 - 13

Fornallaz, Pierre, 1990: Die ökologische Stadt. Einführungen zum Projekt Ökostadt Basel, in: Zeller, Peter (Hrsg): Stadt der Zukunft, Zürcher Hochschulforum Band 17, Zürich, S. 3 -10.

Friedmann, John, 1987: Planning in the Public Domain. From Knowledge to Action, Princeton, New Jersey.

Friedmann, John, 1990: Planning, Politics and the Environment, in: Kunzmann / v.Petz / Schmals (Hrsg): 20 Jahre Raumplanung in Dortmund. Dortmunder Beiträge zur Raumplanung Bd. 50, S. 52-57.

Froessler, Rolf/ Lang, Markus/ Selle, Klaus/ Staubach, Reiner (Hrsg), 1994: Lokale Partnerschaften. Stadtforschung aktuell Bd. 45., Basel u.a.

Froessler, Rolf/ Selle, Klaus u.a., 1991: Auf dem Weg zur sozial und ökologisch orientierten Erneuerung? Der Beitrag intermediärer Organisationen zur Erneuerung städtischer Quartiere in der Bundesrepublik Deutschland, Dortmund/Darmstadt.

Fürst, Dietrich/ Kilper, Heiderose (Hrsg) 1993: Effektivität intermediärer Organisationen für den regionalen Strukturwandel. Dokumentation der Tagung am 18.6.1993 im Institut Arbeit und Technik in Gelsenkirchen, Gelsenkirchen.

Ganser, Karl, 1990: Public-private partnership: Reduktion des politischen Handlungsspielraums, in: Swoboda, Hannes (Hrsg): Wien. Identität und Stadtgestalt, Wien/Köln, S. 66-74.

Ganser, Karl, 1991: Instrumente von gestern für die Städte von morgen? in: Ganser, Karl/ Hesse, Joachim Jens/ Zöpel, Christoph (Hrsg), Die Zukunft der Städte, Forum Zukunft, Bd. 6, Baden - Baden, S. 54 - 66.

Ganser, Karl/ Siebel, Walter/ Sieverts, Thomas, 1993: Die Planungsstrategie der IBA Emscher Park. Eine Annäherung, in: RaumPlanung, H. 61, S. 112-118.

Gaßner, Hartmut/ Holznagel, Bernd/ Lahl, Uwe, 1992: Mediation: Verhandlungen als Mittel der Konsensfindung bei Umweltstreitigkeiten, Bonn.

Häußermann, Hartmut /Siebel, Walter, 1987: Neue Urbanität, edition suhrkamp, Bd.1432, Frankfurt.

Häußermann, Hartmut /Siebel, Walter, 1993: Wandel von Planungsaufgaben und Wandel der Planungsstrategie - das Beispiel der IBA Emscher Park, in: Arbeitskreis Stadterneuerung an deutschsprachigen Hochschulen (Hrsg), Jahrbuch Stadterneuerung 1993, Berlin, S. 141-154.

Heinz, Werner, (Hrsg), 1993: Public Private Partnership — ein neuer Weg zur Stadtentwicklung? Schriften des Deutschen Instituts für Urbanistik, Bd. 87, Stuttgart.

Helbrecht, Ilse, 1994: "Stadtmarketing". Konturen einer kommunikativen Stadtentwicklungspolitik, Stadtforschung aktuell, Bd. 44, Basel u.a.

ISSAB (Institut für Stadtteilbezogene Soziale Arbeit und Beratung), (Hrsg), 1989: Zwischen Sozialstaat und Selbsthilfe. Essen.

Jessen, Johann/ Siebel, Walter, 1988: Wohnen und informelle Ökonomie, Dortmund.

Kandinsky, Wassily, 1973 und in: Ders.: Essays über Kunst und Künstler, herausgegeben und kommentiert von Max Bill, 3. Auflage, Zürich, S. 97-108

Keller, Donald u.a., 1991: Planung auf der Suche nach Erfolg, in: Dokumente und Informationen zur Schweizerischen Orts-, Regional- und Landesplanung (DISP,) H. 104/Januar 1991, S.10 ff.

Kestermann, Rainer, 1993: Public-Private-Partnership - Anmerkungen zur Rezeption eines Modebegriffs, in: RaumPlanung, H. 62, S. 205-214.

Kilper, Heiderose, 1992: Das Politikmodell der IBA Emscher Park. Erfahrungen bei der Implementation der "Arbeiten im Park"-Projekte. Institut Arbeit und Technik in Gelsenkirchen. IAT-PS 04 , Gelsenkirchen.

Küpper, Utz Ingo /Vollmer, Rolf, 1988: Der MediaPark Köln. Ein Stadtentwicklungsprojekt zum technologischen Strukturwandel in Public Private Partnership, in: Stadtbauwelt H. 99 /Bauwelt H. 36/1988, S. 1542 ff.

Mönninger, Michael, 1993: Schönheit aus Irrtum, in: Kursbuch 112. Städte bauen, Berlin, S. 128 - 134.

Müller, Sebastian /Schmals, Klaus M. (Hrsg), 1993: Die Moderne im Park? Ein Streitbuch zur Internationalen Bauausstellung im Emscherraum, Dortmund.

Novy, Klaus, 1990: Krise der Planung - Koketterie mit "Kaos Stadt", in: Swoboda, Hannes (Hrsg): Wien. Identität und Stadtgestalt, Wien/Köln, S. 57-65.

Offe, Claus ,1987: Die Staatstheorie auf der Suche nach ihrem Gegenstand. Beobachtungen zur aktuellen Diskussion, in: Jahrbuch zur Staats- und Verwaltungswissenschaft, Bd.1., Baden-Baden, S. 309-320

Runge, Brigitte /Vilmar, Fritz, 1988: Handbuch Selbsthilfe. Gruppenberichte, 900 Adressen, Gesellschaftliche Perspektiven, Frankfurt.

Schnepf-Orth,Marita / Staubach, Reiner, 1989: Bewohnerorientierte Stadterneuerung. Erfahrungen aus Beispielfällen ortsnaher Beratungs- und Kommunikationsstellen, ILS Schriften, H. 27, Dortmund.

Selle, Klaus 1991: Mit den Bewohnern die Stadt erneuern. Der Beitrag intermediärer Organisationen zur Entwicklung städtischer Quartiere. Beobachtungen aus sechs Ländern, Darmstadt/Dortmund.

Selle, Klaus, 1986 b: Hilfe zur Selbsthilfe bei Stadterneuerung und Wohnungsbestandspflege. Arbeitsweise und Funktionsvoraussetzungen intermediärer Organisationen. Konzeption eines Forschungsprojekts, Werkberichte No. 19 der AGB, Dortmund.

Selle, Klaus, 1986: Bestands-Politik, Darmstadt.

Selle, Klaus, 1993: Kooperative Problemlösungen, in: Bochnig, Stefan/Selle, Klaus (Hrsg), Freiräume für die Stadt, Bd.II, Wiesbaden und Berlin, S. 269 - 296.

Sichtermann, Barbara, 1989: Der Hobel, die Späne und das Tolle daran. Vom Ruf der Marktwirtschaft, in: Freibeuter, H. 40, S. 30 - 37.

Siebel, Walter, 1992: Soziale und ökologische Stadtpolitik, in: Bochnig, Stefan /Selle, Klaus (Hrsg), Freiräume für die Stadt, Bd.I, Wiesbaden u.a., S. 17 - 24.

Sieverts, Thomas (Hrsg), 1990: Zukunftsaufgaben der Stadtplanung, Düsseldorf.

Sieverts, Thomas /Ganser, Karl, 1993: Vom Aufbaustab Speer zur Internationalen Bauausstellung Emscher Park und darüber hinaus - Planungskulturen in der Bundesrepublik Deutschland, in: Keller/Koch/Selle (Hrsg), Planungskulturen in Europa. Erkundungen in Deutschland, Frankreich, Italien und in der Schweiz, Darmstadt/Zürich, S. 31 - 37.

Tiedemann, Volker v., 1986: Wenn alle das Beste wollen, in: Brech, Joachim (Hrsg), Konzepte zur Wohnraumerhaltung, Darmstadt, S. 311 - 328.

Trojan, Alf /Hildebrandt Helmut (Hrsg), 1990: Brücken zwischen Bürgern und Behörden. Innovative Strukturen für Gesundheitsförderung, Forum Sozial- und Gesundheitspolitik, Bd.3., St. Augustin.

Wentz, Martin (Hrsg), 1992: Planungskulturen. Die Zukunft des Städtischen, Frankfurter Beiträge, Bd. 3, Frankfurt/New York.

Wiener, Daniel, 1987: Modell Basel - Geschichte der Stadt und Region Basel von 1987 bis 1999, Basel/Affoltern.

Zibell, Barbara, 1990: Chaos als Ordnungsprinzip im Städtebau, in: Dokumente und Informationen zur Schweizerischen Orts-, Regional- und Landesplanung, H. 101.

Zwoch, Felix, 1989: Planning's Ending, in: Stadtbauwelt, H. 104 (= Bauwelt H. 48), S. 2260 f.f.

# Neue Mischungen aus privaten und öffentlichen Ressourcen schaffen neue Orte für Kinder

*Annemarie Gerzer-Sass*

## I. Vom hierarchischen zum kooperierenden Wohlfahrtspluralismus

Nicht nur seit der Wiedervereinigung ist ein geschärftes Auge auf den Umbau des Sozialstaates und der damit verbundenen sozialstaatlichen Leistungen gerichtet. Der kulturelle Wechsel, ausgelöst durch die Anstöße aus der Studentenbewegung, brachten durch die breite Institutionenkritik neue Modelle sozialstaatlichen Handelns hervor. Die darauf aufbauenden eher kleinteilig, d.h. gemeinde- oder stadtteilbezogenen Angebote bewegten sich im außerinstitutionellen Bereich und es gab eine Trennung und auch Polarisierung von "Staatshilfe" und "Selbsthilfe" (Evers, Ostner, 1989).

Die in Selbsthilfegruppen ablaufenden Prozesse des "Empowerments", d.h. der Stärkung und Erweiterung der Selbstverfügungskraft, selbst Konstrukteur der nach eigenen Bauplänen veränderten Lebenswelt zu sein" (Rappaport 1987), brachte eine neue Sichtweise gegenüber den fürsorgerischen Strukturen wohlfahrtsstaatlichen Handelns hervor. Da der Sozialstaat Hilflosigkeit voraussetzt, um helfen zu können, also den defizitären Blickwinkel braucht, um sich zu legitimieren, sind Selbsthilfegruppen der Versuch, aus der "zugewiesenen und erlernten Hilflosigkeit" herauszutreten und selbst ihre unmittelbare soziale Umwelt zu beeinflussen und zu gestalten.

Die geschlechtsspezifischen Effekte von Selbsthilfe zeigen, - ca. 70% derjenigen, die sich darin engagieren, sind Frauen, - welche Gruppe durch die Enteignungsprozesse sozialstaatlichen Handelns am meisten betroffen ist. Dabei weist der noch größere Anteil von Frauen - Müttern im Familienselbsthilfebereich nicht nur auf die Notwendigkeit der Öffnung von Kleinfamilie hin, sondern zieht auch eine Politisierung bisher als privat definierter Tätigkeiten und Probleme nach sich. Die Frauenbewegung brachte "Öffentlichkeit" in die in der Privatheit erbrachten Leistungen der Frauen und Mütter, der informelle Sektor, der von Frauen durch die häusliche Erziehungs- Pflege- und Versorgungstätigkeit maßgeblich konstituiert wurde und wird, kann immer weniger als stillschweigende

Voraussetzung des eigentlichen Sozialsystems vorausgesetzt werden (Evers, 1992).

Selbsthilfe ist an kleinräumige Solidarnetze gebunden und sie ist durch die Formung kleiner überschaubarer Gebilde lebendiger, produziert ein reicheres Leben im Vergleich zu großen Wohlfahrtsorganisationen. Sie stellt somit wohlfahrtsstaatliche Leistungen, die sich in der Bundesrepublik in einer Vielfalt von institutionell ausgerichteten größeren Trägern organisiert hat, auf den Prüfstand: Einmal durch die Infragestellung institutioneller Strukturen, die geprägt sind von komplexen Rechtsnormen, Zugängen über starre Ausbildungsnormen, hierarchischen Konzepten als auch durch andere inhaltliche Prioritätensetzungen des familiären und nachbarschaftlichen Netzwerkes, in denen die Bedeutung der sozialen Logik gegenüber der professionellen Logik aufgewertet wird.

Die Idee, Institutionen und Selbsthilfe nicht nur als freie Träger konkurrierend um öffentliche Gelder nebeneinander bestehen zu lassen, sondern in Kooperation zusammenzubringen, besticht insofern, da der bisherige Mix wohlfahrtsstaatlichen Handelns reformbedürftig erscheint. Am Beispiel der institutionellen Kinderbetreuung wird deutlich, wieweit mittlerweile institutionelle Strukturen von den eigentlichen Bedarfen und Bedürfnissen von Eltern und Kindern entfernt sind und sich verändern müssen.

Im folgenden Beitrag wird durch eine Ausweitung des Wohlfahrts-Mixes hin zu Kooperationsbezügen zwischen staatlichen Hilfen, Initiativen und Elternbedürfnissen der Versuch unternommen, der Eigenlogik und den Bedürfnissen von Familien mit ihrer Kinder mehr öffentlichen Raum zu geben. Der durch das gute, von wechselseitigem Respekt getragene Zusammenwirken erreichte synergetische Effekt zeigt eine neue Qualität des Wohlfahrtspluralismus auf: Einmal in Richtung gleichberechtigter kooperativer Bezüge, in denen sich Bedürfnisse von Familie nicht nachrangig gegenüber staatlichen Organisationen einzuordnen haben und ein andermal in Richtung Qualität und Effizienz gegenüber der Dominanz großer Träger, in der sich Selbsthilfe nicht subaltern einordnen muß.

Anhand von Forschungsergebnissen des bundesweit durchgeführten Modellprojekts "Orte für Kinder" wird exemplarisch aufgezeigt, wie z.B. bei einer Mischung von Selbsthilfe- und Institutionenlogik im Kinderbetreuungsbereich den Bedürfnissen der Eltern und ihren Kindern mehr entsprochen werden kann. Im Mittelpunkt der Darstellung steht die Zusammenarbeit von Laien und Professionellen in einem Team - wie es in dem Modellstandort Darmstadt, einer Einrichtung der Familienselbsthilfe, praktiziert wird. Dies ist insofern ein wichtiger Indikator von neuen Mischungen wohlfahrtspolitischen Handelns, da damit Grenzüberschreitungen in verschiedene Richtungen hin gemacht werden: Einmal werden neue Vermittlungsformen von

Arbeit und Entgelt praktiziert, indem ehrenamtliche Arbeit, in der Selbsthilfe üblich, durch Honorare entgolten wird und es entstehen unkonventionelle Arbeitszusammenhänge durch Mischungen von Laien- und Professionellenwissen. Dabei stellt sich allerdings unmittelbar die Frage nach der Qualität des Betreuungsangebots, da bisher Qualität in der Kinderbetreuung ausschließlich an der Professionalität gemessen wurde. Auch neue Formen von Nähe und Distanz fordern die Definition und das Selbstverständnis sozialer Berufe und der darauf aufbauenden Verbände heraus, da sich die Profession gerade im Erlernen von Distanz legitimiert.

## II. Familienselbsthilfe - ein Seismograph für gesellschaftliche Entwicklungen und Tendenzen

Konträr zur Modernisierungslogik von individueller Autonomie, Selbstbestimmung und Selbstbestätigung, verwirklichbar in der von individuellen Leistungen geprägten dominanten Arbeitswelt, steht die sogenannte Unangepaßtheit der Mutterrolle an die Moderne, die Werte wie kontinuierliche und zuverlässige Bindungen, Verbindlichkeiten, Nähe und Füreinanderdasein fordert. Diesen Widerspruch erfährt geschlechtunspezifisch jeder, der sich auf die "Fürsorgelogik" einläßt. Mit dieser Rolle verbindet sich in Bezug auf Verteilung von Chancen, Arbeitsaufgaben und Abhängigkeiten eine "unvollständige Modernisierung" und damit real erfahrene Benachteiligung (vgl. Beck, 1985). Nach wie vor sind es aber überwiegend die Frauen, die z.B. nach der Geburt aus dem Erwerbsleben ausscheiden, wenn auch im Unterschied zu früher, kürzer und mit einer Perspektive des Wiedereinstiegs. Sie erleben diesen strukturellen Konflikt der "unvollständigen Modernisierung" oft als persönliches Dilemma, da die nur noch partiell zu leistende Anpassung in der Mutterrolle als Versagen, eigene Unfähigkeit und Reduzierung ihres Selbstwertes erfahren wird.

Um diesen Strukturkonflikt zu lösen, werden fast ausschließlich Konzepte entwickelt, wie z.B. Veränderungen von Zeitstrukturen in der Arbeitswelt, um die Frauen trotz ihrer Familienaufgaben in die Arbeitswelt wieder einzupassen und sie somit an den "Spielregeln der Moderne" teilhaben zu lassen. Auch Hilfeangebote z.B. der professionellen Eltern- und Frauenbildung dienen mit Ratschlägen zur "Selbstverbesserung" der Mütter und zeigen damit, daß die Mutterrolle "verbesserungswürdig" ist.

Die Konzeption der Mütter-und Familienzentren geht den umgekehrten Weg: Sie stellt das soziale Novum einer kinderfreundlichen, interessierten öffentlichen Umwelt her, in der gerade keine Änderungs-und Anpassungsleistungen von Müttern gefordert werden: Weder müssen sie die Kinder an kinderfeindliche Normen anpassen, um wenigstens etwas öffentliche Anerkennung als Mütter zu "erkaufen", noch müssen sie sich "von ihren Kindern befreien", um als erwachsene Frau ernstgenommen zu werden. Die Konzeption greift dabei die zunehmende Forderung der Frauen nach mehr Öffentlichkeit für ihr Leben mit Kindern auf sowie ihren spürbar werdenden Widerstand gegen die "Zwei-Lager-Realität": Den isolierten Kleinfamilienalltag auf der einen Seite und den fast ausschließlich an männlichen Lebensläufen orientierten Berufsalltag auf der anderen Seite (vgl. Gerzer-Sass, 1991).

Kennzeichen der Zentren ist eine an den Kinderbedürfnissen und Familien-Zeit-Rhythmen angepaßte Struktur. Das drückt sich in Räumlichkeiten, Öffnungszeiten, Ausstattung und im emotionalen Klima aus. Es gibt für Kinder eigene Räume und eigene Angebote; sie können aber auch am Geschehen und Leben der Erwachsenen teilnehmen. Im einzelnen kennzeichnen ein Zentrum:

- feste Anlaufstellen und offene Zugangsmöglichkeiten zur Förderung des nachbarschaftlichen Zusammenlebens. Solche offenen Zugangsmöglichkeiten sind in der Regel: Mutter-Kind-Cafe, Second-Hand für Kinderbekleidung, Vermittlung sozialer Dienste und Kontaktstelle für verschiedene Lebenslagen, z.B. Alleinerziehende;
- nachbarschaftliche Hilfe im Laienprinzip und Selbstorganisation, wobei die Zugangskriterien die Alltagserfahrungen aus der Familie sind. Es gilt das Grundprinzip: jede/ jeder kann etwas besonders gut, was sie/er ins Zentrum einbringen kann. Dies gilt für Jung und Alt, für unterschiedliche Lebensphasen und für unterschiedliche Interessen. Das Selbsthilfeprinzip ermöglicht eine demokratische Mitbeteiligung an der Organisation und den zu treffenden Entscheidungsprozessen im Zentrumsalltag;
- trotz Selbsthilfeprinzip Honorierung von kontinuierlichen, verbindlichen Arbeiten im Zentrum, die über einen einheitlichen Stundensatz entgolten werden. Damit werden auch diejenigen Frauen angesprochen, die sich sonst nicht so ohne weiteres engagieren könnten, sei es aus finanziellen, sozialen oder kulturellen Gründen.

Die offene Kinderbetreuung in den Mütter-und Familienzentren wird dabei als Ergänzung, Bereicherung und zugleich Herausforderung zur augenblicklich praktizierten Kinderbetreuung im institutionellen Bereich gesehen und wurde auch in den Modellversuch "Orte für Kinder" unter diesen Aspekten aufgenommen:

- *als Ergänzung* zur institutionellen Betreuung; denn flexible, stundenweise oder auch unregelmäßige Kinderbetreuung gibt es in Regeleinrichtungen bisher noch nicht;
- *als Bereicherung*; denn hier können Kinder unterschiedlichen Alters, unterschiedlicher Lebenslagen, mal für kurz oder auch länger über ihre Familie hinaus soziale Erfahrungen nicht nur miteinander, sondern auch zusammen mit ihren eigenen Müttern und mit anderen Erwachsenen sammeln. Für den Kinderbereich gelten weniger pädagogische als vielmehr

zwischenmenschliche Überlegungen: Kinder werden nicht als bloße Störfaktoren von Gruppenprozessen unter Erwachsenen oder als zu versorgende Zielgruppe erlebt, sondern erfahren eine Öffentlichkeit, in der sie wechselseitige Rücksichtnahme, Einfühlungsvermögen und Zeiterleben lernen können;

- *als Herausforderung* eines "durchpädagogisierten" Kinderalltags mit festen Gruppenstrukturen und einer starken Kinderzentriertheit. Es ist aber auch eine Herausforderung für die Profession der Erzieherinnen, da hier Mütter nicht nur ihre eigenen Kinder, sondern auch die anderer Frauen im Zentrum betreuen.

## III. Die gesellschafts- und fachpolitische Brisanz der Zusammenarbeit von Laien und Professionellen

Die gesellschaftliche Brisanz und auch Widersprüchlichkeit dieser Zusammenarbeit ergibt sich schon aus der Genesis des Berufes "Erzieherin". Mit dem Beruf des Pädagogen bzw. des Erziehers/ der Erzieherin werden insbesondere die Kompetenzen der Mütter in Frage gestellt, zumal diese Berufsgruppe seit zwei Jahrhunderten nach Methoden sucht, wie Eltern, insbesondere Mütter, ihre Kinder "richtig" zu erziehen haben. Selbstverständlich werden die professionellen Kräfte als Autorität wahrgenommen, obwohl die Verantwortung für das tägliche Wohl der Kinder weiterhin bei den Müttern bleibt. Dabei wird die fachliche Kontrolle gerade in sozial schwächeren Schichten für unerläßlich gesehen, wiewohl bei Müttern aus sozial stärkeren Schichten eine "Professionalisierung" über die Aneignung von fachlichen und wissenschaftlichen Erkenntnissen begann. Nach 30 Jahren wirken sich die geschlechtsspezifischen Effekte der Bildungsreform dahingehend aus, daß im Vergleich zu den 60er Jahren ein doppelt so hoher Anteil von Mädchen Abitur macht und somit das Ausbildungsniveau der Mütter heute höher als damals ist. Zum Standard einer "guten Mutter" gehört heute ein breites Wissen an Pädagogik und Entwicklungspsychologie des Kindes, um das eigene Kind in der Leistungsgesellschaft optimal plazieren zu können.

Trotzdem - oder gerade deswegen - sind junge Mütter vielfach verunsichert und versuchen als Unterstützung für sich und ihre Kinder Netzwerke aufzubauen, - was die Zunahme an Spielkreisen und Initiativen der Mütter- und Familienzentren zeigen. Hierbei treffen sie sich nicht nur mit "Gleichgesinnten" und tauschen Erfahrungen aus, sondern können auch ihre Kompetenzen als Mütter erweitern. Oft haben sie bis zum Eintritt ihres Kindes in den Kindergarten einen Prozeß "reflexiver Praxis" hinter sich gebracht, den man nicht mehr mit dem Begriff "Laiin" fassen kann, sondern besser mit dem Begriff der "Praxis-Expertin" beschreiben muß (vgl. Gerzer-Sass, 1991).

Gemeint ist damit der Zuwachs an "sozialen Kompetenzen" wie Toleranz, Flexibilität, Koordinationsfähigkeit, Verantwortungs- und Leitungsfähigkeit, die bisher in dieser Form noch keinen Eingang in die ökonomische Denkweise gefunden haben und somit auch nicht im Sinne einer Kosten-Nutzen-Analyse berechnet werden können. Die Erfahrungen aus den Mütter- und Familienzentren haben gerade gezeigt, daß die Frauen einen Zuwachs an Kompetenzen erfahren haben, der sich nicht nur auf Kinderbetreuung bezieht, sondern auch auf die Stadtteilarbeit, die Altenarbeit usw. Dies "irritiert" die professionellen Hilfesysteme, die sich rund um die Familie herausgebildet haben gerade dadurch, daß mit diesen Kompetenzen selbstbestimmte Strukturen aufgebaut wurden, in denen eigenständige und qualitativ gute Arbeit geleistet wird. Gerade darin liegt aber die Chance, den Blick für die eigentlich notwendigen Qualifikationen im sozialen Bereich zu schärfen, die nicht notwendigerweise über Ausbildung erreicht werden müssen.

Trotzdem bleibt Mutterschaft weiterhin gesellschaftlich abgewertet. Das zeigt sich schon daran, daß die Kritik an dem Berufsbild der Erzieherin und die Verbesserung des Berufsbildes auf dem Tenor aufbaut: "nur weg von dem Bild der liebevollen Ersatzmutti", um aus dem Dunstkreis der gesellschaftlich abgewerteten Mutterrolle herauszukommen. Deshalb wird der Versuch, Familientätigkeiten als Qualifikationsbausteine für den Erzieherinnen-Beruf zu werten, als Stolperstein für dessen weitere Aufwertung gesehen. Für die Ausbildung gilt: Je mehr professionelle, formale Anteile in einer beruflichen Tätigkeit enthalten sind, umso größer erscheint die Möglichkeit, integrierte, verantwortungsvolle Tätigkeitsfelder zugeschrieben zu bekommen, die sich auch in einer Besserbezahlung niederschlagen. Trotzdem werden in Reformansätzen wie z.B. im "Situationsansatz" Berufskonzepte gefordert, "die stärker auf der Einbeziehung und Erfahrungsvielfalt von Laien aufbauen" (vgl. Colberg-Schrader, 1989).

Die Entwicklung der letzten Jahre bei den Elterninitiativen und der Mütter- und Familienzentrumsbewegung sind dagegen der Versuch, die Kompetenzen der Eltern, insbesondere der Mütter, sich wieder ein Stück anzueignen: Einerseits durch die Wiederaneignung der elterlichen Autonomie, indem Eltern selbst als Träger von Einrichtungen die pädagogische Konzeption in Zusammenarbeit mit professionellen Kräften bestimmen, andererseits durch die Herstellung von nachbarschaftlichen Kontakt -und Unterstützungsnetzen ohne Hinzuziehung professioneller Kräfte.

Die Frage der Zusammenarbeit von "Laien und Professionellen" reduziert sich im Kinderbetreuungsbereich aber auf die Zusammenarbeit von Müttern und professionellen Kräften, da über 70% der "Akteure" in der Selbsthilfe Frauen sind (vgl. Schmid-Urban, 1991), bzw. im Familienselbsthilfebereich der Frauenanteil noch höher ist. Die aus dem Ansatz des pädagogischen Denkens heraus formulierte Frage: "Wo bleiben hier die Männer und durch welche Konzepte können sie stärker integriert werden" muß mit dem Grundprinzip von Selbsthilfe, d.h. *der Selbsttätigkeit aufgrund eigener Betroffenheit* beantwortet werden. Es gibt demnach nur einen geringen - wenn auch in der Tendenz wachsenden Anteil von Männern - die über die Reflexion ihrer Vaterrolle "selbsttätig" werden. Das mündet im Moment in sogenannte "Vätergruppen", die sich mit den Belastungen und Anforderungen am Arbeitsplatz in Verbindung mit ihrer Vaterrolle auseinandersetzen (vgl. Seehausen, 1994). Es gibt auch einige wenige, die in der Rolle als Hausmann sich in den von Frauen dominierten Initiativen engagieren. Bisherige Untersuchungen weisen aber eher darauf hin, daß Männer größere Schwierigkeiten haben, sich in hierarchiearmen Formen, wie sie in Selbsthilfegruppen vorherrschen, zu integrieren (vgl. Tüllmann, 1991). Die Frage ist, ob das Engagement der Männer in Selbsthilfe komplementär zu der Abnahme von Eigentätigkeit und Eigenverantwortung in verschiedenen Berufsbereichen zunimmt.

Es bleibt aber im Augenblick die Zuspitzung des Grundproblems: "Erzieherinnenkompetenz" kontra "Mütterkompetenz" und nicht "Eltern"- oder "Vaterkompetenz". Dies ist aber nur solange bedrohlich, wie die "Erzieherinnenkompetenz" gegenüber der "Mütterkompetenz" ausgespielt wird - ein Thema, das häufig als tiefe Spaltung in Frauenbezügen mitschwingt. Gerade aber die Erfahrungen aus dem Projekt zeigen, daß durch die enge Kooperation wechselseitige Projektionen leichter aufgelöst und gemeinsam als Produkt allgemeiner gesellschaftlicher Abwertung weiblicher Lebenszusammenhänge identifiziert werden können.

## IV. Das von Laiinnen- Müttern entwickelte Betreuungskonzept stellt den Entlastungsgedanken für Familien in den Mittelpunkt

Ein Team erfahrener Mütterzentrumsfrauen, das über viele Jahre hinweg auch Kinderbetreuung im "Laienprinzip" angeboten hatte, entwickelte eine Konzeption für ein Betreuungsangebot, das ganz unter dem Aspekt der Entlastung von Eltern stand. Der entscheidende Gedanke dabei war - in Orientierung an der Mütterzentrumsidee - im Rahmen selbstbestimmter Strukturen aufgrund von vorhandenen Fähigkeiten und Kenntnissen Aktivitäten zu entwickeln und durchzuführen. Das Team hatte dabei den Vorteil, nicht berufsständische Scheren im Kopf zu haben, sondern aufgrund ihrer Erfahrungen als Familienfrauen das umsetzen zu können, was an wirklichen Entlastungen für Familien aus ihrer Sicht gebraucht wird.

Das Konzept umfaßte - in kritischer Reflexion ihrer eigenen Erfahrungen mit der öffentlichen Kinderbetreuung, insbesondere dem Kindergarten, - folgende Elemente:

- *flexible Betreuungsangebote* in der Zeitspanne von 7 Uhr morgens bis 19 Uhr abends mit der Möglichkeit, je nach Arbeitszeit und persönlicher Situation z.B. 5 oder auch nur zwei ganze Tage, fünf halbe Tage, drei Stunden am späteren Nachmittag usw. das Kind betreuen zu lassen im Sinne eines "Platz-Sharing-Konzeptes". Das bedeutet, daß ein Ganztagesplatz von mehreren Kindern genutzt werden kann, wenn eine zeitliche Abstimmung möglich ist. Dabei integrieren sich die hinzukommenden Kinder in die "Stammgruppe", d.h. das "Platz-Sharing-Konzept" ist nicht mit dem "Doppelbelegungskonzept" zu vergleichen, bei dem es zwei ganz unterschiedliche Kindergruppen gibt. Um die Gruppenintegration zu gewährleisten, hat sich eine Mindestbesuchszeit von zwei Tagen pro Woche herauskristallisiert. Das Angebot gilt für Kinder von einem Jahr bis zu 14 Jahren, wobei der größte Bedarf bei Kindern unter drei und über sechs Jahren liegt.
- *Entlastungsangebote für Eltern* wie z.B. die Möglichkeit des Mittagessens, Kaffeetrinkens, Abendessens, Abholdienste, Elternmitwirkungsmöglichkeiten ohne verpflichtenden Charakter, Arbeitsmöglichkeiten auf Honorarbasis auch für Mütter mit kleinen Kindern, die mitgebracht und mitbetreut werden können sowie die Zusammenarbeit von Laien und Professionellen in einem Team.

In der Praxis bilden drei professionelle Kräfte in Teilzeit mit ca. 6 Stunden am Tag zusammen mit sieben "Honorarmüttern" und einer "Küchenfrau" das engere Team. Im Sinne der berufspolitisch geführten Diskussion, aus dem "Dunstkreis des Mütterlichen" herauszukommen, ist bei solch einem Modell zu fragen: was qualifiziert für die Arbeit mit Kindern und was sind die tatsächlichen Unterschiede in der täglichen Arbeit von "Laiinnen", die ihre mütterlichen Kompetenzen einbringen und professionellen Kräften, die auch Mütter sind?

## V. Die Rolle von Honorarkräften

Die Definition "Laiin", als Gegenbild zur pädagogischen Fachkraft, trifft nicht immer zu, da viele Mütter, die als Honorarfrauen mitarbeiten, dem fachlichen Umfeld - wie z.B. Lehrerin, Sozialpädagogin, Psychologin - entstammen. Daneben bringen die "Honorarfrauen" aus anderen Berufen wie Krankenschwester, Graphikerin, Bankkauffrau usw. unterschiedliche Vorerfahrungen mit. Entscheidend aber für die Motivation in der Kinderbetreuung ist ihre Mutterrolle, nicht ihre berufliche Qualifikation. Darin liegt auch der

Unterschied zu anderen Öffnungsansätzen wie z.B. eines Kindergartenteams hin zu fachlichen Qualifikationen eines Musikpädagogens, eines Schreiners, die stundenweise in den pädagogischen Alltag integriert werden.

Mit der Übernahme und Ausfüllung der Mutterrolle - neben anderen Rollen als Frau - hat sich ganz entscheidend der gesellschaftliche Blick dieser Honorarfrauen verändert, aus dem heraus sie einerseits Kompetenzen und Erfahrungen in die Kinderbetreuung mit einbringen wollen, andererseits überhaupt die Motivation entstand, mit Kindern zusammenarbeiten zu wollen. Somit vereinigt das Engagement der Frauen den "Mutterblick" und den "außerpädagogischen Blick". Durch diese personellen Mischungen wurden neue Lernorte geschaffen, die den "Entschulungsgedanken" ad personam aufgriffen.

Es sind Frauen, die freiwillig, gerne und bewußt mit Kindern arbeiten wollen. Für sie ist es wichtig, mit Frauen auf einer Basis von freundschaftlichem Entgegenkommen zusammenarbeiten zu können und zwar in einem von Frauenkultur bestimmten Klima. Somit ist eine große Stärke der "Honorarfrauen" ihre Freiwilligkeit - im Unterschied zu den professionellen Kolleginnen, die nach BAT bezahlt werden und ihren beruflichen Verpflichtungen nachkommen. Die Balance stimmt trotz eines geringen Entgelts - ein Stundenhonorar von 12 DM - für sie insofern, als sie die Betreuungszeiten mit ihrer Lebenssituation gut abstimmen können: z.B. bringt eine Frau im Erziehungsurlaub ihr Kind mit in die Kindergruppe, eine Mutter von Schulkindern kann die für sie günstigen Zeiten auswählen usw.

Für die wenigsten ist diese Tätigkeit ein Sprungbrett z.B. für eine Umorientierung hin zum Erzieherinnenberuf; für die meisten ist sie eine Übergangslösung in einer bestimmten Lebensphase. Trotzdem ist damit die Frage der "Qualifizierungsperspektiven" von Laien verbunden, z.B. wieweit diese Praxiserfahrungen im Initiativ- und Selbsthilfebereich in die Ausbildungsgänge der sozialen Berufe aufgenommen werden können, etwa gemäß dem Modell des Baukastensystems. Es gibt mittlerweile schon einige Modelle in den alten Bundesländern, die z.B. berufsbegleitende Maßnahmen im Erzieherinnenbereich für Familienfrauen anbieten, d.h. den Einstieg in die Ausbildung durch die Anrechnung von Familienzeiten erleichtern ( vgl. Subocz 1993). Ziel all dieser alternativen Qualifizierungswege zum Erzieherberuf ist es, Familienkompetenzen und darauf aufbauende Erfahrungen aus dem Selbsthilfe- und Ehrenamtsbereich als Grundlage von Professionalisierung zu nehmen. Studien haben dazu den Boden bereitet, in denen nachgewiesen wurde, daß ca. 60 Berufe und deren Ausbildungs- oder Fortbildungsverordnungen die Familienkompetenzen auch auf der Fachebene berühren (vgl.Zierau 1994). Von den "Schlüsselqualifikationen", die vor allen mit Familienkompetenzen assoziiert werden wie Teamfähigkeit, Verantwortungsbewußtsein, Kreativität, Chaosbewältigung, werden zunehmend Querverbindungen zu den Anforderungen betrieblicher Abläufe hergestellt, die flexibler, offener, vernetzter, kommunikativer werden und somit diese Kompetenzen verwerten können (vgl. Fauth 1994).

Der Erwerb von sozialen Kompetenzen und Qualifikationszuwächsen im Familienbereich ist mehrheitlich auf "Erfahrungslernen" aufgebaut. Dieses Prinzip, nun sichtbar gemacht in verschiedenen Formen von Initiativarbeit und Ehrenamt, beginnt das schulische Konzept des Lernens und die daraus abgeleitete Professionalität herauszufordern. Deshalb sind die Formen der Laienarbeit, hier die "Honorarfrauen", nicht unter dem klassischen frauenpolitischen Blickwinkel als "Sackgasse" zu betrachten, sondern als "Aufbruch" hin zu neuen Feldern, die das Schema des bisherigen klassischen Ausbildungs- und Erwerbslebens sprengen.

Nach wie vor sehen aber die "Honorarfrauen" einen klaren Unterschied ihrer Tätigkeit zu der Profession der Erzieherin. Diesen stehen aufgrund der erlernten entwicklungspsychologischen Kriterien und didaktisch bestimmten Arbeitsweisen vielfältigere Handlungsmuster zur Verfügung, aus denen sie bei Bedarf auswählen können. Deshalb erwarten die "Honorarfrauen auch, je nach Situation Anleitung und Ideen von der Erzieherin, wie manche "Leerphasen" ausgefüllt werden können. Dies verdeutlicht sich in der Aussage: " wenn es eng wird, haben die Erzieherinnen einen anderen Fundus". Auch für die Honorarfrauen, mit höheren Qualifikationen wie Lehrerin, Psychologin, Sozialarbeiterin bedeutet dies: "wir sind neugierig, wie es Profis machen und können in diesem speziellen Aufgabenfeld nur von ihnen lernen".

Doch gab es in der ganzen Zeit - trotz Erfahrungen mit behinderten, auch verhaltensauffälligen Kindern - für die "Honorarfrauen" bisher noch keine Situation, wo sie das Gefühl hatten, diese nicht mehr meistern zu können. Entscheidend für derartige Erfahrungen sind regelmäßige, gemeinsame Arbeitsbesprechungen, wo über Reflexionen z.B. gemeinsame Strategien gegenüber einem Kind erarbeitet werden. Dabei ist der Wille zu einer eigenständigen pädagogischen Qualität das zusammenhaltende Prinzip. Diese gemeinsame Erarbeitung gibt einerseits die Chance der gemeinsamen Weiterqualifikation an einzelnen Fällen, andererseits die Entlastung, nicht perfekt sein zu müssen. Durch gemeinsame Fortbildungen, "training on the job" ist jetzt aus ihrer Sicht ein Stand im Team erreicht worden, der weniger zwischen Professionellen und Laien unterscheidet, als vielmehr danach, wer wie lange von der Arbeitszeit her in der Einrichtung ist und wer deshalb in welcher Verantwortlichkeit steht. Das zeigt sich auch daran, daß es für die Eltern, denen das Konzept bekannt ist, keine Unterschiede zwischen professionellen Kräften und Honorarfrauen gibt. Oft wissen die Eltern nicht genau, wer eine "Honorarfrau" oder eine Fachkraft ist.

## VI. Wie sehen sich Fachkräfte in dieser Einrichtung?

Wer als Fachfrau in Kooperation mit Honorarfrauen in einem Team arbeiten will, hat ganz bestimmte Interessen und Voraussetzungen. So bewarben sich vor allem solche Erzieherinnen, die Berufs- und Lebenserfahrung mitbrachten, d.h. nach einer Familienphase wieder einsteigen wollten und vor allen Dingen Mut hatten, sich den besonderen Gestaltungsanforderungen zu stellen. Dabei beziehen diese sich nicht nur auf das pädagogische Arbeitsfeld mit Kindern, sondern insbesondere auf das zwischenmenschliche Interaktionsfeld mit Erwachsenen.

In der Kooperation von Fachfrauen und "Laiinen" prallten erst mal zwei unterschiedliche Positionen aufeinander: einerseits die Arbeitnehmerhaltung der Erzieherinnen in Bezug auf Arbeitszeit, ihr Interesse einen Job auszuführen, und andererseits das freiwillige Engagement des "Aufbauteams". Zwangsläufig entsteht damit ein anderes Bewußtsein von Arbeit, das sich auch in der Begrifflichkeit widerspiegelt: die Arbeit der Fachkräfte wird "entlohnt", die Arbeit der Laienkräfte "honoriert". Auch das "Prinzip" des Mütterzentrumskonzepts, Stärken zu unterstützen, war für sie ungewohnt und eher mit dem Druck verbunden, keine Schwächen zeigen zu dürfen. Der Freiraum, in einem hierarchiearmen Feld ohne Leitung, Erst- und Zweitkraft, in gleichberechtigen Teamstrukturen nach dem Selbsthilfeprinzip zu arbeiten, brachte einerseits Verunsicherung, andererseits die Verlockung, sich in die "Leitungs-Chefin- Position" zu begeben. In dem ersten Jahr klärten sich die Positionen zugunsten einer Gleichberechtigung aller Teammitglieder. Es wurde deutlich, daß ein gelungener Informations- und Kommunikationsfluß - das "Herzstück" dieses Modells, nur über gemeinsame Gruppenprozesse zu schaffen ist.

Die Fachkräfte schätzen die Zusammenarbeit mit den Honorarfrauen, dazu eine Fachkraft: "Es ist unglaublich was Honorarkräfte, nicht so vom Kopf her gesteuert, sondern mehr spontan, richtig machen". Sie sehen aber auch im Unterschied dazu ihre Profession, so können sie durch die erlernte Reflexion in der Vor- und Nachbereitung aus dem Fundus ihres theoretischen Wissens einschätzen, wo ein Kind ein Problem hat und gezielt darauf reagieren. Trotzdem fühlen sie sich von ihrer Ausbildung und der bisherigen Berufspraxis in keiner Weise für dieses flexible, offenere Betreuungsmodell mit Altersmischung und den dazugehörigen Elternkontakten vorbereitet. Für sie liegt die Problematik ihrer Ausbildung in der viel zu verschulten Form von Wissensvermittlung und dem in Autoritätsstrukturen erlernten Wissen, das nicht unbedingt Selbstbewußtsein und Selbstvertrauen hervorbringt. Sie sehen gerade in den "Honorarfrauen" eine gute Ergänzung, da diese für sie nach ihrer Einschätzung z.B.Sicherheit im Umgang mit Flexibilität und im Umgang mit Erwachsenen mitbringen. Das bedeutet im Sinne von Teamarbeit "Entlastung" und ein "Geben und Nehmen", d.h. das Prinzip der Gegenseitigkeit, des wechselseitigen Lernens kommt hier zum Tragen.

Nach nun 3 Jahren Zusammenarbeit ist die Frage der Kooperation von "Laien" und "Professionellen" für das Gesamtteam nicht mehr die zündende Frage. Aufgrund des offenen, flexiblen Betreuungskonzeptes und der Verbindung mit Mütterzentrumsaktivitäten sind neue Fragen in den Vordergrund gerückt, z.B. wieviel Konstanz aufgrund der flexiblen Betreuungszeiten für die Gruppe hergestellt werden muß oder wieviel Offenheit für die Gruppe verträglich ist. Das bedeutet, daß die gemeinsam getragene inhaltliche Arbeit von ihnen als Indiz ihrer "gleichwertigen" Zusammenarbeit gesehen wird. Damit wird nicht die Frage gestellt, ob die Profession überflüssig ist, sondern dem Rechnung getragen, daß außerhalb des vorgegebenen Ausbildungsschemas und dem berufsständischem Selbstverständnis andere Formen von Qualifizierung sich bewährt haben.

## VII. Wie ist dieses Konzept in die Fachdiskussion eingebettet?

Die unter Sparaspekten eingeschlagene Strategie, erfahrene, aber pädagogisch nicht qualifizierte Frauen als Hilfskräfte der Fachkraft für "Zuarbeiten" einsetzen zu wollen, schürte das Mißtrauen der traditionellen berufspolitischen Positionen. Das zeigte sich auch darin, daß in Fachkreisen anfangs "diesen Müttern und Hausfrauen" großes Unverständnis ob ihrer Berechtigung zur Mitwirkung entgegengebracht wurde. Die Ängste - "Mütter stellen die Professionalität der Erzieherinnen in Frage und nehmen ihnen möglicherweise nicht nur die Arbeitsplätze weg, sondern verschlechtern auch die finanziellen Standards" waren eine Position. Die andere Position bezog sich auf Vorbehalte gegenüber der Erfüllung des pädagogischen Auftrags: "betreuen, bilden und erziehen". Ohne genauere Kenntnis der in dem Modell geleisteten Arbeit wurde unterstellt, daß zwar die Betreuungsaufgaben eingelöst werden, nicht aber die des Bildungs- und Erziehungsauftrags. Dies ist insofern eine ideologische Unterstellung, da keiner Elterninitiative, die ebenfalls in einer Mischung aus Professionellen und Laien besteht, per se die Einlösung des "Bildungs- und Erziehungsgedankens" abgesprochen wird. Da aber das Mütterzentrum als Träger dieser Einrichtung konzeptionell die Mütterkompetenzen in den Vordergrund gestellt hat, scheint diese Beurteilung etwas "ideologielastiger" zu sein. Andererseits regt dieser konzeptionelle Ansatz die Auseinandersetzung über das Berufsbild der Erzieherin und ihrer reformbedürftigen Ausbildung mehr an als bisher.
Da sich auch das Kinderleben verändert hat und Kinder

- einen Ort brauchen, wo sie andere Kinder zum Spielen treffen,
- einen Ort brauchen, wo sie ohne Verkehr und Kommerz Freiräume zum Spielen haben,
- einen Ort brauchen, wo Treffpunktmöglichkeiten für sie und ihre Familie geboten sind,

ist die Frage, ob ein solch neues Anforderungsprofil ausschließlich aus der Institutionenlogik heraus entwickelt werden sollte. Das würde zwar ein Mehr an Arbeitsplätzen für soziale Berufe bedeuten, aber auch ein Mehr an "genormten Zeiten, genormten Räumen, genormter Geschäftigkeit" (Bittner, 1989). Damit wird die Frage zunehmend brisanter, ob Kinder Gefahr laufen, in einer durch Institutionen vermittelten eher künstlichen Welt noch stärker isoliert zu werden (vgl. Liljestrem 1983). Der Alltag der Väter ist aus dem Erlebnisbereich der Kinder verschwunden, mit zunehmender Verbreitung von Erwerbstätigkeit der Mütter verschwindet auch der häusliche Erlebnisbereich immer mehr. Die Frage ist, wieweit dieser Erlebnisbereich mehr Eingang in die Pädagogik finden sollte und bedeuten könnte: weniger Berührungsängste mit Versorgungstätigkeiten, Hausarbeit, Geselligkeit, vor allem den Wert des Zusammenlebens mehr in den Mittelpunkt zu stellen und weniger die mit den bildungspolitischen Zielen der vorherrschenden Lern- und Leistungsgesellschaft verbundenen Programme ( vgl. Erhard, 1983). Das würde auch bedeuten, familienähnliche Bezüge über pädagogische Konzepte, aber auch über Personen, die aus dem nichtpädagogischen Feld stammen, zu integrieren.

Folgt man in der fachpolitischen Diskussion eher dieser Argumentation, kommt man zu Mischungen von Kompetenzen, die einerseits über Ausbildung, andererseits über einen breiten Erfahrungsradius aus Familienarbeit gewonnen werden und sinnvoll zusammenwirken. Somit ist der Bezug zu "Mütterkompetenzen" nicht eine Replik auf "Mutterinstinkte" und auch nicht eine Vermischung von Rollen, sondern im Sinne der Erweiterung von Aufgabenfeldern eine notwendige Ergänzung. Damit wird der Institutionencharakter der Einrichtung reduziert und in dieser Atmosphäre können sich mehr Elemente von ganzheitlicher Erziehung entwickeln. Genau hierin besteht der Ansatz des Mütterzentrums und begründet damit seine Mischung von Laien und Professionellen.

## VIII. Anregungen unter dem Blickwinkel einer Übertragbarkeit

Dieses Modell ist auf der Basis von Selbshilfestrukturen, d.h. auf hierarchiearmen Strukturen ohne Leitung, Erst- und Zweitkraft aufgebaut. Die Gratwanderung hierbei ist, den Selbsthilfeprinzipien von gleichberechtigten, konsenorientierten Umgangsweisen verbunden zu bleiben und trotzdem mit strukturierten Organisationsformen umzugehen. Dies geht nur mit einer hochentwickelten Teamform, die durch kontinuierliche Reflexion über die eigenen Prozesse abgestützt werden muß. Die Entscheidungs- und Veranwortungmacht, die sonst vom Träger ausgeübt wird, ist hier auf das Team delegiert. Das bedeutet, daß das

Team über Gruppenstärke, Belegung, Finanzen und vor allen Dingen über die Konzeptentwicklung entscheidet und dies verantwortet.

Somit kann dieses Modell, wie es im Moment praktiziert wird, eher als Anregung für Institutionen dienen, sich generell dem Gedanken von neuen Mischungen aus privaten und öffentlichen Ressourcen zu nähern. Für eine Übertragbarkeit z.B. auf kommunale oder kirchliche Träger wäre die Grundvoraussetzung, den jeweiligen Einrichtungen einen hohen Entscheidungs- und Selbstbestimmungsgrad in Verbindung mit den Eltern zu gewähren. Das würde bedeuten, eine breite Entscheidungs- und Verantwortungskompetenz nach unten zu delegieren, von der Personaleinstellung über Gruppenstärke bis hin zu Finanzentscheidungen. Nur so kann eine Öffnung hin zu privaten Ressourcen in der Einrichtung möglich sein, da diese je nach regionalen Gegebenheiten unterschiedlich sind.

Unter frauenpolitischen Gesichtspunkten muß die Honorierung von Laienarbeit mindestens im Rahmen der Renten- und Sozialversicherungspflicht eingebettet sein. Ebenso müssen Beurteilungskriterien entwickelt werden, die den Frauen, die auf Honorarbasis gearbeitet haben, z. B. als Bausteine für eine Weiterqualifikation dienen können. Das würde auch bedeuten, daß berufsständische Einrichtungen für professionelle Kräfte wie z.B. die der Fort- und Weiterbildungen für Laien geöffnet werden und inhaltliche Elemente, die die Selbsthilfe entwickelt hat, in ihre Programme integrieren. Das berührt die Frage, welche Standards in Institutionen nötig sind, um nicht nur Mischungen zuzulassen, sodern sie auch in Prozesse der Arbeitsorganisation zu integrieren.

Voraussetzung ist, daß der Einsatz von "Laien" z.B. in der Kinderbetreuung aus konzeptionellen Überlegungen heraus erfolgt und nicht aus Einsparungsgründen. Das heißt, daß Laien nicht einfach als Hilfskräfte zu dem vorhandenen Fachpersonal addiert werden. Es ist vielmehr notwendig, sie so weit wie möglich gleichberechtigt in den Betreuungsalltag und in die Entscheidungsstrukturen einzubeziehen, um so einerseits ihre besondere "Fachkompetenz", zu nutzen und andererseits notwendige Innovationen praktischer wie konzeptioneller Art mit ihrer Hilfe durchführen zu können.

Werden Eltern befragt, so zeigt sich die dringende Notwendigkeit zu einer konzeptionellen Änderung auf verschiedenen Ebenen: Nicht nur, daß eine größere Elternbeteiligung angemahnt wird - z.B. fordern bei Befragungen über 40% der Eltern mehr Mitbeteilungsmöglichkeiten (AG Familienpolitik, 1993, S. 131) - sondern es werden mehr informelle Kontakt- und Mitwirkungsmöglichkeiten und vor allen Dingen mehr Verständnis für Familienbelange gefordert. Dies zeigt noch einmal, wie dringlich familienbezogene Konzepte in der öffentlichen Kinderbetreuung sind. Grund genug, diesen Ansatz der Öffnung von Einrichtungen für private Ressourcen auf seine Übertragbarkeit hin zu prüfen.

## IX. Familie als weiterer Partner im Wohlfahrtspluralismus und die damit verbundenen offenen Fragen

Dieser Form von Zusammenarbeit von Laien und Professionellen zeigt, daß sich der dualistische Arbeitsbegriff in seiner Unterscheidung zwischen Lohnarbeit und unentgeldliche Arbeit bisher wenig verändert hat. "Honorierung" als Anerkennung eigentlich ehrenamtlich geleisteter Arbeit ist noch nicht die adäquate Antwort auf die qualitativ hochwertig gute Kinderbetreuung im Laienprinzip im Verhältnis zur professionell geleisteten Arbeit in diesem Bereich. Noch sind diese neuen Arbeitsformen dem öffentlichen Sektor und seinen Rechtsnormen unterworfen. Dieser hat noch nie ernsthaft den Transfer sozialer Kompetenzen und Qualifikationen, die im Rahmen von Familienarbeit erworben oder weiterentwickelt wurden - außerhalb des hauswirtschaftlichen Bereichs- in andere Bereiche erwogen. Da diese Kompetenzen nur zum geringeren Teil "schulischer Art" sind und mehr auf Erfahrungswissen und Erfahrungslernen aufbauen, entgingen sie bisher dem "Institutionenblick". Um diesen Transfer aber zu beginnen, bedarf es noch einer weitergehenden Debatte über neue Anforderungsprofile in der Arbeitswelt, die zunehmend stärker auf Schlüsselqualifikationen aufbauen und gerade nicht oder nur unzureichend in der Schule oder in der Ausbildung erworben werden können.

Auch wenn unter frauenpolitischen Gesichtspunkten die Form der "Honorierung" ohne Sozialabsicherung auf die Dauer nicht tragbar ist - es sei denn, es gäbe ein anderes Modell der Grundsicherung - lenkt das Modell in Darmstadt den Blick auf die Qualitätsfrage in Verbindung mit Kompetenzen und Qualifikationen, die außerhalb des sozialen professionellen Systems erworben sind. Dies mag etwas zur Öffnung des bisher "geschlossenen Marktes" beitragen.

Im Sinne eines neuen wohlfahrtsstaatlichen Mixes sprengen die Überlagerungen von "Geld" und "Güte", von freiwilliger Eigenleistung und öffentlicher Anerkennung (Evers, u.a. 1989) im Moment zwar den Markt des professionellen sozialen Helfertums, der bisher unter Wohlfahrtsverbänden vergeben war, trägt aber auch zu einer Neudefinition von Profession in diesem Bereich bei, die sich zunehmend mehr über Beratung und Unterstützung als über das Expertentum definieren muß.

In diesem Beispiel des Wohlfahrtspluralismus haben sich die Akteure wie Staat, Markt, Wohlfahrtsverbände um die Dimension der Familie erweitert. Wird der Familie dabei eine ernstzunehmende Kooperationsfunktion eingeräumt, dann stellt sie allerdings das gewachsene System von Zeitstrukur, professionellem Wissen und hierarchischen Strukturen der Kooperationspartner in Frage.

Bisher hatte Familie keine ernsthafte Chance, gegen die Dominanz und die Eigenlogik von anderen Institutionen zu bestehen. Vielleicht ermöglichen gerade die "Zwischenschritte" in Selbtshilfeorganisationen die Chance, in Zukunft als

Kooperationspartner "machtvoller" auftreten zu können, zumal die Selbsthilfestrukturen keine "entfremdeten" Strukturen sind. Damit kann Selbsthilfe nicht nur Empowermentprozesse auf der Individualebene in Gang setzen, sondern auch auf der Institutionenebene dahingehend wirken, der "strukturellen Rücksichtslosigkeit" Familien gegenüber, (5. Familienbericht 1994) kollektiv zu begegnen. Noch ist das Modell zu "jung", um abschließend beurteilen zu können, ob Selbsthilfestrukturen in direkter Kooperation mit Institutionen "Überlebenskraft" dahingehend behalten können, daß sie Institutionen dauerhaft ein Stück weit verändern. Doch wird es zukünftig auf sehr viel mehr Mischungen im Konzert der Wohlfahrtsproduktion ankommen, um im Sinne eines wohlverstandenen Pluralismus den Blickwinkel auf die sich wandelnden Bedürfnisse zu schärfen.

## Literatur

Arbeitsgruppe Familienpolitik, 1993: Eltern in Ost und Westdeutschland - Mehr Gemeinsames, mehr Trennendes? Ergebnisse einer vergleichenden Analyse auf der Grundlage von Repräsentativbefragungen in den alten und neuen Bundesländern, Deutsches Jungendinstitut, München.

Beck, Ulrich, 1986: Risikogesellschaft. Auf den Weg in eine andere Moderne. Frankfurt.

Bittner, Georg, 1989: Zerrissene Welten, zerrissene Menschen, zerrissene Kinder. in: Kinderzeit, 4.

Colberg-Schrader, Heidi, 1984: Berufsverständnis und Erziehungsarbeit. in: Zimmer, J. Enzyklopädie Erziehungswissenschaft, Bd. 6.

Ehrhardt, Angelika, 1983: Mit Kindern leben in Institutionen? Zur Entpädagogisierung des Alltags in Kinderbetreuungseinrichtungen. in: Theorie und Praxis der Sozialpädagogik 91.

Evers, Adalbert, Ostner, Ilona u.a., 1989: Arbeit und Engagement im intermediären Bereich, in: Beiträge zur Sozialpolitik - Forschung, Bd. 4.

Evers, Adalbert, 1992: Megatrends im Wohlfahrtspluralismus, in: Blätter der Wohlfahrtspflege 1/92.

Fauth, Angela, 1994: Arbeitsmodelle in Verbindung mit Familienkompetenzen nutzen. in: Dokumentation zum Fachsymposium Familienkompetenzen nutzen, Möglichkeiten der Verwertbarkeit in der Arbeitswelt, Deutsches Jungendinstitut.

Gerzer-Sass, Annemarie, 1991: Qualifizierung von Müttern. in: Hebenstreit,S./Pettinger,R. (Hrsg.) Miteinander lernen, leben, engagieren - Neue soziale Netze für Familien, Theorie und Praxis der Frauenforschung, Bd. 15.

Liljestrem, Rita, 1983: The public child, the commercial child and our child. in: Kessel, F. Siegel,A.W. (Hrsg.) The child and other cultural inventions, New York.

Rappaport, Jan, 1987: "Terms of empowerment / exemplar of prevention - toward a theory of community psychology in: American Journal of Community Psychology 157.

Schmid-Urban, Petra, 1991: Bilanz und Perspektive der Selbsthilfeförderung in Städten, Kreisen und Gemeinden. in: Deutscher Städtetag, Reihe D, Beiträge zur Sozialpolitik, Heft 26.

Seehausen, Harald, 1994: Familie, Arbeit, Kinderbetreuung - Familien im Spannungsfeld von Arbeitswelt und Kinderbetreuung, Frankfurt.

Subocz, Barbara 1993: Alternative Qualifizierungswege zum Erzieherinnenberuf. in: Werkvertrag im Rahmen des Modellprojekts "Orte für Kinder", Deutsches Jugendinstitut.

Tüllmann, Greta 1991: Und wo bleiben die Männer? Zur Rolle von Männern in Familien- und Nachbarschaftszentren. in: Hebenstreit, S/ Pettinger, R.(Hrsg.) Miteinander lernen, leben, engagieren - Neue soziale Netze für Familien, Theorie und Praxis der Frauenforschung, Bd. 6.

Zierau, Johanna 1994: Familienqualifikationen als Bausteine zur Weiterqualifizierung in Gesellschaft und Beruf. in: Dokumentation: Familienkompetenzen nutzen, Möglichkeiten der Verwertbarkeit in der Arbeitswelt, Deutsches Jugendinstitut.

# Von der Subsidiaritätspolitik zur partnerschaftlichen Zusammenarbeit - Chancen für neue Kooperationsstrategien im Feld der Jugendhilfe

*Gaby Flösser/ Mathias Schmidt*

## I. Sozial- und jugendhilfepolitische Herausforderungen

Eine neue "Zauberformel" beherrscht gegenwärtig die Debatten im Feld der Jugendhilfe - und nicht nur dort: "Soziale Arbeit als Dienstleistung" signalisiert die Richtung für bislang verabsäumte Modernisierungsschritte in der Produktion sozialer Hilfe- und Unterstützungsleistungen. Dabei profitiert die Reformulierung sozialer Arbeit als Dienstleistung von den Chancen, die mit den unterschiedlichen theoretischen Ansätzen, mit der Rede von der "postindustriellen Gesellschaft" (Bell 1975) oder der "Dienstleistungsgesellschaft" (Fourastié 1954; Halmos 1970, Gartner/ Riessman 1978) verknüpft werden. "Sozialarbeit als Dienstleistung" verspricht das Negativ-Image der bürokratisierten öffentlich und verbandlich geleisteten Arbeit gleichermaßen zu revidieren und Konkurrenzfähigkeit gegenüber den kommerziellen Anbietern zu verheißen. Ausgehend von dienstleistungstheoretischen Überlegungen wird dabei die Überwindung des der sozialen Arbeit nach wie vor anhaftenden disziplinierenden und normierenden Duktus durch die Übernahme von Gewährleistungsfunktionen[1] für allgemein anerkannte und gewünschte Versorgungsleistungen angedeutet: Insbesondere die optimistischen Assoziationen des Dienstleistungsbegriffs mit direkten personenbezogenen Interaktionen sowie mit Wohltätigkeit und Konsumentenorientierung befördern die Konjunktur dieser neuen Ansätze. Soziale Dienste sichern aus dieser Perspektive Bedürfnisse nach Bildung, Erziehung, Beratung, Behandlung und Pflege und können sich nicht länger auf eine standardisierte und schematisierte "Bedarfsnorm psycho-sozialer Bedürftigkeit"

---

1 Im Kontext dienstleistungstheoretischer Modelle wird für die soziale Arbeit eine entsprechende Revision ihrer Funktionsbestimung vorgenommen: Jugendhilfe wird aus dieser Perspektive als ein Beitrag zur Schaffung und Erhaltung positiver Lebensbedingungen junger Menschen und ihrer Familien sowie einer kinder- und familienfreundlichen Umwelt gesehen (vgl. §1 KJHG Abs. 4), der sich nicht in der Interaktion zwischen Professionellen und Klientel erschöpft, sondern der auch den gesellschaftlichen Auftrag einschließt, die strukturellen Bedingungen des Aufwachsens junger Menschen sicherzustellen.

beschränken. Der Dienstleistungsbegriff selbst bleibt dabei vorerst unbestimmt, korreliert jedoch mit der immer wieder auflebenden Positionierung der Jugendhilfe als "dritter Sozialisationsinstanz neben Familie und Schule" (Dritter Jugendbericht 1972). Analog zu der Dienstleistungsdebatte wird hiernach eine neue Strategie öffentlich, verbandlich und privat organisierter Sozialisation gefordert, der durch ein neues Selbstverständnis und Handeln der Jugendhilfe Ausdruck verliehen wird, und die in einer konsequenten Bedürfnisorientierung ihre Umsetzung findet. Die im Zuge dieser Diskussion zu Tage tretenden Eckpunkte für eine Modernisierung der Jugendhilfe erfordern die inhaltliche Neuformulierung ihrer Angebote und Leistungen im Hinblick auf einen ausgeweiteten pädagogischen Auftrag sowie neue Steuerungsmodelle der Organisation und Verwaltung sozialer Dienste. Hierfür gilt es, die vorhandene Pluralität von Wertorientierungen, Inhalten, Methoden und Arbeitsformen, die durch eine Vielzahl von Trägern in dem Feld repräsentiert wird, zu nutzen und fachlich wie auch organisatorisch neu zu strukturieren. Diese umfassende Aufgabenstellung bildet den Ausgangspunkt für die Schaffung einer verläßlichen Grundlage, die den Gedanken des "welfare pluralism" (vgl. grundlegend den einleitenden Beitrag von Evers und Olk zu diesem Band), der sich nunmehr auch als Idee in dem neuen Kinder- und Jugendhilfegesetz wiederfinden läßt (vgl. KJHG §4 Abs.1), mit Inhalten füllt. Hiermit wird zugleich angestrebt, den überkommenen Weltanschauungspluralismus" des Subsidiaritätsprinzips zugunsten qualitativ veränderter, inhaltlich ausgestalteter Kooperationsformen zwischen unterschiedlichen den Anbietern von Jugendhilfeleistungen zu überwinden.

## II. Jugendhilfe als ein Element der Wohlfahrtsproduktion

Diese, im Feld der Jugendhilfe geführten, Debatten korrespondieren mit einer paradigmatischen Ablösung des alten, im Kern paternalistischen Wohlfahrtsstaatsmodells, das objektivierte Standards der Bedürftigkeit formuliert und mit Hilfe professionellen Expertentums individuell geprüfte Bedürftigkeiten unter vorgegebene Kategorien subsummiert[2]. Der sozialstaatliche Konsens, der

2 Dieser Paradigmenwechsel resultiert dabei sowohl aus externen, von außen an die soziale Arbeit herangetragenen Kritiken, wie auch aus intern festgestellten Mißständen: "The paradigm shift in welfare provision from paternalism to welfare rights, is reflected in the way that social policies have been identified and administered. The emergence of a welfare rights perspective has exposed the 'hidden hand' behind the benign paternalism of a professional practice that was an intrinsic part of the 'old welfare' paradigm. The decay of this old paradigm, and the emergence of a welfare rights paradigm, occured partly because of the numerous social challenges that have been thrown at statutory and conferred authority. There can be no surprise that this 'attack' was aimed at the management of the social services, which have always operated within the double bind of professionalism. The assumption that 'we know what is best for you and you must accept it' simply will not hold" (Culpitt 1992, S.4).

auf der gesellschaftlichen Verpflichtung, für die sozialen Belange der Gesellschaftsmitglieder Sorge zu tragen, beruht, wird dabei durch die systemimmanenten Tendenzen der zunehmenden Verrechtlichung, Bürokratisierung und Professionalisierung selbst aufgekündigt, indem "der Einzelne zum Träger von Anrechten (und Pflichten)" (U. Beck 1993, S.39) wird. "Awareness of 'welfare rights' and social justice has accompanied the emergence of a new paradigm in which the organizing belief is no longer that these who have are obliged to give to those who have not, but rather that those who have not have rights to receive" (Culpitt 1992, S.5).

Die dem Konzept der "Staatsbürgerschaft" (citizenship) als Garant sozialer Rechte und Ansprüche entgegenstehenden Verfahren der Objektivation von Bedürfnissen, der Transformation von strukturellen Problem- in personale Mangellagen sowie der Parzellierung und technisch-instrumentellen Problembearbeitung stellen das System der Jugendhilfe vor die grundsätzliche Herausforderung seiner reflexiven Modernisierung. Aufgeworfen wird dabei die Frage nach dem Grad der Abweichung der bestehenden Sozialorganisationen von ihren sozialstrukturellen Bezugspunkten (vgl. Flösser/Otto 1989), die in der Prognose Becks, "die Institutionen werden zu Reitern ohne Pferde" (U. Beck 1993, S.187) kumuliert. Markanter als in den bisher geführten Debatten um geeignete Handlungsmaximen und Organisationsmodelle tritt in diesen Analysen hervor, daß das System wohlfahrtsstaatlich garantierter Hilfe- und Unterstützungsleistungen die Adressaten seiner Angebote verfehlt. Insbesondere die Selektionsprozesse, die mit wachsender Professionalisierung und Bürokratisierung einhergehen, verbreitern die Kluft zwischen sich weiter entstrukturierenden Lebenslagen der AbnehmerInnen der Leistungen und den standardisierten und routinisierten Handlungsvollzügen der bestehenden Sozialorganisationen. Gerade die gegenwärtig kontrovers diskutierten, ambivalenten Folgen von Individualisierungs- und Pluralisierungsprozessen, die zu einem weitreichenden Wandel der Chancen und Risiken individueller Lebensbewältigung führen, zwingen die Jugendhilfe zu einer kritischen Bilanz des Passungsverhältnisses zwischen ihren Angeboten auf der einen und den individuellen Lebens- und Bedürfnislagen ihrer Adressaten auf der anderen Seite, wenn sie - idealtypisch formuliert - mit den Lebensverhältnissen von jungen Menschen und ihren Familien korrespondieren will.

Die vorerst jedoch festzustellenden Entkopplungsprozesse zwischen den sozialen Diensten und den Problem- und Bedürfnislagen ihrer Adressaten lassen sich vor diesem Hintergrund mit Hilfe eines neu zu fassenden Konzepts der Wohlfahrtsproduktion reformulieren, um auf dieser konzeptionellen Basis die diffundierenden Systemrationalitäten neu zueinander in Beziehung setzen zu können. Angestrebt wird unter dem Begriff der "Wohlfahrtsproduktion" in diesem Zusammenhang allerdings weniger eine Gesamtbilanz aller informell, marktförmig und öffentlich produzierten Güter, sondern die theoretische Aufmerksamkeit wird auf die Vielfalt von Institutionen und Prozessen gelegt, die "Wohlfahrt produzieren", d.h. auf diejenigen Organisationen und Assoziationen, in denen wohlfahrtsstiftende Leistungen erbracht werden (vgl. Zapf 1984, S.22). Innerhalb des Gesamtspektrums gesellschaftlicher Wohlfahrt, das über die Sektoren der marktwirtschaftlich, staatlich sowie haushaltsbezogen organisierten Produktion und Konsumption von Gütern und Dienstleistungen erfaßt wird, gelangen hierdurch auch die intermediären Produzenten sozialer Unterstützungsleistungen in den Blick. Öffentliche-, verbandliche- und selbstorganisierte Initiativen zur Bewältigung sozialer Probleme sind hierunter gleichermaßen zu verstehen. Unerläßlich ist es damit auch, die informellen Unterstützungsleistungen der Netzwerke, Haushalte und Familien als "Produktivitätsreserve des Wohlfahrtsstaates" (Heinze/Olk 1982) zu berücksichtigen. Die informellen sozialen Netzwerke, die etwa Verwandtschaft, Nachbarschaft und Peer-Groups umfassen, ermöglichen eine (vorübergehende) Erweiterung der Leistungsgrenzen von Haushalten bzw. Familien. Dabei können die Assoziationen und kleinen Gruppen jedoch keinen Ersatz für funktionierende Märkte und einen leistungsfähigen Staat bieten, sondern stellen mit alltäglichen Mustern der Daseinsbewältigung und sozialer Integration komplementäre Institutionen der sozialen Sicherung dar (vgl. neben der Einleitung zu diesem Band u.a. Evers 1991, S.729).

Mit diesem erweiterten Blick auf die aktualisierbaren wohlfahrtsstiftenden Ressourcen werden die bislang einseitig aus der Anbietersicht vorgenommenen Definitionen jugendhilfepolitischer Leistungen überwunden, da die Lebensverhältnisse der AdressatInnen von Hilfe- und Unterstützungsleistungen dann nicht länger allein aus einer Defizitperspektive betrachtet werden können, sondern zugleich selbst als konstitutives Element der Wohlfahrtsproduktion erscheinen. Indem danach gefragt wird, welches Passungsverhältnis zwischen der Jugendhilfe, ihren organisatorischen Strukturen und ihrem professionellen Selbstverständnis sowie den Lebenslagen ihrer Adressaten angestrebt und realisiert wird, ergeben sich spezifische Anforderungen an das System sozialer Unterstützung: Es wird zukünftig verstärkt darauf ankommen, die Leistungen der Jugendhilfe danach zu bewerten, inwieweit es ihr gelingt, über die ihr zugewiesene ordnungspolitische Funktion hinaus einen aktiven Beitrag zur Gestaltung von Lebenslagen zu leisten (vgl. Evers 1985, S.353).

## III. Modernisierungsbarrieren: Die Krise kommunaler Haushalte

Es besteht gegenwärtig allerdings die Gefahr, daß die Handlungsspielräume und strategischen Optionen einer derart inhaltlich und organisatorisch neuorientierten

Jugendhilfe auf die Gewährleistung von Minimalstandards eingegrenzt werden. Kurzfristige finanztechnische Programme der Konsolidierung öffentlicher Haushalte beherrschen unter den aktuellen Vorzeichen die politische Szene. Sozial- und Jugendpolitik werden zu Instrumenten des "Krisenmanagements" und verlieren ihre gesellschaftspolitischen Bezugspunkte.

Besonders drastisch spiegelt sich diese Instrumentalisierung von Sozial- und Jugendpolitik auf der kommunalen Ebene wider. Die kommunale Ausgabenentwicklung, steigende gemeindliche Verschuldung, wachsende Sozialaufgaben etc. begrenzen die Handlungsfähigkeit lokaler Politik auf die scheinbar alleinige Option der Reduktion kommunaler Ausgaben (vgl. Fichtner 1993). Insbesondere in den dienstleistungsproduzierenden Sektoren werden unter der Maxime einer Umschichtung konsumtiver zu investiven Ausgaben Kürzungen vorgenommen. Sozial- und Jugendpolitik verkümmern unter diesem Vorzeichen zu einem kommunalen Sparprogramm, das - mit alleinigem Blick auf die Ausgaben - nur noch gesetzlich eindeutig fixierte Aufgaben und Leistungen, die im Zweifelsfall einklagbar sind, erfüllt. Leistungsabbau und die Reduktion sozialer Dienste erscheinen vor diesem Hintergrund dann als Zwangsläufigkeiten und nicht als Folge politischer Prioritätensetzung. Erzwungen wird damit fast automatisch die Wiederbelebung des "Subsidiaritätsprinzips" als einem Regulativ zwischen Staat, Markt und Haushalten[3]. Sowohl unter dem Aspekt einer sozialethischen Handlungsmaxime als auch als ordnungspolitisches Konzept, das die Position unterschiedlicher sozialpolitischer Trägerorganisationen in der Dienstleistungserbringung definiert[4], eröffnet diese Hinwendung zu dem Verhältnis zwischen Bedürftigkeit, individueller Leistungsfähigkeit und externer Hilfe als zentralem Bezugspunkt der Sozialpolitik (vgl. Becher 1986, S.203) die Verlagerung der Frage nach den Prämissen des Wohlfahrtsstaates[5] auf die Lösung der inter-institutionellen und -organisatorischen Zuständigkeiten. Dabei lassen sich zwei Strategien unterscheiden, die je nach parteipolitischen Präferenzen ihren Ausdruck in sämtlichen Sparkonzepten finden: Der Staat kann danach (1) "Ansprüche, die ihn überfordern, als "gemeinwohlwidrig" zurückweisen" und (2)

3 Mit der öffentlichen Thematisierung von Subsidiarität aber auch Selbsthilfe oder ehrenamtlicher Arbeit werden seit langem die finanzpolitischen Ziele offen benannt: "Subsidiarität ist einfach kostengünstiger" (Remmers 1983, S.6), wenn sozialpolitische Aufgaben aus dem öffentlichen Zuständigkeitsbereich ausgelagert und soziale Risiken privatisiert werden.

4 Zur Rekonstruktion der unterschiedlichen Lesarten des "Subsidiaritätsprinzips" siehe insbesondere Heinze 1986; Olk 1986.

5 Gleichwohl nehmen diese Fragestellungen auch weiterhin einen prominenten Stellenwert ein, um so mehr, je grundsätzlicher das Verhältnis des Einzelnen zum Staat in den Mittelpunkt gestellt und Legitimationsprobleme infolge diversifizierter Vergesellschaftungsmodi angesprochen werden: "Das volle Gewicht des Legitimationsproblems zeichnet sich deutlich erst dann ab, wenn wir neben der Erhöhung des `Bedarfs` an normativ vermittelten Rechtfertigungen die Dekonstruktion jenes Traditionsbestandes an legitimationskräftigen Normen in Rechnung stellen, welche die Gefügigkeit gegenüber Inhalt und Bedingungen der Arbeit sowie der Verteilung ihrer Resultate verbürgen" (Offe 1980, S.62; hierzu auch: Sachße/Engelhardt 1990; Klages et al. 1987).

"neue Leistungen, zusätzliche Steuerungsressourcen - mit dem Aufruf, an der Erhaltung des Gemeinwohls mitzuwirken - für sich aktivieren" (Vobruba 1983, S.171).

Die Suche nach kostengünstigeren Möglichkeiten der sozialen Dienstleistungsproduktion führt durch die Thematisierung neuer Relationierungen der wohlfahrtsstiftenden Institutionen (vgl. Evers/Wintersberger 1988), die sich hinter der sogenannten "neuen Subsidiaritätspolitik" verbergen, auch zu einer Wiederbelebung der Debatten um das "Solidaritätsprinzip" als zweitem Gestaltungsmoment der Sozialpolitik. Ursachen dieser Revitalisierung liegen darin, daß antizyklisch zu den Kürzungen öffentlicher Ausgaben und Leistungen der Bedarf an sozialen Dienstleistungen weiter anwächst, neue Felder und Märkte von Sozialisationsleistungen erschlossen werden, wobei neben der Pluralisierung der Bedürfnisse auch eine Anbieterpluralität für die nachgefragten Dienste entsteht und neue Organisationsmodelle in der Jugendhilfe an Bedeutung hinzugewinnen.

Im Unterschied zur Revitalisierung des Subsidiaritätsgedankens jedoch, der wesentlich von einer neuen Aufgabenteilung zwischen den sozialen Dienstleistungsproduzenten geprägt und wegen der Inkoporierung der Wohlfahrtsverbände in staatliche bzw. kommunale Sozialpolitik in seinen Möglichkeiten begrenzt bleibt, werden durch das Solidaritätsprinzip qualitative Aspekte der Dienstleistungserbringung angesprochen. Die in der neuerlichen Thematisierung der sozialpolitischen Regulierungsprinzipien angelegte Frage nach der Qualität der sozialen Dienste gewinnt gerade unter den Vorzeichen des Sozialabbaus als "geheimem Lehrplan" an Brisanz[6]. Da bewährte Strategien der quantitativen Ausweitung von Diensten und Leistungen gegenwärtig nicht realistisch sind, kommt der Qualitätssicherung eine besondere Bedeutung zu. Wenn eine generelle Absenkung des erreichten Niveaus sozialer Unterstützung verhindert werden soll, bilden die entwickelten Leistungsstandards entscheidende Garanten. Weitreichenden Deregulationstendenzen kann aber auf Dauer nur dann vorgebeugt werden, wenn neue Kooperations- und Koordinationsformen zwischen den unterschiedlichen sozialpolitischen Akteuren entstehen, die innovative Arrangements zwischen öffentlichen, verbandlichen, selbstorganisierten und kommerziellen Anbietern schaffen, unter denen dann die Bedingungen wie auch die Prozesse der Dienstleistungserbringung selbstreflexiv erörtert werden können.

6 So bemerkt Bäcker (1986, S.202): "Begriffe wie Macht, Herrschaft, Fremdbestimmung werden im Zusammenhang mit sozialstaatlichen Dienstleistungen und Einrichtungen gebraucht (...) Dieser negativen Zustandsbeschreibung steht ein umso hellerer und attraktiverer Zukunftsentwurf gegenüber: Durch eine weitestmöglich entstaatlichte Sozialpolitik mit den Eckpfeilern Markt und Selbsthilfe sollen die Menschen Freiheit und Selbstbestimmung wiedererlangen und die Fesseln des überholten Sozialstaates hinter sich lassen. Der Abbau sozialer Dienstleistungen erscheint im Licht dieser konservativen Utopie einer Neugestaltung von Wirtschaft und Gesellschaft als positive Erneuerung".

Voraussetzung einer in diesem Sinne reflexiven Modernisierung der Jugendhilfe ist jedoch zunächst einmal eine (Selbst-) Vergewisserung über die strukturellen Rahmenbedingungen ihres Handelns. In diesem Zusammenhang sind die aktuellen Verknüpfungsregeln individueller Bedürfnisse, daraus resultierender gesellschaftlicher Handlungserfordernisse und wohlfahrtsproduzierender Akteure zu thematisieren.

## IV. Dilemmata der bewährten Gestaltungsprinzipien der Jugendhilfe

Die Gestaltungsprinzipien der Jugendhilfe stehen bislang eindeutig unter dem Primat subsidiärer Zuständigkeits- und Aufgabenteilung. Problem- und zielgruppenspezifische Ressortierungen strukturieren die vorhandenen Beziehungen zwischen den wohlfahrtsproduzierenden Akteuren und den KlientInnen als AbnehmerInnen der Dienstleistungen. Dabei variiert die plurale Ausgestaltung der Träger bzw. Anbieter sozialer Unterstützung innerhalb der Jugendhilfe regional erheblich. Jedoch läßt sich zumindest für die alten Bundesländer feststellen, daß Angebote und Leistungen wesentlich durch die freie Jugendhilfe erbracht werden: Sie unterhält dort zwei Drittel aller Einrichtungen der Jugendhilfe (Jugendhilfestatistik 1991, vgl. M. Beck 1993), einige Handlungsfelder sind fast ausschließlich in der Hand der freien Jugendhilfe. So kann z.B. der gesamte Bereich der Jugendarbeit als Domäne freier Träger bezeichnet werden.

Dennoch ist das Spektrum freier Jugendhilfe eng gespannt. Die beiden großen christlichen Kirchen und die ihnen nahestehenden konfessionellen Wohlfahrtsverbände bestimmen das Bild der freien Trägerlandschaft der Jugendhilfe in den alten Bundesländern (sie tragen ohne die konfessionellen Jugendverbände ca. 65% aller Einrichtungen der Jugendhilfe in freier Trägerschaft; vgl. M. Beck 1993). Die Arbeiterwohlfahrt, der Paritätische Wohlfahrtsverband (ehemals DPWV) sowie das Deutsche Rote Kreuz sind angesichts der Dominanz der christlich geprägten, konfessionellen Träger im Bereich der Jugendhilfe in dem pluralen Angebotsspektrum eher von geringerer Bedeutung. Dabei steht das Selbstverständnis des Paritätischen Wohlfahrtsverbands gerade für eine weltanschauliche und politische Offenheit, die es ermöglicht, den in jüngerer Zeit enstandenen kleinen und kleinräumig tätigen Trägern, die sich als "autonome" Träger verstehen und sich einer engen verbandlichen Eingliederung widersetzen, einen organisatorischen Rahmen und damit auch eine Interessenvertretung zu bieten.

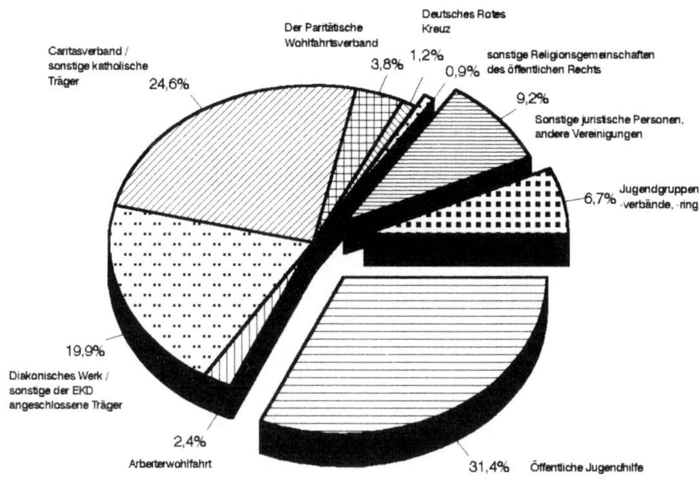


**Schaubild 1: Trägerprofile der Jugendhilfe in den alten Bundesländern[7]**

Im Gegensatz zu diesem hohem quantitativen Stellenwert sinkt das öffentliche Ansehen der Wohlfahrtsverbände bei der Bevölkerung in den alten Bundesländern kontinuierlich (IfD 1985); dies betrifft sowohl die Glaubwürdigkeit der Verbände ("Meinung über die Verbände")[8] als auch deren Legitimität bezüglich ihrer Arbeit ("Wichtigkeit der Arbeit")[9]. Darüber hinaus nimmt auch der Anteil Ehrenamtlicher - die nicht nur symbolisch die Bürgernähe der Verbände repräsentieren sollen - in den letzten Jahren ab (vgl. Blandow/Wilckhaus 1989).

7 Die zugrunde liegenden Daten beziehen sich auf die aktuell zur Verfügung stehende Jugendhilfestatistik der alten Bundesländer 1990; siehe Beck 1993a

8 Diese Entwicklung ist das Resultat der Diskrepanz "zwischen den deklarierten Zielen (nämlich dem Anspruch, individuelle Hilfe zu gewähren, oder dem Anspruch, flexibel auf wechselnde Bedarfssituationen zu reagieren) und der alltäglichen Realität" (Hegner 1992, S.184).

9 Erste Ergebnisse der Infas-Studie "Die Freie Wohlfahrtspflege im Spiegel der Öffentlichkeit" (1993), die im Auftrag der Bundesarbeitsgemeinschaft der Freien Wohlfahrtspflege erstellt wurde, werden zwar dahingehend resümierend zusammengefaßt, daß die Freie Wohlfahrtspflege "als sozial unverzichtbar und (...) als ein wichtiger Träger des Sozialstaates eingestuft" wird (Infas 1993, 24), jedoch zeigen sich auch hier deutliche Kritikpunkte im Hinblick auf "Bürokratismus" und "Unwirtschaftlichkeit". Zudem wird auch die Leistungsfähigkeit nicht eindeutig positiv bewertet (vgl. Infas 1993a, 31.A/West). Auffällig sind in diesem Zusammenhang Zuordnungen von bestimmten Aufgabenbereichen zu unterschiedlichen Trägern, die sowohl in der Einschätzung der gegenwärtigen Zuständigkeiten als auch (besonders) hinsichtlich der erwünschten Zuständigkeiten die Rolle von kommunalen/staatlichen Trägern in den Vordergrund rücken (vgl. Infas 1993a, 9-16/West).

Zudem rückte die Vervielfältigung der Trägerstrukturen, die seit Mitte der 70er Jahre mit dem Entstehen von Selbsthilfegruppen und selbstorganisierten Initiativgruppen im Feld der sozialen Arbeit einhergegangen ist, die für die freie Wohlfahrtspflege so bedeutsame Proklamierung der Bürgernähe ihrer sozialen Dienste ins Zwielicht (vgl. Krämer 1976, S.68): Mit der Etablierung dieser "neuen Träger" ging insgesamt weniger eine Ausweitung verbandlich gefaßter Pluralität, sondern vielmehr eine größere Varianz in den Formen der Leistungserbringung einher[10].

Nicht zuletzt bezieht sich ein Großteil der Kritik auf die Pflegesatzverhandlungen und Absprachen mit staatlichen Trägern, die vor allem unter Verteilungsgesichtspunkten in Bezug auf Zuständigkeiten und Ressourcen geführt werden. Die gestiegene Abhängigkeit von staatlichen Finanzmitteln und die mit öffentlichen Zuwendungen verbundenen Auflagen begünstigen einen Verlust verbandlicher Eigenständigkeit, der eine Charakterisierung der verbandlichen Wohlfahrtspflege als nur noch "nominell freie Träger der Wohlfahrtspflege" (Dahme/Hegner 1982, S.45) nahelegt. Schließlich sind die Wohlfahrtsverbände zunehmend unter politisch-legitimatorischen Druck geraten, da ihnen zu wenig Flexibilität sowie zu geringe Innovationsfähigkeit hinsichtlich veränderter Rahmenbedingungen und Anforderungen an die Gestaltung sozialer Dienste unterstellt wird (vgl. u.a. Bodenbender 1989; Rasch 1989; Merchel 1990). Insgesamt wird der spezifische Stellenwert der Wohlfahrtsverbände angesichts ihrer finanziellen Abhängigkeit und dem damit verbundenen Verlust verbandlicher Eigenständigkeit zunehmend in Frage gestellt. Damit wird auch die behauptete größere Flexibilität und Nähe zum Hilfesuchenden als Legitimation verbandlichen Handelns sowie das Selbstverständnis der Wohlfahrtsverbände, anwaltschaftlich die Interessen der Benachteiligten zu vertreten (vgl. BAG 1983), angezweifelt. Die Wohlfahrtsverbände seien - so kann als Kernaussage der Kritik festgehalten werden - "zu parastaatlichen Anbietern von Hilfe geworden, die überwiegend öffentlich subventioniert, formal organisiert und an Verfahrensregeln der öffentlichen Geldgeber angepaßt sind" (Hegner 1992, S.184).

Ähnliche Bilanzen lassen sich auch für die Jugendverbände ermitteln, die aufgrund ihrer weltanschaulichen und politischen Profilverluste in Kritik geraten sind (Brenner 1984; Möller 1988). Jugendverbände stellen - so lautet eine der Kernaussagen - für die meisten Jugendlichen keine Lebensgemeinschaften im umfassenden Sinne mehr dar, vielmehr ist der selektive Umgang mit den Deutungs- und Aktivitätsangeboten der Verbände sowie die Mitgliedschaft und das Engagement von individuellen Nützlichkeitserwägungen geprägt (vgl. Olk 1991, S.141, vgl. zu diesen Strukturwandungen von Wohlfahrts- und

10 Vgl. zur allgemeinen Auseinandersetzung über die Kritik an der institutionellen Verfaßtheit wohlfahrtstaatlicher Leitungserbringung vor dem Hintergrund neuer Formen lokaler Sozialpolitik und Selbsthilfe im Hinblick auf eine Reorientierung sozialer Dienste: Olk/Otto 1989.

**Schaubild 2: Trägerprofile der Jugendhilfe in den alten und neuen Bundesländern**[11]

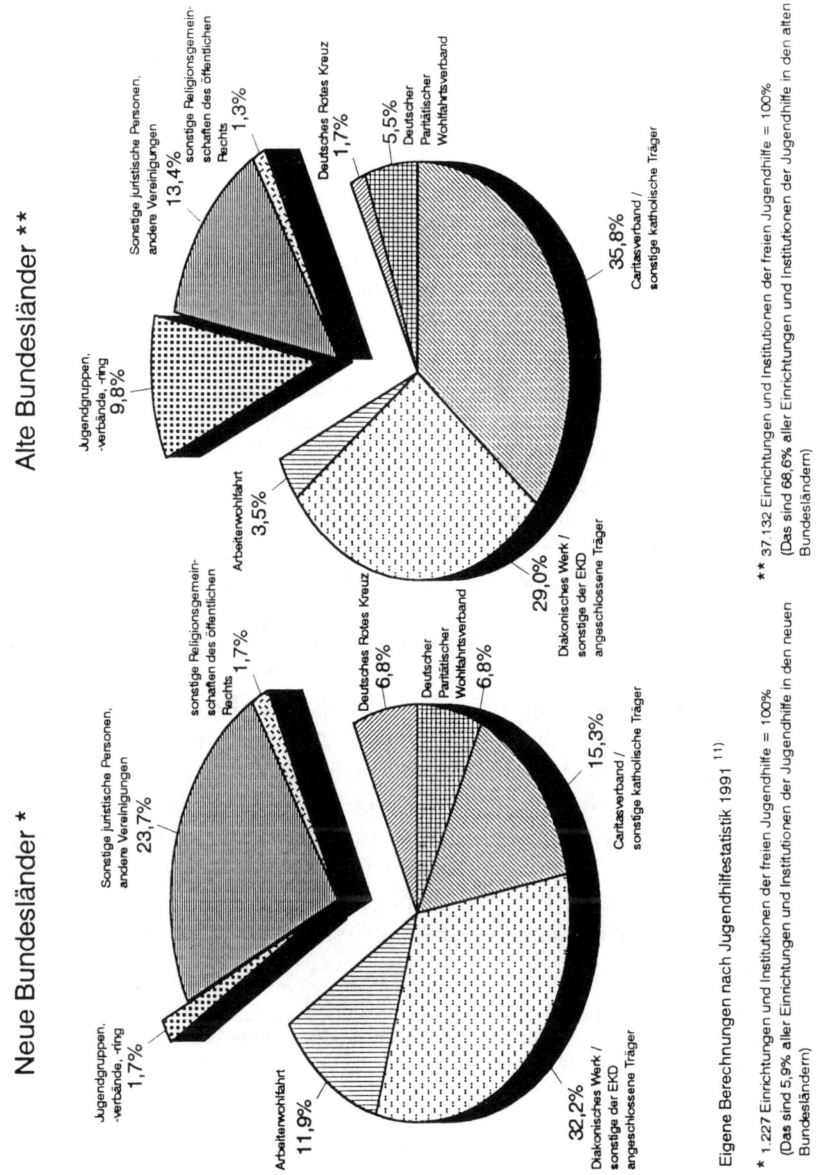


11 Die Daten beziehen sich auf die Jugendhilfestatistik der neuen Bundesländer von 1991 sowie auf die Jugendhilfestatistik der alten Bundesländer von 1990 (Beck 1993a). Bedauerlicherweise stehen für den Bereich der Jugendhilfe in den neuen Bundesländern derzeit keine aktuelleren

Jugendverbänden neuerdings Olk u.a. 1995). Andererseits ist festzustellen, daß viele Jugendliche ihre Bedürfnisse und Probleme in den Jugendverbänden nicht hinreichend aufgenommen sehen. Unflexibles Reagieren auf neue Probleme und Bedürfnisse, zu starre Strukturen, die Beschränkung von verschiedenen Jugendorganisationen auf verbandliche Eigeninteressen, aber auch die bewußte und unbewußte Ausgrenzung bestimmter Gruppen sowie zu starke Kontrollen und Einengung durch die jeweiligen Ewachsenenverbände, führten nicht zuletzt auch zur Gründung selbstorganisierter Initiativen und Projekte im Jugendbereich (vgl. Damm 1991, S.256ff).

Offen zutage treten die Grenzen der Selbsterneuerungsfähigkeit der freien Jugendhilfe dadurch, daß eingespielte Routinen und Verfahrensweisen innerhalb des korporatistischen Gefüges die notwendigen Klärungen der konstitutiven Bezugspunkte verbandlichen Handelns überformen. Diese verkrusteten Strukturen, die schon in den alten Bundesländern in die Kritik geraten sind, erhalten mit der Vereinigung der beiden deutschen Staaten einen neuen, unverhofften Dynamisierungsschub.
Im Gegensatz zur öffentlichen Jugendhilfe, die in Form eines kodifizierten Aufgabenbereichs im Rahmen der kommunalen Selbstverwaltung konkrete Rahmenbedingungen für ihren Aufbauprozeß in den neuen Bundesländern erhielt, eröffnete sich für die freien Träger ein Experimentierfeld für ihre verbandliche (Neu-)Profilierung. Die Tatsache, daß die freien Träger in den neuen Bundesländern nicht auf ihre Tradition als kulturelles Element der Sozialstaatlichkeit zurückgreifen und auch nur in geringem Maße an Vorläuferorganisationen anknüpfen konnten, eröffnete ihnen diesen Handlungsspielraum zwischen produktiver Zurückhaltung im Sinne der Selbstvergewisserung und fortschrittsoptimistischen Expansionsbestrebungen.

Die Diskrepanz zwischen den Trägerprofilen der alten und der neuen Bundesländer macht die Aufgabe, nach angemessenen Gestaltungsprinzipien der Jugendhilfe zu suchen, besonders deutlich. Ein plurales Spektrum von Trägern, die durch ihre unterschiedliche Wertverbundenheit Lebensnähe angesichts einer Pluralisierung gesellschaftlicher Lebens- und Wertlagen garantieren und sich auf

Erhebungen zur Verfügung. Somit kann hier nur eine Momentaufnahme dargestellt werden, die aber der Dynamik der Entwicklung der Strukturen der Jugendhilfe in den neuen Bundesländern kaum gerecht wird. So hat sich mittlerweile in einigen Handlungsfeldern das Verhältnis zwischen öffentlichen und freien Trägern verschoben, was z.B. in Mecklenburg-Vorpommern - auch bedingt durch die Landespolitik - im Bereich der Heimerziehung zu einem Anteil der freien Träger von über 50% geführt hat (vgl. Landtag Mecklenburg-Vorpommern 1993, S.25). Zudem kristallisieren sich regionalspezifische Besonderheiten heraus, wie sie in Mecklenburg-Vorpommern für das Modell der Jugendhilfestationen festzustellen sind, die zu ca. 40% von neu gegründeten freien Trägern geführt werden (ebd., S.22) oder aber in Sachsen-Anhalt, wo der Paritätische in Bezug auf einige Aufgabenbereiche zahlenmäßig den stärksten Wohlfahrtsverband darstellt (vgl. Beck 1992, S.385). Inwieweit sich aber die feststellbaren Grundtendenzen insgesamt verändern werden, bleibt abzuwarten.

lebensräumliche Besonderheiten beziehen könnten, muß sich erst entwickeln. In den neuen Bundesländern können dabei vor allem die Verbände der freien Wohlfahrtspflege nicht ohne weiteres an entsprechende soziale Milieus bzw. lokale Sozial- und Wertegemeinschaften anknüpfen[12] (vgl. Olk 1996).

Die soziale Basis der Verbände, die sich unter anderem durch die Bereitschaft der Bevölkerung zu spenden sowie ehrenamtlich zu engagieren, kennzeichnet, ist in den neuen Bundesländern nicht vergleichbar mit den alten Bundesländern. Es fehlen damit in den neuen Bundesländern den Verbänden jene "vororganisatorischen Quellen formaler Organisierung" (Streeck 1987, S.475), die diese nicht nur aufgrund der finanziellen Ressourcen, sondern vor allem auch als legitimatorische Basis benötigen.

Danach ist davon auszugehen, daß sich die tendenzielle "Enttraditionalisierung" und Angleichung der etablierten Verbände in den alten Bundesländern im Kontext einer wohlfahrtspluralistischen Dienstleistungserbringung auch im Bereich der Jugendhilfe in den neuen Bundesländern weiter verstärken wird. Die Übertragung des Institutionensystems des intermediären Sektors der alten in die neuen Bundesländer stellt dabei keineswegs sicher, daß dort ein vergleichbar funktionierendes institutionelles Gefüge entsteht (vgl. Offe 1991; Schmid 1991): "Dieses würde voraussetzen, daß die neu gegründeten bzw. übertragenen Institutionen in ihrer neuen Umgebung eine ihrer Funktionsweise entsprechende "informelle Infrastruktur" von eingelebten normativen Orientierungen, Handlungsroutinen, Erfahrungen und Kompetenzen in der Bevölkerung vorfinden oder relativ rasch wiederzubeleben in der Lage wären" (Backhaus-Maul/Olk 1992, S.111). Vielmehr kann davon ausgegangen werden, daß sich in den neuen Bundesländern eine Tendenz verstärkt, die vor allem die Verbände weniger als konfessionelle/weltanschauliche Wertgemeinschaften erkennen läßt, denn als organisatorische Zusammenschlüsse verschiedener Gruppen und ihrer jeweiligen Wertsysteme. Diese Aufweichung der traditionellen verbandlichen Normen und Ziele innerhalb der importierten Organisationsstrukturen wird unter anderem auch durch den zu erwartenden Professionalisierungsschub in der freien Jugendhilfe verstärkt. Zudem ist davon auszugehen, daß für die MitarbeiterInnen der Träger der freien Jugendhilfe vorrangig die Kriterien der Erwerbsarbeit und - im Zuge der allgemeinen Qualifizierungsmaßnahmen - somit eher fachliche Inhalte als die jeweilige

12 Wie eigene Untersuchungen belegen (Forschungsprojekt "Jugendhilfe im Umbruch" 1994; Forschungsprojekt "Lebenslagen und soziale Unterstützungssysteme" 1994) zeigt sich in den neuen Bundesländern eine deutliche Präferenz der Adressaten der Jugendhilfe für eine staatlich bzw. kommunale Leistungserbringung im Hinblick auf unterschiedliche Hilfe- und Unterstützungsformen. Unterstützungsformen, die eher zwischenmenschliche, emotionale Aspekte betonen werden demgegenüber von selbstorganisierten Trägerformen erwartet. Die Erwartungen der Adressaten der Jugendhilfe an verbandlich organisierte Träger sind demgegenüber im Vergleich hierzu insgesamt deutlich geringer ausgeprägt.

verbandliche Wertorientierung Bezugspunkte ihrer Arbeit bilden werden (vgl. Angerhausen et al. 1995).

Angesichts dieser in den neuen Bundesländern noch nicht gelungenen Profilierung der freien Jugendhilfe besteht die Gefahr, daß die Träger der freien Jugendhilfe letztlich als Ausfallbürgen für eine nicht leistungsfähige öffentliche Jugendhilfe angesehen werden. Diese Tendenz verstärkt sich in den neuen Bundesländern angesichts der Situation der öffentlichen Jugendhilfe, die durch mangelnde finanzielle Ressourcen und fehlende kommunalpolitische Einbindung geprägt ist. Zudem führten die erforderlichen inhaltlichen wie auch personellen Umstrukturierungen vorhandener Einrichtungen in öffentlicher Trägerschaft (z.B. Kindertagesstätten, Horte, Heime) zu einer Neudefinition der freien Träger als Investoren bzw. Treuhänder für Abwicklungen und Reorganisierungen der Einrichtungen, ohne daß die freien Träger auf ausreichende finanzielle Ressourcen zurückgreifen können[13]. Subsidiaritätspolitik folgt in den neuen Bundesländern vorrangig den Zwängen der Kostenentlastung: Es wird argumentiert, daß für den Fall, daß freie Träger zur Übernahme staatlicher Aufgaben nicht zur Vefügung ständen, eine Überlastung der Kommunen unvermeidlich wäre. In einer verkürzt geführten Subsidiaritätsdebatte liegen aber auch aus der Sicht der öffentlichen Jugendhilfe erhebliche Gefahren. Die "Institutionalisierung" des Subsidiaritätsprinzips als ein formales Nachrangigkeitsprinzip der öffentlichen Jugendhilfe verkäme dann zu einem bloßen "Staatseinschränkungsprinzip".

Wenn davon auszugehen ist, daß "die Ziele der Wohlfahrt und der sozialen Sicherheit (...) am ehesten von einer Pluralität wohlfahrtsproduzierender Akteure und Organisationen zu verwirklichen sind" (Olk/Merten 1992, S.143), bleibt gegenwärtig festzuhalten, daß der Aufbauprozeß bzw. die (Re-) Aktivierung der professionell-sozialstaatlichen, kollektiv-selbstorganisierten und traditional-informellen Organisationsformen sozialer Hilfe und Unterstützung in den neuen Bundesländern organisatorisch, fachlich und inhaltlich allenfalls in Anfängen erfolgt ist. Eine vorläufige Quintessenz wäre folgendermaßen zu formulieren: Das wohlfahrtspluralistische Modell der alten Bundesländer "und das Ergebnis des Exports werden erheblich voneinander abweichen - wahrscheinlich in Richtung eines durchprofessionalisierten 'welfare mix from above'" (Sackmann/Leibfried 1992, S.160).

13 Besonders zu berücksichtigen ist dabei, daß für die freien Träger mit dem Auslaufen der verschiedenen Förderprogramme (Agag, AFT) und vor allem den Einschnitten in der ABM-Finanzierung eine Situation entstanden ist, die zu drastischen Einbrüchen geführt hat. Falls nicht grundlegende Veränderungen in den Förderungsstrukturen erfolgen, sind viele der freien Träger, insbesondere kleinere, regional agiernde, in ihrer Existenz gefährdet.

## V. Neue Kooperations- und Koordinationsformen in der Jugendhilfe

Die nachgezeichneten, bislang vorherrschenden Gestaltungsprinzipien der Jugendhilfe, befriedigen angesichts der drängenden Modernisierungsanforderungen und der Sparzwänge der Kommunen kaum. Offenkundig wird, daß die bewährten Strukturen der Jugendhilfe nur geringe Innovationsfähigkeiten aufweisen und neue Herausforderungen kaum zu bewältigen in der Lage sind. Die Suche nach neuen Steuerungsmodellen, die die Schwächen der herkömmlichen Koordination sozialer Dienste überwinden könnten, hat begonnen.

Die Zuwendung zu Reorganisationsmodellen wird ferner durch das in den neuen Bundesländern am 03.10.1990 und in den alten Bundesländern am 01.01.1991 in Kraft getretene und zum 01.04.1993 erstmalig novellierte Kinder- und Jugendhilfegesetz (KJHG) befördert, das zumindest in einer offensiven Interpretation eine Vielzahl von neuen Anforderungen an eine problemangemessene Organisation der Jugendhilfe stellt. Die Intention des KJHGs, ein präventives Leistungsgesetz zur Förderung der Entwicklung von Kindern und Jugendlichen darzustellen (vgl. Bundesrats-Drucks. 503/89), unterstreicht einmal mehr den Perspektivwechsel der Jugendhilfe vom "staatlichen Eingriff zur staatlichen Dienstleistung". Paradigmatisch stehen hierfür Stichworte wie Betroffenenbeteiligung, Jugendhilfeplanung oder das Wunsch- und Wahlrecht zwischen den verschiedenen Anbietern, die insgesamt auf demokratische, partizipative Formen der Leistungserbringung abzielen. Diese angestrebte, neue Qualität in der Produktion personenbezogener sozialer Dienstleistungen sprengt dabei den engen Rahmen korporatistischer Aushandlung und erfordert demgegenüber veränderte Kooperations- und Kommunikationsformen sowohl zwischen den verschiedenen Trägern als auch zwischen einzelnen Einrichtungen und Diensten. Die Anforderung einer rechtlich kodifizierten "partnerschaftlichen Zusammenarbeit" (§4 KJHG) setzt in diesem Zusammenhang neue Akzente, ohne jedoch schon konkrete Umsetzungsschritte vorzugeben. Es zeichnet sich aber ein modernes administratives Jugendhilfeverständnis ab, in dessen Mittelpunkt die inter-organisatorische Kooperation steht: Jugendhilfe "(...) sollte ein kontinuierlicher Prozeß aus Planung, Umsetzung und Kontrolle sein, in dem Verwaltungsführung, Jugendhilfeausschuß, Verwaltung des Jugendamtes und ggf. die Querschnittsämter partnerschaftlich und vertrauensvoll zusammenarbeiten" (KGST 1993, 9).

Voraussetzungen für die damit angedeutete Ablösung einer lediglich formalen Auslegung des Subsidiaritätsprinzips bilden aktuelle Diskussionen zur Entwicklung eines "Neuen Steuerungsmodells" sowohl generell für die Kommunen als auch speziell für die Jugendhilfe. Ein Schwerpunkt der weiterführenden Überlegungen liegt dabei auf der konsequenten Anwendung betriebswirtschaftlicher Prinzipien und Erkenntnisse auf die Reform der

Kommunalverwaltungen in Richtung auf einen "Konzern Stadt" (Banner 1991; Banner 1994). Diskutiert wird in diesem Zusammenhang vor allem eine optimale Ausschöpfung der vorhandenen Organisationsformen, z.B. durch Verselbstständigung einzelner Organisationseinheiten bzw. Privatisierung, um bekannten Mißständen und neuen Anforderungen gleichermaßen Rechnung zu tragen. Reduzierte Leistungsfähigkeit infolge bürokratischer Überregulierung, finanzielle Überlastungen, neue Informations- und Kommunikationstechnologien und ein verändertes Inanspruchnahmeverhalten der Bevölkerung werden dabei ebenso wie gewandelte Motivlagen und Einstellungen der MitarbeiterInnen als Bedingungen benannt, auf die die Verwaltungen reagieren müssen (vgl. KGST 1991). Kritisiert wird, daß Verwaltungen bislang lediglich über Inputs also die Zuteilung von Ressourcen gesteuert worden sind und nicht durch politisch und gesellschaftlich gewünschte Ziele oder Leistungen, die im Interesse der BürgerInnen erbracht werden sollen. Erfolg oder Mißerfolg des Verwaltungshandelns bildeten dementsprechend bisher keine relevanten Kriterien, die Anlässe für interne Weiterentwicklungen gewesen wären. "Organisierte Unverantwortlichkeit" ist deshalb der Vorwurf, der den Verwaltungsbehörden gemacht wird und der die Suche nach geeigneteren Steuerungsmodellen (z.B. in Anlehnung an das sogenannte Tilburger Modell) befördert.

Auf das Feld der Jugendhilfe bezogen werden die geforderten neuen Qualitäten administrativen Handelns durch den Einsatz betriebswirtschaftlicher Verfahren angestrebt: Budgetierung, Controlling, Produkt-, Output- und Kundenorientierung sind die neuen Instrumente, die zu Effektivitäts- und Effizienzsteigerungen sowie zu einem kostenbewußteren Umgang mit Ressourcen beitragen sollen. Darüber hinaus reichende Modellüberlegungen beziehen sich auf die funktionale Trennung zwischen einer Steuerungsinstanz und den vor Ort agierenden Leistungsanbietern: Hiernach würden dem Jugendamt im Sinne der Gesamtverantwortung vor allem Steuerungsfunktionen zufallen. Während die sozialen Dienste vor allem durch ein pluralistisch gestaltetes System nichtöffentlicher Träger erbracht werden, nimmt die Steuerungsinstanz "Jugendamt" in erster Linie Dienstleistungsfunktionen im Rahmen eines interorganisatorischen Managements wahr. Interorganisatorisches Management, das die Aktivitäten der spezialisierten sozialen Dienste systematisch erfaßt und in Beziehung zu den diversifizierten, wohlfahrtsverbandlich selbstorganisiert und/oder privatwirtschaftlich erbrachten Dienstleistungen setzt, verspricht diesen Modellen zufolge, Kontrollen über Wirkungszusammenhänge zwischen öffentlichen, privaten und freien Anbietern zu erhalten und in weitere Planungskonzepte zu integrieren. Produktivitätsreserven, die infolge partikularistischer Interessenartikulationen und -durchsetzungen einzelner Organisationen gegenwärtig nicht realisierbar sind, würden sich hierdurch bestimmen und umsetzen lassen. Die sozialen Dienste werden dabei unabhängig von ihrer Trägerschaft als relativ autonome "business units" konzipiert. Damit verbundene einzelne Organisationsmodelle sind weitgehend dezentralisiert, enthierarchisiert und bestehen aus kleineren Elementen, die u.U. zu unterschiedlichen Zeiten durchaus in unterschiedlicher Weise miteinander kombiniert werden können. Jedes einzelne "Organisationselement" verfügt dann möglicherweise über seine eigenen Beziehungen zur Außenwelt, betreibt funktionsspezifisch seine eigene "Organisations-Außenpolitik". Die vorgegebenen Ziele können verfolgt werden, ohne in allen Angelegenheiten vorher die Zentrale konsultieren zu müssen - solange bestimmte Effekte (z.B. Wirtschaftlichkeit, rasche Umstellungen bei veränderten "Marktlagen", Berücksichtigung von "Marktdiversifikationen") nachweislich eingehalten werden. "Herrschaft", die als direkte Kommandoordnung in den Großbetrieben der Industrie und der Bürokratie organisiert war, wird hier in vereinbarte Produktionsprinzipien und -effekte transformiert (Beck 1986, 349).

Mit diesem Szenario kleiner, autonomer Organisationseinheiten steigt die Bedeutung von Kooperations- und Koordinationsmodellen für die sozialen Dienste, um den Gefahren einer weitreichenden Deregulierung sozialpolitischer Leistungsstandards präventiv entgegen wirken zu können. Interorganisatorisches Management, das in erster Linie Bargaining-Prozesse steuert, in denen geeignete Strukturbildungen und Regeln ausgehandelt werden, die die Standards der Dienstleistungsproduktion festsetzen, ist eine notwendige Voraussetzung der Qualitätssicherung. Hierdurch erwachsen insbesondere für den Jugendhilfeausschuß und die Arbeitsgemeinschaften nach §78 KJHG völlig neue Aufgabenfelder[14]. Gerade die verstärkte "Marktorientierung" und künftig zu erwartende Zuwachsraten kommerzieller Angebote auch im Sektor kommunaler Jugendpolitik erfordern die Kooperation aller Dienstleistungsproduzenten zum Zwecke der Wahrnehmung einer politischen und fachlichen Richtlinienfunktion, die die Interessen der Beteiligten im Hinblick auf ihren Beitrag für die Optimierung der jugendpolitischen Leistungsfähigkeit prüft [15].

Die Kernfunktionen des interorganisatorischen Managements im Feld der Jugendhilfe bestünde danach in einer "Subpolitisierung" (U. Beck 1993) der Jugendpolitik. Je dezentraler und autonomisierter die einzelnen

---

14 Insbesondere dann, wenn die "partnerschaftliche Zusammenarbeit" in der Delegation der Aufgabenerledigung mittels Verträgen besteht, wie es das Modell des "Kontraktmanagements" vorsieht, gewinnen die Überlegungen zur Qualitätssicherung an Brisanz.

15 Eine Optimierung der jugendpolitischen Leistungsfähigkeit muß konsequenterweise ihren Ausgangs- und Bezugspunkt in den kommunalen Lebensbedingungen junger Menschen suchen. Auch wenn in diesem Kontext nicht näher auf die Adressaten der Jugendhilfe eingegangen wird, sind die dynamisierenden Effekte, die mit ihrer Einbeziehung sowohl für theoretische Überlegungen als auch die organistorische Gestaltung einhergehen, enorm. Eine der Herausforderungen wird darin bestehen, Strategien zu entwickeln, um jugend(hilfe)politische Handlungsnotwendigkeiten transparent zu machen und zu vermitteln, sowie über die Offenheit von Verhandlungen bei Einbeziehung der vielfältigen kommunalen Akteure unter Einbezug der Betroffenen und Beteiligten zur Wiederbelebung der politischen Kultur beizutragen.

Organisationseinheiten zukünftig verfaßt sein werden, desto höher muß der Grad an organisierter Kommunikation zwischen den Beteiligten sein. Diese Aushandlungsprozesse zwischen allen gesellschaftlichen Organisationen und Interessengruppen, der Politik, den Verwaltungen, den Trägern und Betroffenen dauerhaft zu inszenieren, dürfte mehr und mehr eine der zentralen Aufgaben der Steuerungsinstanzen der Jugendhilfe werden.

Aus diesen Überlegungen resultiert, daß singuläre Optimierungsbestrebungen einzelner Organisationen für die Modernisierungsanforderungen im Feld der Jugendhilfe keinen hinreichenden Beitrag leisten und im Falle der strikten Ausrichtung der Organisationsziele an marktwirtschaftlichen Kriterien weitreichende Deregulierungsrisiken in sich bergen[16]. Eine erweiterte Perspektive auf diejenigen institutionalisierten Prozesse, die über die Definition und Verteilung sozialer Chancen und Risiken entscheiden, erscheint angesichts dieser spürbaren Entwicklungen dringend erforderlich. Eine Jugendhilfepolitik, die ihren gesellschaftlichen Inklusionsauftrag gerade angesichts der Pluralität heutiger Lebensformen ernstnimmt, wird deshalb ihre Verhandlungsfähigkeit zunehmend unter Beweis stellen müssen (vgl. Flösser 1994). Die Partikularinteressen der Sozialorganisationen werden vor diesem Hintergrund zukünftig im Hinblick auf das übergeordnete Interesse an der Produktion kommunaler Lebensqualität zu steuern sein.

## Literatur

Angerhausen, S./Backhaus-Maul, H./Schiebel, M., 1995: Nachwirkende Traditionen und besondere Herausforderungen: Strukturentwicklung und Leistungsverständnis von Wohlfahrtsverbänden in den neuen Bundesländern. In: Rauschenbach, Th./Sachße, C./ Olk, Th.(Hg.): Von der Wertgemeinschaft zum Dienstleistungsunternehmen. Jugend- und Wohlfahrtsverbände im Umbruch. Frankfurt a.M., S.377-403.

Bäcker, G., 1986: Sozialpolitik durch soziale Dienstleistungen - Zukunftsperspektiven des Sozialstaates. In WSI-Mitteilungen, 3, S. 201-216.

Backhaus-Maul, H./Olk, Th., 1992: Intermediäre Organisationen als Gegenstand sozialwissenschaftlicher Forschung. Theoretische und erste empirische Befunde am Beispiel des Aufbaus von intermediären Organisationen in den neuen Bundesländern. In: Schmähl, W. (Hg.): Sozialpolitik im Prozeß der deutschen Vereinigung. Frankfurt a.M., New York, S.91-132.

Banner, G., 1991: Von der Behörde zum Dienstleitungsunternehmen. Die Kommunen brauchen ein neues Steuerungsmodell. In: Verwaltungsführung, Organisation und Personalwesen (VOP), 1, S.6-11.

Banner, G., 1994: Steuerung kommunalen Handelns. In: Roth, R./Wollmann, H. (Hg.): Kommunalpolitik. Politisches Handeln in den Gemeinden. Opladen, S.350-361.

16 Dieser umfassende Steuerungsbedarf ergibt sich insbesondere dadurch, daß die aktuelle Sozialpolitik die freien Marktkräfte zum Teil begünstigt bzw. die freien Träger zunehmend zur Ökonomisierung veranlaßt, um unter Konkurrenzbedingungen bestehen zu können.5553 Demgegenüber stellt sich die Frage, inwieweit der "Markt sozialer Dienste" nur in seiner Nicht-Marktförmigkeit begründbar und funktionsfähig ist (vgl. Herrmann 1993, S.780).

Becher, B., 1986: Kommunale Sozialpolitik. Orientierungsrahmen und Handlungsspielräume. In: NDV 66, H.5, S.203-206.

Beck, M., 1992: Situation der Freien Wohlfahrtspflege in den neuen Bundesländern. In Soziale Arbeit, 10/11, S.385-394.

Beck, M., 1993: Konzeptionen der neuen Jugendhilfestatistik und erste Ergebnisse für die neuen Länder und Ost-Berlin. Expertise für den Neunten Jugendbericht der Bundesregierung Nr. 2. Wiesbaden.

Beck, U., 1986: Risikogesellschaft. Auf dem Weg in eine andere Moderne. Frankfurt a.M.

Beck, U., 1993: Die Erfindung des Politischen. Frankfurt a.M..

Bell, D., 1975: Die nachindustrielle Gesellschaft. Frankfurt a.M., New York.

Blandow, J./Wilckhaus, F., 1989: Wo sind die Ehrenamtlichen, wer sind die anderen? In: Sozialmagazin, 3, S.26-30.

Bodenbender, W., 1989: Staat und freie Wohlfahrtspflege. Autonomie und staatliche Abhängigkeit von Wohlfahrtsverbänden als Ergebnis von Konzeptionen und Organisationsstrukturen. In: Blätter der Wohlfahrtspflege, 3, S.59-60.

Brenner, G., 1984: Handlungsansätze und erlebtes Territorium. Zur Belebung der weltanschaulich orientierten Jugendverbände. In: deutsche jugend, 5, S.217-226.

Bundesarbeitsgemeinschaft der freien Wohlfahrtspflege (BAG) (Hg.) 1983: Die freie Wohlfahrtspflege. Eine Arbeitshilfe. Bonn.

Bundesminister für Familie, Jugend und Gesundheit (Hg.), 1972: Dritter Jugendbericht. Bericht über Bestrebungen und Leistungen der Jugendhilfe. Bonn.

Culpitt, I., 1992: Welfare and Citizenship. Beyond the Crisis of the Welfare State? Newbury Park.

Dahme, H.-J./Hegner, F., 1982: Wie autonom ist der autonome Sektor? Zum Verhältnis von Staat und freigemeinnütziger Wohlfahrtspflege bei der Umstrukturierung ambulanter Pflegedienste. In: Zeitschrift für Soziologie, 1, S.28-48.

Damm, D., 1991: Jugendverbände und Selbsthilfeinitiativen. In: Böhnisch, L./Gängler, H./Rauschenbach, Th. (Hg.): Handbuch Jugendverbände. Weinheim, München, S.256-262.

Deutscher Bundestag und Bundesrat (Hg.), 1989: Gesetzentwurf der Bundesregierung: Entwurf eines Gesetzes zur Neuordnung des Kinder- und Jugendhilferechts (Kinder- und Jugendhilfegesetz - KJHG). In: Bundesratsdrucksachen 1989, 16. Nr 491-530. Drucksache 503/89. Bonn, S.1-19.

Evers, A., 1985: Sozialpolitik als Gestaltung von Lebensweisen. In: neue praxis 15, 5, S.353-368.

Evers, A., 1991: Sektor oder Spannungsfeld? Zur Konzeption des intermediären Bereichs und seiner Organisationsdynamik. In: Glatzer, W. (Hg.): Die Modernisierung moderner Gesellschaften. Sektionen - Arbeits- und Ad hoc Gruppen. Opladen, S.729-732.

Evers, A./Wintersberger, H. (eds.), 1988: Shifts in the Welfare Mix. Their Impact on Work, Social Services and Welfare Policies. Wien.

Fichtner, O., 1993: Sozialarbeit im Wohlfahrtsstaat. In: Pfaffenberger, H./Schenk, H. (Hg.): Sozialarbeit zwischen Berufung und Beruf. Münster, Hamburg, S.65-71.

Flösser, G., 1994: Soziale Arbeit jenseits der Bürokratie. Über das Management des Sozialen. Neuwied.

Flösser, G./Otto, H.-U., 1989: Deviant Interventions or Deviant Youth? In: Hudson, J./Galaway, B. (eds.), The State as Parent. International Research Perspectives on Interventions with Young Persons. Dordrecht, Boston, London, pp. 213-219.

Forschungsprojekt "Jugendhilfe im Umbruch", 1994: Arbeits- und Ergebnisbericht des Teilprojektes "Jugendhilfe im Umbruch" des SFB 227 der Universität Bielefeld. Bielefeld

Forschungsprojekt "Lebenslagen und soziale Unterstützungssysteme", 1994: Leistungserwartungen an die Jugendhilfe und Nutzungspräferenzen Jugendlicher und junger Menschen in Sachsen-Anhalt. Vortrag anläßlich der Tagung der Arbeitsgruppe II: Soziale Lagen, Sozial- und Gesundheitspolitik. Manuskript. Bielefeld, Halle.

Fourastié, J., 1954: Die große Hoffnung des zwanzigsten Jahrhunderts. Köln.

Gartner, A./Riessman, F., 1978: Der aktive Konsument in der Dienstleistungsgesellschaft. Zur politischen Ökonomie des tertiären Sektors. Frankfurt a.M..

Halmos, P., 1970: The Personal Service Society. London.

Hegner, F., 1992: Organisations-"Domänen" der Wohlfahrtsverbände: Veränderungen und unscharfe Konturen. in: Zeitschrift für Sozialreform, 3, S.165-190.

Heinze, R.G., 1986: Vorbemerkung und Einführung. Der Sozialstaat in der Kritik: Veränderte Rahmenbedingungen und sozialpolitische Perspektiven. In: Heinze, R.G. (Hg.): Neue Subsidiarität: Leitidee für eine zukünftige Sozialpolitik? Opladen, S.9-12.

Heinze, R.G./Olk, Th., 1982: Arbeitsgesellschaft in der Krise - Chance für den informellen Sektor. In: Österreichische Zeitschrift für Soziologie 7, 3/4, S.8-21.

Herrmann, P., 1993: Wohlfahrtsverbände im Spannungsfeld von Zentralisierung und Dezentralisierung. In: Meulemann, H./Elting-Camus, A. (Hg.): 26. Deutscher Soziologentag. Lebensverhältnisse und soziale Konflikte im neuen Europa. Sektionen, Arbeits- und Ad hoc-Gruppen. Opladen, S.778-781.

Institut für angewandte Sozialforschung (Infas), 1993: Die Freie Wohlfahrtspflege im Spiegel der Öffentlichkeit. Expertenmeinungen und Bevölkerungsbefragung. Bonn.

Institut für angewandte Sozialforschung (Infas), 1993a: Die Freie Wohlfahrtspflege im Spiegel der Öffentlichkeit. Tabellenband. o.Ort.

Institut für Demoskopie Alensbach (IfD), 1985: Die Stellung der freien Wohlfahrtspflege. Ergebnisse repräsentativer Bevölkerungsumfragen 1958-1962. o. Ort.

Klages, H./Franz, G./Herbert, W., 1987: Sozialpsychologie der Wohlfahrtsgesellschaft. Zur Dynamik von Wertorientierungen, Einstellungen und Ansprüchen. Frankfurt a.M., New York.

Kommunale Gemeinschaftsstelle (KGSt), 1991: Dezentrale Ressourcenverantwortung: Überlegungen zu einem neuen Steuerungsmodell. KGSt-Bericht 12/1991. Köln.

Kommunale Gemeinschaftsstelle (KGSt), 1993: Organisation der Jugendhilfe: Ziele, Aufgaben und Tätigkeiten des Jugendamtes. KGSt-Bericht 3/1993. Köln.

Krämer, G., 1976: Das Prinzip der bürgernahen Arbeit in der Sozialarbeit. In: v. Campenhausen, A. (Hg.): Kann der Staat für alles sorgen? Düsseldorf, S.60-68.

Landtag Mecklenburg-Vorpommern, 1993: Bericht über die Jugendarbeit in Mecklenburg-Vorpommern. Unterrichtung durch die Landesregierung. Drucks. 1/3775, 08.11.93.

Merchel, J., 1990: Wohlfahrtsverbände müssen sich ändern. Veränderungsprozesse in der sozialen Arbeit als Innovationsanforderung an die Wohlfahrtsverbände. In: neue praxis 20, 4, S.283-295.

Möller, K., 1988: Individualisierungsdruck und Verbindlichkeit. Konfessionelle Jugendverbandsarbeit auf dem Lande: bewahren, beschäftigen, bewältigen, bewegen, erleben oder was? In: deutsche jugend, 6, S.261-272.

Offe, C., 1991: Die deutsche Vereinigung als "natürliches Experiment". In: Giesen, B./Leggewie, C. (Hg.): Experiment Vereinigung. Ein sozialer Großversuch. Berlin, S.77-99.

Olk, Th., 1986: "Neue Subsidiaritätspolitik" - Abschied vom Sozialstaat oder Entfaltung autonomer Lebensstile? In: Heinze, R.G. (Hg.): Neue Subsidiarität: Leitidee für eine zukünftige Sozialpolitik? Opladen, S.283-302.

Olk, Th., 1991: Jugendverbände im Neokorporatismus. In: Böhnisch, L./Gängler, H./Rauschenbach, Th. (Hg.): Handbuch Jugendverbände. Weinheim, München, S.132-144

Olk, Th./Merten, R., 1992: Modernisierung der Sozialpädagogik. Sind die utopischen Energien erschöpft? In: Otto, H.-U./Hirschhauer, P./Thiersch, H. (Hg.): Zeit-Zeichen sozialer Arbeit: Entwürfe einer neuen Praxis. Neuwied, Berlin, Kriftel, S.135-144.

Olk, Th./Otto, H.-U. (Hg.), 1989: Lokale Sozialpolitik und Selbsthilfe. Soziale Dienste im Wandel 3. Neuwied, Frankfurt a.M..

Olk, Th. u.a. 1995: Von der Wertgemeinschaft zum Dienstleistungsunternehmen. Oder: über die Schwierigkeit, Solidarität zu üben. Eine Einführende Skizze, in: Rauschenbach, Th./Sachße, Chr./ Olk, Th. (Hg.), Von der Wertgemeinschaft zum Dienstleistungsunternehmen. Wohlfahrts- und Jugendverbände im Umbruch, Frankfurt: Suhrkamp, S.98-122.

Olk, Th. 1996: Wohlfahrtsverbände im Transformationsprozeß Ostdeutschlands, in: Kollmorgen, R./Reißig, R./Weiß, J. (Hg.), Sozialer Wandel und Akteure in Ostdeutschland, Opladen: Leske+Budrich, S.179-216.

Rasch, W., 1989: Geld und freie Wohlfahrtspflege. Erwartungen eines Politikers an Leitung und Führung von Wohlfahrtsverbänden. In: Blätter der Wohlfahrtspflege, 4, S.89-90.

Remmers, W. 1983: Mit der Zukunft rechnen. In: Bundesarbeitsblatt, 3, S.5-11.

Sachße, Ch./Engelhardt, H.T. (Hg.), 1990: Sicherheit und Freiheit. Zur Ethik des Wohlfahrtsstaates. Frankfurt a.M..

Sackmann, R./Leibfried, St., 1992: Soziale Dienste für alte Menschen. Kommunale Sozialpolitik im Transformationsprozeß. In: Schmähl, W. (Hg): Sozialpolitik im Prozeß der deutschen Vereinigung. Frankfurt a.M., New York, S.133-165.

Schmid, J., 1991: Gesamtdeutsche Zusammenschlüsse von Parteien und Verbänden: Organisationspraktische und -theoretische Probleme. In: Löbler, F./Schmid, J./Tiemann, H. (Hg.): Wiedervereinigung als Organisationsproblem: Gesamtdeutsche Zusammenschlüsse von Parteien und Verbänden. Bochum, S.39-47.

Streeck, W., 1987: Vielfalt und Interdependenz: Probleme intermediärer Organisationen in sich ändernden Umwelten. In: Kölner Zeitschrift für Soziologie und Sozialpsychologie, 2, S.471-495.

Vobruba, G., 1983: Politik mit dem Wohlfahrtsstaat. Frankfurt a.M..

Zapf, W., 1984: Individuelle Wohlfahrt: Lebensbedingungen und wahrgenommene Lebensqualität. In: Glatzer, W./Zapf, W. (Hg.), Lebensqualität in der Bundesrepublik. Objektive Lebensbedingungen und subjektives Wohlbefinden. Frankfurt a.M., New York.

# Kontraktmanagement im Windschatten des "Wohlfahrtsmix" ? Neue kommunale Steuerungsmodelle für das System der Wohlfahrtsverbände

*Rolf G. Heinze/ Christoph Strünck*

## I. Die aktuelle Dynamik in der Freien Wohlfahrtspflege

Genau wie die öffentlichen Haushalte kennen auch die deutschen Wohlfahrtsverbände Konjunkturen und Krisen. Schon in den 80er Jahren trafen zwei Krisenphänomene zusammen: ein fiskalisches und ein strukturelles. Einerseits hatten insbesondere die Kommunen mit einer Erosion ihrer Finanzen zu kämpfen (vgl. Windhoff-Héritier 1983), was sich auch in den Haushalten der Verbände niederschlug. Andererseits stellte die erstarkende Selbsthilfebewegung die Flexibilität und die Bedürfnisorientierung der etablierten Wohlfahrtsverbände in Frage (vgl. Heinze 1985, S. 213; Boll/Olk 1987).

Trotz wechselnder Konjunkturen der öffentlichen Haushalte sind die Wohlfahrtsverbände durch Fördermittel stark gewachsen. Dieses Wachstum hat die Position der Wohlfahrtsverbände verändert. Die einst solidarischen und selbstorganisierten Verbände sind auf diese Weise zu "parastaatlichen Anbietern" geworden (Hegner 1992, S. 184; Heinze/Olk 1981). Dadurch können sie sich zwar vom unsicheren Spendenaufkommen emanzipieren, koppeln sich aber auch an die Konjunkturen der öffentlichen Haushalte an und verlieren an Flexibilität.

Und die Konjunktur insbesondere der kommunalen Haushalte verengt zunehmend die Spielräume der Wohlfahrtsverbände. 1994 waren in den westdeutschen Kommunen die Gewerbesteuereinnahmen fast um acht Prozent geringer als im Vorjahr. Schuld daran sind nicht nur konjunkturelle Probleme der deutschen Wirtschaft, sondern auch die Gewerbesteuerumlage der Kommunen an die Länder, mit der ein Teil der West-Ost-Transferleistungen finanziert wird. Im Durchschnitt klaffte im Jahr 1994 zwischen Einnahmen- und Ausgabenzuwächsen eine Lücke von 1,8 Prozent; defizitäre Haushalte sind laut Deutschem Städtetag mittlerweile "eher die Regel als die Ausnahme" (vgl. Deutscher Städtetag 1995, S. 4). Durch die Scherenentwicklung schrumpfen die Eigenmittel für kommunale Investitionen, die deutlich zurückgehen.

Dagegen steigen die Ausgaben für soziale Leistungen überproportional an, insbesondere durch die erhöhten Sozialhilfezahlungen. 1994 mußten die Mittel für den Sozialbereich um 8,5 Prozent aufgestockt werden. Daher sollen diese Mittel in den meisten Gemeinden überproportional gekürzt werden.

Trotzdem haben die Wohlfahrtsverbände bislang expandiert, in den neuen Bundesländern konnten sie ihre Organisationen sogar mit staatlichen Hilfen stabilisieren. Mit diesem Größenwachstum der Verbände korreliert jedoch ein sinkendes Ansehen in der Öffentlichkeit, obgleich ein Großteil der Bevölkerung das Gesamtsystem der freien Wohlfahrtspflege für unverzichtbar hält (vgl. Institut für angewandte Sozialwissenschaft 1993). Außerdem hat die Sensibilität der Öffentlichkeit für die Verwendung öffentlicher und auch Spendengelder in den 90er Jahren merklich zugenommen. Auch die wachsende Zahl privater Anbieter im Pflegebereich verlangt von den Wohlfahrtsverbänden eine stärkere Offenlegung ihrer Arbeitsmethoden.

Aus knapperen Ressourcen, öffentlichen Kontrollbedürfnissen und der wachsenden Zahl privat-gewerblicher Anbieter leiten sich die aktuellen Forderungen nach mehr Effizienz und Transparenz des verbandlichen Handelns ab (vgl. Allemeyer 1995). Auch aus der Innensicht der Verbände steigt der Druck an, betrachtet man Rechnungen, nach denen den Wohlfahrtsverbänden durch Managementfehler jährlich rund fünf Mrd. Mark verloren gehen, bei einem Gesamtumsatz von 42 Mrd. Mark (vgl. Oppl 1992, S. 157).

Dennoch hat sich das "Oligopol" der deutschen Wohlfahrtsverbände gefestigt: Caritas, Diakonisches Werk, Arbeiterwohlfahrt, Deutsches Rotes Kreuz, der Paritätische Wohlfahrtsverband und die Zentrale Wohlfahrtsstelle der Juden in Deutschland sind die Stammorganisationen der freien Wohlfahrtspflege. Sie beschäftigen rund 60 Prozent aller Personen aus dem Bereich sozialer Dienste. Durch den Neuaufbau von Wohlfahrtsverbänden in den neuen Bundesländern arbeiten mittlerweile fast eine Million hauptamtlich Beschäftigte bei den Verbänden (vgl. Gesamtstatistik der Freien Wohlfahrtspflege 1993). In der Bruttolohnsumme liegen die Wohlfahrtsverbände damit vor Branchen wie Textil, Gastronomie oder Bergbau. In die Beschäftigtenstatistik gehen allerdings neben den sozialpflegerischen Berufen auch Verwaltungs- und andere Berufe ein.

Seit 1970 sind die Wohlfahrtsverbände stark gewachsen (Abbildung 1). Allerdings steht seit Ende der 80er Jahre einer gewachsenen Zahl von Einrichtungen und Plätzen eine leicht gesunkene Zahl von Beschäftigten gegenüber, was auf Rationalisierungsprozesse, aber auch Leistungsverschlechterungen schließen läßt (Abbildung 2). In den Abbildungen ist der Neuaufbau der Verbände in Ostdeutschland noch nicht berücksichtigt.

Trotz des steigenden Modernisierungsdrucks ist der Status der Wohlfahrtsverbände noch immer stabil. Das Subsidiaritätsprinzip, rechtlich im Bundessozialhilfegesetz und im Kinder- und Jugendhilfegesetz kodifiziert

**Abbildung 1**

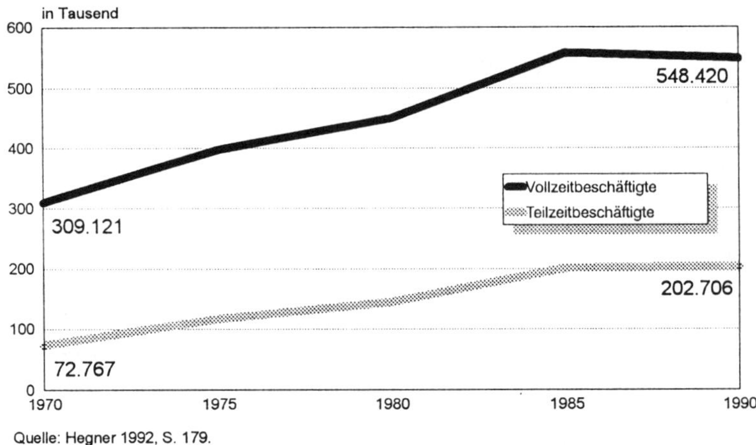


Quelle: Hegner 1992, S. 179.

**Abbildung 2**

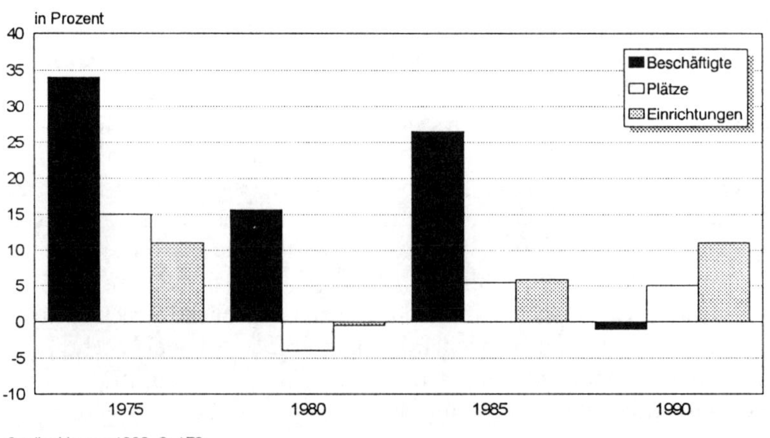


Quelle: Hegner 1992, S. 179.

und normativ eine tragende Säule der deutschen Sozialpolitik, sichert den Wohlfahrtsverbänden die staatlich geförderte Vorrangstellung bei den sozialen Diensten.

Nach wie vor sind die Verbände dadurch in ein "multizentrisches Steuerungssystem" (Heinze/Olk 1981, S. 110; dies. 1984) eingebettet. Nicht nur durch Subventionen sondern auch durch die Beteiligung an der Politikimplementation in Ausschüssen und anderen Gremien bekommen die Wohlfahrtsverbände einen "öffentlichen Status" (Offe 1981) zugewiesen. Dieser "öffentliche Status" ist eine deutsche Spezialität, die sich bereits in der Weimarer Republik zu einem korporatistischen Steuerungssystem entwickelt hatte (vgl. Tennstedt 1992; Schmid 1994). Innerhalb dieses korporatistischen Steuerungssystems ändern sich zur Zeit jedoch wichtige politisch-institutionelle Variablen (vgl. Bäcker/Heinze/Naegele 1995):

Auf *zentraler* Ebene reguliert die Pflegeversicherung das neue "Wettbewerbsverhältnis" zwischen allen Anbietern auf dem Pflegemarkt. Auch die Novellierung des Bundessozialhilfegesetzes bringt mit prospektiven Pflegesätzen und Leistungsentgelten ein neues Effizienzdenken ins Spiel. Dadurch wird das traditionelle Selbstkostendeckungsverfahren abgelöst. Im Bereich der Pflegeversicherung haben die Wohlfahrtsverbände ihre privilegierte Stellung verloren und treten formal in ein Wettbewerbsverhältnis mit anderen Anbietern ein (vgl. Backhaus-Maul/Olk 1994). Die organisatorischen Konsequenzen dieser Regulierung werden hier ausgeblendet, weil sich der vorliegende Beitrag auf das Verhältnis von Kommunen und Wohlfahrtsverbänden beschränkt. Die Pflegeversicherung eröffnet außerdem eine neue Arena mit neuen Akteuren: die Handlungslogiken von Pflegekassen sind mit den Handlungslogiken von Kommunen nicht vergleichbar. Auch die Integration der europäischen Sozialpoltik könnte die Rahmenbedingungen für verbandliches Handeln verändern, etwa durch steuerechtliche Vorgaben. Solche Effekte, wie auch potentieller und realer Wettbewerb zwischen Sozialunternehmen im Europäischen Binnenmarkt können hier jedoch nicht weiter diskutiert werden (vgl. Loges 1994).

Auf *dezentraler* Ebene schlagen erste Strukturreformen der Kommunalverwaltungen auf die Organisationen der Wohlfahrtsverbände durch: Budgetierung und Kontraktmanagement sollen auch auf die freie Wohlfahrtspflege in den Kommunen angewendet werden. Angeschoben werden solche neuen Steuerungsmodelle von der fiskalischen Krise der kommunalen Haushalte. Ohne den Druck durch Haushaltssicherungs- und Sparkonzepte gäbe es die derzeitigen Modernisierungswellen in den kommunalen Verwaltungen wohl kaum.

Die dezentrale, kommunale Ebene ist seit jeher die eigentliche korporatistische Handlungsebene der Wohlfahrtsverbände (vgl. Manderscheid 1995, Thränhardt 1981 und 1984; Heinze/Voelzkow 1991). In Gremien wie dem Jugendhilfeausschuß wirken sie an der Implementierung der Politik mit, die ihnen die Nachfrage nach ihren eigenen sozialen Diensten sichert (vgl. Ronge 1993). Die Kommunen sind daher die Arena für den Wohlfahrts*korporatismus* der Verbände. Die Kommunen bilden aber auch den konkreten Handlungsrahmen für die Prinzipien des Wohlfahrts*pluralismus:* die "konfliktuelle Kooperation" (Evers 1990, S. 191) zwischen kleinen und großen Trägern, Haushalten und Markt, gemeinnützigen und gewerblichen Diensten. Die deutschen Wohlfahrtsverbände gelten dabei im Vergleich zu ausländischen Non-Profit-Organisationen als Institutionen, die weitgehend staatliche Regulierungsformen übernehmen und dem Professionalismus verpflichtet sind; entsprechend schwer haben es kleinere soziale Initiativen, sich ihren Platz im Wohlfahrtsmix zu sichern (vgl. Evers 1993, S. 25).

Im Konzept des Wohlfahrtspluralismus bzw. Wohlfahrtsmix stellt sich die Frage, welche Mischformen zwischen den Polen "Markt" und "Staat" in der Wohlfahrtsproduktion auftreten, und wie sich die einzelnen Träger der Wohlfahrtsproduktion ergänzen und zueinander verhalten. Die Trägerformen stellen allerdings keinen eigenen Sektor dar, sondern vermitteln als "intermediäre" Instanzen zwischen dem informellen und formellen Sektor (vgl. Evers 1990). Diese Betonung der Vermittlungs*funktionen* gegenüber sektoralen Abgrenzungen zeigt sich auch an der Differenzierung dreier Vermittlungs*ebenen*: der Vermittlung zwischen Markt und solidarischen wie demokratischen Bedürfnissen, der Vermittlung zwischen institutionalisierten Bürokratien und pluralen, universalistischen Gruppen - etwa kleinen Initiativen und unabhängigen Gruppen - und der Vermittlung zwischen formellen, professionellen Organisationen und informellen Netzwerken in persönlichen sozialen Beziehungen (vgl. Evers 1992).

Wohlfahrtspluralismus-Theoretiker heben die Kategorien von sozialer Gerechtigkeit, Demokratie und Partizipation hervor. Nicht die Funktion, sondern die Legitimation und das Wertberücksichtigungspotential sozialpolitischer Arrangements und Trägerschaften spielen die zentrale Rolle.[1] Der Wohlfahrtspluralismus kann im analytischen Sinne aber auch als eine übergreifende Kategorie verstanden werden, innerhalb derer sich außer verschiedenen Trägern auch eine Vielzahl von Steuerungstypen mischen: Korporatismus und Wettbewerb, Selbstorganisation und staatliche Bereitstellung. Mit dem Begriff des Korporatismus wird in diesem Zusammenhang eine spezifische Verflechtung zwischen Verbänden und Staat beschrieben, die zu Repräsentationsmonopolen und einer Dominanz der Verbände in bestimmten Feldern führt.

Auf dieser analytischen Ebene bietet der Wohlfahrtspluralismus gegenüber anderen Konzepten den Vorteil, daß er nicht statisch Sektoren voneinander trennt, sondern die Pluralität der Trägerformen und ihrer Vermittlungsmechanismen darzustellen versucht. Auf dieser Ebene läßt sich auch die normative Dimension

1 Vgl. zu dieser normativen Fundierung auch den Beitrag von Pinker in diesem Band.

wieder anbinden, indem Mischungsverhältnisse zwischen den Typen der hierarchischen Redistribution, des marktmäßigen Äquivalententausches und der reziproken Hilfeleistung im Hinblick auf ihre Problemangemessenheit bewertet werden.[2] Insofern reihen sich Wohlfahrtsmix-Konzepte auch in die Diskussion um eine stärker integrierte Sozialpolitik ein (vgl. Donati in diesem Band). Wohlfahrtspluralismus stellt insgesamt betrachtet folglich keinen Idealtypus im Weberschen Sinne dar, sondern ein Kategorienschema, mit dem die Relationen zwischen den Sektoren der Wohlfahrtsproduktion beschrieben und normativ bewertet werden. Dadurch öffnet sich auch der Blick auf Spannungsfelder und Übergänge zwischen den Polen Markt, Staat und informellen Selbstversorgungsgemeinschaften (vgl. Backhaus-Maul/Olk 1992, S. 101).

An analytische Beschreibungen schließt sich meist die normative Frage an, ob spezifische Arrangements im Wohlfahrtsmix auch den Anforderungen von Vielfalt, Wertberücksichtigung, Demokratie und Gerechtigkeit genügen. Insofern liegt das Augenmerk wohlfahrtspluralistischer Ansätze vor allem auf den "inputs", den Partizipationsmöglichkeiten und der Beteilungsbreite gesellschaftlicher Akteure in der Wohlfahrtsproduktion. Neokorporatistischen Ansätzen wird hingegen oft vorgeworfen, sie seien zu stark "output"-orientiert und daher vorrangig an den Steuerungsleistungen sozialpolitischer Arrangements interessiert. Dabei wird jedoch vergessen, daß auch Neokorporatismus ein mehrdimensionaler Ansatz ist. Als Idealtypus verwendet, beschreibt er den Grad der formellen Einbindung von Verbänden, als normativer Ansatz hat er zwei Varianten: Eine betont die Steuerungsleistungen (output) des Systems (vgl. Streeck/Schmitter 1985), die andere, "kritische" Variante schließt an die Analyse der Verflechtungen die Kritik an zu schmalen Beteiligungsmustern (input) an (vgl. Offe 1984, Voelzkow 1994; für den Fall der Wohlfahrtsverbände Bauer 1978; Thränhardt 1984). An dieser Stelle ist Neokorporatismus durchaus anschlußfähig an wohlfahrtspluralistische Ansätze.

Die hier vorgestellte Analyse neuer kommunaler Steuerungsmodelle für das System der Wohlfahrtsverbände versucht, die Neupositionierung der Wohlfahrtsverbände im Wohlfahrtsmix zu beschreiben. Zum einen werden die Konsequenzen für den Korporatismus der Wohlfahrtsverbände am Idealtypus des Neokorporatismus gemessen. Dabei stellt sich auch die Frage, in welcher Weise sich die Logiken des wohlfahrtspluralistischen Dreiecks innerhalb der Wohlfahrtsverbände neu mischen und welche Konsequenzen das für den Wohlfahrtskorporatismus haben könnte.

2 Aus dieser Perspektive erscheinen dann "heterogene Akteursketten" als ein geeignetes Konzept, sowohl die Verschiedenartigkeit sozialer Probleme als auch die Differenziertheit der erforderlichen Angebote angemessen zu berücksichtigen (vgl. dazu vor allem den Beitrag von Hegner in diesem Band).

Zum anderen soll versucht werden, mit ersten Generalisierungen die Konsequenzen neuer Steuerungsmodelle für die Dynamik wohlfahrtspluralistischer Strukturen und ihre Wertberücksichtigungspotentiale auszuleuchten. Dabei muß aber betont werden, daß das empirische Fundament noch nicht breit genug ist, und die Muster je nach politischem und regionalem Kontext variieren können. In den neuen Bundesländern ist die Situation der Wohlfahrtsverbände ohnehin anders zu bewerten.

Neue kommunale Steuerungsmodelle wie das Kontraktmanagement berühren die Spannungsfelder und Gewichtungen im Wohlfahrtspluralismus. Die Deklaration solcher Steuerungsmodelle als "contracting out" und "Deregulierung etablierter Beziehungsmuster" (Backhaus-Maul/Olk 1994) deutet zunächst auf einen Vermarktlichungs- und Pluralisierungstrend hin, der anderen Sektoren der Wohlfahrtsproduktion mehr Spielräume verschafft. Im Hauptteil des Beitrags soll hingegen zu zeigen versucht werden, daß Kontraktmanagement auf der dezentralen Ebene der Kommunen nicht generell Raum schafft für neue soziale Initiativen, sondern auch korporatistische Strukturen modernisieren kann.

Kontraktmanagement scheint nicht die Pluralisierung der Trägerlandschaft zu beschleunigen, sondern das System der etablierten Organisationen zu stabilisieren. Gerade durch das Kontraktmanagement steigt der "Verbandlichungsdruck" auf kleine soziale Initiativen. Dadurch besteht durchaus die Gefahr, daß das Leistungspotential kleiner intermediärer Träger durch neue Steuerungsmodelle abgeschwächt und die Träger selbst aus der öffentlichen Förderung ausgeschlossen werden, wenn sie sich nicht formalisieren lassen. Eine solche Entwicklung würde das partizipatorische Element wohlfahrtspluralistischer Konzepte zurückstutzen (vgl. Evers 1993).

Zwar steigt durch Kontraktmanagement der Ökonomisierungsdruck auf die etablierten *Einzelorganisationen* der Wohlfahrtsverbände; auf der *Systemebene* stellen neue kommunale Steuerungsmodelle hingegen den Wohlfahrtskorporatismus nur auf eine andere Basis. Welche intra- und interorganisatorischen Konsequenzen sich daraus ergeben, soll in einer generalisierenden Perspektive diskutiert werden. Dieser Analyse des Kontraktmanagements ist eine Analyse sich ändernder Handlungsbedingungen der Wohlfahrtsverbände vorgeschaltet.

Die empirischen Beispiele und Verweise in diesem Beitrag stammen aus Nordrhein-Westfalen (NRW), einem Bundesland, in dem die Wohlfahrtsverbände quasi eine "Sicherstellungsfunktion" haben: Rund 80 Prozent aller sozialen Dienste werden von den Verbänden getragen, die restlichen 20 Prozent sind öffentlich oder privat organisiert. Allerdings gibt es zur Zeit genau wie in anderen Bundesländern größere Umstrukturierungen im Pflegebereich. Vor allem in Städten sind die privat-gewerblichen Anbieter stark gewachsen, und im Zuge der

Pflegeversicherung werden sie den Wohlfahrtsverbänden auch rechtlich gleichgestellt.

Neben der Aufarbeitung der Literatur wurden auch teil-standardisierte Experten-Interviews mit Vertretern von Wohlfahrtsverbänden, Verwaltungen und Landesministerien in Nordrhein-Westfalen geführt.[3] Außerdem wurden Ausschußsitzungen in Kommunen beobachtet und protokolliert und interne Papiere von Wohlfahrtsverbänden ausgewertet. Auf diese Quellen wird unter Wahrung der Anonymität im Text verwiesen.

## II. Wohlfahrtsverbände unter Modernisierungsdruck

### *1. Krise der kommunalen Finanzen*

Die Erosion der kommunalen Finanzen durch die wachsende Last der Sozialhilfeausgaben und Einbrüche bei den Gewerbesteuereinnahmen trifft auch die Wohlfahrtsverbände. Neben Landesfördermitteln und Leistungsentgelten sind die kommunalen Zuwendungen weiterhin eine zentrale Stütze für die verbandliche Sozialarbeit.

Fiskalische Krisen kennen einen gewissen Konjunkturzyklus, die letzte für die kommunale Sozialpolitik bedeutsame Krise entwickelte sich in den 80er Jahren. Dennoch muß man die derzeitige Situation qualitativ und quantitativ anders bewerten. In quantitativer Hinsicht wirken sich die Vereinbarungen des Solidarpakts und Konjunkturbrüche am sichtbarsten in den Kommunen aus. 1994 mußten in NRW mit 60 Kommunen rund doppelt so viele ein Haushaltssicherungskonzept aufstellen wie im Vorjahr (vgl. WZB-Mitteilungen 1995, S. 51). In vielen nordrhein-westfälischen Gemeinden sollen in den nächsten Jahren die (freiwilligen) Sozialausgaben linear um bis zu 20 Prozent gekürzt werden.

In qualitativer Hinsicht entstehen unter dem Eindruck der fiskalischen Krise in den Kommunen neue Steuerungsmodelle, die das Verwaltungshandeln effizienter gestalten sollen. Die Konzepte lehnen sich zwar alle an die Idee des "Public Management" an (vgl. Budäus 1994), sind in ihren praktischen Auswirkungen aber sehr unterschiedlich. Sie reichen von der Einführung einer Kostenstellenrechnung bis zur umfassenden Ausgründung von Eigenbetrieben. Das Instrument der Budgetierung, die Zuweisung von eigenen Haushalten an die Fachämter, steht jedoch meist im Zentrum der Reformüberlegungen.

3 Die Interviews wurden im einzelnen geführt mit Verwaltungsvertretern dreier mittelgroßer Kommunen (Sozialdezernenten und Projektgruppenleiter), mit Vertretern der Arbeiterwohlfahrt auf Bezirksebene (Verbandspolitik), der Caritas auf kommunaler Ebene (Geschäftsführung), des Paritätischen Wohlfahrtsverbandes auf kommunaler (Geschäftsführer) und Landesebene (Abteilungsleiter).

Den fiskalischen Druck spüren auch die Wohlfahrtsverbände. Zwar wachsen die Sozialleistungen überproportional an. Doch die Steigerungen in der Sozialhilfe fließen nicht den Verbänden, sondern Einzelpersonen zu. Dagegen schlagen die Kürzungen im Bereich der sozialen Dienste auf die Zuweisungen an die Verbände durch: kommunale Fördermittel werden spürbar knapper, vor allem im Bereich freiwilliger Leistungen (interne Papiere).

Doch auch die neuen Steuerungsmodelle sind ein wichtiger Faktor. Denn was zunächst verwaltungsintern reorganisiert wird, soll auch auf die subsidiär arbeitenden Verbände zukommen. Das Konzept der Budgetierung bzw. der Pauschalierung von Einzelzuschüssen, verbunden mit Leistungskontrakten, ist in einigen Kommunen in NRW schon auf die Wohlfahrtsverbände übertragen worden.

## 2. *Sozialrechtliche Reformen*

Die bedeutsamste rechtliche Neuerung für die Wohlfahrtsverbände in der letzten Zeit ist ohne jeden Zweifel die Pflegeversicherung (vgl. Evers 1995). Lapidar heißt es im Gesetzestext: "Freigemeinnützige und private Träger haben Vorrang gegenüber öffentlichen Trägern" (§ 11 Absatz 2 SGB 7). Diese Gleichstellung verbandlicher und privat-gewerblicher Träger in der Pflege hat direkte und indirekte Auswirkungen:

- Im Bereich von Qualitätsstandards und Kosten entsteht Wettbewerb.
- In Pflegekonferenzen sitzen private und gemeinnützige Anbieter und werden in die Bedarfsplanung miteinbezogen.

Die Installierung der Pflegekassen bewirkt außerdem, daß in den meisten Kommunen die Subventionen im Pflegebereich Schritt für Schritt eingestellt werden. Einige Wohlfahrtsverbände müssen nach Meinung von Sozialdezernenten dadurch Defizite befürchten, da sie qualitativ gut, aber viel zu teuer arbeiteten (Interviews).

Neben der Einführung der Pflegeversicherung ist aber auch im Bundessozialhilfegesetz (BSHG) ein wichtiges Element geändert worden. In der Novelle des BSHG vom August 1994 hat sich der Schwenk vom Selbstkostenprinzip zu prospektiven Budgets im Bereich sämtlicher Pflichtleistungen vollzogen. Der Paragraph 93 des BSHG sieht nun vor, daß in Vereinbarungen nicht wie früher über die "Höhe der zu übernehmenden Kosten" getroffen werden, sondern über "Inhalt, Umfang und Qualität der Leistungen sowie über die dafür zu entrichtenden Entgelte" (§ 93 Absatz 2). Inwiefern diese Änderung binnenorganisatorische Konsequenzen für die Wohlfahrtsverbände haben wird, muß noch analysiert werden. Ursprünglich sollte - in Anlehnung an die Pflegeversicherung - auch im BSHG die Gleichstellung verbandlicher und anderer Träger festgeschrieben werden. In der Gesetzesvorlage der Bundesregierung zur Sozialhilfereform war vor allem auf Wunsch der FDP der "Subsidiaritäts"-Paragraph 10 des BSHG geändert worden, der bislang die Träger der freien Wohlfahrtspflege als subsidiäre Leistungserbringer privilegierte. Diese vorgesehene, prinzipielle Gleichstellung gewerblicher und frei-gemeinnütziger Anbieter wird allerdings aller Wahrscheinlichkeit nach wieder zurückgenommen werden, so daß im Umkreis des BSHG die subsidiäre Vorrangstellung der Wohlfahrtsverbände formal erhalten bleibt.

## 3. *Strukturwandel des Ehrenamts*

Die Struktur ehrenamtlicher Arbeit hat sich in den letzten Jahren geändert. Die Bundesarbeitsgemeinschaft der freien Wohlfahrtspflege (BAGFW) gibt zwar seit Jahren die Zahl von 1, 5 Mio. Ehrenamtlichen aus. Doch Säkularisierung und Individualisierung verringern das Potential klassischer ehrenamtlicher Arbeit in den Verbänden (vgl. Bäcker/Heinze/Naegele 1995). Alle empirischen Studien weisen darauf hin, daß die von den Wohlfahrtsverbänden mobilisierte ehrenamtliche Arbeit zum Teil deutlich schrumpft. Klassische Ehrenamtliche (z.B. ältere, nicht-erwerbstätige Frauen) werden immer seltener.

Auch aus Sicht der Wohlfahrtsverbände hat die Bereitschaft zu kontinuierlicher ehrenamtlicher Tätigkeit in den vergangenen Jahrzehnten abgenommen. Tatsächlich dürfte also die genannte Zahl längst unterschritten sein. Insbesondere für die Wohlfahrtsverbände deuten die Zahlen auf wachsende Defizite, grundsätzlich vorhandene Potentiale ehrenamtlicher Arbeit - einmal vorausgesetzt, sie sind nicht verschwunden, sondern verändern sich nur in ihren Motiven und Strukturen- auszuschöpfen. In den traditionellen Formen kann dieses Potential offensichtlich immer weniger organisiert werden. Gewandelte "Rückerstattungserwartungen" an die investierte Energie scheinen im wesentlichen für den "modifizierten Altruismus" (Bock 1992, S. 382) neuer ehrenamtlicher Mitarbeiter verantwortlich. Auch die biographischen Typen ehrenamtlicher Mitarbeiter haben sich aufgefächert; das Ehrenamt mit dem klassischen "goldenen Helferherz" stellt dabei nicht mehr den Normalfall dar (vgl. Heinze/Bucksteeg 1995, S. 17f.).

Außerdem ist die Funktions- und Aufgabenabgrenzung ehrenamtlicher und professioneller Helfer komplizierter geworden. Das Ehrenamt wurde im Zuge der Professionalisierung der sozialen Dienste von immer mehr Funktionen ausgegrenzt, obwohl neue soziale Probleme eine Ergänzung der standardisierten, professionalisierten Dienste eigentlich immer notwendiger machen. Daß ehrenamtliche Arbeit vor diesem Hingergrund verstärkt als "abhängige Variable" der hauptamtlichen Arbeit verstanden wurde, wird mittlerweile als eine Ursache für die Probleme aufgefaßt, ehrenamtliche Verbandsmitarbeiter zu rekrutieren und motivieren (vgl. Olk 1987, S. 92). Ehrenamtliche werden durch die professionalisierten Hauptamtlichen und ihre Arbeitsmethoden oft demotiviert.[4]

Der Rückgang ehrenamtlicher Arbeit in den Wohlfahrtsverbänden bedeutet jedoch nicht, daß die Bereitschaft zu ehrenamtlichem Engagement generell schwindet. Mitte der 80er Jahre ermittelte INFAS, daß 16 Prozent aller erwachsenen Deutschen im Sozialbereich ehrenamtlich tätig seien (vgl. Institut für angewandte Sozialwissenschaft 1984). Für 1992 bezifferte das Sozioökonomische Panel den Anteil der mindestens einmal pro Woche (in Westdeutschland) ehrenamtlich Tätigen auf 14 Prozent (vgl. Sozio-ökonomisches Panel, 1993). Für 1995 liegt der Wert noch immer bei 13 Prozent (vgl. WZB-Mitteilungen 1995, S. 36). Das entspricht in absoluten Zahlen zehn bis elf Millionen ehrenamtlich Tätigen. Vergleicht man dieses Ergebnis mit der von den Wohlfahrtsverbänden genannten Zahl von 1,5 Mio. Ehrenamtlichen, offenbart sich die Diskrepanz zwischen ehrenamtlichem Engagement in den Verbänden und der Arbeit außerhalb verbandlicher Strukturen. Allerdings ist Vorsicht bei der Vergleichbarkeit der Daten geboten, da die Erhebungsfragen unterschiedlich formuliert sind.

Dennoch gibt es offenbar noch immer ein großes Potential an ehrenamtlicher Arbeit. Aber die Formen haben sich geändert und ändern sich weiter, es gibt einen "Strukturwandel des Ehrenamtes" (Olk 1987). Die "neue Ehrenamtlichkeit" ist geprägt durch eine Verbindung von Gesinnung, Betroffenheit, Selbstverwirklichungsmotiven und politischem Veränderungswillen (vgl. Heinze/ Bucksteeg 1994, S. 8). Sie ist formal wenig organisiert und daher für die Wohlfahrtsverbände nur begrenzt erschließbar. Dennoch bedarf auch die neue Ehrenamtlichkeit der Unterstützung durch professionelle Beratungsangebote, wie sie die Wohlfahrtsverbände anbieten.

Die Konsequenzen des sozialen Wandels für die Wohlfahrtsverbände sind durchaus ambivalent. So geht etwa das weibliche, familiäre Pflegepersonal für Angehörige im Zuge der Individualisierung drastisch zurück (vgl. Alber 1993, S. 4). Zwar schwächt diese Entwicklung das ehrenamtliche Engagement von Frauen, gleichzeitig macht sie aber professionelle Hilfsangebote um so dringlicher. Und der demographische Wandel erzeugt neue Nachfragepotentiale (vgl. Heinze/Olk/Hilbert 1988, S. 18f.; Ministerium für Arbeit, Gesundheit und Soziales 1994, S. 65ff.). Wenn institutionelle Komplementärstrukturen wie die Pflegeversicherung hinzukommen, ergeben sich für die Wohlfahrtsverbände trotz privater Konkurrenz neue Finanzierungsmöglichkeiten.

Säkularisierung und Individualisierung sind für die Wohlfahrtsverbände folglich nicht unbedingt nur eine Bedrohung, denn es entwickeln sich neue

4 Vgl. dazu auch die Studie von Jürgen Glinka, Gisela Jakob und Thomas Olk: Ehrenamt und Caritas. Eine biographieanalytische Untersuchung ehrenamtlichen Engagements innerhalb des Deutschen Caritasverbandes, Halle, Juni 1994, die demnächst veröffentlicht wird.

Nachfragepotentiale. So erzeugt die wachsende Frauenerwerbstätigkeit mehr Nachfrage nach sozialen Diensten, und neue Formen von Seniorengemeinschaften erschließen weitere Finanzierungspotentiale für Dienstangebote. Gleichzeitig katalysiert die Erosion des klassischen Ehrenamts die Modernisierung der Organisationsstruktur: Das Hauptamt wird sich weiter professionalisieren, die Produktivität der eigenen Arbeit wird überprüft. Außerdem entsteht ein Anreiz, über neue Verknüpfungsmöglichkeiten von Haupt- und Ehrenamt nachzudenken. Auch das Verhältnis zu neuen Formen der Alltagssolidarität und Selbsthilfe eröffnet den Wohlfahrtsverbänden Chancen. Denn moderne Selbsthilfe ist keine Konkurrenz-, sondern eine Komplementärform zur verbandlichen Sozialarbeit, die auch externer Unterstützung bedarf (vgl. Heinze/Bucksteeg 1995).

## *4. Binnenorganisatorische Modernisierung*

Funktional betrachtet müssen die Wohlfahrtsverbände seit jeher den Spagat schaffen zwischen "staatlicher Verpflichtung und ihrer Rolle als Animateure sozialer Solidaritäten und freiwilliger Mitarbeit" (Evers 1990, S. 198). Strukturell betrachtet wächst die Spannung zwischen zunehmendem Ökonomisierungsdruck und traditionellen Organisationsstrukturen (vgl. die Beiträge in Rauschenbach/Sachße/Olk 1995). Die Wohlfahrtsverbände standen allerdings schon immer im Spannungsfeld zwischen Modernität und Traditionalität hinsichtlich ihrer spezifisch normativen Organisationsverankerung auf der einen Seite und Professionalismus und Leistungsstandardisierung auf der anderen (vgl. dazu Nokielski/Pankoke in diesem Band).

Die meisten Wohlfahrtsverbände haben auf diesen Druck schon reagiert. Sie haben in ihren Geschäftsstellen Controlling und Kostenstellenrechnung eingeführt, die auch verbandsintern Effizienzdruck auslösen sollen. Die neuen Instrumente verursachen allerdings auch Konflikte, denn nun wird transparent, welche Stellen wieviel Kosten verursachen (Interviews). Die Einführung von Controlling ist ein Indikator dafür, daß schon seit längerer Zeit eine "Ökonomisierung" der Wohlfahrtspflege die starke weltanschauliche Verankerung der Wohlfahrtsverbände auflöst. Denn vor der Einführung von Controllinginstrumenten galt es meist als rationale verbandspolitische Strategie, Effizienzanforderungen von sich abzuwenden und irrationale Begründungen abzugeben (vgl. Czytrich 1984, S. 7). Allerdings verwenden die meisten Wohlfahrtsverbände ihre Controlling-Resultate zunächst nur zur internen Aufgabenkritik.

Neben der Einführung von Controlling und Kostenstellenrechnung und der wachsenden Bedeutung betriebswirtschaftlicher Qualifikationen und Fortbildungsangebote ist die "GmbH-isierung" die derzeit auffälligste Modernisierungsstrategie.[5] Die Motive für die Ausgründungen ehemals verbandsinterner Abteilungen in gewerbliche oder gemeinnützige GmbHs sind vielfältiger Art; die Chance, dadurch dem Immobilismus des Vereinsrechts zu entkommen, spielt jedoch fast immer eine zentrale Rolle.

In vielen Publikationen wird vernachlässigt, daß das Ehrenamt in zwei Ebenen zerschnitten ist. Die auf lokaler Ebene in der Sozialarbeit aktiven Ehrenamtlichen sind nur selten identisch mit denen, die als Ehrenamtliche Leitungsfunktionen in den Vorständen haben (vgl. Pradel 1993, S. 96). Diese Funktionen sind durch das Vereinsrecht festgeschrieben. Die Leitungsfunktionen des Ehrenamts werden jedoch angesichts des Effizienzdrucks von den Hauptamtlichen oft als nicht mehr zeitgemäß empfunden.

Auch auf diese Spannungen reagieren manche Wohlfahrtsverbände mit der Ausgründung von Organisationsteilen. In NRW wollen insbesondere die konfessionellen Wohlfahrtsverbände, die ihre GmbHs als gemeinnützige Gesellschaften ausgründen, auf diese Weise den "institutionalisierten Dilettantismus" in ihren ehrenamtlichen Vorständen abstreifen.

Bei anderen Verbänden soll durch die flexiblere Organisationsform der GmbH die Marktmacht des Verbandes beim Einkauf von Produkten oder auch beim Verkauf eigener Produkte (Finanzdienstleistungen u.ä.) erhöht werden. Über den Verkauf von eigenen Dienstleistungen verbessern sich die Refinanzierungsmöglichkeiten. Dadurch können mehr Eigenmittel gewonnen werden. Doch auch hier spielt das Motiv eine Rolle, in betriebswirtschaftlich dominierten Bereichen aus dem Vereinsrecht mit seiner ehrenamtlichen Dominanz "flüchten" zu können.

Die GmbH-isierung signalisiert daher nicht nur den wachsenden Effizienzdruck und die Ökonomisierungstendenzen in der Wohlfahrtspflege, sondern kann auch als Indikator dafür gelten, daß sich die hauptamtlichen Mitarbeiter weiter von der ehrenamtlichen Steuerung emanzipieren. Aus organisationssoziologischer Sicht sind Ausgründungen von GmbHs die logische Fortführung der Professionalisierung des Hauptamts in den Wohlfahrtsverbänden durch eigenständigere und flexiblere Organisationsformen. Sie demonstrieren auch, daß das Vereinsrecht "keine Ewigkeitsformel" (Seibel 1989, S. 64) für die freie Wohlfahrtspflege sein muß.

Abgesehen von Ausgründungen sind auch innerhalb der vereinsrechtlichen Grenzen Modernisierungstendenzen erkennbar. So werden vermehrt Stabsstellen eingerichtet, etwa für die Pressearbeit oder die interne Steuerung von Landes- und

5 Ähnliche organisatorische Transformationen vollziehen sich auch in der Industrie- und Strukturpolitik, wo ausgegründete ehemalige Verwaltungs-, Verbands- oder Unternehmensakteure als GmbHs auftreten (vgl. Heinze/Schmid 1994, S.26). An dieser organisatorisch-strukturellen Parallele läßt sich die "Ökonomisierungstendenz" in der Wohlfahrtspflege ablesen, die die Dienstleistungsfunktion der Verbände immer stärker in den Vordergrund schiebt.

kommunaler Ebene. Diese Änderungen lassen sich nicht durch schlichtes Größenwachstum erklären, das auch mit einfachen Linienorganisationen zu bewältigen wäre (vgl. Endruweit 1981, S. 110). Die Installierung von Stabsstellen ist meist ein Indikator dafür, daß die Output-Erstellung schwieriger geworden ist (z.B. durch öffentliche Aufmerksamkeit) und die einfachen Rollendifferenzierungsmethoden der Linienorganisation nicht mehr ausreichen.

## III. Staat und Verbände - neue Rollenverteilung in der kommunalen Sozialpolitik?

Die skizzierten Modernisierungsschübe lockern eine organisatorische Besonderheit der Wohlfahrtsverbände, die bislang immer als Charakteristikum und Erneuerungsblockade zugleich gesehen wurde: die enge Verkopplung von Zweck und Motivation (vgl. Luhmann 1972, S. 100). Daran macht sich meist die weltanschauliche Orientierung der Wohlfahrtsverbände fest; der Organisationszweck der solidarischen Hilfe war, mit programmatischen Differenzierungen versehen, zugleich die Organisationsmotivation und die Motivation der Mitarbeiter.[6] Verbände, bei denen beides eng verknüpft ist, sind tendenziell immobil. Nur wenn die Organisation ohne Schaden Zwecke und Motive getrennt voneinander abändern kann, verschafft sie sich Bewegungsspielraum.

Zwar stehen den Funktionären der Wohlfahrtsverbände auch weiterhin kaum selektive Anreize zur Verfügung, um diese Verkopplung partiell zu lösen und andere Organisationsinteressen zu verfolgen. Doch die Binnenstruktur der "Sozialleistungsverbände" (von Alemann 1989, S. 94) hat sich bis heute so stark verändert, daß die weltanschauliche Basis unter den Mitarbeitern deutlich schwächer geworden ist. Auch finden sich unter den Mitarbeitern häufiger als früher "Seiteneinsteiger", die nicht im Umfeld der Wohlfahrtsverbände "sozialisiert" worden sind. Ohnehin dominiert in den Wohlfahrtsverbänden parallel zum Größenwachstum immer mehr die *Dienstleistungsfunktion*. Die advokatorische *Interessenvertretungsfunktion* hingegen wird weiter zurückgedrängt.[7]

---

6 Verbände wie der ADAC, der Hartmannbund oder sogar die Gewerkschaften haben eine breit gestreute Organisationsmotivation, die nur zu einem Teil mit dem Organisationszweck identisch ist. Nicht nur beim ADAC, auch bei den Gewerkschaften sind Dienstleistungen wie Rechtsberatung ein immer wichtigerer Grund, im jeweiligen Verband Mitglied zu werden.

7 Eine Ausnahme ist z.B. die Armutspolitik des Paritätischen Wohlfahrtsverbandes, der zusammen mit dem DGB vor einiger Zeit seinen nationalen Armutsbericht öffentlichkeitswirksam vorgestellt hat. Doch auch hier findet sich eine Verknüpfung mit eigenen Organisationsinteressen. Im Vergleich zu allen anderen Wohlfahrtsverbänden ist der DPWV relativ unbekannt (vgl. Institut für Sozialwissenschaft 1993, S. 4). Ein Armutsbericht in Kooperation mit einer großen

Verkoppelt mit der Dienstleistungsfunktion ist auch eine stärkere Ökonomisierung der verbandlichen Arbeit, wie oben dargestellt. Bei der Analyse neuer kommunaler Steuerungsmodelle und ihrer Konsequenzen für die Verbände stellt sich deshalb die Frage, ob die Ökonomisierung der *Einzelorganisationen* notwendigerweise eine Ökonomisierung des *Systems* der Wohlfahrtspflege nach sich ziehen muß. Im folgenden soll gezeigt werden, daß dies nicht der Fall ist.

Darüberhinaus soll diskutiert werden, welche Konsequenzen neue kommunale Steuerungsmodelle für die Trägerlandschaft des Wohlfahrtsmix haben könnten. In der offiziellen Sprachregelung sind Instrumente wie Kontraktmanagement und Budgetierung Elemente einer Modernisierung des öffentlichen Sektors. Doch *Modernisierung* in einem Bereich wie der Wohlfahrtspflege muß nicht zwangsläufig *Pluralisierung* bedeuten. Auch diese These soll überprüft werden.

## *1. Assoziierte Konkurrenz: die staatliche Einbindung privat-gewerblicher Anbieter*

Auf die aktuelle Entwicklung bezogen beobachten manche Autoren einen Niedergang korporatistischer Verflechtungen im Sozialbereich, herausgefordert durch die europäische Integration, fiskalische Krisen und sozialrechtliche Neuerungen. Das Repräsentationsmonpol der freigemeinnützigen Verbände sehen sie durch Reformen im BSHG und im Pflegegesetz auch rechtlich infragestellt: Als freie Träger gelten nun alle außerhalb der staatlichen Sphäre, auch die privaten Anbieter (vgl. Backhaus-Maul/Olk 1994, S. 130).

Und auf den ersten Blick ensteht mit der steil ansteigenden Zahl privat-gewerblicher Anbieter tatsächlich eine neue Dimension im Bereich der Altenpflege: Die freigemeinnützigen Sozialstationen bekommen massive Konkurrenz durch private Anbieter. In Hamburg haben die privaten Anbieter einen Marktanteil von über 50 Prozent erobern können (vgl. Frankfurter Allgemeine vom 24. 12. 93), für andere Metropolen wie München werden ähnliche Daten genannt. In Essen stehen 32 gemeinnützigen Sozialstationen 60 gewerbliche Anbieter gegenüber, ein Verhältnis von 2 zu 1 zugunsten der Privaten. Ein Extrem-Beispiel ist Düsseldorf, wo die privat-gewerblichen Anbieter mittlerweile einen Versorgungsanteil von 70 Prozent aller Klienten haben (vgl. Kuratorium Deutsche Altershilfe et al. 1995, S. 155).

So beeindruckend diese Beispiele sind, von denen es zahlreiche gibt, sie können dennoch kein genaues Bild von der wirklichen Marktmacht der privat-gewerblichen Anbieter zeichnen. Zum einen ist die Fluktuation unter den privaten Anbietern sehr hoch, auch betreiben viele Angestellte "nebenbei" einen

Organisation wie dem DGB ist eine ideale Plattform, um den Verband stärker zu popularisieren, ohne direkte Öffentlichkeitsarbeit betreiben zu müssen.

Pflegedienst. Zum anderen gibt es trotz verwendeter Begriffe wie "Markanteilen" u.ä. bislang keine verläßlichen Angaben zum Arbeitsvolumen der gewerblichen Anbieter. Auch die Betriebsgrößen werden selten erfaßt; bei einer allgemeinen Analyse der Situation in NRW ergab sich, daß 80 Prozent der privaten Anbieter weniger als 15 Mitarbeiter beschäftigen, oft sind es Einpersonenunternehmen. Die Anteile privat-gewerblicher Anbieter hängen zudem von den Rahmenbedingungen in den einzelnen Kreisen und Kommunen ab. Trotz dieser statistischen Lücken kann jedoch kein Zweifel daran bestehen, daß Zahl und Bedeutung privat-gewerblicher Pflegedienste rasant zugenommen haben. Auf NRW bezogen wird geschätzt, daß mittlerweile 45 Prozent der Klienten von privat-gewerblichen Anbietern betreut werden, 55 Prozent von freigemeinnützigen Trägern (vgl. Kuratorium Deutsche Altershilfe et al. 1995, S. 155).

Auch das Sozialrecht hat neue ordnungspolitische Weichenstellungen vorgenommen. Die Pflegeversicherung, die ausdrücklich private Anbieter und Wohlfahrtsverbände gleichstellt, führt eine Art "Pflegemarkt" ein, der allerdings reguliert ist. In einigen Kommunen tagen mittlerweile Kreispflegekonferenzen, in denen Qualitätsstandards und Bedarfe festgelegt sowie Verträge abgeschlossen werden sollen. In diesen Gremien sitzen auch die privaten Anbieter.

Der forcierte Wettbewerb der Wohlfahrtsverbände mit anderen Anbietern scheint spektakulär zu sein. Die hohen Qualitätsstandards verhindern aber auch bei den Privaten günstige Preise, und in den Verhandlungen zwischen Pflegekassen und sämtlichen Anbietern sind ohnehin Einheitspreise die Regel (vgl. Capital 12/94).

Außerdem ist im Pflegebereich dem "Auftrag kirchlicher und sonstiger Träger der freien Wohlfahrtspflege [...] Rechnung zu tragen" (§ 11 Absatz 2 SGB 7). Dahinter verbirgt sich die Absicht des Staates, trotz wettbewerblicher Elemente das System der Wohlfahrtsverbände insgesamt stabil zu halten. "Wenn wir einen total freien Markt hätten, dann wäre ein Preiskampf für uns vielleicht attraktiv. So aber pochen wir auf Waffengleichheit", sagt der Vorsitzende des Arbeitgeberverbandes privater ambulanter Pflegedienste (Capital 12/94, S. 152).

Die assoziierte Konkurrenz der privaten Anbieter könnte man daher auch als "multipolaren Korporatismus" auffassen, denn die Privaten werden genau wie die Verbände in die Bedarfsplanung miteinbezogen. Auch die Garantiesätze der Kassen deuten eher auf ein korporatistisches "Pflege-Kartell" (Capital 12/94) hin, als auf Qualitäts- und Preiswettbewerb. Im Unterschied zum regulären Korporatismus werden die privaten Anbieter allerdings (noch) nicht subventioniert. Auch haben sie nicht das "Tauschelement" der ehrenamtlichen Arbeit anzubieten. Dennoch wird das Wettbewerbskonzept durch neue institutionelle Strukturen in einen "multipolaren Korporatismus" mit staatlichen Steuerungsansprüchen transformiert.

Auch das Verhältnis von Wohlfahrtsverbänden und gewerblichen Anbietern weist vielerorts eher auf ein *Komplementär-*, als auf ein *Konkurrenz*-Verhältnis hin. Intern äußern Verbandsfunktionäre, daß die privaten Anbieter nur einen zusätzlichen Bedarf deckten. Auch übertreiben einige von ihnen die reale Marktmacht der privat-gewerblichen Anbieter, um von innen heraus Effizienzdruck auf die Organisationsstruktur ihrer Verbände ausüben zu können. Die knapper werdenden Ressourcen führen insgesamt dazu, daß der Status quo in der Wohlfahrtsproduktion festgeschrieben wird.

## 2. *Neue Steuerungsmodelle in den Kommunen*

Insbesondere mit Blick auf die Kommunalverwaltung wird das Modell der "Lean Administration" allenthalben diskutiert und mancherorts schon installiert; doch es ist weniger die wachsende Aufgabenfülle als vielmehr fiskalischer Druck, der die neuen Steuerungsmodelle populär macht. Kombiniert werden soll die Verschlankung mit neuen Steuerungs- und Managementformen in der öffentlichen Verwaltung. Kernelemente eines solchen "Public Management" sind (vgl. Budäus 1994; Reichard 1994; sowie in international vergleichender Perspektive Naschold 1995):

- stärkere Kundenorientierung und Leistungsanreize für Mitarbeiter,
- verstärkte output- statt input-Steuerung,
- Einheit von Fach- und Ressourcenverantwortung,
- Fachbudgets und Controlling,
- Dezentralisierung und Selbststeuerung,
- globale Steuerung statt Einzelfallförderung und Einzelverwendungsnachweise,
- stärkere Marktorientierung und contracting out.

In der Debatte um die Modernisierung des öffentlichen Sektors spielt die Reintegration von Einzelentscheidungen eine elementare Rolle. Führungsdefizite sollen beseitigt und effektives Management ermöglicht werden, indem Ressourcen global ausgegliedert und über Kontrakte gesteuert werden. Ein solches Kontraktmanagement inklusive Budgetierung erzeugt automatisch die Diskussion um Ziele und Wirkungen und stellt die kameralistische Input-Steuerung um auf eine Output-Steuerung. Im Grunde bieten nur solche Steuerungsmodelle die Chance, aus dem Prinzip des Kameralismus auszubrechen.

Auch im Zusammenhang mit einer stärkeren Kongruenz von Fach- und Ressourcenverantwortung werden Globaldotationen für die Selbstbewirtschaftung durch Verbände und andere Träger diskutiert (vgl. Reinermann 1994). Zunächst jedoch zielt das Konzept des Kontraktmanagements auf die verwaltungsinterne Reorganisation. Wachten bislang Querschnittsämter wie die Kämmerei über den gesamten Kommunalhaushalt, so sollen in Zukunft über kontraktuelle Absprachen Budgets samt Leistungspaketen an die Fachämter überstellt werden.

Verbunden ist die Idee des Kontraktmanagements allerdings automatisch mit der Budgetierung. Auch die Budgetierung ist im Grunde zunächst eine verwaltungsinterne Strategie: Den dezentralen Organisationseinheiten sollen intern deckungsfähige Budgets zugewiesen werden, mit denen die Ressorts autonom wirtschaften können. Dieses interne Verfahren wird beim Kontraktmanagement nach außen gewendet. Nach dem Prinzip des contracting out, möglicherweise auch verbunden mit einer Ausschreibung, wird parastaatlichen oder nichtstaatlichen Organisationen ein Budget plus Leistungsauftrag zugewiesen. Auf dem Feld sozialer Dienste würde sich dadurch das komplette Abrechnungswesen erübrigen; stattdessen müßte ein standardisiertes Berichtswesen eingeführt werden.

Obgleich das dominierende Leitbild der Modernisierungsdiskussion die Vision des "Dienstleistungsunternehmens" ist, flottieren verschiedene theoretische Konzepte, die Verwaltungshandeln zu erklären versuchen: das klassische, an *Max Weber* angelehnte Bürokratiemodell, das in der Neuen Politischen Ökonomie v.a. von *Niskanen* fortentwickelt worden ist, das "Policy-Modell", das die Verflechtung von Politik und Verwaltung zugrundelegt, und eben das Unternehmensmodell (vgl. Reichard 1994, S. 34).

Gerade das Policy-Modell demonstriert die Lücken der reinen Unternehmensperspektive. Denn die Modernisierung der Verwaltung hat auch Auswirkungen auf die politische Steuerungsfähigkeit. Gerade bei der Übertragung neuer Steuerungsmodelle auf die Wohlfahrtspflege stellen sich Fragen nach der Legitimation der kommunalen Sozialpolitik. Denn Politik und Verwaltung entmachten sich zum Teil selbst.

## 3. *Kontraktmanagement und Budgetierung in der Wohlfahrtspflege*

Das Kontraktmanagement kann man nicht nur als geplantes Modernisierungselement, sondern auch als das Ergebnis fiskalischen Drucks ansehen; verbunden sind Budgetierung und Kontrakte meist mit Kürzungen. Das gilt auch für die Umsetzung der neuen Steuerungsmodelle in der Wohlfahrtspflege. Eine "Kürzungspolitik ohne strukturelle Änderungen wäre [...] viel prekärer geworden", meinen Verwaltungsbeamte. Würden die herkömmlichen Einzelzuschüsse gekürzt, könnten die Verbände ihre Leistungen nicht mehr aufrechterhalten; bei Budgets und Kontrakten biete sich hingegen die Möglichkeit, innerhalb der Budgetvorgabe Posten zu verschieben.

Kontraktmanagement in der Wohlfahrtspflege zielt darauf ab, die bisherigen (freiwilligen) Zuwendungen der Kommunen an die Wohlfahrtsverbände -

zwischen 15 und 25 Prozent der verbandlichen Einnahmen - auf Leistungsverträge mit Budgets umzustellen. Dabei müssen in den meisten Fällen formalrechtlich Ausschreibungen vorgeschaltet werden. Diese Vorgabe ist jedoch flexibel, da in "begründeten Fällen" auch eingeschränkte oder sogar freihändige Vergabe in Betracht kommen.

Im Fall der Wohlfahrtsverbände wäre es jedoch sicherlich verkehrt, von einem "Outsourcing" durch die Verwaltung zu sprechen; das Prinzip der Delegation und Ausgliederung kommt in der freien Wohlfahrtspflege auf der Basis des Subsidiaritätsprinzips schließlich seit jeher zur Geltung. Zudem schließt ein Outsourcing auch immer den Vergleich von Marktangeboten ein (vgl. Reinermann 1994, S. 49).

In unserem Untersuchungsgebiet NRW behalten nach dem bisherigen Stand der Dinge die Wohlfahrtsverbände jedoch ihre Domänen und Zuweisungsschlüssel, die Ausschreibung von sozialen Diensten wird bislang kaum praktiziert (Interviews). Auch sollen die Jahresberichte weiterhin von den zuständigen Fachausschüssen diskutiert und kontrolliert werden. Dennoch bringt die Einführung des Kontraktmanagements eine entscheidende Neuerung: Einzelfallförderung und Verwendungsnachweise sollen gegen pauschale Zahlungen und ein einheitliches Berichtswesen eingetauscht werden.

Folgt man der These, daß die Wohlfahrtsverbände sich immer mehr den öffentlichen Bürokratien angenähert hätten (vgl. Heinze/Olk 1981, S. 110; Reichard 1988, S. 368)), so könnte man eine Anschlußthese formulieren: Wenn sich die Verwaltungen modernisieren, müssen dies auch die Verbände tun, um die Kompatibilität ihrer Organisationstrukturen zu erhalten.

## 4. *Empirische Beispiele*

Das Konzept des "Kontraktmanagements" taucht in den offiziellen Sprachregelungen der Kommunen unter anderen Etiketten auf: Budgetierung, Änderung der Zuschußstruktur, Abkehr von der Einzelförderung sind die in der Praxis üblichen Bezeichnungen. Zudem steckt diese grundlegende Änderung noch in den Kinderschuhen. Wesentliche Elemente der Kontrakte müssen beispielsweise in NRW-Kommunen erst noch zwischen Verbänden und Kommunen verhandelt werden. Dennoch gibt es Elemente, die sich in vielen Kommunen ähneln:

- In Kontrakten wird eine Leistungsbeschreibung zwischen Wohlfahrtsverbänden und Kommunen vereinbart.
- Einzelzuschüsse werden zu einem Globalbudget oder zu Pauschalen für einzelne Fachbereiche zusammengefaßt.
- Durch die Laufzeit der Kontrakte erhalten die Verbände mehr Planungssicherheit.

- Mit der Budgetierung sind meist Kürzungen verbunden.

Eines der auffälligsten Beispiele in Nordrhein-Westfalen findet sich in der Stadt Hagen, einer kreisfreien Stadt mit ca. 200.000 Einwohnern an der Grenze zwischen Ruhrgebiet und Sauerland. Die Kommune steht unter massivem Finanzdruck, der Regierungspräsident hat schon mehrfach das hohe Defizit moniert (Interviews). Hagen will nicht nur in seiner Verwaltung den einzelnen Ämtern Fach- und Ressourcenverantwortung zuordnen, sondern auch die Zuschußstruktur in der Wohlfahrtspflege umstellen. Die Einführung von Kontrakten mit zweijähriger Laufzeit und festen Budgets ist mit linearen Kürzungen verbunden, die sich bis 1997 auf 20 Prozent saldieren. Danach sollen die Budgets mit einem noch zu entwickelnden Index dynamisiert werden.

Die Verwaltung verspricht sich dadurch Entlastungseffekte und eine einheitliche Beschlußlage über Aufgaben und Finanzierung, ganz abgesehen von dem Einsparpotential. Andererseits geht die Prioritätensetzung an die Verbände über, Politik und Verwaltung verlieren Steuerungsmöglichkeiten. Allerdings soll das neue Berichtswesen einen besseren und integrierten Überblick über die kommunale Sozialpolitik bieten. Die Politik kann zudem Verträge vorzeitig kündigen, etwa dann, wenn ein Verband aus Kostengründen einen kompletten Aufgabenbereich aufgeben will und die Grundlage des Kontraktes somit hinfällig wird.

Die Verbände haben trotz gravierender Finanzierungslücken auch Vorteile von der Regelung: Sie können die Budgets intern flexibel einsetzen und die Prioriäten festlegen. Darüberhinaus bekommen sie durch die Laufzeit auch Planungssicherheit. Der Effizienzdruck steigt allerdings an, denn Budgetgewinne wie -verluste verbleiben bei den Verbänden. Ähnliche Kontraktmodelle mit unterschiedlichen Laufzeiten und Sparansätzen existieren noch in anderen großen Kommunen wie Dortmund oder Oberhausen, werden aber erst in einiger Zeit implementiert sein. Über die Laufzeit der Kontrakte wird eine Summe festgeschrieben, was angesichts steigender Löhne und Mieten reale Kürzungen für die Wohlfahrtsverbände bedeutet. Die Kontrakte werden direkt mit den Wohlfahrtsverbänden abgeschlossen; im speziellen Fall des Paritätischen Wohlfahrtsverbandes, der einen Großteil der Selbsthilfebewegung und sozialer Initiativen organisiert, versprechen sich Verwaltungsvertreter dadurch eine verbesserte Steuerungsfähigkeit der Sozialpolitik (Interviews).

Daß das Kontraktmanagement auch auf tradierte Muster korporatistischer Politikentlastung zurückgreift, zeigt das Beispiel der Jugendpolitik. Die vielen kleinen Träger in diesem Sektor sollen in einigen Kommunen über die zentrale Koordinationsstelle des Jugendrings, eines freien Trägers von Initiativen, gesteuert werden. Dazu ist der Jugendring aber institutionell, personell und finanziell bisher nicht in der Lage. Aus diesem Grund überlegen Verantwortliche in der Kommunalverwaltung, trotz Kürzungen dem Jugendring beispielsweise eine volle Hauptamt-Stelle zu finanzieren, damit aus ihm eine echte Steuerungsinstanz werden kann (Interviews). Zugleich wird dadurch das Konfliktpotential in die Trägerlandschaft hineinverlagert und die Politik entlastet.

Gerade für den Bereich der Kinder- und Jugendhilfe wird jedoch die These vertreten, daß das zuständige KJHG eine Pluralisierung der Trägerlandschaft forciere (vgl. Backhaus-Maul/Olk 1994, S. 125). Umso auffälliger ist es, daß ein vermeintlich "marktlich" orientiertes Instrument wie das Kontraktmanagement in diesem Sektor sogar zur Zentralisierung und Korporatisierung führt.

Im übrigen sind dort, wo einzelne Dienste tatsächlich ausgeschrieben werden, die Domänen der Verbände meist unberührt geblieben. Das läßt sich an Entwicklungen in einem anderen Bundesland illustrieren: In Frankfurt am Main hatte die Stadt die Fahrdienste für Behinderte ausgeschrieben. Nachdem die Prozedur beendet war, waren alle neuen Anbieter die alten geblieben. Allerdings hatte die Stadt das Instrument genutzt, um Kürzungen in den Budgetansätzen durchzusetzen.

Die Formel: "von Subsidiarität zu outcontracting" (Backhaus-Maul/Olk 1994) suggeriert, daß jegliche neuen Formen von kontraktuellen Beziehungen eine Abkehr vom alten Steuerungsprinzip des subsidiären Korporatismus darstellen. Das Kontraktmanagement ist jedoch keinesfalls automatisch ein Indikator für eine "Krise des Subsidiaritätsprinzips", auch wenn es in den Kommunen kein einheitliches Politikmuster gibt. Im Falle der hier geschilderten Konzepte wird paradoxerweise trotz Zuschußkürzungen die verbandliche Selbstregulierung gestärkt.

Zugleich wird durch das Einfrieren der Aufgaben und Träger im derzeitigen Zustand eine Art "closed shop" errichtet. Dieses Szenario, das sich in weiten Teilen Nordrhein-Westfalens ähnelt, bestätigt auch eine These aus den 80er Jahren, wonach in fiskalischen Krisen korporatistische Strukturen eher gefestigt als gelockert werden: "Die zuletzt Gekommenen werden als erste wieder aus dem Verteilungssystem ausgeschlossen, und Neulinge werden nicht mehr aufgenommen" (Windhoff-Héritier 1983, S. 85).

Die konstatierten "Deprivilegierungstendenzen von Wohlfahrtsverbänden durch den EU-Binnenmarkt" (Backhaus-Maul/Olk 1994, S. 116) müssen sich folglich auf der nationalen und lokalen Handlungsebene nicht unbedingt und überall in realer Deprivilegierung niederschlagen.

## 5. *Intra- und interorganisatorische Konsequenzen*

Die binnenorganisatorischen Konsequenzen für die Wohlfahrtsverbände werfen ein Licht auf die oftmals unterschlagenen Differenzen zwischen den einzelnen Organisationen.

Caritas und Diakonisches Werk haben entweder korporative Mitgliedsorganisationen als Untergliederungen oder kooperative Mitglieder (vgl. Goll 1991, S. 96). Ähnlich festgefügt ist die Struktur bei der AWO und dem Roten Kreuz. Im Vergleich mit ihnen ist der Paritätische Wohlfahrtsverband nur in Ausnahmefällen Träger eigener sozialer Dienste; seine Mitgliedsorganisationen als die Träger der sozialen Dienste sind "assoziativ" (Türk 1978, S. 106) angebunden und rechtlich autonom. Dem DPWV stehen somit kaum Regelungsrechte zur Verfügung (vgl. Merchel 1989, S. 215). Und seine heterogene Mitgliederstruktur erlaubt es ihm als Dachverband nur, Verbandspolitik auf dem kleinsten gemeinsamen Nenner zu betreiben. Aus diesen strukturellen Unterschieden erklären sich auch die unterschiedlichen Auswirkungen einer Einführung des Kontraktmanagements auf die Wohlfahrtsverbände.

Abgesehen von den Kürzungen in den meisten Kommunen kommen den Verbänden, die selbst Träger der sozialen Dienste sind, die Prinzipien der Budgetierung und Kontraktregulierung sogar entgegen. Die bislang übliche Einzelfallförderung ist neben der verbandsinternen Hierarchisierung und Professionalisierung die wichtigste Ursache für die "bürokratisierte Struktur" der Wohlfahrtsverbände. Die Prüfung über Einzelverwendungsnachweise und die politische Festlegung bei der Förderung einzelner Träger hat zur "Bürokratieüberwälzung" (Reichard 1988, S. 368) auf die Verbände geführt. Das starre Haushaltsrecht kameralisiert finanzielle Gestaltungsmöglichkeiten der Verbände größtenteils weg (vgl. Oppl 1992, S. 156).

Wohlfahrtsverbände wie die Caritas, das Diakonische Werk oder die Arbeiterwohlfahrt können dagegen mit Budgets flexibler umgehen, weil ihnen innerhalb des Budgets Entscheidungsfreiheiten bleiben. Sie sind nicht mehr an starre Ausführungsbestimmungen der Einzelförderung gebunden. Gerade bei Kürzungen im Sozialbereich kann innerverbandlich nach den günstigsten Einsparmöglichkeiten gesucht werden. Caritas und Diakonie können sich vom Kontraktmanagement sogar eine verbesserte Steuerungsfähigkeit versprechen, weil sie ihre kooperativen Mitglieder über die Budgetverteilung leichter disziplinieren und anbinden können.

Beim Paritätischen Wohlfahrtsverband hingegen würde die konsequente Einführung von Kontraktmanagement seine gesamte Organisationsstruktur infragestellen. Die lokal zentralisierte Verwaltung eines Budgets ist angesichts der assoziativen Mitgliedschaften und heterogenen Mitgliederstruktur des DPWV dysfunktional. Weil ihm die Regelungsrechte gegenüber seinen Mitgliedern fehlen, kann er keine Prioritäten setzen und das Budget nicht nach eigenen Maßstäben verteilen, weil sonst offene Konflikte innerhalb der Mitgliedschaft und gegenüber dem Dachverband aufbrechen. Für Vertreter des Landesverbandes in NRW rührt das Kontraktmanagement an den Grundfesten der verbandlichen

Programmatik und Funktionen: "Der DPWV ist ein Beratungsverband, kein Prüfverband!" (Interviews).

Während der Laufzeit der Verträge soll er nach dem Willen einiger Kommunen auch keine neuen Mitgliedsorganisationen aufnehmen, was seiner offenen Programmatik und dem Anspruch, innovative Sozialarbeit in verbandlichen Grenzen zu fördern, zuwiderläuft. Auch die Fähigkeit des DPWV als einer beinahe idealtypischen intermediären Instanz, zwischen Verläßlichkeit und Beweglichkeit zu vermitteln (vgl. Evers 1991, S. 231), würde beschnitten.

Könnte der DPWV hingegen von der Politik bestimmte Budgets an seine Mitglieder weiterleiten, wäre es nicht unbedingt ein Problem für ihn, Kontrakte mit Leistungsbeschreibungen abzuschließen. Doch auch hierfür müßte sich das Verhältnis von Mitgliedsorganisationen und Dachverband ändern und stärker formalisiert werden. Durch das Kontraktmanagement erhöht sich in jedem Fall der Druck auf den Dachverband DPWV, seine Strukturen stärker zu verbandlichen und zu formalisieren. In der Stadt Dortmund hat sich der DPWV bereits - wie auch bei den Verhandlungen mit den Pflegekassen - ein Mandat von seinen Mitgliedsorganisationen geholt, um Verträge mit der Kommune abschließen zu können. Eine solche Mandatierung formalisiert das Verhältnis von Dachverband zu rechtlich selbständigen Mitgliedsorganisationen und trifft in der Mitgliedschaft auch auf Kritik. Für den DPWV hingegen bedeutet die Mandatierung, daß er seine Strukturen festigen kann und im Oligopol der Wohlfahrtsverbände als gleichberechtigte "Steuerungsinstanz" von den Kommunen anerkannt wird (vgl. Strünck 1995).

Der "Verbandlichungsdruck" auf den DPWV wie auch die Zentralisierung in der Jugendhilfe in einigen Kommunen bestätigen die oben erwähnte These, daß in fiskalischen Krisen auch bei wettbewerblichen Ambitionen nicht zwangsläufig eine Pluralisierung der Trägerlandschaft zu erwarten, sondern auch eine Festigung korporatistischer Strukturen möglich ist. Für die Verbände ist das Kontraktmanagement trotz Kürzungen folglich keine Bedrohung[8].

Die Kehrseite neuer Steuerungsmodelle für die Wohlfahrtsverbände ist allerdings, daß sie Unstimmigkeiten und finanziellen Anpassungsdruck weitgehend selbst zu verantworten haben. Die Konfliktregulierung wird verschoben. Manche Verwaltungsvertreter formulieren das ganz unverblümt: "Wir wollen den Schwarzen Peter an die Verbände geben!".

8 In Berlin hat die Liga der Wohlfahrtsverbände selbst die Einführung von Kontraktmanagement trotz Einwänden des Senats vorangetrieben (vgl. die Dokumentation über Leistungsverträge in Berlin: Blätter der Wohlfahrtspflege, 3/1995, S. 56-61).

## IV. Lockert Kontraktmanagement den Wohlfahrtskorporatismus?

Um die Auswirkungen des Kontraktmanagements für das System der Wohlfahrtsverbände auszuloten, muß man von einer "korporatismusnahen" These ausgehen: Der Staat gibt Steuerungskapazitäten ab, schwächt dadurch seine Position bei der Produktion sozialer Dienstleistungen, nutzt aber gleichzeitig die Steuerungsfähigkeit der Verbände. Die verbandliche Selbstregulierung nimmt entsprechend zu, trotz schrumpfender finanzieller Spielräume.

Die Delegation von staatlichen Aufgaben, ein Kernelement des Subsidiaritätsprinzips, wird durch Kontrakte noch stärker hervorgehoben. Gleichzeitig werden zum Teil Kontrollen verfeinert, der Effizienzdruck erhöht, sind aber auch enge Abstimmungen und Verhandlungen zwischen Verbänden und Verwaltung nötig. Der Typus der "regulierenden Verflechtung" weicht dem Typus der "delegierenden Verhandlung". Eine solche Entwicklung demonstriert, daß die plakative Gegenüberstellung von Deregulierung versus Regulierung bzw. Privatisierung versus Verstaatlichung subtilere Entwicklungen zudeckt (vgl. Treutner 1993). Sie verdeutlicht auch, daß die "Wendemarke" (Backhaus-Maul/Olk 1994, S. 101) in den korporatistischen Strukturen der Wohlfahrtspflege in dieser Verallgemeinerung (noch) nicht erreicht ist; vielmehr bahnt sich eine Modernisierung des Wohlfahrtskorporatismus an.

Eine neue, "weiche" Politikvariante, die sämtliche Akteure des Wohlfahrtsmix miteinbezieht, läßt sich an den neuen Steuerungsmodellen allerdings nicht ablesen (vgl. Breitkopf/Wohlfahrt 1990). Das Kontraktmanagement entspricht nicht einer "persuasiven Politik" (Skrodzki-Rösemann 1992, S. 227), die Überzeugungsarbeit an die Stelle von Anreizen setzt. Dieser Politikstil, den viele als Alternative in Zeiten knapper öffentlicher Mittel betrachten, ist offenbar nicht die einzig mögliche Alternative. Auch das Kontraktmanagement nutzt die Krise für neue Arrangements, die jedoch auf herkömmliche Strukturen aufbauen.

Über die Kontrakte wird zudem eine Art "closed shop" konstruiert, der dem korporatistischen Idealtypus von staatlich initiierten "Repräsentationsmonopolen" (Schmitter 1974) noch näherkommt als bisher. Der Status quo der Dienste und Träger wird meist im derzeitigen Zustand eingefroren und damit das System der bestehenden Anbieter stabilisiert. Für kleine soziale Initativen wird die kommunale Sozialpolitik durch neue Steuerungsmodelle weniger durchlässig (vgl. Stötzner 1994). Die Entlastung staatlicher Institutionen durch verstärkte Delegation wirft daher auch Legitimationsfragen auf: Zum einen könnte es sich langfristig um eine Strategie der "funktionalen Entlastung verantwortlicher Institutionen" (Wohlfahrt 1990, S. 11) handeln. Zum anderen verengt sich das Wertberücksichtigungspotential durch die Konzentration auf die klassischen Wohlfahrtsverbände; ein Wohlfahrtsmix kann sich kaum entfalten.

Insofern fördert Kontraktmanagement nicht den Ausbau wohlfahrtspluralistischer Strukturen, in denen kleine Träger spezifische Leistungspotentiale der Wohlfahrtsproduktion bereitstellen. Zumindest steigt der Druck auf solche Träger, sich einem Wohlfahrtsverband anzuschließen, um für die kommunale Sozialpolitik besser steuerbar zu sein (Interviews). Es ist jedoch anzunehmen, daß die skizzierten Wirkungen des Kontraktmanagements nicht überall zu beobachten sind. In Kommunen, in denen sich spezifische Vernetzungen zwischen lokaler Sozialpolitik und den Wohlfahrtsverbänden auch in fiskalischen Krisensituationen halten, wirkt sich Kontraktmanagement aller Wahrscheinlichkeit nach dem hier beschriebenen Muster aus. In Kommunen mit losen Arrangements werden nicht nur Intention und Funktion des Kontraktmanagements anders geartet sein; auch Ausschreibungen von sozialen Diensten sind dort wahrscheinlicher.

Auf der Ebene der Einzelorganisationen drängt Kontraktmanagement die Wohlfahrtsverbände zu stärker betriebswirtschaftlichem Handeln, weil sie Budgetgewinne, aber auch Budgetverluste intern verrechnen müssen. Es ist anzunehmen, daß der Trend der "GmbH-isierung" auch durch das Kontraktmanagement noch weiter verstärkt und der Einfluß des Ehrenamtes bei der Verbandssteuerung weiter zurückgedrängt wird. Dennoch zeigt sich, daß der Ökonomisierungsdruck sich nicht in die pauschale Formel: "mehr Effizienz = mehr Wettbewerb" einpassen läßt. Marktwirtschaftliche Termini lassen zwar auf Effizienzanstrengungen, nicht jedoch automatisch auf wettbewerbliche Steuerung und Steuerungsmöglichkeiten bei den sozialen Diensten schließen (vgl. Olk 1994).

Die flächendeckende Einführung von Kontraktmanagement könnte auch noch einen anderen, selten reflektierten Nebeneffekt haben: Den herkömmlichen Klientelstrukturen zwischen örtlichen Parteipolitikern und den "komplementären" Wohlfahrtsverbänden, die ohnehin schon unter den Sparzwängen erodieren, würde die Basis entzogen. Denn wenn die früheren Einzelförderungen, die meist undurchsichtig und unkontrolliert festgeschrieben wurden, gegen Globalbudgets und Kontrakte eingetauscht werden, fehlen die Arenen für informelle Absprachen. Allerdings können sich stattdessen neue Einflußkanäle zwischen Verwaltung und Wohlfahrtsverbänden öffnen.

Die Auswirkungen des Kontraktmanagements scheinen somit widersprüchlich: Auf der einen Seite erhöht sich der Ökonomisierungsdruck auf die Einzelorganisationen, ohne jedoch Raum für andere Organisationen und Träger zu schaffen. Auf der anderen Seite führt der Ökonomisierungsdruck auf die *Einzelorganisationen der Wohlfahrtsverbände* nicht zu einer marktlichen Regulierung des *Systems der Wohlfahrtsverbände*. Ökonomisierung bedeutet nicht automatisch mehr Wettbewerb, sei es zwischen privat-gewerblichen und freigemeinnützigen Anbietern oder großen und kleinen Trägern oder der einzelnen Träger untereinander; entgegen allen "marktlichen" Etiketten wird das korporatistische System der Wohlfahrtsverbände auf niedrigerem finanziellen Niveau stabilisiert.

Auch ist die - größtenteils unabhängig vom Kontraktmanagement laufende - interne *Diversifizierung* - der Wohlfahrtsverbände, ihrer Angebote und Trägerstrukturen, nicht gleichbedeutend mit einer Pluralisierung des Systems der Wohlfahrtsproduktion. Diese beiden Effekte sind weitgehend unabhängig voneinander. Zugespitzt ließe sich eine (empirisch zu prüfende) These formulieren: Die interne Diversifizierung als Strategie der Wohlfahrtsverbände kann die latente oder auch manifeste Funktion haben, eine substantielle Pluralisierung des gesamten Systems abzublocken. Denn Domänen können die Verbände auf diese Weise mit ausgegründeten oder umgebauten Organisationsteilen absichern. Ob diese Organisationsteile in ihrer Gesamtheit künftig noch als "Wohlfahrtsverband" etikettiert und damit in ihren Handlungs- und Funktionslogiken adäquat erfaßt werden können, ist eine andere Frage.

Die Position der Wohlfahrtsverbände wird durch neue Steuerungsmodelle jedenfalls nicht geschwächt - zumindest was die empirischen Beispiele aus NRW anbelangt -, sondern eher gefestigt. Das Kontraktmanagement sichert die subsidiäre Vorrangstellung der Wohlfahrtsverbände ab. Selbst wenn Standards in der Sozialpolitik gesenkt und neue Initiativen abgeblockt werden sollten, wird der öffentliche Status der Verbände nicht eliminiert, sondern neu definiert.

## Literatur

Alber, Jens, 1993: Soziale Dienstleistungen. Die vernachlässigte Dimension vergleichender Wohlfahrtsstaatforschung, Antrittsvorlesung an der Universität Konstanz, Manuskript.

von Alemann, Ulrich, 1989: Organisierte Interessen in der Bundesrepublik, Opladen.

Allemeyer, Jürgen, 1995: Freie Wohlfahrtspflege und Markt - Bedrohung oder Chance ?, in: Theorie und Praxis der sozialen Arbeit, Nr. 1, S. 2-13.

Backhaus-Maul, Holger/Olk, Thomas, 1992: Intermediäre Organisationen als Gegenstand sozialwissenschaftlicher Forschung. Theoretische Überlegungen und erste empirische Befunde am Beispiel des Aufbaus von intermediären Organisationen in den neuen Bundesländern, in: Schmähl, Winfried (Hg.): Sozialpolitik im Prozeß der deutschen Vereinigung, Frankfurt/Main, New York, S. 91-132.

Backhaus-Maul, Holger/Olk, Thomas, 1994: Von Subsidiarität zu "outcontracting": Zum Wandel der Beziehungen von Staat und Wohlfahrtsverbänden in der Sozialpolitik, in: Streeck, Wolfgang (Hg.): Staat und Verbände, PVS-Sonderheft 25, Opladen, S. 100-135.

Bäcker, Gerhard/Heinze, Rolf G./Naegele, Gerhard, 1995: Die Sozialen Dienste vor neuen Herausforderungen, Münster.

Bauer, Rudolph, 1978: Wohlfahrtsverbände in der Bundesrepublik. Materialien und Analysen zu Organisation, Programmatik und Praxis. Ein Handbuch, Weinheim/Basel.

Bock, Teresa, 1992: Ehrenamtliche in der Freien Wohlfahrtspflege, in: Soziale Arbeit, 10-11, S. 381-385.

Boll, Fritz/Olk, Thomas (Hrsg.), 1987: Selbsthilfe und Wohlfahrtsverbände, Freiburg i.Br.

Breitkopf, Helmut/Wohlfahrt, Norbert, 1990: Entwicklungsperspektiven einer nichtstaatlichen Sozialpolitik - Zur Notwendigkeit einer veränderten Implementation der Sozialpolitik, in: dies.

(Hg.), 1990: Sozialpolitik jenseits von Markt und Staat? Beiträge zur Analyse der Entwicklung einer gesellschaftspolitischen Alternative, Bielefeld, S. 221-238.

Budäus, Dietrich, 1994: Public Management. Konzepte und Verfahren zur Modernisierung öffentlicher Verwaltungen, Berlin.

Czytrich, Günter, 1984: Handlungsstrukturen im Verhältnis freier und behördlicher Wohlfahrtspflege. Thesen aus der Sicht der Verbandsökonomie, in: Bauer, Rudolph/Dießenbacher, Hartmut (Hg.): Organisierte Nächstenliebe. Wohlfahrtsverbände und Selbsthilfe in der Krise des Sozialstaats, Opladen, S. 3-8.

Deutscher Städtetag, 1995: Aktuelle Finanzlage der Städte. Rückblick auf 1994 und Prognose für 1995, Aktenzeichen 9/79-14.

Donati, Pierpaolo, 1992: Towards an Integrated and Synergized Social Policy: Concepts and Strategies, in: Innovation in Social Science Research, 1, S. 97-107.

Endruweit, Günter, 1981: Organisationssoziologie, Berlin/New York.

Evers, Adalbert, 1990: Im intermediären Bereich - Soziale Träger und Projekte zwischen Haushalt, Staat und Markt, in: Journal für Sozialforschung, 2, S. 189-210.

Evers, Adalbert, 1991: Pluralismus, Fragmentierung und Vermittlungsfähigkeit. Zur Aktualität intermediärer Aufgaben und Instanzen im Bereich der Sozial- und Gesundheitspolitik, in: Heinelt, Hubert/ Wollmann, Hellmut (Hrsg.): Brennpunkt Stadt. Stadtpolitik und lokale Politikforschung in den 80er und 90er Jahren, Basel/Boston/Berlin, S. 221-240.

Evers, Adalbert, 1992: Soziale Bewegung und soziale Ordnung im Konzept des Wohlfahrtsmix, in: Forschungsjournal Neue Soziale Bewegungen, 4, S. 49-58.

Evers, Adalbert, 1993: The Wohlfahrtsmix Approach. Understanding the Pluralism of Welfare Systems, in: Evers, Adalbert/Svetlik, Ivan (Eds.): Balancing Pluralism. New Wohlfahrtsmixes in Care for the Elderly, Avebury/Aldershot, S. 3-31.

Evers, Adalbert, 1995: Die Pflegeversicherung. Ein mixtum compositum im Prozeß der politischen Umsetzung, in: Sozialer Fortschritt, 2, S. 23-28.

Glinka, Jürgen/Jakob, Gisela/Olk, Thomas, 1994: Ehrenamt und Caritas. Eine biographieanalytische Untersuchung ehrenamtlichen Engagements innerhalb des Deutschen Caritasverbandes, Halle, Juni 1994, Publikation in Vorbereitung.

Goll, Eberhard, 1991: Die freie Wohlfahrtspflege als eigener Wirtschaftssektor. Theorie und Empirie ihrer Verbände und Einrichtungen, Baden-Baden.

Hegner, Friedhart, 1992: Organisations-"Domänen" der Wohlfahrtsverbände: Veränderungen und unscharfe Konturen, in: Zeitschrift für Sozialreform, 38, S. 165-190.

Heinze,, Rolf G./Olk, Thomas, 1981: Die Wohlfahrtsverbände im System sozialer Dienstleistungsproduktion. Zur Entstehung und Struktur der bundesrepublikanischen Verbändewohlfahrt, in: Kölner Zeitschrift für Soziologie und Sozialpsychologie, 33, S. 94-114.

Heinze, Rolf G./Olk, Thomas, 1984: Sozialpolitische Steuerung. Von der Subsidiarität zum Korporatismus, in: Glagow, Manfred (Hg.): Gesellschaftssteuerung zwischen Korporatismus und Subsidiarität, Bielefeld, S. 162-194.

Heinze, Rolf G./Olk, Thomas/Hilbert, Josef, 1988: Der neue Sozialstaat. Analyse und Reformperspektiven, Freiburg i.Br.

Heinze, Rolf G./Voelzkow, Helmut, 1991: Kommunalpolitik und Verbände. Inszenierter Korporatismus auf lokaler und regionaler Ebene?, in: Heinelt, Hubert/ Wollmann, Hellmut (Hrsg.): Brennpunkt Stadt. Stadtpolitik und lokale Politikforschung in den 80er und 90er Jahren, Basel/Boston/Berlin, S. 187-206.

Heinze, Rolf G./Bucksteeg, Mathias, 1994: Grenzen freiwilligen sozialen Engagements und Ansätze für eine Modernisierung der lokalen Sozialpolitik, Diskussionspapiere aus der Fakultät für Sozialwissenschaft, 94-09, Ruhr-Universität Bochum.

Heinze, Rolf G./Schmid, Josef, 1994: Industrieller Strukturwandel und die Kontingenz politischer Steuerung: Mesokorporatistische Strategien im Vergleich, in: Streeck, Wolfgang (Hg.): Staat und Verbände, PVS-Sonderheft 25, Opladen, S. 65-99.

Heinze, Rolf G./Bucksteeg, Mathias, 1995: Freiwilliges soziales Engagement in NRW: Potentiale und Förderungsmöglichkeiten, Forschungsprojekt im Auftrag des Ministeriums für Arbeit, Gesundheit und Soziales in Nordrhein-Westfalen, Bochum.

Institut für angewandte Sozialwissenschaft, 1984: Ehrenamtliche Tätigkeit im sozialen Bereich. Aktivitäten, Potentiale, Meinungen, Bonn.
Institut für angewandte Sozialwissenschaft, 1993: Die Freie Wohlfahrtspflege im Spiegel der Öffentlichkeit. Expertenmeinungen und Bevölkerungsbefragung, Bonn.
Kreis Unna, Koordinierungsstelle Altenarbeit beim Sozialdezernat (Hrsg.), 1994: Grundsätze für die Arbeit der Kreispflegekonferenz.
Kuratorium Deutsche Altershilfe (KDA)/Institut für Sozialforschung und Gesellschaftspolitik (ISG)/Institut für Gerontologie (IfG), 1995: Ambulante Pflegedienste in typischen Regionen Nordrhein-Westfalens, Forschungsbericht, Köln.
Loges, Frank, 1994: Freie Wohlfahrtspflege in der Bundesrepublik Deutschland zwischen Binnenmarkt und europäischer Union. Anmerkungen zur Implementierung wohlfahrtsverbandlicher Interessen, in: Eichener, Volker/Voelzkow, Helmut (Hrsg.): Europäische Integration und verbandliche Interessenvermittlung, Marburg, S.485-502.
Luhmann, Niklas, 1972: Funktionen und Folgen formaler Organisation, Berlin.
Manderscheid, Hejo, 1995: Freie Wohlfahrtspflege vor Ort: Vom Wertepluralismus zur fachlichen Differenzierung, in: Rauschenbach/Sachße/Olk (Hrsg.), S.228-252.
Merchel, Joachim, 1989: Der Deutsche Paritätische Wohlfahrtsverband. Seine Funktion im korporatistisch gefügten System sozialer Arbeit, Weinheim.
Ministerium für Arbeit, Gesundheit und Soziales des Landes Nordrhein-Westfalen (Hrsg.), 1994: Zukunft des Sozialstaates. Leitideen und Perspektiven für eine Sozialpolitik der Zukunft, Düsseldorf.
Mitteilungen des Nordrhein-Westfälischen Städte- und Gemeindebunds, 4, 1994, S. 51-52.
Naschold, Frieder, 1995: Ergebnissteuerung, Wettbewerb, Qualitätspolitik. Entwicklungspfade des öffentlichen Sektors in Europa, Berlin.
Offe, Claus, 1981: The attribution of public status to interest groups, in: Berger, Suzanne (Hrsg.): Organizing interests in Western Europe, Cambridge, S. 123-158.
Offe, Claus, 1984: Korporatismus als System nichtstaatlicher Makrosteuerung? Notizen über seine Voraussetzungen und demokratische Gehalte, in: Geschichte und Gesellschaft, 10, S.234-256.
Olk, Thomas, 1987: Das soziale Ehrenamt, in: Sozialwissenschaftliche Literatur Rundschau, 14, S. 84-101.
Olk, Thomas, 1994: Jugendhilfe als Dienstleistung. Vom öffentlichen Gewährleistungsauftrag zur Marktorientierung?, in: Widersprüche, 53, Offenbach, S. 11-33.
Oppl, Hubert, 1992: Zur "Marktposition" der Freien Wohlfahrtspflege, in: Soziale Arbeit, 5, S. 152-158.
Pradel, Jochen, 1993: Spannungsfelder zwischen Haupt- und Ehrenamtlichkeit, in: Theorie und Praxis der sozialen Arbeit, 3, S. 95-102.
Rauschenbach, Thomas/Sachße, Christoph/Olk, Thomas (Hrsg.), 1995: Von der Wertegemeinschaft zum Dienstleistungsunternehmen. Jugend- und Wohlfahrtsverbände im Umbruch, Frankfurt am Main.
Reichard, Christoph, 1988: Der Dritte Sektor - Entstehung, Funktion und Problematik von "Nonprofit"-Organisationen aus verwaltungswissenschaftlicher Sicht, in: Die Öffentliche Verwaltung, 41, H. 9, S. 363-370.
Reichard, Christoph, 1994: Umdenken im Rathaus: Neue Steuerungsmodelle in der deutschen Kommunalverwaltung, Berlin.
Reinermann, Heinrich, 1994: Die Krise als Chance: Wege innovativer Verwaltungen, Speyerer Forschungsberichte.
Ronge, Volker, 1993: Die Verflechtung von Staat und Drittem Sektor auf kommunaler Ebene, in: Voigt, Rüdiger (Hrsg.): Abschied vom Staat - Rückkehr zum Staat?, Baden-Baden, S. 333-350.
Schmid, Josef, 1994: Wohlfahrtsverbände in modernen Wohlfahrtsstaaten: Entwicklung und Vergleich nationaler Konfigurationen in Deutschland, den Niederlanden, Großbritannien und in Schweden, Habilitationsschrift, eingereicht an der Fakultät für Sozialwissenschaft der Ruhr-Universität Bochum.
Schmitter, Philippe C., 1974: Still the Century of Corporatism?, in: Review of Politics, 36, S. 85-131.

Schuppert, Gunnar Folke, 1981: "Quangos" als Trabanten des Verwaltungssystems, in: Die öffentliche Verwaltung, 34, H. 5, S. 153-160.
Seibel, Wolfgang, 1989: Leitung und Wirtschaftsführung von Wohlfahrtsverbänden. Organisatorische und strukturelle Aspekte aus verwaltungswissenschaftlicher Sicht, in: Blätter der Wohlfahrtspflege, 3, S. 63-65.
Skrodzki-Rösemann, Bernhard, 1992: Steuerungsprobleme kommunaler Sozialpolitik, Herne.
Sozio-ökonomisches Panel, 1993: Ehrenamtliches Engagement in der Bevölkerung, Unveröff. Manuskript, Berlin.
Stötzner, Karin, 1994: Verwaltungsreform gefährdet innovative Träger, in: Socialmanagement, 4, S. 7-10.
Streeck, Wolfgang/Schmitter, Philippe C., 1985: Gemeinschaft, Markt und Staat - und die Verbände?, in: Journal für Sozialforschung 25, S.133-157.
Strünck, Christoph, 1995: Wandel der Wohlfahrtsverbände durch Kontraktmanagement. Das Beispiel des Paritätischen Wohlfahrtsverbandes, in: Neue Praxis, 4, S. 349-359.
Tennstedt, Florian, 1992: Die Spitzenverbände der Freien Wohlfahrtspflege im dualen Wohlfahrtsstaat. Ein historischer Rückblick auf die Entwicklung in Deutschland, in: Soziale Arbeit, 10-11, S. 342-356.
Thränhardt, Dietrich, 1981: Kommunaler Korporatismus: Deutsche Traditionen und moderne Tendenzen, in: Thränhardt, Dietrich/Uppendahl, Heinrich: Alternativen lokaler Demokratie, Königstein/Taunus, S. 5-33..
Thränhardt, Dietrich, 1984: Von Thron und Altar zur bürokratischen Verknüpfung. Die Entwicklung korporatistischer Beziehungen zwischen Wohlfahrtsverbänden und Staat in Deutschland, in: Bauer, Rudolph (Hrsg.): Die liebe Not. Zur historischen Kontinuität der "Freien Wohlfahrtspflege", Weinheim/Basel, S. 164-171.
Treutner, Erhard, 1993: Rückzug des Staates oder subtilere Steuerung im Bereich der Arbeits- und Sozialpolitik?, in: Voigt, Rüdiger (Hg.): Abschied vom Staat - Rückkehr zum Staat?, Baden-Baden, S. 351-369.
Türk, Klaus, 1978: Soziologie der Organisation. Eine Einführung, Stuttgart.
Voelzkow, Helmut, 1994: Verhandlungssysteme zwischen organisierten Interessen und Staat. Eine steuerungs- und demkokratietheoretische Analyse der Teilhabe organisierter Interessen an öffentlicher Politik - dargestellt am Beispiel der technischen Regelsetzung, Habilitationsschrift, eingereicht an der Fakultät für Sozialwissenschaft der Ruhr-Universität Bochum.
Windhoff-Héritier, Adrienne, 1983: Sozialpolitik der mageren Jahre, in: Mäding, Heinz (Hrsg.): Sparpolitik, ökonomische Zwänge und politische Spielräume, Opladen, S. 77-90.
Wohlfahrt, Norbert, 1990: Sozialpolitik jenseits von Markt und Staat - Voraussetzungen und Entwicklungsperspektive einer gesellschaftspolitischen Alternative, in: Breitkopf, Helmut/Wohlfahrt, Norbert (Hg.), 1990: Sozialpolitik jenseits von Markt und Staat? Beiträge zur Analyse der Entwicklung einer gesellschaftspolitischen Alternative, Bielefeld, S. 7-20.
WZB-Mitteilungen, Heft 67, März 1995.

## Presseartikel

Capital, 12/94: "Das Pflege-Kartell".
Frankfurter Allgemeine Zeitung, 24. 12. 93: "Immer mehr private Konkurrenz zwingt die Caritas zum Umdenken".
Frankfurter Allgemeine Zeitung, 3. 1. 94: "Von den Schwierigkeiten, gemeinnützig und effizient zu sein".
Der Spiegel, 31. 1. 94: "Knete in der Tasche".
Der Spiegel, 7. 2. 94: "Arm rechnen, arm reden".
Wirtschaftswoche, Nr. 1/2, 5. 1. 95: "Speck angesetzt".

# Neue Organisationen und alte Sektoren — Eine Analyse der Organisationen im Bereich HIV/AIDS in einigen europäischen Ländern

*Patrick Kenis/Bert de Vroom*

## I. Institutionelle und organisatorische Arrangements im Umgang mit HIV/AIDS

Für die entwickelten Wohlfahrtsstaaten hat HIV/AIDS - vor allem in der Anfangsphase - eine moderne Krise bedeutet, die als "... serious threat to the basic structures or fundamental values and norms of a social system, which - under pressure and highly uncertain circumstances - necessitates making critical decisions" definiert wurde (Rosenthal et al. 1989, S. 10). Die AIDS-Epidemie bleibt bis auf weiteres eine Herausforderung für das Gesundheitssystem in modernen Wohlfahrtsstaaten, indem durch das endemische Auftreten der Krankheit in bestimmten Bevölkerungsgruppen das physische, psychische und soziale Wohlergehen der Bürger in Frage gestellt wird. Angesichts dieser Herausforderung ist nicht nur die Frage nach den Interventionsmöglichkeiten berechtigt und wichtig, sondern — damit in direktem Zusammenhang stehend — auch die Frage danach, wer hier intervenieren soll und wie?

Im Zentrum dieser Überlegungen stehen vor allem Fragen der primären und sekundären Prävention: wie kann die weitere Ausbreitung der HIV-Infektion verringert werden, und wie können die persönlichen und sozialen Auswirkungen von HIV/AIDS reduziert werden? In mehr als zehn Jahren Erfahrung im Umgang mit HIV/AIDS haben sich verschiedene Interventionsformen herausgebildet, die wir hier kurz darstellen möchten. Sehen wir einmal von der "Nichtbeschäftigung" oder "Verdrängung" des Problems ab, so lassen sich noch vier weitere Ansätze unterscheiden. Diese Ansätze sind freilich nur als idealtypische Konstruktionen zu verstehen. In der reinen Form oder als alleinige Antwort kommen sie empirisch kaum vor. Sie korrelieren allerdings stark mit bestimmten praktizierten Lösungsansätzen, bestimmten Typen von Akteuren, spezifischen Ressourcenverteilungsstrategien oder bestimmten Werten und Weltbildern, usw.[1]

---

1 Die Relevanz dieser Strategien läßt sich am besten veranschaulichen, wenn man sich überlegt, was man selbst als Entscheidungsträger tun würde, wäre man aufgefordert, das Problem

Der Hauptansatz, der wohl zur Bewältigung von HIV/AIDS am häufigsten herangezogen wird, ist der *medizinische*. Hier steht im Vordergrund, das Virus und seine Folgen mit den Mitteln der Medizin zu bekämpfen. Das medizinische Wissen über AIDS hat in den letzten 10 Jahren gewaltig zugenommen. Präparate zur direkten Virusbekämpfung (wie z.B. AZT[2]) haben sich bei der Erhöhung der Überlebensschancen von AIDS Patienten als beschränkt wirkungsvoll erwiesen. Teilweise haben sie sich auch in Bezug auf die Erweiterung des krankheitsfreien Zeitraums bei asymptomatischen HIV-Infektionen[3] bewährt. Medizinisches Wissen hat zu den Bemühungen um die Erhöhung der Lebenserwartung von Menschen mit AIDS einiges beigetragen. Nach wie vor steht derzeit aber weder eine heilende Behandlung noch ein Impfstoff zur Verfügung. Allgemein besteht Konsens darüber, daß solche Behandlungsmethoden bzw. Impfstoffe in der nächsten Zukunft auch nicht erwartet werden können.

Das Fehlen einer effektiven medizinischen Antwort hat den Ansatz der *Verhaltensänderung* mitbedingt: dieser basiert auf der Bereitstellung von "Information" über bestimmte Verhaltensweisen, die im Hinblick auf eine HIV-Übertragung riskant sind. Der dahinterliegende Gedanke ist, daß sich Veränderungen im Verhalten von Personen aus ihrer Risikokalkulation ergeben. Folglich setzt dieser Ansatz auf den massiven Einsatz von Informationsmitteln, die sich an die Allgemeinheit richten. In gewisser Weise zeigt dieser Ansatz große Ähnlichkeit mit dem sogenannten Marktmodell, in dem rational kalkulierende Akteure aufgrund von Information bewußte Entscheidungen bezüglich der Kosten und Risiken bestimmter Verhaltensweisen treffen. Die Annahme, daß Menschen, wenn sie nur genügend Information über die negativen Folgen ihrer Entscheidungen zur Verfügung haben, ihr Verhalten ändern werden, ist allerdings nicht nur fraglich, sondern empirisch auch vielfach widerlegt worden. In einer Weiterentwicklung des Arguments von Hirschmann (1982) - kann solch ein Ansatz nur auf einer Risikoerfahrung "experience of risk" (im Gegensatz zu einer "expectation of risk") basieren. Wir werden allerdings später zeigen, daß es auch zur effektiven Realisierung eines solchen Ansatzes einiger Voraussetzungen bedarf.

Eine dritte mögliche Antwort sind *politische und administrative* Regelungen. Der vorher dargestellte Ansatz überläßt die Verantwortung für den Umgang mit dem Problem beim Individuum. Hier geht es nun vielmehr um das Aufstellen von

HIV/AIDS zu lösen (z.B. durch die Vergabe von Geldmittel, durch den Erlaß von Verordnungen oder durch die Schaffung bzw. Förderung von Organisationen).

2 AZT (Azidothymidin, Zidovudin) blockiert als falscher Baustein der viralen Erbsubstanz die Virusvermehrung im Körper der infizierten Person. Es wird als antivirale Substanz zur Behandlung von AIDS oder schweren Manifestationen der HIV-Erkrankung eingesetzt.

3 Die asymptomatische Infektion ist gekennzeichnet durch das Fehlen von Symptomen bei vorliegender HIV-Seropositivität. Die Dauer dieser symptomlosen Phase variiert individuell beträchtlich, sie kann zehn Jahre und länger dauern.

Verhaltensregeln durch eine dritte Instanz, die meistens der Staat ist. Beispiele für einen solchen Umgang mit HIV/AIDS sind Zwangstestungen (z.B. HIV-Kontrolle vor einer Anstellung), die Zuordnung von HIV/AIDS in den Bereich der Kriminalität (durch die rechtliche Verfolgung von Menschen, die andere infiziert haben) oder die Isolierung von HIV-infizierten Personen oder Menschen mit AIDS. Bezugnehmend auf solche administrative Regulierungen meint de Vroom (1991), daß der Staat hier mit einem grundsätzlichen Problem konfrontiert wird: Einerseits soll der Staat die persönliche Freiheit seiner Bürger schützen und Diskriminierungen vorbeugen. Andererseits wird Gesundheit als ein öffentliches Gut betrachtet, welches durch eben diesen Staat sicher gestellt werden muß. Folgerichtig sieht sich der Staat mit einem Dilemma konfrontiert. Es stellt sich die Wahl zwischen dem Schutz der Freiheit des Individuums auf Kosten des öffentlichen Wohlergehens — oder umgekehrt dem Schutz der öffentlichen Wohlfahrt auf Kosten der persönlichen Freiheit. Abgesehen von der ständigen Beschäftigung mit diesem Dilemma ergibt sich im Zusammenhang mit der politischen und administrativen Regulierung noch ein anderes Problem (insbesondere im Hinblick auf die Prävention): Es ist eine beinahe unmögliche Aufgabe für den Staat, soziale Phänomene mit einem so engen Bezug zur Privatsphäre zu regulieren. Nicht nur sind die vielen normativen Problemen in diesem Bereich einer Staatsintervention abträglich, darüber hinaus würde dieser Ansatz im Sinne Wildavsky's "... a larger bureaucracy than anyone has yet conceived and methods of surveillance bigger than Big Brother" (Wildavsky zitiert in Bayer 1989, S. 82) benötigen.

Der vierte Ansatz konzentriert sich nun auf den Beitrag der *Organisationen*, die im Zusammnhang mit HIV/AIDS persönliche Dienstleistungen anbieten und/oder direkt oder indirekt Betroffene vetreten oder organisieren. Dies kann als effektiver Beitrag zur Verringerung der weiteren Ausbreitung der HIV-Infektion und der Reduzierung der persönlichen und sozialen Auswirkungen von HIV/AIDS betrachtet werden. Es handelt sich hier um Organisationen, die in den Bereichen Prävention, Pflege, Interessenvertretung, etc. tätig sind und HIV/AIDS spezifische Aktivitäten anbieten; diese Organisationen können sowohl Betriebe, Vereine oder staatliche Organisationen sein; sie können "exklusive" Organisationen (d.h. Organisationen die sich ausschließlich mit HIV/AIDS beschäftigen) oder "inklusive" Organisationen sein (d.h. Organisationen, die sie sich neben HIV/AIDS auch mit anderen Themen beschäftigen). Die Gesamtheit an spezifischen HIV/AIDS Aktivitäten, die solche Organisationen bereitstellen, wird hier als "organisatorische Antwort" bezeichnet. Obwohl diese Begriffswahl nicht optimal ist, da auch bei den anderen genannten Reaktionsweisen auf HIV/AIDS (also der medizinischen und der regulativen Antwort) Organisationen meist die Hauptakteure sind (Forschungslabors, Ministerien, Parlamente, etc.), erscheint der Begriff "organisatorische Antwort" dennoch sinnvoll. Erstens lenkt er das

Augenmerk in erster Linie auf die Wichtigkeit der organisatorischen Dimensionen (und damit auf den Unterschied organisatorischer Strukturen in der Bereitstellung von HIV/AIDS-Aktivitäten; also z.B. auf die Frage, warum manche Organisationen im HIV/AIDS-Bereich aktiv werden und andere nicht). Zweitens ist in der sozialpolitischen Literatur kein Konzept vorhanden, das die hier gemeinte organisatorische Antwort und ihre Spezifizierungen (siehe Schema 1) adäquater zusammenfassen würde. Die Literatur unterscheidet Aggregate wie den "Dritten" Sektor, intermediäre Organisationen, nicht-staatlicher Bereich, "Civil Society", "welfare mix" usw. als relevante Gesellschaftsbereiche. Das hier als organisatorische Antwort zusammengefaßte Konstrukt liegt allerdings quer zu diesen Konzepten, ist dabei aber gleichzeitig umfassender und beschränkter. Es sollte im Laufe der Ausführungen deutlich werden, daß es sinnvoll ist, die hier zusammengeführten Organisationen in einer Kategorie zusammenzufassen.

**Schema 1: Institutionelle und organisatorische Arrangements als Antwort auf HIV/AIDS**

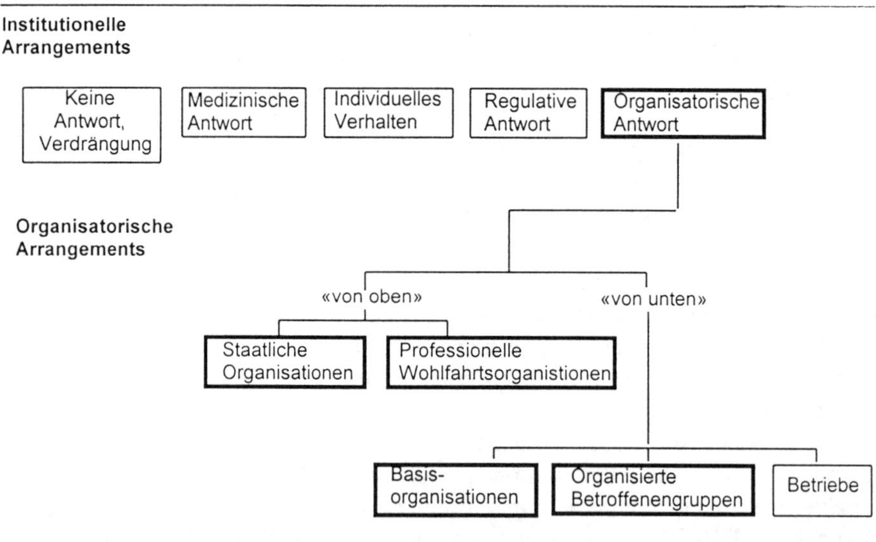


In diesem Beitrag werden wir uns vor allem auf das institutionelle Arrangement "organisatorische Antwort" konzentrieren; andere Ansätze finden dort Berücksichtigung, wo sie zur Erklärung der organisatorischen Antwort relevant sind. Dies trifft vor allem auf die regulative Antwort zu. Der hier verfolgte Ansatz ist demnach ein organisationssoziologischer, d.h. Organisationen sind in diesem Beitrag der zentrale Forschungsgegenstand. In welchem Ausmaß, in welcher Form und mit welchen Folgen Organisationen im Bereich HIV/AIDS eine Rolle spielen, sind daher die zentralen Fragen, die hier beantwortet werden sollen.

Wie in Schema 1 dargestellt unterscheiden wir dabei zwischen einer sogenannten organisatorischen Antwort "von oben" und einer organisatorischen Antwort "von unten". Die organisatorische Antwort "von oben" umfaßt Organisationen des institutionalisierten Wohlfahrtssystems, die fast ausnahmslos schon vor der Entdeckung von HIV/AIDS bestanden. Diese Organisationen erfüllen eine anerkannte und formalisierte Aufgabe im Wohlfahrtssystem. Sie können sowohl öffentliche Organisationen als auch Vereine sein. Die organisatorische Antwort "von unten" dagegen hat ihre Wurzeln außerhalb der formalisierten Wohlfahrtsstruktur und setzt sich aus Basisorganisationen, organisierten Betroffenengruppen und Betrieben zusammen. Basisorganisationen sind Organisationen bestimmter sozialer Gruppen (wie z.B. Homosexuelle, Drogenkonsumenten, Prostituierte, etc.). Organisierte Betroffenengruppen hingegen verbinden Menschen, die von HIV/AIDS direkt oder indirekt betroffen sind durch ihr gemeinsames Schicksal und Anliegen (z.B. Selbsthilfegruppen von HIV-infizierten Personen oder an AIDS erkrankten Menschen, Angehörigengruppen oder Buddy-Vereine, etc.).

Es ist anzunehmen, daß gut entwickelte Wohlfahrtsstaaten vorrangig mit einer organisatorischen Antwort "von oben" auf ein neues und komplexes Problem wie HIV/AIDS reagieren werden. Diese Hypothese ist allerdings zu überprüfen, wobei auch die Bedingungen, unter denen eventuell organisatorische Antworten "von unten" entstehen, zu spezifizieren sind.

Bevor wir allerdings die organisatorische Antwort nach der Dimesion "von oben" bzw. "von unten" analysieren, wird im folgenden Abschnitt die Gesamtheit der organisatorischen Antwort in einigen europäischen Wohlfahrtsstaten beschrieben und diskutiert.

## II. Die Empirische Relevanz der organisatorischen Antwort auf HIV/AIDS[4]

Die oben eingeführte organisatorische Antwort ist heute zweifelsohne einer der wesentlichsten Mechanismen im Umgang mit HIV/AIDS. Hinsichtlich der Reduktion der HIV-Infektionen sowie der persönlichen und sozialen Folgen von HIV/AIDS hat sich dieser Ansatz den anderen gegenüber als überlegen erwiesen (Kenis 1992). Perrow und Guillén schreiben in diesem Zusammenhang: "... it is inconceivable that a serious social problem such as an epidemic could have any

4 Datengrundlage nachfolgender Ausführungen ist das Projekt "Managing AIDS" (European Centre/WHO Collaborative Study) (siehe Kenis/Marin 1990).

other solution or mitigation than an organizational one [given the fact] that large organizations have, so to speak, absorbed so much of what we once thought of as society, since they shape our lives so pervasively from conception to death" (Perrow und Guillén 1990, S. 150).

Seit den frühen achtziger Jahren - nachdem die ersten AIDS-Fälle registriert wurden - konnte in den meisten Ländern beobachtet werden, daß Aktivitäten im Bereich HIV/AIDS sowohl von neugegründeten als auch von etablierten Gesundheits- und Wohlfahrtseinrichtungen entwickelt wurden. Dabei hat sich ein breites und differenziertes Spektrum von HIV/AIDS-spezifischen Aktivitäten herausgebildet. So wurde, um nur einige Beispiele zu nennen, die Verbreitung von aufklärender AIDS-Information organisiert. Es wurden Initiativen ins Leben gerufen, um gezielt intravenöse Drogenkonsumenten zu erreichen. Sogenannte "buddy programmes" wurden entwickelt, um AIDS-kranken Personen einen besonderen Freund bzw. Freundin zu vermitteln, der den Betroffenen oder die Betroffene emotional begleitet sowie Hilfestellung im täglichen Leben (Einkaufen oder Apothekenwege) leistet. "AIDS-hotlines" wurden eingerichtet, um die relevanten Informationen im Hinblick auf HIV/AIDS leicht zugänglich zu machen. Rechtshilfe wurde angeboten, um den Betroffenen zu staatlicher Unterstützung zu verhelfen oder sie gegen Diskriminierung zu schützen. Zur Erhöhung der Lebensqualität wurden für Betroffene gezielte Ernährungsprogramme entwickelt.

Im Jahr 1993 waren in sieben (kleinen) europäischen Ländern im Bereich HIV/AIDS mehr als 1200 Organisationen aktiv. Die Entwicklung und die Anzahl von Organisationen, die HIV/AIDS-Programme und -Aktivitäten bereitstellen, variiert jedoch stark zwischen den Ländern. Auf der einen Seite gibt es Länder wie z.B. Ungarn oder Portugal mit nur sehr wenigen Organisationen (sieben bzw. 16). Auf der anderen Seite dieses Kontinuums finden wir Länder wie die Schweiz oder die Niederlande mit jeweils über 300 bzw. 700 Organisationen. Zwischen diesen extremen Polen liegen Schweden, Österreich und Belgien mit einigen Dutzend Organisationen (siehe Tabelle 1).

Aus den Zahlen in Tabelle 1 geht hervor, daß zwischen der Anzahl der Organisationen im Bereich HIV/AIDS und den epidemiologischen Fallzahlen kein direkter Zusammenhang besteht. Dies wird durch beide Indikatoren der organisatorischen Dichte verdeutlicht: die Anzahl der Organisationen pro 100 AIDS-Fälle variiert zwischen 28 und 1; der Zusammenhang mit der Bevölkerungsgröße variiert zwischen 47 und 1, ist also ebenfalls nicht sehr stark.

Dies ist ein erstes eindrucksvolles Ergebnis: Wenn nicht die Ausbreitung der AIDS-Epidemie (also die AIDS-Fallzahlen) die Unterschiede in der organisatorischen Antwort erklären, wodurch können diese Unterschied dann erklärt werden? Das Angebot im Bereich HIV/AIDS in einem Land scheint erstens

**Tabelle 1: Die AIDS-Epidemie, die organisatorische Antwort und die organisatorische Dichte in sieben europäischen Ländern (1993)**

| Land | Zahl der Organi-sationen | Zahl der AIDS-Fälle (kummulativ) | Zahl der Einwohner (Millionen) | OD I[b] | OD I[c] |
|---|---|---|---|---|---|
| Niederlande | 711 | 2567 | 15.2 | 28 | 47 |
| Schweiz | 306 | 3240 | 6.8 | 9 | 45 |
| Belgien[a] | 50 | 1114 | 5.8 | 4 | 9 |
| Österreich | 104 | 921 | 7.9 | 11 | 13 |
| Schweden | 63 | 797 | 8.6 | 8 | 7 |
| Portugal | 16 | 1352 | 9.8 | 1 | 2 |
| Ungarn | 7 | 115 | 10.4 | 6 | 1 |

a Nur die Flämische Region wird hier berücksichtigt

b OD I (Organisatorische Dichte I): Organisationen/100 AIDS-Fälle

c OD II (Organisatorische Dichte II): Organisationen/Million Einwohner

Quellen:

- »Managing AIDS« (European Centre/WHO Collaborative Study)
- European Centre for the Epidemiological Monitoring of AIDS
- Eurostat - Statistische Grundzahlen der Gemeinschaft 1993. Luxemburg

durch die von HIV/AIDS unabhängige organisatorische Dichte und zweitens durch das Ausmaß an politischer und administrativer Regulierungen im Hinblick auf HIV/AIDS beeinflußt zu sein.

Der angedeutete Zusammenhang zwischen organisatorischer Dichte und organisatorischer Antwort basiert auf der Annahme, daß Gesellschaften, die schon Erfahrung mit dem Einsatz von Organisationen zur Bewältigung von sozialen Problemen und Krisen haben, auch angesichts der Konfrontation mit einem neuartigen Problem leichter bestehende Organisationen mobilisieren oder neue Organisationen gründen werden[5]. Diese Annahme scheint auf die Niederlande und die Schweiz zuzutreffen, wo schon vor der HIV/AIDS-Krise ein hochentwickeltes

5 Stinchcombe (1965) hat — neben anderen Makro-Faktoren — auf diesen Zusammenhang zwischen organisatorischer Dichte und dem Ausmaß, in dem Gesellschaften Organisationen in Situationen politischer Krisen einsetzen, hingewiesen.

funktional und territorial differenziertes System von Gesundheits- und Wohlfahrtsorganisationen bestand. Gleichzeitig scheint das niedrige Ausmaß an organisatorischer Antwort in Portugal und Ungarn mit der vergleichsweise niedrig entwickelten organisatorischen Struktur in diesen Ländern zusammenzuhängen.

Darüber hinaus scheint auch ein Zusammenhang zwischen der *regulativen* Antwort in einem Land und der organisatorischen Antwort zu bestehen. Jene Länder, die vieles meistens zwingend, reguliert haben, zeigen tendenziell eine geringere Entwicklung der organisatorischen Antwort im Bereich HIV/AIDS. In Ländern, die weniger regulativ eingreifen oder dies in einer liberalen Form tun, läßt sich hingegen eine zunächst quantitativ bedeutendere organisatorische Antwort feststellen (vgl. de Vroom 1992; WHO 1988, 1990; Hendriks 1991).

In Tabelle 2 werden einige Informationen hinsichtlich der Regulierung von HIV/AIDS zusammengefaßt. Dies betrifft selbstverständlich nur einen kleinen Ausschnitt des regulativen Geschehens. Es zeigt aber deutlich, daß Länder mit einem höheren Ausmaß an organisatorischer Antwort tatsächlich tendenziell auch weniger oder in einer liberaleren Form regulieren.

## Tabelle 2: Formen der regulativen Antwort in sieben europäischen Ländern

| Land | Präventions-stil | Meldepflicht für HIV und AIDS | Screening und Tests | Isolation und/oder Ausgrenzung | Allgemeiner Regulierungsstil |
|---|---|---|---|---|---|
| Niederlande | nicht moralisierend | keine | freiwillig | keine | Wenig Regulierung nur von oben; Eigenverantwortung HIV/AIDS als gemeinsame Verantwortung |
| Schweiz | wenig moralisierend | HIV und AIDS | freiwillig | keine | Zwischenposition - aber eher wie die Niederlande |
| Belgien | wenig moralisierend | keine | Zwang für Asylsuchende | Asylsuchende | Zwischenposition |
| Österreich | indirekt moralisierend | AIDS | Zwang für Prostituierte | Prostituierte die HIV positiv sind | Zwischenposition aber eher wie Schweden |
| Schweden | indirekt moralisierend | HIV und AIDS | Zwang für jeden, der vermutet oder verdächtigt wird, infiziert zu sein;bei Vergewaltigung | Personen mit HIV bzw. AIDS | Viel Regulierung von oben durch staatliche Akteure; 'rationale' Auseinander-setzungen; starke Integration in bestehenden Wohlfahrtsstaat |
| Portugal | | freiwillig für HIV und AIDS | Zwang für Gefängnis-insassen | Gefängnis-insassen | Einige punktuelle Regulierungen durch den Staat; schwach entwickelte Wohlfahrtsstruktur |
| Ungarn | | AIDS | Zwang für Immigranten | Gefängnis-insassen und Immigranten | Einige strikte, zwingende Regulierungen durch den Staat; keine entwickelte Wohlfahrtsstruktur |

Quellen:

- »Managing AIDS« (European Centre/WHO Collaborative Study)
- Cattacin und Panchaud (1994)
- WHO, Health legislation and Ethics in thc Fild of AIDS and HIV Infection, 1988
- Hendriks (1991)

## III. Aspekte der organisatorischen Antwort

Es gibt verschiedene Möglichkeiten organisatorische Strukturen zu analysieren. Innerhalb der Organisationssoziologie können zwei vorherrschende Analysemodelle unterschieden werden: *Systemorientierte* versus *gruppenorientierte* Modelle (siehe Lammers 1987). Diese werden in der Organisationsforschung vor allem eingesetzt, um intra-organisatorische Phänomene zu erklären. Für die vorliegende Fragestellung erscheint es allerdings sinnvoll, diese Unterscheidung auch auf einer analytisch höheren Ebene — nämlich der Populationen von Organisationen — einzuführen. Aus einer *Systemperspektive* betrachtet kann der organisierte Wohlfahrtssektor, zumindest so wie er sich in den meisten westeuropäischen Ländern in den letzten Jahrzehnten entwickelt hat, wie folgt beschrieben werden: ein Komplex öffentlicher wie auch gemeinnütziger Organisationen, der aufgabenspezifisch und professionell funktional differenziert sowie vertikal und/oder horizontal integriert ist und der von einem Policy-Zentrum koordiniert wird. In einer solchen Systemperspektive werden Organisationen vor allem nach ihrer Bedeutung innerhalb des globalen Systems beurteilt und danach, wie sie diese erfüllen. Nun ist es aber auch denkbar, daß man den Wohlfahrtsektor aus einer *Gruppenperspektive* betrachtet. Hierbei richtet sich das Interesse vor allem auf die einzelne Organisation. Nicht das globale organisatorische System ist der wichtigste Anhaltspunkt, sondern die Frage nach einzelnen Organisationen und ihrer Bedeutung für ein bestimmtes Problem oder einer bestimmten sozialen Gruppe.

Diese beiden Perspektiven passen nun auch zu unterschiedlichen Policy-Ansätzen im Hinblick auf den Umgang mit HIV/AIDS. Dabei ist es erstens denkbar, daß konkrete Wohlfahrtspolitiken im Umgang mit einem neuen Problem aus den bestehenden institutionellen und organisatorischen Strukturen heraus reagieren: es wäre möglich, neue Probleme, neue Aufgaben und neue Organisationen in die bestehenden institutionellen Strukturen zu integrieren. Im Fall von HIV/AIDS würde das eine Differenzierung und Integration des Problems in bestehende — und möglicherweise neue — Organisationen des vorhandenen institutionellen Gesundheits- und Pflegesystems bedeuten. Zweitens ist es aber auch denkbar, daß in der konkreten Welt der betroffenen sozialen Gruppen vor allem eine problem- und/oder gruppen-orientierte Perspektive vorherrscht. Diese könnten zur Entstehung von Organisationen führen, die sich ausschließlich mit dem Problem beschäftigen und/oder mit denen sich diese bestimmten Gruppen identifizieren können. Im Fall von HIV/AIDS hieße das, daß "exklusive Organisationen" entstehen und/oder Basisorganisationen oder organisierte Betroffenengruppen aktiv werden.

Beide Perspektiven können auch als Ansatz "von oben" und Ansatz "von unten" charakterisiert werden[6]. Mit einer organisatorischen Antwort "von oben" sind öffentliche Organisationen und professionelle Gesundheits- und Wohlfahrtsorganisationen gemeint. Das Konzept der organisatorische Antwort "von-unten" umfaßt Basisorganisationen, organisierte Betroffenengruppen und Betriebe. Indem wir ein solches Konzept der Organisationstypen einführen und zu den üblicherweise diskutierten Regulierungsformen in Beziehung setzen, ergeben sich verschiedene Optionen des "Umgangs mit der HIV/AIDS-Epidemie" (siehe Tabelle 3).

**Tabelle 3: Typ der Organisatorischen Antwort, Organisationstypus und Regulierungsform**

| Typ der Organisatorischen Antwort | Organisationstypus | Regulierungsform |
|---|---|---|
| »von oben« | Öffentliche Organisationen; Professionelle Gesundheits- und Wohlfahrtsorganisationen | Hierarchie<br><br>Organisierte Expertise |
| »von unten« | Basisorganisationen; Organisierte Betroffenengruppen; Betriebe | Altruismus; Solidarität; Betroffenheit; Rationale Entscheidungen der Konsumenten |

Wird im Umgang mit der HIV/AIDS-Epidemie vor allem auf staatliche Organisationen als Interventionsträger gesetzt, so geht man generell davon aus, daß vor allem institutionelle und hierarchische Ansätze sowie gelegentlich auch Zwangsmaßnahmen geeignete Strategien zur Lösung des Problems sind. Zu dem Ansatz "von unten" zählen Marktorganisationen oder Betriebe. Sie sind kongruent mit der Logik der freien und rationalen (Kosten/Nutzen-) Entscheidungen. Die drei übrigen Organisationstypen — Basisorganisationen, organisierte Betroffenengruppen und professionelle Wohlfahrtsorganisationen — befinden sich sozusagen zwischen den beiden Extrempolen Hierarchie und freier Markt. Die Interventionsrationalität bei den Basisorganisationen und den organisierten Betroffenengruppen beruht an erster Stelle auf Altruimus, Solidarität und

6 Lammers 1993; Siehe auch den Aufsatz von Guy Peters (1993), in welchem er zwischen *Steuerung "von unten"* und *Steuerung "von oben"* unterscheidet und systematisch die empirischen Merkmale beider Policy-Modelle, deren theoretische Grundlage sowie deren normative Implikationen erörtert.

persönlicher Betroffenheit. Die professionelle Organisation hingegen ist der dominante Organisationstypus in modernen, komplexen Gesellschaften und legitimiert sich an erster Stelle über organisierte Expertise. Die Lösungen für bestimmte Probleme liegen hier in den Händen von spezialisierten Professionals. In verschiedenen Sektoren moderner Gesellschaften haben sich komplexe Technostrukturen entwickelt, in denen Technologie- und Managementexperten relativ autonome Positionen im Mittelfeld zwischen Individuum und Staat besetzen. Obgleich diese Experten keine formal politische Position innehaben, sind ihr Wissen und ihre Information "a key resource in the governance of modern society" (Fischer 1990, S. 28). Dieser organisierte Sektor moderner Gesellschaften wird als "technocorportism" (Fischer) oder im Fall der Sozialpolitik als "welfare coporatism" umschrieben (Williamson 1989, S. 168; siehe auch Heinze und Olk 1981).

Eine weitere Unterscheidung, die hier getroffen werden kann, und die in den meisten Fällen mit der "von oben"/"von unten" - Unterscheidung zusammenfällt, ist die zwischen "inklusiven" und "exklusiven" Organisationen. Exklusive Organisationen sind solche, die sich ausschließlich mit HIV/AIDS beschäftigen. Diese Organisationen wurden in fast allen Fällen neu und speziell als Antwort auf spezifische Probleme im Hinblick auf HIV/AIDS gegründet[7]. Inklusive Organisationen andererseits haben eine breitere Problemorientierung. In inklusiven Organisationen werden Aktivitäten im Bereich HIV/AIDS als eine neue Aufgabe gesehen, jedoch als Zusatz zu schon bestehenden Aktivitäten. Daher bestanden die meisten inklusiven Organisationen auch schon vor dem Einsetzen der HIV/AIDS-Epidemie.

Wenn die organisatorische Antwort auf HIV/AIDS die bestehende organisatorische Dichte und die üblichen Interventionsstrukturen im Sozial- und Gesundheitsbereich widerspiegeln würde, wäre in den meisten europäischen Staaten eine "traditionelle" wohlfahrtsstaatliche Antwort zu erwarten. In diesem Falle würde sie auf einer Organisationsstruktur aufbauen, die von inklusiven Organisationen und Antworten, die an erster Stelle "von oben" kommen, geprägt ist. Zieht man jedoch die Besonderheiten der HIV/AIDS-Epidemie heran[8],

7 Es gibt einige wenige Fälle von Organisationen, die es zwar schon vor dem Auftreten von HIV/AIDS gegeben hat, die sich aber an einem bestimmten Zeitpunkt entschlossen haben, sich fortan ausschließlich mit der HIV/AIDS-Problematik zu beschäftigen.

8 Zu diesen Besonderheiten gehören unter anderem:
— HIV/AIDS ist mit Stigmatisierung und komplexen psychosozialen Problemen verbunden;
— es fehlt derzeit eine wirkungsvolle Behandlung oder eine Impfung;
— HIV/AIDS wird häufig als selbstverschuldet gesehen; als Folge gesellschaftlich nicht akzeptierten, risikoreichen Verhaltens von Menschen;
— HIV/AIDS manifestiert sich in Europa am stärksten in gesellschaftlichen Randgruppen — insbesondere unter Homosexuellen, intravenösen Drogenkonsumenten, Prostituierten und ethnischen Minderheiten;

erscheint auch eine alternative Hypothese plausibel: Will man den spezifischen Charakteristika der Krankheit und den besonderen Bedürfnissen der betroffenen Gruppen gerecht werden, so erscheint ein anderer Ansatz erfolgversprechender (siehe Kenis 1992). So gesehen müßte man eine umgekehrte Antwort, welche vor allem auf exklusive Organisationen und Organisationen "von unten" aufbaut, erwarten.

Auf Basis dieser Ausführungen erscheinen nun folgende Fragen bezüglich der organisatorischen Antwort auf HIV/AIDS relevant. Erstens, hat sich die organisatorische Antwort auf HIV/AIDS tatsächlich anders als nach dem sogenannten klassischen wohlfahrtsstaatlichen Ansatz entwickelt, das heißt, haben sich andere Organisationen (exklusive Organisationen und Organisationen "von unten") neben den aufgabenorientierten, professionalisierten, inklusiven Organisationen herausgebildet? Falls sich in den bestehenden Strukturen tatsächlich eine solche organisatorische Antwort entwickelt hat, erscheint zweitens die Frage nach der Kooperation relevant: Kennzeichnet diese sich als konfliktträchtig oder als komplementär? Im nächsten Teil werden wir uns mit der ersten, im nachfolgenden Teil mit der zweiten Frage beschäftigen.

## IV. Ländervergleichende Ergebnisse zum Typ der organisatorischen Antwort

### *1. Exklusive und inklusive Organisationen*

Hier wird nun zunächst die Frage behandelt, ob das HIV/AIDS-Problem in die bestehenden organisatorischen Strukturen des Gesundheits- und Sozialsektors integriert wurde oder ob HIV/AIDS zur Entwicklung "problemspezifischer" Organisationen geführt hat, also sogenannter exklusiver Organisationen. In Tabelle 4 wird die organisatorische Antwort in sieben europäischen Ländern hinsichtlich der Einwicklung einer exklusiven beziehungsweise inklusiven organisatorischen Antwort verglichen.

— HIV/AIDS macht der Öffentlichkeit angst und wird aus der Perspektive eines neuen Konservativismus mit idealisierten Verhaltensmaximen betrachtet, d.h. "wie sich Menschen zu verhalten haben";

— HIV/AIDS interagiert mit anderen sozialen Problemen und verschärft diese: die Krise der Gesundheitssysteme, intravenöser Drogengebrauch, Obdachlosigkeit, die Verbreitung anderer sexuell übertragbarer Krankheiten, usw.

**Tabelle 4: HIV/AIDS und die organisatorische Antwort in sieben europäischen Ländern (1993)**

| Länder | inklusive Organisationen | | exklusive Organisationen | | insgesamt | |
|---|---|---|---|---|---|---|
| | N | % | N | % | N | % |
| Niederlande | 623 | 88 | 88 | 12 | 711 | 100 |
| Schweiz | 239 | 78 | 67 | 22 | 306 | 100 |
| Belgien[a] | 35 | 70 | 15 | 30 | 50 | 100 |
| Österreich | 83 | 80 | 21 | 20 | 104 | 100 |
| Schweden | 45 | 71 | 18 | 29 | 63 | 100 |
| Portugal | 15 | 94 | 1 | 6 | 16 | 100 |
| Ungarn | 2 | 29 | 5 | 71 | 7 | 100 |
| insgesamt | 1042 | 83 | 215 | 17 | 1257 | 100 |

[a] Nur die Flämische Region wird hier berücksichtigt

Quelle: - »Managing AIDS« (European Centre/WHO Collaborative Study)

Wie aus der Tabelle hervorgeht, unterscheiden sich die Länder sowohl in den absoluten wie auch den relativen Häufigkeiten beider Organisationsformen. Mit Ausnahme von Ungarn überwiegen in allen Ländern die inklusiven Organisationen. Allerdings ist die Zahl der exklusiven Organisationen in einigen Länder bemerkenswert hoch. Ein interessanter Zusammenhang scheint zwischen der Anzahl der inklusiven Organisationen und dem Entstehen von exklusiven Organisationen zu bestehen: eine *hohe Anzahl* an inklusiven Organisationen korrespondiert mit einer *hohen Anzahl* an exklusiven Organisationen. Dies bestätigt die These, daß nicht so sehr die Unfähigkeit bestimmter Organisationen zu einer adäquaten Reaktion auf das Problem HIV/AIDS für das Entstehen neuer Organisationen eine Rolle spielt, sondern das eher das Ausmaß an genereller organisatorischer Dichte in einem Land dafür den Ausschlag gibt.

## 2. *Wohlfahrtsstaat, Nonprofit Sektor und Markt*

In Tabelle 5 wird die Verteilung der organisatorischen Antwort in den verschiedenen Ländern nach den drei organisierten Gesellschaftsbereichen Staat, Vereine und gewinnorientierte Unternehmen dargestellt. Als wesentlicher Indikator dafür diente der rechtliche Status einer Organisation.

**Tabelle 5: HIV/AIDS und die organisatorische Antwort in sieben europäischen Ländern nach dem rechtlichen Status der Organisation (1993)**

| Land | staatliche Organisation | | Vereine | | gewinn-orientierte Unternehmen | | insgesamt | |
|---|---|---|---|---|---|---|---|---|
| | N | % | N | % | N | % | N | % |
| Niederlande | 168 | 24 | 526 | 75 | 3 | 1 | 697* | 100 |
| Schweiz | 153 | 50 | 141 | 46 | 12 | 4 | 306 | 100 |
| Belgien[a] | 6 | 12 | 42 | 84 | 2 | 4 | 50 | 100 |
| Österreich | 41 | 39 | 60 | 58 | 3 | 3 | 104 | 100 |
| Schweden | 18 | 31 | 41 | 69 | 0 | 0 | 59** | 100 |
| Portugal | 8 | 50 | 7 | 44 | 1 | 6 | 16 | 100 |
| Ungarn | 3 | 43 | 4 | 57 | 0 | 0 | 7 | 100 |
| insgesamt | | | | | | | 1239 | 100 |

a Nur die Flämische Region wird hier berücksichtigt
* 14 Organisationen konnten nicht klassifiziert werden
** 4 Organisationen konnten nicht klassifiziert werden

Quelle: - »Managing AIDS« (European Centre/WHO Collaborative Study)

Auch aus dieser Tabelle lassen sich einige interessante Schlußfolgerungen ziehen: Zunächst spielen die gewinnorientierten Unternehmen eine sehr kleine Rolle. Nur die Schweiz stellt hier in gewisser Weise eine Ausnahme dar, da hier zwölf gewinnorientierte Organisationen (4%) gefunden wurden. Dabei handelt es sich meist um private Krankenhäuser und pharmazeutische Unternehmen. In einigen seltenen Fällen hat die Epidemie jedoch neue gewinnorientierte

Unternehmertätigkeiten stimuliert wie z.B. im Fall von Beratungsfirmen bzw. Blutbanken (hier vor allem im Bereich der Eigenblutvorsorge).

Im Hinblick auf den relativen Anteil der staatlichen Organisationen an der organisatorischen Antwort können die Länder in drei Gruppen unterteilt werden. Erstens Länder mit einem hohen Anteil staatlicher Organisationen (zwischen 43 und 50%): Portugal, die Schweiz und Ungarn. Zweitens Länder mit einem relativ niedrigen Anteil staatlicher Organisationen wie die Niederlande und Belgien (24 bzw. 12%). Schweden und Österreich nehmen hier — gewissermaßen als dritte Kategorie — mit einem Anteil von 31% bzw. 39% staatlicher Organisationen eine Zwischenposition ein. Setzen wir nun diese Daten mit dem Ausmaß an regulativer Kontrolle in Beziehung (siehe Tabelle 2), so ergibt sich ein eindeutiger Zusammenhang. In Ländern mit einer relativ starken Betonung regulativer Initiativen, etwa in Richtung Zwangsmaßnahmen und Ausgrenzung bestimmter gesellschaftlicher Gruppen (wie z.B. Registrierung von Menschen mit AIDS, Zwangsmaßnahmen im Hinblick auf das Verhalten von Menschen mit HIV/AIDS, Zwangstestung, Einreise-, bzw. Einwanderungsverbot von HIV-positiven Menschen, etc.) läßt sich auch allgemein eine höhere relative Anzahl staatlicher Organisationen im Bereich HIV/AIDS feststellen.

## *3. Professionelle Wohlfahrtsorganisationen und Betroffenen- bzw. Basisorganisationen*

Eine Analyse zum relativen Anteil der Vereine wird aussagekräftiger, wenn für die obige Tabelle — wie nachfolgend — die Unterscheidung der Organisationen nach dem oben eingeführten Modell "von oben" versus "von unten" berücksichtigt wird.

Abgesehen davon, daß der Nonprofit Sektor — mit den Ausnahmen Ungarn und Schweden — von professionellen Gesundheits- und Wohlfahrtsorganisationen dominiert wird, kann gleichzeitig in einer Reihe von Ländern eine hohe Beteiligung von Basisorganisationen und organisierten Betroffenengruppen festgestellt werden. In Ungarn und Portugal sind diese im Politikfeld HIV/AIDS eher selten aktiv, in der Schweiz und den Niederlanden ist die Zahl dieser Organisationen jedoch bemerkenswert hoch. Österreich und Schweden belegen hier wiederum eine Zwischenposition.

Aus den Tabellen 6 und 7 können einige vorläufige Schlußfolgerungen abgeleitet werden. Auf den ersten Blick fällt auf, daß Länder mit einer hohen Anzahl an Basisorganisationen eine relativ niedrige Anzahl organisierter Betroffenengruppen haben (wie z.B. die Niederlande). Dieser Umstand kann dadurch erklärt werden, daß die Hauptbetroffenengruppen — vor allem homosexuelle Personen, aber auch in geringerem Ausmaß Drogenkonsumenten —

schon organisiert waren bevor HIV/AIDS bekannt wurde. Diese Organisationen haben ihr Aktivitätsspektrum oft um die spezifischen HIV/AIDS-Aktivitäten erweitert. In anderen Ländern hingegen kann man genau die umgekehrte Entwicklung feststellen: die HIV/AIDS-Epidemie hat kollektives Handeln angeregt, welches in manchen Fällen zur Gründung formaler Organisationen innerhalb der Hauptbetroffenengruppen geführt hat.

**Tabelle 6: HIV/AIDS und die organisatorische Antwort »von oben« bzw. »von unten« in sechs europäischen Ländern (1993)**

| Organisationstyp | Niederlande | Schweiz | Österreich | Schweden | Portugal | Ungarn | insgesamt |
|---|---|---|---|---|---|---|---|
| »von oben« | **478** | **246** | **78** | **29** | **12** | **4** | **847** |
| staatliche organisation | 168 | 153 | 41 | 18 | 8 | 3 | 391 |
| professionelle Wohlfahrts-organisation | 310 | 93 | 37 | 11 | 4 | 1 | 456 |
| »von unten« | **212** | **50** | **26** | **28** | **4** | **2** | **322** |
| Basisorganisation | 191 | 27 | 17 | 23 | 1 | 1 | 260 |
| organisierte Betroffenengruppe | 18 | 11 | 6 | 5 | 2 | 1 | 43 |
| gewinnorientiertes Unternehmen | 3 | 12 | 3 | 0 | 1 | 0 | 19 |
| insgesamt | **690*** | **296**** | **104** | **57***** | **16** | **6****** | **1169** |

* 21 Organisationen konnten nicht klassifiziert werden
** 10 Organisationen konnten nicht klassifiziert werden
*** 6 Organisationen konnten nicht klassifiziert werden
**** 1 Organisation konnte nicht klassifiziert werden

Quelle: - »Managing AIDS« (European Centre/WHO Collaborative Study)

In Tabelle 7 werden die Basisorganisationen und die Betroffenenorganisationen der jeweiligen Länder nach Basisgruppe bzw. Betroffenengruppe, die sie repräsentieren, dargestellt.

Der relativ starke Anteil der Organisationen, die innerhalb der Homosexuellenbewegung oder aus ihr heraus entsstanden sind (d.h. Organisationen von homosexuellen Personen wie auch Organisationen von

**Tabelle 7: Nationale Muster der Basisorganisationen und Betroffenengruppen des Dritten Sektors in sechs europäischen Ländern (1993)**

| | Nieder-lande | Schweiz | Öster-reich | Schwede n | Portuga l | Ungarn | insge-samt |
|---|---|---|---|---|---|---|---|
| Basisorganisationen | **191** | **27** | **17** | **23** | **1** | **1** | **260** |
| Homosexuelle | 37 | 7 | 9 | 3 | | 1 | 57 |
| IV-Drogenbenützer | 4 | 4 | 2 | | | | 10 |
| Hämophile | 2 | 1 | 1 | 2 | 1 | | 7 |
| Frauen | 1 | | | | | | 1 |
| Prostituierte | 1 | 2 | | | | | 3 |
| Migranten | 1 | | | 8 | | | 9 |
| Eltern | 2 | | | 1 | | | 3 |
| Glaubensgemeinschaft | 7 | 7 | | | | | 14 |
| Karitative Gemein-schaftsorganisationen (Rotes Kreuz, etc.) | 67 | | | 5 | | | 72 |
| andere | 69 | 6 | 5 | 4 | | | 84 |
| organisierte Betroffenengruppen | **18** | **11** | **6** | **5** | **2** | **1** | **43** |
| Menschen mit HIV/AIDS | 9 | 8 | 4 | 4 | 2 | 1 | 28 |
| Homosexuelle | 1 | 1 | | | | | 2 |
| Frauen | 1 | 1 | | | | | 2 |
| IV-Drogenbenützer | | | | 1 | | | 1 |
| Buddies | 7 | | 1 | | | | 8 |
| andere | | 1 | 1 | | | | 2 |
| insgesamt | **209** | **38** | **23** | **28** | **3** | **2** | **307** |

Quelle: - »Managing AIDS« (European Centre/WHO Collaborative Study)

Menschen mit HIV/AIDS im Kontext homosexueller Basisgruppierungen) hat sicherlich mit den Besonderheiten der HIV/AIDS-Epidemie zu tun. Andererseits kann nicht nur das relativ hohe HIV-Übertragungsrisiko für Mitglieder dieser sozialen Gruppen das hier gefundene hohe Ausmaß an organisatorischen Antworten erklären. Denn auch Menschen, die an Hämophilie erkrankt sind, waren in den ersten Jahren der HIV/AIDS-Epidemie einem besonders hohen Infektionsrisiko ausgesetzt, dennoch kam es hier kaum zu einer nennenswerten organisatorischen Antwort. Es bedarf also zusätzlicher Erklärungsfaktoren, die die

Frage beantworten können, warum in einer sozialen Gruppe eher Organisationen enstehen als in einer anderen Gruppe. Solche zusätzlichen Erklärungen sind sowohl in der Größe der Betroffenengruppe als auch im Ausmaß der zwischen den Gruppenmitgliedern stattfindenden sozialen Interaktionen zu finden.

Aus soziologischer Sicht ist die Größe einer Gruppe ein wichtiger Faktor in der Erklärung kollektiver Handlungen (also in unserem Fall der organisatorischen Antworten). Die gängigen Theorien zu diesem Thema besagen, daß große ("latente") Gruppen bei dem Versuch, sich zu organisieren, auf mehr Schwierigkeiten stoßen als kleine ("privilegierte") Gruppen (vgl. Olson 1965; Dunleavy 1988). Die geschätzte Größe der im Fall von HIV/AIDS verschiedenen Betroffenengruppen variiert zwischen sehr großen ("latenten") Gruppen (z.B. alle heterosexuellen Männer und Frauen in der Altersgruppe zwischen 20 und 45 Jahren) und kleinen ("privilegierten") Gruppen (wie z.B. Menschen, die an Hämophilie erkrankt sind).

Der Faktor "soziale Kohäsion" bezeichnet das Ausmaß, in dem soziale Beziehungen zwischen den Gruppenmitglieder bestehen. Diese Variable ist sowohl bezüglich der epidemiologischen wie auch der soziologischen Aspekte der HIV/AIDS Epidemie relevant. Aus epidemiologischer Sicht wird allgemein angenommen, daß je größer die soziale Nähe in einer Betroffenengruppe ist, die Wahrscheinlichkeit, daß es zu Übertragungen des HIV-Virus in dieser Gruppe kommt, umso höher wird. Aus soziologischer Sicht hingegen müßte man jedoch genau die umgekehrte These aufstellen: ein hohes Ausmaß an sozialer Kohäsion muß als eine wichtige Voraussetzung für kollektives und organisiertes Handeln verstanden werden. Dieses ist wiederum eine Bedingung, um z.B. geeignete Präventionsmaßnahmen entwickeln zu können. So gesehen entsteht im Zusammenhang mit der sozialen Kohäsion eine paradoxe Situation: je höher das Ausmaß an sozialer Kohäsion ist, desto größer ist das Risiko einer HIV-Übertragung, aber gleichzeitig sind die Voraussetzungen für kollektives oder organisatorisches Handeln besser, um gemeinsam die weitere Verbreitung zu kontrollieren.

Drei Aspekte von sozialer Kohäsion erscheinen in diesem Zusammenhang wichtig: Soziale Kohäsion ist erstens ein Indikator für die Regelmäßigkeit des sozialen Kontaktes, den einzelne Mitglieder bestimmter Gruppen zueinander unterhalten. Dies hängt etwa damit zusammen, ob sich Mitglieder von Betroffenengruppen geographisch in einer bestimmten Stadt oder einer bestimmten Region konzentrieren oder ob sie über das ganze Land verstreut leben. Nach diesem Kriterium variiert die soziale Kohäsion der Betroffenengruppen in den meisten Ländern zwischen zwei Extremen. Homosexuelle und Drogenkonsumenten wohnen vor allem in Großstädten (Amsterdam, Zürich, Wien, etc.), während Angehörige anderer Gruppen oft über das ganze Land verstreut leben. Das Ausmaß an sozialer Kohäsion ist zweitens auch davon abhängig, ob Individuen einer Gruppe *face-to-face* Kontakte unterhalten. Bestimmte Infrastrukturbedingungen ermöglichen solche primären sozialen Kontakte. Auch in dieser Hinsicht unterscheiden sich Betroffenengruppen voneinander. Für homosexuelle Menschen gibt es in bestimmten geographischen Zentren (v.a. in den Großstädten) meistens eine gut ausgebaute Infrastruktur von Bars, Treffpunkten, etc. Für Drogenkonsumenten hingegen ist die Situation anders. Obwohl "Drogenszenen" oft spontan entstehen, werden diese als Treffpunkte meistens nicht toleriert und eher formelle Einrichtungen wie *shooting galleries* sind sehr selten zu finden. Drittens hängt der Grad an sozialer Kohäsion aber auch mit einer gemeinsamen Kultur, gemeinsamen Werte und gemeinsam geteilten Weltbildern einer bestimmten sozialen Gruppe zusammen. Auch diesbezüglich bestehen zwischen und auch innerhalb der Betroffenengruppen große Unterschiede. So gibt es innerhalb der Gruppe von harten Drogenkonsumenten und Prostituierten verschiedene, mehr oder weniger isolierte Gruppen mit bestimmten kulturellen Gemeinsamkeiten.

## V. Eine neue "Arbeitsteilung" im Wohlfahrtsstaat?

Aus den hier präsentierten Forschungsergebnissen geht hervor, daß sich ein breites Spektrum im Ausmaß und der Richtung von sowohl der organisatorischen wie auch der institutionellen Antwort auf die HIV/AIDS Epidemie feststellen läßt, das sich über die verschiedenen europäischen Länder unterschiedlich verteilt. In manchen Ländern konzentriert sich die institutionelle Antwort vorrangig auf staatlich regulative Interventionen und Zwangsmaßnahmen, wogegen das institutionelle Arrangement in anderen Ländern eher auf einer organisatorischen Antwort basiert.

Die hier untersuchten Länder können nach dem Ausmaß der organisatorischen Antwort auf HIV/AIDS in drei Gruppen gegliedert werden. Die erste Gruppe umfaßt Länder mit einem hohen Niveau an organisatorischer Kapazität (die Niederlande und die Schweiz). Mehrere hundert Organisationen haben in diesen Ländern auf die Herausforderung HIV/AIDS reagiert. Die organisatorische Antwort in der Schweiz ist dabei vorrangig aus staatlichen Organisationen und professionellen Wohlfahrtsorganisationen zusammengesetzt, im institutionellen Bereich lassen sich auch Zwangsmaßnahmen feststellen. In den Niederlanden ist das dominante Merkmal der organisatorischen Antwort eine Mischung aus professionellen Wohlfahrtsorganisationen und Basisorganisationen, während der institutionelle Bereich durch eine vorrangig liberale regulative Antwort charakterisiert ist. Daneben gibt es eine zweite Gruppe von Ländern wie Ungarn und Portugal, die sich durch ein sehr niedriges Ausmaß an organisatorischer Antwort kennzeichnen lassen. Die niedrige Anzahl an Organisationen, die im

Bereich HIV/AIDS in Ungarn tätig werden, reflektiert wahrscheinlich die oft diskutierte Auflösung des Organisationspotentials auf der Gemeinschaftsebene in früheren kommunistischen Ländern. Das niedrige Ausmaß an organisatorischer Antwort wird hier auf der institutionellen Ebene offensichtlich durch ein relativ hohes Ausmaß an regulativen Initiativen "kompensiert". Die dritte Gruppe von Ländern schließlich, zu denen Schweden und Österreich gehören, wird durch eine Mittelposition gekennzeichnet. Der Unterschied dieser beiden entwickelten Wohlfahrtsstaaten zur ersten Gruppe hat nicht so sehr mit der niedrigeren organisatorischen Kapazität an sich zu tun sondern resultiert eher aus einer gleichzeitig schwachen horizontalen Differenzierung und eine relativ starken vertikalen Integration in Schweden und Österreich. In den Niederlanden und in der Schweiz dagegen ist die organisatorische Struktur des Wohlfahrtsstaat vor allem horizontal und territoritorial differenziert ausgerichtet. Die festgestellte Varianz in der institutionellen wie auch der organisatorischen Antwort auf die HIV/AIDS-Epidemie in den sieben untersuchten Ländern bestätigt jedenfalls die allgemeine These von Rosenberg, die besagt, daß "just as playwright chooses a theme and manages plot development, so a particular society constructs its characteristic response to an epidemic" (Rosenberg 1989 S. 2). Fassen wir dies nun zusammen, so können wir auf einer Makro-Ebene diese Unterschiede vor allem durch folgende Faktoren erklären: (1) die allgemein bestehende organisatorische Dichte (welche die organisatorische Kapazität einer Gesellschaft reflektiert); (2) das Ausmaß und die Richtung der institutionellen Antwort auf HIV/AIDS, und (3) die Struktur des bestehenden Wohlfahrtssystem in einem Land.

Basierend auf diesen Erkentnissen können nun drei Policy-Stile bezüglich des Umgangs mit HIV/AIDS unterschieden werden. Erstens, der *administrative Ansatz*, und zweitens das *Modell des Wohlfahrtskorporatismus*, welche beide als Ansätze "von oben" zu verstehen sind. Davon zu unterscheiden ist drittens der Ansatz "von unten", der an erster Stelle von der Gemeinschaft und vom Markt ausgeht.

Im administrativen Ansatz liegt der Schwerpunkt vorrangig auf regulativen Maßnahmen und Zwangsmaßnahmen. Die Regulierungs- oder Steuerungsform ist die einer *hierarchischen Steuerung*. Wie die hier präsentierten Daten zeigen, korreliert ein niedriges Ausmaß an organisatorischer Antwort mit einer starken Betonung von Zwangsinterventionen (wie im Fall von Ungarn und Portugal).

Wohlfahrtskorporatismus kennzeichnet sich durch die zentrale Stellung professionalisierter Gesundheits- und Wohlfahrtsorganisationen, welche im politisch-administrativen System institutionalisiert sind. Der dominante Regulierungsmodus könnte hier als *organisierte Expertise* bezeichnet werden. Die Antwort für Probleme liegt in diesem Fall in den Händen spezialisierter Professionals. Mit der Ausnahme von Ungarn und Portugal gibt es in den verschiedenen untersuchten Ländern ein entwickeltes System des Wohlfahrtskorporatismus. In diesen fünf Ländern lassen sich allerdings zwei unterschiedliche Typen des Wohlfahrtskorporatismus beschreiben: einerseits ein staatsorientierter Wohlfahrtskorporatismus wie z.B. in Österreich und andererseits ein Meso-Wohlfahrtskorporatismus wie in den Niederlanden und der Schweiz.

Die AIDS-Epidemie hat einerseits, allerdings in den verschiedenen Ländern in unterschiedlichem Ausmaß, die schon vorhandenen organisatorischen und/oder regulativen Kapazitäten mobilisiert, andereseits hat diese aber auch, und wiederum in unterschiedlichem Ausmaß, zum Enstehen neuer organisatorischer Initiativen geführt: es handelt sich hierbei vorrangig um *gruppen- und/oder problemorientierte Organisationen* die hier als *Antwort von unten* zusammengefaßt werden.

Bestimmte Tatsachen haben in diesem Bereich neue Konzepte und Ansätze entstehen lassen. Dazu zählen z.B. die Beständigkeit des Problems, die Notwendigkeit der Verhaltensänderung, die Beschränkungen der professionellen Expertise, das Faktum, daß sich risikoreiches Verhalten vor allem in relativ geschlossenen sozialen Gruppen und darüber hinaus im intimen Bereich abspielt sowie die daraus resultierenden Schwierigkeiten für die Eingriffsmöglichkeiten und Einflußnahme des modernen Staates. Diese Faktoren dürften die verhältnismäßig wichtige Zunahme von Basisorganisationen, organisierten Betroffenengruppen und exklusiven HIV/AIDS-Organisationen in den meisten Ländern im letzten Jahrzehnt erklären. Die Zunahme der Basisorganisationen scheint darüber hinaus die These zu bestätigen, daß diese nicht einfach als prä-moderne oder prä-industrielle Organisationsformen abgetan werden können. Gerade im Zusammenhang mit der HIV/AIDS-Epidemie wird deutlich, daß das Politkfeld AIDS nicht nur von den traditionellen Basisorganisationen (wie z.B. vom Roten Kreuz oder von Glaubensgemeinschaften, usw.), sondern darüber hinaus wesentlich von einer ganzen Reihe moderner Basisorganisationen und Betroffenenorganisationen gestaltet wird: Organisationen von Homosexuellen, HIV-Drogenkonsumenten, Hämophilie-Patienten, um hier nur einige zu nennen. Die Zunahme dieser Organisationen deutet nicht nur auf die noch immer bestehenden organisatorischen Kapazitäten solcher sogenannter "traditioneller" Bereiche moderner Wohlfahrtsstaaten, sondern auch auf die Wichtigkeit funktionaler institutioneller Arrangements als Antwort auf eine neue Krankheit hin. Im Fall von HIV/AIDS erweisen sich organisierte Betroffenengruppen als wichtige intermediäre Instanz für eine effektive Präventionspolitik, die nicht nur Information wirkungsvoller verteilen kann sondern darüber hinaus auch in der Lage ist, "Risikoerfahrung" zu vermitteln. Solche Organisationen können zur Entwicklung einer Solidaritätskultur beitragen, welche dann wiederum die gegenseitige Verantwortung zwischen infizierten Personen und nicht-infizierten Personen unterstützen kann. Eine solche Solidarität kann darüber hinaus eine

Entwicklung von Gruppenaktivitäten befördern, die weit über das bloße Regulieren von Verhalten hinausgehen.

Im allgemeinen kann man feststellen, daß die HIV/AIDS-Epidemie einen alternativen Ansatz zur Lösung von Gesundheits- und Wohlfahrtsproblemen hervorgebracht hat. Neben einem aufgabendifferenzierten Modell hat die HIV/AIDS-Epidemie die Entwicklung eines umfassenderen ganzheitlicheren Ansatzes ausgelöst der sicherlich auch für andere Problembereiche des Wohlfahrssektor große Relevanz besitzt.

Die theoretisch und praktisch spannende Frage ist aber, ob die Entwicklung solcher praktischen Alternativen zum traditionellen Wohlfahrtsektor zu einer "neuen Arbeitsteilung" in modernen Wohlfahrtsstaaten führen wird. Werden diese unterschiedlichen organisatorischen Antworten zur Verflechtung und Integration oder zu Spannungen führen? Dies ist zweifelsohne ein interessantes Thema für zukünftige Forschungen. In der Organisationssoziologie gibt es dazu eine Reihe von Theorien, die sich bereits mit dieser Frage beschäftigt haben. Sie variieren von Michels' "eisernem Gesetz", Eckstein's "Kongruenz-Konzept", Litwak's "Gleichgewichtstheorie der Koordination" bis hin zu neueren Ansätze der "Policy Netzwerke" (Kenis und Schneider 1991), die eine arbeitsteilige Integration beider Ansätze als möglich erachten (so auch Heinze und Olk 1981; Evers 1993).

Eine Erkenntnis, die man aus der Analyse der organisatorischen Antwort auf die AIDS-Epidemie gewinnt ist, daß moderne Gesellschaften komplementäre Formen organisationeller Strukturen benötigen, um mit den aktuellen sozialen Problemen effektiv und angemessen umzugehen. Wenn diese Schlußfolgerung richtig ist, dann läßt sich das Thema zukünftiger Forschung auch genauer präzisieren: Unter welchen sozialen und institutionellen Bedingungen werden sich komplementäre Organisationsstrukturen entwickeln und wie können sie überleben?

## Literatur

Bayer, Ronald, 1989: Aids, Privacy, and Responsibility, Daedalus, Journal of the American Academy of Arts and Sciences, 118,3.

Cattacin, Sandro, und Christine Panchaud, 1994: La maîtrise du sida. Une analyse comparative des réactions organisationnelle au hiv/sida en Europe de l'Ouest Konferenzbeitrag "Droit et sociéte", Toulouse: Université de Toulouse.

Dunleavy, P.D., 1988: Group identities and individual influence: reconstructing the theory of interest groups, British Journal of Political Science, 18 (January): 21-49.

European Centre for the Epidemiological Monitoring of Aids, 1992: Aids Surveillance in Europe, Quarterly Report No. 33.

Evers, Adalbert, 1993: The Welfare Mix Approach. Understanding the Pluralism of Welfare Systems. in: Adalbert Evers/Ivan Svetlik (Hg.): Blancing Pluralism - New Welfare Mixes in care for the elderly. Aldershot: Avebury.S. 3-31

Fischer, Frank, 1990: Technocracy and the Politics of Expertise, London: Sage.

Hegner, Friedhart, 1986: Solidarity and Hierarchy: Institutional Arrangements for the Coordination of Actions. S. 407-429 in: F.X.Kaufman, G.Majone, V.Ostrom (Hg.): Guidance, Control, and Evaluation in the Public Sector, Berlin: De Gruyter, 407-429.

Heinze, Rolf G./Olk,Thomas 1991: Die Wohlfahrtsverbände im System sozialer Dienstleistungensproduktion - Zur Entstehung und Struktur der bundesrepublikanischen Verbändewohlfahrt, Kölner Zeitschrift für Soziologie und Sozialpsychologie 33: 94-114.

Hendriks, A., 1991: Aids, HIV Prevalence and Aids/HIV Policies in Europe; A Survey. Manuskript. Leidschendam.

Hirschman, Albert O., 1982: Shifting Involvements. Private Interests and Public Action. Princeton: Princeton University Press.

Hoek, Anneke van den, 1990: Epidemiology of HIV infection among drug users in Amsterdam. Amsterdam.

Kenis, Patrick & Bernd Marin, 1990: Managing AIDS. The Role of Nonprofit Institutions in Public Health and Welfare Policy - Research Design. Manuskript. Vienna.

Kenis, Patrick, 1992: Die Rolle von intermediären Organisationen in der Gesundheits- und Wohlfahrtspolitik. S. 125-137 in: Rudolph Bauer (Hg.) Intermediäre Nonprofit-Organisationen in einem neuen Europa.

Kenis, Patrick, 1992: The Importance of Studying Organisations Providing HIV/AIDS Activities. Konferenzbeitrag "National Styles of organizational responses", Leiden: Leiden Institute for Law & Public Policy.

Lammers, Cornelius J., 1987: Organisaties vergelijkenderwijs. Utrecht: AULA.

Lammers, Cornelius J., 1993: Organiseren van bovenaf en van onderop. Utrecht: AULA.

Olson, Mancur, 1965: The Logic of Collective Action. Public Goods and the Theory of Groups. Cambridge/London: Harvard University Press.

Peters, Guy, 1993: Alternative Modelle des Policy-Prozesses: Die Sicht "von unten" und die Sicht "von oben", in Adrienne Héretier (Hg.): Policy-Analyse. Kritik und Neuorientierung (Sonderheft PVS). Opladen: Westdeutscher Verlag.S. 289-306.

Perrow, Charles, und Mauro F. Guillén, 1990: The AIDS Disaster. The Failure of Organizations in New York and the Nation, New Haven/London: Yale University Press.

Rosenberg, Charles E., 1989: What Is an Epidemic? Aids in Historical Perspective, Daedalus, Journal of the American Academy of Arts and Sciences: 118, 1-19.

Rosenthal Uriel, Michael T. Charles und Paul 't Hart, 1989: Coping with Crises. The Management of Disasters, Riots and Terrorism. Sorinfield Ill.: Thomas.

Stinchcombe, A.L., 1965: Social Structure and Organizations. In: J.G.March (Hg.) Handbook of Organizations, Chicago: Rand McNally.

Streeck, Wolfgang, und Philippe Schmitter, 1985: Community, Market, State - and Associations? The Prospective Contribution of Interest Governance to Social Order, in: Wolfgang Streeck und Philippe Schmitter (Hg.), Private Interest Government. Beyond Market and State, London: Sage, 1-19.

Vroom, Bert. de, 1991: AIDS en gedragsregulering. Dilemma's en mogelijkheden van overheidsingrijpen en categorale zelfregulering. Working Paper 34. Leyden Institute Law and Public Policy.

Vroom, Bert. de, 1992: National Styles of Regulative Responses. The AIDS-epidemic in the European Region, Konferenzbeitrag "National Styles of organizational responses", Leiden: Leiden Institute for Law & Public Policy.

Vroom, B. de, 1993: AIDS: nationale patronen van organisationele respons. in:' Jacques van Doorn, Pauline Meurs und Ton Mijs (Hg.): Het organisatorisch labyrint, Utrecht: AULA, 183-214.

Vroom, B. de & C.C.M.Kester, 1992: Aids en beheersing van risicogedrag'. S 163-186 in: N.J.H.Huls (Hg.): Sturing in de risicomaatschappij. Zwolle: Tjeenk Willink.

WHO 1988: Health Legislation And Ethics in The Field of Aids and HIV Infection. S. 163-186.

WHO 1990: Current Status of HIV/Aids Prevention and Control Policies in the European Region.

Williamson, Peter J. 1989:Corporatism in Perspective, London: Sage.

# Von der pflegerischen Versorgung zu hilfreichen Arrangements. Strategien der Herstellung optimaler Beziehungen zwischen formellem und informellen Hilfesystem im Bereich der Pflege älterer Menschen

*Adalbert Evers/Thomas Olk*

## I. Der Problemrahmen

### *1. Wohlfahrtspluralismus im Pflegebereich*

Die Diskussionen zum Wohlfahrtspluralismus und zu den persönlichen sozialen Dienstleistungen weisen enge Verbindungen auf. Dies hängt mit den besonderen Bedingungen der Produktion persönlicher sozialer Dienstleistungen zusammen. Im Unterschied zu den Gegebenheiten in anderen Wirtschaftssektoren spielen die Konsumenten bei der Produktion persönlicher sozialer Dienstleistungen eine herausragende Rolle; sie sind nicht lediglich Adressaten oder Klienten sondern in mehrerlei Hinsicht vor allem auch aktiv Mitwirkende im Prozeß der Dienstleistungsproduktion. Bekanntlich hängt die Produktivität im Bereich der Erstellung persönlicher sozialer Dienstleistungen unmittelbar von dem Aufbau einer vertrauensvollen sozialen Beziehung zwischen Produzenten und Konsumenten ab; nur wenn die kulturell geprägten Orientierungen, Erwartungen und Handlungsstrategien auf beiden Seiten der Beziehung zusammenpassen, kann Vertrauen und somit die Bereitschaft beim "Abnehmer" entstehen, selbst aktiv etwas zur Produktion der fraglichen Dienstleistung beizutragen.

Diese eigentümlichen Funktionsbedingungen persönlicher sozialer Dienstleistungsarbeit haben dazu geführt, daß in diesem Bereich jenseits des Dualismus von Markt und Staat insbesondere auch frei-gemeinnützige Träger und Organisationen des "Dritten" bzw. "intermediären Sektors" sowie informelle Netzwerke solidarischer Hilfe von besonderer Bedeutung sind. Während privaten Unternehmungen eine Orientierung am Prinzip der Gewinnmaximierung und dem Staat neben seiner Gemeinwohlbindung eine Orientierung an der Durchsetzung herrschender Ordnungskonzepte unterstellt wird, so wird gemeinnützigen Organisationen, die zudem sozialethischen Prinzipien folgen sowie Personen des sozialen Nahraums vergleichsweise eher zugebilligt, daß sie sich in ihrem

Handeln am "wohlverstandenen Eigeninteresse" des Konsumenten/ der Konsumentin orientieren und die besondere Abhängigkeit der hilfsbedürftigen Person nicht zur Durchsetzung von Eigeninteressen ausnutzen.

Persönliche soziale Dienstleistungen werden allerdings in der Regel nicht von einer Instanz der Wohlfahrtsproduktion allein sondern vielmehr von einer Mehrzahl von ihnen in einem arbeitsteiligen Prozeß erstellt. Bei der medizinischen Betreuung und sozialen Unterstützung eines chronisch Kranken können z.B. der niedergelassene Hausarzt, ein Krankenhaus, eine Selbsthilfegruppe sowie nicht zuletzt Familienangehörige, weitere Verwandte und Nachbarn sowohl in zeitlicher Folge als auch gleichzeitig beteiligt sein. Neben gewerblichen Unternehmen und staatlichen Verwaltungen sind also in der Regel frei-gemeinnützige Verbände und Organisationen aber auch Nachbarschaftshilfen sowie familiale und verwandtschaftliche Unterstützungsnetzwerke involviert. Formell organisierte bezahlte Lohnarbeit spielt hier ebenso eine Rolle wie ehrenamtliches Engagement, formelle und informelle Aktivitätsformen sowie die informelle Netzwerkhilfe. Dieser Sachverhalt gilt insbesondere auch für den Bereich der Pflege. Es ist deshalb plausibel, daß zum Beispiel in der englischen Diskussion - aber auch in vielen anderen Beiträgen - der Bereich der "mixed economy of care" (Wistow u.a. 1993) immer wieder als Beispiel für Probleme und Möglichkeiten wohlfahrtspluralistischer Politik in einer "mixed economy of welfare" (vgl. dazu auch Pinker und Donati in diesem Band sowie Evers 1995) herangezogen wird.

In dieser Diskussion sind also allgemeine ordnungs- und steuerungspolitische Fragen sehr eng mit Fragen der Reorganisation des Politikbereichs Pflege verbunden. In diesem Zusammenhang haben sich zwei unterscheidbare Diskussionsschwerpunkte herausgebildet: (1.) Der eine, in der Regel dominierende Diskussionsschwerpunkt kreist vor allem um Rolle und Gestalt von neuen ordnungspolitischen Konzepten, in denen die Beziehungen zwischen den unterschiedlichen Akteuren im "Quasi-Markt" der Pflegeleistungen geregelt sind. Im Bereich der Pflege werden hier insbesondere neue Vertragsbeziehungen zwischen Pflegekassen, staatlichen Instanzen und gewerblichen wie frei-gemeinnützigen Anbietern von Pflegeleistungen thematisiert (vgl. dazu den Beitrag von Heinze und Strünck in diesem Band). (2.) Der zweite Diskussionsschwerpunkt, auf den sich der folgende Beitrag konzentriert, bezieht sich vor allem auf die Beziehungen zwischen dem formellen Bereich mit seinen verschiedenen Trägern professioneller Dienstleistungsangebote einerseits und dem informellen Bereich mit seinen vor allem über das Familiensystem vermittelten Hilfe- und Pflegeleistungen andererseits.

Es versteht sich keineswegs von selbst, Pflegedienstleistungen in einen solchen Analyserahmen formell-informeller Interaktionen einzubetten. Mit dieser Herangehensweise soll zweierlei verdeutlicht werden: (a) Zum einen, daß es sich bei der (häuslichen) Pflege keineswegs um einseitige "Versorgungs"-leistungen sondern in vielen Fällen vielmehr um eine Interaktion handelt, bei der beide Seiten, nämlich sowohl professionelle HelferInnen als auch Angehörige zum Nutzen der jeweils pflegebedürftigen Person zusammenwirken (sollen). (b) Ferner wird auf diese Weise betont, daß die Dienstleistungsbeziehung im Bereich der Pflege nicht lediglich zwei Personen (nämlich die pflegebedürftige und die pflegende Person) betrifft sondern auf beiden Seiten ein mehrpoliges Netz von Mitwirkenden, die sich zu unterschiedlichen Pflegearrangements konfigurieren.

Eine solche Betrachtung von Pflege als Produkt mehrpoliger Pflegearrangements lag sowohl der herkömmlichen Pflegepraxis als auch entsprechenden Pflegekonzepten und Forschungsstrategien solange fern, wie Pflege überwiegend als ein episodisches Ereignis verstanden werden konnte. Sowohl bei der traditionell vergleichsweise kurzfristigen Unterstützung häuslicher Pflege durch die Gemeindeschwester als auch bei der überwiegend professionell gestalteten Pflege im (Sterbe-)Heim bleiben die Interaktionen zwischen der formell-professionellen Seite einerseits und dem informellen Hilfesystem andererseits äußerst begrenzt. Derartige Pflegeprozesse sind bzw. waren in der Mehrzahl der Fälle durch eine Sequenz des vorher-nachher bzw. entweder-oder gekennzeichnet: In den ersten Phasen der Hilfe- und Pflegebedürftigkeit war die Pflege im wesentlichen eine Angelegenheit der Familienangehörigen; erst danach - nämlich wenn diese Unterstützung nicht mehr ausreichte - wurde die Pflege eine (ausschließliche) Angelegenheit der Dienste und professionellen Einrichtungen. Inzwischen haben verschiedene Entwicklungen zu einer Ausweitung und Aufwertung von Interaktionen zwischen dem formellen und dem informellen Bereich in der Pflege beigetragen: Die Zunahme von Langzeitpflegefällen infolge des medizinischen Fortschritts, die Ausweitung des Angebots ambulanter gegenüber der stationären Pflege sowie die allgemeine Zunahme von professionell erbrachten, häuslichen Pflege- und Hilfeleistungen (ein Wachstumsbereich, der sich von einem niedrigen Ausgangsniveau her entwickelt) sind zu diesen Entwicklungen hinzu zurechnen. Alle solche Entwicklungen zusammengenommen werfen Fragen und Probleme der Gestaltung von Interaktionsmustern zwischen dem formellen und dem informellen Hilfebereich auf (vgl. ausführlicher zu dieser Entwicklung Baldock/Evers 1991).

Abgesehen von solchen säkularen Entwicklungen hat aber auch ein genereller gesellschaftspolitischer Perspektivenwechsel zu einer Aufwertung des informellen Bereichs sozialer Unterstützungsnetzwerke beigetragen. Traditionelle Bilder und Stereotype hinsichtlich der Arbeits- und Aufgabenteilung zwischen dem formellen und dem informellen Bereich erweisen sich zunehmend als unzureichend. Sowohl die traditionelle Vorstellung, nach der professionelle Pflege lediglich Ausfallbürge eines ansonsten selbstgenügsamen Familiensystems sein sollte, als auch die umgekehrte Sichtweise einer weitgehenden Überantwortung von Hilfe und Pflege an formelle und damit professionelle Träger, die insbesondere in den skandinavischen Ländern lange Zeit des Gesetz des Handelns diktierte (vgl. Thorslund 1991), haben sich als unzutreffend und unrealistisch herausgestellt. Immerhin hatte in dieser Perspektive über Jahrzehnte die Aufmerksamkeit fast ausschließlich dem Ausbau substitutiver formeller Hilfesysteme gegolten. Konfrontiert mit den Grenzen des Wachstums derartiger Systeme wurde in den letzten zehn Jahren die enorme Bedeutung des informellen, insbesondere familialen Hilfesystems, gewissermaßen wiederentdeckt; seine Leistungen, aber auch Belastungen sind Gegenstand zahlreicher Untersuchungen geworden (vgl. die Literaturübersichten bei Parker 1990; Dooghe 1992; Evers/Olk 1995; Twigg/Atkin/Perring 1990). Darüber hinaus ergaben neuere Forschungen zur demographischen Entwicklung (Sundström 1994) und zur Entwicklung von Wertorientierungen im Familiensystem (Bengtson/ Schütze 1992), daß die immer noch kursierenden Annahmen über das unaufhaltsame Verschwinden von für Unterstützung und Hilfe verfügbaren Familienmitgliedern und ihrer Bereitwilligkeit - z.B. trotz zunehmender beruflicher Belastungen - zu helfen, nicht haltbar sind. Auch daraus ergibt sich ein neuer Blick auf das informelle Hilfesystem: Es handelt sich hierbei keineswegs um einen vormodernen Bereich, der durch Modernisierungsprozesse einem unabwendbaren progressiven Bedeutungsverlust ausgesetzt ist, sondern vielmehr um eine gesellschaftliche Sphäre, die komplementär zu den inzwischen expandierten formellen Hilfesystemen aufgrund ihres spezifischen und unverwechselbaren Leistungsprofils bedeutsam ist. Hieraus resultiert eine neue Aufgabenstellung für Pflegepolitik und Pflegedienste. Es gilt nun, Angehörige als Helfende mit bestimmten Fähigkeiten und Bereitschaften, aber auch als selbst unterstützungsbedürftige Personen ausdrücklich und bewußt einzubeziehen. Diese Umorientierung im Pflegebereich repräsentiert exemplarisch eine mögliche Definition wohlfahrtspluralistischer Politik als einer Strategie, die das "soziale Kapital" gesellschaftlicher und gemeinschaftlicher Solidaritäten nicht nur anerkennt, indem man es instrumentell zu nutzen und in welfare mixes einzubauen sucht, sondern auch bereit ist, in seine Motivierung, Unterstützung und weitere Entwicklung zu investieren (vgl. die entsprechenden Überlegungen bei Donati sowie Evers/Olk in diesem Band).

## 2. *Problemdimensionen formell-informeller Beziehungen im Bereich der Pflege*

Im engeren Pflegebereich hat die sozialwissenschaftliche Forschung zu den formell-informellen Interaktionsbeziehungen sowie zu den Möglichkeiten ihrer zukünftigen Entwicklung und sozialpolitischen Mitgestaltung eine ganze Reihe von Problemen herausgearbeitet.

Die Forschung hat gezeigt, daß wo immer Angehörige beteiligt sind, die Beziehungen zwischen professionell pflegender und gepflegter Person sich durch den Einbezug pflegender Angehöriger zu einem Pflegedreieck (Knipscheer 1993) erweitert; dieses Dreieck ist spannungsreich:

- wegen der unterschiedlichen Perspektiven und Interessen auf allen Seiten
- wegen der unterschiedlichen möglichen Rollen der Angehörigen, die zusätzliche Helfende aber auch Hilfebedürftige sein können.

Das "Pflege-Dreieck" wird vor allem deshalb in der Pflegepraxis zum Problem, weil dessen Existenz im konzeptionellen Leitbild ambulanter Pflege kaum eine Rolle spielt. Deshalb können die Dienste die hiermit verbundenen komplexen Erwartungen und Anforderungen auch nicht bewußt berücksichtigen.

Charakter und Dynamik der Beziehung im Pflegedreieck sind bislang vor allem in solchen Modellen beschrieben worden, die versucht haben, auf die eine oder andere Weise ein "natürliches" oder "sachliches" Ordnungsmuster zu hypostasieren. Einerseits ist unterstellt worden, daß es eine natürliche Abstufung der Interaktion im Pflegeprozeß gibt, im Sinne einer schrittweisen Aufgabendelegation von den engeren Angehörigen an die professionellen Dienste. Andere Deutungen haben postuliert, daß Sachfragen, die in der Natur des Pflegeprozesses liegen, über die Interaktionsmuster entscheiden, etwa derart, daß grundsätzlich die stärker medizinisch geprägten Aufgaben eher delegiert werden als Aufgaben, die im persönlichen Bereich und der alltäglichen Haushaltsführung angesiedelt sind.

Zwar soll nicht geleugnet werden, daß sich Pflegearrangements und -dynamiken so wie gerade beschrieben präsentieren können. Aber statt entsprechende Beobachtungen zu Modellen zu generalisieren, würden wir davon ausgehen, daß die Beziehungsmuster und ihre Dynamik im Pflegedreieck zwischen Betroffenen, Angehörigen und Diensten stark variieren können. Maßgeblich sind dabei historische und kulturelle Faktoren. Sie schlagen sich nieder in differierenden sozialen Erwartungenund kulturellen Mustern, die sich im Laufe von Biographien und im Rahmen unterschiedlicher Lebensstile konstituieren. Langfristige Prozesse der Gewöhnung und Entwicklung in Bezug auf das, was Hilfe und Pflege für die jeweils Beteiligten bedeuten und was für beide Seiten als "angemessen" und "rechtens" angesehen wird, können dabei insbesondere auf der Seite der informellen alltagsweltlichen Kultur unterschiedlich verlaufen; sie sind jedoch durch den Stand der Entwicklung der Dienstleistungskultur mitbestimmt und damit auch immer ein Stück weit offen für Veränderungen und Lernprozesse (Evers 1993; Baldock/Ungerson 1994). Gerade in dem so stark in private Lebenswelten eingreifenden Bereich persönlicher Dienstleistungen erscheint die jeweilige Dienstleistungskultur und ihre Entwicklung also als ein Produkt komplexer Austauschprozesse zwischen dem, was Sozialpolitik und Dienste vorgeben und dem, was sich an Motivationen,

Pflegepraktiken und Austauschverhalten im informellen Bereich herausbildet (vgl. auch Lavilles Ausführungen zur Entwicklungslogik der "services a proximite" in diesem Band). Verschiedenheit und Veränderung kennzeichnen gerade im Pflegebereich die Entwicklung der Dienstleistungskulturen. Während es für skandinavische Familien z.B. selbstverständlich ist, im Pflegefall rasche und umfangreiche Entlastung in Anspruch zu nehmen, wird von vielen Familienangehörigen in ländlichen Regionen der Bundesrepublik solche Hilfe nur zögernd angenommen (Langen/Schlichting 1990). Noch hat sich hier nicht eine Dienstleistungskultur entwickelt, innerhalb derer sich formell-informelle Interaktionsmuster zwanglos entwickeln könnten. Verantwortung für die zu pflegende Person wird immer noch damit gleichgesetzt, daß man sich um sie in möglichst allen Belangen auch selbst mit entsprechenden Vorsorgeleistungen zu kümmern habe. Zu vermuten ist jedoch, daß nicht zuletzt im Kontext des raschen Wachstums lokal eingebundener Pflegemärkte ein Wandel der Einstellungen und Mentalitäten eintritt.

Ob es überhaupt zu formell-informellen Beziehungen kommt, und das Ausmaß, in dem sie hilfreich werden können, hängt also vom Niveau des "Gleichklangs" in den Orientierungen der formellen und der informellen Seite ab. Die Fähigkeit der Dienste, sich flexibel auf unterschiedliche Bereitschaften und Erwartungen einzustellen, ist dabei sicherlich ein wichtiger, aber nicht der einzige Bestimmungsfaktor. Wesentlich ist z.B. die biographische und kulturelle Bestimmheit der Pflegeverhältnisse in der jeweiligen Familie. Viele Familien, in denen gepflegt wird, verweigern Hilfe von außen, obwohl sie sie "objektiv" vielleicht nötiger hätten als andere, die aus welchen Gründen auch immer von Hilfeangeboten von außen Gebrauch machen (vgl. für England: Twigg/Atkin/Perring 1990a, S 26ff.; für Deutschland: Zellhuber/Steiner-Hummel 1991). Von Bedeutung ist weiterhin, daß es den meisten schwer fällt, in einer Situation der "Anomie" (Knipscheer 1986) für sich und die Pflegeperson zu bestimmen, worauf sie Anrecht haben, was legitimerweise von den formellen Diensten erwartet werden kann, und wozu sie sich selbst verpflichten sollten. Insbesondere Frauen stehen hier in dem Dilemma, daß sie oft aufgrund eines plötzlichen Pflegefalls Hilfe von außen arrangieren und damit mit Instanzen und Akteuren in Kontakt treten müssen, mit denen sie nie zuvor zu tun hatten. Sie fühlen sich diskriminiert durch langandauernde Pflegeverpflichtungen, die sie um das Recht auf ein eigenes Leben zu bringen drohen. Gleichzeitig fehlt jedoch ein Bezugsrahmen von anerkannten Werten und Orientierungsmustern, der ihnen wirksam hilft, als Zumutung zurückweisen zu können, was unter Umständen andere im Familiensystem als selbstverständliche Verpflichtung definieren (Dallinger 1993).

Die Debatte über informelle Pflegeleistungen und Dienste wird jedoch noch immer dominiert von Fragen materieller, körperbezogener Pflege- und Hilfearbeit bezüglich der pflegebedürftigen Person und den damit verbundenen Belastungen und Herausforderungen; pflegende Angehörige geraten dagegen nur als Mithelfende und Mitbetroffene in den Blick (vgl. beispielhaft entsprechend verengte Typologie bei Twigg 1993). Weniger entwickelt ist die Diskussion zu einer anderen Dimension komplementärer formell-informeller Hilfe- und Pflegearrangements, die sich im Verlauf unseres Projektes als zunehmend wichtig herausgestellt hat. Gemeint sind hier die mit Entscheidungen über Pflege verbundenen Anforderungen an Fürsprache, Hilfebeschaffung und Alltagsplanung. "Care" bedeutet ja in vielen Fällen für die Angehörigen nicht nur das Hand anlegen bei der pflegerischen Versorgung - und damit eine untergeordnete Mitarbeit bei der professionell bestimmten Pflege - sondern es muß auch übersetzt werden mit "Sorge tragen" im Sinne einer Anwaltschaft gegenüber den öffentlichen Einrichtungen und Diensten, und dort, wo sie es zulassen, das Mitentscheiden über die Wahl der professionellen Angebote und das gesamte Arrangement. Dieser Wandel des Charakters der zumeist weiblichen Dienstleistungsarbeit gilt ganz allgemein für mit dem Haushalten in einer Dienstleistungs- und Konsumgesellschaft verbundenen Tätigkeiten (Balbo 1984), speziell aber auch im Pflegebereich (Lingsom 1989).

## II. Der Ansatzpunkt der Studie

Die eigene Pilotstudie, von der einige Ergebnisse im folgenden präsentiert werden sollen, setzt nun an diesem Punkt an. Formell-informelle Beziehungen im ambulanten Pflegebereich sollten als entscheidungsbezogene Interaktionen verstanden werden, die auch die Dimension der Verhandlung und Auseinandersetzung einbeziehen. Bezogen auf diese bewußt weitgefaßte Definition von Hilfe und Pflege sollten mit dem Instrument des qualitativen Interviews sowohl von professionellen Fachkräften als auch den unterstützenden und helfenden Angehörigen Informationen zu zwei Fragekomplexen zusammengetragen werden:

- inwieweit und in welcher Weise nehmen ambulante Hilfe- und Pflegeangebote in der Anlage und Durchführung ihrer Aktivitäten die Angehörigen mit ihren Problemen, aber auch vielfältigen möglichen Aufgaben und Beiträgen zur Kenntnis ?
- wo liegen umgekehrt aus dem Blickwinkel unterstützender und pflegender Angehöriger die Probleme mit solchen professionellen ambulanten Hilfen und was können diese Informationen und Sichtweisen vermitteln über die Praxis der Dienste, aber auch über den Erwartungshorizont und die Vorstellungen, von denen aus diese agieren ?

Dabei sind wir vor dem Hintergrund des skizzierten Forschungs- und Diskussionsstandes davon ausgegangen, daß auf beiden Seiten, also sowohl bei den pflegebedürftigen alten Menschen, ihren Familien und pflegenden Angehörigen als auch bei den formellen Trägern professioneller Dienste und Hilfen ein Spannungsverhältnis besteht zwischen bisherigen Gewohnheiten bzw. Routinen und Orientierungen und neuen Anforderungen. Professionelle Pflege muß sich einerseits gerade im ambulanten Bereich auf neue Gegebenheiten - z.B. aktiv und fordernd intervenierende und nicht nur hilfsbereite Angehörige - einstellen, ist aber durch Organisationsweisen und Leitbilder bestimmt, die - so haben wir unterstellt - vom herkömmlichen Bild des "care" als auf die einzelne Person zentrierte, körperbezogene Pflege und Versorgung geprägt sind. Umgekehrt stehen viele helfende Angehörige vor dem Problem, selbst Aufgaben wahrzunehmen und Erfahrungen mit Diensten und ihrer Beschaffung machen zu müssen, auf die sie das bisherige Leben nur begrenzt vorbereitet hat, so daß ihr Beitrag zur Pflege und Unterstützung sich im Rahmen begrenzter Artikulations- und Verarbeitungsmöglichkeiten entwickeln muß.

Methodik und Anlage der Studie gestalteten sich dabei wie folgt: In der Region Westfalen im Bundesland Nordrhein-Westfalen wurden in drei Untersuchungsgebieten - es handelte sich um zwei Großstädte sowie eine Kleinstadt in ländlicher Umgebung - jeweils zwei Einrichtungen der ambulanten Versorgung untersucht. Es wurden jeweils eine Institution eines etablierten Trägers mit eher traditionellem Zuschnitt (Sozialstation) sowie eine "innovative" Institution ausgewählt, die sich insbesondere durch das Bemühen auszeichnen sollte, in der ambulanten Versorgung neue Wege zu gehen. Es wurden jeweils drei MitarbeiterInnen (in der Regel Pflegedienstleitung, Pflegekraft und Hauswirtschaftshilfe) sowie je fünf pflegende Angehörige pro Einrichtung interviewt. Darüberhinaus wurden Interviews mit ExpertInnen aus dem professionellen und administrativen Bereich (kommunale ExpertInnen mit planenden und koordinierenden Funktionen, ExpertInnen für Angehörigenarbeit im Bereich der Sozialstationen etc.) durchgeführt.

## III. Die Sicht der Fachkräfte in den ambulanten Diensten

Im folgenden sollen die Befunde aus den Gesprächen mit den Fachkräften in der häuslichen Pflege insbesondere unter dem Gesichtspunkt der Thematisierung der Rolle der Angehörigen dargestellt werden. Welche Bedeutung billigen die professionellen Kräfte den pflegenden Angehörigen zu, und welche Rollen sollen diese ihrer Meinung nach bei der Pflege spielen ? Auf welche Weise werden die Angehörigen in professionellen Pflegekonzepten thematisiert ? Welche Kompetenzen und Fertigkeiten bzw. welche Bewältigungsstrategien entwickeln die Pflegekräfte, um die Erwartungen, Interessen und Bedürfnisse der pflegenden Angehörigen in den Arbeitsprozeß zu integrieren bzw. mögliche Interessenkollisionen der am Pflegeprozeß Beteiligten miteinander zu vereinbaren? Dies sind Fragestellungen, denen bei der Auswertung des Interviewmaterials nachgegangen worden ist. Die zentralen Ergebnisse lassen sich folgendermaßen zusammenfassen.

## *1. Steigender Erwartungs- und Anforderungsdruck auf die häuslichen Dienste*

Nahezu alle Fachkräfte verweisen auf den steigenden Anforderungs- und Erwartungsdruck, der sich aus veränderten Rahmenbedingungen für die häuslichen Dienste und Einrichtungen ergibt. Dieser Druck äußert sich vor allem darin, daß die Pflegen immer umfänglicher und schwerer werden, über längere Zeiten hinweg andauern sowie an Anzahl (ausgedrückt in steigenden Fallzahlen und vermehrten Pflegeanfragen) zunehmen. Als Ursache nennen die Befragten im wesentlichen vier Aspekte:

Alle Befragten erwähnen in diesem Zusammenhang die veränderten Entlaßpraktiken der Krankenhäuser. Die Verweildauer, auch von älteren und zum Teil chronisch bzw. mehrfach erkrankten Patienten, ist in den letzten Jahren rigoros verkürzt worden;

Ermöglicht und erleichtert werde die Entlaßpraxis durch technische Innovationen und Entwicklungen auf dem Markt für Pflegegeräte und Hilfsmittel (z.B. Kompressionsstrümpfe statt Verbände, Spritzen zum Selbst-injizieren, Medikamentendepots etc.);

Darüberhinaus wird auf die Verlängerung der sogenannten ferneren Lebenserwartung hingewiesen. Auch bei Schwerstpflegebedürftigkeit und Mehrfacherkrankungen haben die Betroffenen angesichts der Fortschritte der Medizin und auf dem Markt für Pflegehilfsmittel eine gute Chance, sehr lange weiterleben zu können, wodurch sich auch die Dauer von Schwerstpflegen gegenüber früheren Zeiten erheblich verlängern kann;

Hinzu komme, daß sich der Eintritt in eine stationäre Pflegeeinrichtung (Pflege- bzw. Altersheim) immer weiter nach hinten hinausschiebe. Hier wirkt die sozialpolitische Grundsatzentscheidung "ambulant vor stationär" mit dem immer vehementer artikulierten Wunsch alter und pflegebedürftiger Menschen zusammen, so lange es irgend geht, in ihrer Wohnung verbleiben und gegebenenfalls dort gepflegt werden zu können.

## 2. *Vorsichtige Öffnung für die Belange pflegender Angehöriger*

Die häuslichen Dienste (Sozialstationen), die in die Untersuchung einbezogen worden sind, weisen unterschiedliche Leitbilder und Organisationkonzepte auf. Es sind Einrichtungen darunter, die sich in der Tradition der evangelischen Gemeindediakonie verorten; Einrichtungen, die von kritischen Professionellen aus den neuen sozialen Bewegungen gegründet wurden, um deren alternative Versorgungs- und Betreuungskonzepte realisieren zu können (ganzheitliche Pflege), sowie Einrichtungen, die einen hohen professionellen Leistungsanspruch hinsichtlich der krankenpflegerischen Tätigkeiten mit an modernen Managementkonzepten orientierten Aufbau- und Ablaufstrukturen verknüpfen. Insgesamt scheinen sich die "herkömmlichen" und "innovativen" Dienste im Hinblick auf ihr Tätigkeits- und Leistungsprofil nicht wesentlich zu unterscheiden. Allerdings sind die innovativen Dienste deutlich stärker an einem Konzept der "ganzheitlichen Pflege" orientiert, weisen eine höhere Flexibilität im Hinblick auf die Bereitstellung von Nacht- und Wochenendeinsätzen auf und sind zudem in der Lage, sogenannte Mehr-Stunden-Pflegen (von vier bis acht Stunden pro Tag) anzubieten.

Bei allen Unterschieden läßt sich jedoch bei sämtlichen untersuchten Einrichtungen eine zumindest begrenzte Berücksichtigung der Belange, Probleme und Anliegen pflegender Angehöriger beobachten. Diese Orientierung äußert sich zunächst einmal in der Angebots- und Leistungspalette. Alle Stationen bieten Hauskrankenpflegekurse an, leihen Pflegegeräte und Pflegehilfsmittel aus, tragen mit dem Einsatz von Zivildienstleistenden zur stundenweisen Entlastung der Angehörige bei und führen zum Teil Gesprächskreise für pflegende Angehörige durch. An einem Standort wird das Thema "pflegende Angehörige" systematisch in die betriebsinternen Fort- und Weiterbildungsveranstaltungen einbezogen; darüberhinaus gibt es Einrichtungen, in denen SozialarbeiterInnen sich speziell dem Problem des Umgangs mit pflegenden Angehörigen widmen.

## 3. *Die Unterstützung pflegender Angehöriger wird durch vorherrschende Pflegekonzepte behindert*

Ein zentraler Befund der Interviews mit den Fachkräften in der häuslichen Pflege besagt: Die Orientierung an der sogenannten körperbezogenen Pflege verhindert letztlich eine angemessene Berücksichtigung sowohl der Rolle als auch der Bedürfnisse, Interessen und Probleme der pflegenden Angehörigen im Prozeß der Pflege. Pflegende Angehörige werden von den Pflegekräften überwiegend als "Hilfskräfte" betrachtet, die den medizinisch orientierten Pflegeprozeß unterstützen. In dieser Rolle handeln Angehörige "richtig" und "angemessen", wenn sie vor dem Besuch der Pflegekraft alle Vorbereitungen treffen (Handtuch, Seife, warmes Wasser etc.), während des Einsatzes bestimmte Handgriffe kooperativ erledigen (wie Umlagern, Hilfestellung auf Anweisungen geben etc.) sowie nach und zwischen den Einsätzen die Vorschläge und Auflagen des Pflegepersonals gewissenhaft umsetzen.

Auffällig ist, daß sich das Bild vom "guten", am medizinischen Pflegeprozeß mitwirkenden Angehörigen durchgängig mit traditionellen Vorstellungen der Familiensolidarität verbindet. Die in den Gesprächen mit den Fachkräften immer wieder als "vorbildliche Pflegen" benannten Beispiele sind regelmäßig Fälle von aufopferungsvollen Pflegen naher Angehöriger für ihre Anverwandten, in deren Verlauf die pflegenden Angehörigen ihre eigenen Interessen und Bedürfnisse zugunsten der pflegebedürftigen Person vollständig zurückzustellen scheinen. Dem entspricht, daß die Rolle der pflegenden Angehörigen als Anwälte und Beschaffer von Ressourcen von den Pflegekräften kaum wahrgenommen und schon gar nicht positiv bewertet wird. Aktivitäten der Angehörigen, wie zum Beispiel Verhandlungen über Dienstleistungsangebote sozialer Einrichtungen, die Formulierung von Anträgen an Krankenkassen und Sozialämter, das Besorgen von Pflegehilfsmitteln und -geräten etc., kurz also das Arrangieren der Rahmenbedingungen der eigentlichen Pflege, werden von den befragten Pflegekräften nur selten thematisiert. Wenn sie angesprochen werden, geschieht dies zumeist mit einem eher kritischen bzw. abwertenden Unterton. "Richtige" und damit wichtige Pflege ist danach aus ihrer Sicht in erster Linie die körperbezogene Pflege, die von den Angehörigen Tag für Tag an ihren pflegebedürftigen Verwandten erbracht wird.

Diese hohe Wertschätzung der medizinischen bzw. körperbezogenen Pflege führt dazu, daß sich die Pflegekräfte im Pflegedreieck primär dem Patienten gegenüber verpflichtet fühlen. Damit verhindert das herkömmliche professionelle Leitbild der körperbezogenen Pflege, daß die pflegenden Angehörigen als eigenständige Personen wahrgenommen werden, die gegenüber den Pflegebedürftigen eindeutig unterscheidbare Bedürfnisse, Interessen und Rollen aufweisen. Ihnen bleibt allenfalls die Rolle einer "instrumentellen Ressource" im Pflegeprozeß. Die Übernahme einer Pflege durch die Angehörigen bedeutet für diese aber oft einen tiefen Einbruch in ihre Biographie. Bisherige Lebenspläne, Interessen und Aktivitäten müssen unterbrochen werden, deren Verwirklichung wird auf eine unbestimmte Zukunft verschoben. Pflegende Angehörige durchlaufen also einen Prozeß der Eingewöhnung in eine neue Rolle, der unter Umständen mit einer abrupten und krisenhaften Umorientierung sozialer Beziehungen und mit einer Neuausrichtung der Lebensplanung verbunden sein kann.

Angebote zur Unterstützung und Entlastung pflegender Angehöriger, die aus einer rein krankenpflegerischen Perspektive entwickelt werden, bleiben daher in ihrer Reichweite notwendig begrenzt. Deren Stoßrichtung zielt ausschließlich auf die Qualifizierung der pflegenden Angehörigen als "Hilfspfleger" und auf entlastende Angebote im Hinblick auf deren Pflegearbeit im engeren Sinne. Letztlich geht es dabei immer darum, ihnen das Los der Pflege zu erleichtern, ohne die pflegebedürftige Person als zentralen Bezugspunkt des Pflegedreiecks aufzugeben.

## 4. *Hilfe und Pflege als Interaktionsprozeß*

Der instrumentelle Einbezug pflegender Angehöriger kommt auch in den Erstgesprächen zum Ausdruck. Hier geht es darum, den Hilfebedarf einer neu aufzunehmenden Person festzustellen und durch Erkundung weiterer Unterstützungspotentiale den eigentlichen Interventionsbedarf durch die Einrichtung zu ermitteln. Es wird festgehalten, ob und gegebenenfalls welche Angehörigen im Haushalt der pflegebedürftigen Person wohnen bzw. Ansprechpartner sind, ob sie bestimmte regelmäßige Leistungen übernehmen können und welchen Anteil diese Angehörigen bei der Finanzierung der Pflege beisteuern können. Der Einbezug der pflegenden Angehörigen steht hier unter dem Leitmotiv: "Welchen Anteil des Pflegebedarfs können die Angehörigen übernehmen und welcher muß von der Station übernommen werden ?"

Auch in der Pflegedokumentation, die vor allem an Gesichtspunkten des Pflegeprozesses und der finanziellen Abrechnung orientiert ist, wird der Aspekt "pflegender Angehöriger" in wachsendem Maße berücksichtigt. Auch hier geht es darum, im laufendem Prozeß festzuhalten, welche Rolle Angehörige im Leben und in der Pflege der betroffenen Person spielen und wie diese Personen gegebenenfalls in die Gesamtplanung des Pflegeprozesses einbezogen werden können. Der Einbezug bleibt aber auch hier instrumentell verkürzt und ist auf die Effektivierung der körperbezogenen Pflege der pflegebedürftigen Person beschränkt.

### 4.1 Die pflegenden Angehörigen während des Einsatzes

Während der Pflegeeinsätze, also der Hausbesuche, treffen die Pflegebeiträge der professionellen Kräfte und der pflegenden Angehörigen in der Mikrostruktur des Alltagslebens zusammen. Hier ist der Abstimmungsbedarf besonders groß und unabweisbar; aber gerade hier können Konflikte und Mißverständnisse den Pflegeprozeß massiv beeinträchtigen. Die befragten Pflegekräfte berichten unterschiedliche Verhaltensmuster der pflegenden Angehörigen während der Einsätze. Es gibt sowohl Angehörige, die sich zurückziehen, als auch solche, die dabeibleiben und Einfluß auf das folgende Geschehen zu nehmen beabsichtigen. Aus der Sicht der Pflegekräfte ist nicht gesagt, daß die eine Strategie positiv, die andere dagegen negativ bewertet wird. Die Mehrzahl der befragten Pflegekräfte hatte Verständnis dafür, daß pflegende Angehörige sich während des Einsatzes zurückziehen. Diese Angehörigen betrachten die kurze Zeit des Pflegeeinsatzes als eine Frist zum Atemholen, zum Ausruhen bzw. zum Regeln anderer Angelegenheiten (Einkaufen etc.). Es gibt aber auch Fälle, in denen dieses Verhalten als Versuch gewertet wird, einen möglichst großen Teil der Verantwortung und der Belastungen, die aus der Pflege resultieren, an die Fachkräfte abzuschieben. Aber auch im Falle der Anwesenheit der Angehörigen bleiben Verständnis- und Abstimmungsprobleme sowie Konflikte nicht aus. Während diejenigen Angehörigen als unproblematisch erlebt werden, die sich umstandslos in ihre Rolle als Hilfskräfte fügen, so gibt es anscheinend immer dann Probleme, wenn die Angehörigen eigene Sichtweisen, aber auch eigene Interessen und Bedürfnisse einbringen. So beklagen sich viele Fachkräfte darüber, daß pflegende Angehörige die Arbeitsvollzüge der Pflegekräfte kontrollieren. Weiterhin entstehen Konfliktanlässe daraus, daß die Fachkräfte sich durch mehr oder weniger unbeholfene Aktivitäten der Angehörigen während des Pflegeeinsatzes in ihrer Arbeit gestört sehen.

Diese Beispiele verweisen darauf, daß die Pflegekräfte während ihres Einsatzes fortlaufend auf Interaktionsprobleme und unvermutete Reaktionen der beteiligten Angehörigen stoßen, da sie deren Bedürfnisse und Interessen und damit deren Verhaltensweisen nicht systematisch in den Zusammenhang des Pflegearrangements einbeziehen. Die Pflegefachkräfte weisen den Angehörigen bei der Herstellung des Pflegearrangements bestimmte Rollen - zum Beispiel die des "folgsamen Mitarbeiters" - zu, ohne zu berücksichtigen, daß die Angehörigen solche Rollenzuweisungen unter Umständen als unangemessen zurückweisen könnten. Letztlich kann eine Lösung dieses Problems nur darin bestehen, die Bedeutung der Aushandlung angemessener und akzeptierter Rollen zwischen Pflegefachkräften, pflegebedürftiger Person und pflegenden Angehörigen als eine zentrale Bedingung der Herstellung eines Pflegearrangements bewußt und damit reflexiv handhabbar zu machen. Nur wenn alle Beteiligten die ihnen zugewiesenen Aufgaben und Zuständigkeiten akzeptieren, kann die arbeitsteilige Pflegetätigkeit produktiv gestaltet werden.

Auf der Ebene pragmatischer Verrichtungen des Alltags bilden die beteiligten Seiten in der Regel eine Reihe von Mechanismen und Strategien aus, die es ihnen erlauben, die Routinen des Alltags aufrecht zuerhalten. So wird etwa in den Fällen, in denen sich pflegende Angehörige und Pflegekräfte wegen der Berufstätigkeit der Angehörigen nicht persönlich antreffen, über das Instrument des "Zettels" kommuniziert bzw. werden in regelmäßigen Telefonaten anfallende Aufgaben aufgeteilt bzw. Aktivitäten aufeinander abgestimmt. Darüberhinaus scheint die Organisation von Alltagsroutinen von den Pflegebedürftigen und ihren Angehörigen am ehesten akzeptiert und daher auch mitgetragen zu werden, wenn bestimmte Gewohnheiten und Familientraditionen nicht ohne Not abgebrochen, sondern vielmehr möglichst weitgehend fortgeführt und stabilisiert werden.

### 4.2 Die Angehörigen im Pflegedreieck

Gerade im Interaktionsprozeß im häuslichen Bereich zeigt sich, daß die grundsätzliche Orientierung an der pflegebedürftigen Person den Spielraum für den Einbezug pflegender Angehöriger begrenzt. Die Pflegekräfte erfahren dieses Problem unmittelbar als nichtantizipierte Konkurrenz der Erwartungen und Ansprüche der Angehörigen mit denen der pflegebedürftigen Person. Die pflegenden Angehörigen, die oft selbst bereits im fortgeschrittenen Alter und/oder gesundheitlich angeschlagen sind, fordern von den Pflegekräften eigene Aufmerksamkeit, Zuwendung und Kommunikation, die von der Zeit für die pflegebedürftige Person abgehen. Die in den Interviews vielfach erwähnten "Gespräche über das Pflegebett hinweg" verweisen die Pflegekräfte unerbittlich darauf, daß sie während des Pflegeeinsatzes den Ansprüchen beider Seiten nicht gerecht werden können. Solange die Orientierung aber an der körperbezogenen Pflege überwiegt, gelingt es den Fachkräften zumeist nicht, die ganze Tragweite diese Konflikts zu erkennen und grundsätzliche Lösungen zu entwickeln. Statt dessen sind sie bestrebt, die hieraus resultierenden Reibungen und Konflikte durch intuitive Bewältigungsstrategien auszubalancieren.

Die hiermit verbundenen zusätzlichen Belastungen und Probleme des Arbeitsalltags der Pflegekräfte werden deutlich, wenn die Beziehungsdynamik, also die persönliche Komponente der Pflegebeziehung, in die Betrachtung mit einbezogen wird. Sämtliche befragten Pflegekräfte berichten über Versuche der am Pflegeprozeß Beteiligten, die Pflegekraft in zumeist konflikthafte innerfamiliale Beziehungskonstellationen hineinzuziehen. Hiermit ist zumeist die Aufforderung verbunden, Partei für die eine oder die andere Seite zu ergreifen. Zumeist versuchen die Pflegekräfte in solchen Konstellationen eine neutrale, vermittelnde Position einzunehmen und sich am Spiel der wechselnden Bindungen nicht zu beteiligen. Die Fachkräfte sind allerdings auf den Umgang mit solchen Problemen und Konflikten weder durch ihre Erstausbildung noch durch Fort- und Weiterbildung systematisch vorbereitet und müssen daher entsprechende Bewältigungsstrategien im Verlaufe ihrer Berufstätigkeit "on the job" erlernen. Die hieraus resultierenden Anforderungen an eine reflexive Verarbeitung erlebter Beziehungskonflikte wird von den befragten Fachkräften sehr unterschiedlich wahrgenommen und beurteilt. Während einige der befragten Pflegekräfte keine Bereitschaft zur Teilnahme an einer Supervision bzw. einer Reflexion der

Berufserfahrungen zeigten, berichteten andere Fachkräfte von regelmäßigen Weiterbildungen zu diesem Thema, die von ihnen als äußerst hilfreich erlebt wurden.

Insgesamt zeigt die Untersuchung, daß solche Beziehungsangebote seitens pflegender Angehöriger in ländlichen Regionen sowie in kleinen überschaubaren Städten vergleichsweise noch intensiver vorgetragen werden als in Großstädten. Gerade hier entwickeln die Angehörigen oft Ansprüche an die Beziehung zu den Fachkräften, die über den Charakter einer reinen Arbeitsbeziehung hinausgehen, und die in Geburtstagseinladungen, privaten Besuchen (auch nach Beendigung der Pflegetätigkeit) und ähnlichen Kontaktangeboten zum Ausdruck kommen.

Die Tätigkeit der Pflegekräfte wird also durch nicht vorgesehene persönliche Kommunikationswünsche der Angehörigen belastet. Dementsprechend äußern viele Pflegekräfte auf eine entsprechende Frage hin, daß sie gerne mehr auf die Angehörigen zugehen würden, wenn sie die Zeit dazu hätten, um sich mit ihnen über ihre Rolle als pflegende Angehörige besser verständigen zu können, um ihre Sichtweise und Lebensgeschichte kennenlernen und Verantwortlichkeiten im Pflegeprozeß intensiver absprechen zu können. Es bleibt allerdings kritisch zu fragen, ob solche vermehrten Gesprächsmöglickeiten und -angebote hilfreiche Wirkungen entfalten, solange das implizite professionelle Leitbild einer körperbezogenen Pflege bestehen bleibt.

## 4.3 Die Rolle des Geldes im Pflegeprozeß

Die komplexe Beziehungsdynamik zwischen Pflegebedürftigen und ihren Angehörigen manifestiert sich stärker, als wir dies ursprünglich erwartet hatten, am Themenkomplex "Geld". Insgesamt berichten die befragten Pflegekräfte, daß die Bereitschaft unter (potentiellen) Pflegebedürftigen wie pflegenden Angehörigen, Geld für Pflege auszugeben, gering entwickelt ist. Der gesellschaftliche Wert von Pflegearbeit scheint in der Tradition der Gemeindekrankenpflege eher als unentgeltliche, religiös motivierte Tätigkeit und weniger als bezahlte Berufsarbeit verstanden zu werden. Daß eine gute Pflege Geld kostet, ist eine Erkenntnis, die keineswegs weit verbreitet ist.

Ferner berichten alle befragten Pflegefachkräfte, daß sowohl die Pflegebedürftigen selbst als auch ihre Angehörigen bestrebt sind, die Aufwendungen für die häusliche Pflege gering zuhalten. Die Pflegebedürftigen wollen ihre Ersparnisse lieber für die Nachkommen aufbewahren. Hinzu kommt unter Umständen die Angst davor, dem Staat (Sozialhilfe) oder aber den eigenen Kindern finanziell zur Last zu fallen. Hinsichtlich der Angehörigen berichten die Fachkräfte von zwei unterschiedlichen Formen des Umgangs mit dieser Frage. Während die eine Gruppe von Angehörigen die als notwendig definierten Mittel umstandslos bereitstellt, möchte eine andere Gruppe von Angehörigen aus unterschiedlichen Gründen die Aufwendungen für die Pflege begrenzen. Es werden Fälle erwähnt, in denen die Angehörigen aufgrund der hohen Kosten der Pflege - etwa ihrer Eltern - ihr Erbe dahinsschmelzen sehen. Die Folge ist, daß der zeitliche Umfang der Pflege eingeschränkt wird und die häuslichen Dienste nicht die Pflege bieten können, die sie für notwendig erachten. Auch in dieser Hinsicht stehen die Pflegekräfte vor der heiklen Aufgabe, die Belange und Interessen der Pflegebedürftigen gegen die Wünsche und Forderungen der Angehörigen abzuwägen und unter Umständen eine vermittelnde Position einzunehmen.

## IV. Ergebnisse der Gespräche mit pflegenden Angehörigen

Durch die Befragung pflegender Angehöriger ergaben sich zum Teil übereinstimmende kritische Befunde zum Pflegealltag, aber darüber hinaus auch eine Erweiterung und Verschiebung der Perspektive auf Vorphase, Vorbedingungen und Rahmen der Pflegeverhältnisse. Die wichtigsten Ergebnisse lassen sich unter acht Stichpunkten zusammenfassen. Die Gliederung trägt dabei dem Unterschied zwischen den Problembereichen Rechnung, die auf Befragen beschrieben wurden und implizite positive oder kritische Wertungen enthielten, und den Antworten und Informationen, die sich auf ausdrückliche Fragen nach Kritik und Wünschen ergaben.

### *1. Zugangsprobleme*

In den Gesprächen ergaben sich bezüglich der Frage, wie die jeweils pflegende Organisation gefunden wurde, zwei dominante Antworten. Das Finden einer pflegenden Institution war entweder problemlos aufgrund eingelebter Kontakte; hier wurde in der Regel auf Bekanntschaften im Umfeld der Kirche verwiesen; oder es war problemlos aufgrund entsprechender Beratung bei dem der häuslichen Pflege in der großen Mehrzahl unserer Interviewfälle vorausgegangenen Krankenhausaufenthalt. In der anderen Hälfte der untersuchten Fälle, wo beide Formen der Unterstützung ausblieben, wurde die Situation, in der sich herausstellte, daß eine professionelle häusliche Pflege erforderlich sein würde, ganz überwiegend als verwirrend und besonders belastend geschildert und die anfängliche eigene Hilflosigkeit betont. Von dem sie später betreuenden Dienst selbst haben die Angehörigen sehr oft lediglich durch Zufall erfahren. Dienstleistungsverhältnisse sind also mehrheitlich "Zufallsbekanntschaften". Es gibt nur wenige Fälle, in denen bewußt zwischen verschiedenen Diensten verglichen wird und eine tatsächliche Kenntnis von Alternativen besteht.

## 2. *Mangelnde Kooperationsbereitschaft vieler Institutionen, insbesondere vieler Krankenhäuser*

Nicht die Interaktion mit professionellen HelferInnen im Pflegeprozeß, der engere Gegenstand unserer Untersuchung, erwies sich in den Gesprächen mit den Angehörigen als besonders konfliktreich, sondern die Herstellung seiner regulativen, finanziellen und organisatorischen Rahmen- und Vorbedingungen. Sechs verschiedene, einander jedoch oft überlagernde Dimensionen von Schwierigkeiten und Kritik an Institutionen, Organisationen und Bürokratien wurden dabei deutlich.

Die Vielfalt der beteiligten und anzusprechenden Institutionen; zumeist geht es gleichzeitig um Regelungen und Verhandlungen mit der Krankenkasse, dem Sozialamt, dem Krankenhaus, dem behandelnden Arzt und auszuwählenden Pflegediensten.

Es handelt sich in vielen Fällen um Entscheidungsprozeduren, die langwierig sind und bei denen verschiedene Seiten in einem oft für die Betroffenen nicht mehr überschaubaren Prozeß involviert werden. Das gilt z.B. für ärztliche Gutachten bei der Feststellung einer Schwerstpflegebedürftigkeit, die Ansprüche auf Pflegegeld nach dem Gesundheitreformgesetz (GRG) eröffnet, oder für Abklärungsprozesse, ohne die Beihilfen vom Sozialamt nicht gewährt werden.

Belastend wirkt sich aus, daß die finanziellen Voraussetzungen und Rahmenbedingungen erst nach längerer Zeit geklärt werden können, wohingegen die Belastungen und Kosten durch die Pflege sofort getragen werden müssen.

Bei vielen beteiligten Stellen ist der persönliche Ermessens- und Entscheidungsspielraum relativ groß; es handelt sich oft um Verhandlungsprozesse mit offenem Ausgang, die sich sehr lange hinziehen können.

Außerdem wird immer wieder berichtet, daß sich die meisten Institutionen nicht dialogisch und auskunftsbereit verhalten, was Lernprozesse im Umgang mit den jeweiligen Problemen auch für die sorgenden Angehörigen weiter erschwert.

Die pflegenden Angehörigen kamen darüberhinaus immer wieder auf die Erfahrungen speziell mit der Institution Krankenhaus zu sprechen (wobei in unserem Sample mehr als die Hälfte der gepflegten Personen zuvor in einem Krankenhaus untergebracht war); drei Dimensionen der Kritik standen im Vordergrund:

- Kritik an einer anonymen und funktionsorientierten Organisation, bei der sich auf Seiten des Personals keine umfassende, personenzentrierte Verantwortung entwickeln kann;
- Kritik an Behandlungsformen, bei denen der Dialog mit den Betroffenen selbst wenig zählt, insbesondere aber Angehörige als aktiv Mithelfende konzeptionell nicht vorgesehen sind;
- Kritik an fehlender bzw. lediglich improvisierter Vorausplanung und Beratung in Bezug auf die an den Krankenhausaufenthalt anschließende Phase.

Vor diesem Hintergrund drohte so manches Gespräch mit pflegenden Angehörigen, das doch zentriert sein sollte auf Erfahrungen mit Pflegediensten, seinen Schwerpunkt zu verlagern in Richtung auf die rückblickende Thematisierung verunsichernder und bisweilen kränkender Erfahrungen mit der Institution Krankenhaus.

## *3. Angehörige als Anwälte und BeschafferInnen von Ressourcen*

Bemerkenswert war, in welch hohem Maße sich Pflegepersonen auch als Anwälte ihrer pflegebedürftigen Angehörigen betätigen. Die beiden miteinander verflochtenen Dimensionen der Anwaltschaft (z.B. Wahrnehmung der Interessen der zu pflegenden Person im Krankenhaus) und der Ressourcenbeschaffung ("brokerage" bei Institutionen, die über Geld und Hilfsmittel verfügen) treten - so zeigten zumindest unsere Interviews mit den Angehörigen - im organisatorischen Vor- und Umfeld des engeren Pflegeprozesses viel deutlicher zutage als bei der täglichen Mitgestaltung der häuslichen Pflege selbst. Eine aktive Rolle spielte eine Reihe der befragten Angehörigen insbesondere bei der Erkundung, Kontaktnahme, Auswahl und Vermittlung zusätzlicher Fachkräfte. LogopädInnen und KrankengymnastInnen werden mit oder ohne ärztliche und pflegerische Anregungen und aufgrund vager Hinweise unter Vertrag genommen. Unterschiedliche männliche und weibliche Sozialisationsmuster finden dabei auch in unterschiedlichen Stärken und Schwächen bei der Hilfe und Pflege ihren Ausdruck. Es deutet einiges darauf hin, daß mangelnde Vorerfahrung mit der Suche und Einweisung von Diensten und Professionellen Frauen zunächst zögerlicher und mitunter womöglich auch weniger durchsetzungsfähig sein läßt. Umgekehrt kann jedoch auch vermutet werden, daß ihre Fähigkeit, in Kategorien konkreter Bedürfnisse zu denken und sich bei den komplizierten Interaktionen in die Lage aller Beteiligten hineinversetzen zu können, sie in spezieller Weise für das Knüpfen tragfähiger Netze zur Hilfe und Pflege qualifiziert.

## *4. Ein vergleichsweise hohes Maß an Zufriedenheit*

Einen deutlichen Kontrast zu den vorherrschenden kritischen Äußerungen, den Klagen und ablehnenden Haltungen gegenüber den meisten im weiteren Sinne für die Organisation der häuslichen Pflege wichtigen Institutionen bildet die ausnahmslos positive Beurteilung der ambulanten Hilfe- und Pflegeleistungen sowie der Personen, durch die sie ausgeführt werden. Um diese Aussagen richtig zu verstehen, muß dabei jedoch zunächst zweierlei angemerkt werden:

Zum einen spielen (mangelnde) Vergleichsmöglichkeiten und die jeweilige Vorstellung von dem, was Inhalt der Pflege sein sollte, eine Rolle; solange nichts Besseres bekannt ist, wird man mit dem Pflegearrangement, das man bekommen hat, eher zufrieden sein. Eigene Ansprüche werden erst in zweiter Linie, weit weniger klar und zögerlich eingebracht und zum Beurteilungsmaßstab gemacht.

Zum anderen ist zu bedenken, daß die Angehörigen die Leistungen der ambulanten Dienste und Hilfen vor dem Hintergrund der Erfahrung mit vorheriger alleiniger Pflegeverantwortung und/oder mit anderen Institutionen im offenen und konfliktbeladenen Vorstadium der Konstruktion eines Pflegearrangements beurteilen. Demgegenüber wird jede halbwegs stabilisierte Situation - wie etwa ein häusliches Pflegeverhältnis mit seinen Routinen - vergleichsweise positiv erlebt.

Wiederholt wird ausdrücklich hervorgehoben, wie rasch und unbürokratisch diese Hilfen handelten, nachdem man sie angerufen und angesprochen hatte. Immer wieder wird die physische und psychische Entlastungswirkung derartiger Dienste hervorgehoben, die auch dann gegeben ist, wenn durch eine bloße "Grundversorgung" für die pflegenden Angehörigen keine zusätzliche eigene freie Zeit oder Mobilität hergestellt wird. Ein weiterer Faktor für die vergleichsweise hohe Zufriedenheit der pflegenden Angehörigen mit den Leistungen sowohl der etablierten Sozialstationen wie auch den neueren Anbietern war vor allem das persönliche Verhalten von PflegerInnen, häuslichen HelferInnen und anderen Betreuungspersonen (Zivildienstleistenden). Dieses wird übereinstimmend als positiv geschildert. Als besonders wichtig wird immer wieder die (in den Leistungsbeschreibungen nicht enthaltene) persönliche Gesprächsbereitschaft bezeichnet.

## *5. Geglückte Vertrauensverhältnisse als Zufriedenheitsfaktor*

Tieferliegende Ursachen für die bemerkenswerte Zufriedenheit der Angehörigen ergeben sich zunächst, wenn man herausarbeitet, was aus dem Blickwinkel der Angehörigen eine geglückte Pflegebeziehung ausmacht. Da unser Sample überwiegend "Pflegedreiecke" aufweist, wo sowohl der Beitrag der Angehörigen als auch jener der Dienste mit den jeweils anderen Eckpunkten zu harmonisieren scheint, läßt sich das am Material gut dokumentieren. Die drei Schlüsselbegriffe lauten dabei Vertrauen, Kooperation und Verhandlung.

Das Vertrauen in die jeweilige Helferin, Pflegerin oder Institution ist nur zum Teil als Vertrauensvorschuß zu verstehen, der z.B. durch Fachlichkeit hergestellt wird. Ein komplexes Bündel an Faktoren, die in den Gesprächen immer wieder thematisiert werden, trägt dazu bei, Vertrauen zu erwerben. Die wichtigsten Stichworte in Bezug auf die HelferInnen und PflegerInnen lauten dabei Sorgfalt, Verläßlichkeit, Ansprechbarkeit, menschliche Zuwendung. Bei der jeweiligen Institution sind es Erreichbarkeit und Dialogfähigkeit. Der Prozeß der Vertrauensbildung gegenüber den Pflegekräften schließt aber ein, daß sich in der Regel bei aller Distanz, die einer professionellen Hilfe notwendigerweise eigen ist, mit der Zeit auch eine persönliche Beziehung ausbildet. Gerade bei den schwer pflegebedürftigen Personen, wo gewisse Rationalisierungs- und Selbstkontrollmechanismen ausfallen, spielt das eine große Rolle.

Der zweite Schlüsselbegriff lautet Kooperation. Vor allem im engsten Sinne der direkten Zusammenarbeit von pflegenden Angehörigen und PflegerInnen während des Hausbesuchs ist sie zumeist notwendig, da immer wieder berichtet wird, daß rein vom physischen Kraftaufwand her bestimmte Dinge nur zu zweit erledigt werden können.

Das leitet schon zum dritten Schlüsselbegriff über, der zur Kennzeichnung der Pflegeverhältnisse wichtig ist, dem der Aushandlung. Dabei ist zu bemerken, daß der Verhandlungsspielraum, den sich die Angehörigen selber zumessen, begrenzt ist. In der Regel machen die PflegerInnen Vorschläge, die so eingerichtet und formuliert sind, daß sie angenommen werden und als Konsens erscheinen. Hier spielt wiederum der Mechanismus der Vertrauensbildung eine Rolle. Er beinhaltet so etwas wie eine wechselseitige Einfühlung und wirkt als Bremse für "unrealistische" Forderungen.

## 6. *Entlastungswirkungen, die Zufriedenheit erzeugen*

Einerseits kann jede professionelle Hilfe von außen indirekt auch als eine Entlastung der Angehörigen von Hilfe- und Pflegeaufgaben angesehen werden. Andererseits sind solchen Entlastungen in dem Maße, wie Hilfe und Pflege allein als ein auf den Pflegebedürftigen bezogener Prozeß definiert wird, auch Grenzen gesetzt. Die Grenzen zwischen einer Unterstützung, die dem Angehörigen selbst, und einer solchen, die ihm nur mit Blick auf seine Funktion für jemanden anderen dient, sind selten klar auszumachen. Fünf unterstützende, für sie entlastende und damit zu ihrer Zufriedenheit beitragende Dimensionen der Dienste wurden von den Angehörigen immer wieder benannt:

Entlastung von Aufgaben, die Beziehungsmuster und Schamgefühle verletzen (z.B. Waschen); (Intimpflege)

Entlastung als Sicherheit, bedingt durch die Regelmäßigkeit und Erwartbarkeit der Hilfe und Unterstützung von außen und aufgrund einer Art von Supervisionsfunktion, die den Professionellen angetragen wird;

Entlastung speziell durch Gesprächsmöglichkeiten, die überdies auch eine Brücke zur Welt "draußen vor der Tür" bilden;

Entlastung durch Tips und Anleitungen, ein "learning by doing" im Rahmen einer i.d.R. nicht systematisch erfolgenden Weitergabe von Wissen und Informationen;

Entlastung durch Dienste, die den Pflegenden Zeit zur eigenen Verfügung geben; genau hier fehlt es vor allem; zusätzliche Dienste jenseits der morgendlichen (und evtl. abendlichen) Grundversorgung waren in unserem Sample eher eine Seltenheit.

## 7. *Ausdrückliche Kritik*

Wenn im folgenden von Kritik die Rede ist, so muß auch hier wieder angemerkt werden, daß sie von einem generellen Vertrauensverhältnis zur Arbeit der Pflegedienste getragen ist und sich deshalb auch versöhnlicher und weniger als ausdrückliche Beschwerde artikuliert, als dies z.B. gegenüber Institutionen wie dem Krankenhaus oder Pflegeheimen der Fall ist. Ein zentraler Kritikpunkt betrifft die begrenzten Dienst- und Einsatzzeiten sowie Starrheiten bei der Festlegung der jeweiligen Tageszeiten für den Besuch. In diesem Zusammenhang wurde auch das Fehlen von regulären Diensten des Nachts oder - bei einigen Sozialstationen - an den Wochenenden bedauert. Vereinzelt wurde an späten Terminen der Morgenbesuche Kritik geübt. In der geringen Zahl der Fälle, in denen außer den Angeboten der ambulanten Versorgung noch von anderer Stelle zusätzliche Hilfen geleistet werden (z.B. häusliche Betreuung durch die Familienhilfe oder durch eine Gruppe der Pfadfinder) zeigt sich recht bald, daß die zeitliche und inhaltliche Abstimmung zwischen den verschiedenen Trägern oft unzureichend ist. Dauernde Personalwechsel sind ein weiterer Kritikpunkt. Vor allem die Angehörigen, bei denen die zu pflegenden Personen lediglich die Grundversorgung erhalten (und das war die Mehrzahl der Befragten), beklagen, daß die Inanspruchnahme der Dienste praktisch kaum eine Entlastungswirkung im Sinne der Gewährung von Pausen und eines kleinen Stücks eigener Zeit bringen. Was institutionelle Ausweichmöglichkeiten in Notfällen sowie vorausgeplante Entlastungen angeht, so wurde in mehreren Gesprächen darauf verwiesen, wie schwierig es ist, überhaupt einen Pflegeplatz zu finden, und daß dabei bei evtl. Besuchen oft große Entfernungen in Kauf genommen werden müssen.

### 8. *Ausdrückliche Wünsche*

Auch hier ist zu bemerken, daß Wünsche Verbesserungen betreffen, aber auf einer grundsätzlichen Zustimmung zum Konzept einer professionell unterstützenden häuslichen Pflege aufbauen. Gewünscht werden in erster Linie Pflegekräfte auch zu den Zeiten, in denen insbesondere die herkömmlichen Anbieter keinen regulären Dienst versehen. Darüberhinaus werden zusätzliche Dienste gewünscht, die den Angehörigen zeitliche Entlastung geben. Durchaus zwiespältig ist dabei die Beurteilung von Kurzzeitpflegen, die grundsätzlich geschätzt, jedoch mit Blick auf einen oft deutlich verschlechterten Gesundheits- und Allgemeinzustand vieler Pflegebedürftiger nach einem Aufenthalt in ihrer gegenwärtigen Form auch auf Ablehnung stoßen. Bemerkenswert ist schließlich die überwiegende Reaktion der Angehörigen auf die Frage, was sie - mit der heutigen Erfahrung noch einmal mit der damaligen Situation konfrontiert - anders machen würden. Während sich alle dazu bekannten, auch dann wieder den langen und entbehrungsreichen Weg der häuslichen Pflege auf sich zu nehmen, wurde doch in einer Vielzahl von Fällen vermerkt, daß man dann eher beherzter und in größerem Umfang professionelle Unterstützung und Hilfe in Anspruch nehmen würde.

## VI. Schlußfolgerungen

Im Hinblick auf formell-informelle Interaktions- und Kooperationsmuster, die einen der zentralen Problembereiche wohlfahrtspluralistischer Konzepte ausmachen, hat sich aufgrund unserer Untersuchung im Bereich der häuslichen Pflege vor allem folgendes ergeben.

1. Es hat sich gezeigt, wie sehr die Problematik von "mixes" und förderlichen Interaktionen nicht allein eine der Aufteilung von Pflegearbeit im engeren Sinne (jemand "versorgen") ist, sondern, daß sie in verschiedenen Hinsichten auch zu tun hat mit Aufgaben des "Sorgen für" - auch im Sinne der Anwaltschaft, Ressourcenbeschaffung, Aushandlung und Entwicklung von Pflegearrangements. In der Regel wird von den professionellen Kräften der zweite Aspekt viel weniger zur Sprache gebracht als von den Angehörigen, die jedoch entsprechende Erfahrungen und Kritik kaum in Forderungen umsetzen können. Viele dieser Probleme betreffen die "überlebenswichtige" Vorphase der Konstruktion eines Pflegearrangements, in der es oft an einem verantwortlichen Ansprechpartner mangelt.
2. Die Entwicklung förderlicher Interaktionen und Pflegearrangements, bei denen Angehörige bewußt einbezogen, bei verschiedenen Tätigkeiten entlastet und unterstützt werden, ist durch traditionelle Orientierungen auf beiden Seiten

behindert; sie begrenzen das Ausmaß möglicher wechselseitiger Zuarbeit, aber auch von Ansprüchen und somit Umfang und Vielschichtigkeit der Interaktionen:

- die Angehörigen bringen in der Regel wenig Erfahrung und Sicherheit im Umgang mit den in der Phase des Arrangierens eines "mix" an Ressourcen und Unterstützungsleistungen auftretenden Problemen mit; klare Maßstäbe fehlen ihnen auch im Rahmen der häuslichen Pflege; vor allem dort, wo es um eigene Wünsche und Ansprüche für sich selbst geht, bestehen nur vergleichsweise nachrangige bzw. keine klar konturierten eigenen Wünsche und Konzepte, von denen direkt Impulse auf die Dienste ausgehen könnten.
- daß auf der Seite der professionell Handelnden explizite und implizite Leitbilder vorhanden sind, macht einen Teil ihrer Dominanz aus; vorherrschend sind dabei jedoch Konzepte, die Pflegeprobleme eingrenzen (a) auf körperbezogene Aspekte der Pflege (b) auf die Beziehung zum einzelnen Klienten und – insofern Angehörige einbezogen werden, auf Fragen von Alltagsbedürfnissen (Entlastung) und der Mit-Arbeit; betrachtet man den Angehörigen als eine Art nützliches Neutrum, dann führt das jedoch zur Ausblendung von Fragen der Mit-Entscheidung.

Insgesamt ergibt sich damit eine in mehrfacher Hinsicht konzeptionell und praktisch verengte Interaktionsbeziehung. Für ihre Veränderung und Ausweitung in Richtung auf vielschichtigere, für die Probleme, Belastungen, Hilfsbereitschaften, aber insbesondere auch mögliche Mitgestaltungsansprüche auf informeller Seite, offenere Interaktionsmuster fehlen objektive und subjektive Voraussetzungen, also sowohl Einrichtungen und Angebote als auch Kompetenzen und Bereitschaften.

Für Dienstleistungspolitiken im Bereich der Hilfe und Pflege ergeben sich daraus eine Reihe von Herausforderungen:

1. Es gilt, bereits in der Ausbildung, aber auch in der Praxis, Leitbilder des Helfens und Pflegens zu überprüfen und zu erneuern, so daß Pflege als voraussetzungsvoller Interaktionsprozeß zwischen Netzen und Systemen und als Problem der Herstellung von gemischten Arrangements definiert werden kann (beispielhaft für die Präsenz eines solch neuen Leitbilds im Pflegebereich: Buhl 1994; Steiner-Hummel 1994); diese Herausforderung zur Verankerung einer Angehörigenperspektive betrifft die Dienste auch im Sinne der Entwicklung förderlicher Strategien, die die Angehörigen ermuntern, ihre Leistungen in Anspruch zu nehmen und dabei im Rahmen der Übernahme von Mitverantwortung auch mitsprechen zu lernen.
2. Von den formell organisierten Trägern und Akteuren erfordert das schwierige Schnüren von "mixed packages" einander ergänzender Angebote die Entwicklung entsprechender Bewältigungsstrategien im Umgang mit den vielfachen Fragmentierungen nach Trägern (gemeinnützigen/gewerblichen), Institutionen (Krankenhaus-/ ambulante Pflege), Professionen (Pflege,

hauswirtschaftliche Unterstützung, Mobilitätshilfen u.a.m.), Finanzierungsregeln (Kranken- und Pflegekassen, BSHG) sowie in Hinblick auf die Planung von Pflegesequenzen (z.B. Überleitung vom Krankenhaus) (dazu auch: Hegner in diesem Band sowie Heinze/Naegele 1995).

3. Das meint auch, Pflege stärker im weiteren Sinne der Organisations- und Pflegeplanung zu thematisieren. Zu entwickeln sind vor allem klare Zuständigkeiten und Hilfeangebote in den "no-care zones" (Estes/Swan 1993) vor Hilfe- und Pflegebeginn oder im Übergang von der Krankenbehandlung zur Pflege. Allerdings nur dann, wenn dem Eigensinn und den legitimen Mitgestaltungsansprüchen der informellen Seite Rechnung getragen wird, kann vermieden werden, daß die Dominanz und Hierarchie, die sich in der formell-informellen Pflegebeziehung herkömmlich über traditionelle Pflegekonzepte und die Unzugänglichkeit der Institutionen bei der Herstellung von Pflegearrangements vermittelt, nun in neuer Form als Bevormundung bei einer die Angehörigen miteinschließenden Pflegeplanung reproduziert; Wird im Kontext der nach dem neuen Pflegegesetz vorgeschriebenen "individuellen Pflegepläne" sind stärker dialogische statt der vielfach dominierenden präskriptiven Orientierungen (wie z.B. bei Dane 1995) zu fordern (allgemeiner dazu: Wend 1991), auch deshalb, weil sie Aussagen über Bedürfnisse, mögliche Beiträge und entsprechende Unterstützungsleistungen der Dienste enthalten sollten.

4. Angesichts sich ausweitender und noch unübersichtlicher werdender Pflegemärkte und der starken Inanspruchnahme der Geldleistungsalternative im Rahmen der Pflegeversicherung wachsen für Betroffene und Angehörige Pflegeprobleme als Informations-, Entscheidungs- und Durchsetzungsprobleme; dieser Kontext verleiht der Forderung nach einem bevorzugten Ausbau und einer vorrangigen Förderung von Beratungs- und Unterstützungsangeboten zusätzlichen Nachdruck (dazu: Le Bris 1993; Evers/Pruckner 1995) Dabei geht es mit Blick auf Betroffene und helfende Angehörige auch darum, Hilfestellung zu leisten bei dem Prozeß ihrer Rollenfindung und Einstellung auf eine neue Situation, wo oft die bisherigen "skripts" für die Lebensführung überdacht und neu geschrieben werden müssen. Deutlich werden sollte dabei auch, daß diese Rollen und entsprechende Nutzungs- und Kooperationsmuster bezüglich formeller Angebote und Dienste legitimerweise unterschiedlich sein können. Das Sorge tragen der Angehörigen kann sich z.B. in ihrer Anwaltschaft und ihrer Beteiligung beim Pflegemanagement (Schmidt 1994) äußern und muß nicht die Mitarbeit in der unmittelbaren Pflege bedeuten.

Reformen in diese Richtung werden dazu beitragen, daß der traditionelle "mix" im Pflegebereich, bei dem informelle Beiträge de facto schon immer eine wichtige Rolle spielten, so verändert wird, daß man sie auch konzeptionell anerkennt und aufwertet - eine beispielhafte Realisierung von Chancen einer Politik in wohlfahrtspluralistischer Perspektive.

## Literatur

Balbo, L., 1984: Crazy Quilts: Gesellschaftliche Reproduktion und Dienstleistungsarbeit. in: Kickbusch, I./ Riedmüller, B. (Hg.) Die armen Frauen. Frauen und Sozialpolitik, Frankfurt a.M..

Baldock,J./ Evers, A., 1991: Beiträge zu einer neuen Dienstleistungsstruktur. in: Soziale Welt 42, 2.

Baldock, J./ Ungerson, C.,1994: A consumer view of the new community care: the homecare experiences of a sample of stroke survivors and their carers. Care in Place. Vol. 1, no. 2, pp. 85-97.

Bengtson, V.L./ Schütze, Y., 1992: Altern und Generationenbeziehungen: Aussichten für das kommende Jahrhundert. in: Baltes, P.B./ Mittelstraß, J. (Hg.) Zukunft des Alterns und gesellschaftliche Entwicklung. Walter de Gruyter, Berlin New York, S.492-517.

Bris, H.J.L. 1993: Familiale Betreuung abhängiger alter Menschen in den Ländern der Europäischen Gemeinschaften. Loughlinstown House, Shankill: Europäische Stiftung zur Verbesserung der Lebens- und Arbeitsbedingungen.

Buhl, A., 1994: Bessere Kooperation von Profis und Laien: Ansatzpunkte. in: Home Care, Jg. 2, Nr.2, 1994, S.2-8.

Dane, Th., 1995: Ein Instrument sinnvoller Kooperation: der individuelle Pflegeplan, in: Blätter der Wohlfahrtspflege Heft 5, S. 117 - 121.

Estes, C. L. / Swan, J.H. 1993: The Long Term Care Crisis. Sage, London.

Evers, A. /Olk, Th., 1996: Berücksichtigung und Unterstützung informeller Hilfeleistungen durch offene bzw. ambulante Einrichtungen im Bereich der Altenpflegedienste - Eine Untersuchung am Beispiel einer nordrhein-westfälischen Region. Forschungsbericht für das Ministerium für Arbeit, Gesundheit und Soziales in Nordrhein-Westfalen, Düsseldorf, (Publikation in Vorbereitung).

Evers, A. ,1993: Diversity and Transition: The Interaction of Professional and Informal Helpers in Home-Based Care Services for elderly People. in: Twigg, J. (ed.) Informal Care in Europe. SPRU, University of York, S.249-272.

Evers, A., 1995a: Institutionalizing a New Pluralism. Lessons from the Area of Care and Personal Social Services. in: OECD (ed.) The plural Economic and Employment development Notebook Series. Paris.

Evers, A. /Pruckner, B. (Hg.), 1995: Pflege in der Familie? Politik die hilft. Europäisches Zentrum Wien.

Dallinger, U., 1993: Die Pflege alter Eltern - Balanceakt zwischen Normerfüllung und Individualisierungschancen im weiblichen Lebensverlauf. in: Sozialer Fortschritt, Heft 4-5, 1993, S. 110-113.

Dooghe,G., 1992: Informal Caregivers of Elderly People: An European Review. in: Ageing and Society 12, 1992, 369-380.

Heinze, R. G. / Naegele, G.,1995: Die sozialen Dienste vor neuen Herausforderungen. in: WSI-Mitteilungen, Heft 6, 1994, S. 404-410.

Knipscheer, C.P.M., 1986: Anomie in der Mehrgenerationenfamilie: Kinder und die Versorgung ihrer alten Eltern. in: Zeitschrift für Gerontologie, 19, 1, S. 40-46.

Knipscheer, C.P.M., 1993: A triangular model in care for impaired elderly in the Netherlands and its educational implications. in: Stevens, N./ Vis, Th.A.M./ Wimmers, F.H.G. (eds.) Education in Gerontology in the 90∩s. International Perspectives and Developments. Nijmengen: Department of Psychogerontology.

Langen, I./ Schlichting, R., 1990: Altenhilfe auf dem Lande. Erfahrungen eines praxisorientierten Forschungsprojekts. Stuttgart: Robert Bosch- Stiftung.

Le Grand, J., 1991: Quasi-markets and social policy, The Economic Journal, 101, 1256-1267.

Lingsom, S., 1989: Filial responsibility in the Welfare State. in: The Journal of Applied Gerontology, Vol. 8, No. 1, pp. 18-35.

Parker, G., 1990: With due care and attention. A review of research on informal care. London: Family Policy Studies Centre.

Schmidt, R., 1994: Die sozialen Dienste und Einrichtungen müssen erheblich verbessert werden. in: Blätter der Wohlfahrtspflege, Heft 7+8 1994, S.148-151.

Steiner-Hummel, I., 1994: Familienpflege im Aufbruch, in: Blätter der Wohlfahrtspflege, Heft 11+12, S. 231 - 234.

Sundström, G., 1994: Care by Families: An Overview of Trends. in: OECD, Social Policy Studies, No. 14, "Caring for Frail Elderly People.

Thorslund, M., 1991: The increasing number of very old people will change the swedish model of the welfare state. in: Social Science medicin, Vol.32, No. 4, pp 455-464.

Twigg, J./ Atkins, K./ Perring, Ch., 1990: Carers and Services: A Review of Research. London: HMSO.

Twigg, J. / Atkins, K. / Perring, Ch., 1990a: Evaluating Support to Informal Carers. (Part 1) Final report. University of York, Social Policy Research Unit.

Twigg, J., 1993: The Interweaving of Formal and Informal Care: Policy Models and Problems, in: Evers, A. / van der Zanden, G. (Hg.) Better Care for Dependent People Living at Home. Bunnik, Holland, Netherlands Institute of Gerontology.

Wendt, W.R. (Hg.), 1991: Unterstützung fallweise. Case Management in der Sozialarbeit. Lambertus-Verlag, Freiburg i.Br..

Wistow, G/ Knapp,M.R.J./ Hardy, B. and Allan, C., 1993: Social Care in a Mixed Economy. Open University Press, Buckingham.

Zellhuber, B. / Steiner-Hummel, I., 1991: Beratungsstelle für pflegende Angehörige und Gerontopsychiatrie in der Stadt Augsburg. Gesamtbericht des dreijährigen Modellprojektes "Leben und Pflegen". Hrsg. vom Kuratorium Deutsche Altershilfe, Köln.

## *Autorenverzeichnis*

*Donati, Pierpaolo*, Dr., Professor für Soziologie an der Universität Bologna, Abteilung für Soziologie, CEPOS (Centro Studi Politica Sociale) Strada Maggiore 45 I 40125 Bologna.

*Evers, Adalbert*, Dr., Professor für Vergleichende Gesundheits- und Sozialpolitik an der Justus-Liebig-Universität Gießen, Institut für Wirtschaftslehre des Haushalts und Verbrauchsforschung, Bismarckstraße 37, 35394 Gießen.

*Flösser, Gaby*, Dr., Hochschulassistentin an der Universität Bielefeld, Fakultät für Pädagogik, Postfach 100131, 33501 Bielefeld.

*Gerzer-Sass, Annemarie*, Historikerin, Sozialwissenschaftlerin M.A., seit 15 Jahren wissenschaftliche Referentin in der familienpolitischen Abteilung des Deutschen Jugendinstituts e.V., Freibadstr. 30, 81543 München

*Hegner, Friedhart*, Dr., geschäftsführender Gesellschafter der ISMV Dr. Hegner & Partner GmbH, Institut für Sozialpolitik, Management und Verwaltung, Christstraße 30, 14059 Berlin.

*Heinze, Rolf G.*, Dr., Professor für Soziologie an der Ruhr-Universität Bochum, Fakultät für Sozialwissenschaft, Lehrstuhl für Soziologie, Universitätsstraße 150, 44780 Bochum.

*Kenis, Patrick*, Dr., Hochschulassistent an der Fakultät für Verwaltungswissenschaft, Universität Konstanz und Konsulent am European Centre for Social Welfare Policy and Research, Wien, Universität Konstanz, Postfach 5560 D 89, D-78434 Konstanz.

*Laville, Jean-Louis*, Dr. Soziologe, forscht am CNRS im centre de recherche et d`information sur la démocratie et l`autonomie (CRIDA), 76 rue Pouchet, F 75017 Paris.

*Leisering, Lutz*, Dr., Privatdozent für Soziologie und Sozialpolitik an der Universität Bremen, Ph. D., Diplom-Mathematiker und Diplom-Soziologe. Derzeit Wissenschaftlicher Assistent am Sonderforschungsbereich 186 "Statuspassagen und Risikolagen im Lebensverlauf", Universität Bremen, Wiener Str., PF 330440, 28334 Bremen.

*Nokielski, Hans*, Dr., Privatdozent für Soziologie an der Universität/ Gesamthochschule Essen, Fachbereich 1, 45117 Essen.

*Olk, Thomas*, Dr., Gründungsprofessor für Sozialpädagogik an der Martin-Luther-Universität Halle-Wittenberg, Fachbereich für Erziehungswissenschaften, Institut für Pädagogik, Brandbergweg 23, 06099 Halle.

*Pankoke, Eckart*, Dr., Professor für Soziologie an der Universität/ Gesamthochschule Essen, Fachbereich 1, 45117 Essen.

*Pinker, Robert*, Prof. Dr., Direktor an der London School of Economics der Universität London, Department of Applied Social Studies, Houghton Street, Aldwych London WC2A2AE, UK.

*Salamon, Lester M.*, rof. Dr., Direktor des Instituts für Policy Studies an der Johns Hopkins Universität, Wyman Park Building - 5th floor 3400 North Charles Street, Baltimore, Maryland 21218 USA.

*Selle, Klaus*, Dr. Ing., Institut für Freiraumentwicklung und Planungsbezogene Soziologie, Herrenhäuser Str. 2a, 30419 Hannover.

*Schmid, Josef*, Dr., Hochschulassistent am Lehrstuhl für Politische Wissenschaft II der Ruhr-Universität Bochum, Fakultät für Sozialwissenschaft, Universitätsstraße 150, 44780 Bochum.

*Schmidt, Mathias*, Dipl. Päd., wissenschaftlicher Angestellter an der Universität Bielefeld, Sonderforschungsbereich 227 "Intervention und Prävention im Kindes- und Jugendalter", Postfach 100131, 33501 Bielefeld.

*Strünck, Christoph*, Dipl. Soz., wissenschaftlicher Doktorand und Mitarbeiter am Lehrstuhl für Soziologie an der Ruhr- Universität Bochum, Fakultät für Sozialwissenschaft, Lehrstuhl für Soziologie, Universitätsstraße 150, 44780 Bochum.

*Vroom, Bert*, Dr., de, Senior sociologist am "Leyden Institute for Law and Public Policy", University Leyden, Herengracht 48, NL-2312 LE Leiden.

# Zur Armutspolitik in Deutschland

Barbara Riedmüller /Thomas Olk (Hrsg.)
**Grenzen des Sozialversicherungsstaates**
1995. 325 S. (Leviathan-Sonderheft 14) Kart.
ISBN 3-531-12662-8
Über die Grenzen des Sozialversicherungsstaates wird nicht erst seit der Zunahme der sozialen und finanziellen Belastungen, die mit der deutschen Einheit verbunden sind, diskutiert. Der demographische Wandel gibt Anlaß zu weitreichenden Spekulationen über die Zukunft der Rentenversicherung, die Gesundheitsreform und die Einführung der Pflegeversicherung verunsichern den historischen Kompromiß zwischen Arbeitgeber- und Arbeitnehmerbeiträgen. Schließlich stellt die steigende Armut und Sozialhilfeabhängigkeit die Verteilungswirkung des Sozialversicherungssystems in Frage. Die Autoren analysieren die Leistungsfähigkeit der Sozialversicherungssysteme und skizzieren Entwicklungsmöglichkeiten des modernen Sozialstaats.

Stephan Leibfried /Wolfgang Voges (Hrsg.)
**Armut im Wohlfahrtsstaat**
1992. 490 S. (Kölner Zeitschrift für Soziologie und Sozialpsychologie, Sonderheft 32) Kart.
ISBN 3-531-12314-9
Der Band bietet einen umfassenden Überblick über den aktuellen sozialwissenschaftlichen Forschungsstand zum Armutsproblem im Wohlfahrtsstaat. International renommierte Autoren behandeln in theorieorientierten und empirischen Beiträgen zentrale Fragen der Armutsforschung, z. B. Definitions- und Meßprobleme, den Zusammenhang von Armut und Sozialpolitik, unterschiedliche Entwicklungen von Armut in verschiedenen Ländern bzw. Bevölkerungsgruppen, Konzeptionen der Armutsbekämpfung und des wohlfahrtsstaatlichen Umgangs mit Armut sowie spezifische Defizite der Forschung und die Reichweite einzelner Forschungsansätze bei der Analyse und Erklärung des Phänomens Armut im Wohlfahrtsstaat.

*„(...) Der Sonderband der Kölner Zeitschrift ist ein ermutigendes Zeichen einer über ihre eigene Befangenheit aufgeklärten Soziologie (...)“*
FAZ, 17.2.1993

Petra Buhr
**Dynamik von Armut**
Dauer und biographische Bedeutung von Sozialhilfebezug
1995. 248 S. (Studien zur Sozialwissenschaft, Bd. 153) Kart.
ISBN 3-531-12633-4
Sozialhilfe führt nicht zwangsläufig zu langandauernder oder gar lebenslanger Abhängigkeit und Deklassierung. Sozialhilfeverläufe sind vielmehr in zeitlicher Hinsicht sehr vielfältig und häufig nur von kurzer Dauer. Abhängig vom biographischen und sozialen Kontext wird Sozialhilfe von den Betroffenen ganz unterschiedlich wahrgenommen und erlebt. Sozialhilfebezug kann auch für Langzeitbezieher positive Funktionen haben und subjektiv eine Übergangsphase im Lebenslauf sein.

WESTDEUTSCHER VERLAG
Abraham-Lincoln-Str. 46 · 65189 Wiesbaden
Fax 0611/ 78 78 420